이한우의 태종실록

재위 17년

새로운 해석, 예리한 통찰

이한우의

태종실록

재위 17년

이한우 옮김

삶과 세계에 대한 뿌리 깊은 지혜,
그 치밀한 기록

2001년부터 2007년까지 7년 동안 『조선왕조실록』을 완독했으니 완독을 끝마친 지 10년이 지났다. 그동안 관심은 사서삼경을 거쳐 진덕수(眞德秀)의 『대학연의(大學衍義)』, 『심경부주(心經附註)』에 이어 지금은 『문장정종(文章正宗)』 그리고 반고(班固)의 『한서(漢書)』 번역으로 확장돼왔다.

원점인 2001년으로 돌아가보자. 나는 왜 『조선왕조실록』을 다 읽기로 결심한 것일까? 그것은 다름 아닌 선조들의 정신세계를 탐구해 우리의 정신적 뿌리를 확인해보려는 것이었다. 그런데 정작 7년간의 실록 읽기가 끝났을 때는 이룬 것보다 앞으로 해야 할 일이 많음을 깨달았다. 우리 선조들의 뛰어난 능력과 치열했던 삶의 태도를 확인했지만 그 뿌리를 제대로 알지 못했던 것이다. 그래서 완독을 끝내자마자 시작한 것이 한문(漢文) 공부다. 위에서 언급한 책들은 한문 공부를 마치고서 우리나라에 번역되지 않은 탁월한 한문책들을 엄선해 우리말로 옮긴 것이다. 이때 중요한 것은 '우리말'이다.

우리말이란 대한민국에서 일정한 교육을 받은 사람들이 편안하게 쓰는 말을 뜻한다. 과도한 한자 사용을 극복하고 지나친 순우리말 또한 일정하게 거리를 뒀다. 그리고 쉬운 말로 풀어 쓸 수 있는 한자어는 가능한 다 풀어냈다. 그래서 나는 '덕(德)'이라는 말은 '은덕(恩

德)'이라고 할 때 외에는 쓰지 않는다. '다움'이 우리말이다. 부덕(不德)도 그래서 '부덕의 소치'라고 하지 않고 '임금답지 못한 때문'이라고 옮긴다.

특히 정치를 다룬 역사서에서 중요한 용어가 '의(議)'와 '논(論)'이다. 그런데 실록 원문에서는 분명히 이 둘을 엄밀하게 구분해 '의지(議之)', '논지(論之)'라고 표현했는데, 번역 과정에서 의(議)도 의논이라고 번역하고 논(論)도 의논이라 번역하면 이는 원문의 뜻을 크게 왜곡하는 것이다. 의(議)란 책임 있는 의견을 내는 것을 말한다. 의정부(議政府)를 논정부(論政府)라고 해서는 안 되는 것과 같다. 논(論)은 일반적으로 책임을 떠나 어떤 사안에 대한 논리적 진단을 하는 것이다. 오늘날 '논객(論客)'이 그런 경우다. 그러나 '의객(議客)'이란 말은 애당초 성립할 수가 없다. 다만 법률과 관련해서는 의(議)보다 논(論)이 중요하다. 그래서 '논죄(論罪)'나 '논핵(論劾)'이라는 말은 현실적 구속력을 갖는다. 재판은 의견을 내는 것이 아니라 기존 법률에 입각해 죄의 경중을 논리적으로 가려내는 일이라는 점에서 논(論)이지 의(議)가 아닌 것이다. 이처럼 기존의 실록 번역은 예나 지금이나 정치에서 대단히 중요한 역할을 할 수밖에 없는 의(議)와 논(論)을 전혀 구분하지 않아 의미를 제대로 전달하지 못한다. 사실 이런 예는 일일이 거론하기 힘들 만큼 많다.

  이런 우리말화(化)에 대한 생각을 직접 번역으로 구현해내면서 다시 실록을 읽어보았다. 기존의 공식 번역은 한자어가 너무 많고 문투도 1970년대 식이다. 이래가지고는 번역이 됐다고 할 수가 없다. 게다가 너무 불친절해서 역주가 거의 없다. 전문가도 주(註)가 없으면 정확히 읽을 수 없는 것이 실록이다. 진덕수의 『문장정종』 번역을 통해 한문 문장의 문체에 어느 정도 눈을 뜨게 된 것도 실록을 다시 번역해야겠다는 결심을 부추겼다. 특히 실록의 뛰어난 문체가 기존의 번역 과정에서 제대로 드러나지 못했다는 인식이 있었기 때문에 이 점을 개선하는 데 많은 노력을 쏟았다. 그리고 사소한 오역은 그냥 두더라도 심한 오역은 주를 통해 바로잡았다. 누구를 비판하려는 것이 아니라 미래를 향한 개선의 기대를 담은 것이다.

  물론 이런 언어상의 문제 때문에 실록 번역에 뛰어든 것은 아니다. 실은 삶에 대한, 그리고 세계에 대한 깊은 지혜를 얻고 싶어서다. 이런 기준 때문에 여러 왕의 실록 중에 『태종실록(太宗實錄)』을 번역하기로 결심했다. 일기를 포함한 모든 실록 중에서 『태종실록』이야말로 어쩌면 오늘날 우리에게 반드시 필요한 지혜를 담고 있는지 모른다고 생각했기 때문이다.

지난 10년간 사서삼경과 진덕수의 책들을 공부하고 옮기는 과정에서 공자의 주장에 대해 새롭게 눈뜰 수 있었다. 그것은 다름 아닌 '일[事]'의 중요성이다. 성리학이 아닌, 공자의 주장으로서의 유학은 리더가 일하는 태도를 가르치는 이론이다. 기존의 학계는 성리학의 부정적 영향 때문인지 유학을 철학의 하나로만 국한해서 가르치는 경향이 있다. 그러나 내가 공부한 바에 따르면 공자는 리더의 바람직한 모습 그리고 그런 리더가 되기 위한 수양 과정을 지독할 정도로 치밀하게 이야기하고 가르쳤던 인물이다.

이런 깨우침에 기반을 두고서 이번에는 공자가 제시했던 지도자상을 태종이 얼마나 체화하고 구현했는지를 확인하고 싶었다. 이런 부분들을 주를 통해 드러낼 것이다. 그렇게 할 때 경학과 역사가 통합된 경사(經史) 통합적인 공부가 될 수 있다.

그렇다면 '왜 세종이 아니고 태종인가?'라는 질문을 던질 수 있겠다. 물론 세종의 리더십을 탐구하는 것도 대단히 중요하다. 그러나 그의 아버지 태종의 리더십을 충분히 탐구하지 않으면 세종에 대한 탐구는 피상적인 데 그칠 우려가 있다. 따라서 이 작업은 추후 세종의 리더십을 제대로 탐구하기 위한 기초 작업이기도 하다는 점을 밝혀둔다.

이 책에는 새로운 시도가 담겨 있다. '실록으로 한문 읽기'라는 큰 틀에서 번역을 진행했다. 월 단위로 원문과 연결 독음을 붙인 것도 그 때문이다. 번역문 중에도 어떤 말을 번역했는지를 대부분 알 수 있게 표시했고 번역 단위도 원문 단위와 거의 일치하기 때문에 어떤 문장을 어떻게, 심지어 어떤 단어를 어떻게 옮겼는지를 남김없이 알 수 있도록 했다. 물론 '착할 선(善)', '그 기(其)', '오를 등(登)' 수준의 뜻풀이는 생략했다. 아무런 의미가 없기 때문이다. 이러한 장치를 통해 조금이라도 살아 있는 한문을 익히고 우리 역사와 조상들의 사고방식을 가까이하는 데 도움이 되기를 바란다.

역주는 워낙 방대한 작업이기 때문에 앞에서 언급했다고 해서 다시 언급하지 않는 것이 아니라 그때그때 필요하면 중복되더라도 다시 달았다. 편집의 아름다운 완결성을 다소 희생하더라도 독자들의 읽는 재미와 속도를 감안했기 때문이다.

재위 1년 단위로 한 권씩 묶어 태종의 재위 기간 18년—18권을 기본으로 하고, 태조와 정종 때의 실록에 있는 기록과 세종 때의 실록에 담긴 상왕으로서의 기록을 묶은 1권을 별권으로 삼아 모두 19권으로 구성했다. 이를 통해 우리 사회에 태종의 리더십에 대한 제대로 된 탐구가 시작되기를 기대한다.

21세기북스 김영곤 대표의 결단이 없었다면 이 책은 세상에 나오지 못했을 것이다. 이 자리를 빌려 깊이 감사드린다. 더불어 계획 초기부터 함께 방향을 고민했던 정지은 이사와 편집 실무자들에게도 고맙다는 말을 전한다. 그리고 함께 공부하는 즐거움을 누리고 있는 우리 논어등반학교 대원들께 진심으로 고맙다는 말을 전하고 싶다. 마지막으로 내 글쓰기 작업의 원동력인 가족들에게도 깊은 감사를 올린다.

서울 상도동 보심서실(普心書室)에서

탄주(灘舟) 이한우

| **일러두기** |

1. 실록은 무엇보다 인물과 역사적 배경이 중요하기 때문에 문맥에서 필요한 범위 내에서 충실하게 주(註)를 달았다.

2. 기존의 번역 중 미세한 오역이나 번역이 누락된 경우는 번역의 어려움을 감안해 지적하지 않았지만 중대한 오역이거나 향후 한문 번역에서 같은 잘못이 반복될 수 있다고 판단되는 경우에는 주를 통해 지적했다.

3. 간혹 역사적 흐름에 대한 설명이 필요한 경우 간략한 내용을 주로 달았다. 그러나 독자들의 해석과 평가에 영향을 미치지 않도록 최소한의 범위에서만 언급했다.

4. 『논어(論語)』를 비롯해 동양의 고전들을 인용한 경우가 많은데 기존의 번역에서는 출전을 거의 밝히지 않았다. 그러나 당시 우리 선조들이 실제 정치를 행사하는 데 고전의 도움을 얼마나 받았는지를 알려면 그들의 말과 글 속에 동양 고전들이 얼마나 자연스럽게 녹아 있는지를 살피는 것이 중요하다. 하여 확인 가능한 고전 인용의 경우 주를 통해 그 전거를 밝혔다.

5. 분량이 워낙 방대하기 때문에 설사 앞서 주를 통해 언급한 바 있더라도 다시 찾아보는 번거로움을 덜기 위해 중복이 되더라도 다시 주를 단 경우가 있음을 밝혀둔다.

6. '원문 읽기를 위한 도움말'의 경우 단조로운 문장은 그대로 두고 한문 문장의 독특한 구조를 보여주는 구문에 초점을 맞췄다.

7. 한자는 대부분 우리말로 풀어쓰고 대괄호([ ]) 안에 독음과 함께 한자를 표기했다. 그래서 '천명(天命)'이라고 표기한 경우도 있지만 대부분 '하늘의 명[天命]'이라는 방식으로 표기했다. 또한 한자 단어의 경우 독음을 붙여쓰기로 표기하여 한문 문장을 이해하는 데 도움이 되고자 했다.

8. 문단 맨 앞의 'ㅇ' 표시는 같은 날 다른 기사임을 구분한 것이다.

차
례

들어가는 말 4

일러두기 10

태종 17년 정유년 1월 13 • 원문 38

태종 17년 정유년 2월 49 • 원문 98

태종 17년 정유년 3월 119 • 원문 148

태종 17년 정유년 4월 161 • 원문 194

태종 17년 정유년 5월 209 • 원문 244

태종 17년 정유년 윤5월 259 • 원문 316

태종 17년 정유년 6월 341 • 원문 389

태종 17년 정유년 7월 409 • 원문 436

태종 17년 정유년 8월 449 • 원문 481

태종 17년 정유년 9월 495 • 원문 526

태종 17년 정유년 10월 541 • 원문 562

태종 17년 정유년 11월 571 • 원문 596

태종 17년 정유년 12월 607 • 원문 643

태종 17년 정유년
1월

一月

무자일(戊子日) 초하루에 상이 면복(冕服) 차림으로 백관(百官)을 거느리고 황제의 정월초 하루[正]를 하례했다.

○ 안장 달린 말을 상왕에게 바쳤다.

○ 인정전(仁政殿)에 나아가 군신(君臣)의 동연(同宴)을 베풀었다. 여러 신하가 모두 취하므로 일어나서 춤추는 자가 심히 많으니, 상이 매우 기뻐했고 세자가 술잔을 올렸다. 좌의정 박은(朴訔)이 한창 춤을 추다가 마침내 세자 앞에 꿇어앉아 울면서 말했다.

"세자께서는 국저(國儲)이며 군부(君副)이므로 직임(職任)이 큽니다. 그런데 군부(君父)의 교령(敎令)을 어찌 고분고분 따르지 않습니까?"

상이 세자에게 명해 말했다.

"너는 들었느냐? 이것은 대신(大臣)의 충언(忠言)이다."

신묘일(辛卯日-4일)에 총제(摠制) 이지실(李之實)을 충청도(忠淸道)에, 조흡(曹恰)을 전라도(全羅道)에 보내 내상(內廂-도절제사의 군영)을 이배(移排)하기에 알맞은 곳[可當處]을 두루 살펴보게 했다.

○ 일본(日本) 농주태수(濃州太守) 평종수(平宗壽), 축주부(筑州府) 경조윤(京兆尹) 종정징(宗貞澄)의 사인(使人)이 와서 토산물을 바쳤다.

계사일(癸巳日-6일)에 이대생(李大生)에게 집과 쌀·콩·소금·장(醬)·술·젓[醢]·돗자리·목반(木盤)·사기(沙器) 등의 물건을 모두 갖춰 내려주었다. 대생(大生)은 방간(芳幹)의 사위다.

갑오일(甲午日-7일)에 전 호군(護軍) 문충덕(文忠德)·이운(李芸)에게 쌀·콩을 각 10석씩 내려주었으니, 제주(濟州) 사람들이었다.

병신일(丙申日-9일)에 지신사 조말생(趙末生) 등에게 명해서 향(香)을 받들고 먼저 종묘(宗廟)에 나아가게 했다.

상이 일찍이 말했다.

"전조(前朝-고려)의 임금들은 즉위한 뒤로 친사(親祀-친향)함이 한두 번에 불과했으므로 종묘에 나아갈 때를 당하면 반드시 성례(盛禮)를 갖추었지만, 나는 세사(歲事-연례행사)로 상례(常禮)를 삼고자 하므로 어찌 반드시 저렇게 번거롭게 할 수 있겠는가? 제삿날을 맞아 청재(淸齋-재계)한 근신(近臣)을 거느리고 샛길로 따라가는 것이 좋겠다."

마침내 명해 종묘의 북장(北墻-북쪽 담)에다 작은 문을 만들게 했는데, 이때에 이르러 말생(末生)에게 명해 이 문으로 먼저 가게 했다.

정유일(丁酉日-10일)에 세자에게 명해 종묘 춘향대제(宗廟春享大祭)를 대신 거행하게 했으니[攝行], 진눈깨비가 내렸기 때문이다. 의물(儀物)을 이미 갖추었으므로 (그대로) 친향례(親享禮)를 썼다.

무술일(戊戌日·11일)에 나무에 성에가 꼈다.

○ 전 전라도 도절제사(全羅道都節制使) 조원(趙源)을 영일현(迎日縣)으로, 전 회양부사(淮陽府使) 조진(趙瑨)을 천안군(天安郡)으로 유배 보냈다.

원(源)이 애초에 평강현(平康縣) 사람의 집에서 성혼(成婚)하고, 여양군(礪良君) 송거신(宋居信)에게 편지를 보내 말했다.

'한방지(韓方至)에게 사렵(私獵)을 금지하는 임무의 일을 맡기지 말게 함으로써 일읍(一邑)의 소망에 부응(副應)하게 하소서.'

거신(居信)이 그대로 아뢰니, 상이 그 글을 내던지며 또 말했다.

"내가 예조(禮曹)의 계문(啓聞)을 좇아 가까운 곳인 평강(平康)을 골라 강무(講武)하는 상소(常所)로 정하자 예조에서 월령(月令)을 상고해 이를 아뢰었던 것인데, 상에게 강무할 것을 고하는 자는 모두가 아첨하는 신하란 말인가? 마땅히 원에게 '일읍의 소망에 부응하게 하라'는 뜻을 물어야겠다."

마침내 의금부 도사(義禁府都事) 김유공(金有恭)에게 명해 원을 잡아 오게 했다가, 이때에 이르러 유배 보내게 했다. 사헌부 대사헌 김여지(金汝知) 등이 소를 올려 청했다.

'신 등이 가만히 듣건대, 신하로서 임금을 섬기는 것은 자식이 아버지를 섬기는 것과 같으니 다만 경애(敬愛)해야 할 뿐이지, 어찌 일호(一毫)라도 무례한 마음을 그 사이에 둘 수 있겠습니까? 지금 원이 거신에게 편지를 통해 강무할 곳을 막고자 함에 있어 언사(言辭)가 심히 불경하니, 그에게 털끝만큼이라도 전하를 공경하는 마음이 있다고 하겠습니까?

무릇 국가를 소유한 임금은 모두 성주(成周)¹를 법으로 삼고 있습니다. 주(周)나라의 사마(司馬)²는 사시(四時)의 전렵(田獵)을 관장해서 사냥해 무사(武事)를 익힘으로써 종묘(宗廟)를 받들었으나, 아조(我朝-조선)의 강무는 봄가을 두 때에 그칠 뿐입니다. 또 강무를 일정한 곳에서 하지 않는다면 아랫사람들이 혹 폐단을 입을 염려가 있으므로, 무사(武士)를 외방(外方)에 보내 한광(閑曠-텅 비고 넓은 곳)한 곳을 고르는 것도 고제(古制)에 맞게 하려는 소이(所以)인데, 원(源)은 홀로 무슨 마음으로 감히 이런 말을 했습니까? 원이 만약 그곳이 미편(未便)하다고 한다면 마땅히 그 사유를 친히 아뢰었어야 할 것입니다. 어찌 사사로이 서로 비부(比附-비슷한 말을 끌어댐)함으로써 국가의 중대한 일을 막는 것입니까? 대체로 사람이 말하는 것 중에 마음에 끼는 것이 있으면 사사(私事)이지 공사(公事)가 아닙니다. 원의 아내와 한방지는 본부(本府-사헌부)에서 소송하고 있으니 원망을 품은 지 오래됐습니다. 이제 한방지가 가게 되자 원이 그 아내의 사원(私怨) 때문에 위로 군부(君父)의 존엄함을 저버렸습니다. 그에게 애경(愛敬)하는 마음이 없음이 분명한데도, 전하께서는 직첩(職牒)만 거두고 외방으로 보내니 권징(勸懲)하는 도리가 아닙니다.

엎드려 바라건대 다시 국문(鞫問)을 가해 밝게 법대로 처치하소서. 전 회양부사(淮陽府使) 조진이 박빈(朴彬)을 매질한 사실도 원과 서로 비슷하니, 또한 직첩을 거두고 그 실정을 신문(訊問)함으로써 뒤

---

1 주(周)나라 성왕(成王)과 주공 단(周公旦)의 시대를 말한다.
2 주대(周代)에 주로 군사(軍事)를 맡아보던 벼슬을 가리킨다.

에 오는 사람을 경계하소서.'

명해 진의 직첩만 거두고 자원(自願)에 따라 천안군(天安郡)에 유배시키되, 원은 논하지 말게 했다. 좌부대언(左副代言) 이명덕(李明德)이 다시 헌부에서 청한 원의 죄를 아뢰니, 상이 말했다.

"그만하면 됐다."

조말생(趙末生)이 말했다.

"원의 죄는 신 등도 족하지 못하게 여기니, 헌사(憲司)의 청(請)을 따르기 바랍니다."

상이 말했다.

"원이 그전에 전라감사(全羅監司)였을 때 내가 그 도(道)에서 강무(講武)했는데, 오늘날의 말로 미뤄보면 반드시 나를 두고 황음(荒淫)하다 할 것이다. 이제 취처(娶妻)한 지 2~3일 사이에 말하기를 '일읍의 소망을 위로하여주소서'라고 하니, 그 간사함을 알 만하다. 그러나 이것은 모두가 나의 과실이었으니 원에게 무슨 죄가 있겠느냐? 강무하는 것은 나 자신을 위함이 아니다. 예전에도 천자(天子)가 친히 궁시(弓矢)를 잡았고, 또 무사(無事)하다 해서 사냥하지 않는다면 이는 불경(不敬)한 일이라는 말도 있다. 그러므로 요사이 내가 시험삼아 했던 것이나, 내 옛날 사람들과 같지 못한 까닭에 남들이 내 마음을 알지 못하고 있는 것이다. 내가 생각할 때, 우리 동방(東方)이 비록 작다 하더라도 3면(三面)이 바다에 접했으니, 혹 뜻밖의 사변이 일어나게 되면 어찌 바다 위에 떠다님이 옳겠는가? 이러한 나라를 가지고 단지 문교(文敎)만을 숭상함은 옳지 못한 것이다. 옛날 건문제(建文帝-명나라 혜제) 때에 사신이 와서 말하기를 '지금 우리 성조

(聖朝)에서는 유학(儒學)을 숭상하고 유도(儒道)를 중하게 여긴다'라고 했으나 얼마 안 가서 화(禍)가 헤아릴 수 없는 지경에 이르렀는데, 하물며 우리나라야 말해 무엇하겠는가?

내가 생각하기에 사람마다 적개심(敵愾心)을 가진다면 그런 뒤에는 그만둘 일이라 여겨진다. 다만 위에서 좋아하는 자가 있으면 아래에서 반드시 더 좋아하는 자가 있게 되어, 만약 강무를 먼 곳에서 한다면 비의(非議)가 있지 않을까 두렵고 또 자손들이 본받아 그 욕심을 마음대로 부릴까 염려돼서 이에 상소(常所)를 기내(畿內)에 정해 두고 한 해에 두 번 사냥 나갔던 것인데, 모르는 자들은 반드시 반유(盤遊-유희)한다고 할 것이니 이제부터는 결단코 하지 않을 것이다. 내가 양덕(涼德-박덕)으로서 백성을 구제함에 부족하나 깊이 장치(長治)의 도리를 생각해보니, 이를 싫어하는 자가 반드시 많을 터인데 어찌 원뿐이라 하겠느냐? 강무는 기필코 하지 않을 것이다."

조말생 등이 아뢰어 말했다.

"원이 치도(治道)를 통달하지 못해 비록 말을 그같이 했더라도, 전하께서는 자신을 위해 한 일이 아니니 어찌 이러한 하교(下敎)가 옳겠습니까?"

이명덕(李明德)이 아뢰어 말했다.

"무릇 사람의 정(情)이란 비록 농사를 지어 밥을 먹고 누에를 쳐서 옷을 입는 일이라 하더라도 위에서 이를 권하면 반드시 싫어하는 것인데, 하물며 다른 일에 대해서야 말할 나위가 있겠습니까? 한 사람의 원을 꺼려 이 옛 법을 폐하는 것은 안 될 일입니다."

상이 말했다.

"원이 말한 것은 비록 이와 같다 해도, 대체(大體)를 아는 자라면 어찌 모른다고 하겠는가?"

명덕(明德)이 아뢰었다.

"헌사(憲司)의 장사(狀辭)가 매우 절실합니다."

상이 말했다.

"나도 이미 알고 있다."

명덕·말생 등이 아뢰어 말했다.

"만약 원을 죄주지 않는다면 헌사에서 결망(缺望)하게 되고 또 뒷사람을 경계할 도리가 없으니, 그를 죄줄 것을 청합니다."

상이 말했다.

"원이 지은 죄는 더할 것이 없다."

말생이 아뢰었다.

"이제 만약 이에서 그친다면 다시 등용되는 이치가 있지 않을까 염려됩니다."

상이 말했다.

"내가 등용하지 않는다면 그 누가 그를 등용하겠는가?"

말생 등이 아뢰었다.

"마땅히 헌사(憲司)의 장계를 서료(庶僚-모든 관료)에게 선포해서 그들로 하여금 훤히[曉然] 모두 알게 하소서."

상이 말했다.

"비록 포시(布示-널리 보여줌)하지 않더라도 소(疏)가 대언사(代言司)에 있으니 모두 알 수 있을 것이다."

○ 각 도(道)의 잠소(蠶所)를 정하고 사인(使人)을 보내 이를 감독하

게 했다. 개성부유후사(開城府留後司)에 내섬소윤(內贍少尹) 이사흠(李士欽)을, 경기 가평(加平)에 전 풍저창사(豊儲倉使) 이문간(李文幹)을, 충청도 청풍(淸風)에 내사소윤(內資少尹) 오을제(吳乙濟)를, 경상도 의성(義城)에 전 사재주부(司宰注簿) 배소(裵素)를, 풍해도 수안(遂安)에 전 사재소감(司宰少監) 서계릉(徐係稜)을, 전라도 태인(泰仁)에 전 경력(經歷) 유익지(柳翼之)를 보냈다. 이렇게 분치(分置)한 것은 백성으로 하여금 그것을 본받게 하고자 함이었다.

기해일(己亥日-12일)에 명해 소합유(蘇合油) 값으로 징수한 주포(紬布)를 권완(權緩, ?~1417년)³의 집에 환급(還給)하도록 했으니, 완(緩)이 졸(卒)했기 때문이다. 또 부의(賻儀)로 종이 100권을 내려주었다.

○ 명해 숙릉(淑陵-익조비)·장씨릉(張氏陵)·한씨릉(韓氏陵)을 개수(改修)하게 했으니, 예조로 하여금 한식(寒食)을 맞아 이를 개수하게 한 것이다.

○ 성균 사예(成均司藝) 권도(權蹈)가 글을 올려 종자(宗子)의 법⁴을

---

3 태종이 즉위하기 전부터 태종과 친분이 깊었던 까닭으로 1406년(태종 6년) 무렵에 승정원우대언(承政院右代言)으로 재직했다. 1408년 예문관제학을 거쳐 우군동지총제(右軍同知摠制)로서 계품사(啓稟使)가 돼 명나라에 다녀왔으며, 이후 참지의정부사를 역임하다가 언사(言事)로 인해 파직됐다. 1411년 경기도관찰사로 부임했는데, 이듬해 조세징수의 성적이 좋지 않고 조운을 막히게 했다는 대간의 탄핵을 받고 영주로 유배되던 중 특사로 풀려났다. 같은 해 공안부윤(恭安府尹)에 복직, 이후 판원주목사(判原州牧使)를 지냈다. 1416년 휴관(休官) 중에 개인적으로 소장한 소합유(蘇合油) 3근을 지신사 유사눌(柳思訥) 등과 공모해 내약방(內藥房)에 들여보낸 사건으로 의금부에 하옥되었다가 외방으로 유배됐으나, 곧 풀려나 직첩을 환급받았다.

4 지자(支子)는 제사를 지내지 못하고 종자(宗子)만이 반드시 제사를 지내게 하던 법이다. 종자(宗子)는 왕가(王家)의 적자(嫡子)나 본가(本家)의 대를 이을 적장자(嫡長子)를 말

행하기를 청하니 예조에 내려 토의하게 했고, 드디어 정침(停寢-중단)
했다.

○ 사간원 우사간대부(司諫院右司諫大夫) 최순(崔洵) 등이 소(疏)를
올려 조원(趙源)에게 죄주기를 청했는데, 그 소(疏)는 이러했다.

'원(源)은 별다른 재덕(才德)도 없으면서 지위가 2품에 이르렀으니,
마땅히 소심(小心-조심함)으로써 봉직(奉職)해야 합니다. 예전에 전라
도에서 봉사(奉仕)할 때 직사(職事)를 삼가지 못해 두 번씩이나 죄망
[罪罟]에 걸렸으나 특별히 원유(原宥-사면)를 입었으니, 더욱 충성을
다해 재조(再造-다시 살려줌)의 은혜에 보답하려고 도모해야 할 것입
니다. (그런데도) 일찍이 이것은 돌보지 않고, 곧 혼인(婚姻)한 까닭으
로 대의(大義)를 생각지 않고 슬그머니 향인(鄕人)들이 자기에게 고
맙게 여기게 하고자 사사로이 송거신을 통해 평강(平康)을 강무(講
武)할 곳으로 삼지 않도록 청했으니, 이것은 신자(臣子)가 임금을 애
경(愛敬)하는 마음에 있어 어떻겠습니까? 하물며 강무는 군정(軍政)
에 관계되는 것이므로 본래가 폐할 수 없는 것입니다. 평강은 경도
(京都-한양)의 근읍(近邑)이므로 상소(常所)로 삼음이 마땅하니, 전하
께서 사람을 보내 살펴보게 함은 진실로 사리에 합당한 것입니다. 원
이란 자가 만약 말씀드릴 것이 있었다면 직접 신총(宸聰-임금의 귀 밝
음)에 상달함이 옳을 것입니다. 몰래 불경한 마음을 품고 감히 비부
(比附-아부)하는 사사로움을 행했으니 그 죄가 막심합니다. 엎드려
바라건대, 전하께서는 한결같이 헌사의 청에 따라 명령을 유사(攸司)

―――――――
한다.

에 내려서 그 연유를 국문(鞫問)케 하고, 그 죄를 밝혀 바로잡음으로써 그의 불경함을 징계하소서.'

들어주지 않았다.

경자일(庚子日-13일)에 정경(鄭耕)을 전라도 도관찰사(全羅道都觀察使)로 삼았다. 경(耕)이 서울로 올라와 사은(謝恩)하고자 충청도의 이산(尼山)까지 이르렀는데, 서울에 올라와 사은하는 일을 그만두라는 전지(傳旨)가 있자 경이 전(箋-짧은 글)을 올려 사은했다.

계묘일(癸卯日-16일)에 호조에 명해 순덕후(順德侯) 진리(陳理)의 아내 이씨(李氏)에게 집 지을 땅을 주게 했다.

상이 말했다.

"제후(諸侯)가 나라를 잃게 되면 (다른) 제후에게 의탁하는 것이 예(禮)다. 진왕(陳王)[5]의 아내는 여러 해를 과부로 살고 있으니[寡居]
_{과거}
참으로 가련하다. 그에게 집 지을 땅을 주고, 또 각 해에 빌려준 쌀·콩도 면제하고 매년 철 따라 궁핍함을 구제하도록 하라."

○ 병조에 명해 응인(鷹人-매 부리는 사람)을 추쇄(推刷)해서 군역(軍役)을 정하게 했다. 상이 판서 이원(李原)에게 일러 말했다.

"함길도(咸吉道)·평안도(平安道)·황해도(黃海道)에 사는 백성 중에 응방(鷹房-매사냥 담당 관청)을 핑계 대 요역(徭役)에 이바지하지 않는 자가 많다고 한다. 내가 봄가을로 교외에서 매사냥하는 일이 적으니,

---

5 여말선초(麗末鮮初)에 우리나라에 귀화한 중국인 진리(陳理)를 높여 부르던 칭호다.

병조에서는 이런 사람들을 추쇄해 군역을 정하게 하라."

○ 김흡(金洽)·김섭(金涉)·안소지(安紹之)에게 장(杖) 60대를 속(贖) 바치게 했다. 사헌부에서 흡(洽) 등이 외관(外官-지방직)을 제수(除授) 받고도 연고를 핑계 삼아 부임하지 않았다고 아뢰었기 때문이다.

○ 사헌부·사간원에서 다시 조원(趙源)에게 죄줄 것을 청했다. 헌부의 소(疏)는 이러했다.

'인신(人臣)의 죄 중에 불경(不敬)보다 더 큰 것이 없고, 불경한 것의 실상 중에 무례(無禮)보다 더 큰 것이 없습니다. (그런데) 지금 원(源)은 사사로이 송거신(宋居信)과 통교해 말하기를 "한방지(韓方至)를 임명하지 못하게 해 일읍의 소망에 부응케 하소서"라고 했으니, 신 등은 아직 깊이 살피지는 못했으나 방지(方至)가 가는 것이 그의 사사로운 일 때문입니까, 명을 받들고 가는 것입니까? 만약 방지가 명을 받들고 가는 것이라면 원이 말한 바는 무례하고 불경함이 심한 것입니다. 원은 사사(私事)가 있음만 알고 공사(公事)가 있음은 알지 못하며, 자기 집이 있음은 알고 국가가 있음은 알지 못합니다. 그의 행적은 백성에게 아양 떠는 것과 같되 그 마음의 실질은 군부(君父)의 존엄함을 배반한 것이니, 이제 만약 천주(天誅)를 면하게 된다면 신자(臣子)된 자들을 무엇으로 징계하고 무엇으로 권장하겠습니까? 엎드려 바라건대, 밝게 법으로 처치해 강상(綱常)을 바르게 하소서. 여양군(礪良君) 송거신은 원의 글을 받고도 즉시 신문(申聞)하지 않았고, 동봉(同封)한 소간(小簡-작은 서간)마저 숨겼습니다. 본부(本府)에서 두 번 세 번 핵문(劾問)해도 실상을 고하지 않았으니, 그 마음이 간휼(奸譎)해 사사로이 서로 비부(比附)한 것이 분명합니다. 바

라건대 당(黨)을 짓고 불충한 죄를 아울러 논함으로써 뒤에 오는 사람들을 징계하소서.'

간원의 소는 이러했다.

'인신(人臣) 중에 불충(不忠)하고 불경(不敬)한 자가 있으면 보고 듣는 대로 달려와 신문(申聞)함이 신자(臣子)의 도리입니다. 지금 송거신의 몸은 공신(功臣)이 됐으니 더욱 전하께 충성을 다해야 마땅한데, 근래에 전하께서 한방지를 평강에 보내 강무(講武)할 장소를 살펴보게 했더니 원은 처향(妻鄕-아내의 고향)을 비호(庇護)하고자 사사로이 거신에게 서신을 통해 강무할 곳을 저지하도록 청했고, 거신은 그 비부(比附)하는 서신을 달게 받고서 아뢰기를 계류(稽留-머물게 함)했습니다. 또 그 서신 안에 동봉한 편간(片簡)이 있었는데도 함께 신문(申聞)하지 않았으니, 어찌 신하로서 충성을 다해 임금을 받드는 마음이 있다 하겠습니까? 그 편간에 기재한 일은 더욱 의심스러운 것인데도 지금 본원(本院)에서 독납(督納-바치도록 독촉함)할 즈음에 그것을 유실(遺失)했다고 핑계 대며 숨겨두고 내놓지 아니하니, 그 마음 씀이 실로 헤아리기 어렵습니다. 엎드려 바라건대 유사(攸司)에 하명(下命)하시어 그 연유를 국문(鞫問)하고 그 죄를 올바르게 밝히소서.'

또 소를 올려 말했다.

'신 등이 강유신(康有信)과 조원(趙源)의 죄를 가지고 소(疏)를 갖춰 계문(啓聞)했으나 아직도 윤허를 받지 못해 운월(隕越-절실한 소망)의 지극함을 이길 수 없습니다. 신 등이 가만히 생각건대 인신(人臣)의 죄 중에 불충과 불경보다 더 큰 것이 없으니, 이런 짓을 해도 징계하지 않는다면 뒤에 오는 사람을 경계할 수 없으리라 여깁니다. 유신(有信)의 죄는 신 등이 비록 다 알지는 못해도 범한 바가 반드시 불충과 불경함을 벗어나지 않을 것이며, 원은 처향(妻鄕)을 강무하는 곳으로 삼지 않기 위해 감히 비부(比附)의 사사로움을 행했습니다. 모두 엄격히 징계해야 마땅한 것인데도 전하께서 특별히 경전(輕典)을 좇아 단지 외방으로 내쳤으니, 그것이 악을 징계하고 뒤에 오는 사람을 경계하는 뜻에 어떻겠습니까? 엎드려 바라건대 전하께서는 한결같이 앞서 올린 소대로 윤허하시어 시행하게 하소서.'

모두 다 윤허하지 않았다.

병오일(丙午日-19일)에 의정부 참찬(議政府參贊) 정구(鄭矩)를 보내 경사(京師)에 가게 했으니, 성절(聖節)을 하례하기 위함이었다. 명해 홍무 연간(洪武年間, 1368~1398년)에 건강(建康)에서 만든 각궁(角弓)을 사 오게 했다.

○ 조진(趙瑨)을 고양현(高陽縣)으로 양이(量移)[6]하니, 그 어미의 빈소(殯所)가 있기 때문이다.

○ 사간원에서 치도(治道)에 대해 몇 가지를 올렸다.

'하나, 인재(人材)는 국가의 기용(器用)이므로 미리 양성하지 않을 수 없습니다. (그런데) 지금 이른바 수문각(修文閣)·집현각(集賢閣)·보문각(寶文閣) 등은 그 이름만 있을 뿐 그 실상이 없습니다. 바라건대 나라 안에 집현전(集賢殿)을 창립하고 관각(館閣-교서관과 예문관)

---

6 멀리 유배된 사람의 죄를 감등해 가까운 곳에 적당히 옮기는 일을 말한다.

의 제학(提學) 중에서 글을 주관할 만한 자 몇 사람을 골라 제조로 삼으소서. 3품 이하의 시직(時職)·산직(散職) 문신 중에 나이가 젊고 자질이 근사(近似)한 자를 가려 뽑도록 명해 그 액수(額數-인원수)를 정하고, 모두 구전(口傳)⁷으로 종사(從仕)하게 하소서. 제조(提調)는 항상 이곳에 모여서 혹 경사(經史-경전과 역사)를 강독(講讀)하게 하고 혹 글제[題]를 명해 제술(製述)하게 함으로써 문풍(文風)을 진작(振作)하게 하소서.

하나, 『육전(六典)』 안에 "과거(科擧)의 초장(初場)에는 강론(講論)만을 전용(專用)한다"라고 했으나, 영락(永樂) 5년 4월 일에 길창군(吉昌君) 권근(權近)의 진언(陳言)에 따라 수교(受敎)하기를 "강론(講論)은 없애고 제술(製述)을 시험하라"라고 해서 이것이 『속육전(續六典)』에 실려 시행된 지 수년이 되었습니다. 이제부터는 한결같이 『원전(元典)』을 좇아 다시 강론(講論)을 쓰게 함이 진실로 아름다운 법이라 하겠습니다. 신 등의 생각으로는, 제술(製述)만 시험하고 강론(講論)에 근본을 두지 않는다면 부조(浮藻-부박함)함에 치우쳐 명경(明經)의 실상을 볼 수 없을 것이고, 강론(講論)으로 시험하고 제술(製述)을 시험하지 않는다면 고체(固滯-편협함)함에 치우쳐 문사(文辭)의 기상을 더할 수 없을 것입니다. 바라건대 이제부터는 강론(講論)과 제술(製述)의 법을 둘 다 두어, 식년(式年)⁸에 이르면 예조(禮曹)에서 임

---

7   3품 이하의 관원을 임명할 때, 전조(銓曹)에서 인물을 천거하면 임금이 구두(口頭)로 승인하는 제도를 말한다. 3망(三望)을 거치지 않고 많은 사람을 임명할 때 쓰는 제도다.

8   과거를 보기로 정한 해로, 태세(太歲)가 자(子)·오(午)·묘(卯)·유(酉)에 드는 해다.

시로 취지(取旨)하여 혹은 의의(疑義)로써 시험하고 혹은 강론으로써 시험해서 유생(儒生)으로 하여금 모두 경학(經學)과 문사(文辭)에 힘쓰도록 하소서.

하나, 향리(鄕吏)로서 면역(免役)하는 법은 『육전(六典)』에 실려 있어 시행한 지 이미 오래됐습니다. 그러나 그중에서 군공(軍功)으로 인해 면역(免役)됐다면 할 말이 있겠지만, 일찍이 적(敵)을 이겨 사공패(賜功牌)[9]를 받은 일이 없는데도 단지 원수(元帥)의 입안(立案)만으로 향역(鄕役)을 규면(規免-책임을 면하려 함)한 자가 간혹 있습니다. 이로 말미암아 아전의 액(額-인원수)이 날로 적어져 폐단이 적지 않습니다. 바라건대 사패(賜牌)를 제외하고, 단지 인원수의 입안만으로 향역을 면한 자는 모두 본역(本役)에 종사하게 해서 주군(州郡)을 충실하게 하소서.

하나, 성곽(城郭)은 폭도를 막고 백성을 보호하는 것이라 완비(完備)하지 않을 수 없습니다. 지금 각도의 요해처(要害處-요충지)에 성자(城子)를 쌓도록 명해서 환란(患亂)에 대비하는 염려가 지극합니다만, 신 등이 가만히 생각건대, 민력(民力)을 사용할 때는 반드시 그해의 풍흉(豐凶)을 살펴봐야 할 것이라 여깁니다. 근년 이래로 풍재(風災)와 한기(旱氣)가 서로 잇따라 곡식을 해쳤습니다. 지난해의 농삿달에는 가뭄[亢陽]으로 비가 오지 않더니 다행히 전하의 지극한 정성이 하늘을 감동케 해서 단비[甘雨]가 억수같이[霈然] 내려 백성이 가을 농사를 잃지 않았습니다만, 그러나 큰 풍년[大稔]에는 이르지 못

_{항양} _{감우} _{패연} _{대임}

---

9   군공(軍功)을 세운 사람에게 내려주는 패(牌)를 말한다.

해 공물(貢物)을 바치고 빚을 갚은 나머지 민간에 저장된 곡식이 넉넉하다고 말할 수 없습니다. 엎드려 바라건대, 이 역사를 잠깐 정지했다가 농사가 풍년 들고 민용(民用-백성의 주머니)이 넉넉해진 뒤에 거행하면 어찌 민생(民生)에 다행한 일이 아니겠습니까? 만약 어쩔 수 없다면 한 도(道)마다 한 성(城)씩만 쌓게 함이 어떻겠습니까?

하나, 잠상(蠶桑)은 왕정(王政)의 근본이요 민사(民事)의 소중한 것입니다. 따라서 전하께서 전년부터 외방(外方)으로 누에치기에 적당한 곳에 사인(使人)을 보내 분양(分養)케 하셨으니, 그 이유는 백성이 근본에 힘쓰기를 권장하는 뜻의 지극함입니다. 그러나 공상(公桑)이 자라고 무성하기를 기다리지 않고 해마다 누에를 치게 한다면, 혹 백성의 이익을 빼앗음이 될까 두렵습니다. 엎드려 바라건대 몇 해 동안 기한을 두었다가 시행토록 하소서.'

육조(六曹)에 내려 실상에 맞게 토의하게 하니[擬議] 이렇게 아뢨다.
의의

"향리(鄕吏) 중에 공패(功牌)가 없이 향역(鄕役)을 규면(規免)한 자들은 마땅히 모두 본역(本役)으로 돌려보내소서."

그것을 따랐다.

정미일(丁未日-20일)에 습산국(習算局)[10]에서 나라의 비태(否泰-주역(周易)에 나오는 괘 이름으로 운수(運數)의 막히거나 터짐)를 점치게 하던

---

10 조선 초기에 태일병법(太一兵法)에 관한 역산법(曆算法)을 강습(講習)하기 위해 설치했던 아문으로, 태조(太祖) 3년(1394년)에 설치했다가 세조(世祖) 9년(1409년)에 폐지했다.

것을 없애라고 명했다.

○ 전라도 도절제사(全羅道都節制使)의 군영(軍營)을 도강현(道康縣)에 정했다.

무신일(戊申日-21일)에 명해 이제부터 연향마(宴享馬)는 무역용(貿易用)을 제외하게 하고, 사복시(司僕寺)의 각 장(場)의 쓰지 않는 말을 쓰게 했다.

○ 경상좌도 도절제사(慶尙左道都節制使)의 군영(軍營)을 울산군(蔚山郡)으로 옮겼다.

○ 염치용(廉致庸)을 관노(官奴)로 삼아 영천(永川)에 소속시켰다.

형조(刑曹)와 대간(臺諫)이 교장(交章)해 청했다.

'지난번 치용(致庸)의 죄는 불충한 데 있었으나 전하께서 특별히 관전(寬典-너그러운 법 적용)을 내리시어 단지 먼 곳으로 귀양 보내는 것에 그치더니, 아직 1년도 못 되어 또 자원부처(自願付處)하게 하셨습니다. 신 등의 생각으로는 "악(惡)을 즉시 형벌하지 아니하는 것은 정사를 함에 있어 작은 실책이 아니다"라고 여겨집니다. 치용은 사분(私憤)을 이기지 못해 느닷없이 근거 없는 말을 발설함으로써 상의 다움에 누(累)를 끼쳤으니 그가 불충한 마음을 품고 국법을 범한 소이가 밝게 드러나 명백하지만, 전하께서 차마 하지 못하는 마음[不忍之心]으로 목숨[喘息]을 존속하게 하셨으니 그것이 악을 징계하고 뒷사람을 경계하는 뜻에 어떻겠습니까? 비유하면 남이 나의 부모를 욕했을 때 그 자식 된 자는 무엇으로 대처하겠습니까? 또 법이란 천하고금(天下古今)이 한가지로 말미암는 것이지, 전하께서 사사로이 행할 수 있는 것이 아닙니다. 전하께서는 어찌 이 한 사람의 구명(軀命-몸과 목숨)을 애석하게 여겨 만세(萬世)에 바꿀 수 없는 대법(大法)을 무너뜨리려 합니까? 엎드려 바라건대, 전하께서는 대의(大義)로써 결단하고 치용을 상형(常刑-일정한 형벌)대로 처치하게 해서 그 죄를 밝게 바로잡음으로써 신민(臣民)의 분함을 터주소서.'

명해 다른 일은 면제하고 영천(永川)의 관노로 소속시키게 했다.

○ 명해 안마도(安馬島)의 양마(良馬)를 골라오도록 했다. 전라도 도관찰사(全羅道都觀察使)가 보고해 말했다.

"백적류(白赤騮)·흑총마(黑驄馬) 30여 필이 각기 새끼 말을 거느리고 섬에서 스스로 자라가고 있습니다."

상이 말했다.

"그전대로 그 섬에서 말을 치기에 편한가의 여부를 살펴 아뢰게 하라."

신해일(辛亥日-24일)에 홍주목사(洪州牧使)에게 뜻을 전해 읍내(邑內)의 옛 관아[古衙]를 수즙(修葺-수리)하게 하니, 방간(芳幹) 부자를 장차 옮기려 함이다.

○ 호군(護軍) 조전(趙琠)의 신정(申呈-신고)을 형조에 내렸다. 전(琠)은 한산부원군(漢山府院君) 조영무(趙英茂)의 아들이다. 질(秩)과 어미가 다르므로 적(嫡)·첩(妾)을 변명하기 위해 신소(申訴)한 것이다. 상이 대언(代言)에게 일러 말했다.

"영무(英茂) 가문(家門)의 일을 너희들은 들었느냐? 내가 듣기에

'부원군의 병이 심했을 때[病劇] 그 첩을 보고자 했으나 질(秩)의 모
病劇
자(母子)가 이를 막았고, 죽은 뒤에는 즉시 밖으로 내쳤으며, 지금은
여러 자식이 또한 서로 화목하지 않다' 하니, 나는 매우 이상하게 생
각한다."

임자일(壬子日·25일)에 대간(臺諫)을 불러, 예빈 주부(禮賓注簿) 박경
무(朴景武)와 의영고 부직장(義盈庫副直長) 이대생(李大生)의 고신(告
身)을 서경(署經)하도록 명했다. 경무(景武)를 불러 아내를 버린 까닭
을 물은 뒤 도로 흩어진 가족과 모여 살라고[完聚] 명했다. 대간에
完聚
서 방간(芳幹)의 사위라 해 고신을 내지 않는 까닭에 이러한 명(命)
이 있었다.

○ 개국공신도감(開國功臣都監)을 고쳐 공신도감(功臣都監)이라고
했다. 공신에 정사공신(定社功臣)이 있고 좌명공신(佐命功臣)이 있는
까닭에, 다만 개국(開國)이라 칭함이 실상에 맞지 않기[未該=不稱]
未該   不稱
때문이다.

도감(都監)에 명해 말했다.

"공신의 적장(嫡長)은 똑같이 공신의 예(例)에 좇게 하라. 이제부터
공신으로 하여금 중삭(仲朔-음력 2월, 5월, 8월, 11월)에 모이게 하는
데, 만일 자신이 죽었거나 출사(出使-외국에 사신으로 감)한 자가 있으
면 그 적장이 시연(侍宴)토록 허락하되 적장 중에서도 나이 어린 자
는 나이 18세가 되기를 기다려 바야흐로 시연함을 허락하라."

○ 공사노비소량(公私奴婢訴良)의 한계를 정했다.

형조에서 계하(啓下)[11]해 의정부·육조(六曹)·승정원(承政院)·대간
(臺諫)이 함께 토의해서 계문(啓聞-아뢰어 보고함)했다.

"정축년·무인년의 변정도감(辨定都監), 갑오년의 변정도감, 을미년
의 쇄권색(刷卷色-노비 추쇄기관)에서 공사(公私)로 소량(訴良)한 일은
모조리 변정했습니다. 이제 쟁송(爭訟)이 영구히 끊어져버린 때를 맞
아 신문고(申聞鼓)를 칠 뿐 아니라 형조·사헌부·쇄권색·형조도관(刑
曹都官)에도 범람하게 소장을 제출[呈狀]하는 자가 매우 많아서 결
송(決訟)에 끝이 없습니다. 오늘까지, 즉 정유년 정월 25일 이전에 접
장(接狀-소장 접수)한 것을 제외하고는 모조리 금단(禁斷)함이 어떻겠
습니까?"

그것을 따랐다.

계축일(癸丑日-26일)에 올적합(兀狄哈)·올량합(兀良哈) 등이 와서 토
산물을 바쳤다.

○ 대간(臺諫)과 형조에서 교장(交章)해 다시 염치용(廉致庸)에게
죄주기를 청했다. 소(疏)는 이러했다.

'신 등이 치용(致庸)의 불충한 죄를 들어 아뢰었으나 전하께서 법
대로 처치하지 않고 다만 관노(官奴)로 소속케 함에 그쳤습니다. 신
등이 가만히 생각건대, 불충한 사람은 하늘과 사람이 공노(共怒)하
는 것이요, 왕법(王法)으로 용서할 수 없는 것이라고 여깁니다. 치용

---

11 해당 관서에 먼저 보고해서 토의한 후에 임금에게 아뢰어 재결(裁決)을 받는 일을 말
한다.

은 전조(前朝)의 도신(盜臣)의 서자[孼]로서 구차하게 목숨을 아껴 죽음을 면했는데, 외람되게 성은(聖恩)을 입어 지위가 2품에 이르렀으니 신하의 도리를 다함이 마땅합니다. 그런데도 스스로 회화(悔禍-화를 다시는 당하지 않도록 뉘우치는 것)하지 아니하고 곧 창적(蒼赤-노비)의 작은 이익 때문에 울분을 품고 말을 조작해서 상덕(上德)에 누(累)를 끼쳤으니, 그 죄가 죽여도 옳음은 어리석은 남녀라도 모두 아는 바입니다. 또 인신(人臣)으로 비록 큰 공로가 있다 하더라도 뒤에 용서 못 할 죄가 있으면 그 공로로써 죄를 가릴 수 없는 것인데, 하물며 치용은 일찍이 척촌(尺寸)의 공로도 없는 데다가 자신이 불충한 죄를 범했으니 더 말할 나위가 있겠습니까? 이것이 신 등이 기어이 허락을 얻고자 마지않는 소이(所以)입니다. 엎드려 바라건대, 전하께서는 일부(一夫) 때문에 대의(大義)를 폐하지 말고 그 죄를 밝게 바로잡음으로써 신민의 소망을 터주소서.'

명해 말했다.

"치용의 일은 비록 오래되었으나 삼성(三省-형조와 대간)의 청을 듣지 않을 수 없었으므로 이미 관노로 정했으니, 이제부터 더는 청하지 말라."

갑인일(甲寅日-27일)에 예조판서 맹사성(孟思誠)이 대사례(大射禮)에 관한 글과 그림을 올리니 상이 말했다.

"옛 예문(禮文)에 구애될 것 없이, 내가 옛것을 참작하고 지금 것에 준거해서 이를 함이 마땅하다."

병진일(丙辰日·29일)에 왜인(倭人)이 와서 토산물을 바쳤다.

○ 광주판관(廣州判官) 오영로(吳寧老)가 계본(啓本)을 올렸다. 이에 앞서 영의정 유정현(柳廷顯)이 아뢰어 말했다.

"광주(廣州) 검단산(黔丹山) 아래는 강무장(講武場)이기 때문에 백성이 풀을 베고 나무를 찍을 수 없어서 민원(民怨)이 하늘에 닿았다[至天]고 합니다."
지천

이때에 이르러 상이 판관 오영로를 불러 정현(廷顯)의 말을 모두 전해주고 발언한 자를 찾아내 아뢰게 하니, 영로(寧老)가 와서 아뢰었다.

"연전에 정현이 창두(蒼頭·노비) 소근(小斤)으로 하여금 편지를 가지고 가서 이엉[蓋草]을 베기를 청하자 목사(牧使) 한승안(韓承顏)이
개초
말하기를 '네가 풀 벨 만한 곳을 보고 와서 아뢰라'라고 했는데, 소근이 돌아와 아뢴 곳이 바로 강무장이었으므로 승안(承顏)이 못하게 했습니다. 그 후에 (정현이) 광주에 사는 종 기매(其每)로 하여금 또 청하게 했으나 결국 승락을 얻지 못했습니다. 신이 의심스러운 자는 오직 이 종뿐이나 그를 신문한즉 불복(不服)했습니다."

상이 말했다.

"다시 신문할 필요는 없다."

정현이 아뢰었다.

"신이 전일에 아뢰었던 것은 단지 그 원망하는 말의 출처만 징험하고자 함이었습니다. (그런데) 지금 주관(州官)이 도리어 기매(其每)를 곤장 쳐서 신문하고 결박해 왔습니다."

상이 말했다.

"생각건대 반드시 향원(鄕愿)[12]의 뜬 말일 것이다. 내 그를 징치하고자 했는데, 이제 주관(州官)의 아뢴 것을 보고 곧 경(卿)의 종임을 알았다. 경의 충직(忠直)함은 내가 아는 바이므로 이것을 논하지 말기로 했으니, 이제부터 들은 것이 있으면 즉시 아뢰도록 하라."

---

12 그 향리(鄕里) 사람에게는 덕(德)이 있는 사람이라 칭송받으나 실제 행실은 그렇지 못한 사람을 가리킨다.

戊子朔 上以冕服 率百官賀帝正.
무자 삭 상 이 면복 솔 백관 하 제정

獻鞍馬于上王.
헌 안마 우 상왕

御仁政殿 設君臣同宴 群臣皆醉 起舞者甚多 上歡甚 世子進爵.
어 인정전 설 군신 동연 군신 개취 기무 자 심다 상 환심 세자 진작

左議政朴誾方舞 乃跪世子前泣曰: "世子國儲君副 職任大矣. 何
좌의정 박은 방무 내 궤 세자 전 읍왈 세자 국저 군부 직임 대의 하

不順君父之敎令乎?" 上命世子曰: "汝聞之 是大臣之忠言也."
불순 군부 지 교령 호 상 명 세자 왈 여 문지 시 대신 지 충언 야

辛卯 遣摠制李之實于忠淸道 曹恰于全羅道 巡審內廂移排可當
신묘 견 총제 이지실 우 충청도 조흡 우 전라도 순심 내상 이배 가당

處也.
처 야

日本 濃州太守平宗壽 筑州府京兆尹宗貞澄使人獻土物.
일본 농주태수 평종수 축주부 경조윤 종정징 사인 헌 토물

癸巳 賜李大生家舍 米豆 鹽醬 酒醢 席子 木盤 沙器等物皆具.
계사 사 이대생 가사 미두 염장 주해 석자 목반 사기 등물 개구

大生 芳幹之壻也.
대생 방간 지 서 야

甲午 賜前護軍文忠德 李芸米豆各十石 濟州人也.
갑오 사 전 호군 문충덕 이운 미두 각 십석 제주인 야

丙申 命知申事趙末生等 奉香先詣宗廟. 上嘗曰: "前朝之君 卽位
병신 명 지신사 조말생 등 봉향 선예 종묘 상 상왈 전조 지 군 즉위

以來 親祀不過一二 故當其之時 必備盛禮. 予則欲以歲事爲常
이래 친사 불과 일이 고 당 기 지 시 필비 성례 여 즉 욕 이 세사 위상

何必如彼其煩乎? 當祭之日 率淸齋近臣 從間道以往可也." 乃命作
하필 여피 기 번호 당 제 지 일 솔 청재 근신 종 간도 이왕 가야 내 명작

小門於宗廟北墻 至是 命末生由是門先往.
소문 어 종묘 북장 지시 명 말생 유 시문 선왕

丁酉 命世子攝行宗廟春享大祭 以雨雪也. 儀物已備 故用
정유 명 세자 섭행 종묘춘향대제 이 우설 야 의물 이비 고용

親享禮.
친향례

戊戌 木稼.
무술 목가

流前全羅道都節制使趙源于迎日縣 前淮陽府使趙瑁于天安郡.
유 전 전라도 도절제사 조원 우 영일현 전 회양부사 조진 우 천안군

源初成婚於平康縣人家 通書于礪良君宋居信曰: "勿以韓方至爲禁
원 초 성혼 어 평강현 인가 통서 우 여량군 송거신 왈 물이 한방지 위금

私獵之任 以副一邑之望." 居信以啓 上出其書 且曰: "予從禮曹之
사렵 지임 이부 일읍 지망 거신 이계 상출 기서 차왈 여종 예조 지

擇近地平康 定爲講武常所 禮曹考月令啓之. 告國君以講武者 皆
택 근지 평강 정위 강무 상소 예조 고월령 계지 고 국군 이 강무 자 개

佞臣歟? 宜問趙源以副一邑之望之意." 乃命義禁府都事金有恭 執
영신 여 의문 조원 이부 일읍 지망 지의 내명 의금부도사 김유공 집

源以來 至是流之. 司憲府大司憲金汝知等上疏請曰:
원 이래 지시 유지 사헌부 대사헌 김여지 등 상소 청왈

'臣等竊聞 臣之事君 猶子之事父 但當愛敬而已. 安有一毫無禮
신등 절문 신지 사군 유자 지사부 단당 애경 이이 안유 일호 무례

之心於其間哉? 今源通書于居信 欲以沮講武之所 辭甚不敬 其有
지심 어 기간 재 금 원 통서 우 거신 욕이 저 강무 지소 사심 불경 기유

一毫愛敬之心於殿下乎? 凡有國家者 皆成周爲法. 周之司馬 掌
일호 애경 지심 어 전하 호 범유 국가 자 개 성주 위법 주지 사마 장

四時田 以講武事 而奉宗廟 我朝講武 則止於春秋兩時而已. 又慮
사시 전 이 강무 사 이봉 종묘 아조 강무 즉 지어 춘추 양시 이이 우려

講武非常所 則下或受弊 故遣武士于外 以擇閑曠之地者 亦所以
강무 비상소 즉하 혹 수폐 고견 무사 우외 이택 한광 지지 자 역 소이

合乎古制也. 源獨何心 敢爲此言乎? 源也 若以其地爲未便 則宜
합호 고제 야 원독 하심 감위 차언 호 원야 약이 기지 위 미편 즉 의

親啓其由 豈可私相比附 以沮國家之重事乎? 大抵 人之所言 心有
친계 기유 기가 사상 비부 이저 국가 지중사 호 대저 인지 소언 심유

所挾 則私也 非公也. 源之妻 與方至訟于本府 挾憾久矣. 今玆方至
소협 즉 사야 비공야 원지처 여 방지 송우 본부 협감 구의 금자 방지

之行也 源也 以其妻之私怨 上負君父之尊 其無愛敬之審矣. 殿下
지행 야 원야 이 기처 지사원 상부 군부 지존 기무 애경 지심 의 전하

只收職牒 遣之于外 非所以勸懲之道也. 伏望更加鞫問 明置於法.
지수 직첩 견지 우외 비소이 권징 지도 야 복망 갱가 국문 명치 어법

前淮陽府使趙瑁答朴彬之事 實與趙源相類 亦收職牒 問訊其情
전 회양부사 조진 답 박빈 지사 실여 조원 상류 역수 직첩 문신 기정

以戒後來.'
이계 후래

命只收瑨職牒 從自願流于天安郡; 源則勿論. 左副代言李明德
명 지 수 진 직첩 종 자원 유우 천안군 원 즉 물론 좌부대언 이명덕

更啓憲府請源之罪 上曰: "已足矣." 趙末生曰: "源之罪 臣等亦謂
갱계 헌부 청 원지죄 상왈 이족의 조말생 왈 원지죄 신등 역위

未足也. 請從憲司之請." 上曰: "源昔爲全羅監司 予講武于其道 以
미족 야 청종 헌사 지청 상왈 원석위 전라감사 여 강무 우 기도 이

今日之言推之 必我爲荒淫也. 今娶妻二三日間 乃曰: '以慰一邑之
금일 지언 추지 필아위 황음 야 금 취처 이삼 일간 내왈 이위 일읍 지

望.' 其謠可知 然此皆予之過也. 源有何罪? 講武者 非爲己也. 古者
망 기요 가지 연 차개 여지과 야 원 유 하죄 강무 자 비 위기 야 고자

天子親執弓矢 又有無事而不畋 是不敬也之辭 故近者予試爲之. 予
천자 친집 궁시 우유 무사 이 부전 시 불경 야 지사 고 근자 여 시 위지 여

不若古之人 故人皆不知予心. 予以謂 吾東方雖小 三面濱海 儻有
불약 고지인 고인 개 부지 여심 여 이위 오 동방 수소 삼면 빈해 당유

不虞之變 豈可浮海乎? 以如此之國 徒尙文教 不可也. 昔 建文之
불우 지변 기가 부해 호 이 여차 지국 도 상문교 불가 야 석 건문 지

時 使臣來言: '今我聖朝 崇儒重道.' 未幾禍在不測 況我國乎? 予則
시 사신 내언 금 아 성조 숭유 중도 미기 화재 불측 황 아국 호 여즉

以爲 人人有敵愾之心 然後已也. 然上有好者 下必有甚焉 故若
이위 인인 유 적개 지심 연후 이야 연 상유 호자 하 필유 심언 고약

講武遐方 則恐有非議 且子孫效而縱其欲 乃定常所於畿內 歲二
강무 하방 즉 공유 비의 차 자손 효이 종 기욕 내정 상소 어 기내 세이

出焉. 不知者必謂盤遊也 自今斷不爲矣. 予以涼德 不足以濟民 然
출언 부지자 필위 반유 야 자금 단 불위 의 여 이 양덕 부족이 제민 연

深思所以長治之道 惡之者必衆 豈獨源哉? 講武必不爲也."
심사 소이 장 치지도 오지 자 필중 기독 원 재 강무 필 불위 야

　末生等曰: "源不達治道 雖言之如此 非殿下爲己之事 何乃有
말생 등왈 원 부달 치도 수 언지 여차 비 전하 위기 지사 하내 유

是教乎?" 明德曰: "凡人之情 雖耕食蠶衣之事 上有勸之 則必厭之
시교 호 명덕 왈 범 인지정 수 경식 잠의 지사 상유 권지 즉 필 염지

矣 況其他乎? 忌一趙源 廢此古法 不可也." 上曰: "源之言雖若此
의 황 기타 호 기일 조원 폐 차 고법 불가 야 상왈 원지언 수 약차

知大體者 豈不知耶?" 明德曰: "憲司之狀 辭甚切至." 上曰: "予
지 대체 자 기 부지 야 명덕 왈 헌사 지장 사 심절 지 상왈 여

已知之." 明德 末生等曰: "今若止此 恐有復用之理." 上曰: "予不用
이지 지 명덕 말생 등왈 금약 지차 공유 부용 지리 상왈 여 불용

之 則誰能用之?" 末生等曰: "宜布憲司之狀于庶僚 使曉然共知."
지 즉 수 능 용지 말생 등왈 의포 헌사 지장 우 서료 사 효연 공지

上曰: "雖不布示 疏在代言司 則可以共知."
상왈 수 불 포시 소재 대언사 즉 가이 공지

定各道鹽所 遣使監之. 開城府留後司 內贍少尹李士欽 京畿加平
정 각도 잠소 견사 감지　개성부 유후사　내섬 소윤 이사흠　경기 가평

前豐儲倉使李文幹 忠淸道淸風 內資少尹吳乙濟 慶尙道義城 前
전 풍저창 사 이문간　충청도 청풍　내자 소윤 오을제　경상도 의성 전

司宰主簿裵素 豐海道遂安 前司宰少監徐係稜 全羅道泰仁 前經歷
사재 주부 배소　풍해도 수안　전 사재 소감 서계릉　전라도 태인 전 경력

柳翼之. 分置斯所者 所以使民效之也.
유익지　분치 사소 자 소이 사민 효지 야

己亥 命換給所徵蘇合油價紬布于權緩之家 以緩之卒也. 且賜賻
기해 명 환급 소징 소합유 가 주포 우 권완 지가 이완 지졸 야　차 사부

紙百卷.
지 백권

命修淑陵 張氏陵 韓氏陵 令禮曹當寒食修之.
명수 숙릉　장씨릉　한씨릉　영 예조 당 한식 수지

成均司藝權蹈上書 請行宗子之法 命下禮曹議得 遂寢.
성균사예 권도 상서　청행 종자 지법　명하 예조 의득 수침

司諫院右司諫大夫崔洵等疏請趙源之罪. 疏曰:
사간원 우사간대부 최순 등 소청 조원 지죄　소왈

'源別無才德 位至二品 宜其小心奉職. 曩在全羅奉使之日 不謹
원 별무 재덕　위지 이품　의기 소심 봉직　낭재 전라 봉사 지일 불근

職事 再罹罪罟 而特蒙原宥 尤當盡忠 圖報再造之恩. 曾不是顧
직사　재이 죄고　이특 몽 원유　우당 진충　도보 재조지은　증 불시 고

乃以婚姻之故 不念大義 陰欲鄕人之德己 私通宋居信 請以平康
내 이 혼인 지고　불념 대의　음욕 향인 지 덕기　사통 송거신　청이 평강

不爲講武之所 其於臣子愛敬之心何? 況講武軍政之所係 固不可
불위 강무 지소　기어 신자 애경 지심 하　황 강무 군정 지 소계 고 불가

廢; 平康 京都之近邑 宜爲常所. 殿下之遣人審視 允合於義 爲源者
폐　평강 경도 지 근읍 의위 상소　전하 지 견인 심시　윤합 어의 위원자

如有可言 直達宸聰可也. 潛懷不敬之心 敢行比附之私 其罪莫大
여유 가언 직달 신총 가야　잠회 불경 지심　감행 비부 지사 기죄 막대

焉. 伏望殿下 一依憲司之請 命下攸司 鞫問其由 明正其罪 以懲
언　복망 전하 일의 헌사 지청 명하 유사　국문 기유　명정 기죄 이징

不敬.'
불경

不聽.
불청

庚子 以鄭耕爲全羅道都觀察使. 耕欲詣京謝恩 行至忠淸道尼山
경자 이 정경 위 전라도 도관찰사　경욕 예경 사은　행지 충청도 이산

有旨除赴京謝恩 耕上箋以謝.
유지 제 부경 사은　경 상전 이사

癸卯 命戶曹給順德侯陳理之妻李氏造家之地. 上曰: "諸侯失國

托於諸侯 禮也. 陳王之妻 累年寡居 誠爲可惜 其給造家之地 且免

各年所貸米豆 每年趁節周乏[=賙乏].

命兵曹推刷鷹人定軍役. 上謂判書李原曰: "咸吉 平安 黃海諸道

民居 托於鷹房 而不供徭役者甚多 予春秋放鷹於郊者鮮矣 兵曹可

刷如此之人 以定軍役.

金洽 金涉 安紹之 贖杖六十. 司憲府啓洽等除授外官 托故不

赴任故也.

司憲府 司諫院復請趙源罪. 憲府疏曰:

‘人臣之罪 莫大於不敬 不敬之實 莫大於無禮. 今源私通宋居信

曰: "免差韓方至 以副一邑之望." 臣等未審方至之行 其以私事歟?

承命而行歟? 若以方至爲承命而行 則源之所言 無禮不敬甚矣. 源

也知有私 而不知有公; 知有家 而不知有國 其迹若媚於民 而其心

實背于君父之尊. 今若得免天誅 則爲臣子者 何所懲以何以勸乎?

伏惟明置於法 以正綱常. 礪良君宋居信曾受源書 不卽申聞 又匿

同封小簡 本府再三劾問 不以實告 其心奸譎 私相比附明矣. 乞

幷論黨不忠之罪 以戒後來.’

諫院疏曰:

‘人臣有不忠不敬者 隨所見聞 奔走申聞 臣子之道也. 今居信身爲

功臣 尤當盡忠於殿下 近者殿下遣韓方至于平康 審視講武之所 源

欲庇妻鄕 通書居信 請沮講武之所. 居信甘受比附之書 而稽留啓聞
욕비 처향 통서 거신 청저 강무 지소 거신 감수 비부 지서 이 계류 계문

且其書內 有同封片簡 不幷以聞 豈人臣盡忠奉上之心乎? 其片簡
차 기 서내 유 동봉 편간 불병 이문 기 인신 진충 봉상 지심 호 기 편간

所載之事 尤爲可疑 而今本院督納之際 托其遺失 匿而不出 其用心
소재 지사 우위 가의 이금 본원 독납 지제 탁 기 유실 익이 불출 기 용심

實爲難測. 伏望命下攸司 鞫問其由 明正其罪.'
실위 난측 복망 명하 유사 국문 기유 명정 기죄

又上疏曰:
우 상소 왈

'臣等將康有信 趙源之罪 具疏以聞 未蒙兪允 不勝隕越之至.
신등 장 강유신 조원 지죄 구소 이문 미몽 유윤 불승 운월 지지

臣等竊謂 人臣之罪 莫大於不忠不敬 此而不懲 無以戒後. 有信
신등 절위 인신 지죄 막대 어 불충 불경 차 이 부징 무이 계후 유신

之罪 臣等雖未悉知 所犯必不外乎不忠不敬也. 源欲以妻鄕 不爲
지죄 신등 수미 실지 소범 필 불외 호 불충 불경 야 원 욕이 처향 불위

講武之所 敢行比附之 皆當痛懲者也. 殿下特從輕典 只令貶黜于外
강무 지소 감행 비부 지 개 당 통징 자야 전하 특종 경전 지령 폄출 우외

其於懲惡 戒後之意何如? 伏望殿下 一依前疏 兪允施行.'
기어 징악 계후 지 의 하여 복망 전하 일의 전소 유윤 시행

竝皆不允.
병개 불윤

丙午 遣議政府參贊鄭矩如京師 賀聖節也. 命買洪武年間建康
병오 견 의정부참찬 정구 여 경사 하 성절 야 명매 홍무 연간 건강

所造角弓以來.
소조 각궁 이래

量移趙瑨于高陽縣 以母殯所在也.
양이 조진 우 고양현 이모 빈소 재야

司諫院上治道數條:
사간원 상 치도 수조

'一 人材 國家之器用 不可以不預養也. 今所謂修文 集賢 寶文等
일 인재 국가 지 기용 불가이 불 예양 야 금 소위 수문 집현 보문 등

閣 徒有其名 而無其實. 乞於國中 創立集賢殿 擇館閣提學中 可
각 도유 기명 이무 기실 걸어 국중 창립 집현전 택 관각 제학 중 가

主文者數員 以爲提調 命擇三品以下時散文臣 年富資近者 定其
주문 자 수원 이위 제조 명택 삼품 이하 시산 문신 연부 자근 자 정기

額數 皆口傳從仕. 提調常會于此 或講讀經史 或命題製述 以振
액수 개 구전 종사 제조 상회 우차 혹 강독 경사 혹 명제 제술 이진

文風.
문풍

一 六典內 科擧初場 專用講論. 永樂五年四月日 吉昌君權近陳言
일 육전 내 과거 초장 전용 강론 영락 오년 사월 일 길창군 권근 진언

受敎 罷講論 而試製述 載在續六典 行之數年. 今一從元典 復用
수교 파 강론 이시 제술 재재 속육전 행지 수년 금 일종 원전 부용

講論 誠爲令典. 臣等以爲 但試製述 而不本於講論 則失於浮藻 而
강론 성위 영전 신등 이위 단시 제술 이불 본어 강론 즉 실어 부조 이

無以見明經之實; 試以講論 而不試其製述 則失於固滯 而無以增
무이 견 명경 지실 시이 강론 이불시 기 제술 즉 실어 고체 이무이 증

文辭之氣. 乞自今講論製述之法 兩皆存之 至於式年 禮曹臨時取旨
문사 지기 걸 자금 강론 제술 지법 양개 존지 지어 식년 예조 임시 취지

或疑義 或講論 俾儒生皆務經學文辭.
혹 의의 혹 강론 비 유생 개무 경학 문사

　一 鄕吏免役之法 載在六典 行之已久 然其中以軍功而免役 有
일 향리 면역 지법 재재 육전 행지 이구 연 기중 이 군공 이 면역 유

可言者 曾無克敵 受賜功牌 而但以元帥立案 規免鄕役者 間或
가언 자 증무 극적 수 사공패 이단 이 원수 입안 규면 향역 자 간혹

有之. 由是吏額日減 弊固不小. 乞除賜牌外 但有元帥立案者 皆令
유지 유시 이액 일감 폐고 불소 걸제 사패 외 단유 원수 입안 자 개령

從本 以實州郡.
종본 이실 주군

　一 城郭所以禦暴而保民 不可不完. 今於各道要害之處 命築城子
일 성곽 소이 어폭 이 보민 불가 불완 금어 각도 요해 지처 명축 성자

備患之慮至矣. 臣等竊謂 用民力 必視歲之豐歉. 近年以來 風災
비환 지려 지의 신등 절위 용 민력 필시 세 지 풍겸 근년 이래 풍재

旱氣 相仍害穀 而去歲農月 亢陽不雨 幸賴殿下至誠格天 甘雨霈然
한기 상잉 해곡 이 거세 농월 항양 불우 행뢰 전하 지성 격천 감우 패연

民不失秋. 然不至於大稔 而納貢償債之餘 民間所儲之粟 不可謂之
민불 실추 연 부지 어 대임 이 납공 상채 지여 민간 소저 지속 불가 위지

足矣. 伏望姑停此役 視年豐稔 民用有餘 然後乃擧 則豈非民生之
족의 복망 고정 차역 시년 풍임 민용 유여 연후 내거 즉 기비 민생 지

幸? 如不得已 則每於一道 只築一城何如?
행 여 부득이 즉 매어 일도 지축 일성 하여

　一 蠶桑 王政之本 民事之所重也. 殿下自前年 於外方宜蠶之處
일 잠상 왕정 지본 민사 지 소중 야 전하 자 전년 어 외방 의잠 지처

遣使分養 其所以勸民務本之義至矣. 然不待公桑長茂 而連年養蠶
견사 분양 기소이 권민 무본 지의 지의 연 부대 공상 장무 이 연년 양잠

恐或奪民之利. 伏望期以數年 然後行之.'
공혹 탈 민지리 복망 기이 수년 연후 행지

　下六曹擬議: "鄕吏無功牌 而規免役者 宜悉還本役." 從之.
하 육조 의의 향리 무 공패 이 규면 역자 의실 환 본역 종지

丁未 命罷習算局國卜否泰.
정미 명파 습산국 국복 비태

定全羅道都節制使軍營于道康縣.
정 전라도 도절제사 군영 우 도강현

戊申 命自今宴享馬 除貿易 用司僕各場不用馬.
무신 명 자금 연향마 제 무역 용 사복 각장 불용 마

移慶尙左道都節制使軍營于蔚山郡.
이 경상좌도 도절제사 군영 우 울산군

以廉致庸屬永川爲官奴. 刑曹 臺諫交章請曰:
이 염치용 속 영천 위 관노 형조 대간 교장 청왈

‘向者 致庸罪在不忠 而殿下特垂寬典 只流遐方 曾未一年 又令
향자 치용 죄재 불충 이 전하 특수 관전 지유 하방 증미 일년 우령

自願付處. 臣等以謂 惡不卽刑 非爲政之小失也. 致庸不勝私憤
자원부처 신등 이위 악 부즉형 비 위정 지 소실 야 치용 불승 사분

遽發無根之言 以累上德 其所以懷不忠 而干邦憲者 彰彰明矣. 但
거발 무근 지언 이루 상덕 기 소이 회불충 이 간 방헌 자 창창 명의 단

以殿下不忍之心 俾存喘息 其於懲惡 戒後之意何如? 譬如人辱我
이 전하 불인 지심 비존 천식 기어 징악 계후 지의 하여 비여 인욕 아

父母 爲其子者 何以處之? 且法者 天下古今之所共由 恐非殿下
부모 위 기자 자 하이 처지 차 법자 천하 고금 지 소공유 공 비 전하

所得而私也. 殿下何惜此一夫之軀命 以壞萬世不易之大法乎?
소득이 사야 전하 하석 차 일부 지 구명 이괴 만세 불역 지 대법 호

伏望殿下 斷以大義 將致庸置之常刑 明正其罪 以快臣民之憤.’
복망 전하 단이 대의 장 치용 치지 상형 명정 기죄 이쾌 신민 지분

命除他事 屬爲永川官奴.
명제 타사 속 위 영천 관노

命取安馬島良馬以來. 全羅道都觀察使報: “白赤駵 黑驄馬三十
명취 안마도 양마 이래 전라도 도관찰사 보 백적류 흑총마 삼십

餘匹 各率兒馬 自牧於島.” 上曰: “仍審其島牧場便否以聞.”
여필 각솔 아마 자목 어도 상왈 잉심 기도 목장 편부 이문

辛亥 傳旨洪州牧使 修葺邑內古衙 將以徒芳幹父子也.
신해 전지 홍주목사 수즙 읍내 고아 장이 도 방간 부자 야

下護軍趙琠申呈于刑曹. 琠 漢山府院君英茂之子也. 與秩異母
하 호군 조전 신정 우 형조 전 한산부원군 영무 지자 야 여 질 이모

以嫡妾辨明申訴. 上謂代言等曰: “英茂家門之事 汝等聞乎? 予聞
이 적첩 변명 신소 상위 대언 등왈 영무 가문 지사 여등 문호 여문

府院君病劇 欲見其妾 秩之母子沮之 卒後卽黜于外. 今諸子又不
부원군 병극 욕견 기첩 질지 모자 저지 졸후 즉출 우외 금 제자 우불

相和 予甚異之.”
상화 여심 이지

壬子 召臺諫 命署禮賓注簿朴景武 義盈庫副直長李大生告身.
임자 소 대간 명서 예빈 주부 박경무 의영고 부직장 이대생 고신

召朴景武 問棄妻之故 命還完聚. 臺諫以芳幹女壻 不出告身 故有
소 박경무 문 기처 지고 명환 완취 대간 이 방간 여서 불출 고신 고유

是命.
시명

改開國功臣都監爲功臣都監. 以功臣有定社有佐命 只稱開國 爲
개 개국공신도감 위 공신도감 이 공신 유 정사 유 좌명 지칭 개국 위

未該也. 命都監曰: "功臣嫡長 一從功臣之例 自今令功臣仲朔會集
미해 야 명 도감 왈 공신 적장 일종 공신 지례 자금 영 공신 중삭 회집

如有身歿及出使者 嫡長許令侍宴 嫡長之中 幼弱者 待年十八 方許
여유 신몰 급 출사 자 적장 허령 시연 적장 지중 유약 자 대연 십팔 방허

侍宴."
시연

定公私奴婢訴良之限. 以刑曹啓下 議政府 六曹 承政院 臺諫
정 공사노비 소량 지한 이 형조 계하 의정부 육조 승정원 대간

同議啓聞: "丁丑 戊寅年辨定都監 甲午年辨正都監 乙未年刷卷色
동의 계문 정축 무인년 변정도감 갑오년 변정도감 을미년 쇄권색

將公私訴良事 一皆辨正. 今當爭訟永斷之時 非但擊鼓 又於刑曹
장 공사 소량 사 일개 변정 금당 쟁송 영단 지시 비단 격고 우어 형조

司憲府 刷卷色 刑曹都官 汎濫呈狀者甚衆 決訟無際. 除今丁酉年
사헌부 쇄권색 형조 도관 범람 정장 자 심중 결송 무제 제금 정유년

正月二十五日以前已接狀外 一皆禁斷何如?" 從之.
정월 이십오 일 이전 이 접장 외 일개 금단 하여 종지

癸丑 兀狄哈 兀良哈等來獻土物.
계축 올적합 올량합 등 내헌 토물

臺諫 刑曹交章復請廉致庸之罪. 疏曰:
대간 형조 교장 부청 염치용 지죄 소왈

'臣等將致庸不忠之罪以聞 殿下不置於法 而只屬官奴. 臣等竊謂
신등 장 치용 불충 지죄 이문 전하 불치 어법 이 지속 관노 신등 절위

不忠之人 天人之所共怒 而王法之所不宥也. 致庸以前朝盜臣之孼
불충 지인 천인 지 소공노 이 왕법 지 소불유 야 치용 이 전조 도신 지얼

偸生免死 濫蒙聖恩 位至二品 宜盡臣道 不自悔禍 乃以蒼赤小利
투생 면사 남몽 성은 위지 이품 의진 신도 부자 회화 내 이 창적 소리

懷憤造言 以累上德 其罪之可殺 愚夫愚婦之所共知也. 且人臣雖有
회분 조언 이루 상덕 기죄 지 가살 우부 우부 지 소공지 야 차 인신 수유

大功 後有不原之罪 則功不能掩之 況致庸曾無尺寸之功 而身犯
대공 후유 불원 지죄 즉 공 불능 엄지 황 치용 증무 척촌 지공 이신 범

不忠之罪乎? 此臣等所以期於得請而不已者也. 伏望殿下 勿以一夫
불충 지죄 호 차 신등 소이 기어 득청 이 불이 자야 복망 전하 물 이 일부

而廢大義 明正其罪 以快臣民之望.'
이 폐 대의 명정 기죄 이쾌 신민 지망

　命曰: "致庸之事雖久 三省之請不可不聽 故已定官奴 自今勿
명왈　　　치용 지사 수구 삼성 지청 불가 불청 고 이정 관노 자금 물

復請焉.'
부청 언

　甲寅 禮曹判書孟思誠上大射禮文與圖 上曰: "不可泥古 予當
갑인　예조판서 맹사성 상 대사례 문여도 상왈　　불가 니고 여당

酌古準今而爲之.'
작고 준금 이 위지

　丙辰 倭人來獻土物.
병진 왜인 내헌 토물

　廣州判官吳寧老進啓本. 前此 領議政柳廷顯啓曰: "廣州黔丹山
광주판관 오영로 진 계본　전차 영의정 유정현 계왈　　광주 검단산

下以講武場 民不得刈草伐木 民怨至天." 至是 上召判官吳寧老
하 이 강무장 민 부득 예초 벌목 민원 지천　지시 상소 판관 오영로

悉傳廷顯之言 推發言者以聞. 寧老來啓曰: "年前 廷顯令蒼頭
실전 정현 지언 추 발언 자 이문　영로 내 계왈　　연전 정현 영 창두

小斤 齎書請刈蓋草 牧使韓承顔曰: '汝見可刈處來告.' 小斤還告 乃
소근 재서 청예 개초 목사 한승안 왈　여견 가예처 내고　소근 환고 내

講武場也. 承顔止之. 厥後令居廣州奴其每又請之 遂不得. 臣之
강무장 야 승안 지지　궐후 영거 광주 노 기매 우 청지 수 부득　신지

所可疑者 惟此奴耳 問之則不服." 上曰: "不必復問也." 廷顯啓曰:
소가의 자 유 차노 이 문지 즉 불복　상왈　불필 부문 야　정현 계왈

"臣之前日所啓 但欲驗其怨言所自. 今州官反杖訊其每 結縛以來."
신지 전일 소계 단 욕험 기 원언 소자　금 주관 반 장신 기매 결박 이래

上曰: "意必鄕愿之浮言也 予欲懲之. 今觀州官所啓 乃知卿之奴也.
상왈　의 필 향원 지 부언 야 여 욕징 지　금관 주관 소계 내지 경지노 야

卿之忠直 予所知也. 是用勿論 自今有聞輒啓."
경지 충직 여 소지 야　시용 물론 자금 유문 첩계

태종 17년 정유년
2월

二月

무오일(戊午日) 초하루에 종친들을 불러 격구를 했다.

○ 전라도에 있는 장사 읍성(長沙邑城)과, 평안도에 있는 용강 읍성(龍岡邑城)과 진산(鎭山)의 가산성(架山城)을 쌓도록 하니, 두 도 감사(監司)의 아룀을 따른 것이다.

○ 완원부원군(完原府院君) 이양우(李良祐, 1346~1417년)[1]가 졸(卒)했다. 조회를 3일 동안 정지하고 쌀·콩 아울러 50석, 종이 100권을 치부(致賻)했으며, 시호(謚號)는 안소(安昭)라 하고 장례는 상등(上等)의 예(禮)를 썼다.

---

1 아버지는 태조의 백형(伯兄)인 이원계(李元桂)이며, 완산부원군(完山府院君) 이천우(李天祐)의 형이다. 1398년(태조 7년)에 세자 이방석(李芳碩)의 보필을 맡고 있던 정도전(鄭道傳)·남은(南誾) 등이 난을 꾸민다는 정보에 따라, 아우 이천우와 함께 이방원(李芳遠)·이방간(李芳幹)을 도와 그들을 평정한 공으로 정사공신(定社功臣) 2등에 녹훈되고 영안군(寧安君)에 봉해졌다. 1400년(정종 2년) 이방간의 난 때 중립적인 처신을 했으며, 그 뒤에도 병을 핑계로 조정에 잘 나가지 않다가 태종의 미움을 받고 양주에 안치되었다 풀려났다. 그런데 그가 병을 핑계 삼아 조정에 나가지 않은 것은, 당시 왕실 족보가 객관적으로 만들어지지 않고 개작(改作)된 것에 대한 불만 때문이라고 한다. 1408년(태종 8년) 사은사로 명나라에 갔다가 돌아오는 길에, 요동에서 왜적들에게 잡혀갔던 백성을 구해 왔다. 1412년 5월에 태조의 직계가 아니면서 재내제군(在內諸君)의 호를 받은 자들을 혁파할 때 공신인 까닭에 완원부원군(完原府院君)으로 개봉(改封)됐다. 그 뒤 1414년에 전주에 유배 중인 이방간으로부터 선물을 받은 일이 탄로 나서 이방간과의 사통죄(私通罪)로 다시 대간(臺諫)의 격렬한 탄핵을 받았으나, 오히려 대간이 외방에 부처(付處)되는 소동이 벌어지기도 했다.

기미일(己未日-2일)에 의정부 좌의정 박은(朴訔), 우의정 한상경(韓尙敬)이 강무할 곳을 올렸으니, 사인(舍人) 심도원(沈道源)을 시켜 아뢰어 말했다.

"충청도 순성(蓴城)을 춘등 강무장(春等講武場)으로, 강원도 횡성(橫城)을 추등 강무장(秋等講武場)으로 할 것을 청합니다."

상이 노해서 말했다.

"횡성은 곧 전일에 정부(政府)와 대간(臺諫)에서 토의해 결정한 곳인데 그때에는 어찌 한마디 말도 언급하지 않았느냐? 또 지금은 강무한다는 명도 없었는데 어찌하여 이런 말을 내느냐? 나더러 각림사(覺林寺)에 간다고 핑계해 강무하지 말라는 말이냐? 내 어찌 강무하고자 했겠느냐? 다만 강무는 옛 제도[古制]인 것이다. 만일 강무하는 것을 그르다고 한다면, 이에 앞서 강무했을 때 여러 재상과 대간이 어찌하여 저지하지 않았느냐? 이것이 바로 임금의 악(惡)을 조장하는 것[長=助長]이다. 원주(原州)의 각림사는 내가 나이 어렸을 적에 유학(遊學)한 곳이어서 사우(寺宇)와 산천(山川)이 늘 꿈속에 들어오는 까닭에 한번 가보고 싶었을 뿐으로, 애초부터 부처를 위함은 아니었다. 만약에 눈이 녹기를 기다려서 간다면 반드시 '이를 핑계 삼아 강무한다' 할 것이니, 모름지기 눈이 쌓였을 적에 가야겠다."

대언(代言) 서선(徐選), 승전 내관(承傳內官) 최한(崔閑)을 의금부(義禁府)에 내렸다. 선(選) 등은 지난가을에 정했던 강무장을 을미년(乙未年-1415년)의 일이라고 했으므로, 상이 "나를 속였다"라고 가두도록 명했다. 또 조말생(趙末生)에게 명해 "집으로 돌아가라"라고 했고, 이튿날 서선·최한 등도 풀어주라고 명해 각기 그 집으로 돌아가게 했다. (이윽고) 말생(末生)을 불러 직책에 나오게 하니, 박은·상경(尙敬) 등이 대궐에 나아와 아뢰었다.

"어제 도원(道源)이 신 등의 뜻을 잘못 아뢰었습니다. 신 등의 생각으로는, 평강(平康) 강무장은 산이 깊고 눈이 쌓여 반드시 3월 보름을 기다린 뒤에야 눈이 다 녹겠고, 또 한 도내(道內)를 1년에 두 번씩 가신다면 민력(民力)이 근고(勤苦)할 뿐 아니라 반드시 농사에도 방해가 될 것입니다. 바라건대 순성(蓴城)으로 또 한 곳을 만드신다면, 금수(禽獸)도 해를 거듭함에 따라 번식할 이치가 있을 것이요 민생에서도 고되고 헐함이 서로 균등하게 하는 뜻이 있게 돼, 전하께서 백성으로 하여금 폐단이 없게 하려는 염려에 거의 합당할 것이라고 여겼습니다."

상이 그 말을 옳게 여기고, 조금 있다가 대언 등을 인견(引見)해 말했다.

"전일에 서선과 최한을 가둔 것은 정승(政丞)의 말을 꺼려서가 아니다. 지난가을 강무할 곳을 토의해 결정할 때, 서선은 그 일을 전장(專掌)했고 최한은 처음부터 끝까지 출납(出納)했으나 모두 기억하지 못한 까닭에 하옥하라고 명한 것이다. 대개 옥(獄)이란 하루라도 유숙(留宿)할 수 없는 곳이니, 근신(近臣)을 경솔히 하옥함이 불가한 것을 내가 어찌 모르겠느냐? 특히 뒷사람을 경계한 것뿐이었다. 옛사람이 말하기를 '여름철에는 사냥[苗]으로 해로운 것을 제거하니, 나머지 3시(三時-세 계절)에도 모두 뜻이 있다'라고 했고, 또 말하기를 '일이 없는데도[無事] 사냥하지 아니함은 불경(不敬)한 것이다'라고 했고, 이 말을 풀이하는 자가 말하기를 '일[事]은 군례(軍禮)·빈례(賓

禮)·상례(喪禮)·흉례(凶禮)에 출입하는 일이다'라고 했다. 그러므로 무사할 때 사냥함은 옛 제도인 것이다. 지금 대소 신민(大小臣民)이 모두 강무하는 일을 하고자 하지 않는데 나 혼자만 옛 법을 말하니, 특히 하나의 버릇이 되고 말았다.

또 근자에 구언(求言)[2]했을 때 재신(宰臣) 남실(南實)[3]이 강무의 폐단을 극언(極言)했는데, 그 말이 임금을 업신여겼을 뿐 아니라 온 나라에 사람이 없는 것으로 여겼기에 내가 그 이유를 묻고자 하다가, 구언(求言)하고서 도리어 그 말이 (실상에) 적중하지 못함[不中]을 책망할 수 없는 까닭에 그대로 내버려두었다. 전조(前朝)의 말년에 구언했더니 어떤 사람이 부처를 헐뜯어 말하므로 조정의 의논이 그를 국문(鞫問)하려 했을 때 시중(侍中) 정몽주(鄭夢周)가 말하기를 '구언한다고 하고서 그에게 죄줄 수는 없습니다'라고 해서 곧 죄를 면한 일이 있었으니, 사실이 비록 다르다 하더라도 그를 내버려두고 묻지 않은 것은 또한 이런 뜻에서였다. 어떤 사람이 말하기를 '사시(四時)에 전렵함은 옛 법이다'라고 했으니, 이제 봄가을 두 때만으로 정한 것은 바로 그것을 반으로 꺾은 것이다. 혹자가 이를 가지고 '임금의 뜻을 봉영(逢迎-영합)하는 것이다'라고 말하니, 이는 무슨 마음에서인가? 근일에 조원(趙源)이란 자도 강무하고자 아니하여 사사로이 서로 비훼(非毁)하는 서신이 있었고, 또 예조(禮曹)에서 일찍이 고제(古

---

2 나라에 재변(災變)이 있을 때 임금이 근신하는 의미에서 시정(時政)의 잘못과 민폐(民弊)에 대한 바른말을 구하는 제도를 말한다.

3 남재와 남은의 동생이다.

制)를 모아서 아뢸 때 '천자(天子)도 친히 궁시(弓矢)를 잡는다'라는 구절을 삭제했으니 그 뜻을 따진다면 이 역시 강무를 싫어하는 것이었다. 비록 그 일을 직서(直書)했다 하더라도, 느닷없이 궁시(弓矢)를 차고 치빙(馳騁-말을 타고 내달림)하는 것을 달게 여겼겠느냐? 그 의롭지 못함이 대강 이와 같다. 하지만 그 뜻만은 실지로 나를 사랑함이고, 단지 그 대체(大體)를 알지 못했을 뿐이다.

사람들은 모두 나더러 '무가(武家)여서 무사(武事)를 좋아한다'라고 한다. 그러나 태조(太祖)께서 나에게 학문(學問)을 권장하신 탓에 내가 궁시를 잡기 시작한 것은 어렸을 때가 아닌 장년(壯年) 시절이므로, 무사(武事)를 좋아한다고 할 수도 없고 무사를 좋아하지 않는다고도 할 수 없다. 건문제(建文帝-명나라 혜제) 때는 사장(詞章)만 일삼았으므로 육옹(陸顒)[4] 등이 매번 성천자(聖天子)라고 일컬었지만 결국 패망에 이르렀으니, 어찌 이를 거울삼지 않겠느냐? 옛사람이 이르기를 '문무(文武)를 아울러 씀이 장구(長久)의 계책이다'라고 했으니, 내 문무를 아울러 써서 한쪽으로 치우치지 않게 하려 할 뿐이다. 내가 순성(蓴城)을 강무할 곳으로 삼지 않는 것은, 후세에 국정(國政)을 등한시하고 멀리 사냥 나가 유일(遊逸)을 일삼을까 두려워함에서다. 백성이 나무를 베고 밭갈이하는 것을 들어주어 미록(麋鹿)으로 하여금 번식하지 못하게 한다면, 비록 유일(遊逸)하고자 하더라도 할 수 없을 것이다."

---

4 명나라 예부주사로 조선에 사신으로 온 적이 있다.

경신일(庚申日-3일)에 호조에 명해 방간(芳幹)·맹중(孟衆) 등이 이미 거둔 전조(田租)는 징수하지 말라고 했다.

○ 처음으로 공신도감유사(功臣都監有司)를 두어, 상호군(上護軍) 심보(沈寶)를 사(使), 호군(護軍) 윤희이(尹希夷)를 부사(副使), 종묘령(宗廟令) 한혜(韓惠)를 판관(判官)으로 삼았다.

신유일(辛酉日-4일)에 풍해도(豊海道)의 선군(船軍) 이철(李哲)의 집에서 기르는 소가 한꺼번에 송아지 3마리[三犢]를 낳았다.
<small>삼독</small>

임술일(壬戌日-5일)에 왕친록(王親錄)을 대내(大內-대궐 내)에 도로 거두어들이도록 명했다. 애초에 종부시(宗簿寺)에서 가르침을 받들어 [奉敎] 왕친록 두 벌[件]을 편찬해 올렸는데, 그 왕친록에 환왕(桓王-
<small>봉교</small>   <small>건</small>
환조, 1315~1360년)⁵의 적첩(嫡妾)의 사실⁶을 서술했으므로 궤봉(櫃

---

5 1394년(태조 3년) 태조의 4대조를 추존할 때 환왕(桓王)으로, 태종 때 다시 환조로 추존됐다. 조카 이교주(李咬住)가 장성할 때까지 잠정적으로 형의 천호(千戶) 관직을 이어받았으나, 후에 독자적인 체제를 굳혔다. 그는 원나라의 후원에 힘입어 부원(附元) 세력인 조씨(趙氏-이복동생의 외가)와의 대결에서 승리하고 그 직책을 이어받았다. 그러나 그 뒤 원나라의 정책으로 타격을 입게 되자 차츰 원나라에 대해 회의를 느끼게 됐다. 당시 원나라는 삼성조마호계(三省照磨戶計)라 해 중서성(中書省)·요양성(遼陽省)·정동행중서성(征東行中書省) 등 3성의 원주민과 이주민을 구분해 호적을 작성했다. 그 의도는 원주민을 우대하고 국외의 이주자를 데려오기 위함이었는데, 이는 이주민을 세력 기반으로 구축하고 있던 그에게 치명적인 타격이 됐다. 한편, 공민왕은 원명 교체기에 원나라의 세력이 약해진 틈을 타서 반원 정책을 추진했다. 그는 동북면의 쌍성총관부(雙城摠管府)와 연결된 친원 기씨(奇氏) 세력을 제거하기 위해, 이 지역의 유이민을 기반으로 세력을 형성한 이자춘을 끌어들일 필요성을 느꼈다. 이자춘도 대대로 구축해온 세력 기반을 유지하기 위해 1355년(공민왕 4년) 공민왕을 찾아 복종할 뜻을 비쳤고, 공민왕은 그에게 소부윤(少府尹)을 제수했다. 이듬해 그는 유인우(柳仁雨)와 함께 동북면을 협공해 쉽사리 이 지역을 점령하고 99년 만에 회수했다. 이후 그는 공민왕의 반원 정책에 가세해 뿌리 깊게 대립했

封-궤짝에 넣어서 봉한 것)한 한 벌을 왕세자에게 주면서 명해 말했다.

"남이 알지 못하게 하라."

세자가 어둡고 완고해[冥頑] 그 뜻을 알지 못한 채 숙위사(宿衛司)
이숙묘(李叔畝, ?~1439년)[7]로 하여금 열어보게 했다. 상이 이를 듣고
노해 조말생(趙末生)에게 명해 가서 그 까닭을 묻게 했더니, 세자가
사실을 자백했다[首實]. 상이 조말생에게 명해 숙묘(叔畝)를 꾸짖어
말했다.

던 조씨 세력을 제거했다. 이때의 전공으로 대중대부사복경(大中大夫司僕卿)이 돼 저택을
하사받고 자신의 기반이던 동북면을 떠나 개경에 머물게 됐다. 개경에 머문 지 1년 만에
동북면에 돌아가려 하자, 그곳의 토착 기반을 이용해 공민왕을 배반할 우려가 있다며 조
정의 신하들이 반대했다. 그러나 공민왕은 그가 아니면 동북면을 안정시킬 수 없다고 판
단해 삭방도만호 겸 병마사(朔方道萬戶兼兵馬使)로 임명해 다시 영흥으로 돌아가게 했다.
그가 동북면에 이르러 4월에 병사함으로써 조정 신하들의 염려는 기우로 끝났다. 그가
죽은 뒤 아들 이성계는 통의대부 금오위상장군 동북면상만호가 돼 약관으로 정3품의 중
앙무관직과 선조의 기반인 상만호의 두 가지 직책을 맡게 됐다. 이성계가 동북면의 토착
기반을 그대로 이어받게 된 것이다. 이는 나아가 조선 왕조 건국의 세력 기반이 되기도
했다.

6 이성계의 이복형인 이원계(李元桂) 문제를 말한다. 이원계는 이자춘(李子春)의 맏아들로
어머니는 이씨고, 이성계의 어머니는 최씨다. 이원계는 자식으로 양우(良祐)·천우(天祐)·
조(朝)·백온(伯溫) 등 아들 4형제와 딸 4명을 두었다.

7 증조는 곡(穀)이고, 할아버지는 색(穡)이며, 아버지는 종학(鍾學)이다. 음보(蔭補)로 등용
돼 태종 때 숙위사대호군(宿衛司大護軍)·호조참의를 거쳐 1418년(세종 즉위년)에 우군동
지총제(右軍同知摠制)가 됐다. 1419년에 사은사(謝恩使) 이원(李原)을 따라 부사로서 명나
라에 다녀온 뒤 공안부윤(恭安府尹)이 되고, 이어 황해도관찰사가 됐다. 1420년에 동지총
제, 1422년에 함길도도관찰사, 1423년 중군동지총제·경상도도관찰사를 거쳐 이듬해에
형조참판이 됐다. 1427년에는 평안도감사로서 송골매를 잡아 진헌하지 못한 죄로 충청
도 임천(林川)에 유배됐으나 곧 풀려났다. 1429년에는 진하사은사(進賀謝恩使)로 명나라
에 다녀왔고, 이듬해 전라도처치사에 임명됐으나 처의 병으로 사임하고 광주목사로 임명
됐다. 1434년 형조우참판·형조좌참판·동지중추원사(同知中樞院事)가 되고, 그해 12월에
진헌사(進獻使)로 명나라에 갔다가 이듬해 4월에 귀국했다. 이어 형조판서·지중추원사·
경창부윤(慶昌府尹)을 거쳐 1436년에 판한성부사가 됐다. 1437년에는 처가 진안대군(鎭
安大君) 방우(芳雨)의 딸이어서 지돈녕부사가 됐다.

"너의 아비가 삼가지 못해 패망(敗亡)을 당했는데, 너도 네 아비를 본받아 너의 가문을 멸망시키려느냐? 만약 이 일이 누설된다면 너는 마땅히 죄를 피하지 못할 것이다."

즉시 왕친록을 대내(大內)에 들이도록 명했다. 말생(末生)에게 명해 이 왕친록을 장차 좌의정 박은(朴訔), 이조판서 박신(朴信), 병조판서 이원(李原) 등에게 보이게 하며 말했다.

"이 왕친록을 불사르는 것이 어떻겠느냐?"

모두 말했다.

"대내에 들여다 두면 누가 알 수 있겠습니까?"

○ 예조에 명해 종정무(宗貞茂)에게 말을 내려주었다. 경상도 감사(慶尙道監司)의 보고에 따라 큰 흑총마(黑驄馬)를 그에게 주었다.

○ 안무사(按撫使) 김인우(金麟雨)가 우산도(于山島)에서 돌아와 토산물인 대죽(大竹)·수우피(水牛皮)·생저(生苧)·면자(綿子)·검박목(檢樸木) 등을 바쳤다. 또 그곳의 거주민 3명을 거느리고 왔는데, 그 섬의 호수는 15구(口)요 남녀를 합치면 86명이었다. 인우(麟雨)가 갔다가 돌아올 때, 두 번이나 태풍(颱風)을 만나서 겨우 살아날 수 있었다.

○ 형조와 대간에서 염치용을 법대로 처치하기를 청했으나 들어주지 않았다.

계해일(癸亥日-6일)에 춘등 강무(春等講武)를 정지하고 27일에 각림사(覺林寺)로 행차하기로 한 뒤, 얼마 있다가 뜻을 전해 말했다.

"땅도 해동(解凍)하지 않았고 눈도 녹지 않았으나 각림사에 가려는 것은, 처음 먹었던 마음을 보이려는 까닭이요 강무하려는 본의(本意)가 아니다."

조말생(趙末生)이 아뢰어 말했다.

"강무하는 법은 고전(古典)에 실려 있어 폐지할 수 없는 것입니다. 청컨대 강무(講武)라고 고쳐 말로 전하소서."

상이 말했다.

"강무라고 말로 전하지 않는 것은, 외부의 말을 꺼려서가 아니라 진실한 내 뜻이다."

말생(末生)이 말했다.

"강무는 만세(萬世)의 성헌(成憲)인데 전하께서는 어찌 폐지하려 하십니까?"

○ 단송(斷訟)의 기한을 정했다.

형조에서 아뢰어 말했다.

"중외 노비(中外奴婢)로서 현재의 정유년 2월 초6일 이전 시각에 판결을 받은 자는 이를 주고, 중분(中分)[8]할 때 누락된 노비는 이달 초6일 이전의 접장(接狀) 외에는 다시 수리하지 말게 하소서."

그것을 따랐다.

갑자일(甲子日-7일)에 형조와 대간에서 다시 염치용(廉致庸)의 죄를

---

8 조선 초기에 노비(奴婢)의 쟁송(爭訟)이 그치지 않았으므로, 태종 13년 9월에 왕명에 의해 소송 중인 노비를 원고(元告)와 피고(被告)에게 똑같이 나눠주게 한 제도다.

청했으나, 윤허하지 않았다.

상이 말했다.

"치용(致庸)의 죄에 대해 지금 삼성(三省)에서 다시 율(律)에 의해 과죄(科罪)하라고 청하니, 무슨 까닭인가? 저번에는 우의정 한상경(韓尙敬)이 아뢰기를 '만일 율에 의거해 죄주지 않으려면 관천(官賤)으로 삼음이 마땅합니다'라고 하더니 이제 또 이르기를 '삼성의 청을 따르소서'라고 하니, 이것은 무슨 마음에서인가? 불충의 죄를 범한 자가 유독 치용뿐이겠는가? 왕년(往年)에 구종수(具宗秀)는 난신(亂臣) 이무(李茂)의 생질로서 대궐 담[宮墻]을 넘었으니, 그 죄는 주륙 당해야 마땅했으나 내가 관전(寬典)을 좇아 특별히 외방으로 귀양 보냈는데, 그때는 그를 내버려두고 죄를 청하지 않았다가 이제 와서 치용의 죄를 청함이 이 같은 것은 또 무슨 뜻인가? 누구인들 후일의 계책이 없겠는가? 종수(宗秀)는 담장을 넘었을 뿐 아니라 또 상기(上妓)를 동궁(東宮)에 끌어들였으니 죄가 이보다 더한 것이 없다. 아비가 자식을 위해 숨기는 것[父爲子隱]⁹은 상정(常情)이지만, 그러나 여럿이 같이 아는 일이므로 내가 말하는 것이다. 관습도감(慣習都監)에서 아뢰기를 '상기(上妓)가 궁중에 몰래 들어왔습니다'라고 하기에

---

9 『논어(論語)』「자로(子路)」편에 나오는 이야기다. "섭공이 공자에게 말했다. '우리 당에 곧게 행동하는 궁이라는 사람이 있으니 그의 아버지가 양을 훔치자 그는 아버지가 훔쳤다는 것을 증언했습니다.' 이에 공자가 말했다. '우리 무리의 곧은 자는 이와는 다릅니다. 아버지는 자식을 위해 숨고 자식은 아버지를 위해 숨으니, 곧음이란 바로 이 가운데 있는 것입니다." 여기서 은(隱)을 자신이 숨는 것으로 보느냐 상대를 숨겨주는 것으로 보느냐에 따라 뜻은 크게 달라진다. 나는 개인적으로 자신이 숨는 것으로 보지만, 태종의 문맥을 보면 숨겨주는 것으로 풀어내고 있다.

4문(四門)을 잘 지키라고 명했더니, 그 계집이 아직도 나가지 못했다. 만약 세자가 종수의 계교를 모조리 좇았다면 무슨 일인들 하지 못했겠는가? 종수는 반드시 나를 도모했을 것이다."

○ 예조에서 왕세자는 기친(期親)의 복(服)이 없음을 아뢰었다. 아뢰어 말했다.

"왕지(王旨)를 삼가 받들어 세자의 기친복(期親服-일년상)을 상정(詳定)해 아룁니다. 삼가 의례(儀禮)를 상고하건대 '처음으로 봉(封)한 군(君)은 제부(諸父)와 곤제(昆弟)를 신하로 삼지 아니하고, 봉군(封君)의 아들은 제부를 신하로 삼지 아니하나 곤제는 신하로 삼으며, 봉군의 손자는 제부와 곤제를 신하로 삼는다'라고 했습니다. 그러므로 임금이 입는 복(服)을 자식으로서 감히 입지 않을 수 없으며, 임금이 입지 않는 복을 감히 입을 수도 없는 것입니다. 지금 왕세자의 기친은 이 예(例)에 따라 복이 없음을 청합니다."

○ 대언(代言) 이명덕(李明德) 등이 육선(肉膳-고기 반찬)을 올렸다. 상이 양우(良祐)의 죽음으로 인해 소선(素膳)한 지 오래되자 이명덕·목진공(睦進恭) 등이 육선을 올리니 이를 허락하고, 그 참에 감자(柑子-귤) 한 그릇씩을 내려주었다.

그리고 말했다.

"내가 경 등이 모두 늙은 어미가 있는 줄 아는 까닭에 이를 내려주는 것이다. 내가 늘 제릉(齊陵-신의왕후 한씨)에 대해 영광스러운 봉양을 다하지 못한 것을 한(恨)으로 여겨왔는데, 참으로 부럽구나[歆羨=欽羨]."
_{흠선   흠선}

○ 예조에서 세자석전의(世子釋奠儀-세자가 석전을 행하는 의례)를 올

렸다.

　을축일(乙丑日·8일)에 우의정 한상경(韓尙敬), 육조(六曹)·대간(臺諫)에 명해 우산도(于山島)·무릉도(武陵島)의 주민[居民]을 쇄출(刷出)하는 것의 편리함 여부를 토의케 하니, 모두가 말했다.

　"무릉(武陵)의 주민은 쇄출하지 말고, 오곡(五穀)과 농기(農器)를 주어 그 생업을 안정케 하소서. 이참에 주수(主帥)를 보내 그들을 위무(慰撫)하고, 토공(土貢)을 정함이 좋을 것입니다."

　공조판서 황희(黃喜)만이 유독 불가하다며 말했다.

　"안치(安置)시키지 말고 마땅히 빨리 쇄출해야 합니다."

　상이 말했다.

　"쇄출하는 계책이 옳다. 저 사람들은 일찍이 요역(徭役)을 피해 편안히 살아왔다. 만약 토공(土貢)을 정하고 주수(主帥)를 둔다면 저들은 반드시 싫어할 것이니, 그들을 오래 머물러 있게 할 수 없다. 김인우(金麟雨)를 그대로 안무사(按撫使)로 삼아 도로 우산(于山)·무릉(武陵) 등지에 들어가 그곳 주민을 거느리고 육지로 나오게 함이 마땅하다."

　그러고는 옷·갓과 신발을 내려주고, 우산 사람 3명에게도 각기 옷 일습(一襲)을 내려주었다. 강원도 도관찰사(江原道都觀察使)에 명해 병선(兵船) 2척(隻)을 주게 하고, 도내의 수군만호(水軍萬戶)와 천호(千戶) 중 유능한 자를 선간(選揀-선발)해서 인우(麟雨)와 같이 가도록 했다.

정묘일(丁卯日-10일)에 왕세자가 문선왕(文宣王)[10]의 석전제(釋奠祭)[11]를 거행했다.

○ 이종선(李種善)을 풍해도 도관찰사(豐海道都觀察使)로 삼았다.

○ 전 판사역원사(判司譯院事-사역원 판사) 설내(偰耐)를 보내 경사(京師)에 가게 했다. 설내는 (왜구(倭寇)에게) 포로로 붙잡혔다가 도망쳐 온 중국 사람[唐人] 임신귀(林新貴)·예관음보(倪觀音保) 등을 요동(遼東)으로 압송하는 자문(咨文-외교 문서)과, 부경(赴京)한 화자(火者-조선 출신 명나라 환관) 김기(金奇)의 친상(親喪)을 예부(禮部)에 알리는 자문을 가지고 갔다.

○ 사간원에서 소(疏)를 올렸다. 소는 이러했다.

'신 등이 가만히 생각건대, 거동(擧動)은 임금의 대절(大節-큰 절도)이므로 명분이 없을 수 없습니다. 엎드려 살펴보건대 전하께서 즉위하신 이래로 옛 제도를 본받아 매번 봄가을에 강무하는 일을 행하셨으니, 이는 예(禮)로써 거동하신 것입니다. 그런데 이제 권도(權道)로써 강무를 정지하고 각림사(覺林寺)로 행차하고자 하니, 신 등은

---

10 공자(孔子)의 존호(尊號)다. 당(唐)나라 현종(玄宗)이 개화(開化) 27년(736년)에 추증(追贈)했다. 원래 임금의 다움을 갖고 있으면서도 임금의 자리에 오르지 못한 사람을 소왕(素王)이라 했는데, 이때 공자에게 왕의 존호를 내려준 것이다. 문선(文宣)이란 문(文)을 널리 선포했다는 뜻이다.

11 국학과 향교의 문묘에서 공자와 그의 제자를 비롯한 유현을 추모하기 위해 음력 2월과 8월의 첫 번째 정일(丁日)에 올리던 제사의식이다. 석채(釋菜)·사전(舍奠)·정제(丁祭)·상정제(上丁祭)라고도 한다. 통일신라 시대 성덕왕 16년(717년)에 당으로부터 공자와 10철 및 72제자의 화상을 가져와 국학에 안치했으므로, 이때부터 석전이 베풀어졌을 것으로 추측된다. 조선 시대에는 문묘의 대성전에 공자를 비롯해 4성·10철과 송의 6현 등 21위를 봉안하고 동무·서무에 우리나라 명현 18위와 중국의 유현 94위 등 112위를 봉안했다.

아직 알지 못하겠으나 무슨 일 때문에 부도(浮圖-부처)의 처소에 행차하려 하십니까? 또 전하의 일신(一身)은 자손만세(子孫萬世)에 모범을 취하는 바[所取則]가 되기 때문에 더욱 명분 없이 거동할 수 없는 것입니다. 엎드려 바라건대, 전하께서는 이번 각림사에 행차하심을 정지하고 특별히 강무한다는 명령을 내리시어 상소(常所)에 순행(巡幸)하심으로써 법을 후세에 드리우소서.'

들어주지 않았다. 대호군(大護軍) 조치(趙菑)를 횡성(橫城)에 보내 강무장(講武場)에 얼음이 녹았는지 여부를 살펴보게 하고, 이어서 명했다.

"만약 얼음이 녹지 않았다면 본도(本道-강원도)와 충청도의 기군(騎軍)·보군(步軍)과 역마(驛馬)를 모두 징취(徵聚-징집)하지 말라."

기사일(己巳日-12일)에 예조판서(禮曹判書) 맹사성(孟思誠), 예문관 제학(藝文館提學) 변계량(卞季良) 등이 생원시(生員試)를 관장해 권채(權採, 1399~1438년)[12] 등 100인을 뽑았다.

---

12 조선 초기 유학의 대가인 권근(權近)의 조카다. 어려서부터 문장에 뛰어난 재질이 있었으며, 가학(家學)을 이어받아 경전을 깊이 연구했다. 1417년(태종 17년) 사마시에 합격하고, 그해 식년문과에 병과로 급제했다. 1425년(세종 7년) 집현전수찬에 임명됐고, 1427년 문과중시에 급제해 집현전응교가 됐다. 그해에 비첩(婢妾)을 학대한 죄로 부처(付處)됐다가 얼마 뒤 석방됐다. 1430년 변계량(卞季良)의 추천으로 사가독서(賜暇讀書-젊고 유능한 문신에게 휴가를 주어 학문에 힘쓰도록 한 제도)하고, 1433년 대사성이 돼 송조고사(宋朝故事)에 따른 과거제도의 개선책을 건의해 시행하도록 했으며, 1435년에는 동부승지가 되고 다음해 우부승지가 됐다. 1438년 유효통(兪孝通)·노중례(盧重禮)·박윤덕(朴允德) 등과 함께 『신증향약집성방(新增鄕藥集成方)』을 편찬, 간행했다. 그해에 우승지가 됐으나 40세로 죽었다. 시문과 경학에 뛰어나 세종의 극진한 예우를 받았으며, 『작성도(作聖圖)』를 지었다. 시문으로 당시 그의 종형인 권제(權踶)와 쌍벽을 이루었다고 하나 전하지 않는다.

○ 예문관에서 춘등(春等)·추등(秋等) 제술(製述)의 법을 올렸다.

"춘추에 제술하는 것은 진실로 좋은 법입니다. 그러나 제술하는 기한이 3일을 지나감은 너무 늦은 듯하니, 이제부터는 춘추 중월(春秋仲月-2월과 8월)의 아일(衙日)[13]을 만날 때마다 관각(館閣-예문관과 교서관)·양부(兩府-의정부와 중추원) 이상이 세 차례씩 의정부에 모여서 율시(律詩)로 제목을 내어 그날의 오시(午時)까지로 한정해 짓게 하되, 고시(古詩)도 이처럼 하게 하소서. 표(表)·전(箋)은 미시(未時)까지로 한정해서 권축(卷軸-두루마리 답안지)을 거둬들여 그 고하(高下)를 매기고, 전함(前銜) 3품부터 4품까지는 예문관 조방(藝文館朝房)에서, 5·6품부터 참외(參外-7품 이하)까지는 성균관 조방(成均館朝房)에서 또한 모여서 제술하게 함이 어떻겠습니까?"

그것을 따랐다. 제학 변계량과 좌의정 박은의 뜻이었다.

○ 이성제군소(異姓諸君所)를 고쳐 공신제군부(功臣諸君府)라고 했다. 공신도감사(功臣都監使) 이하는 수령관(首領官)의 예(例)를 따르게 했다.

경오일(庚午日-13일)에 강릉(江陵) 사람 전 중랑장(中郞將) 이성무(李成茂) 등이 얼음 위에서 잉어[鯉魚]를 얻어 병든 어머니를 공양
이어

---

13 백관(百官)이 조회(朝會)해 임금에게 정무(政務)를 아뢰는 날이다. 이 아일(衙日)은 매달 여섯 번씩이었는데, 조선조(朝鮮朝)에서는 처음에 초하루·초엿새·열하루·열엿새·스무하루·스무엿새였다가 날짜에만 다소 변화가 있는 채로 역시 육아일을 지켜오다가, 뒤에 아일이 줄어 『경국대전(經國大典)』에서는 초닷새·열하루·스무하루·스무닷새의 사아일(四衙日)로 되었다.

했다.

성무(成茂)와 전 사직(司直) 선무(善茂), 사정(司正) 춘무(春茂), 유학(幼學) 양무(陽茂)는 고 판사(判事) 이양밀(李陽密)의 아들이다. 아버지가 먼저 죽으니 어머니를 모시고 효성을 다해 봉양했다. 어머니가 나이 74세에 병에 걸려 여러 달 동안 음식을 먹지 못하게 됐다. 때는 날씨가 아직도 추워서 얼음이 풀리지 않았는데, 그 어머니가 자식들에게 말했다.

"내가 잉어회가 먹고 싶구나."

성무 등 4형제가 고기잡이에 능한 자를 청해 강변에서 그물을 치고 얼음을 뚫어서 잡으려고 했더니, 얼음이 터진 곳[缺處]에서 한 마리의 큰 잉어가 얼음 위로 뛰어나왔으므로 여러 아들이 얻어 돌아와 그 어머니에게 공양했다.

임신일(壬申日-15일)에 용성(龍城)에 다시 석성(石城)을 쌓도록 명했는데, 그전에는 목책(木柵)이었다.

○ 명해 전 판관(判官) 이승(李昇), 전 소윤(小尹) 권보(權堡), 악공(樂工) 이법화(李法華), 환자(宦者) 김기(金奇) 등을 의금부에 가두게 했다.

애초에 악공 이오방(李五方)이 몰래 동궁(東宮)에 들어가 전 중추(中樞) 곽선(郭璇)의 첩 어리(於里)의 자색(姿色)과 재예(才藝)가 모두 뛰어나다[具絶]고 칭찬하니, 세자가 즉시 오방(五方)으로 하여금 그를 데려오게 했다. 오방이 이에 그 무리 홍만(洪萬)과 더불어 선(璇)

의 생질녀의 남편 보(堡)에게 청하니, 보가 말했다.

"선은 나와 인친(姻親-인척)의 은혜가 있어 속일 수 없다. 그러나 감히 명을 따르지 않을 수 있겠는가?"

그의 첩 계지(桂枝)를 시켜 어리에게 말했으나 어리가 응하지 않았다. 법화(法華)가 세자에게 고(告)해 말했다.

"신물(信物)을 보내는 게 좋겠습니다."

즉시 소환(小宦-어린 환관)을 시켜 수낭(繡囊)을 보냈으나 어리가 사양하자, 억지로 두고 돌아왔다. 어리가 이 일을 곽선의 양자(養子) 이승(李昇)에게 알리고 그대로 그 집에서 유숙했다. 법화가 달려가 세자에게 고했다.

"이 기회를 놓쳐서는 안 됩니다."

세자가 소수(小竪-어린 환관)를 거느리고 대궐 담을 넘어 도보로 오방의 집에 가서 그와 함께 승(昇)의 집에 이르렀다. 어리를 찾으니 승이 듣지 않으므로, 그에게 강요한 뒤에야 만나게 됐다. 드디어 어리와 함께 법화의 집에 가서 자고 그를 궁중(宮中)으로 들여놓은 다음에, 세자가 활을 승에게 보내고 어리도 비단을 승의 처에게 보냈다. 그러나 승은 활만 받고 비단은 받지 않았으며, 상에게 계문(啓聞)하고자 하니 세자가 사람을 시켜 꾸짖어 말했다.

"너는 내가 한 일을 헌부(憲府)나 형조(刑曹)에 고하려 하는가? 이일을 어디에 고할 것인가?"

승이 두려워서 결국[果] 계문하지 못했다. 마침 전별감(殿別監) 소근동(小斤同)이 본래 (세자의 장인) 김한로(金漢老)의 가노(家奴)였는데, 수사비(水賜婢-무수리)와 서로 희롱했으므로 한로(漢老)가 이를 알고 상에게 아뢰었다.

"소근동(小斤同)이 범한 바가 있으니 청컨대 그 죄를 물으소서."

상이 내관(內官) 최한(崔閑)에게 명해 심문하게 했더니, 소근동이 두려워서 어찌할 바를 모르다가 어리의 일을 가지고 대답했다. 상이 이를 듣고 대노(大怒)해 즉시 승을 불러 그 연유를 물으니, 승이 고했다.

"작년 섣달에 신(臣)이 가족을 거느리고 곽선(郭璇)이 사는 적성현(積城縣)에서 서울로 돌아올 때, 어리가 서울에 사는 족친(族親)을 보고 싶다고 말하니 선이 이를 허락하므로 즉시 신과 함께 왔습니다. 며칠 있다가 신더러 말하기를 '근래에 기이한 일이 있었다. 계지(桂枝)가 처음에는 "효령대군(孝寧大君)이 너를 보고자 한다"라고 말하더니 나중에는 "세자가 너를 보고자 한다"고 말하기에, 내가 대답하기를 "나는 본래 병이 있고 얼굴도 예쁘지 않은 데다 더욱이 지금은 남편이 있는데, 그것이 무슨 말인가?"라고 했다'고 했습니다. 신이 놀라서 여종을 시켜 권보(權堡)의 집으로 가서 계지가 중매한 일을 말하게 했더니, 보가 대답하기를 '근일에 나갔다가 돌아오지 않아 아직 그 행방을 알지 못하겠다'라고 했습니다. 날이 저물어 문을 두드리는 사람이 있기에 종을 불러 내다보게 했더니, 바로 환관 김기(金奇)였습니다. 기(奇)가 말하기를 '세자께서도 오셨다' 하기에 신이 이를 듣고 황급히 의관을 차리고 나가 뵙고 엎드렸더니, 세자께서 말씀하기를 '빨리 어리를 내놓으라' 하시므로 제가 어쩔 수 없이 그 말을 좇았습니다. 세자께서 데리고 가신 뒤로는 신도 그가 간 곳을 알지 못하고 있습니다."

상이 말했다.

"이 같은 큰일을 어째서 계문하지 않았느냐?"

승이 대답해 말했다.

"애초에 계문하고자 했으나, 권보가 와서 말리면서 말하기를 '네가 계달(啓達)하는 것은 바로 속담에 이른바 누이 주고 형께 호소한다는 것과 같은 것이다'라고 하기에, 신이 어찌할 바를 알지 못해 즉시 계달하지 못했습니다."

조말생에게 명해 이승에게 편(鞭-가죽 채찍) 100대를 때리고 그 직첩(職牒)을 거두게 했다. 또 권보를 불러 이를 물었더니 숨기고 고하지 아니하므로 모두 의금부(義禁府)에 내리고, 참찬(參贊) 윤향(尹向)과 우부대언(右副代言) 목진공(睦進恭)과 형조·대간(臺諫)에 명해 잡치(雜治)[14]하게 했다. 지사(知事) 김사문(金士文)을 공주(公州)로 보내 이오방(李五方)을 잡아 오게 하고, 도사(都事) 양질(楊秩)을 경성(鏡城)에 보내 구종수(具宗秀)를 잡아 오게 했다. 삼군진무(三軍鎭撫) 인인경(印仁敬)을 의금부에 가두도록 명하니, 인경(仁敬)은 동궁문(東宮門)을 지킴에 조심하지 못했던 까닭이다. 의정부·육조(六曹)·대간에 명해 권보(權堡)·이승·이오방·이법화의 죄를 토의하게 하니 모두 말했다.

"이 사람들이 만약 세자에게 향복(享福)하게 하고자 했다면 어찌 이런 일을 함에 이르렀겠습니까? 이는 세자로 하여금 불의(不義)에

---

14 나라에서 중죄인(重罪人)을 심문할 때 대간(臺諫)·형조(刑曹)의 관원이 합동으로 신문하던 일을 말한다. 이때 위관(委官)은 임금이 임시로 임명했다. 삼성잡치(三省雜治)라고도 한다.

빠지게 한 것이니, 반역(叛逆)과 무엇이 다르겠습니까? 또 전하께서 세자가 착한 일을 하도록 하신 뜻을 생각하지 아니하고 세자의 일시적 쾌락만 얻게 하려고 했으니, 그들이 상께 불충함도 분명합니다. 청컨대 율(律)을 따라 시행함으로써 뒤에 오는 사람을 경계하소서. 세자의 전후좌우(前後左右)가 모두 바른 사람[正人]이라면 세자께서 족히 천선개과(遷善改過)할 것입니다."

상이 말했다.

"경들의 말은 옛사람의 말과 조금도 다름이 없다."

여러 신하가 모두 나가는데, 상이 조말생과 이원(李原)을 머물게 해 말했다.

"세자의 행실이 이와 같으니 태갑(太甲)을 내쫓던 고사(古事)[15]를 본받고자 하는데, 어떠한가?"

원(原)이 대답했다.

"명하신 바는 옳으나 세자께서는 본래 천질(天質)이 아름다우니, 만약 봉영(逢迎)하는 자들을 제거하고 바른 사람을 골라 가르치게 한다면 앞으로 반드시 허물을 고치고 선하게 될 것입니다."

상이 옳게 여겼다. 사인(舍人) 심도원(沈道源)을 박은(朴訔)의 사제(私第)에 보내 이승 등의 죄를 의논했다.

"종수는 율(律)에 따라 처단함이 가하지만, 이승과 권보 같은 자는 국론(國論-조정의 논의)이 모두 '참(斬)함이 가하다'고 하는데 경의 뜻

---

15 성탕(成湯)의 손자인 태정(太丁-은(殷)의 제2대 왕 태종(太宗))이 즉위해 3년간 포학 방탕해서 재상 이윤(伊尹)의 내침을 받았다가, 3년 뒤에 개과하고 다시 돌아와 선정을 베풀었다는 고사(故事)를 말한다.

은 어떠한가?"

은(誾)이 말했다.

"그전에 종수를 논할 때 신이 죄를 청했던 것이 본래 그와 같았습니다. 만약 신의 말을 좇아 일찍 종수를 참(斬)했다면 반드시 오늘과 같은 일은 없었을 것입니다. 신이 이르기를 '이승 등의 마음에는 임금이 없다[無上]'라고 했는데, 임금이 없다는 것은 대역(大逆)이요 저부(儲副-세자)를 혼란에 이끌어 넣어 나라의 근본을 그르치고 사직(社稷)을 위태롭게 하려고 꾀하는 것입니다. 상께서는 반드시 신의 말이 지나치다 할 것이나, 신 등의 생각으로는 능지처사(凌遲處死)하더라도 괜찮다고 하겠습니다."

도원(道源)이 이대로 아뢰니 상이 말했다.

"이미 그럴 줄 알았다."

빈객(賓客) 변계량(卞季良)·이맹균(李孟畇)·탁신(卓愼) 등이 아뢰어 말했다.

"세자를 이렇게 되게 한 것은 실상 신 등이 능히 교도(敎導)하지 못해 그렇게 된 것입니다. 세자께서 그전에 구종수(具宗秀)를 치죄(治罪)할 때 신 등과 더불어 말하기를, '내 이제부터는 반드시 이런 일은 하지 않겠다. 만약 개전(改悛)하지 아니하고 다시 전철(前轍)을 밟는다면 상께서 비록 부자(父子)의 지은(至恩)으로 즉시 죄를 가하지 않는다 하더라도 하늘이 어찌 알지 못하겠는가'라고 하니, 신 등이 이 말을 듣고 스스로 경계하는 말이라 기록해 서연청(書筵廳)의 벽에 붙여두었는데, 어찌 오늘날의 일이 또 이런 지경에 이를 줄 알았겠습니까? 그러므로 신 등은 황송해하는 것이니, 신 등이 진실로 바라오니 이런 무리를 대의(大義)로 처단함으로써 뒷사람을 경계하게 하소서."

상이 말했다.

"이것은 경 등의 죄가 아니다. 내가 아비이면서도 능히 의방(義方-마땅한 방도)으로 가르치지 못했는데, 하물며 경 등은 말해서 무엇하겠는가? 그러나 그 실상을 말하면 경 등의 과실도 아니요 내 과실도 아니다."

이어서 뜻을 전해 말했다.

"옛날에 이윤(伊尹)[16]은 신하이면서도 태갑(太甲)을 동궁(桐宮)[17]에 거처하게 해서 인(仁)에 처하고 의(義)로 옮겨가게 했으니[處仁遷義], 처인 천의 태갑은 능히 고친 자라 하겠지만 세자는 고치지 못한 자라 하겠다."

계량(季良) 등이 말했다.

"신 등은 상께 보답할 길이 없습니다만 단지 바라는 것은 세자께서 사리(事理)에 통하시어 마음을 평정(平正)하게 세워서 전하에게 지극히 효도하는 것이었는데, 어찌 이 같은 데 이를 줄 알았겠습니까? 실로 신 등이 능히 교도하지 못해 그런 것이니, 신 등의 죄는 말로 다할 수 없습니다."

계량에게 가르침을 전해[傳敎] 말했다.
전교

"예전에 내가 임실(任實)로 갈 때 경은 세자가 정성(定省-아침저녁 문안 인사)을 오래 궐하게 될 것을 말하면서 눈물까지 흘렸으니, 그것

---

16 은나라 성탕 때의 명재상이다.
17 중국 산서성(山西省) 영하현(榮河縣)에 있었다.

은 우연한 일이 아니었다. 내가 경의 말을 듣고 고인(古人)이 세자를 보도(輔導)하는 도리가 있다고 했더니, 어찌하여 하늘에 맹세하기를 '행실을 고친다'라고 하고서 겨우 20일도 넘지 못해 다시 전철(前轍)을 밟는다는 말인가?"

계량 등이 말했다.

"세자께서는 천자(天資)가 보통 사람보다 뛰어나니 고치기 어려운 것이 아닙니다. 만약 이 같은 무리를 제거한다면 하루아침에 천선개과(遷善改過)할 것입니다."

상이 말했다.

"태조(太祖)께서 성신문무(聖神文武)하신 것은 경들이 아는 바이나, 지금 세자는 한 가지도 없으니 어떻게 조선(朝鮮) 만세(萬世)의 치욕을 씻을 것인가? 내가 태조의 일을 말하는 것은 그럴 만한 이유가 하는 것이다."

계량이 말했다.

"신 등은 이미 상(上)의 가르침을 알고 있습니다. 태조께서 재덕(才德)을 겸전하셨던 것을 조선의 신자(臣子)로서 누가 알지 못하겠습니까? 우부우부(愚夫愚婦)까지도 모두 알고 있습니다."

목진공(睦進恭)이 아뢰었다.

"이법화(李法華)가 말하기를 '전년 정월에 세자께서 밤을 타 구종수의 집에 이르러 저를 부르기에 제가 이오방과 함께 갔었는데, 뒤이어 상기(上妓) 초궁장(楚宮粧)[18]이 와서 노래하니 저더러는 금(琴-거문

---

18 정종이 상왕으로 있을 때 정종을 궁에서 모시던 기생이다. 초궁장은 이후에 태종에게 궁

고)을 타게 하고 오방에게는 피리를 불게 해, 밤새우다가 새벽에 이르러서야 초궁장을 끼고 궁중으로 들어갔습니다'라고 했습니다."

이에 앞서 세자가 음률을 좋아하니 영인(伶人) 오방과 법화 등이 날마다 음벽(淫僻)한 일로 유인했는데, 종수도 서로 표리(表裏)가 돼 세자와 함께 몰래 강변에서 놀기도 하고 혹은 밤에 종수의 집에 가서 유숙했다. 초궁장이 그때마다 다 따라다녔으니, 이때에 이르러 본역(本役)에 따라 정역(定役)시켰다. 초궁장은 (풍해도) 황주(黃州) 기생이었다.

계유일(癸酉日-16일)에 생원시(生員試) 방방(放榜) 이후의 3일 동안은 술을 금하지 말도록 명했다. 상이 말했다.

"삼관(三館)[19]에서 새로운 생원들을 축하하는 것은 옛 풍습이다. 마땅히 3일 동안 하고서 그쳐야 한다."

이때 금주(禁酒)의 영(令)이 있었기 때문에 이런 명이 있었다.

갑술일(甲戌日-17일)에 세자를 찬성(贊成) 김한로(金漢老)의 집에 두게 하고, 공상(供上)을 정지하라고 명했다.

궐에서 내쫓기는데, 이유는 당시 세자이던 양녕대군이 상왕의 기생인 줄 모르고 초궁장과 사통했다는 것이다. 그러나 초궁장이 태종 14년의 기록에도 등장하는 것으로 보아 이미 이전에 양녕대군과 안면이 있었고, 이때 양녕대군이 폐세자가 되는 결정적 사건인 어리(於里) 사건과 관계된 구종수, 이오방 등과 함께 등장하는 점으로 볼 때 어리로 인한 폐세자 사건에 관련된 인물 중 한 사람이었을 것이다.

19 성균관(成均館)·예문관(芸文館)·교서관(校書館)을 일컫는다.

빈객(賓客) 변계량(卞季良)·탁신(卓愼)이 대궐에 나아와 아뢰어 말했다.

"오늘 신 등이 왕세자의 저제(邸第)에 나아가서 세자께서 법도를 무너뜨리고 욕심을 마음껏 부려 상의 염려를 격동시켰다고 극진히 아뢰었더니, 세자께서 땅에 엎드려 말할 때마다 흐느껴 울면서 허물을 뉘우쳐 말씀하기를 '내 앞으로는 다시 이 같은 일은 하지 않을 것이다'라고 했습니다. 이에 계량(季良)이 고하기를 '세자께서는 지난번에도 깊이 구종수(具宗秀)의 유혹을 듣고 감히 부도(不道)한 짓을 행하여 상께서 염려하게 하더니, 이에 세자께서 허물을 뉘우쳐 스스로 맹세해 말하기를 "성상께서는 아버지이니 끝내 생각해주심이 있을 것이지만 하늘이야 어찌 나를 생각해줄 것이냐"라고 해 정녕(丁寧) 상께 고했습니다. 그런데 한 달도 못 되어 또 이러한 거동이 있으시니, 세자께서 비록 "내 다시는 이런 일을 하지 않겠다"라고 말하더라도 저희가 어떻게 갑자기 믿겠습니까?'라고 하니, 세자께서 말하기를 '삼가 다시는 이같이 하지 않겠다'라고 했습니다."

뜻을 전해 말했다.

"경 등이 빈사(賓師)로서 나아가 보았다니 옳다. 그러나 세자가 일찍이 하늘을 가리키며 말하고서도 지금 말을 실천하지 못하니, 내 어찌 믿고 곧이듣겠는가? 또 성심(誠心)으로 허물을 고친 자취를 남에게 보여주기란 가장 어려운 것인데, 그 자취를 장차 무엇으로써 나에게 보일 것인가? 경은 돌아가 다시 묻고 오도록 하라."

이는 대개 상이 세자가 황음(荒淫)해 군부(君父)의 가르침을 따르지 아니하므로 끝내 훈회(訓誨)함으로써 그 기질(氣質)을 변화시킬 수 없음을 알고 있었기에, 세자로 하여금 신명(神明)을 경외(敬畏)해 행여나 행실을 고치고 생각을 바꾸게 하려는 것이었다. (그래서) 계량 등에게 비밀리에 가르쳐[密敎] 말했다.

"경 등이 세자의 실수를 극진히 아뢰어 세자로 하여금 뉘우쳐 깨 닫게 하고, 세자가 다시는 전일의 행동을 밟지 않도록 종묘(宗廟)에 서고(誓告)하게 하라."

계량 등이 돌아가 세자에게 왕지(王旨)를 고하니, 세자가 명을 듣 고서 말했다.

"나의 마음은 지극하지만 어떻게 해야 할지를 모르겠다. 바라건대 빈객들이 밝게 나를 지도해주면 내 오직 지도하는 대로 따르겠다."

계량 등이 말했다.

"세자께서 마음의 말씀에 따르는 데 있는 것이지, 저희가 지도할 수 있는 것이 아닙니다."

세자가 말했다.

"내가 일찍이 대궐에 나아가 서고(誓告)하기를 '내가 만약 전의 행 실을 고치지 않는다면 제대로 죽음을 얻지 못할 것입니다'라고 했는 데, 이번에도 이 말로써 고하는 것이 어떻겠는가?"

계량 등이 말했다.

"그것은 말씀이 자세하지 못할 뿐 아니라 실제로 정성과 공경으로 허물을 고친다는 자취도 없는 것이니, 어찌 그 말로써 고함이 옳겠 습니까?"

세자가 우러러 생각하다가 말했다.

"마음은 지극하지만 어떻게 말을 해야 할는지 모르겠다. 바라건대 빈객들이 나에게 밝게 가르쳐준다면 내가 그 말을 모두 따르겠다."

계량 등이 말했다.

"만약 하늘에 고하고 문소전(文昭殿)에 고하고 사직(社稷)에 고하고 종묘(宗廟)에 고한다면 좋을 것입니다. 그러나 하늘과 사직은 멀지만, 조종(祖宗)의 소소(昭昭)한 영령에게는 망령되게 고함이 더욱 불가합니다. 이미 고한 뒤에 조종의 영령을 속일 수 있겠습니까? 전하께서도 이르기를 '세자가 이미 종묘의 영령에게 고했다'라고 하셨으니, 앞으로 다시는 전일과 같은 부도(不道)를 행하지 않을 것으로 신 등도 모두 믿고 듣겠습니다. 그러므로 저희는 종묘에 고함이 절실하다는 것입니다."

세자가 우러러 생각하다가 한참 만에야 말했다.

"내 장차 무슨 낯으로 종묘와 조종의 영령 앞에 뵙겠는가?"

탁신(卓愼)이 고해 말했다.

"이 말씀은 진실로 옳습니다. 그러나 세자께서는 종묘에 고하고 나면 다시는 전일과 같은 일을 행할 수 없을 것이라고 꺼려 하는 것이 있어서 그 말씀을 하시는 것이 아닙니까?"

세자가 말했다.

"이것이 무슨 말인가? 그것을 말하는 것이 아니다. 내 장차 고하려 하니, 종묘에 고할 서문(誓文)을, 바라건대 빈객들이 내 말을 듣고 지으라. 종묘에 고하고 나서 또 상서(上書)하고자 하니 아울러 글을 지으라."

계량 등이 이 말을 듣고 대궐에 나아와 그대로 아뢰니 상이 말했다.

"옳다. 만약 성심(誠心)으로 허물을 고쳐 종묘에 고한다면 내 어찌 믿지 않겠는가? 이미 종묘에 고하고서 또 전일과 같다면 그것은 실로 조종의 영령을 속이는 것이니, 내 어찌 믿지 않겠는가?"

○ 공조참판 이안우(李安愚)를 의금부에 내렸다가 3일 만에 석방했다.

애초에 안우(安愚)가 의금부 제조(義禁府提調)로서 권보(權堡)를 추국(推鞫)할 때 김점(金漸)에게 말했다.

"세자께서 일찍이 수진방(壽進坊)에 사는 임상좌(林上佐)의 양녀(養女)를 사랑해 밤을 타서 출입했소."

점(漸)이 말했다.

"어찌해서 상께 전고(轉告)하지 않았소?"

안우가 말했다.

"이는 임금의 악(惡)을 드러낼 뿐이오."

점이 갑자기 큰 소리로 안우를 부르며 노해 꾸짖고는 드디어 대궐에 나아와 아뢰어 말했다.

"안우는 세자의 과실을 듣고도 즉시 계문(啓聞)하지 않고 있다가 몰래 신에게 말해줌으로써 사람마다 세자의 과실을 알게 하고서도 도리어 저에게 '임금의 악을 드러낸다'라고 하오니, 세자를 사랑해 책난(責難-어려움을 꾸짖음)하는 뜻이 심히 아닙니다. 더욱이 우리 임금께서 위에 계시니 세자께서도 신자(臣子)이거늘 그는 '임금의 악을 드러낸다' 했으니, 특히 대체(大體)를 잃은 것입니다. 이는 반드시 불충한 마음을 속에다 품고 있는 것입니다."

안우를 꾸짖는데 말이 물 흐르듯 나왔고, 안우는 단지 눈물만 흘리다가 말했다.

"어찌하여 나를 이처럼 원수로 여기시오?"

즉시 안우를 옥에 내려 국문하게 하니 안우가 누이의 가노(家奴) 덕방(德方)이 말한 것이라고 공사(供辭)를 바치므로, 덕방을 불러 물은즉 알지 못한다고 대답했다. 상이 경전(輕典-가벼운 법전)에 따라 단지 안우의 직사(職事)만 없앴다.

정축일(丁丑日-20일)에 훈련관 교장(訓鍊觀敎場)의 보수(步數)를 주척(周尺)으로 쓰게 했다. 종전의 200보(步)를 240보로 만들고 150보를 180보로 만들고 70보를 85보로 만들었으나, 칭호(稱號)만은 그전대로 두었다[仍舊].
잉구

○ 각 도의 도관찰사(都觀察使)·도절제사(都節制使) 및 수령관(首領官)의 녹봉(祿俸)을 반감(半減)하지 말고 『원전(元典)』에 의거해서 반사(頒賜)하도록 명했다.

무인일(戊寅日-21일)에 상왕(上王)이 제릉(齊陵)에서 돌아왔다. 상왕의 행차는 모두 11일 동안이었다. 대언(代言) 서선(徐選)과 중관(中官) 박성우(朴成祐) 등에게 명해 중로(中路)에서 기거(起居)를 묻게 하고, 이어서 주과(酒菓)를 올리게 했다. 이날은 상이 교외에서 맞이해 위로하고자 했으나, 때마침 눈이 내려서 뜻을 이루지 못했다.

기묘일(己卯日-22일)에 세자가 종묘(宗廟)에 고했는데, 그 글은 이러했다.

'증손(曾孫) 왕세자 신(臣) 이제(李禔)는 목조인문성목대왕(穆祖仁文聖穆大王)·익조강혜성익대왕(翼祖康惠聖翼大王)·도조공의성도대왕(度祖恭毅聖度大王)·환조연무성환대왕(桓祖淵武聖桓大王)·태조강헌지인계운성문신무대왕(太祖康獻至仁啓運聖文神武大王)의 영전에 밝게 고합니다. 엎드려 공손히 생각건대, 조종(祖宗)께서 공로와 어짊을 쌓으시어[積功累仁] 우리 태조 때 성대한 다움과 높은 공로로써 능히 천심(天心)을 누림에 집안을 바꿔 나라로 만들어서[化家爲國] 대업을 개창하고 왕통을 드리웠고[創業垂統], 우리 부왕(父王) 전하께서는 잘 계승하고 잘 조술(祖述)하시어[善繼善述] (그릇에) 가득 찬 물을 손에 들듯이 조심하여 지키고 이뤄왔습니다[持盈守成]. 신 제(禔)를 적장(嫡長)이라 해 책봉해서 세자로 삼으시어, 아침저녁으로 훈회(訓誨)하기를 이제면명(耳提面命)[20]해서 정녕하게 반복(反覆)하심이 지극히 깊고도 간절했습니다. 또 서연(書筵)을 두어 날마다 빈객(賓客)·대간(臺諫)으로 하여금 경서(經書)를 강명(講明)하게 하니, 대개 의리(義理)에 통하고 밝게 해서[通曉] 세자 된 직분을 지극히 함으로써 승조(承祧-조상을 이어받음)의 중대함에 맞게 하려는 것이었습니다. 그러나 제(禔)가 생각하건대, 군부(君父)의 마음을 우러러 본받지 못하고 빈사(賓師)의 가르침을 패복(佩服)하지 못해서 바른 선비를 소박(疎薄)하고 소인(小人)을 친압(親狎)했습니다. 사욕 때문에 법도를 무너뜨리고 방종 때문에 예의를 무너뜨려서, 여러 번이나 어버이에게 순종하지 아니해 그 마음을 크게 상하게 하고 위로는 조종(祖宗)의

---

20 남의 귀를 끌어당겨서 알아듣게 직접 가르친다는 뜻이다.

다움을 더럽혔으니 신의 죄가 큽니다. 신이 비록 우매하다 하더라도, 양심(良心)의 발로는 그만두려야 그만두지 못함이 있습니다. 더구나 일찍이 글을 읽어 의리(義理)를 대략이나마 아니, 감히 마음을 씻고 행실을 고쳐서 그 끝을 도모하지 않을 수 있겠습니까? 이에 마음을 깨끗이 하고 자애자신(自艾自新-스스로를 다스려 스스로 새로운 사람이 됨)할 조목을 갖춰 조종의 영전에 다짐하는 바입니다.

첫째, 남의 자식 된 자의 직분 중에 효도보다 더 큰 것이 없고 남의 신하 된 직분 중에 충성보다 더 큰 것이 없으니, 충효(忠孝)의 도리는 이미 다해야 마땅한 것입니다. 이어서 이제부터는 부왕(父王)의 가르침을 털끝만큼이라도 감히 어기지 아니하고 한순간이라도 감히 소홀히 하지 않아서, 항상 마음에 두고 그 힘을 다해 죽은 뒤에야 그만두겠습니다.

둘째, 사람에게 삶이 있음은 조종(祖宗)에 근본을 둔 것이니, 자손 된 자는 본받을 것을 생각해야 마땅한 것입니다. 더욱이 국가를 처음으로 세우고 그 자손에게 도모해서 물려줌에서야 말할 나위가 있겠습니까? 이어서 이제부터는 적루(積累-積功累仁)의 어려움과 창수(創垂-創業垂統)의 쉽지 않음을 우러러 생각해서, 몸을 닦고 행실을 삼가 신(神)에게 부끄럽지 않게 하겠습니다.

셋째, 골육지친(骨肉之親)은 본래 한 가지 기운[一氣]을 같이 타고 나왔으므로 두텁게 아니할 수 없는 것입니다. 우리 동포(同胞-형제)부터 구족(九族)까지 내 몸과 같이 여기고 사랑해서, 그 좋고 싫음을 같이하기를 끝까지 변함없이 함으로써 조종께서 일시(一視-하나로 여김)하시는 뜻을 온전히 하겠습니다.

넷째, 사람이 착하고 악해지는 것은 누구를 제 몸과 같이 여기는 가에 달렸습니다. 군자(君子)를 제 몸처럼 여기면 훈도(薰陶)되고 함양(涵養)되어 다움이 모르는 사이에 닦아지고, 소인(小人)을 제 몸처럼 여기면 아첨하며 교사한 데 빠져 날로 더러운 아래로 내려가게 됩니다. 이어서 이제부터는 섬소(憸小-간사한 소인)를 물리치고 정직한 사람을 제 몸처럼 여김으로써 밖에서 꾀어내는 사특함을 버리고 본연(本然)의 선(善)을 확충하겠습니다.

다섯째, 성덕(成德)과 달재(達才)는 반드시 성학(聖學-제왕학)에 의하는 것이므로 부지런하지 않을 수 없는 것입니다. 거의 낮이면 읽고 밤이면 생각하기를 싫어하거나 게을리하지 아니해서 격물치지(格物致知)의 정밀함에 이름으로써 성정(誠正-誠意正心)의 공(功)을 두터이 하겠습니다.

여섯째, 충언(忠言)과 참설(讒說-중상모략하는 말)이 앞에 섞여서 들어오면 반드시 밝게 살펴야만 그 실정을 얻을 것입니다. 바라건대 허심과욕(虛心寡欲-마음을 비우고 욕심을 줄임)해서 참소와 사특함을 끊어버리고 직언(直言) 듣기를 즐기되 끝까지 바꾸지 않겠습니다.

일곱째, 금색(禽色-사냥과 여색)의 황망함과 술을 좋아하고 음악을 즐기는 것은 『서경(書經)』「하서(夏書)」에 실려 있으니, 만세(萬世)에 경계해야 할 것입니다. 역대(歷代)로 흥하고 망함이 이에 연유하지 않음이 없었으니, 거의 기미(幾微)한 사이에서도 자세히 살펴 성정(性情)의 바름을 지키기를 혹 잠시라도 소홀함이 없게 해서, 이 네 가지 허물을 영원히 끊겠습니다.

여덟째, 언어(言語)는 일신(一身)의 추기(樞機)라 망발할 수 없는 것입니다. 선유(先儒)들이 성(誠)을 논할 때는 말을 망발하지 않음으로부터 시작했으니, 거의 마음속에 충신(忠信)을 간직해 그 망발을 금하고 이미 말을 내었으면 반드시 그 실지를 밟아서, 표리(表裏)가 서로 기다리는 지경에 나아가고 언행이 일치하기를 기약하겠습니다.

대체로 이 조건들은 성심(誠心)에서 나온 것이라, 이것을 말로 나타내고 글로 써서 감히 삼가 아룁니다. 우러러 빌건대 하늘에 계신 조종(祖宗)의 영령께서 특별한 음즐(陰騭-도움)을 더해 신(臣)의 충정을 이끌어주고 신의 마음을 헤아려서, 이 여덟 가지를 힘써 따르게 하되 스스로 그만둘 수 없게 하소서. 그리하여 그 직분을 다하고, 부왕(父王)께서 부탁하심의 무거움을 이어받고, 태조(太祖)께서 처음 여신 대업을 넓히고, 조종께서 후손에게 물려주신 한없는 경사를 연장하는 것이 신의 지극히 바라 마지않는 바입니다. 이미 고(告)한 뒤에 지금의 이 말에 변함이 있으면, 조종의 영령께서는 반드시 벌을 내려 용서하지 마소서.'

또 주상전(主上殿)께 글을 올렸는데 그 글은 이러했다.

'왕세자 신 제(禔) 말씀 올립니다. 가만히 생각건대 사람이 그 있어야 할 곳을 잃으면 반드시 하늘을 향해 울부짖고 자식이 그 있어야 할 자리를 잃으면 반드시 어버이를 부르게 되는데, 이는 사람의 지극한 정이라 어쩔 수 없는 데서 나오는 것입니다. 어찌 시비(是非)와 득실(得失)을 헤아린 뒤에야 그렇게 하겠습니까? 가만히 생각건대, 신 제(禔)는 명완(冥頑)하고 남과 같지 못함에도 부왕 전하께서 신을 적장(嫡長)이라 해서 그 우매함을 잊고 책봉하시어 세자로 삼은 지 지금 14년이 되었습니다. 처음부터 지금까지 가르치고 깨우치심이 순지(純至)해, 크게는 충효의 도리와 작게는 일용(日用)의 세세한 행실까지 모두 들어서 하지 않음이 없으셨습니다. 또 사부(師傅)·빈객(賓客)을 두어 날마다 경서(經書)를 강(講)하게 하시고 이어서 대간(臺諫)에 명해 엄히 고찰을 가하게 하시니, 자애(慈愛)하시는 생각과 교양하시는 방법이 이보다 더할 수 없었습니다. 이는 대개 경서에 통하고 사리에 통달해 세자의 직분을 다하고 종사(宗社)의 무거움을 이어받게 하고자 하심이었습니다.

신 제(禔)는 단지 전하께서 자애하심만 믿고 전하께서 종사(宗社)의 대계(大計)를 위함은 생각하지 못한 채 완악한 자들과 친압[親狎=昵比]해서, 오직 사욕만 좇고 법도를 무너뜨리며 예의를 무너뜨리는 행실을 그전부터 너무나 자주 했습니다. 지난해 가을에는 전하께서 특히 견책(譴責)을 가하시므로, 신은 그때에 겨우 스스로 회오(悔悟)해 하늘을 두고 말하면서 허물을 되풀이하지 않기로 맹세했습니다. (그런데) 마침내 어린아이의 습성이 있는 까닭에 소인의 유혹에 빠지고 또다시 혼미함에 빠져 드디어 하늘을 속이고 아버지를 속이고 임금을 속이기까지 했는데도 반성하지 못했으니, 신의 죄를 생각하면 어디에서도 용납받을 수 없습니다. 옛사람의 이른바 '스스로 지은 죄는 피할 수 없다'라고 한 것이 신을 두고 말한 것이라 하겠습니다. 마땅히 몸을 어루만지며 내송(內訟-스스로 꾸짖음)[21]하고 병기(屛棄-물리쳐서 버림)에 편안하게 여겨야 할 것이지, 어찌 감히 한마

---

21 『논어(論語)』「공야장(公冶長)」편에 나오는 공자의 말이다. "공자가 말했다. '다 끝나버렸구나! 나는 아직 (나만큼) 자기 허물을 발견해 마음속으로 스스로 송사를 하듯이 [內自訟] 맹렬하게 하는 자를 보지 못했다.'"

디 말이라도 꺼내어 자신(自新-스스로 새롭게 함)할 도리를 구하겠습니까?

그럼에도 신 제(褆)는 강보(襁褓)에 싸인 유아 때부터 나이 이미 24세에 이른 오늘날까지 일찍이 경각(頃刻)이라도 어버이 곁을 떠나 보지 못했는데, 하루아침에 지척(咫尺)의 땅이 호월(胡越-오랑캐 땅처럼 멀어짐)과 같아짐이 있어 시선(視膳)·문안(問安)할 길이 없어지고 용안을 뵙고 순색(順色-안색의 편안함을 살핌)할 길도 없어졌으니, 이것이 신이 밥을 대하면 먹는 것을 잊고 자리에 누우면 다시 일어나게 되면서도 (끝내) 묵묵(默默)할 수 없는 바입니다. 전일에 좌우에서 가까이 모시며 천어(天語-임금의 말씀)를 얻어 받들던 것과, 여러 아우와 내정(內庭)에서 기쁘게 놀던 것을 추사(追思-추억)하면 황홀하기가 꿈속의 일만 같습니다. 마음잡기[爲心]의 어려움을 또 다 말할 수 있겠습니까? 또 신 제(褆)가 마음잡을 수 없는 것을 생각하면 대개 그만둘 따름이겠지만, 가만히 생각건대 전하께서 자애하는 마음이 아직도 그치지 못해 신의 불초함을 잊으시고 그것을 생각하느라 그만두지 못하실까 두렵습니다. 말이 이에 이르니 크게 한숨 쉬며 눈물이 흘러내림을 깨닫지 못합니다.

신 제(褆)는 타고난 바탕이 우완하고 둔하며 마음을 씀이 광망(狂妄)해서, 지금 비록 죄를 뉘우쳤다 하더라도 스스로 보전하지 못하고 다시 전일의 미혹을 밟을까 염려스럽습니다. 그래서 감히 스스로 경계하는 여덟 가지를 가지고 종묘와 하늘에 계신 신령에게 다짐하며 잊지 않을 것을 맹세하고, 또 허물을 뉘우치고 스스로 새로워지려는 뜻으로써 천청(天聽-임금의 귀 밝음)을 우러러 번독(煩瀆)하게 합니다.

옛사람이 말하기를 '화복(禍福)은 스스로 구하지 않음이 없다'라고
했습니다. 선과 악을 행하는 것도 나에게 있는 것이지 남에게서 연
유한 것은 아닙니다. 그럼에도 불구하고 예로부터 소인들이 저부(儲
副)를 미혹시킨 것을 사전(史傳)에서 상고하면 흔히 있으니, 소인을
제거하기는 어렵고 친하기는 쉬운 것이 분명합니다. 바라건대 전일에
기기(奇技)와 음교(淫巧)로써 신을 불의(不義)에 빠지게 한 자들을 법
대로 처단하시어 후래(後來)의 섬소(憸小)들이 아첨하는 길을 막으소
서. 신의 어리석음으로 바른 선비를 친근하게 하고 날로 좋은 말을
들어 성인(成人)이 되게 해주신다면 얼마나 다행일지 모르겠습니다.
엎드려 바라건대 전하께서는 가엾게 여김을 내려주소서[垂憐].'
                                                수련

  서문(誓文)과 올린 글은 모두 빈객(賓客) 변계량(卞季良)이 지었다.

  ○ 세자에게 대궐로 돌아올 것을 명했다. 정부·공신(功臣)·육조(六
曹)·대간(臺諫)과 입직(入直)했던 총제(摠制) 등이 글을 올렸다.

  "세자께서 허물을 뉘우쳤으니 기쁨을 이길 수 없어 하례합니다."

  상이 말했다.

  "과인(寡人)이 세자를 보지 않으려고 했는데, 지금이라도 허물을
뉘우쳐 나도 기쁘다."

  ○ 우사간(右司諫) 최순(崔洵) 등이 말씀을 올렸다.

  "지난번에 구종수(具宗秀)가 궁성(宮城)을 넘어 들어왔으니 죄가
극형에 해당하는데, 전하께서 다만 관전(寬典-너그러운 법 처리)을 내
려 단지 장형을 집행하고서[決杖] 귀양만 보내게 했습니다. 신 등이
                    결장
소를 올려 법대로 처리할 것을 청했으나 윤허를 얻지 못했습니다. 이
제 종수(宗秀)의 부도(不道)한 죄가 또 나타났고 관계됨도 매우 무거

워서 죽어도 오히려 남은 죄가 있습니다. 그의 형 종지(宗之)와 종유(宗猷) 등은 모르지 않을 터임에도 숨기고 아뢰지 않았으니, 남의 신하 된 자의 마땅함이 심히 아닙니다. 신 등이 이로써 핵문(劾問)했으나 모두가 모른다고 대답했습니다. 대체로 사람이 부도한 짓을 많이 행한 자가 있다면 비록 이웃 마을이라 하더라도 오히려 분명히 알게 마련인데, 더욱 곤제(昆弟-형제)의 지친(至親)이야 말할 나위가 있겠습니까? 엎드려 바라건대 유사(攸司)에 명을 내려 종수와 종지·종유를 잡아다가 한곳에서 빙문해 그 죄를 밝게 바로잡음으로써 뒤에 오는 사람을 경계하소서. 권보(權堡)의 부도한 죄도 그의 형 권훈(權壎)이 모른다고 또한 대답했으니, 마땅히 형제를 잡아다가 한곳에서 빙문해 함께 그 죄를 바로잡으면 더없는 다행이라 하겠습니다."

사헌부에서도 말씀을 올려 죄줄 것을 청하니 상이 말했다.

"보(堡)와 종수의 죄상은 다르다. 또 보는 아녀자를 시켜 가만히 숨어서 상통(相通)했으니, 훈(壎)이 어찌 알 수 있었겠는가? 하물며 그 서로 아는 자취가 현저하지도 못한데 의심스러운 일을 가지고 추문(推問)한다면 그릇된 일이 아니겠는가? 종지 등을 죄주자는 것은 그럴 수 있다."

○ 황희(黃喜)를 평안도 도순문사(平安道都巡問使) 겸 평양윤(平壤尹), 권진(權軫)을 형조판서(刑曹判書), 성발도(成發道)를 공조판서(工曹判書), 박실(朴實)을 경상도 수군도절제사(慶尙道水軍都節制使)로 삼았다.

○ 제천현(堤川縣) 창고의 쌀·콩 100석을 각림사(覺林寺)에 주었다. 이는 대개 본궁(本宮)의 쌀·콩 100석과 바꾼 것이다.

경진일(庚辰日·23일)에 사간원에서 치도(治道) 몇 조목을 올렸다.

'하나, 과전(科田)을 설치한 것은 염치(廉恥)를 기르려는 것이므로 고르지 않을 수 없는데, 근년 이래로 진고(陳告·신고)한 선후(先後)에 따라 절급(折給)하는 까닭에 받는 자에게 많고 적음이 고르지 못함이 있어서, 혹자는 다년간 종사(從仕)하고서도 전혀 (과전을) 받지 못하기도 해 태조께서 과전을 설치한 뜻에 어긋남이 있습니다. 지금 호조(戶曹)의 수교(受敎) 내에 "진고(陳告)하는 법을 고쳐서, 물고(物故·사망)한 자의 과전으로써 그 각 품 전수(前數)의 많고 적음을 상고해 절급하라"라고 한 것은 진실로 영전(令典·아름다운 법전)이 됩니다. (그러나) 신 등의 생각으로는 입법(立法)의 아름다움보다는 수법(守法)의 공(公)이 더 귀한 것으로 여겨집니다. 엎드려 바라건대 호조에 명을 내려서 과(科)에 맞게 수전(受田)한 자와 과에 부족한 자와 전혀 받지 않은 자를 추려 명백하게 장부를 만들고, 각기 이름 밑에다가 수전수(受田數)를 기록해서 1본(本)은 승정원(承政院)에 간직해 상람(上覽·임금이 살펴봄)에 대비하고 1본은 그 조(曹)에 간직하게 하며 1본은 헌부(憲府)에 보내게 하되, 헌부에서는 그 고르고 고르지 못함을 고찰해 만일 고르지 못하다면 법에 의거해서 다스려 영구한 항식(恒式)으로 삼으소서.

하나, 영락(永樂) 12년(1414년) 7월 아무개 일의 사헌부 계본(啓本) 내에 "전조(前朝)의 말엽에 대소 원인(大小員人) 가운데 경외(京外)에 양처(兩妻·두 부인)를 함께 둔 자도 있고, 다시 장가들고서 도로 선처(先妻)와 합한 자도 있으며, 먼저 취첩(娶妾)하고 뒤에 취처(娶妻)한 자도 있고, 먼저 취처하고 뒤에 취첩한 자도 있으며, 또 일시에 삼처

(三妻)를 함께 둔 자도 있어, 그가 죽은 뒤에 자식들이 서로 적자(嫡子)를 다투게 되니 쟁송(爭訟)이 다단(多端)했습니다. 그러나 그때는 처(妻)를 두고 취처(娶妻)하는 것을 금하는 법이 없었습니다. 이미 성혼(成婚)해서 선후가 서로 맞아떨어지는 자를 지금은 후취(後娶)라고 추론(追論)해서 결절(決折)함은 진실로 미편(未便)합니다. (그러니) 위 항의 조목조목에다 선처·후처의 은의(恩義)가 깊고 얕은 것, 버렸거나 별거한 일이 있고 없는 것, 동거(同居)하고 동거하지 않은 것을 분간하게 하소서. 선처(先妻)에게는 엷게 했으되 후처(後妻)와는 종신토록 함께 살았고 부도(婦道)에 결함이 없는 자는 작첩(爵牒)과 전지(田地)를 주고 노비(奴婢) 또한 양처(兩妻)의 자식들에게 고루 나눠주며, 도로 합한 처(妻)와 함께 종신(終身)한 자는 선처(先妻)에게 작첩과 전지를 주고 노비 또한 위 항과 같이 주며, 선첩(先妾)의 자식으로서 적자(嫡子)를 다투는 자는 선후를 논할 것 없이 정처(正妻)의 소생을 적자로 삼으며, 삼처(三妻)를 함께 둔 자는 선후를 논할 것 없이 종신토록 동거한 자에게 작첩과 전지를 주고 노비는 세 아내의 자식들에게 공평하게 나눠주소서. 영락(永樂) 11년 3월 11일 이후에 아내가 있으면서 취처(娶妻)한 자는 엄히 금해 이이(離異-이혼)하게 하소서"라고 했습니다. 하교를 윤허하신 대로 받들고 있음은 모두가 함께 알고 있는 바이지만 "선처·후처의 안에서 적실(嫡室)은 은의(恩義)의 후박(厚薄)을 가지고 분간해 결절(決折)하라"라고 하셨는데, 신 등이 생각건대 부부란 삼강(三綱)의 으뜸이며 예문에도 두 적실(嫡室)이 없음은 천지의 상경(常經)이요 고금의 통의(通義)라고 여겨집니다. 어찌 은의의 두텁고 얇음으로 해서 선후를 논하지 않고 적실

에다 혼동할 수 있겠습니까? 바라건대 앞으로는 영락 11년 3월 11일 이전에 다시 취처(娶妻)한 자로서 선처(先妻)가 죽은 뒤 취처한 자와 어쩔 수 없는 연고로 다시 장가들고 명문(明文)이 있는 자는 (위 하교의 예에서) 제외하게 하고, 일시에 이처(二妻) 이상을 함께 둔 자와 다시 장가든 뒤 선처(先妻)와 도로 합한 자는 모두 먼저의 아내를 적실로 삼고 나머지는 모두 첩으로 논함으로써 명분(名分)을 정하소서. 지금 "선첩(先妾)의 자식으로 적자를 다투는 자는 선후를 논할 것 없이 정처(正妻)로써 삼을 일"이라고 한 것과 "영락 11년 3월 11일 이후에 처가 있으면서 취처한 자는 엄히 금하여 이이(離異)하게 할 일"이라고 한 것 등은 한결같이 사헌부의 위 항의 수교(受敎)에 따르게 하소서.

하나, 우리나라의 과거법(科擧法)은 한갓 재주만 시험함에 그치는 것이 아니라 족속(族屬)을 분변함에서입니다. 바라건대 이제부터는 생원시(生員試)·동당향시(東堂鄕試)에 나오는 자는 각기 그 거주하는 고을의 신명색(申明色)[22]이 그 족속을 상고해 부시(赴試)할 만한 자를 녹명(錄名)해서 그 관장(官長)에게 올리면, 그 관장이 감사(監司)에게 올리고, 감사가 다시 고찰해서 시험에 나오는 것을 허락하게 하소서. 경중(京中)의 한성시(漢城試)는 한성부에서 그것을 경재소(京在所)로 하여금 상고해서 삼원문자(三員文字) 및 호구(戶口)를 갖추게 하소서. 그 향시(鄕試)와 한성시(漢城試)에 합격한 자 및 관시(館試)에 나오는

---

22 각 도의 관찰사(觀察使)가 수령(守令)의 탐포(貪暴)하고 불법한 것을 규찰하기 위해 주부 군현(州府郡縣)에 파견하던 관원 또는 그 관사(官司)다. 태종 15년(1415년) 4월에 두었다 가, 동왕 17년(1417년) 11월에 혁파했다.

자는 성균 정록소(成均正錄所)에서 또한 위 항의 명문(明文)을 고찰한 뒤에 부시(赴試)하게 하며, 신명색과 경재소는 공상(工商)·무격(巫覡)·잡색(雜色)·천구(賤口)의 자손과 몸이 불효의 부도(不道)를 범한 자를 드러내되 정록소에서 정찰(精察)을 가하지 못한 자는 헌사(憲司)가 규찰(糾察)해서 법으로 통렬하게 다스리게 하소서[痛繩].'
통승

상이 읽어보고 대궐에 머물러 두게 했다[留中].
유중

신사일(辛巳日-24일)에 이조판서 박신(朴信)과 병조판서 이원(李原)을 불러 강무(講武)에 대해 의견을 나눴다[議]. 상이 말했다.
의

"완산군(完山君)의 병이 위독해 이번 행행(行幸-행차)은 정지하려한다. 만약 이 시기를 지난다면 3월 20일 이후는 바로 농사 때를 당하므로 강무할 수가 없다. 그러나 구금(驅禽-매사냥)이 아니니 단지 몇 기(騎)만 거느리고 갔다 오려 한다."

신(信)이 대답해 말했다.

"병이 나으면 수일간 갔다 오시는 것도 나름의 이치가 있습니다. 오늘내일 그 병세를 보아서 만약 큰 연고가 있으면 이번 행차를 정지하고, 20일 전에 큰 연고가 없으면 동가(動駕)하소서. 혹 부음(訃音)이 있으면 날짜를 더하심도 좋겠습니다. 금년 3월 11일부터 시작하고, 또 3월은 정농기(正農期)가 아니니 3월 10일이나 20일쯤에 행행함도 좋겠습니다."【사신(史臣)이 말한다. "어찌 3월이 정농기가 아니란 말인가? 대신(大臣)으로서 상 앞에서 아룀이 어찌 이 같을 수 있는가?"】

○ 명해 본궁(本宮)의 작은 못을 메우게 했다. 병조에 뜻을 전해 말

했다.

"본궁은 상왕전(上王殿)에서 가까운 까닭에 일찍이 하나의 작은 못을 파서 상왕을 봉영(奉迎)해 이를 관람하시게 하려 했다. (그러나) 만약 그대로 두게 되면 뒷날 마땅히 유람의 장소가 될 것이다. 내 이제 메우려 하는데, 1,000명의 하루 역사일 것이니 군사 1,000을 박자청(朴子靑)에게 주는 것이 옳겠다."

○ 구종지(具宗之)·구종유(具宗猷) 등을 의금부에 내렸다.

애초에 종지(宗之) 등이 세자를 종수(宗秀)의 집에서 몰래 뵈었는데, 이어서 잔치를 베풀고 밤에 술을 마시게 되자 종지는 비파를 타고 종유는 일어나 춤을 추었다. 이때에 이르러 세자가 허물을 고치려 해 있었던 대로 아뢴 까닭에 상이 이 일을 알고 모두 옥에 내리고, 위관(委官) 이원(李原), 대언(代言) 이명덕(李明德)과 대간(臺諫)에 명해 공동으로 다스리게 했다[雜治].
잡치
또 의금부 부진무(義禁府副鎭撫) 박안의(朴安義)를 연안부(延安府)에 보내 이숙번(李叔蕃)을 잡아오게 했다. 애초에 종수 등이 숙번(叔蕃)을 안치(安置)한 곳에서 사통(私通)했는데, 세자가 이 일도 아뢴 까닭에 이 같은 명이 있었다. 상이 말했다.

"지금 권보(權堡)·이법화(李法華)·이오방(李五方)이 모두 동궁(東宮)의 연고 때문에 옥에 갇혔다. 이 무리는 유희(遊戲)와 잡기(雜伎)로써 동궁에게 아유(阿諛-아첨)해 불의에 빠지게 했으니, 극형(極刑)에 두는 것이 마땅하다. 그러나 동궁의 연고로 해서 4~5인을 형벌함은 내 차마 못 하겠다. 오방·종수는 극형을 면치 못하겠지만, 나머지는 모두 한 등을 줄이는 것이 어떠하겠는가?"

영의정 유정현(柳廷顯)이 나아가 말했다.

"이같이 간녕(奸佞-간사)한 무리는 모두 용서할 수 없습니다."

상이 말했다.

"이승(李昇)은 비록 장인 곽선(郭璇)의 첩을 동궁에게 바쳤다 하지만, 그러나 '동궁의 음희(淫戲)한 일을 누설할 수 없었다'라고 하고 나도 비밀로 해 발설하지 않고자 해서 곧바로 지신사(知申事)에 명해 승을 채찍질하고 그 직첩(職牒)을 거두게 했다. 장차 먼 곳으로 유배 보내려다가 물음이 권보에게 미치니, 보가 숨기고 실상대로 고하지 아니함에 드디어 의금부에 내려 그 까닭을 물었다."

정현(廷顯)이 대답해 말했다.

"임금이 하는 바는 일식(日蝕)과 월식(月蝕) 같아서 사람들이 모두 우러러보는데, 은휘(隱諱-숨김)해 발설하지 아니함은 불가합니다."

상도 그 말을 옳게 여겼다. 집의(執義) 하연(河演)이 나아가 말했다.

"승(昇)이 처음에는 비록 권보 등이 어리(於里)를 들이려는 음모를 알지 못했다 하지만, 이미 받아들인 뒤에도 즉시 상달(上達)하지 아니했으며 또 동궁이 보낸 물건을 받고도 나타나 고(告)하지 않았으니 그 죄를 국문(鞫問)해야 합니다."

상이 옳게 여겼다.

○ 판한성부사(判漢城府事-한성부 판사) 심온(沈溫)을 의금부에 내렸다가 얼마 후에 풀어주었다.

애초에 세자가 몰래 종수의 집에 와서 연음(宴飮)할 때 상기(上妓) 승목단(勝牧丹)도 참여했는데, 승목단이 그 일을 안수산(安壽山)의 첩기(妾妓) 칠점생(七點生)에게 고했고 칠점생은 그것을 온(溫)에게 고했다. 온은 수산의 자부(姉夫-매부)다. 종지가 온에게 고(告)해 말했다.

"아우 종수가 세자전(世子殿)에 무상출입(無常出入)하니, 공(公)이 그를 제지해주시기 바랍니다."

온이 종수를 불러 제지했으나 종수가 듣지 않았다. 온과 종수는 납교(納交)한 사이였으므로 종지가 이런 청을 한 것이다. 종지가 계옥(繫獄-옥사에 걸려듦)되자 온의 말을 가지고 납사(納辭)할 것을 청하니, 온은 실상을 숨길 수 없었다. 의금부에서 응주부주(應奏不奏-마땅히 아뢰어야 하는데 아뢰지 않은 죄)로 조율(照律)해 아뢰니, (상이) "(죄를) 논하지 말라"고 명했다.

임오일(壬午日-25일)에 상이 인덕궁(仁德宮)에 나아가 향연을 베풀었다. 세자가 시연(侍宴)했는데, 날이 어두워져서야 마쳤다.

계미일(癸未日-26일)에 세자가 아침 일찍 예궐(詣闕)했다가 해가 지고서야 돌아왔다.

갑신일(甲申日-27일)에 박초(朴礎)를 제주목사(濟州牧使)로 삼았다가 얼마 후에 파직했다.

사헌부에서 소(疏)를 올려 말했다.

'수령(守令)은 백성을 가까이에서 대하는[近民] 직(職)이라 백성의 휴척(休戚-평안과 근심)이 달려 있으니, (적임자의) 선거(選擧)를 신중히 하지 않을 수 없습니다. (그런데) 지금 박초를 제주목사로 임명하셨는데, 초는 천성이 본래 탐오(貪汚)해 염치를 돌보지 않는 자라서 일찍이 관물(官物)을 훔쳐 이미 뚜렷한 죄를 받고 이름이 죄적(罪籍)에 올라 있습니다. 또 제주는 해외(海外)의 수방(殊方-딴 지방)이라서 감사(監司)의 출척(黜陟)과 소사(所司)의 견문(見聞)이 모두 미치지 못하는 곳이므로 초가 반드시 기탄(忌憚)하는 바 없이 탐악을 자행하게 될 것이니, 백성이 반드시 그 폐단을 입을 것이요 위로는 성덕(盛德)에 누(累)가 될 것입니다. 엎드려 바라건대 공렴(公廉)하고 재간(才幹)이 있어 임무를 맡길 만한 자를 골라 제수(除授)함으로써 여망(輿望)에 부응(副應)하게 하소서.'

그것을 따랐다.

○ 구종수(具宗秀)와 이숙번(李叔蕃)을 의금부에 내려서 종수·종지(宗之)·종유(具宗猷)·숙번 등이 사통(私通)한 죄를 국문(鞫問)했다. 이에 앞서 종지가 형조참판(刑曹參判)이 되니 숙번이 폄소(貶所)에 있으면서 가노(家奴) 수정(水精)과 그 첩(妾) 김관도(金觀道), 여종 금생(今生)을 종지의 집으로 보내 종지가 (숙번의) 죄를 청한 이유를 묻게 했고, 또 종지의 아우 종수는 사람을 숙번의 폄소에 보내 활과 낭미(狼尾-이리 꼬리)를 구하고 양마(良馬)도 청했는데 낭미는 세자에게 바치려 한 것이었다. 숙번도 종수에게 통서(通書)해서, 그전에 사랑하던 첩 예빈시(禮賓寺) 여종 복중(卜重), 공안부(恭安府) 여종 약생(藥生)과 기생 소조운(小朝雲)을 각기 그 사(司)에서 말미를 주도록 [給由] 청했고 철갑(鐵甲)과 투구를 보냈다. 종수가 회답하기를 "이미 청과 같이 했다"라고 했다. 서로가 교제를 맺었기 때문이다.

○ 거가(車駕)가 원주(原州)의 각림사(覺林寺)로 행행(幸行-행차)했으니, 겸해서 춘수(春蒐-봄철 사냥)를 강(講)하기 위함이었다.

상이 말했다.

"내가 어렸을 때 각림사에서 글을 읽었는데, 자라서도 매번 꿈을 꾸면 소싯적에 놀던 것과 같았다. 그러므로 내가 급전(給田)하고 중신(重新)하게 한 것이다. 내가 강무(講武)를 핑계로 태조(太祖)와 모후(母后) 두 분의 기일 때 가서 보고자 했지만, 태조의 기일은 5월에 있고 모후의 기일은 9월에 있으니 5월은 바로 농사철이며 9월은 벼가 무성한 때다. 만약 연고 없이 간다면 대간(臺諫)이 반드시 막을 것이다. 또 불법(佛法)은 비록 믿기 어렵다 하더라도 중국(中國)에 들어온 지 오래됐다. 비록 부처를 위해 한 차례 간다 하더라도 괜찮을 것이다."

대언(代言) 등이 말했다.

"강무(講武)로 인해 한 번 행행하시는데 누가 그것을 막겠습니까?"

상이 말했다.

"내 꼭 가서 봐야겠다."

횡성(橫城) 등지의 구군(驅軍-몰이꾼)·방패(防牌)·섭대장(攝隊長)·섭대부(攝隊副)를 합쳐서 1,091명에 별군(別軍) 160명이었고, 강원도의 보군(步軍) 1,200명에 마군(馬軍) 300명이었으며, 충청도의 보군 250명에 마군 300명이었고, 경기(京畿)의 250명이었다. 도관찰사(都觀察使)·수령관(首領官) 및 각 고을 수령(守令) 등에게 명해 행재소(行在所)에 나오지 못하게 했다.

을유일(乙酉日-28일)에 충녕대군(忠寧大君)이 편치 못하다 해서 상이 환궁(還宮)하고자 하니, 이원(李原)이 아뢰었기 때문이다. 용진도(龍津渡-용산나루)에서 하루 동안 머물렀다.

○ 찬성(贊成) 김한로(金漢老)에게 궁건(弓鞬-筒介, 즉 활과 화살을 꽂아 등에 지는 물건)과 시복(矢服)을 내려주었다.

戊午朔 召宗親擊毬.
무오 삭 소 종친 격구

築全羅道長沙邑城 平安道龍岡邑城 與鎭山架山城 從兩道監司
축 전라도 장사 읍성 평안도 용강 읍성 여 진산 가산성 종 양도 감사

之啓也.
지 계 야

完原府院君李良祐卒. 停朝三日 致賻米豆幷五十石 紙百卷 諡曰
완원부원군 이양우 졸 정조 삼일 치부 미두 병 오십 석 지 백권 시왈

安昭 葬用上等禮.
안소 장용 상등 례

己未 議政府左議政朴訔 右議政韓尙敬上講武之所 使舍人
기미 의정부 좌의정 박은 우의정 한상경 상 강무 지소 사 사인

沈道源啓曰: "請以忠淸道蓴城爲春等講武場; 以江原道橫城爲
심도원 계왈 청 이 충청도 순성 위 춘등 강무장 이 강원도 횡성 위

秋等講武場." 上怒曰: "橫城乃前日政府 臺諫之所議定 其時 何無
추등 강무장 상 노왈 횡성 내 전일 정부 대간 지 소의정 기시 하무

一言及之? 且今無講武之命 何以發此言也? 無乃以予托覺林之行
일언 급지 차금 무 강무 지명 하이 발 차언 야 무내 이여 탁 각림 지행

爲講武歟? 予豈欲講武哉? 然講武 古制也. 如以講武爲非 則前此
위 강무 여 여기욕 강무 재 연 강무 고제 야 여 이 강무 위비 즉 전차

講武之時 諸相與臺諫何不沮之乎? 此乃長君之惡也. 原州覺林寺
강무 지시 제상 여 대간 하불 저지 호 차 내 장군 지악 야 원주 각림사

乃少時遊學之地 寺宇山川 每入於夢 故欲一往觀耳 初非爲佛也.
내 소시 유학 지지 사우 산천 매 입어 몽 고 욕일 왕관 이 초비 위불 야

若待雪消而行 卽必謂托此以講武 須當積雪之時往焉."
약 대 설소 이행 즉 필위 탁차 이 강무 수당 적설 지시 왕언

下代言徐選 承傳內官崔閑于義禁府. 選等以前秋所定講武場 爲
하 대언 서선 승전내관 최한 우 의금부 선등 이 전추 소정 강무장 위

乙未年事 上以爲欺予 命囚之 又命趙末生歸于家. 翼日 命放徐選
을미년 사 상 이위 기여 명 수지 우명 조말생 귀우 가 익일 명방 서선

崔閑等 各歸其家; 召末生就職. 朴訔 尙敬等詣闕啓曰: "昨 道源
최한 등 각귀 기가 소 말생 취직 박은 상경 등 예궐 계왈 작 도원

失啓臣等之意. 臣等以爲 平康講武場 山深雪積 必待三月望後

消盡. 且於一道內一年再行 則非惟民力勤苦 且必妨農. 願以奪城

又爲一所 則禽獸有積年繁息之理 民生有苦歇相均之意 庶合殿下

使民無弊之念." 上然其言. 旣而 引見代言等曰: "前日囚徐選 崔閑

者 非憚政丞之言也. 前秋講武處議定之時 選專掌其事 閑則終始

出納 而皆不能記 故命下獄. 夫獄之不可一日留宿 近臣之不可輕

下獄 予豈不知? 特以戒後. 古人曰: '夏月爲苗除害 餘三時亦皆

有義.' 又云: '無事而不田 不敬也.' 釋之者曰: '事謂出入軍賓喪凶

之事.' 無事則田 古制也. 今大小臣民皆不欲講武之事 予獨言古法

特爲一癖. 且日者求言之時 宰臣南實極言講武之弊 其辭非唯不有

其君 擧國無其人. 予欲問其由 不可求言而反責其不中者 故置之.

前朝之季 嘗求言而有一人毀佛 朝議鞫之 侍中鄭夢周曰: '不可求言

而罪之.' 乃免焉. 事實雖殊 其置而不問 亦此意也. 人有言曰: '四時

之田 古法也.' 今定爲春秋兩時 是乃折中也. 或者以是謂奉迎君上

之意 是何心哉? 近有趙源者 亦不欲講武 乃有私相非毀之書. 又

禮曹嘗撮古制以聞 削其天子親執弓矢之句 原其意 是亦厭其講武

也. 雖直書其事 其肯邊佩弓矢以馳騁耶? 其不義類如此. 然其志實

愛我 特不知其大體耳. 人皆以我爲武家好武事 然太祖勸我以學問

予之執弓矢 非自幼乃在壯年 不可謂好武 亦不可謂不好. 建文唯事

詞章 陸顒等每稱聖天子 卒至於敗 獨不鑑此乎? 古人云: '文武竝用

長久之策.' 予欲竝用文武而不偏耳. 予之不以蕁城爲講武者 恐其

後世慢棄國政 遠事遊逸也. 聽民斬木耕耨 使麋鹿無以繁息 則雖欲

遊逸 不可得也."

庚申 命戶曹勿徵芳幹 孟衆等已收田租.

始置功臣都監有司 以上護軍沈寶爲使 護軍尹希夷副使 宗廟令

韓惠判官.

辛酉 豐海道船軍李哲家牛一乳三犢.

壬戌 命還入王親錄于內. 初 宗簿寺奉敎撰進王親錄二件 其錄敍

桓王嫡妾之實. 櫃封一件 以授王世子 命曰: "勿使人知." 世子冥頑

無知 使宿衛司李叔畝開見 上聞之怒 命趙末生往問其故 世子首實.

上命末生責叔畝曰: "汝父以不愼見敗 汝效汝父而滅汝家門乎? 若

漏此事 汝當不避." 乃命入錄于內. 命趙末生 將此錄以示左議政

朴訔 吏曹判書朴信 兵曹判書李原等曰: "焚此錄何如?" 僉曰:

"入置於內 誰得而知?"

命禮曹 賜馬于宗貞茂. 從慶尙道監司之報 以黑驄大馬與之.

按撫使金麟雨還自于山島 獻土産大竹 水牛皮 生苧 綿子 檢樸木

等物 且率居人三名以來. 其島戶凡十五口 男女八十六. 麟雨之

往還也 再逢颶風 僅得其生.

刑曹 臺諫請置廉致庸於法 不聽.

癸亥 停春等講武 欲以二十七日幸覺林寺 俄而 傳旨曰: "地不

解凍 雪且未消 然欲幸覺林寺者 所以示初非爲講武之本意也."
해동 설차 미소 연욕행 각림사 자 소이 시초 비위 강무 지 본의 야

趙末生啓: "講武之法 載在古典 不可廢也. 請以講武改口傳." 上曰:
조말생 계 강무 지법 재재 고전 불가 폐야 청이 강무 개 구전 상왈

"不以講武口傳者 非嫌外言也 實予志也." 末生曰: "講武 萬世之
불이 강무 구전 자 비혐 외언 야 실 여지 야 말생왈 강무 만세 지

成憲 殿下何廢之耶?"
성헌 전하 하 폐지 야

定斷訟之限. 刑曹啓: "中外奴婢 今丁酉二月初六日以前時得決
정 단송 지한 형조 계 중외 노비 금 정유 이월 초륙일 이전 시 득결

者給之; 中分時漏落奴婢 本月初六日以前已接狀外 勿更受理."
자 급지 중분 시 누락 노비 본월 초륙일 이전 이 접장 외 물갱 수리

從之.
종지

甲子 刑曹 臺諫復請廉致庸之罪 不允. 上曰: "致庸之罪 今三省
갑자 형조 대간 부청 염치용 지죄 불윤 상왈 치용 지죄 금 삼성

更請 依律科罪何也? 曩 右議政韓尙敬啓曰: '如不依律 宜爲官賤.'
갱청 의율 과죄 하야 낭 우의정 한상경 계왈 여 불의율 의위 관천

今又云: '依三省之請.' 是何心哉? 犯不忠之罪者 獨致庸乎? 往年
금 우운 의 삼성 지청 시 하심 재 범 불충 지죄자 독 치용 호 왕년

具宗秀以亂臣李茂之甥 越宮墻 其罪當誅 予從寬典 特流于外. 當
구종수 이 난신 이무 지생 월 궁장 기죄 당주 여 종 관전 특 유우 외 당

其時 捨此不請 今請致庸之罪如此者 亦何意歟? 孰無後日之計哉?
기시 사차 불청 금청 치용 지죄 여차 자 역 하의 여 숙무 후일 지계 재

宗秀非只踰墻 又以上妓引入東宮 罪莫甚焉①. 父爲子隱 常情也.
종수 비지 유장 우이 상기 인입 동궁 죄 막심 언 부위자은 상정 야

然衆所共知 予乃言之. 慣習都監啓上妓潛入宮中 命堅守四門 其女
연 중 소공지 여 내 언지 관습도감 계 상기 잠입 궁중 명 견수 사문 기녀

今尙未出. 若世子皆從宗秀之計 則何事不爲? 宗秀必圖我矣."
금 상 미출 약 세자 개종 종수 지계 즉 하사 불위 종수 필 도아 의

禮曹啓王世子無期親服. 啓曰: "敬奉王旨 世子期親服 詳定以聞.
예조 계 왕세자 무 기친 복 계왈 경봉 왕지 세자 기친 복 상정 이문

謹稽儀禮 始封之君 不臣諸父昆弟; 封君之子 不臣諸父 而臣昆弟;
근계 의례 시봉 지군 불신 제부 곤제 봉군 지자 불신 제부 이신 곤제

封君之孫 臣諸父昆弟. 故君之所爲服 子亦不敢不服 君之所不服
봉군 지손 신 제부 곤제 고 군지 소위복 자역 불감 불복 군지 소불복

子亦不敢服. 今王世子期親 請依此例無服."
자역 불감 복 금 왕세자 기친 청의 차례 무복

代言李明德等進肉膳. 上以良祐之卒 素膳日久 李明德 睦進恭等
대언 이명덕 등 진 육선 상이 양우 지졸 소선 일구 이명덕 목진공 등

進肉膳 許之 仍賜柑子各一器. 且曰: "予知卿等皆有老母 故賜之.
진 육선 허지 잉사 감자 각일기 차왈 여지경등개유노모 고 사지

予每恨於齊陵未盡榮養 可爲歆羨."
여매한어 제릉 미진 영양 가위 흠선

禮曹上世子釋奠儀.
예조 상세자 석전의

乙丑 命右議政韓尙敬 六曹 臺諫 議刷出于山 武陵居人便否
을축 명우의정 한상경 육조 대간 의쇄출 우산 무릉 거인 편부

僉曰: "武陵居人 勿令刷出 給五穀與農器 以安其業 仍遣主帥撫之
첨왈 무릉 거인 물령 쇄출 급 오곡 여 농기 이안 기업 잉견 주수 무지

且定土貢可也." 工曹判書黃喜獨不可曰: "勿令安置 宜速²³刷出."
차 정 토공 가야 공조판서 황희 독 불가 왈 물령 안치 의속 쇄출

上曰: "刷出之計是矣. 彼人等曾避役安居 若定土貢 有主帥 則彼
상왈 쇄출 지계 시의 피인 등 증 피역 안거 약 정 토공 유 주수 즉 피

必惡之 不可使之久留也. 宜以金麟雨仍爲按撫使 還入于山 武陵
필 오지 불가 사지 구류 야 의이 김인우 잉위 안무사 환입 우산 무릉

等處 率其居人出陸." 仍賜衣笠及靴 且賜于山人三名各衣一襲. 命
등처 솔기 거인 출륙 잉사 의립급화 차사 우산 인 삼명 각 의 일습 명

江原道都觀察使 給兵船二隻 選揀道內水軍萬戶千戶中有能者 與
강원도 도관찰사 급 병선 이척 선간 도내 수군 만호 천호 중 유능 자 여

麟雨同往.
인우 동왕

丁卯 王世子行文宣王釋奠祭.
정묘 왕세자 행 문선왕 석전제

以李種善爲豐海道都觀察使.
이 이종선 위 풍해도 도관찰사

遣前判司譯院事偰耐如京師. 耐齋被擄逃來唐人林新貴
견 전 판사역원사 설내 여 경사 내재 피로 도래 당인 임신귀

倪觀音保等 押送 遼東咨文及赴京火者金奇親喪禮部咨文以行.
예관음보 등 압송 요동 자문 급 부경 화자 김기 친상 예부 자문 이행

司諫院上疏. 疏曰:
사간원 상소 소왈

'臣等竊謂 擧動 人主之大節 不可無名也. 伏覩 殿下卽位以來 法
신등 절위 거동 인주 지 대절 불가 무명 야 복도 전하 즉위 이래 법

古之制 每於春秋以講武事 此則以禮而動也. 今者權停講武 欲幸
고지제 매어 춘추 이 강무 사 차즉 이례 이동 야 금자 권정 강무 욕행

---

23 원문에는 '의(依)'로 돼 있는데, '의(宜)'의 잘못이다.

覺林寺. 臣等未知以何事而行幸浮圖之所乎. 且殿下一身 爲子孫

萬世之所取則 尤不可無名而動也. 伏望殿下 停此覺林之行 特下

講武之命 常所 垂法後世.'

不聽. 遣大護軍趙菑于橫城 審講武場氷釋與否 仍命曰: "若不

解凍 則本道及忠淸道騎步軍與驛馬 皆不徵聚."

己巳 禮曹判書孟思誠 藝文館提學卞季良等掌生員試 取權採等

百人.

藝文館上春秋等製述之法:

"春秋製述 誠爲令典 然製述之限 過於三日 似爲遲緩. 自今每於

春秋仲月値衙日 館閣兩府以上 三次會于議政府 出律詩題 限其日

午時 古詩亦如之. 表箋則限未時收券 第其高下. 前銜三品至四品

於藝文館朝房; 五六品至參外 成均館朝房 亦令聚會製述何如?"

從之. 提學卞季良 左議政朴訔之志也.

改異姓諸君所爲功臣諸君所. 功臣都監使以下 依首領官例.

庚午 江陵人前中郎將李成茂等得鯉魚於氷上 以供病母. 成茂

及前司直善茂 司正春茂 幼學陽茂 故判事李良密之子也. 父 侍母

孝養. 母年七十四 疾作幾月 不進食 時天尙寒 氷不解 其母請諸子

曰: "吾欲食鯉魚鱠." 成茂等四兄弟請能漁者 治網江邊 欲鑿氷

捕之 氷有缺處 一大鯉出氷上 諸子得還 以供其母.

壬申 命改築石城于龍城 前此木柵也.

命囚前判官李昇 前少尹權堡 樂工李法華 宦者金奇等于義禁府.
명수 전 판관 이승 전 소윤 권보 악공 이법화 환자 김기 등 우 의금부

初 樂工李五方潛入東宮 因譽前中樞郭璇妾於里色藝具絶 世子卽
초 악공 이오방 잠입 동궁 인예 전 중추 곽선 첩 어리 색예 구절 세자 즉

令五方圖之. 五方乃與其徒洪萬 請於璇之甥女夫權堡 堡曰: "璇
령 오방 도지 오방 내 여 기도 홍만 청어 선지 생녀 부 권보 보왈 선

於予 有姻親之恩 不可欺也. 然敢不從命?" 使其妾桂枝言于於里
어 여 유 인친 지은 불가 기야 연 감 불 종명 사 기첩 계지 언 우 어리

不應. 法華告世子曰: "不如送信物."
불응 법화 고 세자왈 불여 송 신물

卽使小宦遺繡囊 於里辭之 强置而還. 於里持告璇養子李昇 仍
즉 사 소환 견 수낭 어리 사지 강치 이환 어리 지고 선 양자 이승 잉

宿其家. 法華奔告世子曰: "機不可失." 世子率小竪越宮墻徒行 至
숙 기가 법화 분고 세자왈 기 불가실 세자 솔 소수 월 궁장 도행 지

五方家 偕至昇家 求於里 昇不聽 强之而後見之 遂與之宿于法華家
오방 가 해지 승가 구 어리 승 불청 강지 이후 견지 수 여지 숙 우 법화 가

納置宮中. 世子以弓送于昇 於里亦送絹于昇妻. 昇受弓而不受絹
납치 궁중 세자 이궁 송 우 승 어리 역 송 견 우 승처 승 수궁 이 불수 견

欲聞于上 世子使人詰之曰: "汝以吾所爲 將告于憲府 刑曹乎? 告
욕문 우상 세자 사인 힐지왈 여 이오 소위 장 고 우 헌부 형조 호 고

諸何處?" 昇懼不果聞.
저 하처 승구 불과 문

會 殿別監小斤同 本金漢老家奴 與水賜婢相戲 漢老知之 啓于
회 전 별감 소근동 본 김한로 가노 여 수사비 상희 한로 지지 계우

上曰: "小斤同有所犯 請問其罪." 上命內官崔閑問之 小斤同惶懼
상왈 소근동 유 소범 청문 기죄 상명 내관 최한 문지 소근동 황구

不知所指 以於里事告之. 上聞之大怒 卽召昇問其由 昇告曰: "前年
부지 소지 이 어리사 고지 상 문지 대노 즉소 승 문 기유 승 고왈 전년

季冬 臣率家小 自郭璇所居積城縣還京 於里以欲見京中族親爲辭
계동 신 솔 가소 자 곽선 소거 적성현 환경 어리 이 욕견 경중 족친 위사

璇許之 卽與臣同來. 數日 謂臣曰: '近有奇事 桂枝始言孝寧大君
선 허지 즉 여신 동래 수일 위신왈 근유 기사 계지 시언 효령대군

欲見汝 後言世子欲見汝 予答曰: "妾本有疾 色且不美 況今夫在
욕견 여 후언 세자 욕견 여 여 답왈 첩 본 유질 색 차 불미 황금 부재

此何言也." 臣驚懼 使婢于堡家 言桂枝作謀之事 堡答曰: '近日出去
차 하언 야 신 경구 사비 우 보가 언 계지 작모 지사 보 답왈 근일 출거

不返 未知其所之也.' 日昏 人有叩門者 呼奴視之 乃宦官金奇也. 奇
불반 미지 기 소지 야 일혼 인유 고문 자 호노 시지 내 환관 김기 야 기

曰: '世子亦來.' 臣聞之 顚倒衣冠 出見俯伏 世子乃曰: '速出於里.'
왈 세자 역래 신 문지 전도 의관 출현 부복 세자 내왈 속출 어리

予不得已從之. 世子率行 其後臣未知其所之也."
여 부득이 종지 세자 솔행 기후 신 미지 기 소지 야

上曰: "如此大事 何不啓聞乎?" 昇曰: "初欲啓聞 堡來止之曰:
상왈 여차 대사 하불 계문 호 승왈 초욕 계문 보내 지지왈

'汝之啓達 正如諺所謂與妹訴兄也.' 臣未知所處 不卽啓達." 命
여지 계달 정여 언 소위 여매 소형 야 신 미지 소처 부즉 계달 명

趙末生鞭昇一百 收其職牒. 又召權堡問之 匿不以告 俱下義禁府.
조말생 편승 일백 수기 직첩 우소 권보 문지 익 불이 고 구하 의금부

命參贊尹向 右副代言睦進恭與刑曹 臺諫雜治之. 遣知事金士文于
명 참찬 윤향 우부대언 목진공 여 형조 대간 잡치 지 견 지사 김사문 우

公州 執五方以來; 都事楊秩于鏡城 執具宗秀以來. 命囚三軍鎭撫
공주 집 오방 이래 도사 양질 우 경성 집 구종수 이래 명수 삼군 진무

印仁敬于義禁府 仁敬 把直東宮門不謹故也.
인인경 우 의금부 인경 파직 동궁 문 불근 고야

命議政府 六曹 臺諫 議權堡 李昇 五方 法華之罪 僉曰: "右人等
명 의정부 육조 대간 의 권보 이승 오방 법화 지죄 첨왈 우인 등

若欲世子之享福則 何至於斯? 是使世子 陷於不義也 何異叛逆乎?
약욕 세자 지 향복 즉 하지 어사 시사 세자 함어 불의 야 하이 반역 호

且不念殿下欲世子爲善之意 而要得世子一時之樂 其不忠於上亦
차 불념 전하 욕 세자 위선 지의 이 요득 세자 일시 지락 기 불충 어상 역

明矣. 請依律施行 以戒後來. 使世子之前後左右 皆正人也則世子
명의 청 의율 시행 이계 후래 사 세자 지 전후 좌우 개 정인 야 즉 세자

足以遷善改過矣."
족이 천선 개과 의

上曰: "卿等之言 無異之論." 群臣皆出 上留趙末生 李原 議曰:
상왈 경등 지언 무이 지론 군신 개출 상유 조말생 이원 의왈

"世子之行若是 欲效放太甲古事 如何?" 原對曰: "命之是矣 然世子
세자 지 행 약시 욕효 방태갑 고사 여하 원 대왈 명지 시의 연 세자

天質本美 若除逢迎者 擇以正人敎之 則將必改過而遷善矣."
천질 본미 약제 봉영 자 택이 정인 교지 즉 장필 개과 이 천선 의

上然之 遣舍人沈道源于朴訔第 議李昇等之罪曰: "宗秀則可依律
상 연지 견 사인 심도원 우 박은 제 의 이승 등 지죄 왈 종수 즉 가 의율

以斷 若李昇 權堡 國論皆曰可斬 卿意何如?" 訔曰: "臣昔論宗秀
이단 약 이승 권보 국론 개왈 가참 경의 하여 은왈 신 석 논 종수

之時 臣之請罪 固如是也. 若從臣言 早斬宗秀 則必無今日之事
지시 신지 청죄 고 여시 야 약종 신언 조참 종수 즉 필무 금일 지사

矣. 臣謂 昇等之心無上也 無上是大逆也. 引儲副於昏亂 誤其國本
의 신위 승등 지심 무상 야 무상 시 대역 야 인 저부 어 혼란 오기 국본

謀危社稷也 上必以臣言爲過也 臣等以爲 凌遲處死亦云可矣."
모위 사직 야 상필 이 신언 위과 야 신등 이위 능지처사 역 운가 의

道源以啓 上曰: "已知之矣."
도원 이계 상왈 이 지지 의

賓客卞季良 李孟畇 卓愼等啓曰: "使世子至於如此 實臣等未能
빈객 변계량 이맹균 탁신 등 계왈 사 세자 지어 여차 실 신등 미능

敎導之使然也. 世子昔在治宗秀之時 與臣等言曰: '吾今以後必
교도 지 사연 야 세자 석재 치종수 지시 여 신등 언왈 오금 이후 필

不爲此等事. 若不悛改 復蹈前轍 則上雖以父子至恩 不卽加罪 天
불위 차등 사 약불 전개 부도 전철 즉 상수 이 부자 지은 부즉 가죄 천

豈不知?' 臣等聞此言 記自警之辭 貼于書筵廳之壁 豈知今日之事
기 부지 신등 문 차언 기 자경 지사 첩우 서연청 지벽 기지 금일 지사

又至於此? 臣等所以惶悚也. 臣等誠願將此等人 斷以大義 以戒
우 지어 차 신등 소이 황송 야 신등 성원 장 차등 인 단이 대의 이계

後來."
후래

上曰: "此非卿等之罪也. 予以父 尙不能敎以義方 況卿等乎? 然
상왈 차비 경등 지죄 야 여 이부 상 불능 교이 의방 황 경등 호 연

其實非卿等之故 亦非予之故也." 仍傳旨曰: "昔伊尹 臣也 使太甲
기실 비 경등 지고 역비 여지 고야 잉 전지왈 석 이윤 신야 사 태갑

處于桐宮 處仁遷義 是能改之者也 世子不能改者也." 季良等曰:
처우 동궁 처인 천의 시능 개지 자야 세자 불능 개자 야 계량 등왈

"臣等無由報上 但願世子通於事理 立心平正 至孝殿下 豈謂至於
신등 무유 보상 단원 세자 통어 사리 입심 평정 지효 전하 기위 지어

如此? 實臣等未能敎導之使然也. 臣等之罪 不可容言." 傳敎季良
여차 실 신등 미능 교도 지 사연 야 신등 지죄 불가 용언 전교 계량

曰: "昔予任實之行 卿以世子久闕定省發言 而至於泣下 是非偶然
왈 석 여 임실 지행 경이 세자 구궐 정성 발언 이 지어 읍하 시비 우연

也. 予聞卿言 謂有古人輔導世子之道也. 奈之何[24]誓天曰改行 纔踰
야 여문 경언 위유 고인 보도 세자 지도 야 내지하 서천왈 개행 재유

二旬 復蹈前轍乎?"
이순 부도 전철 호

季良等曰: "世子天資過人 非難改者也. 若除如此之輩 一朝遷善
계량 등왈 세자 천자 과인 비난 개자 야 약제 여차 지배 일조 천선

改過."
개과

上曰: "太祖聖神文武 卿等所知. 今世子無一焉 何以洗朝鮮萬世
상왈 태조 성신문무 경등 소지 금 세자 무일 언 하이 세 조선 만세

---

24 원문에는 '내지하(乃之何)'로 돼 있는데, '내지하(奈之何)'의 잘못이다.

之恥乎? 予之言太祖之事 有由然矣."
지 치 호　여 지 언　태 조 지 사　유 유 연 의

季良曰: "臣等已知上敎矣. 太祖才德兼全 朝鮮臣子孰不知之?
계 량 왈　신 등 이 지 상 교 의　태 조 재 덕 겸 전　조 선 신 자 숙 부 지 지

至於愚夫愚婦 亦皆知之矣." 睦進恭啓: "法華言: '前年正月 世子
지 어 우 부 우 부　역 개 지 지 의　목 진 공 계　법 화 언　전 년 정 월　세 자

乘夜到具宗秀家招我. 我與五方偕進 繼而上妓楚宮粧來歌 今我
승 야 도 구 종 수 가 초 아　아 여 오 방 해 진　계 이 상 기 초 궁 장 내 가　금 아

彈琴 五方吹笛徹夜. 及曉 挾楚宮粧潛入宮中.'" 先是 世子好音律
탄 금　오 방 취 적 철 야　급 효　협 초 궁 장 잠 입 궁 중　선 시　세 자 호 음 률

伶人五方 法華等日以淫僻之事導之 宗秀相爲表裏 與世子潛遊
영 인 오 방　법 화 등 일 이 음 벽 지 사 도 지　종 수 상 위 표 리　여 세 자 잠 유

江邊 或夜至宗秀家宿焉 楚宮粧皆隨之. 至是 從本定役. 楚宮粧
강 변　혹 야 지 종 수 가 숙 언　초 궁 장 개 수 지　지 시　종 본 정 역　초 궁 장

黃州妓也.
황 주 기 야

癸酉 命生員試放後 三日勿禁酒. 上曰: "三館賀新生員 古風也.
계 유　명 생 원 시 방 후　삼 일 물 금 주　상 왈　삼 관 하 신 생 원　고 풍 야

宜三日而止." 時有禁酒之令 故有是命.
의 삼 일 이 지　시 유 금 주 지 령 고 유 시 명

甲戌 命置世子于贊成金漢老之第. 停供上. 賓客卞季良 卓愼詣闕
갑 술　명 치 세 자 우 찬 성 김 한 로 지 저　정 공 상　빈 객 변 계 량　탁 신 예 궐

啓曰: "今日臣等進王世子之邸 極陳世子敗度縱欲 以動上念 世子
계 왈　금 일 신 등 진 왕 세 자 지 저　극 진 세 자 패 도 종 욕　이 동 상 념　세 자

伏地 每言噓唏悔過曰: '吾今而後 願不復如是也.' 季良告之曰:
복 지　매 언 허 희 회 과 왈　오 금 이 후　원 불 부 여 시 야　계 량 고 지 왈

'世子曩者深聽具宗秀之誘 敢行不道 致上位動念 而世子悔過自誓
세 자 낭 자 심 청 구 종 수 지 유　감 행 부 도　치 상 위 동 념　이 세 자 회 과 자 서

曰: '上位父也 終有所恤 惟天豈恤我乎?" 丁寧告上 不過一月 而
왈　상 위 부 야　종 유 소 휼　유 천 기 휼 아 호　정 녕 고 상　불 과 일 월　이

又有是擧 世子雖曰我勿復如是 某等何敢遽信?' 世子曰: '愼勿復
우 유 시 거　세 자 수 왈 아 물 부 여 시　모 등 하 감 거 신　세 자 왈　신 물 부

如是也.'"
여 시 야

傳旨曰: "卿等以其賓師進見 然矣. 然世子曾指天爲辭 而今不能
전 지 왈　경 등 이 기 빈 사 진 현　연 의　연 세 자 증 지 천 위 사　이 금 불 능

踐言 吾何信聽? 且誠心悔過之迹 示人最難 其迹將何以示我乎?
천 언　오 하 신 청　차 성 심 회 과 지 적　시 인 최 난　기 적 장 하 이 시 아 호

卿歸更問以來." 蓋上以世子荒淫而不率君父之訓 知終不可以訓誨
경 귀 갱 문 이 래　개 상 이 세 자 황 음 이 불 솔 군 부 지 훈　지 종 불 가 이 훈 회

而變化其氣質也. 欲令世子敬畏神明 而庶幾改行易慮 密敎季良等
이 변화 기 기질 야 욕령 세자 경외 신명 이 서기 개행 역려 밀교 계량 등

曰: "卿等極陳世子之失 使之悔悟 俾世子誓告宗廟 以無復蹈前日
왈 경등 극진 세자 지실 사지 회오 비 세자 서고 종묘 이무 부도 전일

之行." 季良等回告世子以王旨 世子聞命曰: "予之心則至矣 而不知
지행 계량 등 회고 세자 이왕지 세자 문명 왈 여지심 즉 지의 이 부지

所以爲之. 願賓客等明以指我 我惟指是從." 季良等曰: "在世子從
소이 위지 원 빈객 등 명이 지아 아유 지시종 계량 등 왈 재 세자 종

心言之而已 非某等所指之也." 世子曰: "予曾詣闕誓告曰: '予若
심 언지 이이 비 모등 소 지지 야 세자 왈 여 증 예궐 서고 왈 여약

不改前行 不得其死.' 今亦以是告之若何?" 季良等曰: "此非特言之
불개 전행 부득 기사 금역 이시 고지 약하 계량 등 왈 차 비특 언지

不詳 實無誠敬改過之迹也. 何可以是告乎?" 世子仰而思之曰:
불상 실무 성경 개과 지적 야 하가 이시 고호 세자 앙이 사지 왈

"心則至矣 而不知所以言之. 願賓客等明以敎我 我皆從之." 季良等
심즉 지의 이 부지 소이 언지 원 빈객 등 명이 교아 아개 종지 계량 등

曰: "若告天 告文昭殿 告社稷 告宗廟 則可矣. 然天與社稷則遠矣
왈 약 고천 고 문소전 고 사직 고 종묘 즉 가의 연 천여 사직 즉 원의

祖宗昭昭之靈 尤不可以妄告. 旣告之後 祖宗之靈 其可欺乎? 殿下
조종 소소 지령 우 불가이 망고 기 고지 후 조종 지령 기 가기 호 전하

亦謂世子旣告宗廟之靈 則將不復行前日之不道 某等亦皆信聽.
역위 세자 기고 종묘 지령 즉 장불 부행 전일 지 부도 모등 역개 신청

是以 某等以告宗廟爲切."
시이 모등 이고 종묘 위절

世子仰而思之良久 乃曰: "我將何顔 而見宗廟祖宗之靈之前乎?"
세자 앙이 사지 양구 내왈 아 장 하안 이견 종묘 조종 지령 지전 호

愼告曰: "是言誠是矣. 然世子無乃以謂告宗廟 則不可復行前日之
신 고왈 시언 성 시의 연 세자 무내 이위 고 종묘 즉 불가 부행 전일 지

事 有所憚而發是言歟?" 世子曰: "是何言歟? 不謂是也. 我將告之
사 유 소탄 이발 시언 여 세자 왈 시 하언 여 불위 시야 아장 고지

告宗廟誓文 願賓客等聽我言而製之. 旣告宗廟之後 又欲上書 竝
고 종묘 서문 원 빈객 등 청 아언 이제지 기고 종묘 지후 우욕 상서 병

製之." 季良等聞之 詣闕以啓 上曰: "然矣. 若誠心改過而告宗廟 則
제지 계량 등 문지 예궐 이계 상왈 연의 약 성심 개과 이고 종묘 즉

予何不信? 旣告宗廟 而又如前日 則是實欺宗廟之靈也 予何不信
여하 불신 기고 종묘 이우 여전일 즉 시실 기 종묘 지령 야 여하 불신

哉?"
재

下工曹參判李安愚于義禁府 三日而釋之. 初 安愚以義禁府提調
하 공조참판 이안우 우 의금부 삼일 이 석지 초 안우 이 의금부 제조

推鞫權堡時 言於金漸曰: "世子嘗愛壽進坊住林上佐之養女 乘夜
推鞫 權堡 時 言於 金漸 曰 世子 嘗愛 壽進坊 住 林上佐 之 養女 乘夜

出入." 漸曰: "何不傳告於上?" 安愚曰: "是揚君之惡耳." 漸遽言
出入 漸曰 何不 傳告 於上 安愚曰 是揚 君之惡 耳 漸 遽言

大呼 怒罵安愚 遂詣闕啓曰: "安愚聞世子之過 不卽啓聞 潛與臣言
大呼 怒罵 安愚 遂詣闕 啓曰 安愚 聞世子之過 不卽 啓聞 潛與臣言

使人人知世子之過 而反以我爲揚君之惡 甚非愛世子責難之志也.
使 人人 知 世子 之過 而反 以我爲揚 君之惡 甚非 愛世子 責難 之志也

況吾君在上 世子 臣子也 其所言揚君之惡 殊失大體 是必包藏不忠
況吾君 在上 世子 臣子也 其所言 揚 君之惡 殊失 大體 是必 包藏 不忠

之心也." 罵安愚出言如流 安愚但揮涕曰: "何使我爲若是哉?" 卽下
之心야 罵安愚 出言 如流 安愚 但揮涕曰 何使 我爲 若是哉 卽下

安愚鞫之 安愚以妹之家奴德方所言納辭 問德方則以不知答之. 上
安愚 鞫之 安愚 以妹之 家奴 德方 所言 納辭 問 德方 則以 不知 答之 上

從輕典 只罷安愚職事.
從 輕典 只罷 安愚 職事

　丁丑 訓鍊觀敎場步數 用周尺. 在前二百步作二百四十步;
　丁丑 訓鍊觀 敎場 步數 用 周尺 在前 二百步 作 二百 四十 步

一百五十步作一百八十步; 七十步作八十五步 然稱號仍舊.
一百 五十步 作 一百 八十步 七十 步作 八十 五步 然 稱號 仍舊

　命各道都觀察使 都節制使及首領官祿俸勿減半 依元典頒賜.
　命 各道 都觀察使 都節制使 及 首領官 祿俸 勿 減半 依 元典 頒賜

　戊寅 上王至自齊陵. 上王之行 凡十一日矣. 命代言徐選及中官
　戊寅 上王 至自 齊陵 上王 之行 凡 十一 日의 命 代言 徐選 及 中官

朴成祐等 於中路問起居 仍進酒菓. 是日 上欲迎慰于郊 適雨雪
朴成祐 等 於中路 問 起居 仍進 酒菓 是日 上欲 迎慰 于郊 適 雨雪

不果.
不果

　己卯 世子告于宗廟 其辭曰:
　己卯 世子 告于 宗廟 其辭 曰

'曾孫王世子臣禔敢昭告于穆祖人文聖穆大王 翼祖康惠聖翼
曾孫 王世子 臣 禔 敢 昭告 于 穆祖 人文 聖穆 大王 翼祖 康惠 聖翼

大王 度祖恭毅聖度大王 桓祖淵武聖桓大王 太祖康獻至仁啓運
大王 度祖 恭毅 聖度 大王 桓祖 淵武 聖桓 大王 太祖 康獻 至仁 啓運

聖文神武大王之靈. 伏以恭惟 祖宗積功累仁 至我太祖 盛德隆功
聖文 神武 大王 之靈 伏以 恭惟 祖宗 積功 累仁 至我 太祖 盛德 隆功

克享天心 化家爲國 創業垂統 我父王殿下善繼善述 持盈守成 以
克享 天心 化家爲國 創業 垂統 我 父王 殿下 善繼 善述 持盈 守成 以

臣嫡長 冊爲世子 朝夕訓誨 耳提面命 丁寧反覆 至深切矣. 且置
臣 嫡長 冊 爲 世子 朝夕 訓誨 耳提面命 丁寧 反覆 至深 切矣 且 置

書筵 日令賓客 臺諫講明經書 蓋欲通曉義理 以盡世子之職 以副
서연 일령빈객 대간 강명 경서 개욕 통효 의리 이진 세자 지직 이부

承祧之重也. 禔惟不能仰體君父之心 佩服賓師之訓 疎薄正士 親
승조 지중야 제유 불능 앙체 군부지심 패복 빈사 지훈 소박 정사 친닐

小人 以欲敗度 以縱敗禮 至再至三 不順乎親 大傷厥心 上累祖宗
소인 이욕 패도 이종 패례 지재지삼 불순 호친 대상 궐심 상누 조종

之德 臣罪大矣. 臣雖愚昧 良心之發 有不容已 矧嘗讀書 粗知義理
지덕 신죄 대의 신수 우매 양심 지발 유 불용이 신상 독서 조지 의리

敢不洗心改行 圖惟厥終也哉? 是用齊一心 條具自艾自新之目 質
감불 세심 개행 도유 궐종 야재 시용 제일심 조구 자애자신 지목 질

諸祖宗之靈.
저 조종 지령

一曰 人子之職 莫大於孝; 人臣之職 莫大於忠 忠孝之道 已
일왈 인자 지직 막대 어효 인신 지직 막대 어충 충효 지도 이

所當盡. 繼自今於父王之敎 一毫不敢或違 一時不敢或忽 恒存乎心
소당진 계 자금 어 부왕 지교 일호 불감 혹위 일시 불감 혹홀 항존 호심

以盡其力 斃而後已.
이진 기력 폐 이후 이

二曰 人之有生 本於祖宗 爲子孫所當體念 況於肇基邦家 貽厥孫
이왈 인지 유생 본어 조종 위 자손 소당 체념 황어 조기 방가 이 궐손

謀也哉? 繼自今仰思積累之艱難 創垂之不易 修身謹行 無致神羞.
모 야재 계 자금 앙사 적루 지 간난 창수 지 불이 수신 근행 무치 신수

三曰 骨肉之親 本同一氣 不可不厚. 自吾同胞以至九族 親之
삼왈 골육지친 본동 일기 불가 불후 자오 동포 이지 구족 친지

愛之 同其好惡 終始不 以全祖宗之一視.
애지 동기 호오 종시 불투 이전 조종 지 일시

四曰 人之善惡 係於所親. 親君子則薰陶涵養 德修罔覺; 親小人
사왈 인지 선악 계어 소친 친 군자 즉 훈도 함양 덕수 망각 친 소인

則奪於諂巧 日就汚下. 繼自今斥退小 親近正直 以去外誘之私
즉 탈어 첨교 일취 오하 계 자금 척퇴 섬소 친근 정직 이거 외유 지사

以充本然之善.
이충 본연 지선

五曰 成德達才 必因聖學 不可不勤 庶幾晝誦夜思 不厭不倦
오왈 성덕 달재 필인 성학 불가 불근 서기 주송야사 불염 불권

以臻格致之精 以篤誠正之功.
이진 격치 지정 이독 성정 지공

六曰 忠言讜說 雜進於前 必須明察 乃得其情. 庶幾虛心寡欲
육왈 충언 참설 잡진 어전 필수 명찰 내 득 기정 서기 허심 과욕

絶去讒慝 樂聞直言 無替終始.
절거 참특 낙문 직언 무체 종시

七日 禽色之荒 甘酒嗜音 載在夏書 萬世所戒 歷代興廢 靡不
칠왈 금색 지황 감주 기음 재재 하서 만세 소계 역대 흥폐 미불

由此. 庶幾察於幾微之際 守其性情之正 毋或忽於頃刻 永絶四者之
유차 서기 찰어 기미 지제 수기 성정 지정 무 혹홀 어경각 영절 사자지

懲.
건

八日 言語 一身之樞機 不可妄發 先儒論誠 始不妄語. 庶幾內存
팔왈 언어 일신 지추기 불가 망발 선유 논성 시불 망어 서기 내존

忠信 發禁其妄 既發其言 必踐其實 表裏進於相須; 言行期於一致.
충신 발금 기망 기발 기언 필천 기실 표리 진어 상수 언행 기어 일치

凡此條件 發於誠心 形之於言 筆之於書敢申虔告. 仰惟祖宗在天
범차 조건 발어 성심 형지 어언 필지 어서감신 건고 앙유 조종 재천

之靈 特加陰 誘臣之衷 度臣之心 於此八者 勉勉循循 自不能止
지령 특가 음즐 유 신지충 탁 신지심 어차 팔자 면면 순순 자불 능지

以盡其職 以承父王付託之重 以弘太祖肇造之業 以延祖宗垂裕
이진 기직 이승 부왕 부탁 지중 이홍 태조 조조 지업 이연 조종 수유

無疆之慶 臣不勝至願. 既告之後 所渝此言 祖宗之靈 必罰無宥.'
무강 지경 신 불승 지원 기 고지후 소투 차언 조종 지령 필벌 무유

又上書于主上殿 其辭曰:
우 상서 우 주상 전 기사 왈

'王世子臣禔言. 竊謂 人失其所 必號于天; 子失其所於親 此人之
왕세자 신제 언 절위 인실 기소 필호 우천 자실 기소 어친 차 인지

至情 而出於無可乃何者也. 夫豈計其非是得失 然後乃爾耶? 竊念
지정 이 출어 무가 내하 자야 부기 계기 비시 득실 연후 내이야 절념

臣禔冥頑無似 父王殿下以臣嫡長 忘其愚昧 冊爲 蓋已十四年于兹
신재 명완 무사 부왕 전하 이신 적장 망기 우매 책위 개이 십사 년우자

矣. 自始至今 誨誘諄至 大而忠孝之道 小而日用細行 靡不畢舉.
의 자시 지금 회유 순지 대이 충효 지도 소이 일용 세행 미불 필거

且置師傅賓客 日令講經 仍命臺諫 嚴加考察 慈愛之念 敎養之方
차 치 사부 빈객 일령 강경 잉명 대간 엄가 고찰 자애 지념 교양 지방

蔑以加矣. 蓋欲通經達理 以盡世子之職 而承宗社之重也.
멸이 가의 개 욕 통경 달리 이진 세자 지직 이승 종사 지중야

臣禔只知殿下慈愛之可恃 不念殿下宗社之大計 比頑童 惟欲之
신 제 지지 전하 자애 지 가시 불념 전하 종사 지 대계 널비 완동 유욕지

從 敗度敗禮 固已數矣. 往歲之秋 殿下特加譴責 臣於其時 稍自
종 패도 패례 고이 수의 왕세 지추 전하 특가 견책 신 어기시 초자

悔悟 指天爲辭 庶不貳過. 乃緣尙有童蒙之習 墮於小人之誘 尋復
회오 지천 위사 서 불이과 내연 상유 동몽 지습 타어 소인 지유 심부

沈迷 遂至欺天 欺父 欺君而莫之省也. 念臣之罪 無地自容 古人
침미 수지 기천 기부 기군 이 막지 성야 염 신지죄 무지 자용 고인

所謂自作孽不可逭者 臣之謂矣. 所宜撫躬內訟 安於屛棄 安有敢出
소위 자 작얼 불가 환자 신 지위 의　소의 무궁 내송 안어 병기 안유 감출

一言 以求自新之理耶?
일언 이구 자신 지리야

　雖然 臣禔始自襁褓 至于今日 年已二十有四歲矣. 未嘗頃刻離於
수연 신제시자 강보 지우 금일 연이 이십 유 사세 의　미상 경각 이어

親側 一朝咫尺之地 有同胡越 視膳問安之無路; 承顔順色之無由
친측 일조 지척 지지 유동 호월 시선 문안 지무로　승안 순색 지무유

此臣所以當食忘飧 已臥復起 而不能默默也. 追思前日侍左右 獲奉
차 신 소이 당식 망손 이와 부기 이불능 묵묵 야　추사 전일 닐시 좌우 획봉

天語 又與諸弟嬉游內庭 怳如夢中之事 爲心之難 又可旣耶? 且念
천어 우여 제제 희유 내정 황여 몽중 지사 위심 지난 우가 기야　차념

臣禔爲心之難 蓋亦已矣. 竊恐殿下慈愛之心 尙不能已 忘臣不肖
신제 위심 지난 개역 이의　절공 전하 자애 지심 상불능 이 망신 불초

念之而不釋也. 言之至此 不覺太息而流涕也. 臣禔稟質頑鈍 處心
염지 이불석 야　언지 지차 불각 태식 이유제 야　신제 품질 완둔 처심

狂妄 今雖悔罪 不能自保 復蹈前日之迷復 敢以自警八條 質諸宗廟
광망 금수 회죄 불능 자보 부도 전일 지미부 감이 자경 팔조 질저 종묘

在天之靈 矢以不 且書悔過自新之意 仰瀆天聽.
재천 지령 시이 불훤 차 서 회과 자신 지의 앙독 천청

　古人有言曰: "禍福無不自己求者." 則爲善與惡 實在於我 而不由
고인 유언 왈　화복 무불 자기 구자　즉위 선여악 실재 어아 이불유

乎人. 雖然 自古小人之蠱惑儲副 考諸史傳 比比有之 小人難去而
호인　수연 자고 소인 지 고혹 저부 고저 사전 비비 유지 소인 난거 이

易親也明矣. 乞將前日以奇技淫巧 陷臣於不義者 斷之如法 以杜
이친 야 명의　걸장 전일 이기기 음교 함신 어 불의 자 단지 여법 이두

後來憸小謟諛之路 俾臣之愚親近正士 日聞善言 得爲成人 不勝
후래 섬소 첨유 지로 비 신지우 친근 정사 일문 선언 득위 성인 불승

幸甚. 伏惟殿下 垂憐焉.'
행심　복유 전하 수련 언

　誓文及上書 皆賓客季良之製也.
서문 급 상서 개 빈객 계량 지제 야

　命世子還殿. 政府 功臣 六曹 臺諫曁入直摠制等上書曰:
명 세자 환전 정부 공신 육조 대간 기입직 총제 등 상서 왈

"世子悔過 不勝喜賀."
세자 회과 불승 희하

上曰: "寡人不欲見世子 今也悔過 予亦喜焉."
상왈 과인 불욕 견 세자 금야 회과 여역 회언

　右司諫崔洵等上言:
우사간 최순 등 상언

"者 具宗秀踰入宮城 罪當極刑 而殿下特垂寬典 只令決杖流竄

臣等上疏 請置於法 未蒙兪允. 今者 宗秀不道之罪又現 而所係

甚重 死有餘辜. 其兄宗之 宗獻等非不知也 匿而不聞 甚非人臣

之義. 臣等以此劾問 而皆以不知答之. 大抵人有多行不道者 則

雖隣里尙且 況昆弟之至親乎? 伏望命下攸司 將宗秀與宗之 宗獻

一處憑問 明正其罪 以戒後來. 權堡不道之罪 其兄權壎又 以不知

答之. 宜將昆弟 一處憑問 幷正其罪 不勝幸甚."

司憲府亦上言請罪 上曰: "堡與宗秀之罪有間矣. 且堡使兒女

潛隱相通 壎豈能知之? 況其相知之迹未著 而以疑事推問 不亦誤

乎? 其罪宗之等則然矣."

以黃喜爲平安道都巡問使兼平壤尹 權軫刑曹判書 成發道

工曹判書 朴實慶尙道水軍都節制使.

給堤川縣倉米豆百石于覺林寺. 蓋以本宮米豆百石換之也.

庚辰 司諫院上治道數條:

‘一 科田之設 所以養廉恥也 不可不均. 近年以來 以陳告先後而

折給 故受者有多少之不均 或有多年從仕 而專未受者 有乖於太祖

設科田之意. 今戶曹受敎內 革陳告之法 將物故者科田 考其各品

前數多少而折給 誠爲令典. 臣等以謂 莫先於立法之美 而尤莫貴乎

守法之公. 伏望命下戶曹 將科準受田者 科不足者 全未受者 明白

立簿 各於名下 錄所受田數 一本藏承政院 以備上覽 一本藏其曹

一本送于憲府 憲府考均否 如或不均 繩之以法 永爲恒式.
일본 송우 헌부 헌부 고 균부 여혹 불균 승지 이법 영위 항식

一 永樂十二年七月日 司憲府啓本內 前朝之季 大小員人有竝畜
일 영락 십이 년 칠월 일 사헌부 계본 내 전조 지계 대소 원인 유 병축

京外兩妻者 有更娶而還合先妻者 有先娶妾後娶妻者 有先娶妻後
경외 양처 자 유 갱취 이 환합 선처 자 유 선 취첩 후 취처 자 유 선 취처 후

娶妾者 又有一時竝畜三妻者 身歿後子息等互相爭嫡 爭訟多端. 然
취첩 자 우유 일시 병축 삼처 자 신몰 후 자식 등 호상 쟁적 쟁송 다단. 연

時無有妻娶妻之禁 而已成婚先後相適者 今以後娶而追論決折 誠
시 무 유처 취처 지금 이 이 성혼 선후 상적 자 금 이 후취 이 추론 결절 성

爲未便. 上項條條 先後妻恩義深淺 棄別有無 同居不同居分揀.
위 미편. 상항 조조 선후 처 은의 심천 기별 유무 동거 불 동거 분간.

薄於先妻 而與後妻終身同住 婦道無虧者 給爵牒與田 而奴婢均分
박어 선처 이 여 후처 종신 동주 부도 무휴 자 급 작첩 여전 이 노비 균분

於兩妻之子. 還合妻終身者 先妻給爵牒田地 而奴婢上同. 先妾
어 양처 지자. 환합 처 종신 자 선처 급 작첩 전지 이 노비 상동. 선첩

子爭嫡者 勿論先後 以正妻爲嫡. 三妻竝畜者 勿論先後 終身同住
자 쟁적 자 물론 선후 이 정처 위적. 삼처 병축 자 물론 선후 종신 동주

者 給爵牒與田 奴婢平分於三妻之子. 永樂十一年三月十一日以後
자 급 작첩 여전 노비 평분 어 삼처 지자. 영락 십일 년 삼월 십일 일 이후

有妻娶妻者 痛禁離異 奉敎依允 衆所共知 先後妻內 嫡室恩義厚薄
유처 취처 자 통금 이이 봉교 의윤 중 소공지 선후 처내 적실 은의 후박

分揀決折. 臣等以謂 夫婦三綱之首 而禮無二嫡者 天地之常經
분간 결절. 신등 이위 부부 삼강 지수 이 예무 이적 자 천지 지 상경

古今之通義. 豈可以恩義之厚薄 不論先後 而混於嫡哉? 乞將永樂
고금 지 통의. 기가 이 은의 지 후박 불론 선후 이 혼어 적재? 걸장 영락

十一年三月十一日已前再娶妻者 除先妻死而後娶妻及以不得已
십일 년 삼월 십일 일 이전 재취처 자 제 선처 사 이후 취처 급 이 부득이

之故 而改娶有明文者外 一時竝畜二妻以上者與更娶後還合先妻
지고 이 개취 유 명문 자외 일시 병축 이처 이상 자 여 갱취 후 환합 선처

者 皆以先爲嫡 餘皆論妾 以定名分. 今先妾子爭嫡者 勿論先後 以
자 개 이선 위적 여개 논첩 이정 명분. 금 선첩 자 쟁적 자 물론 선후 이

正妻爲嫡事及永樂十一年三月十一日以後 有妻娶妻者 痛禁離異
정처 위적 사 급 영락 십일 년 삼월 십일 일 이후 유처 취처 자 통금 이이

等事 一依司憲府上項受敎.
등사 일의 사헌부 상항 수교.

一 我朝科擧之法 非徒試才 亦以辨族屬也. 願自今 赴生員
일 아조 과거 지법 비도 시재 역 이변 족속 야. 원 자금 부 생원

東堂鄕試者 各其所居官申明色 考其族屬可赴試者 錄名升于其官
동당 향시 자 자 각기 소거 관 신명색 고 기 족속 가 부시 자 녹명 승우 기관

114

其官升于監司 監司更考 許令赴試. 京中漢城試則漢城府考其

京在所備三員文字及戶口 其鄕試漢城試入格者及赴館試者 成均

正錄所亦考上項明文 方許赴試. 申明色京在所擧工商 巫覡 雜色

賤口之裔及身犯不孝不道者 正錄所不加精察者 憲司糾察 痛繩

以法.'

上覽而留之.

辛巳 召吏曹判書朴信 兵曹判書李原 議講武. 上曰: "完山君病篤

欲停行幸. 若過此時 則三月二十日以後 正値農時 不可講武 然不

驅禽 只率數騎往來." 信對曰: "病革則數日間 有一定之理. 今明日

見其勢 若有大故 則停是行 二十日無大故 則動駕 有訃音 加日數

亦可. 今年三月節 始於十一日 且三月非正農 十日 二十日之時 亦

可行幸."【史臣曰: "安有三月而不爲正農乎? 以大臣陳於君前 其

若是乎?】

命塡本宮小池. 傳旨于兵曹曰: "本宮近於上王殿 故曾鑿一小池

欲迎上王而觀之也. 若因而置之 則後當爲遊觀之所 予今欲塡之.

千人一日役也 宜以軍一千授朴子靑."

下具宗之 宗猷等于義禁府. 初 宗之等潛謁世子於宗秀之家 仍

設宴爲夜飮 宗之把瑟 宗猷起舞. 至是 世子欲改過 以實啓之 故上

知之 俱下獄 命委官李原 代言李明德及臺諫雜治之. 又遣義禁府

副鎭撫朴安義于延安府 執李叔蕃以來. 初 宗秀等私通於叔蕃安置

處 世子亦啓之 故有是命. 上曰: "今權堡 李法華 李五方 皆以東宮
之故逮獄. 此輩以遊戲雜伎 阿諛東宮 使陷不義 宜當置之極刑 然
以東宮之故 刑四五人 吾不忍焉. 五方 宗秀 則不免極刑 餘皆減
一等 何如?" 領議政柳廷顯進曰: "如此奸佞之徒 皆不可宥也." 上
曰: "李昇 雖以舅郭璇之妾進于東宮 然不可漏洩東宮淫戲之事 予
欲秘而不發. 乃命知申事 鞭昇而收其職牒 將流于遠方 及問權堡
堡隱之而不以實告 遂下義禁府 問其所由." 廷顯對曰: "人君之所爲
如日月之蝕 人皆仰之 不可隱諱而不發." 上然其言. 執義河演進曰:
"李昇 初雖不知堡等納於里之謀 既納之後 不卽上達 且受東宮贈物
亦不現告 其罪當鞫問." 上然之.

下判漢城府事沈溫于義禁府 既而釋之. 初 世子潛來于宗秀家
宴飮 上妓勝牧丹 亦與焉. 勝牧丹 以其事告安壽山之妾妓七點生
七點生以告溫. 溫 壽山之夫也. 宗之告溫曰: "弟宗秀於世子殿
進退無常 請公止之." 溫呼宗秀止之 宗秀不聽. 溫與宗秀納交 故
宗之有是請. 宗之繫獄 以請溫之言納辭 溫亦不能隱情. 義禁府以
應奏不奏照律以聞 命勿論.

壬午 上詣仁德宮 設享 世子侍宴 日昏而罷.

癸未 世子早詣闕 日沒而還.

甲申 以朴礎爲濟州牧使 尋罷之. 司憲府疏曰:

'守令 近民之職 民之休戚係焉 選擧不可不重. 今朴礎拜濟州牧使

礎性本貪汚 不顧廉恥 曾盜官物 已蒙顯罪 名在罪籍. 且濟州 海外
초 성 본 탐오 불고 염치 증도 관물 이몽 현죄 명재 죄적 차 제주 해외

殊方 監司之黜陟 所司之見聞 皆所不及 礎必無所忌憚 恣行貪惡
수방 감사 지 출척 소사 지 견문 개 소불급 초 필무 소기탄 자행 탐악

民必受弊 上累聖德. 伏望擇公廉才幹可任者除授 以副輿望.'
민 필 수폐 상누 성덕 복망 택 공렴 재간 가임 자 제수 이부 여망

從之.
종지

下具宗秀及李叔蕃于義禁府. 義禁府鞫問宗秀 宗之 宗猷 叔蕃等
하 구종수 급 이숙번 우 의금부 의금부 국문 종수 종지 종유 숙번 등

私通之罪. 先是 宗之爲刑曹參判 叔蕃在貶所 使家奴水精及其妾
사통 지죄 선시 종지 위 형조참판 숙번 재 폄소 사 가노 수정 급 기첩

金觀道婢今生送於宗之家 問其請罪之由 又宗之弟宗秀使人於
김관도 비 금생 송어 종지 가 문 기 청죄 지유 우 종지 제 종수 사인 어

叔蕃貶所 求弓與狼尾 又請良馬 狼尾則將以進世子也. 叔蕃亦通書
숙번 폄소 구궁 여 낭미 우청 양마 낭미 즉 장 이진 세자 야 숙번 역 통서

於宗秀 以前所愛妾禮賓寺婢卜重 恭安府婢藥生 妓小朝雲 各請
어 종수 이전 소애 첩 예빈시 비 복중 공안부 비 약생 기 소조운 각청

其司給由 且贈鐵甲及胄 宗秀復書曰: "已如其請." 互相交結故也.
기사 급유 차 증 철갑 급 주 종수 복서 왈 이 여 기청 호상 교결 고야

駕幸原州覺林寺 兼講春蒐也. 上嘗曰: "予少也 讀書於覺林寺
가행 원주 각림사 겸강 춘수 야 상 상왈 여 소야 독서 어 각림사

及長 每夢遊若少時然 故予給田而重新之. 予托講武 欲於太祖
급장 매몽 유약 소시 연 고여 급전 이 중신 지 여 탁 강무 욕어 태조

母后兩忌往觀之 然太祖忌在五月 母后忌在九月 五月正農而九月
모후 양기 왕관 지 연 태조 기재 오월 모후 기재 구월 오월 정농 이 구월

禾盛 若無故往焉 臺諫必止之. 且佛法雖難信 入中國久矣. 雖爲佛
화성 약 무고 왕언 대간 필 지지 차 불법 수 난신 입 중국 구의 수 위불

一往 亦可矣." 代言等曰: "因講武一幸 誰得而止之哉?" 上曰: "予
일왕 역 가의 대언 등 왈 인 강무 일행 수 득이 지지 재 상왈 여

必往觀之." 橫城等處驅軍 防牌 攝隊長 隊副幷一千九十一名 別軍
필왕 관지 횡성 등처 구군 방패 섭대장 대부 병 일천 구십 일명 별군

一百六十名; 江原道步軍一千二百名 馬軍三百名; 忠淸道步軍
일백 육십 명 강원도 보군 일천 이백 명 마군 삼백 명 충청도 보군

二百五十名 馬軍三百名; 京畿二百五十名. 命都觀察使 首領官
이백 오십 명 마군 삼백 명 경기 이백 오십 명 명 도관찰사 수령관

各官守令等毋得詣行在.
각관 수령 등 무득 예 행재

乙酉 忠寧大君未寧 上欲還宮 以李原之啓 留龍津渡一日.
을유 충녕대군 미녕 상 욕 환궁 이 이원 지계 유 용진도 일일

賜贊成金漢老弓矢服.
사 찬성 김한로 궁건 시복

| 원문 읽기를 위한 도움말 |

① 宗秀非只踰墻 又以上妓引入東宮 罪莫甚焉: 非只~ 又…는 '~뿐 아니라
종수 비지 유장 우 이 상기 인입 동궁 죄 막심 언 비지 우
…도 또한'의 구문이다.

태종 17년 정유년
3월

三月

정해일(丁亥日) 초하루에 패성(孛星)이 동방에 보였다.

무자일(戊子日·2일)에 눈이 내렸다.

기축일(己丑日·3일)에 얼음이 얼었다.

○ 이숙번(李叔蕃)을 외방으로 자원안치(自願安置)하라고 명했다. 좌부대언(左副代言) 이명덕(李明德), 의금부 지사(義禁府知事) 민의생(閔義生) 등이 구종수(具宗秀) 3형제와 이숙번·이오방 등의 죄상을 공초(供招)한 계본(啓本)을 가지고 와서 올리니, 가르쳐 말했다.

"숙번은 안치(安置)하고, 종수·종지·종유와 오방 등의 죄는 조율(照律)해 보고하라."

경인일(庚寅日·4일)에 눈이 내렸다.

○ 형조와 대간(臺諫)에서 소(疏)를 올렸다. 소는 이러했다.

'죄 있는 자를 반드시 처벌하면 악(惡)을 행하는 자가 두려워할 줄 알게 되지만, 죄는 같은데 벌을 달리하면 악을 행하는 자를 징계할 수 없습니다. 지난번에 구종수·이오방 등이 궁성을 넘어 들어갔으니 죄가 극형에 처해야 합당한데, 전하께서 다만 너그러움과 어짊

[寬仁]¹으로 단지 결장(決杖)해 유배 보내는 것으로 그쳤습니다. (그
관인
런데) 지금 종수·오방의 부도(不道)한 죄상이 또 드러나 그 관계됨이
지극히 무거우니 죽어도 오히려 남는 죄가 있습니다. 종지·종유 등
은 이미 통동(通同-내통해 공모함)했고 권보(權堡)·이법화(李法華)의
부도한 죄도 종수·오방과 다름없으니, 모두 극형에 처해야 마땅한
자들입니다. 이숙번은 자신이 불충한 죄를 범하고도 특별히 상은(上
恩)을 입어 성명(性命-목숨)을 보전해서 향곡(鄕曲)에 안치(安置)됐으
니 조심하는 마음으로 근신(謹愼)함에 겨를이 없어야 마땅할 것인데,
마침내 자기의 사사로운 일로 종수와 통하고 또 종수의 간청을 들어
악한 마음을 품고 사실을 숨겨 조정에 보고하지 않았으니 그가 전심
(前心-과거의 마음)을 고치지 않은 것이 분명합니다. 엎드려 바라건대
전하께서는 유사(攸司)에 명해 위 항의 죄인들을 모두 법으로 처치
해서 국법을 바로잡으소서.'

숙번이 일찍이 사사로이 상에게 아뢰어 말했다.

"신은 지나치게 상은(上恩)을 입었습니다. 우매한 것이 많아 설령
죄를 짓는다 하더라도, 엎드려 바라건대 성상께서 성명을 보전케 해
주소서."

상이 말했다.

"일이 종사(宗社-종묘사직)에 관계되지 않는 한 너의 말을 좇아 보
전해줄 것이다."

이때에 이르러 숙번이 말했다.

---

1 흔히 은나라 탕왕(湯王)의 임금다움을 말할 때 관인(寬仁)이라고 한다.

"그전에 상께서 저를 보전해주신다는 말이 계셨음을 신은 늘 잊지 않고 있습니다."

상이 이 말을 듣고 의금부 도사(義禁府都事) 김안경(金安卿)에게 명해 숙번을 금령역(金嶺驛)에서 뒤쫓아 잡아 오게 해서, 의금부에 가두고 가르쳐 말했다.

"그전에 내가 말한 것은 곧 종사(宗社)와 관계되지 않는 일에 대해서만 그러하다는 것을 너는 이에[其] 알아야 할 것이다."

드디어 함양(咸陽)으로 유배를 보냈다[放].

신묘일(辛卯日-5일)에 거가(車駕)가 각림사에 이르자 절의 중들에게 뜻을 전해 말했다.

"내 장차 지의(地衣)²를 주고, 오는 9월에는 불사(佛事)를 하겠다."

○ 사냥감 몰이꾼[驅軍]을 모두 놓아 보냈다.

○ 명해 종수(宗秀)·종지(宗之)·종유(宗猷)·오방(五方) 등의 가산(家産)을 적몰(籍沒)하고 목을 벴다.

의금부 도사 윤수(尹粹)가 종수 등을 조율(照律)한 계본(啓本)을 가지고 왔다.

'권보(權堡)가 죄에 굴복해 말하기를 "이법화(李法華)와 함께 곽선(郭璇)의 첩 어리(於里)를 세자에게 바친 것은, 세자로 하여금 상께 아뢰게 해 저의 몰수된 전지(田地)를 도로 받고자 함에서였고 또 뒷

---

2 가장자리를 헝겊으로 꾸민, 제사 때 쓰는 돗자리를 말한다.

날에 은혜 입기를 바라서였습니다"라고 했습니다.

이오방이 죄에 굴복해 말하기를 "어리를 세자에게 바친 것은 전일에 세자께서 저에게 옷·갓과 표피(豹皮)·당비파(唐琵琶)·피리를 내려주신 때문이며, 또 뒷날에 은혜 입기를 바라서였습니다"라고 했습니다.

법화가 죄에 굴복해 말하기를 "권보·오방과 함께 어리를 세자에게 바친 것은 의복(衣服)을 받으려 함에서였고, 또 뒷날에 은혜 입기를 바라서였습니다"라고 했습니다.

이승(李昇)이 죄에 굴복해 말하기를 "그 처음에는 모약(謀約)한 것은 알지 못했고, 세자께서 깨닫지 못하는 사이에 집에 이르러 어리를 데리고 가신 뒤에 각궁(角弓) 하나를 내려주셨습니다. 처음에는 계달(啓達)하고자 했으나, 권보의 말 때문에 마침내 중지했습니다"라고 했습니다.

종수가 다시 죄에 굴복해 말하기를 "뒷날에 은혜 입기를 바라고서 매번 동궁에 나아갔으며, 세자를 저의 집에 오게도 했습니다"라고 했습니다.

종지·종유 등이 죄에 굴복해 말하기를 "병든 어미를 뵙기 위해 종수의 집에 갔었는데, 종수가 말하기를 '세자께서 오늘 밤 집에 오신다'라고 했습니다. 세자께서 오자 나가서 뵙고 술잔을 올렸는데, 대개 뒷날에 은혜 입을 계산이었습니다"라고 했습니다.

위에 열거한 자들을 모반대역(謀反大逆)의 율(律)에 기대어 모두 능지처사(凌遲處死)하고 재산(財産)을 몰관(沒官)하게 하소서.'

명해 종수 3형제와 오방을 강등해 참형에 처하게 했다.

애초에 종수와 오방·진포(陳鋪) 등이 동궁을 근시(近侍)하는 사람들과 교제를 맺어 몰래 세자를 알현했다. 그 뒤에 밤마다 종묘문(宗廟門)으로 들어가서 죽교(竹橋-대나무 사다리)를 만들고 담을 넘어 안으로 들어갔다. 세자와 종수는 박희(博戱)를 하고 오방으로 하여금 거문고를 타게 하면서 밤새도록[通宵=徹夜] 나오지 않았다. 세자가 내려준 선물이나 물건이 매우 많아서 여색(女色)으로 세자를 유인하기 시작했다. 상이 이를 알고서도 외부에 드러내지 않고 단지 종수·오방만 가두어 즉시 참(斬)하려 했으나, 종수의 어미가 늙은 것을 불쌍히 여겨 마침내 장(杖) 100대에 경성(鏡城)으로 유배 보내고 오방에게도 장 100대에 공주(公州)의 관노(官奴)로 환속(還屬)시켰다.

그러나 이제 종수·오방의 죄가 다시 드러나 잡아 와서[拿來] 추국했다. 세자는 병신년(丙申年-1416년) 정월에 종수·오방의 꾐을 듣고 밤을 틈타 미복(微服) 차림으로 밖으로 나가서 진포·오방 등을 데리고 종수의 집에 갔다. 종수가 법화, 박혁인(博奕人-장기나 바둑 두는 사람) 방복생(方福生), 상기(上妓) 초궁장(楚宮粧)·승목단(勝牧丹)을 불러 각기 그 재주를 보이게 한 뒤 맛있는 음식을 갖춰 세자에게 올리니, 그 형 종지·종유도 종수의 집에 와서 알현하고 잔치를 차려 술을 마셨다. 종수·종유는 일어나 춤을 추었다. 종수가 술을 올려 세자가 마시고 나자 종지·종유는 머리를 조아렸다[叩頭]. 종지가 말했다.

"오늘 일은 꿈만 같습니다."

마침내 비파(琵琶)를 타면서 그 아우 종유와 함께 일어나 춤을 추었다. 종지가 또 머리를 조아리며 말했다.

"바라건대 세자께서는 특히 저희 형제를 대우해주소서."

종수도 그의 처(妻)로 하여금 술을 올리게 해 밤새도록 마음껏 즐겼다. 종지·종유·종수 등이 갓을 벗고 열배(列拜)해 말했다.

"바라건대 저하(邸下)께서는 영원토록 저희를 사반(私伴)으로 삼아주소서."

세자가 이를 허락하고 옷을 벗어 종수에게 주었다. 종수의 처는 저사(紵絲-모시)로 만든 여자 옷을 꺼내 초궁장에게 주고, 또 면포(綿布)를 승목단에게 주었으며, 오방·법화 등에게는 정포(正布)를 주었다. 다시 2~3일이 지나[隔] 종수가 세자를 또 청해서, (세자가) 그의 집에 다시 이르자 맛있는 음식을 올리고 새벽에 이르러서 마쳤는데 종유도 참여했다. 종지는 지위가 참판(參判)에 이르렀지만 두 마음을 품어 마침내 그 아우와 더불어 아첨으로 세자를 섬겨서 불의(不義)에 빠지게 했고, 종수의 부도(不道)함을 임금에게 아뢰지 않고 도리어 통동(通同)해 함께 그 악을 조장했으니 죽어도 책망을 갚지 못할 것이다. 종수는 경성(鏡城)으로 유배 가자 한 달도 못 돼 야인과 교제를 맺고 사랑받기[見愛]를 형제같이 해서, 피체(被逮-체포)되자 손을 당기며 우는 자도 매우 많았으니 그의 간활(奸猾)함이 이와 같았다. 이에 앞서 종수와 대호군(大護軍) 임군례(任君禮, ?~1421년)[3],

---

3 부친은 개국공신에 녹훈된 역관 임언충(任彦忠)으로, 한족(漢族)이다. 임군례는 사람됨이 욕심이 많고 야비해서, 역관으로서 여러 번 명나라에 사신을 따라가 큰 부자가 됐으면서도 권세 있는 자에게는 반드시 아부했으므로 사람들은 오방저미(五方猪尾)라고 불렀다. 충호위(忠扈衛)의 제거(提擧)가 됐을 때는 관가의 목수를 자기 집의 일로 사적으로 부렸고 관의 재정을 도적질했기 때문에 제거직에서 파직됐다. 그러자 임군례가 이를 원망해 태종에게 글을 올렸는데, 말이 매우 거만할 뿐 아니라 이징의 참소라는 말이 있었

소윤(少尹) 신이(辛頤)가 결당(結黨)하고 세도에 붙어서 하지 않는 짓이 없었으니, 그때의 사람들이 업신여겨 말했다.

"임오방(任五方)·구오방(具五方) 하니, 십방(十方)이다."

이렇게 말해도 조금도 부끄럽게 여기지 않았다. 종수가 복주(伏誅)되자 군례(君禮)도 얼굴에 근심이 나타났다.

○ 강원도 도관찰사(江原道都觀察使) 신상(申商)에게 옷 2벌을 내려주고, 또 차사원(差使員) 지정선군사(知旌善郡事-정선군 지사) 권소(權紹)와 양구현감(楊口縣監) 이백충(李伯忠), 홍천현감(洪川縣監) 송저(宋儲) 등에게는 각각 옷 1벌씩을 내려주었다.

○ 명해 진포(陳鋪)·검동(黔同)·김산룡(金山龍) 등을 의금부에 가두게 했으니, 모두가 일찍이 부도(不道)로써 동궁에 출입하다가 외방으로 부처(付處-유배)된 자들이다.

을미일(乙未日-9일)에 궁으로 돌아왔다.

○ 형조·대간에서 교장(交章)해 이숙번(李叔蕃)의 죄를 청했다.

'신 등이 가만히 생각건대, 죄 중에 불충(不忠)보다 큰 것이 없고 정사에는 악을 제거하는 것보다 앞서는 것이 없습니다. 지난번에 숙번(叔蕃)이 몸으로는 공신(功臣)이 됐으니 의리상으로 국가와 휴척(休

기에 태종이 노해서 의금부에 하옥시키고 교사한 정안지(鄭安止)를 심문했다. 그 과정에서 임군례가 한 "상왕이 무시로 놀러 다니니, 신우(辛禑)가 호곶(壺串)에 가서 놀며 즐겨하던 일과 다를 것이 무엇인가"라는 말과 "정종이 병이라 칭탁하고 왕위를 전위한 것을 황제가 만약 안다면, 충혜왕(忠惠王)이 뒤집힌 전철이 있을 것이다"라는 말이 알려지면서 1421년 그를 대역죄로 다스려, 백관을 저자에 모아놓고 다섯 수레로 찢어 죽이고 사방에 조리돌림했으며 그 가산을 적몰하고 처자를 노비로 삼았다.

戚)을 같이해야 함에도 불구하고, 몰래 두 마음을 품어 전하를 저버렸으니 이는 불충함이 더욱 심한 것입니다. 하지만 전하께서 특별히 관인(寬仁-너그러움과 어짊)을 드리워 법대로 처리하지 않고 성명(性命)을 보전케 하셨으니, 마땅히 마음을 고쳐 길이 재조(再造)의 은혜를 생각해야 마땅할 것입니다. (그런데도) 마침내 종수와 내통해 자기 사욕을 채우려 했고, 종수의 간청(懇請)을 듣고서 사사로이 서로 교제를 맺어 숨기고 아뢰지 않았습니다. 그가 찬소(竄所-유배지)에 있으면서도 마음 씀이 이와 같으니, 어찌 죄를 뉘우친 사람이라고 하겠습니까? 이런데도 죄주지 않으시면 이것은 멋대로 악을 행하게 하는 것입니다. 전하께서는 어찌 일부(一夫)를 아끼느라 대의를 생각하지 않고 그를 자원안치(自願安置)하게 하십니까? 더욱이 숙번의 사람됨이 교한부도(驕悍不道-교만하고 사납고 무도함)해서, 반드시 반측(反側-반란)의 마음을 품어 뒷날에 불궤(不軌-역모)를 몰래 도모할는지도 실로 알 수 없습니다. 엎드려 바라건대 전하께서는 종사(宗社)를 염려하시어 한결같이 전날의 소(疏)를 따라 상형(常刑-일정한 형벌)에 처함으로써 그가 점점 더함[其漸]을 막고 뒤에 오는 사람을 경계하소서.'
기점

들어주지 않았다.

○ 충청도 병마도절제사(忠淸道兵馬都節制使) 유습(柳濕)이 매 2련(連)을 바쳤다.

병신일(丙申日-10일)에 강원도 채은경차관(江原道採銀敬差官) 박윤충(朴允忠)이 금성현(金城縣)에서 납 3정(丁)을 만들어 바쳤다.

○ 삼군진무(三軍鎮撫) 이극문(李克文), 병조지인(兵曹知印) 강권선(康勸善)을 의금부에 가뒀다.

애초에 권선(勸善)이 양근(楊根-양평)의 행재소(行在所)에 이르러 사슴을 쫓아 잡았는데, 찬성(贊成) 김한로(金漢老)가 말했다.

"우리 개가 물어서 잡은 것이다."

권선의 종아리를 치며 드디어 이를 빼앗았다. 권선이 내상(內傷)으로 피를 토한다고 핑계 대며 누워서 일어나지 않으니, 병조판서 이원(李原)이 상에게 아뢰었다. 상이 진무(鎮撫)에게 명해 한로(漢老)의 창두(倉頭-노비)를 추국하게 해서 권선을 장질(杖挄)한 자를 잡아 죄주게 했다. 도진무(都鎮撫) 최윤덕(崔閏德) 등이 위력제박인(威力制縛人-위력으로 다른 사람을 제압함)의 율(律)에 비춰서 이극문(李克文)을 시켜 그 종을 붙잡아다가 장(杖) 80대를 치게 했는데, 장수(杖數)는 상교(上敎-상의 지시)가 아니었고 또 권선이 내상으로 피를 토하는 데 이른 것도 아니었다. 이때에 이르러 한로가 분개(憤慨)함을 이기지 못해 말을 만들어서 아뢰니, 상이 극문·권선을 가두도록 명함으로써 한로의 욕됨을 씻어주었다[雪=雪辱]. (그러나) 3일 만에 석방했다.
설   설욕

정유일(丁酉日-11일)에 권보(權堡)·이법화(李法華)의 사죄(死罪)를 장(杖) 100대에 유(流-유배형) 3,000리로 감형하고 가산(家産)을 적몰(籍沒)[4]했다. 보(堡)를 경상도 동래(東萊)로, 법화(法華)를 전라도 해진(海珍-강진)으로 유배 보냈다. 형조(刑曹)·대간(臺諫)에서 대궐에

---

4   중죄인(重罪人)의 가산(家産)을 나라에서 모두 몰수하는 일을 말한다.

나아와 보·법화의 죄를 청해 말했다.

"그들의 불충한 죄는 종수·오방과 다름이 없는데, 상께서 단지 경전(輕典-가벼운 형벌)만을 좇아 법에 두지 않으니 뒷사람에게 보여주는 상전(常典)이 아닙니다. 청컨대 극형에 처해 뒤에 오는 신하 중에서 불충한 자를 경계하소서."

상이 말했다.

"네 사람을 벌주었으면 뒷사람에게 보여준 것인데, 어찌 다시 번거롭게 형벌해 죽이기를 좋아해야[好殺] 하겠는가?"
호살

굳게 청하니 상이 말했다.

"이는 내가 간언을 따르는 것[從諫]이 예전의 철왕(哲王)만 못한 것
종간
이다. 그러나 예전의 왕자(王者-임금다운 임금)도 사람을 죽이는 일에서는 모두 (신하들의 간언을) 따라준 것이 아니었다. 또 보는 단지 여색으로 세자를 아첨해 섬긴 것뿐인데 어찌 종수의 간흉(奸兇)함에 비길 수 있겠는가? 내 듣고도 따르지 않을 것이니, 다시는 이를 말하지 말라. 종수 등 네 사람을 참(斬)한 것은 세자를 위해 뒷날 함부로 어지럽게 하는 무리를 막으려 한 것이다."

그러나 상은 오히려 은연(隱然)중에 차마 하지 못하는 마음[不忍
불인
之心=仁]이 있었다. 상이 말했다.
지 심 인

"이승(李昇)은 내 이미 채찍질하게 했으니 유사(有司)에 내리지 않는 것이 마땅하다. 그러나 내중(內中-대궐 안)에 결죄(決罪)해 고신(告身)을 거두었으니, 나라 사람들로 하여금 알지 못하게 한다면 대체(大體)에 있어서 불가하지 않은가 하는 까닭에 하옥시켰으니 지금은 죄에 넣지 않음이 옳겠다. 또 김기(金奇)는 약환(弱宦-약한 환관)이라

본래의 장(杖) 80대를 강등해 60대로 했고, 소근동(小斤同)도 이같이 했다. 만약 대간의 뜻에 맞지 아니함이 있다면 그것을 말하라."

집의(執義) 하연(河演)이 나아가 말했다.

"이에 앞서 종수를 법대로 처치하지 아니하고 경전(輕典)을 따랐으므로 뒤를 이은 자가 많았습니다. (그런데) 지금 승에게도 가벼운 법을 따르게 한다면, 신은 승과 같은 자가 또 있을까 염려됩니다. 바라건대 상형(常刑)으로 처치함으로써 뒤에 오는 사람을 경계하소서."

상도 옳게 여겼다. 다만 승을 전라도 금구(金溝)로 유배만 보내고, 김산룡(金山龍)·진포(陳鋪)·금음동(今音同)은 각각 장(杖) 100대에 관노(官奴)로 정해 삼았다. 진포를 충청도 덕은(德恩)에, 김산룡을 음성(陰城)에 정속(定屬)했다가 뒤에 본정(本定)에 따라 평양(平壤) 관노(官奴)로 삼고, 금음동은 경상도 문경(聞慶)에 정속하고, 아울러 모두 가산을 적몰했다.

무술일(戊戌日-12일)에 중외(中外)에 명해 마음을 써서[用心] 드러난 뼈를 가려주고 살을 묻게 해서[掩骼埋胔] (길거리에) 드러나지 말게 했다.

경자일(庚子日-14일)에 명해 이방간(李芳幹)과 이맹중(李孟眾)을 충청도 홍주읍(洪州邑) 성안의 옛 객관(客館)에 옮겨두게 했다.

○ 대간·형조에서 이숙번(李叔蕃)의 죄를 청했으나 윤허하지 않았다.

신축일(辛丑日-15일)에 (상이) 몸이 좋지 않았다. 세자와 여러 종친(宗親)과 부마(駙馬), 의정부·육조(六曹)·삼군총제(三軍摠制) 등이 대궐에 나아와 문안(問安)을 드렸다.

임인일(壬寅日-16일)에 대사헌(大司憲) 김여지(金汝知)가 어미의 병 때문에 사퇴를 청하고 병을 시중하려 했으나 윤허하지 않고, 이어서 약(藥)을 내려주었다.

○ 영의정 남재(南在), 예조판서 맹사성(孟思誠), 예문관제학 변계량(卞季良)에게 명해 문과(文科)를 시험하게 했다. 재(在) 등이 대궐에 나아와 아뢰어 말했다.

"지금 부시인(赴試人-시험에 나온 사람)으로 하여금 백일장(白日場)[5]을 한다 하고는 삼관(三館-성균관·예문관·교서관)에서 사소한 과실(過失)을 이유로 오랫동안 문밖에 서 있게 하는 것은 매우 무리하다 [無藝] 하겠습니다. 이제부터는 사로(仕路)에 불통(不通)할 자는 명백히 고과(告課)해서 정거(停擧-과거 지원 금지)하게 하고, 그 나머지 사람 중에서 사소한 과실을 범한 자는 문밖에 서 있지 말게 하소서."

무예

상이 이를 윤허하고 뜻을 내려 말했다.

"문과·무과(武科)의 부시 생도(赴試生徒)에게 삼관(三館)과 훈련관(訓鍊觀)이 혹 작은 과실을 이유로 문밖에 오래 서 있게 하고, 혹 의심스러운 일 때문에 정거(停擧)하게 하는 것은 실로 폐법(弊法)이라

---

5 과거를 해가 떠 있는 낮 동안에만 보게 한 제도를 말한다. 원래 촛불을 켜놓고 밤까지 계속했는데, 나중에 이를 금하는 금촉(禁燭)의 제도가 생겼다.

하겠다. 앞으로는 만일 영구히 서용(敍用)할 수 없는 자로서 정상(情狀)이 명백해 정거함이 마땅한 자라면 문과는 예조에 보고하고 무과는 병조에 보고해서, 모름지기 앙조(仰曹-해당 소속 조)와 대간(臺諫)의 이문(移文)을 기다려 시행하게 하고 제멋대로 정거할 수 없게 하라."

삼관(三館)에서 영락(永樂) 원년 성균관(成均館)에 수교(受敎)한 것에 의거해서 말했다.

"빈공(賓貢)⁶은 시험에 나오는 것을 불허(不許)했습니다."

향시(鄕試)에 합격한 사람 중에 인녕부 소윤(仁寧府少尹) 이하(李賀) 등 30여 인이 연명(連名)해서 신정(申呈)했다.

"회시(會試)⁷에 나가기를 원합니다."

조말생(趙末生)이 이를 보고하니, 상이 윤허하지 아니하고 말했다.

"내 어찌[其=豈] 고식적(姑息的-임시변통)인 어짊[姑息之仁]을 행하
              기   기   고식지인
겠는가?"

○ 이종무(李從茂)를 의정부참찬(議政府參贊), 이발(李潑)을 공조참판(工曹參判), 신상(申商)을 형조참판(刑曹參判), 이간(李暕)을 제주 도안무사(濟州都安撫使), 윤향(尹向)을 강원도 도관찰사(江原道都觀察使)로 삼았다. 상이 향(向)에게 일러 말했다.

"저번에 경(卿)이 실수한 일이 있었으므로 정의(廷議-조정의 의견)

---

6 각 도(道)에서 과거(科擧)를 볼 때 다른 도 출신의 유생(儒生)이 과장에 들어오는 것을 쫓아내는 일 또는 다른 도 출신으로 타도(他道)의 향시(鄕試)에 응시한 유생을 가리킨다.

7 초시에 급제한 자가 서울에 모여 다시 복시(覆試)를 치는 것을 말한다. 여기서 급제한 자가 전시(殿試)를 보는 것이 원칙이다.

가 아직도 그치지 아니하니, 외방(外方)에 나가거든 그런 일을 피하는 것이 마땅하다."

○ 이조정랑(吏曹正郞) 우승범(禹承範), 좌랑(佐郞) 권조(權照)를 의금부에 내렸다. 어람관안(御覽官案)[8]에서 주륙 당한[被誅] 구종지(具宗之) 등의 성명(姓名)을 빼지 않았기 때문이다. 4일이 지나서 풀어주었다.

계묘일(癸卯日-17일)에 종정무(宗貞茂)의 사인(使人)이 와서 토산물을 바쳤다.

갑진일(甲辰日-18일)에 가벼운 죄(를 지은 죄수)를 용서했다.

을사일(乙巳日-19일)에 평양군(平陽君) 김승주(金承霔), 병조판서 이원(李原), 총제(摠制) 최윤덕(崔閏德)에게 명해 무과(武科)를 시험하게 했다.

병오일(丙午日-20일)에 우박이 떨어졌다.

○ 형조에 명해 청주(淸州)에 안치(安置)하려던 검교 지내시부사(檢校知內侍府事-내시부 지사) 박영(朴穎)을 군역(軍役)으로 정속(定屬)하게 했다. 영(穎)은 세자전(世子殿)의 승전색(承傳色)이 돼서 세자의 황음(荒淫)한 일을 계달(啓達)하지 않았기 때문이다. 상이 세자에게 뜻

---

8 임금이 보는, 관리(官吏)의 이름을 적은 문안(文案)을 말한다.

을 전해 말했다.

"이제부터는 날 보러 나아오지[進見] 말라."

지신사(知申事) 조말생(趙末生)에게 명해 우보덕(右輔德) 조서로(趙瑞老) 등을 부르게 해서 선전(宣傳)해 말했다.

"세자가 빈객(賓客)에게 '자경(自警)하며 자책(自責)한다'라고 말하고 종묘에 고(告)한 것을 내가 기뻐했다. 그러나 부모란 자식의 천지(天地)다. 세자가 일찍이 불의(不義)를 행하고는 「자경잠(自警箴)」을 지어 하늘을 가리켜 맹세하기를 '내가 또 불의를 행하면 상께서는 아버지이니 혹 나를 용서하겠지만, 하늘이 어찌 그것을 용서하겠는가?'라고 해서, 서연관(書筵官)이 이를 바람벽 위에 써두었으나 얼마 안 돼 불의를 (또) 행했으니 나를 속이고 하늘을 속인 것이다. 지금 비록 종묘에 고했다 하더라도 내 어찌 믿겠는가? 그런 까닭에 이제까지 타인(他人)의 부자(父子)의 도리와 같은 것으로써 대우하지 않고, 반드시 문왕(文王)이 세자였을 때의 소행(所行)⁹과 같음이 나타나기를 기다린 뒤에야 내가 중사(重辭)를 말해주고 부자의 도리로 대우하려 했다. (그런데) 오늘날 구종지(具宗之) 등이 세자의 연고 때문에 주륙(誅戮)을 당했으니, 비록 그들이 스스로 취한 죄라 하더라도 늙은 어미는 생존해 있다. 그전에 이무(李茂)·문가학(文可學)이 주륙을 당한 뒤로는 이런 형벌을 내 진실로 뜻하지 않았다. 내 오늘의 소회(所懷)를 장차 누구와 말하겠는가? 이 같은 뜻을 마땅히 빈객(賓客)

---

9 『예기(礼記)』 「문왕세자(文王世子)」편에 문왕이 세자 시절에 아버지 왕계를 어떻게 모셨는지가 자세히 실려 있다. 하루에 세 번씩 문안 인사를 올렸고, 평안하시다는 말씀이 있어야 비로소 자신도 편안한 낯빛을 되찾았다. 다른 일도 모두 이같이 했다.

변계량·탁신·이맹균에게 효유하고 아울러 세자에게도 알리도록 하라."

○ 회양부사(淮陽府使) 나은(羅殷)을 파직했다.

은(殷)이 회양부사가 돼 그 고을 강무장(講武場)에 머물러 있는 별차(別差)¹⁰ 안길(安吉)과 함께 병조(兵曹)의 첩문(牒文)이라 핑계 대고[托] 강무장 안에서 벌초(伐草)하는 등의 일을 금지했다. 곡산군(谷山君) 연사종(延嗣宗)이 함길도에서 돌아오는 길에 회양(淮陽)에 들렸는데, 은이 말했다.

"강무장 안에서 벌초함을 금지하니 백성의 원망이 지극히 심합니다. 바라건대 공(公)께서 상께 전문(轉聞)해 이 금령(禁令)을 늦춰주신다면, 이는 공께서 내려주신 것입니다."

사종(嗣宗)이 상에게 고했더니 상이 놀랍고 두려워 그 도(道)의 도관찰사(都觀察使)로 하여금 이를 추핵하게 했는데, 실은 병조의 이첩(移牒)이 아니라 마침내 은 스스로가 금지하고는 도리어 백성의 원망을 상에게 돌린 것이었다. 이에 은과 안길이 모두 좌죄(坐罪)됐다. 경기 도관찰사(京畿都觀察使) 이관(李灌)을 불러 명을 전해 말했다.

"강무하는 상소(常所)를 세우고 별차(別差)를 보내 벌목(伐木)하는 일을 모조리 금지하면 백성의 원망이 일어날 것이다. 내가 강무하는 법을 폐(廢)하려 하지만, 그러나 이것은 옛 제도다. 기외(畿外-경기도밖)로 행차하고자 하면 그 폐단은 더욱 심할 것인즉, 기전(畿甸-경기

---

10 나라에서 특정한 임무를 위해 특별히 파견하는 임시 관원이다.

도 안)에서 한광(閑曠)한 땅을 가려 상소(常所)로 삼아서 이미 일찍이 입표(立標)했다. 금후로는 각 수령(守令)으로 하여금 이를 살피게 하고, 만일 별차라 일컫는 자가 있으면 즉시 잡아 오도록 하라[拿送]._{나송}"

정미일(丁未日-21일)에 편전(便殿)에 나아가 일을 보았다[視事]._{시사} 상이 좌우의 신하들에게 일러 말했다.

"전일(前日)의 빈공(賓貢)에 대한 일은 그것이 법을 무너뜨릴 것을 싫어해 내가 승락하지 않았다. (그런데) 밤새도록 생각해보니, 30여 인에게 모두 늙은 어버이가 있고 또 3년을 기다리는 것은 작은 일이 아니므로 내 매우 염려한다."

조말생이 말했다.

"신정(申呈)한 자 외에도 50여 명이나 더 있습니다."

상이 말했다.

"30여 명도 오히려 많다 하겠는데, 80여 명이나 되는 중인(衆人)이야 말해 무엇하겠는가? 그 가운데 어찌 인재가 없겠는가? 만일 인재를 얻으면 국가에서 취재(取才)하는 것도 실로 빛날 것이다."

좌의정 박은(朴訔)이 말했다.

"법을 폐기하는 것은 안 되니 신은 고치지 말기를 청합니다."

예조참판 허조(許稠), 우대언(右代言) 홍여방(洪汝方) 등도 역시 불가하다고 굳게 주장했다. 정부·육조(六曹)·대간(臺諫)이 모두 나간 뒤 대언(代言)들이 뒤처져 있으니 상이 말했다.

"집법자(執法者-법을 지키자는 사람)의 주장이 옳다. 그러나 경 등은 나의 지극한 마음을 체득해 모두 부시(赴試)하도록 함으로써 그들의 한(恨)을 풀게 하라."

마침내 말생에게 명해 예조(禮曹)에 가르침을 전했다.

"빈공(賓貢)으로 하여금 모두 회시(會試)에 나오도록 허락하라."

○ 삼군도진무(三軍都鎭撫) 곡산군(谷山君) 연사종(延嗣宗)과 병조참의(兵曹參議) 조계생(趙啓生)을 불러 말했다.

"함흥(咸興)·화주(和州)는 조종(祖宗)께서 오래 살던 곳이라 그 토거(土居-토착민)의 자제(子弟)를 일찍이 명적(名籍-명부)에 기록했다. 그중에 재주 있는 자는 이미 서용(敍用)했으나, 그중에 재주가 없어 수직(受職)하지 못한 자가 춘추 강무(春秋講武) 때나 대체로 동가(動駕)할 때마다 의장(儀仗)을 충범(衝犯-침범)해 내 청정(聽政)을 번거롭게 하니 실로 미편(未便)하다. 금후로는 그들이 고(告)하는 것을 병조(兵曹)와 진무소(鎭撫所)에서 그 가부(可否)를 들어보아, 만일 이치에 합당하면 듣는 대로 즉시 신문(申聞)하는 것을 항식(恒式)으로 삼고 직고(直告)하지 말게 하라."

○ 제주 도안무사(濟州都安撫使)에게 명해 정의(旌義)·대정(大靜) 두 현령(縣令)을 포폄(褒貶)하게 했다.

○ 명해 공신적장(功臣嫡長)의 회맹(會盟)을 원종공신 회맹(元從功臣會盟)[11]의 예(例)에 따르도록 했다.

○ 호조에서 분전(分田)의 법(法)을 올렸다. 아뢰어 말했다.

"영락(永樂) 15년(1417년) 2월 아무 일의 수교(受敎)에 '급전(給田-

---

11 원종공신들이 한자리에 모여 산짐승을 잡아서, 하늘에 제사 지내고 삽혈(歃血)해 충성과 단결을 맹세하는 일이다.

땅을 지급함)한 정상(情狀)을 보아 그 진고(陳告)한 선후로써 절급(折給)하라'라고 했으므로, 앞을 다투어 진고하나 오히려 미치지 못할까 [猶恐不及]¹² 염려해 사풍(士風)이 아름답지 못합니다. 앞으로는 한결같이 진고함을 금단(禁斷)하소서.

경중(京中)은 한성부(漢城府)가, 외방(外方)은 도관찰사(都觀察使)가 각기 그 수전(受田)한 물고자(物故者-사망자)의 명수(名數)를 갖춰 본조(本曹-호조)에 이문(移文)하게 하소서. 본조에서는 각 품(品)이 전에 받은 다소(多少)를 고찰해주도록 하되 이것을 삼가라고 이미 행이(行移)했으나, 지금까지 추고(推考)해서 이문(移文)한 자가 없는 까닭에 수전한 물고자는 중간에 현고(現告)할 길이 없습니다[無門]. 바라건대 이제부터는 매월(每月) 말에 수전패 속원(受田牌屬員)¹³의 물고자(物故者)는 그 패내(牌內)의 장무(掌務-담당자)가 병조(兵曹)에 전보(傳報)하게 하고, 수신(守信)한 과부(寡婦)로서 적타(嫡他)한 자 및 물고자(物故者)는 각 리(里)의 관령(管領)이 부령(部令)에게 고(告)해 한성부에 전보하게 하소서. 외방(外方)은 이장(里長)·정장(正長)이 수령(守令)에게 고해 관찰사(觀察使)에게 전보하게 해서, 모두 본조(本曹)에 이문하되 만약 전과 같이 즉시 마음을 써서 추고(推考)해 이문하지 않은 자라면 장무(掌務)·관령(管領) 등과 당해 관리(當該官吏)를 교지부종(敎旨不從)의 율(律)로써 논죄(論罪)함이 어떻겠습니까?"

---

12 다투어 진고하되 더 극렬하게 진고해댄다는 말이다.

13 전지(田地)를 받고 번상(番上)해서 숙위(宿衛)하는 시위패(侍衛牌)에 소속된 사람을 가리킨다.

가르쳐 말했다.

"위 항의 수전(受田)한 물고 인원(物故人員)과 그 수신(守信)한 과부로서 적타(嫡他)한 자 및 물고자(物故者)는 각기 그 자손(子孫)과 일족(一族)을 경중(京中)은 호조에서, 외방(外方)은 거주하는 고을에서 수시로 즉시 진고(進告)하게 하라. 만약 고하지 아니했다가 탄로(綻露)된 자라면 전조(田租)로 거둔 바를 햇수로 계산해서 도로 징수하고 율(律)에 따라 논죄(論罪)하라."

무신일(戊申日-22일)에 경상도 도관찰사 이지강(李之剛)이 사람을 보내 팔면수정배(八面水精杯)를 바치니, 승정원(承政院)에 내려주면서 말했다.

"깨뜨리지 말고 음기(飮器-술잔)로 삼으라."

○ 명해 둔미(芚彌-서울 용진(龍津-용산나루) 인근) 남강변(南江邊)의 도로(道路)를 가꾸게 했다. 상이 병조참판 이춘생(李春生)을 불러 말했다.

"오는 24일에 상왕(上王)을 받들고 광주(廣州)로 행차해서 하룻밤 묵은 뒤에 환궁(還宮)하겠다."

이원(李原)·김승주(金承霔)·조말생(趙末生)·서선(徐選) 등이 말했다.

"지금 상체(上體-임금의 몸)가 편안치 못하고 또 상왕을 위하신다면 하룻밤 묵는 것은 너무 급박(急迫)하니, 신숙(信宿-이틀 묵음)하시기를 청합니다."

상이 말했다.

"내 다움이 백성에게 미치지 못했으니, 회양부사 같은 자가 있는 것은 아닌지 내 심히 염려한다. 또 한(漢)나라 무제(武帝)의 일을 보면 더욱 거울삼을 만하다. 강무(講武)는 비록 옛 제도라 하더라도 내가 이를 폐지하려 한다. 이번 행차는 상왕을 위한 것이다."

승주 등이 다시 아뢰어 말했다.

"저 회양부사 같은 자는 스스로 망령된 말을 했으니 본래부터 논할 것이 못 됩니다. 상께서 입법(立法)하신 것은 반드시 고전(古典)을 상고한 것인즉, 저 무지(無知)한 말이 어찌 지극하신 다움에 관계되겠습니까?"

상이 조말생·서선을 불러 말했다.

"문왕(文王)의 동산[囿]은 사방 70리(里)이나 추요자(芻蕘者-꼴이나 땔나무를 하는 사람)도 들어갔고 치토자(雉兎者-꿩·토끼 사냥꾼)도 들어갔다. 강무(講武)는 비록 고제(古制)이나 태조 때는 일찍이 강구(講求)하지 않았던 것이다. 내가 태조의 간대(艱大)한 왕업을 이어받아 오직 부하(負荷)된 것을 두려워해서 무릇 민간(民間)의 이해(利害)를 잘 다스릴 것을 생각하지 않은 적이 없는데, 유독 이 강무하는 법만은 백성으로 하여금 원망을 일으키니 내 실로 이를 염려한다. 이제부터는 강무하는 상소(常所)를 없애서 백성으로 하여금 풀을 베고 논밭을 갈게 하며 사렵(私獵)도 금(禁)하지 말아 내 뜻에 부응(副應)토록 하라. 내 식언(食言)하지 않을 것이다."

기유일(己酉日-23일)에 형조·대간에서 이숙번(李叔蕃)을 법대로 처치하기를 청했으나, 들어주지 않았다.

○ 세자가 편치 못하다고 해서 강의를 정지[停講]하니, 빈객(賓客) 등이 말했다.

"비록 편치 못하시어 강의를 정지하신다 하나, 내일은 전하께서 광주(廣州)로 행차하니 병을 참고서라도 진현(進見)하셔야 합니다."

세자가 사약(司鑰-대궐문 자물쇠 담당 관리)으로 하여금 예궐(詣闕) 하는 문(門)을 열도록 청했으나 열지 않자, 세자가 말했다.

"문이 닫혀 열리지 않고, 또 일찍이 명하기를 '와서 보지 말도록 하라'고 하신 것을 서연관(書筵官)은 알지 않는가?"

빈객 탁신(卓愼)이 정색(正色)하고 말했다.

"이것이 천선(遷善)하고자 함인지 알지 못하겠습니다. 저하(邸下)께 서는 어떤 방법으로 상의 생각을 움직이려 하십니까?"

세자가 말했다.

"나에게 과실이 있는 것이 아니라 일러바치는 사람이 있어서다."

신(愼)이 말했다.

"이 말씀은 너무 지나칩니다[太過].
태과

이어서 말했다.

"남을 통해 전어(傳語)하는 것은 불가하니 (상을) 뵙기를 청합니다."

세자가 대답했다.

"몸이 편치 못하다."

끝내 뵙지 않았다. 동가(動駕)하는 날이 돼 서연관이 세자에게 청해 말했다.

"바라건대 아직은 거가(車駕)가 대궐 밖에 나가기 전이니, 상께 나아가 뵈어야 합니다."

세자가 내구문(內廐門)까지 나아갔으나 뵙지 못하고, 물러와 편치 못하다면서 강의를 정지하고, 해 질 무렵에는 과녁을 쏘았다. 서연관이 나아가 말했다.

"편치 못하다면서 강의를 정지하고 과녁을 쏘는 것이 될 일이겠습니까?"

7~8시(矢)를 쏜 뒤에야 그만두었다.

경술일(庚戌日·24일)에 상이 상왕(上王)을 받들고 광주(廣州) 검단산(儉丹山)에서 사냥했다. 상이 김승주(金承霔)·이원(李原)·조말생(趙末生)에게 일러 말했다.

"명일(明日)에는 환궁(還宮)하려 한다."

승주(承霔) 등이 말했다.

"신 등은 상체(上體)가 몹시 피로할까 염려되니, 좀 더 머물기를 청합니다."

상이 말했다.

"내 병이 아직도 낫지 않았으니[未息], 빨리 돌아가 치료해야 하겠다."
미식

신해일(辛亥日·25일)에 궁으로 돌아왔다.

임자일(壬子日·26일)에 사재감정(司宰監正) 김우생(金祐生)을 파직(罷職)했다. 마전포(麻田浦)의 주량(舟梁-배다리)을 감독해 만들게 했는데, 견실(堅實)하지 않았기 때문이다.

○ 명해 삼경(三經)과 사서(四書)에 능통한 자는 회시(會試)의 중장(中場)·종장(終場)에 나오도록 허락했다.

갑인일(甲寅日-28일)에 상왕(上王)이 상을 위해 술자리를 마련하니, 종친(宗親)들이 시연(侍宴)했다. 입직(入直)한 대소 신료(大小臣僚)들에게 술을 내려주었다.

○ 묵은쌀·콩 1만 석(石)을 저화(楮貨)로 바꿨다. 상이 말했다.

"반드시 환과고독(鰥寡孤獨)에게 우선하고, 그들의 자원(自願)을 따르도록 하라."

을묘일(乙卯日-29일)에 형조·대간에서 다시 이숙번(李叔蕃)의 죄를 청했으나 윤허하지 않았다.

병진일(丙辰日-30일)에 편전(便殿)에 술자리를 마련하고, 일을 아뢴 신료(臣僚)들을 위로했다.

○ 예조(禮曹)에서 승문원 첩정(承文院牒呈)에서 쓰는 이문(吏文)[14] 등 사의(事宜-일의 마땅함)를 올렸다.

'하나, 본원(本院-승문원)에서 이문(吏文)에 익숙한 관원과 사자(寫

---

14 조선 시대 중국과 주고받았던 표(表)·전(箋)·자문(咨文) 등의 사대문서(事大文書)와, 5품 이하 관원(官員)의 고신(告身)에 쓰였던 독특한 용어(用語)와 문체(文体)를 말한다. 중국의 속어(俗語)를 섞어서 쓴 순 한문체의 글로, 승문원(承文院) 내 이문학관(吏文学館)에서 관장했다.

字)에 능한 관원으로서 다른 관직에 승제(陞除-승진임명)하는 자는 구례(舊例)에 의거해 그대로 본원의 직함(職銜)을 겸하게 해 늘 배우고 익히게 하소서.

하나, 이전에 이문(吏文)을 이습(肄習-학습)한 인원수(人員數)가 적어 장차 오래가면 폐이(廢弛)할까 염려됩니다. 의견을 모아 금년부터 시작하기를, 문과(文科)의 신급제(新及第) 중에서 나이 적고 글씨를 잘 쓰며 총민(聰敏)한 자 10인을 선간(選揀-선발)하기로 했으니, 성균권지(成均權知)·교서권지(校書權知)의 예(例)에 조의(照依)해 본원의 권지부정자(權知副正字)를 구전(口傳)해서, 그들로 하여금 오로지 이문(吏文)을 이습함에 힘쓰게 하시고 삼관(三館)의 승전(陞轉)하는 예에 견주어 서용(敍用)하소서.

하나, 봉사(奉使)가 경사(京師)로 나아갈 때는 서장관(書狀官)과 통사(通事)를 각각 기용하는데 요동(遼東)으로 나가는 사신(使臣) 등의 관원은 단지 진주(陳奏)하는 사리(事理)만 있으니, 선유(宣諭)한 성지(聖旨-황제의 뜻)와 예부(禮部)와 요동(遼東)의 성회(省會-아룀) 및 연도(沿道)의 문견 사건(聞見事件)을 돌아온 지 10일 이내에 일일이 본원에 개정(開呈-개진)함으로써 참고에 빙거하게 하고, 그중에서 기한을 어겨 개정하지 않는 자[違限不呈者]가 있게 되면 헌사(憲司)에 이문(移文)해 규찰하게 하소서.'

그것을 따랐다.

○사헌부에서 청하기를, 본부관(本府官-본부 관리)은 춘추 제술(春秋製述)의 예(例)에 참여하지 말게 해달라고 하니 그것을 따랐다. 사무가 번거롭기 때문이다. 조말생이 이어서 아뢰어 말했다.

"이번 춘등 부시(春等賦詩)에는 조사(朝士)들이 공무(公務)가 급하기에 짓지 않는 자가 많습니다[居多]."

상이 말했다.

"춘등(春等)·추등(秋等)의 부시(賦詩)는 그만두게 하는 것도 괜찮겠다."

○ 집의(執義) 하연(河演)이 이숙번(李叔蕃)이 범한 불충한 죄를 청해 면계(面啓)해 말했다.

"숙번이 불충하니, 신자(臣子) 된 자는 불공대천(不共戴天)해야 마땅합니다. 그러므로 청하기를 두세 번이나 했는데 아직도 윤허를 얻지 못했으니 황공(惶恐)하고 운월(隕越-절실)합니다. 그러나 신하가 돼 불충한 자는 사람이라면 누구나 (나라의 허락 없이도) 함께 토죄(討罪)할 수 있는 것이요, 전하께서 사사로이 할 수 있는 것이 아닙니다. 바라건대 율(律)에 따라 시행해 가산(家産)을 적몰(籍沒)하소서."

상이 윤허하지 않고 말했다.

"경 등이 숙번의 죄를 아는가? 지난해 봄에 강무(講武)로 행행(行幸)할 때, 고(故) 대언(代言) 윤수(尹須)의 처(妻)가 몰래 판수[盲人] 하천경(河千景)과 간통했으므로 명하여 율외(律外)의 참형(斬刑)으로 시행하도록 했더니, 숙번이 용서해줄 것을 나에게 청했다가 윤허를 얻지 못하자 또 세자와 두 대군(大君)에게 부탁해 용서를 청했다. 내가 또 들어주지 않자 숙번이 외부에서 공공연하게 말하기를 '남편 없는 여자가 화간(和奸)하면 장(杖) 80대의 율(律)에 그칠 뿐인데, 지금 참형을 쓰니 너무 지나치지 아니한가?'라고 했는데, 그러나 이 말

146

은 그의 천성이 곧아서 그랬던 것이다."

　○ 올봄에는 복숭아나무와 오얏나무에 꽃이 피지 않았다.

丁亥朔 有孛星于東方.
정해 삭 유 패성 우 동방

戊子 雨雪.
무자 우설

己丑 氷.
기축 빙

命李叔蕃外方自願安置. 左副代言李明德 義禁府知事閔義生
명 이숙번 외방 자원안치 좌부대언 이명덕 의금부 지사 민의생

等齎具宗秀三兄弟及李叔蕃 李五方等狀供啓本以進 敎叔蕃安置
등 재 구종수 삼형제 급 이숙번 이오방 등 장공 계본 이진 교 숙번 안치

宗秀 宗之 宗猷等罪 照律以聞.
종수 종지 종유 등 죄 조율 이문

庚寅 氷.
경인 빙

刑曹 臺諫上疏. 疏曰:
형조 대간 상소 소왈

'有罪必罰 則爲惡者知所懼 罪同罰異 則爲惡者無所懲. 向者
유죄 필벌 즉 위악 자지 소구 죄동벌이 즉 위악 자무 소징 향자

具宗秀 李五方等蹂入宮城 罪合極刑 殿下特以寬仁 只令決杖流竄.
구종수 이오방 등 유입 궁성 죄합 극형 전하 특이 관인 지 령 결장 유찬

今者宗秀 五方不道之罪又現 而所係至重 死有餘辜. 宗之 宗猷等
금자 종수 오방 부도 지죄 우현 이 소계 지중 사유 여고 종지 종유 등

旣已通同 而權堡 李法華不道之罪 亦無異於宗秀 五方 皆當置於
기이 통동 이 권보 이법화 부도 지죄 역무 이어 종수 오방 개당 치어

極刑者也. 李叔蕃身犯不忠之罪 特蒙上恩 得全性命 安置鄕曲 宜
극형 자야 이숙번 신범 불충 지죄 특몽 상은 득전 성명 안치 향곡 의

其小心謹愼之不暇 乃以自己私事 通於宗秀 又聽宗秀干請 而包藏
기 소심 근신 지 불가 내이 자기 사사 통어 종수 우 청 종수 간청 이 포장

隱匿 不聞于朝 其不改前心明矣. 伏望殿下 命攸司 將上項人罪 皆
은닉 불문 우조 기 불개 전심 명의 복망 전하 명 유사 장 상항 인죄 개

置於法 以正邦憲.'
치어 법 이정 방헌

148

叔蕃嘗私啓於上曰: "臣過蒙上恩 多所愚昧 設有作罪 伏望上慈
숙번 상사 계어 상왈 신 과몽 상은 다 소우매 설유 작죄 복망 상자

俾全性命." 上曰: "事干宗社外 盡從汝言而保全之?" 至是 叔蕃曰:
비전 성명 상왈 사간종사외 진종여언이 보전지 지시 숙번왈

"昔上有保全之言 臣常不忘." 上聞之 命義禁府都事金安卿 追執
석상유 보전 지언 신상 불망 상문지 명 의금부 도사 김안경 추집

叔蕃于金嶺驛 還囚義禁府 敎曰: "昔日所言 乃謂不干宗社之 汝其
숙번 우 금령역 환수 의금부 교왈 석일 소언 내위 불간 종사 지 여기

知之." 遂放于咸陽.
지지 수 방우 함양

辛卯 駕至覺林寺 傳旨寺僧曰: "我將給地衣 且來九月當作佛事."
신묘 가지 각림사 전지 사승왈 아장급 지의 차내 구월 당작 불사

盡放驅軍.
진방 구군

命斬宗秀 宗之 宗猷 五方等 籍沒家産. 義禁府都事尹粹齋
명참 종수 종지 종유 오방 등 적몰 가산 의금부 도사 윤수 재

具宗秀等照律啓本以進:
구종수 등 조율 계본 이진

權堡伏: "同法華 進郭璇妾於里於世子者 欲世子復於上 還給吾
권보 복 동 법화 진곽선첩 어리 어 세자 자 욕 세자 복어 상 환급 오

之被收田地 且望後日之蒙德."
지 피수 전지 차망 후일 지 몽덕

李五方伏: "納於里於世子者 在前世子賜我衣笠及豹皮唐琵琶笛
이오방 복 납 어리 어 세자 자 재전 세자 사아 의립 급 표피 당비파 적

且後日之蒙德."
차 후일 지 몽덕

法華伏: "同權堡與五方進於里於世子者 欲受衣服 且希後日之
법화 복 동 권보 여 오방 진 어리 어 세자 자 욕수 의복 차 희 후일 지

蒙德."
몽덕

李昇伏: "其初謀約則不知 而世子不覺中到戶 率於里去後 賜
이승 복 기초 모약 즉 부지 이 세자 불각 중 도호 솔 어리 거후 사

角弓一. 初欲啓達 以堡言遂止."
각궁 일 초욕 계달 이 보언 수지

宗秀更伏: "希望後日蒙德 每進東宮 且致世子於吾家."
종수 갱복 희망 후일 몽덕 매 진 동궁 차 치 세자 어 오가

宗之 宗猷等伏: "因見病母 倒宗秀家 宗秀言: '世子今夜來家.' 及
종지 종유 등복 인 견 병모 도 종수 가 종수 언 세자 금야 내가 급

世子至 出見進爵 蓋爲後日蒙德之啓."
세자 지 출현 진작 개 위 후일 몽덕 지계

右人等比謀反大逆律 皆凌遲處死 財産沒官.
우인 등비 모반대역 율개 능지처사 재산 몰관

命宗秀三兄弟及五方降等處斬. 初 宗秀與五方陳鋪等交結東宮
명 종수 삼형제 급 오방 강등 처참 초 종수 여 오방 진포 등 교결 동궁

近侍之人 潛謁世子 其後連夜入宗廟門 作竹橋 越墻入內. 世子
근시 지 인 잠알 세자 기후 연야입 종묘문 작 죽교 월장 입내 세자

與宗秀博戲 使五方彈琴 通宵不出 賜與頗多 因以女色誘世子. 上
여 종수 박희 사 오방 탄금 통소 불출 사여 파다 인이 여색 유 세자 상

知之不露於外 只囚宗秀 五方 卽欲斬之 憐宗秀母老 遂杖一百
지지 불로 어외 지수 종수 오방 즉욕 참지 연 종수 모로 수장 일백

流鏡城 亦杖五方一百 還屬公州官奴. 今宗秀 五方之罪又現 而
유 경성 역장 오방 일백 환속 공주 관노 금 종수 오방 지죄 우현 이

拿來以推. 世子於丙申正月 聽宗秀 五方之誘 乘夜以微服出外 率
나래 이추 세자 어 병신 정월 청 종수 오방 지유 승야 이 미복 출외 솔

陳鋪 五方等至宗秀家. 宗秀招李法華 博奕人方福生 上妓楚宮粧
진포 오방 등지 종수 가 종수 초 이법화 박혁 인 방복생 상기 초궁장

勝牧丹 各呈其技. 宗秀備珍羞 以進世子 其兄宗之 宗猷亦至宗秀
승목단 각정 기기 종수 비진수 이진 세자 기형 종지 종유 역지 종수

家 謁見宴飲 宗秀 宗猷起舞. 宗秀進酒 世子飲畢 宗之 宗猷扣頭.
가 알현 연음 종수 종유 기무 종수 진주 세자 음필 종지 종유 구두

宗之曰: "今日事 若夢中然." 乃手彈琵琶 與其弟宗猷起舞. 宗之又
종지 왈 금일 사 약 몽중 연 내수 탄 비파 여 기제 종유 기무 종지 우

扣頭曰: "願世子 殊待吾兄弟." 宗秀又使其妻進酒 終夜極歡. 宗之
구두 왈 원 세자 수대 오 형제 종수 우사 기처 진주 종야 극환 종지

宗猷 宗秀等脫笠列拜: "願邸下 永以我等爲私伴." 世子諾之 脫衣
종유 종수 등 탈립 열배 원 저하 영이 아등 위 사반 세자 낙지 탈의

與宗秀. 宗秀妻出紵絲女服與楚宮粧 又以綿布贈勝牧丹 正布贈
여 종수 종수 처출 저사 여복 여 초궁장 우이 면포 증 승목단 정포 증

五方 法華等. 又隔二三日 宗秀又請世子 復至其家 進以珍羞 至曉
오방 법화 등 우격 이삼 일 종수 우청 세자 부지 기가 진이 진수 지효

乃罷宗猷亦參焉. 宗之位至參判 乃懷二心 遂與其弟諂事世子 使陷
내파 종유 역참 언 종지 위지 참판 내회 이심 수여 기제 첨사 세자 사함

不義 不以宗秀不道聞于上 反與通同 共成其惡 死不償責. 宗秀之
불의 불이 종수 부도 문우 상 반여 통동 공성 기악 사불 상책 종수 지

流於鏡城也不月 而已與野人交結 見愛如兄弟 及被逮 挽手而哭者
유어 경성 야불월 이이 여 야인 교결 견애 여 형제 급 피체 만수 이곡 자

頗多 其奸猾類此. 先是 宗秀與大護軍任君禮 少尹辛頤結黨付勢
파다 기 간활 유차 선시 종수 여 대호군 임군례 소윤 신이 결당 부세

無所不至. 時人歎曰: "任五方 具五方 謂之十方." 恬不爲愧 及宗秀
무 소부지 시인 탄왈 임오방 구오방 위지 십방 염 불위 괴 급 종수

伏誅 君禮憂形於色.
복주 군례 우 형어 색

賜江原道都觀察使申商衣二 又賜差使員知旌善郡事權紹及
사 강원도 도관찰사 신상 의이 우 사 차사원 지정선군사 권소 급

楊口縣監李伯忠 洪川縣監宋儲等衣各一.
양구현감 이백충 홍천현감 송저 등 의 각일

命囚陳鋪 黔同 金山龍等于義禁府 皆嘗以不道 進退於東宮 被
명수 진포 검동 김산룡 등우 의금부 개 상이 부도 진퇴 어 동궁 피

外方付處者也.
외방부처 자야

乙未 還宮.
을미 환궁

刑曹 臺諫交章請李叔蕃之罪:
형조 대간 교장 청 이숙번 지죄

'臣等竊謂 罪莫大於不忠 政莫先於去惡. 向者 叔蕃身爲功臣 義
신등 절위 죄 막대 어 불충 정 막선 어 거악 향자 숙번 신위 공신 의

同休戚 而陰畜二心 以負殿下 是不忠之尤者也. 殿下特垂寬仁
동 휴척 이 음축 이심 이부 전하 시 불충 지 우자 야 전하 특수 관인

不置於法 俾全性命 宜當改心 永念再造之恩. 乃通於宗秀 欲濟
불치 어법 비전 성명 의당 개심 영념 재조 지은 내 통어 종수 욕제

己私 又聽宗秀干請而私相交結 匿不以聞. 其在竄所 設心若此 豈
기사 우 청 종수 간청 이 사상 교결 익 불이문 기 재 찬소 설심 약차 기

可謂悔罪之人乎? 此而不誅 是縱使爲惡也. 殿下何惜一夫 不思
가위 회죄 지 인호 차 이 부주 시 종사 위악 야 전하 하석 일부 불사

大義 而乃令自願安置乎? 況叔蕃之爲人 驕悍不道 必懷反側 後日
대의 이 내령 자원안치 호 황 숙번 지 위인 교한 부도 필회 반측 후일

之潛圖不軌 亦未可知也. 伏望殿下 以宗社爲念 一依前日之疏
지 잠도 불궤 역 미 가지 야 복망 전하 이 종사 위념 일의 전일 지소

置之常刑 以杜其漸 以戒後來.'
치지 상형 이두 기점 이계 후래

不聽.
불청

忠淸道兵馬都節制使柳濕獻鷹二連.
충청도 병마도절제사 유습 헌응 이련

丙申 江原道探銀敬差官朴允忠 於金城縣 造鉛三丁以獻.
병신 강원도 채은경차관 박윤충 어 금성현 조 연 삼정 이헌

囚三軍鎭撫李克文 兵曹知印康勸善于義禁府. 初 勸善到楊根
수 삼군진무 이극문 병조지인 강권선 우 의금부 초 권선 도 양근

行在 逐鹿以獲 贊成金漢老以爲 吾狗所搏噬 抶勸善 遂奪之 勸善
행재 축록 이확 찬성 김한로 이위 오구 소박서 질 권선 수 탈지 권선

托以內傷吐血 臥而不起. 兵曹判書李原啓于上 上命鎭撫所 推
탁이 내상 토혈 와 이 불기 병조판서 이원 계우 상 상명 진무소 추

漢老倉頭執杖扶勸善者罪之. 都鎭撫崔閏德等照以威力制縛人律
한로 창두 집 장질 권선 자 죄지 도진무 최윤덕 등 조이 위력제박인 율

使克文執其奴 杖八十 杖數非上敎也 且勸善 非至內傷吐血. 至是
사 극문 집 기노 장 팔십 장수 비 상교야 차 권선 비지 내상 토혈 지시

漢老不勝憤惋 搆辭以告 上命囚克文 勸善 以雪漢老之恥也. 三日
한로 불승 분완 구사 이고 상 명수 극문 권선 이설 한로 지치야 삼일

而釋之.
이 석지

丁酉 減權堡 李法華死罪 杖一百 流三千里 籍沒家産. 流堡于
정유 감 권보 이법화 사죄 장 일백 유삼천리 적물 가산 유보우

慶尙道東萊; 法華于全羅道海珍. 刑曹 臺諫詣闕 請堡 法華之罪
경상도 동래 법화 우 전라도 해진 형조 대간 예궐 청보 법화지죄

曰: "其不忠之 與宗秀 五方無異 上只從輕典 不置於法 非示後之
왈 기 불충 지 여 종수 오방 무이 상지종 경전 불치 어법 비시후지

常典. 請置極刑 以戒後之爲臣不忠者." 上曰: "罪四人 可以示後 何
상전 청치 극형 이계 후지 위신 불충 자 상왈 죄 사인 가이 시후 하

復煩刑好殺?" 固請 上曰: "此予之從諫 不若古先哲王也. 然古之
부 번형 호살 고청 상왈 차 여지 종간 불약 고선 철왕 야 연고지

王者 於殺人之事 亦未必皆從之也. 且堡 只以女色諂事世子 豈可
왕자 어 살인 지사 역 미필 개 종지야 차보 지이 여색 첨사 세자 기가

比宗秀之奸兇也哉? 予不聽從 勿復言之. 其斬宗秀等四人 爲世子
비 종수 지 간흉 야재 여 불청종 물부 언지 기참 종수 등 사인 위 세자

以杜後日冒亂之徒." 然 上猶隱然有不忍之心. 上曰: "李昇則予
이두 후일 모란 지도 연 상유 은연 유 불인 지심 상왈 이승 즉여

旣鞭之 宜不下於有司矣. 然內中決罪 至收告身 而使國人不知 予
기 편지 의 불하 어 유사 의 연 내중 결죄 지수 고신 이사 국인 부지 여

恐大體不可 故下獄 今不與罪可也. 且金奇弱宦 本杖八十 降等
공 대체 불가 고 하옥 금 불여죄 가야 차 김기 약환 본장 팔십 강등

六十 小斤同 亦如之. 若有未稱 臺諫其言之." 執義河演進曰: "前此
육십 소근동 역 여지 약유 미칭 대간 기 언지 집의 하연 진왈 전차

具宗秀不置於法 以從輕典 故繼踵者多 今昇亦從輕典 則臣恐如昇
구종수 불치 어법 이종 경전 고 계종 자 다 금승 역종 경전 즉신 공 여승

者亦有之 乞置常刑 以懲後來." 上然之 只流于全羅道金溝. 金山龍
자 역 유지 걸치 상형 이징 후래 상 연지 지유우 전라도 금구 김산룡

陳鋪 今音同 各杖一百 定爲官奴 陳鋪于忠淸道德恩; 金山龍于
진포 금음동 각 장 일백 정위 판노 진포 우 충청도 덕은 김산룡 우

陰城 後從本定平壤官奴; 今音同于慶尙道聞慶 竝皆籍沒家産.
음성 후종 본정 평양 판노 금음동 우 경상도 문경 병개 적물 가산

戊戌 命中外用心掩骼埋骴 勿使暴露.

庚子 命移置芳幹及孟衆于忠淸道 洪州邑城內古客館.

臺諫 刑曹請李叔蕃之罪 不允.

辛丑 不豫. 世子及諸宗親 駙馬 議政府 六曹 三軍摠制等詣闕
問安.

壬寅 大司憲金汝知 以母病乞辭侍疾 不許 仍賜藥.

命領議政南在 禮曹判書孟思誠 藝文館提學卞季良試文科. 在
等詣闕啓曰: "今使赴試人爲白日場 三館以不緊過失 久立于門外
甚爲無藝. 自今仕路不通者則明白告課停擧 其餘不緊犯過者
毋使立門." 上允之 下旨曰: "文武科赴試生徒 三館及訓鍊觀或以
小過立門; 或以疑事停擧 實爲弊法. 今後如有永不敍用情狀明白
可當停擧者 文科則報于禮曹; 武科則報于兵曹 須待仰曹及臺諫
移文施行 毋得擅自停擧." 三館據永樂元年成均館受敎 賓貢不許
赴試 鄕試入格者仁寧府少尹李賀等三十餘人連名申呈 願赴會試.
趙末生以聞 上不允曰: "予其敢行姑息之仁乎?"

以李從茂爲議政府參贊 李潑工曹參判 申商刑曹參判 李㬎濟州
都安撫使 尹向江原道都觀察使. 上謂向曰: "曩者卿 有失事 廷議
未息 宜出外以避之."

下吏曹正郎禹承範 佐郎權照于義禁府. 以御覽官案 不去被誅
具宗之等姓名也. 四日而釋之.

癸卯 宗貞茂使人來獻土物.
계묘 종정무 사인 내헌 토물

甲辰 宥輕罪.
갑진 유 경죄

乙巳 命平陽君金承霑 兵曹判書李原 摠制崔閏德 試武科.
을사 명 평양군 김승주 병조판서 이원 총제 최윤덕 시 무과

丙午 雨雹.
병오 우박

命刑曹 將淸州安置檢校知內侍府事朴穎 定屬軍役. 穎 曾爲
명 형조 장 청주 안치 검교 지내시부사 박영 정속 군역 영 증위

世子殿承傳色 不以世子荒淫之事啓達故也. 上傳旨于世子曰:
세자전 승전색 불이 세자 황음 지사 계달 고야 상 전지 우 세자 왈

"自今母進見." 令知申事趙末生召右輔德趙瑞老等宣傳曰: "世子
자금 무 진현 영 지신사 조말생 소 우보덕 조서로 등 선전왈 세자

言於賓客 自警自責 告于宗廟 予喜之. 然父母者 子之天地也. 世子
언어 빈객 자경 자책 고우 종묘 여 희지 연 부모 자 자지 천지 야 세자

曾行不義 作自警箴 指天爲誓曰: '吾又不義 上位父也 容或赦我 天
증행 불의 작 자경잠 지천 위서왈 오우 불의 상위 부야 용혹 사아 천

其赦之乎?' 書筵官書諸壁上 尋爲不義 欺我欺天. 今雖告廟 予豈信
기 사지 호 서연관 서 저 벽상 심위 불의 기아 기천 금수 고묘 여기신

哉? 故于今不以他人父子之道待之 必侔如文王爲世子之時之所行
재 고 우금 불이 타인 부자 지도 대지 필 모여 문왕 위 세자 지시 지 소행

乃著 然後吾說與重辭 而待以父子之道矣. 今宗之等以世子之故
내 저 연후 오설여 중사 이대이 부자 지도 의 금종지등이 세자 지고

就戮 雖其自取之 老母存焉. 昔李茂 文可學受誅之後 如此之刑 予
취륙 수기 자취 지 노모 존언 석 이무 문가학 수주 지후 여차 지 형 여

固不意. 予之今日所懷 將誰與語? 如是之意 當諭賓客卞季良 卓愼
고 불의 여지 금일 소회 장 수여 어 여시 지의 당유 빈객 변계량 탁신

李孟畇 幷諭世子."
이맹균 병유 세자

罷淮陽府使羅殷職. 殷爲淮陽守 與住講武場別差安吉 托以兵曹
파 회양부사 나은 직 은위 회양 수 여주 강무장 별차 안길 탁이 병조

牒 禁講武場內伐草等事. 谷山君延嗣宗回自咸吉道 至淮陽 殷曰:
첩 금 강무장 내 벌초 등사 곡산군 연사종 회자 함길도 지 회양 은왈

"講武場內之禁 民怨至甚 惟公轉聞于上. 若弛此禁 則是公之賜
강무장 내 지금 민원 지심 유공 전문 우상 약이 차금 즉시 공지사

也." 嗣宗以告于上 上驚恐 令其道都觀察使推之 實非兵曹移牒 乃
야 사종 이고 우상 상 경공 영 기도 도관찰사 추지 실비 병조 이첩 내

殷自禁之 反以民怨歸之於上 故殷與安吉皆坐罪. 召京畿都觀察使
은 자 금지 반이 민원 귀지 어상 고 은여 안길 개 좌죄 소 경기 도관찰사

154

李灌 傳命曰: "立講武常所 遣別差 凡伐木之皆禁之 民怨興焉. 予
欲廢講武之法 然是古制也. 欲幸畿外 其弊彌甚 乃於畿甸擇閑曠地
以爲常所 已曾立標. 今後各使守令察之 如有稱別差者 隨卽拿送."

丁未 御便殿視事. 謂左右曰: "前日賓貢之事 惡其毀法 予不
應諾. 終夜以思 三十餘人皆有老親 又待三年 非細故也 予甚慮
也." 趙末生曰: "申呈之外 又有五十餘人." 上曰: "三十餘人 猶以爲
多 況八十之衆乎? 其間豈無人材? 苟得其人 國家取才 亦有光矣."
左議政朴訔曰: "法不可廢 臣請勿改." 禮曹參判許稠 右代言洪汝方
等亦固執不可. 政府 六曹 臺諫皆出 代言等後 上曰: "執法者之論
然矣. 然卿等體予至懷 咸使赴試 以解其慍." 乃命末生 傳敎禮曹
曰: "許令賓貢皆赴會試."

召三軍都鎭撫谷山君延嗣宗及兵曹參議趙啓生曰: "咸興 和州
朝宗久居之地 其土居子弟 曾錄名籍. 其有才者 旣已敍用 其無才
不受職者 每於春秋講武與凡動駕之時 衝犯儀仗 以煩予聽 實爲
未便. 今後凡其所告 兵曹與鎭撫所聽其可否 如有當理 隨卽申聞
以爲恒式 勿令直告."

命濟州都安撫使 褒貶旌義 大靜 兩縣令.

命功臣嫡長會盟 依元從功臣會盟例.

戶曹上分田之法. 啓曰: "永樂十五年二月日受敎: '觀其給田情狀
以其陳告先後折給 故爭先告之 猶恐不及 士風不美. 今後陳告

一皆禁斷. 京中則漢城府 外方則都觀察使 各具其受田物故者名數
移文本曹 本曹考其各品前受多少給之.' 敬此 已曾行移 然至今無有
推考移文者 故受田物故者 中間現告無門. 願自今每月季 受田牌
屬員物故者 牌內掌務傳報兵曹; 守信寡婦之適他及物故者 各里
管領告于部令 傳報漢城府. 外方則里正長告于守令 傳報觀察使
皆移文本曹. 若依前不卽用心推考移文者 掌務管領等及當該官吏
以敎旨不從論罪何如?" 敎曰: "上項受田物故人員與夫守信寡婦之
適他及物故者 各其子孫及一族 京中 戶曹; 外方 所居官 隨卽陳告.
若不告而現露者 所收田租 計年還徵 依律論罪."

戊申 慶尙道都觀察使李之剛 遣人獻八面水精杯 賜承政院曰:
"毋致破毁 以爲飮器."

命治芚彌 南江邊道路. 上召兵曹參判李春生曰: "來二十四日 奉
上王幸光州 一宿後還宮." 李原 金承霔 趙末生 徐選等曰: "卽今
上體未安 且爲上王 則一宿太迫 請信宿." 上曰: "謂予德不及黎庶
有如淮陽守者 予甚慮焉. 又觀漢武帝之事 尤爲可鑑. 講武雖古制
予欲廢之 此行爲上王也." 承霔等復啓曰: "彼淮陽守者 自搆妄語
固不足論者也. 上之立法 必稽古典 彼無知之言 何敢干於至德
乎?" 上召趙末生 徐選曰: "文王之囿 方七十里 芻蕘者往焉 雉兔者
往焉. 講武雖古制 太祖之時未嘗講求. 予承太祖艱大之業 惟不克
負荷是懼 凡民間利害 靡不思治 獨此講武之法 使民興怨 予實慮

焉. 繼自今除講武常所. 令民伐草耕田 勿禁私獵 以副予意 予不
언 계 자금 제 강무 상소 영민 벌초 경전 물금 사렵 이부 여의 여불

食言."
식언

己酉 刑曹 臺諫請置李叔蕃於法 不聽.
기유 형조 대간 청치 이숙번 어법 불청

世子稱未寧停講 賓客等曰: "雖未寧而停講 然明日殿下行幸廣州
세자 칭 미녕 정강 빈객 등왈 수 미녕 이 정강 연 명일 전하 행행 광주

當力疾而見." 世子使司鑰 請開詣闕之門而不開 世子曰: "門閉不開
당력 질이현 세자 사 사약 청개 예궐 지문 이불개 세자왈 문폐 불개

且嘗命: '宜勿來見.' 書筵官知之否?" 賓客卓愼正色曰: "是欲遷善
차 상명 의물 내현 서연관 지지 부 빈객 탁신 정색 왈 시욕 천선

也不知. 邸下何由而動上之念乎?" 世子曰: "非我有失 人有訴之者
야 부지 저하 하유 이동 상지념 호 세자왈 비아 유실 인유 소지 자

也." 愼曰: "是言太過." 仍曰: "不可以人而傳語 請見之." 世子答以
야 신왈 시언 태과 잉왈 불가 이인 이전어 청현지 세자 답이

未寧 終不見焉. 及動駕日 書筵官請世子曰: "願及未動駕前 進見
미녕 종 불현 언 급 동가일 서연관 청 세자왈 원급 미 동가 전 진현

于上." 世子進內廄門 稱未寧停講 至暮射的. 書筵官進言曰: "未寧
우상 세자 진 내구 문 칭 미녕 정강 지모 사적 서연관 진언 왈 미녕

停講 而射的可乎?" 射 七八矢而後已.
정강 이 사적 가호 사 칠팔 시 이후 이

庚戌 上奉上王 畋于廣州儉丹山. 上謂金承霆 李原 趙末生等曰:
경술 상봉 상왕 전우 광주 검단산 상위 김승주 이원 조말생 등왈

"欲於明日還宮." 承霆等曰: "臣等恐上體勞瘁 請留." 上曰: "予病
욕 어 명일 환궁 승주 등왈 신등 공 상체 노췌 청류 상왈 여병

未息 速還治之."
미식 속환 치지

辛亥 還宮.
신해 환궁

壬子 罷司宰監正金祐生職 以監造麻田浦舟梁而不堅實也.
임자 파 사재감정 김우생 직 이 감조 마전포 주량 이불 견실 야

命通三經四書者許赴會試中終場①.
명 통 삼경사서 자 허부 회시 중 종장

甲寅 上王爲上置酒 宗親侍宴. 賜酒入直大小臣僚.
갑인 상왕 위상 치주 종친 시연 사주 입직 대소 신료

以陳米豆一萬石 貿易楮貨. 上曰: "必先鰥寡孤獨 而從其自願."
이 진미두 일만 석 무역 저화 상왈 필선 환과고독 이 종기 자원

乙卯 刑曹 臺諫復請李叔蕃之罪 不允.
을묘 형조 대간 부청 이숙번 지죄 불윤

丙辰 置酒于便殿 慰啓事臣僚也.
병진 치주 우 편전 위 계사 신료 야

禮祖上承文院牒呈吏文事件:
예조 상 승문원 첩정 이문 사건

‘一 本院吏文習熟及能寫字官員陞除他官者 依舊例仍兼本院職衘
일 본원 이문 습숙 급 능 사자 관원 승제 타관 자 의 구례 잉겸 본원 직함

常川肄業.
상천 이업

一 在前吏文肄習人員數少 慮恐將久廢弛. 宜合始自今年 文科
일 재전 이문 이습 인원 수소 여공 장구 폐이 의합 시자 금년 문과

新及第內 選揀年少善書聰敏者十人 照依成均校書權知例 以本院
신급제 내 선간 연소 선서 총민 자 십인 조의 성균 교서 권지 례 이 본원

權知副正字口傳 俾令專務肄習吏文 比依三館陞轉例敍用.
권지 부정자 구전 비령 전무 이습 이문 비의 삼관 승전 예 서용

一 奉使赴京各起書狀 通事 赴遼東使臣等官 但陳奏事理 宣諭
일 봉사 부경 각기 서장 통사 부요동 사신 등관 단 진주 사리 선유

聖旨 禮部遼東省會及沿道聞見事件 回還十日內 一一開呈本院
성지 예부 요동 성회 급 연도 문견 사건 회환 십일 내 일일 개정 본원

以憑參考. 其有違限不呈者 移文憲司糾察.'
이빙 참고 기유 위한 부정자 이문 헌사 규찰

從之.
종지

司憲府請本府官不與春秋製述之例從之. 以事務煩劇也. 趙末生
사헌부 청 본부 관 불여 춘추 제술 지례 종지 이 사무 번극 야 조말생

仍啓曰: "今春等賦詩朝士 因公務之緊 不賦者居多." 上曰: "春秋等
잉 계왈 금 춘등 부시 조사 인 공무 지긴 불부 자 거다 상왈 춘추등

賦詩 罷之亦可矣."
부시 파지 역 가의

執義河演請李叔蕃犯不忠之罪 面啓曰: "叔蕃不忠 爲臣子者當
집의 하연 청 이숙번 범 불충 지죄 면계왈 숙번 불충 위신자자 당

不共戴天 故請之至再至三 未蒙兪允 惶恐隕越. 然爲臣而不忠者
불공대천 고 청지 지재지삼 미몽 유윤 황공 운월 연 위신 이 불충 자

人人之所共誅 非殿下之所得私也. 願依律施行 籍沒家産." 上不允
인인 지 소공주 비 전하 지 소득사 야 원 의율 시행 적몰 가산 상 불용

曰: "卿等知叔蕃之罪乎? 前年春講武行幸之時 故代言尹須妻潛奸
왈 경 등 지 숙번 지죄호 전년 춘 강무 행행 지시 고 대언 윤수 처 잠간

盲人河千景 命以律外斬刑施行 叔蕃請救於我而不得 又因世子 二
맹인 하천경 명 이 율외 참형 시행 숙번 청사 어아 이 부득 우인 세자 이

大君請救 予又不聽. 叔蕃揚言於外曰: ‘無夫女和奸 於律杖八十
대군 청사 여 우 불청 숙번 양언 어외 왈 무부 녀 화간 어율 장 팔십

158

而已. 今用斬刑 無乃太過乎?' 然此言 性直之所致也."
이이　금용 참형　무내 태과 호　연 차언 성 직 지 소 치 야

是春 桃李不華.
시춘　도리　불화

| 원문 읽기를 위한 도움말 |

① 命通三經四書者許赴會試中終場: 여기서 命은 通이 아니라 許에 걸
　명 통　삼경사서　자 허부 회시 중 종장　　　명　 통　　　　허
린다. 즉 '~를 허락하라고 명했다'라는 말이다.

태종 17년 정유년
4월

四月

정사일(丁巳日) 초하루에 세자가 예궐(詣闕)했다가 저물어서야 돌아오니, 상이 편치 못했기[不豫] 때문이다.
불예

무오일(戊午日·2일)에 예조에서 표전(表箋)·방물(方物)을 진헌(進獻)하는 사의(事宜)를 올렸다.

'이전까지는 정조(正朝)·성절(聖節)·천추(千秋)의 표전·방물을 진하사(進賀使)가 출발하는 날에 임박해 갑자기 만들게 했으니 실로 마땅하지 않습니다. 이제부터는 승문원(承文院)으로 하여금 출발하기 두 달 전에 진헌할 방물의 수목(數目)과 출발할 날짜를 기한에 앞서 상고(相考)해서 갖춰 기록해 본조(本曹-호조)에 정보(呈報)하게 하고, 본조에서 계문(啓聞)하면 각 장관(掌官)이 알아서 예비(預備)하게 하소서.'

그것을 따랐다.

○ 명해 화원(畫員) 이원해(李原海) 등 15인을 각림사(覺林寺)로 보내니, 절에서 낙성을 알린 때문이다. 다시 여러 채색(彩色)을 내려주었다.

기미일(己未日·3일)에 상이 상왕을 받들어 경회루(慶會樓) 아래에 술자리를 마련하고 활쏘기를 하니, 종친(宗親)들이 시연(侍宴)했다. 수

가재추(隨駕宰樞)[1]와 승정원(承政院) 관원에게 내탕(內帑)의 활과 화살을 내려주고, 이어서 밖에서 회사(會射)[2]하라고 명했다. 또 술을 대소 신료(大小臣僚)와 부역(赴役)한 장인(匠人)·군인(軍人)에게 차등 있게 내려주었다. 그때에 경복궁(景福宮) 문안의 동랑(東廊)과 서랑(西廊)을 짓고 있었기 때문이다.

경신일(庚申日-4일)에 중외(中外-서울과 지방)의 혼가(婚嫁-혼인)를 금지했다. 하정사(賀正使)의 통사(通事) 원민생(元閔生)이 경사(京師)에서 돌아와 황제가 미녀(美女)를 요구한다고 밀계(密啓)한 때문이다.

○ 명해 이제부터는 서연 빈객(書筵賓客)에게 연고가 있으면 보덕(輔德-종3품) 이하 그때에 근무하는 관원이 진강(進講)하도록 했다.

○ 종친들을 불러 활쏘기를 했다.

○ 호조참의(戶曹參議) 이적(李迹), 사헌장령(司憲掌令) 전직(全直)에게 명해 경기 도관찰사(京畿都觀察使) 이관(李灌)과 함께 부평(富平)에 있는 제언(堤堰-제방)의 이해(利害)를 보고 아뢰게 했다. 적(迹)이 복명(復命)하자 상이 부평(富平)의 수통(水桶-제언에서 물을 끌어대던 물길의 통)과 제언(堤堰)의 난이(難易)한 형세를 물었는데, 적이 대답해 말했다.

"수통 안의 침수전(浸水田)이 150결(結)이고, 수통 밖의 기경전(起

---

1 거가를 수행하는 재추(宰樞)를 말한다.
2 여러 사람이 모여서 활을 쏘아 과녁을 맞히는 일을 말한다. 무술(武術)을 익히기 위한 것으로, 나라에서 장려했다.

耕田-생땅을 갈아 일으킨 논밭)이 300결, 가경지(可耕地-경작할 만한 땅)가 100결로 아울러 400결인데, 통수(桶水)로 관개(灌漑)할 수가 있으나 수통 아래의 대제(大梯)에 이르면 지세(地勢)가 점점 높아져서 물이 순조롭지 않아 관개(灌漑)하기 어렵습니다."

상이 말했다.

"제방을 더 높이 쌓으면 통수(桶水)가 높은 곳에 이를 것이다."

적이 대답해 말했다.

"만약 더 쌓는다면 통 위의 수전(水田)은 반드시 더 침몰돼 백성의 원망이 더 깊어질 것입니다."

상이 말했다.

"우희열(禹希烈)이 이 방면을 맡아 지켰는데, 국가의 대계(大計)를 위해 불리한데도 어찌 이 일을 했겠느냐? 생각건대[意] 반드시 향원(鄕愿)[3]이 통 안의 수전(水田)을 이롭게 하고 제방 쌓는 노고를 싫어해서 이 말을 내었을 것이다."

대언(代言) 목진공(睦進恭)도 통수가 높고 먼 곳에 미치지 못하는 형세를 극언(極言)하므로, 마침내 희열(希烈)을 불러 이를 물으니 희열이 아뢰어 말했다.

"부평의 수통은 소인(小人)에게서 시작한 것이 아니라 옛터가 상존(尙存)해 있었습니다. 신(臣)이 그곳을 순심(巡審)하니, 경작할 만한 땅이 1,000여 결(結)이나 됐습니다. 이것은 단지 옛터를 손질한 것일

---

3 그 향리(鄕里) 사람에게 덕(德)이 있는 사람이라 칭송받으나 실제의 행실은 그렇지 못한 사람을 말한다. 여기서는 지방의 토호를 뜻한다.

뿐입니다. 그 향원들이 공역(工役)을 싫어하고 통 안의 전지를 이롭게 여겨서, 국가의 대체(大體)는 생각지 아니한 채 천총(天聰-임금의 귀 밝음)을 속이고 하찮게 여긴[欺侮] 것입니다. 실로 부국(富國)의 방법
기모
은 제언에 있을 뿐입니다."

상이 말했다.

"나도 향원이 한 소행이라 여긴다. 먼저 불리하다고 말해 백성을 부추겨서 정장(呈狀)하게 한 자를 헌부(憲府)로 하여금 추핵(推劾)해 아뢰게 하라."

부평 사람 100여 명이 제언이 이롭지 않다고 헌부에 호소하자 헌부에서 아뢰니, 즉시 이런 명이 있었다.

○ 예조에서 제사(祭祀)의 사의(事宜)를 아뢰었다.

'제주(祭酒)를 양조(釀造)할 소목(燒木-땔나무[燼])은, 앞으로는 전
신
사시(典祀寺)에서 (관장해) 강원·충청 양도(兩道) 해변의 각 고을에 산접(散接)한 장노(壯奴-건장한 노비) 30구(口)를 붙여 그 공부(貢賦) 를 전적으로 면제해주고 소목(燒木)을 갖추게 하되, 사재감(司宰監) 에서 선척(船隻)을 허락해 계절에 따라[趁節=隨節] 실어오게 합니다.
진절   수절
또 여러 제사에 전물(奠物)을 익혀 진설(進設)할 때 불을 때[集爨]는
집찬
노예(奴隷)가 그대로 부정(不淨)한 상복(常服)을 입음은 심히 마땅하 지 않습니다. 불을 땔 때 입을 세 계절[三節]의 정의(淨衣) 각 50벌을
삼절
제조해서 불 땔 때 나눠주어 입게 했다가, 제사를 마친 뒤에는 도로 거두어 입고(入庫)하게 하소서.'

그것을 따랐다.

갑자일(甲子日-8일)에 경복궁(景福宮)에 행차했다. 경회루(慶會樓) 아래에 나아가 문무과(文武科) 복시(覆試)를 보게 했다. 문과는 예조판서 맹사성(孟思誠), 예문관 제학(藝文館提學) 변계량(卞季良) 및 지신사(知申事) 조말생(趙末生)을 독권관(讀券官)으로 삼았고, 무과는 병조판서 이원(李原), 참판(參判) 이춘생(李春生), 평양군(平陽君) 김승주(金承霔), 총제(摠制) 성달생(成達生)·최윤덕(崔閏德)·이순몽(李順蒙) 등이 참여하게 했다. 문과에서는 한혜(韓惠, 1403~1431년)[4] 등 33인을 뽑았고, 무과(武科)에서는 전선생(田善生) 등 28인을 뽑았다. 혜(惠)를 전사 소윤(典祀小尹)으로, 선생(善生)을 부사직(副司直)으로 삼았다. 문과·무과는 전례(前例)에 따라 3일에 한해 경하(慶賀)하게 했는데, 이에 앞서 금주령(禁酒令)이 있었기 때문이다.

○ 찬성(贊成) 김한로(金漢老), 판한성부사(判漢城府事) 심온(沈溫)을 진헌색 제조(進獻色提調)로 삼고 사람을 각 도(道)로 보내 처녀(處女)를 골라 뽑게 했다. 상이 의령부원군(宜寧府院君) 남재(南在), 좌의정(左議政) 박은(朴訔)에게 일러 말했다.

4　아버지는 서원부원군(西原府院君) 한상경(韓尙敬)이다. 1417년(태종 17년) 식년문과에 을과로 급제해 판관(判官)이 됐고, 이때 문무과(文武科) 복시(覆試)를 볼 때 전사소윤(典祀少尹)이 됐으며, 1419년(세종 1년) 겸지사간원사(兼知司諫院事)가 됐다. 이듬해 지사간(知司諫)으로 여러 번 이종무(李從茂)·김양준(金養俊)을 파직할 것을 청했고, 동부대언(同副代言)이 됐다. 1422년 우부대언(右副代言)으로 왕의 명을 받들어 도성을 수축한 각 도의 수령관과 수령들에게 잔치를 내리게 했다. 1423년 좌대언(左代言)이 됐고, 1426년 병조참의가 됐다. 1428년 예조참판을 거쳐 좌군동지총제(左軍同知摠制)가 됐고, 절일사(節日使)로 황제에게 바치는 건년어(乾年魚) 2,000미(尾), 대구어(大口魚) 1,000미, 연어자(年魚子) 10병(瓶), 대문어(大文魚) 300수(首)를 아울러 받들고 출발하면서 왕으로부터 모관(毛冠)과 옷·갓·목화 등을 하사받았다. 1429년 절일사(節日使)로 북경에서 돌아와서, 1430년 전라도감사(全羅道監司)에 이어 함길도감사·함흥부윤(咸興府尹)이 됐다. 아들은 한계미(韓繼美)·한계희(韓繼禧)·한계순(韓繼純) 등인데, 모두 세조와 성종 때 활약했다.

"처녀를 모름지기 널리 구해 내가 위[上-명나라]를 섬기는 뜻에 맞
게 하라[稱=副]."

○ 신녕현(新寧縣)을 장수역(長守驛) 땅에 옮겨서 두니, 경상도 관찰
사의 보고를 따른 것이다.

을축일(乙丑日-9일)에 나흘 동안 서리가 내렸다[隕霜].

○ 상이 상왕(上王)을 받들어 동교(東郊)에서 매사냥을 구경했다.
살곶이[箭串]벌에 주정소(晝停所)⁵를 정하고 술자리를 베풀어 한껏
즐기니, 종친(宗親)들이 시연(侍宴)했다. 수가(隨駕)한 대소 신료(大小
臣僚)에게 술을 내려주었다.

정묘일(丁卯日-11일)에 안산(安山) 백성의 굶주림을 진제(賑濟)했다.
경기 관찰사(京畿觀察使)가 아뢰었다. "안산군(安山郡)에서 30여 인
이 굶주림을 알려왔습니다." 상이 말했다. "모름지기 제때[及時]에 진
제(賑濟)하도록 하라."

○ 전 판사(判事) 이문관(李文貫)의 아들 미(彌)를 의금부에 가둘
것을 명했다.

병신년(丙申年-1416년) 겨울 상이 강원도에서 강무(講武)했을 때,
차중보(車重寶)와 속모치(速毛赤)⁶ 이홍(李弘)이 세자를 유인해 10월

---

5 행행(行幸)하던 도중에 잠깐 머물러서 낮수라를 진어(進御)하는 곳을 말한다.
6 병조(兵曹)의 군기감(軍器監)에 딸린 장인(匠人)의 하나로, 조선 초기에 정원이 12명이

20일 초저녁에 세자전(世子殿)을 나가서 첫닭이 울 무렵 부평(富平)에 있는 문관(文貫)의 집에 이르러 잤고, 이튿날 세자가 문관 3부자(三父子)를 거느리고 철관포(鐵串浦)에 이르러 매사냥을 했다. 그 뒤에 세자가 또 나가서 놀았으니, 문관은 그 아들 미(彌) 등으로 하여금 술과 안주를 갖춰 올리게 했다. 경기 감사(京畿監司) 이관(李灌)이 문관의 족제(族弟)인데, 이 말을 듣고서 그것을 상에게 고하니 상이 말했다.

"그 당시는 세자가 반드시 문관으로 하여금 이 일을 드러내지 말라고 했을 것이다. 이미 지나간 일이니 추핵(推劾)하지 않는 것이 마땅하지만, 그러나 아이들이 대체(大體)를 알지 못해 출입(出入)에 절도가 없는데도 문관이 말하지 않았으니 진실로 죄가 있다."

즉시 그 아들 미를 가두고, 의금부 지사(義禁府知事) 정신도(鄭伸道)를 부평에 보내 문관을 잡아 오게 했다.

○ 명해 대곶 부만호(大串副萬戶) 진추(陳錘), 지안악군사(知安岳郡事-안악군 지사) 이녕(李寧), 재령 현령(載寧縣令) 강상신(姜尙信)에게 태(笞) 50대를 속(贖) 받게 했다. 추(錘) 등은 무과 향시(武科鄕試)의 고관(考官-시험관)으로서 액수(額數-정원)보다 더 무사를 뽑았으므로 헌사(憲司)에서 죄를 청한 때문이다.

○ 공신적장(功臣嫡長)이 경복궁(景福宮) 북동(北洞)에서 회맹(會盟)했다. 재서(載書-맹약의 글)는 이러했다.

'개국·정사·좌명 3공신 적장숭록대부(開國定社佐命三功臣嫡長崇祿

———
었다.

大夫) 평양군(平壤君) 조대림(趙大臨, 1387~1430년)[7] 등은 감히 황천상

제(皇天上帝)와 종묘(宗廟)·사직(社稷), 산천백신(山川百神)의 신령께

밝게 고합니다.

엎드려 생각건대, 임금을 섬길 때 두 마음을 품지 않는 것[無貳]을

일러 충(忠)이라 하고 어버이를 섬길 때 어기지 않는 것[無違][8]을 일

러 효(孝)라 합니다. 대개 신자(臣子)가 돼서 세워야 할 것은 충효(忠

孝)요 하늘로 삼아야 할 것은 군부(君父)입니다. 오직 그 할 바를 마

땅히 열렬함으로 한결같이 섬겨야 하니, 하물며 이제 신(神)에게 다

짐해 밝히고 피를 마셔 동맹(同盟)하는 자에게서야 말할 나위가 있

겠습니까? 신 등은 아비가 태조(太祖)를 추대(推戴)해 개국(開國)한

---

7 정승 조준(趙浚)의 아들이다. 1402년(태종 2년) 생원시에 합격, 덕수궁제공(德壽宮提控)에
   보임됐다. 1403년 호군이 돼 태종의 둘째 딸 경정공주(慶貞公主)와 혼인함으로써 11월에
   평녕군(平寧君)에 봉해졌고, 1406년 평양군(平壤君)으로 고쳐 봉해졌다. 1408년 11월 겸
   좌군도총제(兼左軍都摠制)가 됐고, 12월 반란자 목인해(睦仁海)의 꾐에 빠져 도성에서 군
   사를 일으킨 죄로 순군사(巡君司)에 감금됐으나 왕의 부마로서 혐의가 없어 석방됐다.
   1409년 병서강토총제(兵書講討摠制)가 되었으며, 이듬해 참지의정부사(參知議政府事) 윤
   사수(尹思修)와 함께 진하사(進賀使)가 돼 명나라에 다녀왔다. 1416년 숭록대부(崇祿大夫)
   에 오르고, 이듬해 4월 경복궁 북동(北洞)에서 있은 삼공신회맹제(三功臣會盟祭)에서 개
   국(開國)·정사(靖社)·좌명(佐命) 3공신의 적장(嫡長)을 대표했다. 세종 즉위와 함께 총제
   가 되고, 유후사(留後司)로서 여러 차례에 걸쳐 사신을 접반했다. 1419년(세종 1년) 사은
   사(謝恩使)가 돼 권홍(權弘)·서선(徐選)과 함께 명나라에 다녀왔고, 1422년 보국숭록평양
   부원군(輔國崇祿平壤府院君)에 진봉(進封)됐다. 1426년 대광보국(大匡輔國)에 가자(加資)
   되었고, 1430년 병으로 죽었다.
8 『논어(論語)』 「위정(爲政)」편에 나오는 말이다. 맹의자가 효에 대해 묻자 공자는 말했다.
   "어기지 않는 것이다[無違]." 뒤에 제자 번지가 공자가 탄 수레를 몰고 있을 때, 공자는
   문득 맹의자와의 문답이 떠올랐다. 그래서 공자가 일러 말하기를 맹의자가 자신에게 효
   를 묻길래 답하기를 "어기지 않는 것"이라고 했노라고 말했다. 이에 번지가 "어기지 않
   는다는 것은 무슨 뜻입니까"라고 묻자, 공자가 말했다. "아버지가 살아 계실 적에는 예로
   써 섬기고, 돌아가시면 예로써 장사지내고, 이후 예로써 제사를 지내는 것을 말한다."

이도 있고, 상왕(上王)을 부익(扶翼)해 정사(定社)한 이도 있으며, 우리 전하(殿下)를 받들어 좌명(佐命)한 이도 있습니다. 기회에 응해 방책을 결정하고 의(義)를 분발해 충성을 바치시니, 세 번 맹세한 말[三盟之辭]들이 맹부(盟府)에 간직되어 있어 자손 된 자는 마땅히 체화할 것을 생각해서 영세(永世)토록 잊어버림이 없어야 할 것입니다. 더욱이 지금 우리 전하께서 신 등의 아비가 일찍이 미미한 공적이 있다 해서 작질(爵秩)을 높여주시고 공신(功臣)의 대열에 참여하게 함으로써 신 등을 그 아비와 다름없이 보아주시니, 이는 곧 대순(大舜-순임금)의 '상(賞)은 대대로 미치게 한다'는 성심(盛心-성대한 마음)입니다. 신 등은 우러러 이 지극하신 뜻을 체화하고 또한 신 등의 아비의 마음을 마음으로 삼아, 지성으로 서로 참여해서 왕실(王室)을 협보(夾輔)함으로써 종시(終始) 쇠하지 아니할 것을 기약합니다. 이에 좋은 날을 골라 이를 밝으신 신(神)에게 다짐함으로써 정성을 굳게 합니다. 맹약한 뒤는 각자가 힘써 시종일의(始終一義)하게 금석(金石)과 같이 굳게 지켜서, 항상 사직을 안정케 하고 국가에 이롭게 함을 생각해 영구히 복록(福祿)을 누리고 함께 안정과 번영을 보전함으로써 자손만대에 오늘을 잊지 않게 하겠습니다. 진실로 어쩌다가 삼가지 못해 감히 이 맹세를 바꾼다면 어두운 곳에서는 귀책(鬼責-귀신의 책망)이 있을 것이요 밝은 곳에서는 왕법(王法)이 있을 것이니, 그 자신에게만 그치는 것이 아니라 반드시 후손에게도 미칠 것입니다. 각자가 서언(誓言-맹세한 말)을 공경해 어김이 없도록 삼가 청작(淸酌-맑은 술)과 소뢰(小牢)를 진설해 밝게 드리오니, 흠향하소서.'

이때 우대언(右代言) 홍여방(洪汝方, ?~1438년)⁹도 적장(嫡長)으로서 궁온(宮醞)을 받들고 회맹에 나아갔다.

○사복시(司僕寺)에 명해 각 목장(牧場)의 마필(馬匹)을 연향(宴享)에 바치지 말게 했다.

무진일(戊辰日-12일)에 상이 상왕(上王)을 받들고 창덕궁(昌德宮)에서 술자리를 베풀었는데, 해가 저물어서야 마쳤다.

기사일(己巳日-13일)에 호조(戶曹)에 명해 심종(沈淙)이 이미 거둔 전조(田租)를 징수하지 말게 했다.

경오일(庚午日-14일)에 명하여 무구(無咎)·무질(無疾)·무휼(無恤)·

9 아버지는 판서 홍길민(洪吉旼)이며, 어머니는 경진(慶臻)의 딸이다. 사마시를 거쳐 1401년(태종 1년) 증광문과에 병과로 급제했다. 이듬해에 원자우동시학(元子右同侍學)이 된 뒤 예문관검열과 사헌부감찰 등을 지냈다. 1410년 지평이 되고, 1414년 집의가 됐다. 이듬해에 동부대언(同副代言)과 지형조사(知刑曹事)를 겸했으나 판결을 잘못한 책임으로 한때 면직됐다. 1415년 복관돼 좌부대언(左副代言)이 된 뒤 1417년 이조참의에 임명됐다. 이어 강원도관찰사가 됐으나, 어머니의 병으로 일시 사직했다가 곧 순승부윤(順承府尹)이 됐다. 1418년 세종이 즉위하자 인수부윤(仁壽府尹)을 거쳐 예조·형조 참판으로 옮겼다. 다음해에 사은부사(謝恩副使)로 명나라에 다녀온 뒤 대사헌이 됐다. 그러나 병조의 아전(衙前)을 불법으로 책문해 문외출송(門外黜送)을 당했다. 처음에는 장기(長鬐)에 유배됐다가 다시 장단으로 이배됐다. 1426년에 풀려나서 인순부윤(仁順府尹)·평안감사·한성부윤 등을 거쳐 좌군총제(左軍摠制)가 됐다. 이어 경상도관찰사가 됐으나, 진상한 문어가 정결하지 못하다 해서 파직됐다. 1433년 복관돼 전주부윤이 됐고, 1437년 판한성부사에 올랐다. 이듬해 사은사로 명나라에 갔을 때 본국으로부터 예문관대제학에 임명됐다. 귀국 때는 황제가 칙명을 내려 원유관복(遠遊冠服-먼 길을 움직이는 데 필요한 관리 복장)을 보내주었다. 귀국 후 이조판서가 됐다. 성품이 온화하고 시와 술을 좋아했으며, 직언을 잘했다.

무회(無悔) 등의 여자(女子)를 외방종편(外方從便)하게 했다.

○ 김훈(金訓)을 영동(永同)의 농사(農舍)에 안치(安置)하게 했다. 훈
(訓)의 아들 여달(如達)이 신정(申呈)해 "대부(大父-조부 항렬의 친척)
종경(宗敬)이 연로해 영동(永同)에 있습니다"라고 한 까닭이었다.

신미일(辛未日-15일)에 3공신(三功臣) 및 적장(嫡長)들이 인정전(仁政
殿)에서 헌수(獻壽)하니, 상이 공신들을 보고 측연한 모습으로 눈물
을 흘렸다[下淚]. 좌의정 박은(朴訔)이 제1작(第一爵)을 올리니, 상이
창녕부원군(昌寧府院君) 성석린(成石璘) 등에게 일러 말했다.

"오늘 일은 공신(功臣)을 위한 것이 아니라 바로 국가의 대체(大體)
를 위한 것일 뿐이다. 공신들이 물고(物故)해 거의 없고, 자리에 있는
사람들도 모두 노쇠(老衰)했다. 적장(嫡長)을 보고자 함은 아버지의
충렬(忠烈)을 계승해서 국가와 휴척(休戚-좋은 일과 슬픈 일)을 같이함
이 있을 것 같아서다."

9헌례(九獻禮)를 마치고 석린(石璘)이 잔을 올리자 상이 일어났다
가 앉으며[起坐] 말했다.

"내가 보니 부원군(府院君)이 연로하기에 좌의정으로 하여금 행주
(行酒)하게 했다."

그 참에 말했다.

"신하가 임금에 대해 비록 무릎으로 걷고 엉금엉금 긴다 하더라도
임금은 일어나서 대답하지 않는 것이 예(禮)이지만, 이제 부원군은
나이 80세에 이르렀으니 나라의 원로(元老)가 되고 또 예(禮)에 아직
남음이 있는 까닭에 내 일어나 대했다."

청성부원군(淸城府院君) 정탁(鄭擢)이 연구(聯句-한시의 대구)를 올리자 석린과 좌우(左右)에서 다시 서로 시(詩)를 부르고 화답했다. 은(訔)이 일어나 춤을 추니, 상이 충녕대군(忠寧大君)에게 명해 대무(對舞)하게 했다. 은이 부복(俯伏)해 사양했는데, 상이 마침 다른 사람과 말하다가 얼마 뒤에 보고 말했다.

"무슨 까닭으로 춤을 추지 않는가?"

은이 아뢰었다.

"소신(小臣)이 어찌 감히 대군(大君)과 마주 서서 춤을 추겠습니까?"

상이 말했다.

"내가 앞에 있고, 또 명했으니 사양하지 말라."

은이 굳이 사양했지만, 상이 강요하니[强之], 은이 춤을 추고 석린도 춤을 추었다. 세자에게 명해 마주 서서 춤을 추게 했다. 상이 일어서니 공신과 적장(嫡長)들이 모두 꿇어앉아 머리를 조아리며 눈물을 흘렸다. 세자가 진작(進爵)하니, 상이 잔을 받아 맛만 보고 세자를 불러 마시게 했다. 그 참에 나라의 대체(大體)를 가르쳐주고 드디어 눈물을 살짝[泫然] 흘리니, 은이 세자의 손을 붙들고 말했다.

"저하(邸下)께서는 상이 눈물을 흘리시는 뜻을 아십니까?"

은도 따라서 우니, 세자 또한 울었다.

석린이 나아가 국가의 대체를 말하고 겸해서 세자의 일을 아뢰니 상이 말했다.

"공(公)의 이 말을 들으니 내 마음이 툭 터져[豁然] 떠오르는 해를 보는 것 같다."

마침내 오랫동안 눈물을 흘리다가, 드디어 세자에게 명해 술을 부어 돌리게 했다. 석린부터 적장(嫡長)까지 세자가 술을 권하다가 은에게 이르니, 은이 세자에게 일러 말했다.

"피택(彼宅)【방언(方言)에서 제배(儕輩)가 서로 부르는 말이다.】에서 부왕(父王)의 가르치심을 따르지 않으시니 큰 잘못입니다. 이 술을 마시십시오. 제가 불행하게도 세자사(世子師)가 됐습니다."

드디어 울었다. 세자가 그 잔을 마시고 다시 술을 부어서 가지고 오자, 은도 이내 그 잔을 마셨다. 잔치가 끝날 무렵, 공신과 적장 중의 3품 이상이 전내(殿內)에 들어가 춤을 추었다. 세자는 상교(上敎-상의 가르침)를 받을 때마다 그 즉시 눈물을 흘리곤 했다. 우의정 한상경(韓尙敬)이 앞으로 나아와 비밀히 구종지(具宗之) 등의 일을 아뢰어 말했다.

"그들은 이미 형벌에 처하고 가산(家産)도 적몰(籍沒)했으나, 그 노비는 그들의 처(妻)들로 하여금 관장해 입역(立役)하게 했습니다. 그런데 창적(蒼赤-노비)들이 고생을 싫어해서 도망치고 나면 즉시 대신 입역하게 하니, 원기(怨氣)가 적지 않습니다. 근일에 서리가 내림도 신은 실로 두렵습니다."

상이 말했다.

"경(卿)의 말이 옳다."

내구마(內廐馬) 20필(匹)을 공신들에게 내려주고 상의원(尙衣院)의 표리(表裏)를 내어다가 적장공신(嫡長功臣)에게 내려주었으니, 적장의 시연(侍宴)은 이때부터 시작됐다.

○ 함길도 도순문사(咸吉道都巡問使)가 동녕위 백호(東寧衛百戶) 김

용귀(金用貴)가 쓰던 목패(木牌)[10]를 올리니, 명해 승문원(承文院)에 보관하게 했다.

　도순문사가 아뢰었다.

　'이달 초6일에 백성 염생(廉生)이 나아와 고(告)하기를 "전렵(田獵)의 일로 감음동(甘音洞)에 이르렀다가 동녕위 백호(東寧衛百戶) 김용귀(金用貴), 소기(小旗)[11] 유안(劉案) 등 6명을 길 가운데서 만났는데, 용귀(用貴) 등이 말하기를 '내관(內官) 장동아(張童兒)와 진지휘(陳指揮)가 성지(聖旨)를 받들어 군마(軍馬) 1,000을 거느리고 백두산(白頭山)의 절을 단청(丹靑)하기 위해 지난 정월 19일 요동(遼東)을 떠나 저들의 땅인 소하강변(所何江邊)에 와서, 목채(木寨-목책)를 만들고 창고(倉庫) 12간(間)을 지었으며 군량을 실어 들였다. 먼저 군마(軍馬) 500을 산간(山間)에 보내고 그 나머지 군마(軍馬)는 머물러 눈이 녹기를 기다렸다가 4월 보름에 들어오게 했으니, 이 일 때문에 여름을 지나게 됐으므로 나귀와 농우(農牛)를 초지(草地)에 놓아먹이라' 하면서 나에게 목패(木牌)를 주고 갔습니다"라고 하기에, 이제 목패를 올려 보냅니다.'

　그 사(辭-패사)는 이러했다.

　'흠차내관(欽差內官) 장신(張信)은 삼가 살피건대, 근래 본직(本職)

10　나무로 만든 패문(牌文)이다. 패문은 중앙 관서에서 도(道)·부(府) 이하에 행하(行下)하는 공문서의 한 명칭이다.

11　중국 명나라의 군직(軍職)의 하나다. 명(明)나라 제도에서는 군인(軍人) 10명에 소기(小旗) 하나를, 군인 50명에 총기(摠旗) 하나를 세웠다.

에게 받들어 보내온 황제의 성지(聖旨)를 받으니 "요동(遼東) 관군(官軍) 1,000을 거느리고 백두산(白頭山)에 가서 공간(公幹-공적인 일)을 보살피라"라고 하셨으므로, 삼가 준행(遵行)해 내안(乃顏) 지방(地方)에 와서 대영(大營)을 갖추고 군마(軍馬)를 주둔(駐屯)했고, 또 토관 두목(土官頭目) 석탈리(石脫里) 등 4원(員)을 임명해 기군(旗軍) 500명을 거느리고 불주강(弗朱江)과 분춘강(分春江) 일대[上下]에 가서 산림(山林)의 채포(採捕-짐승 등을 잡음) 등에 관한 일을 맡게 해서 보냈으며, 이제 패면(牌面)을 설치하기를 사방으로 가서 예전에 타위(打圍-사냥)하던 곳에 늘 걸어두게 했습니다.

(그 사에 이르기를,) 만일 그곳 부근 조선(朝鮮) 땅에 사는 고려(高麗)·여진(女眞) 백성이 혹 산에서 사냥하거나 망고(網罟-그물로 짐승 잡는 것)하는 따위의 일이 있어, 무지한 자가 파견한 관군(官軍)을 만나 서로 시끄러운 일이 생길까 염려된다. 지금 살피건대 천하가 태평해 온 천하가 다 같은 한집안인데, 중간에 이런 법도를 모르는 소인(小人)이 함부로 사단(事端)을 일으켜 다치고 침해(侵害)해서 편하지 못할까 염려된다. 만일 이 패(牌)를 보거든, 편한 대로 타위(打圍)·비방(飛放-매사냥)·채포(採捕)해 편안하게 살며 생업(生業)을 즐기라. 만일 백성이 자원(自願)해 앞에 와서 배견(拜見)하려는 사람이 있거나 왕래하면서 매매(買賣)하려는 사람이 있다면 교역(交易)하도록 받아주고 막지 말아서, 균지(鈞旨-황제의 뜻)의 뜻을 각 채(寨)에 사는 백성에게 타일러서 함부로 놀라 의구(疑懼)하지 말게 하라. 혹 요동(遼東)의 각 위(衛)에서 체년(遞年-해마다)의 군역(軍役)을 도피해 산림(山林)에 숨어 살다가 능히 잘못을 뉘우치고 스스로 관가에 나와 자

수하는 자가 있다면, 해가 오래거나 짧거나 따지지 말고 그 죄를 사면해주고 식량을 주어서 가지고 돌아가 신역(身役)에 종사하게 하라. 틀림없이 헛되이 고시(告示)하는 것이 아니다. 모름지기 패(牌)돼야 한다. 위 항을 잘 알기 바란다.'

한편으로는 여진(女眞)의 글로 이를 썼는데, 사연[辭]은 같았다. 상이 말했다.

"장신(張信)의 목패(木牌)는 사리(事理)에 합당하다. 승문원에 주어 그것을 보관하게 해서 유실(遺失)하지 말도록 하라."

○ 양화도승(楊花渡丞) 서사민(徐思敏)을 의금부에 가두었다. 이에 앞서 차중보(車重寶)·이홍(李弘) 등이 세자를 몰래 꾀어[潛誘] 두 번씩 강나루[江津]를 건넜으나 사민(思敏)이 즉시 나아가 고하지 않았으므로, 이때에 이르러 옥에 내려 그 연고를 국문(鞫問)하게 했다. 승정원(承政院)에 뜻을 전해 말했다.

"어제 우의정이 아뢴 바는 진실로[誠] 옳다. 앞으로는 죄인노비(罪人奴婢) 중에서 이미 속공(屬公)한 자들의 경우에는 그 아내로 하여금 그들을 관장해서 입역(立役)시키는 일이 없도록 하라. 또 지금 의금부에 있는 죄인은 외방으로 귀양 보내지 말고, 단지 장(杖)만 쳐서 풀어주도록 하라."

임신일(壬申日-16일)에 이홍(李弘)은 장(杖) 100대에 가산(家産)을 적몰(籍沒)했고, 이문관(李文貫)·변신귀(卞臣貴)는 장(杖) 100대를 속(贖)하게 했으며, 이지(李智)·이미(李彌)·관음노(觀音奴)·제석노(帝釋奴)·이선(李先) 등은 장(杖) 100대를 때리고, 서사민(徐思敏)과 세자

전 별감(世子殿別監) 조이(鳥伊)는 풀어주었다.

의금부에서 문관(文貫) 등을 국문하고서 아뢰어 말했다.

"이문관이 죄에 굴복해 말하기를 '조카 속모치(速毛赤) 이홍이 세자전에 출입한 것이 오래된 까닭에 내가 홍에게 이르기를 "내 두 아들 지(智)·미(彌)를 세자께 천거해주기 바란다"라고 했습니다. 그 뒤에 세자께서 저의 집에 와서 유숙하셨는데, 뒷날 자손에게 은덕을 입게 할 요량으로 고하지 않았습니다'라고 했습니다. 지와 미도 죄에 굴복해 말하기를 '홍에게 의탁(依託)해 세자에게 은덕을 입고자 했습니다. 세자께서 아비의 집에 오셨을 때와 철관포(鐵串浦)로 가셨을 때 나아가 뵙고 지응(支應)¹²했습니다'라고 했습니다. 전 판사(判事) 변신귀의 아들 관음노(觀音奴)가 죄에 굴복해 말하기를 '세자께서 지난해 10월 철관포에 이르러 매사냥을 하실 때, 은덕을 입을 요량으로 이지 형제와 저의 형 제석노(帝釋奴)와 더불어 수종(隨從)했습니다'라고 했습니다. 신귀가 죄에 굴복해 말하기를 '아들 제석노·관음노 등이 세자께서 부평(富平)과 철관포로 출입하실 때 수종했으므로, 제가 안 될 일이라고 생각해 그들을 꾸짖었습니다'라고 했습니다. 이선이 죄에 굴복해 말하기를 '세자께서 이문관의 집에서 유숙하실 때 수종했던 것이 사실입니다'라고 했습니다. 이홍도 죄에 굴복해 말하기를 '숙부(叔父) 문관의 청으로 그 두 아들을 데리고 세자께 천거하고, 두세 번 나아가 뵀습니다. 뒤에 세자께서 문관의 집에 와 유

---

12 벼슬아치가 공무로 출장 갔을 때 소용되는 물품을 그곳에서 대어주는 일을 가리킨다.

숙했다가 서울로 돌아가실 때, 문관 3부자(三父子)가 수행해 양화도(楊花渡)까지 왔습니다'라고 했습니다."

의금부에 명해 (해당 법 조항을) 조율(照律)해 아뢰게 했다. 상이 지신사(知申事) 조말생(趙末生)에게 일러 말했다.

"지난번에 세자의 일로 사람들이 많이 계옥(繫獄)돼 혹은 복주(伏誅)하기에 이른 것을 내 마음으로 지금까지 편치 못하게 여기고 있다. 문관 등을 죄주고자 싶지만 내 차마 못 하겠으니, 다른 일은 면제하고 서둘러 속장(贖杖)함이 마땅하겠다."

○ 통사(通事) 장유신(張有信), 압물(押物)[13] 김언용(金彦容), 타각부(打角夫)[14] 강상부(姜尙傅)를 의금부에 내렸다. 유신(有信) 등은 하정사(賀正使) 이도분(李都芬)을 수행해서 경사(京師-북경)로 나아갔을 때 진상(進上)할 의대단자(衣襨段子)를 사서 그들의 사적인 단자(段子)로 바꾸었고, 또 서로 힐난(詰難)했다. 도분(都芬)이 복명(復命)하는 날에 갖춰 아뢰니, 명해 가두고 국문(鞫問)하게 했다.

계유일(癸酉日-17일)에 상이 인덕궁(仁德宮)에 나아가 과녁을 쏘고 [射侯] 그 참에 잔치를 베풀었다. 수가(隨駕)한 대소 신료(大小臣僚)에게 술을 내려주고, 시위(侍衛)한 재추(宰樞)·참의(參議)·대언(代言)·첨총제(僉摠制)에게 내탕(內帑)의 궁전(弓箭-활과 화살)을 내려주었다.

---

13 외국에 왕래하는 사신 일행의 모든 물건을 운송하는 관원이다.
14 외국에 왕래하는 사신 일행의 모든 물건을 감수(監守)하는 관원이다.

갑술일(甲戌日-18일)에 경사(京師)로 나아가 무역하는 일을 금지시
켰다. 사헌부에 뜻을 내려 말했다.

"경사(京師)에 나아가는 사신의 행차에 모리인(謀利人-상인)들이
중국에 따라가서 몰래 매매(買賣)를 행해 오욕(汚辱)의 이름을 일으
킴이 있으니, 관계되는 바가 적지 않다. 진헌할 방물(方物), 노차(路
次-길 가는 도중)의 반전(盤纏-노잣돈), 의복 외의 잡물(雜物)은 모조리
관에 몰수하고 그 이익을 도모하는 사람 및 함께 가지고 간 마필(馬
匹)은 모두 각 참(站)에 붙여 정역(定役)하도록 『원전(元典)』에 실려
있는데도, 근년에 고찰(考察)이 해이해지자 몰래 매매를 범람(汎濫)하
게 한 사람이 없지 않다. 이제부터는 경사(京師)로 나아가는 행차에
만일 몰래 매매를 행해 이익을 도모하는 사람이 있다면 율(律)에 비
춰 논죄(論罪)하고, 그른 줄 알면서도 데리고 간 사신(使臣) 및 고찰
을 잘하지 못한 평안도 도순문사(平安道都巡問使), 의주목사(義州牧
使)는 왕지부종(王旨不從)의 법조문으로 논죄하는 것을 항식(恒式)으
로 삼으라. 이제부터는 경사(京師)에 나아가는 사신은 각기 자가노자
(自家奴子)를 데리고 가게 하고, 타인노자(他人奴子)와 흥리상고인(興
利商賈人-이익을 도모하는 장사꾼)은 데리고 가지 못하게 하라."

또 승정원(承政院)에 명했다.

"통사(通事)·압물(押物)·타각부(打角夫) 등이 나아갈 때, 진헌할 물
색(物色-각종 물건)과 노차(路次)의 반전(盤纏)과 의복 외에, 만일 자
기의 잡물(雜物)과 청탁(請託)한 물건을 가지고 가다가 드러나면 왕
지부종의 법조문으로 논죄해 가산(家産)을 관에 몰수하되, 사실을
취초(取招)해 그것을 승정원에 간직하는 것을 항식으로 삼으라."

을해일(乙亥日-19일)에 의정부에 명해 입격(入格)한 처녀(處女)들을 감심(監審-심사)하게 했다.

○ 풍해도 도관찰사(豐海道都觀察使)가 제폐 사의(除弊事宜)[15]를 올렸다. 아뢰어 말했다.

"풍천군(豐川郡) 사람 박부개(朴夫介) 등 8명은 진상생안간(進上生雁干)[16]이 됐다고 칭하고 평산(平山) 사람 신원(申原)은 사옹방 차비차사원(司饔房差備差使員)이 되었다고 칭하면서 해마다 봄가을로 각 관(官)의 산접간(散接干)[17]과 각호(戶)를 횡행(橫行)하며 공름(公廩)을 허비합니다. 위 항의 간(干-몸은 양민이고 맡은 일은 천한 노비의 역을 하는 사람)들이 춘등(春等)·추등(秋等)으로 받아들이는 물명수목(物名數目)과 소납처(所納處)도 아직 알 수 없어 실로 불편합니다. 이제부터는 매명(每名)마다 어떤 물건이 얼마이며 어느 곳에 상납(上納)하는지를 명문(明文)으로 상고해 고찰(考察)하게 하소서."

가르쳐 말했다.

"함길(咸吉)·평안(平安)·풍해도(豐海道)의 각 고을에 산접(散接)해 있는 생안간(生雁干)·소유간(酥油干)의 명목(名目)을 추고(推考)하되, 그중에서 달단(韃靼-몽골족의 하나인 타타르족)은 그전대로 정체(定體)하고 평민(平民)은 모조리 군역(軍役)에 속하도록 하라."

---

15 여러 폐단을 제거할 마땅한 방안에 대한 의견이라는 뜻이다.

16 나라에 산 기러기를 잡아 바치는 일을 맡아보던 간척(干尺)이다. 신량역천(身良役賤)이었다.

17 각 지방에 흩어져 살고 있는 간척(干尺)이다. 주로 진상(進上)할 물건을 마련하는 일을 맡아보았다.

병자일(丙子日·20일)에 문과(文科)·무과(武科) 합격자에게 은영연(恩榮宴)[18]을 내려주었다.

○ 경차관(敬差官)과 내관(內官)을 각 도(道)에 나눠 보내 처녀를 가려 뽑게 했다.

○ 호조(戶曹)에서 기명제폐(器皿除弊)의 사의(事宜)를 올렸다. 아뢰어 말했다.

"장흥고(長興庫)의 정문(呈文)에 의거하면, 외공(外貢)의 사기(砂器)·목기(木器)는 사옹방(司饔房)에 납부해 시행하고, 장흥고는 봉납(捧納-봉상)을 전장(專掌-관장)해서 내연(內宴)과 행행(行幸-행차) 때에 사옹방·사선서(司膳署)·사련소(司鍊所-소나 말을 기르는 관아)에 분납하는 까닭에 끝까지 고찰할 수 없는 데다가 혹은 숨기고 혹은 깨어져 환납(還納)한 숫자가 겨우 5분의 1에 이르는데, 이를 그 봉수(逢受)한 하전(下典-아전)에게 징수함은 실로 여러 해 쌓인 큰 폐단이라 합니다. 바라건대 이제부터는 장흥고에 납부하는 사기·목기의 외공 원수(外貢元數) 안에 사옹방·사선서·예빈시(禮賓寺)·전사시(典祀寺)·내자시(內資寺)·내섬시(內贍寺)·공안부(恭安府)·경승부(敬承府) 등 각사(各司)의 것도 따로 정해 상납(上納)하게 하고, 각기 그 사(司)에서 출납을 고찰하게 함으로써 적폐(積弊)를 혁파하게 하소서."

호조에서 또 아뢰어 말했다.

"장흥고의 공안부 사목기(貢案付砂木器)에 금후로는 '장흥고(長興

---

18 과거(科擧)에 급제한 사람의 영예를 축복해 임금이 내리는 연회로, 의정부(議政府)에서 베풀었다.

庫)' 3자(三字)를 새기고, 기타 각사(各司)에 납부하는 것도 장흥고의 예(例)에 의거해 각기 그 사호(司號-관사의 이름)를 새겨 제품을 만들어 상납하게 하고, 위 항의 표(標)가 있는 기명(器皿)을 사장(私藏)하다가 드러난 자는 관물(官物)을 훔친 죄를 받게 함으로써 큰 폐단을 끊게 하소서."

모두 그것을 따랐다.

정축일(丁丑日-21일)에 명해 장유신(張有信)[19] 등을 석방하도록 하고, 얼마 후에 유신(有信)에게 직무에 나올 것을 명했다.

○ 이화영(李和英)을 판좌군도총제부사(判左軍都摠制府事), 변계량(卞季良)을 예문관 대제학(藝文館大提學), 신개(申槪)를 공조참판(工曹參判)으로 삼았다.

무인일(戊寅日-22일)에 상이 상왕(上王)을 받들고 광연루(廣延樓)에서 잔치를 베푸니, 종친들이 시연(侍宴)했다. 이에 앞서 상이 육조(六曹)에 가르쳐 말했다.

"근래에 인덕궁(仁德宮)에 나아갔더니 상왕께서 말씀하기를 '나에게 금년·내년에 액(厄)이 있다고 하니, 이제부터는 서로 자주 만나기를 바란다'라고 하셨다. 지금 모란도 활짝 피었으니, 좋은 때를 헛되게 저버릴 수가 없다. 지난번에는 내가 상왕전(上王殿)에 나아가 혹은 격구(擊毬)를 하면서 놀기도 했으나, 지금은 격구놀이를 치우고

_____
19 통사(通事)다.

단지 술자리만 마련해 꽃이나 구경하면서 상왕의 마음을 위로하고
자 하는데, 경 등은 번거롭게 생각하지 않는가?”

이조판서 박신(朴信)이 나아와 말했다.

“상께서 상왕을 받들고 함께 즐기신다면 대소 신료가 모두 기뻐하
지 않을 자 없을 것인데, 누가 감히 번거롭다고 여기겠습니까?”

○ 예조판서 맹사성(孟思誠)이 사직(辭職)하니 부병(父病)의 시약(侍
藥) 때문이다. 윤허하지 아니하고, 역마(驛馬)를 주고 또 약과 술을
내려주며 말했다.

“병이 낫거든 즉시 오라.”

기묘일(己卯日·23일)에 이귀수(李貴守)를 목 베고 진기(陳紀)를 장
(杖) 100대에 유(流) 3,000리(三千里)에 처했으며 아울러 가산(家
産)을 적몰(籍沒)했고, 방유신(方有信)은 장(杖) 80대를 속(贖)하게
했다.

귀수(貴守)는 세자전 소친시(世子殿小親侍)로 본래 김한로(金漢老)
의 가노(家奴)이며 숙빈(淑嬪)의 유모(乳母) 소생이었다.

애초에 진포(陳鋪)가 귀수에게 미색(美色)의 처녀를 물으니 귀수가
최학(崔學)에게 말했고, 최학이 그의 동서(同壻) 옥세침(玉世琛)에게
말을 전하자 세침(世琛)이 말했다.

“방유신(方有信)의 손녀가 자색(姿色)이 있다.”

귀수가 이를 듣고는 드디어 진포와 더불어 세자에게 고했다. 세자
가 두 번이나 귀수·조이(鳥伊)·중보(重寶) 등을 유신(有信)의 집으로

보내 이를 묻고 그 참에 자색(姿色)도 보고 오라고 했더니, 유신이 그 손녀를 내놓지 않았다. 세자가 초저녁에 몰래 유신의 집에 이르자 유신이 말했다.

"손녀는 밖에 나가 있습니다."

그 뒤에 세자가 또 그 집에 이르러 느닷없이 안으로 들어가서 그 처녀의 얼굴을 보고는 즉시 돌아왔다. 사선서 권지직장(司膳權知直長) 진기(陳紀)가 세자전으로 나아가 조이(鳥伊)를 시켜 밀고(密告)했다.

"전일에는 방유신 부처(夫妻)가 실례했습니다. 청컨대 다시 가소서."

세자가 말했다.

"나는 다시 가지 않으련다. 다른 사람에게 시집가는 것을 허락한다."

진기가 두 번 세 번 청하자 세자가 귀수로 하여금 이불보[寢袱]를
지게 해 유신의 집에 가서 자고, 밤 오고(五鼓-오경)에 이르러서 환전(還殿)했다. 이때에 이르러 처녀 간택 때문에 일이 발각됐다.

○ 명해 진포(陳鋪)를 목 벴다.

또 뜻을 내려 말했다.

"덕은(德恩) 관노(官奴)로 정속(定屬)시킨 진포는 두 번이나 세자를 꾀어 몰래 구종수(具宗秀)의 집에 갔고, 또 이귀수와 같이 방유신의 손녀를 세자에게 천거해서 두 번이나 밤을 범해가며 은밀(隱密)히 출입했다. 불의한 일을 할 때마다 매번 앞장서서 이끈[首唱] 죄악은 더

욱 심하다."

마침내 의금부 도사(義禁府都事) 양질(楊秩)을 덕은으로 보내서 취초(取招)해 율(律)에 따라 처참(處斬)하고, 연좌(緣坐)된 사람들은 죄를 면제했다.

경진일(庚辰日-24일)에 세자가 병을 핑계로 정강(停講)하니, 귀수의 죽음 때문에 마음속에 불평(不平)을 품은 때문이다.

○사람을 보내 이방간(李芳幹)에게 주선(酒膳-술과 고기 안주)을 내려주었으니, 건장록(乾獐鹿-말린 노루와 사슴고기)을 합쳐 15구(口), 약주(藥酒) 30병(甁), 소주(燒酒) 10병, 녹포(鹿脯-사슴고기 포)·조곽(早藿-이른 철에 따서 말린 미역) 등의 물건을 내려주면서 그 참에 충청도 도관찰사(忠淸道都觀察使)에 뜻을 전해 말했다.

"지금 도내(道內) 홍주(洪州)에 안치(安置)된 방간(芳幹)의 처소(處所)에 월봉미(月俸米)는 이미 주었으니, 감장(甘醬)·건청어(乾靑魚) 등의 물건을 연속해서 주게 하라."

신사일(辛巳日-25일)에 경죄(輕罪)를 사면했다.

형조에 뜻을 내려 말했다.

"불효(不孝)·불충(不忠)한 사람은 왕법(王法)에 용서하지 않는 것이지만, 무지(無知)한 사람이 형헌(刑憲)에 빠진 것은 그것이 비록 스스로 취한 것이라 하더라도 백성의 부모가 돼 가련하게 여기지 않을 수 없다. 영락(永樂) 15년 정유(丁酉-1417년) 4월 25일 이전(以前)의,

불충·불효를 범한 자를 제외한 경외(京外-서울과 지방)의 이죄(二罪)[20]
이하는 이미 결정(結正)했거나 미결정했거나를 막론하고 모두 다 방
유(放宥-사면 석방)하게 하라."

형조판서 권진(權軫)이 아뢰어 말했다.

"불충·불효 외의 이죄 이하는 모조리 원유(原宥)하라고 각 도에
이어 이문(移文)하면 각 도 도관찰사가 가둔 죄인은 유지(宥旨)를 보
고 즉시 석방하겠지만, 경중(京中)의 사헌부(司憲府)·형조(刑曹)·의금
부(義禁府) 등에서 관장하는 도(徒)·유(流) 같은 각 관(官)의 죄인은
성씨를 기록하지 않기 때문에 비록 유지(宥旨)가 내렸다 하더라도 각
도에서는 반드시 함께 석방하지 못할 것입니다."

명해 이제부터는 부처(付處)한 죄인의 성명(姓名)을 모두 기록해서
계문(啓聞)하게 하고, 의금부에 뜻을 내려 말했다.

"세자가 아직 장년(壯年)이 못 되어 학문이 이뤄지지 못했는데, 간
휼(奸譎)한 무리가 대체(大體)를 돌보지 아니하고 그 사이를 틈타 세
자전으로 망령되이 나아가서[冒進=妄進] 불의(不義)에 빠지게 했으
            모진   망진
니, 실로 세자를 사랑함이 아니다. 괴수(魁首)는 율(律)에 따라 시행
(施行)하고 종범(從犯)은 도(徒)·유(流)에 처함으로써 세자의 뒷날을
경계하니, (세자가) 확 바뀌고 개오(改悟)해서 스스로 원망하고 스스
로 다스려 전날의 잘못을 모두 써서 회과(悔過)의 조목을 극력 진술
했다. 이미 종묘(宗廟)에 고하고 또 나에게도 고해 날로 자신(自新)하

---

20 일죄(一罪)에 해당하는 십악(十惡) 이외의 경죄(輕罪)로서, 도형(徒刑)·유형(流刑)을 말
   한다.

는 실정이 보이니, 간흉한 무리가 함부로 나가려 하여도 나갈 길이 없게 됐다. 그 종범이 된 도류자(徒流者)로서 양인(良人)은 외방종편(外方從便)하게 하고, 천구(賤口-노비)는 각기 외방(外方)에서 자원에 따라 정역(定役)하게 하라."

조원(趙源)·조진(趙瑨) 등 33인에게 모두 외방종편(外方從便)할 것을 허락했다. 조말생이 말했다.

"지금 용서받은 사람 중에는 원역자(原役者)도 있으니, 바라건대 그 거주하는 고을의 본역(本役)에 정하소서."

상이 말했다.

"그리하라."

○ 찾아가 민폐를 묻게 했다. 이조(吏曹)에 뜻을 내려 말했다.

"백성은 오직 나라의 근본이다. 근본이 견고해야 나라가 편안하므로, 민생(民生)의 질고(疾苦)를 모조리 알아야 하겠다. 각 도 도관찰사(都觀察使)·도순문사(都巡問使)는 각기 도내의 수령(守令)과 한량 품관(閑良品官)부터 소민(小民)까지 골고루 방문해서, 실로 질고가 되는 일을 들어서 채택(採擇)해 아뢰도록 하라. 수령 중에 혹 은닉(隱匿)해 보고하지 않은 자가 있다면 율(律)에 따라 논죄(論罪)하라."

또 호조(戶曹)에 뜻을 내려 말했다.

"경외(京外)의 의창(義倉)은 실로 궁한 백성의 염산(斂散)의 법(法)이니 중히 여기지 않을 수 없다. 무지한 백성이 매년 대출(貸出)해가고 환납(還納)하지 못하다가, 세월이 누적돼 대출한 숫자가 혹은 수십 석에 이르러 스스로 상환하지 못하니 민생이 염려된다. 갑오년(甲午年-1414년) 이전의 공처(公處)의 숙적(宿積-오래 밀려서 쌓아놓은 것)

은, 그 대출한 자로 하여금 각기 자원에 따라 잡물(雜物)로써 대신하게 하되 가을까지로 기한을 삼으라. 금후로는 중외(中外)의 환상(還上)은 환과고독(鰥寡孤獨) 중에서도 빈핍(貧乏)한 평민(平民)에게 우선 나눠주고, 대소 양반(大小兩班)에 이르러서도 상장(喪葬), 수재(水災)·한재(旱災)가 있은 자, 한 마을에서 모두가 궁핍함을 아는 자에게 나눠주되 많아도 5~6석을 넘지 않게 하라."

의금부(義禁府)에 뜻을 내려 말했다.

"영동(永同)에 부처(付處)된 김훈(金訓), 나주(羅州)에 부처된 윤흥부(尹興阜), 원주(原州)에 부처된 강유신(康有信), 옥천(沃川)에 정속(定屬)된 박안수(朴安守)를 모두 외방종편(外方從便)하게 하고, 권보(權堡)·이법화(李法華)·검동(黔同)·이홍(李弘)의 가산(家産)을 환급(還給)하라."

○ 완산부원군(完山府院君) 이천우(李天祐)가 졸(卒)했다. 쌀·콩 아울러 70석을 치부(致賻)하고 3일 동안 철조(輟朝)했으며, 시호(諡號)를 양도(襄度)라 했다. 천우(天祐)는 어려서부터 활쏘기와 말타기에 능하고 풍의(風儀)가 아름다운 데다가 기도(器度-재주와 그릇)가 있었다. 태조(太祖)가 잠저(潛邸)에 있을 때부터 종사해 여러 번 전공(戰功)이 있어서 명해 원종공신(原從功臣)을 삼았더니, 무인년(戊寅年-태조 7년)·경진년(庚辰年-정종 2년)에는 정사공신(定社功臣)·좌명공신(佐命功臣)의 반열에 참여했다. 상이 그에게 일을 위임하니, 지삼군부사(知三軍府事-삼군 지부사)를 거쳐 이조(吏曹)·병조판서(兵曹判書), 의정부 찬성(議政府贊成)으로서 오랫동안 병정(兵政)을 전장(典掌)했다. 그러나 많은 시첩(侍妾)을 두었고 자식들에 대한 은혜가 적

었다. 아들이 둘이니, 굉(宏)과 완(完)이다.

○ 순성현령(順城縣令) 김중성(金仲誠)을 파직(罷職)했다.

애초에 전라도 도관찰사(全羅道都觀察使) 정경(鄭耕)이 병마도절제사(兵馬都節制使) 마천목(馬天牧)의 영(營-군영)에 이르렀더니, 광주목사(光州牧使) 최부(崔府)와 순성현령 중성(仲誠) 등이 자리에 참여해 앉게 됐다. 목사에게 승상(繩床)에 앉게 하고 현령은 평지(平地)의 자리에 앉게 했더니, 중성이 노해서 말했다.

"외방(外方)에서는 3품부터 6품까지 같으니, 비록 감사(監司)라 하더라도 어찌 예절을 안다고 하겠는가?"

경(耕)이 그를 밉게 보고 나갔다. 천목(天牧)이 중성을 꾸짖고자 군관(軍官)을 시켜 불러오게 했더니 중성이 꾸짖어 욕하면서[罵詈= 罵倒] 가지 않으므로, 군관들이 붙들고 잡아끌다가 서로 다툼이 나서 추태를 부렸다. 헌사(憲司)에서 이를 듣고 전라도에 이문(移文)해서 핵문하게 하니, 정경이 공무를 집행하지 못하고 사연을 갖춰 계문(啓聞-보고)했고 천목도 계문했다. 의금부에 명해 중성을 잡아 오게 해서 무례한 죄를 안문(按問)했으나, 공신(功臣)의 아들이라 해 단지 그 직임만 파면했다.

○ 전 도총제(都摠制) 김을우(金乙雨)가 병선(兵船)의 사의(事宜)를 올렸다. 글은 이러했다.

'근래에 왜적(倭賊)이 우리 변방을 침범하지 못하는 것은 비록 전하의 지덕(至德) 때문이라 하지만 또한 병선에 힘입은 것입니다. (그러나) 관수(管守-전담해 지킴)하는 자가 완전히 뜻을 쓰지 않아서 썩어 못쓰게 되고 해마다 자주 배를 만들어서 소나무가 거의 사라져 남음이 없으니, 장래의 우환을 심히 염려하게 됩니다. 바라건대 이제부터 만호(萬戶)·천호(千戶)가 영선(領船-각 배에 속한 조졸(漕卒)들의 우두머리)을 부려 관장하는 주즙(舟楫-선박)을 제때에[趁時] 연훈(煙薰-연기를 쐼)하게 한다면, 오래도록 망가지지 않아서 배를 만드는 폐단을 덜게 될 것이며 연해(沿海)의 소나무도 거의 없어지지 않을 것입니다. 만일 연훈(煙薰)에 마음을 쏟지 않는다면 법으로 엄격히 징치하는 것을 항식(恒式)으로 삼게 하소서.'

상이 말했다.

"을우(乙雨)는 비록 나이가 많다 하나, 뜻이 장하고 기운이 웅혼하며 말도 실로 (정사에) 채택할 만하다."

계미일(癸未日-27일)에 각 도의 진선(進膳)을 금지시켰다. 예조에 명해 말했다.

"이제 더운 때를 당해 먼 지방에서 달마다 진상(進上)한다면 역로(驛路)에 폐단이 있을 것이다. 신미(新米-햅쌀) 외의 그 나머지는 모조리 금하라."

○ 포의(布衣-벼슬 없는 선비) 이직경(李直卿)에게 명해 환수(宦竪-환관)를 가르쳐 일깨우게 했다. 직경(直卿)은 경기 포천(抱川) 사람이다.

상이 일찍이 말했다.

"환수가 글을 배우지 않는 것은 매우 잘못이다. 노장자(老壯者)라면 그뿐이지만, 연소(年少)한 무리는 가르치지 않을 수 없다. 그전에 교훈하던 김자성(金子誠)이 다른 연고가 있어 못 나오니, 어떻게 하면 빈한(貧寒)하고 교훈하기를 좋아하기가 자성(子誠) 같은 자를 얻어서 의복(衣服)을 주고 그를 시켜 교훈하게 할 수 있겠는가?"

대언(代言) 등이 직경을 천거하니, 이때에 이르러 부르고 의복과 집을 내려주었다.

갑신일(甲申日·28일)에 예조에서 신찬(新撰)한 '건원릉제의주(健元陵祭儀註)'를 올리니, 상이 이를 읽어보고 말했다.

"산릉(山陵)에 배례(拜禮)하고 전(奠)을 드리는 예(禮)는 내 이미 세속을 좇고 있다. 또 의주(儀註) 안에 음복례(飮福禮)가 없으니 무슨 까닭인가? 만약 상정관(詳定官)에게 일이 없다면 물러가 쉬는 것이 좋겠다."

이는 대개 예관(禮官)이 의례(儀禮) 고치기를 좋아해서, 만들었다 허물었다[成毁] 하는 데 일정함이 없이 상청(上聽-임금의 귀)을 번거롭게만 하는 까닭으로 이런 가르침이 있었다.

○ 전라도(全羅道) 도강(道康-강진)·장사(長沙-고창) 두 곳에 성을 쌓았다.

○ 이달 아침저녁으로 날씨가 가을같이 서늘했다.

○ 금산(禁山)[21]의 소나무에 벌레가 먹었다.

---

21 함부로 나무를 베지 못하도록 나라에서 금지한 능역(陵域) 부근의 산을 말한다.

丁巳朔 世子詣闕暮還 以上之不豫也.
정사 삭 세자 예궐 모환 이 상 지 불예 야

戊午 禮曹上進獻表箋方物事宜: '在前正朝 聖節 千秋表箋方物
무오 예조 상 진헌 표전 방물 사의 재전 정조 성절 천추 표전 방물

進賀使發程日逼 倉卒製造 誠爲未便. 自今令承文院發程前期二朔
진하사 발정 일핍 창졸 제조 성 위 미편 자금 영 승문원 발정 전기 이삭

進獻方物數目及發程日期 前期相考 具錄呈報本曹 本曹啓聞 各
진헌 방물 수목 급 발정 일기 전기 상고 구록 정보 본조 본조 계문 각

掌官知會預備.' 從之.
장관 지회 예비 종지

命遣畫員李原海等十五人于覺林寺 以寺告成也. 且賜諸彩色.
명견 화원 이원해 등 십오 인 우 각림사 이 사 고성 야 차 사 제 채색

己未 上奉上王 置酒於慶會樓下 射侯 宗親侍宴. 賜隨駕宰樞
기미 상 봉 상왕 치주 어 경회루 하 사후 종친 시연 사 수가 재추

及承政院官帑弓箭 仍命會射于外 且賜酒于大小臣僚及赴役匠人
급 승정원 관 탕 궁전 잉 명 회사 우외 차 사주 우 대소 신료 급 부역 장인

軍人有差. 時營景福宮門內東西廊.
군인 유차 시 영 경복궁 문내 동 서랑

庚申 禁中外婚嫁. 賀正使通事元閔生回自京師 密啓帝求美女也.
경신 금 중외 혼가 하정사 통사 원민생 회자 경사 밀계 제 구 미녀 야

命自今書筵賓客有故 則輔德以下時仕官員進講.
명 자금 서연 빈객 유고 즉 보덕 이하 시사 관원 진강

召宗親射侯.
소 종친 사후

命戶曹參議李迹 司憲掌令全直 同京畿都觀察使李灌 相視富平
명 호조참의 이적 사헌장령 전직 동 경기 도관찰사 이관 상시 부평

堤堰利害以聞. 迹復命 上問富平 水桶堤堰難易之勢 迹對曰: "桶內
제언 이해 이문 적 복명 상 문 부평 수통 제언 난이 지세 적 대왈 통내

浸水田百五十結 桶外起耕田三百結 可耕地一百結幷四百結 桶水
침수 전 백 오십 결 통외 기경전 삼백 결 가경지 일백 결 병 사백 결 통수

可以漑之. 至桶下大梯則地勢漸高 水不順性 難以漑之."
가이 개지 지 통하 대제 즉 지세 점고 수 불순 성 난이 개지

194

上曰: "加築則桶水可至高處." 迤對曰: "若又加築 桶上水田必
상왈 가축 즉 통수 가지 고처 적 대왈 약우 가축 통상 수전 필

加沈沒 民怨又." 上曰: "禹希烈守方面之任 爲國家大計 夫豈不利
가 침몰 민원 우 상왈 우희열 수 방면 지임 위 국가 대계 부기 불리

而爲之哉? 意必鄕愿利桶內水田 厭築堤之勞 而出是言也." 代言
이 위지 재 의필 향원 이 통내 수전 염 축제 지로 이출 시언 야 대언

睦進恭亦極言桶水不及高遠之勢 乃召希烈問之 希烈啓曰: "富平
목진공 역 극언 통수 불급 고원 지세 내소 희열 문지 희열 계왈 부평

水桶 非自小人而始 古基尙存. 臣巡審其地 可耕地至于千餘結 此
수통 비자 소인 이시 고기 상존 신 순심 기지 가경지 지우 천 여결 차

只修舊基耳. 其鄕愿等厭工役 利桶內田 不念國家大體 欺侮天聰
지 수 구기 이 기 향원 등 염 공역 이 통내 전 불념 국가 대체 기모 천총

且富國之術 在乎堤堰而已." 上曰: "予亦以爲 鄕愿所爲. 其先言
차 부국 지술 재호 제언 이이 상왈 여역 이위 향원 소위 기 선언

不利 嚇民呈狀者 令憲府推核以聞." 富平人百餘名以堤堰不利
불리 주민 정장 자 영 헌부 추핵 이문 부평 인 백여 명 이 제언 불리

訴于憲府 憲府以啓 乃有是命.
소우 헌부 헌부 이계 내유 시명

禮曹啓祭祀事宜. 啓曰: '祭酒造釀燒木 今後典祀寺屬江原 忠清
예조 계 제사 사의 계왈 제주 조양 소목 금후 전사시 속 강원 충청

兩道水邊各官散接壯奴三十口 專除其貢 令備燒木 許於司宰監
양도 수변 각관 산접 장노 삼십 구 전제 기공 영비 소목 허어 사재감

船隻趁節載來. 且諸祀奠物熟設之時 集爨奴隷 仍著不淨常服
전척 진절 재래 차 제사 전물 숙설 지시 집찬 노예 잉 저 부정 상복

深爲未便. 集爨之時 所著三節淨衣各五十件製造 當集爨時 分給
심위 미편 집찬 지시 소착 삼절 정의 각 오십 건 제조 당 집찬 시 분급

穿著 祭畢後還收入庫.' 從之.
천착 제필 후 환수 입고 종지

甲子 幸景福宮 御慶會樓下 覆試文武科. 文科以禮曹判書孟思誠
갑자 행 경복궁 어 경회루 하 복시 문무과 문과 이 예조판서 맹사성

藝文館提學卞季良及知申事趙末生 爲讀券官; 武科以兵曹判書
예문관제학 변계량 급 지신사 조말생 위 독권관 무과 이 병조판서

李原 參判李春生 平陽君金承霔 摠制成達生 崔閏德 李順蒙等
이원 참판 이춘생 평양군 김승주 총제 성달생 최윤덕 이순몽 등

參之. 文科取韓惠等三十三人; 武科取田善生等二十八人. 以惠爲
참지 문과 취 한혜 등 삼십삼인 무과 취 전선생 등 이십팔 인 이 혜위

典祀少尹 善生爲副司直. 文武科依前例 限三日慶賀 前此有禁酒之
전사 소윤 선생 위 부사직 문무과 의 전례 한 삼일 경하 전차 유 금주 지

令故也.
령 고야

以贊成金漢老 判漢城府事沈溫爲進獻色提調 遣人于各道 選
이 찬성 김한로 판한성부사 심온 위 진헌색 제조 견인 우 각도 선

處女. 上謂宜寧府院君南在 左議政朴訔曰: "處女須旁求 以稱予
처녀 상위 의령부원군 남재 좌의정 박은 왈 처녀 수 방구 이칭 여

事上之意."
사상 지의

移置新寧縣于長守驛地 從慶尙道觀察使之報也.
이치 신녕현 우 장수역 지 종 경상도 관찰사 지 보 야

乙丑 隕霜凡四日.
을축 운상 범 사일

上奉上王 觀放鷹于東郊 晝停于箭串坪 置酒極歡 宗親侍焉.
상봉 상왕 관 방응 우 동교 주정 우 전곶평 치주 극환 종친 시언

賜酒于隨駕大小臣僚.
사주 우 수가 대소 신료

丁卯 賑安山民飢. 京畿觀察使啓: "安山郡三十餘人告飢." 上曰:
정묘 진 안산 민기 경기관찰사 계 안산군 삼십 여인 고기 상 왈

"須及時賑濟."
수 급시 진제

命囚前判事李文貫之子彌于義禁府. 丙申冬 上講武江原道
명수 전 판사 이문관 지자 미 우 의금부 병신 동 상 강무 강원도

車重寶及速毛赤李弘誘世子 十月二十日初昏出殿 至雞鳴到富平
차중보 급 속모치 이홍 유 세자 십월 이십일 초혼 출전 지 계명 도 부평

文貫家宿焉 翼日 世子率文貫三父子 鐵串浦放鷹. 其後世子又出遊
문관 가 숙언 익일 세자 솔 문관 삼부자 철곶포 방응 기후 세자 우 출유

文貫使其子彌等具酒饌以進. 京畿監司李灌 文貫之族弟也. 聞之
문관 사 기자 미 등 구 주찬 이진 경기감사 이관 문관 지 족제 야 문지

以告于上 上曰: "當其時 世子必使文貫不露此事也. 已往之事 宜不
이고 우상 상왈 당 기시 세자 필사 문관 불로 차사 야 이왕지사 의불

推劾 然兒輩不識大體 出入無節 文貫不言 誠有罪矣." 乃囚其子彌
추핵 연 아배 불식 대체 출입 무절 문관 불언 성 유죄 의 내수 기자 미

遣義禁府知事鄭伸道于富平 執文貫以來.
견 의금부 지사 정신도 우 부평 집 문관 이래

命大串副萬戶陳錘 知安岳郡事李寧 載寧縣令姜尙信 贖笞五十.
명 대곶 부만호 진추 지안악군사 이녕 재령현령 강상신 속태 오십

錘等以武科鄕試考官 取士加於額數 憲司請罪也.
추 등 이 무과향시 고관 취사 가어 액수 헌사 청죄 야

功臣嫡長會盟于景福宮北洞. 載書曰:
공신 적장 회맹 우 경복궁 북동 재서 왈

'開國定社佐命三功臣嫡長崇祿大夫平壤君趙大臨等敢昭告于
개국 정사 좌명 삼공신 적장 숭록대부 평양군 조대림 등 감 소고 우

皇天上帝 宗廟社稷 山川百神之靈. 伏以 事君無貳謂之忠 事親
無違謂之孝. 蓋臣子之所立者 忠孝也; 所天者 君父也. 惟其所在
當以誠慤一事之 矧玆要質明神 歃血同盟者哉? 臣等之父 有推戴
太祖以開國者; 有扶翼上王以定社者; 有奉我殿下以佐命者. 應機
決策 奮義效忠 三盟之辭 藏在盟府 爲子孫者 所當體念 永世無忘.
況今我殿下以臣等之父 嘗有微効 崇臣爵秩 參諸功臣之列 視臣等
無異臣父 此卽大舜賞延于世之盛心也. 臣等仰體至意 亦以臣父
之心爲心 至誠相與 夾輔王室 期於終始勿替. 玆涓吉辰 質諸明神
以固誠慤. 旣盟之後 各自勉勵 終始一義 堅如金石 常以安社稷 利
國家爲念 永享福祿 共保安榮 子孫萬世 毋忘今日. 苟或不謹 敢渝
此盟 幽有鬼責 明有王法 非止厥身 必及其後 各欽誓言 毋或有渝.
謹以淸酌小牢 式陳明薦 尙饗.'

時 右代言洪汝方亦以嫡長 奉宮醞赴會.

命司僕寺各牧場馬匹 勿供宴享.

戊辰 上奉上王 置酒于昌德宮 日暮乃罷.

己巳 命戶曹 毋徵沈淙已收田租.

庚午 命無咎 無疾 無恤 無悔等女子 外方從便.

安置金訓于永同農舍. 訓子如達申呈云: "大父宗敬年老在永同"
故也.

辛未 三功臣及嫡長獻壽于仁政殿 上見功臣等 惻然下淚. 左議政

朴訔進第一爵 上謂昌寧府院君成石璘等曰："今日事 非獨爲功臣
乃爲國家大體耳. 功臣物故殆盡 在坐者亦皆老衰 欲見嫡長有如
繼父忠烈 與國同休戚者也." 九獻禮畢 石璘進爵 上起坐曰："予
以府院君年老 使左議政行酒." 因語之曰："臣之於君 雖膝行匍匐
君不起對禮也. 今府院君年至八旬 爲國元老 且禮尙有餘 予故
起對." 清城府院君鄭擢 進聯句 石璘及左右更相唱和 訔起舞 上
命忠寧大君對舞. 訔俯伏以辭. 上方與他人語 良久乃見曰："何故
不舞?" 訔曰："小臣何敢與大君對舞乎?" 上曰："在予前 且命之矣
毋辭."

訔固辭 上强之 訔乃舞 石璘亦舞 命世子對舞. 上起立 功臣及
嫡長皆跪 叩頭流涕. 世子進爵 上嚌爵 呼世子飲之 因敎國之大體
遂泫然泣下. 訔 扶世子手曰："邸下知上泣下之意乎?" 訔因泣 世子
亦泣. 石璘進言國家大體 兼陳世子之事 上曰："聞公此言 予意豁然
如覩昇日." 遂流涕良久 遂命世子行酒 自石璘至於嫡長. 世子行酒
至訔 訔謂世子曰："彼宅【方言儕輩相稱之辭】不遵父王之敎大誤
可飲此. 予不幸爲世子師." 遂泣. 世子飲之 更酌而來 訔乃飲之.
宴將畢 功臣與嫡長三品以上 入殿內舞. 世子每承上敎 隨即泣下.
右議政韓尙敬 進前密白宗之等事曰："右人等旣置于刑 籍沒家産
而其奴婢使其妻掌之 而立役 蒼赤厭苦而逃 卽令代立 怨氣不細.
近日霜降 臣實恐焉." 上曰："卿言是也." 賜功臣內廐馬二十匹 出

尙衣院表裏 賜嫡長功臣. 嫡長侍宴 自此始.

咸吉道都巡問使進東寧衛百戶金用貴所用木牌 命藏之承文院.

都巡問使啓曰: "月初六日 百姓廉生進告云: '以田獵事到甘音洞 見

東寧衛百戶金用貴 小旗劉安等六名于路中 用貴等曰: "內官張童兒

陳指揮奉聖旨 率軍馬一千名 以白頭山寺丹靑事 去正月十九日

遼東離發 彼土所何江邊來到 造木寨營倉庫十二間 輸入軍餉 先送

軍馬五百于山間 其餘軍馬則留待雪消 四月望時入來." 因此過夏

驢及農牛草地放牧事言之 授我木牌而還.' 今將木牌上送."

其辭曰:

'欽差內官張信竊照 本職近蒙齎捧皇帝聖旨 統領遼東官軍一千

員名 前往白頭山公幹除 欽遵到來 乃顏地面 安下大營 位簰軍馬

外 差委土官頭目石脫里等四員 管領旗軍五百名 前去弗朱江幷

分春江上下 山場採捕等項去後 今置牌面前去四外 舊有打圍處所

常川懸掛 如有本處附近住坐 朝鮮國地面 高麗 女眞人民 或山打圍

或安放 網罟等項 無知恐撞 遇差去官軍 互相攪擾. 今照天下太平

四海內外 皆同一家. 慮恐中間有等不體法度小人 妄生事端 有傷

侵害不便. 如遇此牌 從便打圍 飛放採捕 安生樂業. 如有百姓人等

自願前來拜見 往來買賣者 聽從交易不阻. 仍將鈞旨事理 省諭各

寨分住坐人民 毋得妄行驚疑. 儻有遼東各衛遞年逃軍 潛住 山林

有能悔過 自行赴官出首者 不問遠近年分 與免本罪 給與糧賞 帶回

着役 的不虛示. 須至牌者 右仰通知.'
착역 적불 허시 수지패자 우앙 통지

一面以女眞書書之 辭則同. 上曰: "張信之牌 正合事理 授承文院
일면 이 여진 서 서지 사즉동 상왈 장신 지패 정합 사리 수 승문원

藏之 毋致遺失."
장지 무치 유실

囚楊花渡丞徐思敏于義禁府. 先是 車重寶 李弘等潛誘世子 再渡
수 양화도 승 서사민 우 의금부 선시 차중보 이홍 등 잠유 세자 재도

江津 思敏卽不進告 至是下獄鞫問其故. 傳旨承政院曰: "昨日
강진 사민 즉부 진고 지시 하옥 국문 기고 전지 승정원 왈 작일

右議政所啓誠是. 今後罪人奴婢 旣已屬公 毋使其妻掌之而立役.
우의정 소계 성시 금후 죄인 노비 기이 속공 무사 기처 장지 이 입역

且今義禁府罪人 毋得流外 只杖釋之."
차 금 의금부 죄인 무득 유외 지장 석지

壬申 杖李弘一百 籍沒家産; 李文貫 卜臣貴贖杖一百; 李智
임신 장 이홍 일백 적몰 가산 이문관 변신귀 속장 일백 이지

李彌 觀音奴 帝釋奴 李先等杖一百; 釋徐思敏及世子殿別監烏伊.
이미 관음노 제석노 이선 등장 일백 석 서사민 급 세자전 별감 조이

義禁府鞫文貫等啓曰: "李文貫伏: '姪速毛赤李弘進退於世子殿
의금부 국 문관 등 계왈 이문관 복 질 속모치 이홍 진퇴 어 세자전

日久 故予謂弘曰: '願薦吾二子 智 彌於世子.' 其後世子至吾家宿焉
일구 고 여위 홍왈 원천 오이자 지 미 어세자 기후 세자 지 오가 숙언

以後日子孫²²蒙德之計不告.' 李智 李彌皆伏: '依托李弘 欲蒙德於
이 후일 자손 몽덕 지계 불고 이지 이미 개복 의탁 이홍 욕 몽덕 어

世子. 世子至父家及鐵串浦之時 進見支應.' 前判事卜臣貴子觀音奴
세자 세자 지 부가 급 철곶포 지시 진현 지응 전 판사 변신귀 자 관음노

伏: '世子去年十月 至鐵串浦放鷹時 蒙德爲意 與李智兄弟及吾兄
복 세자 거년 십월 지 철곶포 방응 시 몽덕 위의 여 이지 형제 급 오형

帝釋奴隨從.' 臣貴伏: '子帝釋奴 觀音奴等 於世子 富平及鐵串浦
제석노 수종 신귀 복 자 제석노 관음노 등 어 세자 부평 급 철곶포

出入時隨從 吾以爲不可叱之.' 李先伏: '世子至文貫戶宿時 隨從
출입 시 수종 오 이위 불가 질지 이선 복 세자 지 문관 호 숙시 수종

是實.' 李弘伏: '因叔父文貫之請 率其二子 薦於世子 進見再三. 後
시실 이홍 복 인 숙부 문관 지청 솔 기 이자 천어 세자 진현 재삼 후

世子到文貫戶宿焉 及還京時 文貫三父子隨至揚花渡.'"
세자 도 문관 호 숙언 급 환경 시 문관 삼부자 수지 양화도

---

22 원문이 '자손(字孫)'으로 돼 있어 '자손(子孫)'으로 바로잡았다.

命義禁府照律以聞. 上謂知申事趙末生曰: "昔者以世子之故 人
명 의금부 조율 이문 상위 지신사 조말생 왈 석자 이세자 지고 인

多繫獄 或至伏誅 於予心尙不平. 欲罪文貫等 予所不忍 除他事
다 계옥 혹지 복주 어 여심 상 불평 욕죄 문관 등 여 소불인 제 타사

宜速贖杖."
의속 속장

下通事張有信 押物金彦容 打角夫姜尙傅于義禁府. 有信等隨
하 통사 장유신 압물 김언용 타각부 강상부 우 의금부 유신 등 수

賀正使李都芬赴京 買進上衣襨段子 而以其私段子易之 且相言詰.
하정사 이도분 부경 매 진상 의대 단자 이 이기사 단자 역지 차 상 언힐

都芬復命之日 具啓 命囚鞫問.
도분 복명 지일 구계 명수 국문

癸酉 上詣仁德宮 射侯 仍設享. 賜酒隨駕大小臣僚 賜侍衛宰樞
계유 상예 인덕궁 사후 잉 설향 사주 수가 대소 신료 사 시위 재추

參議 代言 僉摠制 內帑弓箭.
참의 대언 첨총제 내탕 궁전

甲戌 禁赴京貿易事. 下旨司憲府曰:
갑술 금 부경 무역 사 하지 사헌부 왈

"赴京使臣之行 謀利人等 隨赴中國 暗行買賣 致有汚辱之名
부경 사신 지행 모리인 등 수부 중국 암행 매매 치유 오욕 지명

關係不少. 進獻方物 路次盤纏 衣服外雜物 竝皆沒官 其謀利人
관계 부소 진헌 방물 노차 반전 의복 외 잡물 병개 몰관 기 모리인

及帶去馬匹 竝屬各站定役 元典所載 而近年考察陵夷 不無暗行
급 대거 마필 병속 각참 정역 원전 소재 이 근년 고찰 능이 불무 암행

買賣汎濫之人. 自今赴京行次 如有暗行買賣謀利之人 照律論罪
매매 범람 지인 자금 부경 행차 여유 암행 매매 모리 지인 조율 논죄

知非率行使臣及不能考察 平安道都巡問使 義州牧使 以王旨不從
지비 솔행 사신 급 불능 고찰 평안도 도순문사 의주목사 이 왕지부종

論罪 以爲恒式. 自今赴京使臣 各率自家奴子 毋率他人奴子及
논죄 이위 항식 자금 부경 사신 각솔 자가 노자 무솔 타인 노자 급

興利商賈人."
흥리상고인

且命承政院: "進通事 押物 打角夫等 進獻物色 路次盤纏 衣服外
차 명 승정원 진통사 압물 타각부 등 진헌 물색 노차 반전 의복 외

自己雜物及請託之物 如或帶去現露 以王旨不從論罪 家産沒官事
자기 잡물 급 청탁 지물 여혹 대거 현로 이 왕지부종 논죄 가산 몰관 사

取招藏之承政院 以爲恒式."
취초 장지 승정원 이위 항식

乙亥 命議政府 監審入格處女.
을해 명 의정부 감심 입격 처녀

豐海道都觀察使上除弊事宜. 啓曰: "豐川郡人 朴夫介等八名
풍해도 도관찰사 상 제폐사의 계왈 풍천군 인 박부개 등 팔명

稱爲進上生雁干 平山人申原稱爲司饔房差備差使員 每年春秋
칭위 진상생안간 평산 인 신원 칭위 사옹방 차비차사원 매년 춘추

各官散接干各戶橫行 糜費公廩. 上項干等春秋兩等 物名數目及
각관 산접간 각호 횡행 미비 공름 상항 간등 춘추 양등 물명수목 급

所納處 未知爲實未便. 自今每名某物幾數 某處上納 明文相考
소납 처 미지 위실 미편 자금 매명 모물 기수 모처 상납 명문 상고

考察."
고찰

教曰: "咸吉 平安 豐海道各官散接生雁干 酥油干名目推考 其中
교왈 함길 평안 풍해도 각관 산접생안간 소유간 명목 추고 기중

韃靼 仍舊定體 平民竝屬軍役."
달단 잉구 정체 평민 병속 군역

丙子 賜文武科恩榮宴.
병자 사 문무과 은영연

分遣敬差官及内官于各道 選揀處女.
분견 경차관 급 내관 우 각도 선간 처녀

戶曹上器皿除弊事宜. 啓曰: "據長興庫呈 外貢砂木器 以司饔房
호조 상 기명 제폐사의 계왈 거 장흥고 정 외공 사 목기 이 사옹방

納施行 而庫專掌捧納 內宴及行幸時 分納於司饔房 司膳署 司饔所
납 시행 이고 전장 봉납 내연 급 행행 시 분납 어 사옹방 사선서 사련소

故未得終始考察 或匿或破 還納之數 僅至五分之一 徵於烽燧下典
고 미득 종시 고찰 혹 익혹파 환납 지수 근지 오분 지 일 징어 봉수 하전

實爲積年巨弊. 願自今庫納砂木器外貢元數內 司饔房 司膳署 禮賓
실위 적년 거폐 원 자금 고 납 사 목기 외공 원수 내 사옹방 사선서 예빈

典祀 內資 內贍寺 恭安 敬承府等各司 分定上納 各其司考察出納
전사 내자 내섬시 공안 경승부 등 각사 분정 상납 각 기사 고찰 출납

以革積弊." 戶曹又啓: "長興庫 貢案付砂木器 今後刻長興庫三字
이혁 적폐 호조 우계 장흥고 공안 부 사 목기 금후 각 장흥고 삼자

其他各司所納 亦依長興庫例 各刻司號 造作上納. 上項有標器皿
기타 각사 소납 역 의 장흥고 예 각각 사호 조작 상납 상항 유표 기명

私藏現露者 以盜官物坐罪 以絶巨弊." 皆從之.
사장 현로 자 이도 관물 좌죄 이절 거폐 개 종지

丁丑 命釋張有信等 尋命有信就職.
정축 명석 장유신 등 심명 유신 취직

以李和英爲判左軍都摠制府事 卞季良藝文館大提學 申槪
이 이화영 위 판좌군도총제부사 변계량 예문관대제학 신개

工曹參判.
공조참판

戊寅 上奉上王 設享於廣延亭 宗親侍宴. 先是 上敎六曹曰:

"近日詣仁德宮 上王曰: '予今來年有厄 願自今宜數相見.' 今牡丹 盛開 不可虛負良辰. 曩予詣上王殿 或擊毬以戲 今則罷擊毬之戲 但設酌嘗花 欲慰上王之心 卿等無乃以爲煩乎?" 吏曹判書朴信 進曰: "上奉上王同歡 大小臣僚罔不擧欣 誰敢以爲煩乎?"

禮曹判書孟思誠辭 以父病侍藥也. 不允 給驛馬 且賜藥與曰: "病愈即來."

己卯 斬李貴守 杖陳紀一百 流三千里 竝籍沒家産 方有信杖八十 收贖. 貴守 世子殿小親侍 本金漢老家奴 淑嬪乳母所生也. 初 陳鋪 與貴守問美色處女 貴守語崔學 崔學傳語其同壻玉世琛 世琛曰: "方有信孫女有姿色." 貴守聞之 遂與陳鋪告世子 世子再遣貴守 鳥伊 重寶等于有信家問之 因令看姿色 有信不出其孫女. 世子初昏 潛到有信家 有信曰: "孫女在外." 厥後 世子又到其家 突入內見 其女容即還. 司膳權知直長陳紀進世子殿 使鳥伊密告曰: "前日 有信夫妻失禮 請復往." 世子曰: "予不復往 許人嫁之." 陳紀再三 請焉 世子使貴守負寢裀 至有信家 世子入宿 至夜五鼓還殿. 至是 因處女選揀事覺.

命斬陳鋪 又下旨曰: "德恩官奴定屬陳鋪敎誘世子 再度潛往 具宗秀家 且與貴守薦有信孫女於世子 再度犯夜 隱密出入. 不義之 事每首唱之 罪惡尤甚." 乃遣義禁府都事楊秩于德恩取招 依律處斬

除緣坐之人.
제 연좌 지인

庚辰 世子托疾停講 以貴守之事 內懷不平也.
경진 세자 탁질 정강 이 귀수 지사 내회 불평 야

遣人賜芳幹酒膳. 賜乾獐鹿幷十五口 藥酒三十瓶 燒酒十瓶 鹿脯
견인 사 방간 주선 사 건장록 병 십오 구 약주 삼십 병 소주 십병 녹포

早藿等物 仍傳旨于忠淸道都觀察使曰: "今道內洪州安置芳幹處
조곽 등물 잉 전지 우 충청도 도관찰사 왈 금 도내 홍주 안치 방간 처

月俸米 則已給矣 若甘醬乾靑魚等物 連續給之."
월봉 미 즉 이급 의 약 감장 건청어 등물 연속 급지

辛巳 宥輕罪. 下旨刑曹曰:
신사 유 경죄 하지 형조 왈

"不孝不忠之人 王法所不宥. 無知之人 陷於刑憲 是雖自取 爲民
불효 불충 지인 왕법 소불유 무지 지인 함어 형헌 시수 자취 위민

父母 不得不憫. 自永樂十五年丁酉四月二十五日以前犯不忠不孝外
부모 부득 불민 자 영락 십오 년 정유 사월 이십오 일 이전 범 불충 불효 외

京外二罪以下 已結正未結正 竝皆放宥."
경외 이죄 이하 이 결정 미 결정 병개 방유

刑曹判書權軫啓曰: "不忠不孝外 二罪以下竝皆原宥 已移文
형조판서 권진 계왈 불충 불효 외 이죄 이하 병개 원유 이 이문

各道. 然各道都觀察使所囚罪人 則見宥旨卽釋矣. 若京中司憲府
각도 연 각도 도관찰사 소수 죄인 즉 견유지 즉석 의 약 경중 사헌부

刑曹 義禁府所掌徒流各官罪人 不錄名氏 雖下宥旨 各道必不幷釋."
형조 의금부 소장 도류 각관 죄인 불록 명씨 수 하유지 각도 필 불병 석

命自今付處罪人姓名 悉錄啓聞. 下旨義禁府曰:
명 자금 부처 죄인 성명 실록 계문 하지 의금부 왈

"世子年未及壯 學未有成 奸譎之徒 不顧大體 乘間冒進 使陷於
세자 연 미급 장 학 미유 성 간휼 지도 불고 대체 승간 모진 사 함어

不義 實非愛世子也. 魁首依律施行 爲從徒流戒後. 世子飜然改悟
불의 실 비애 세자 야 괴수 의율 시행 위종 도류 계후 세자 번연 개오

自怨自艾 悉書前日之非 極陳悔過之目 旣告宗廟 又告於予 曰見其
자원 자애 실서 전일 지비 극진 회과 지목 기고 종묘 우 고어 여 일견 기

自新之實 奸譎之徒冒進無由. 其爲從徒流者 良人則外方從便 賤口
자신 지실 간휼 지도 모진 무유 기 위종 도류 자 양인 즉 외방 종편 천구

則各其外方自願定役."
즉 각 기 외방 자원 정역

趙源 趙瑨等三十三人 皆許外方從便. 趙末生曰: "今蒙宥人內 有
조원 조진 등 삼십삼 인 개허 외방 종편 조말생 왈 금 몽유 인내 유

原役者 願定其所居官本役."
원역 자 원정 기 소거 관 본역

上曰: "可."
상왈 가

訪問民瘼. 下旨吏曹曰:
방문 민막 하지 이조 왈

"民惟邦本 本固邦寧 民生疾苦 宜當盡知. 各道都觀察使
민 유 방본 본고 방녕 민생 질고 의당 진지 각도 도관찰사

都巡問使 各其道內守令及閑良品官 以至小民 備細訪問 實爲疾苦
도순문사 각기 도내 수령 급 한량품관 이지 소민 비세 방문 실위 질고

之事 採擇以聞. 守令如或隱匿不報 依律論罪."
지사 채택 이문 수령 여혹 은닉 불보 의율 논죄

又下旨戶曹曰:
우 하지 호조 왈

"京外義倉 實爲窮民斂散之法 不可不重. 無知之民 每年貸出
경외 의창 실위 궁민 염산 지법 불가 부중 무지 지민 매년 대출

未得還納 積以歲月 貸出之數 或至數十 不能自償 民生可慮.
미득 환납 적이 세월 대출 지수 혹지 수십 불능 자상 민생 가려

甲午年以上公處宿積 使其貸者各從自願 代以雜物 秋以爲期. 今後
갑오년 이상 공처 숙적 사기 대자 각종 자원 대이 잡물 추 이위 기 금후

中外還上 鰥寡孤獨 貧乏平民爲先分給 至於大小兩班 如有喪葬
중외 환상 환과고독 빈핍 평민 위선 분급 지어 대소 양반 여유 상장

水旱之災者與一里皆知貧乏者分給 多不過五六石."
수한 지재자 여 일리 개지 빈핍 자 분급 다 불과 오륙 석

下旨義禁府曰: "永同付處金訓 羅州付處尹興阜 原州付處康有信
하지 의금부 왈 영동 부처 김훈 나주 부처 윤흥부 원주 부처 강유신

沃川定屬朴安守 皆令外方從便 權堡 李法華 黔同 李弘 家産換給."
옥천 정속 박안수 개령 외방 종편 권보 이법화 검동 이홍 가산 환급

完山府院君李天祐卒. 致賻米豆幷七十石 輟朝三日 諡襄度.
완산부원군 이천우 졸 치부 미두 병 칠십 석 철조 삼일 시 양도

千祐少善射御 美風儀有器度. 從太祖潛邸 屢戰有功 命爲原從功臣
천우 소 선 사어 미 풍의 유 기도 종 태조 잠저 누전 유공 명위 원종공신

至戊寅 庚辰 又參定社佐命之列 上委任之. 歷知三軍府事 吏
지 무인 경진 우 참 정사 좌명 지 열 상 위임 지 역 지삼군부사 이

兵曹判書 議政府贊成 久典兵政 然多畜侍妾 待子少恩. 二子 宏 完.
병조판서 의정부 찬성 구전 병정 연 다축 시첩 대자 소은 이자 굉 완

罷順城縣令金仲誠職. 初 全羅道都巡察使鄭耕到兵馬都節制使
파 순성현령 김중성 직 초 전라도 도순찰사 정경 도 병마도절제사

馬天牧之營 光州牧使崔府 順城縣令金仲誠等參坐 許牧使坐繩床
마천목 지 영 광주목사 최부 순성현령 김중성 등 참좌 허 목사 좌 승상

縣令平地席坐. 仲誠怒曰: "外方三品至六品一般 雖監司焉知禮
현령 평지 석좌 중성 노왈 외방 삼품 지 육품 일반 수 감사 언 지례

乎?" 耕心惡之出去. 天牧欲責仲誠 使軍官致之 仲誠罵詈不去
호 경심오지출거 천목욕책중성 사군관치지 중성매리불거

軍官等扶執相鬪失容. 憲司聞之 移文全羅道劾之 耕未得行公 具辭
군관등부집상투실용 헌사문지 이문전라도핵지 경미득행공 구사

啓聞 天牧 亦以啓聞 命義禁府拿仲誠來 按問無禮之罪 以功臣之子
계문 천목 역이계문 명의금부나중성래 안문무례지죄 이공신지자

只罷其職.
지파기직

　前都摠制金乙雨上兵船事宜. 書曰:
　전 도총제 김을우 상병선 사의 서왈

　'近來倭賊不得侵我邊鄙者 雖因殿下之至德 亦賴兵船也. 爲
　근래 왜적 부득 침아 변비 자 수인 전하 지 지덕 역뇌 병선 야 위

管守者全不用意 以治朽敗 頻年造船 松木殆盡無餘 將來之患甚
관수자 전불 용의 이치 후패 빈년 조선 송목 태진 무여 장래 지 환심

可慮也. 願自今萬戶 千戶以至領船所掌舟楫烟熏 永久不敗 則造船
가려 야 원 자금 만호 천호 이지 영선 소장 주즙 연훈 영구 불패 즉 조선

之弊 可除 而沿海松木 亦不殆盡矣. 苟不用意烟熏者 痛懲以法
지폐 가제 이 연해 송목 역불 태진 의 구불 용의 연훈 자 통징 이법

以爲恒式.'
이위 항식

　上曰: "乙雨年雖高 志壯 言亦可採."
　상왈 을우 연수고 지장 언역 가채

　癸未 禁各道進膳. 命禮曹曰: "今當熱時 遠方每朔進上 驛路
　계미 금 각도 진선 명 예조 왈 금당 열시 원방 매삭 진상 역로

有弊. 新米外 其餘一皆禁止."
유폐 신미 외 기여 일개 금지

　命布衣李直卿 敎訓宦豎. 直卿 京畿抱川人. 上嘗曰: "宦豎不
　명 포의 이직경 교훈 환수 직경 경기 포천 인 상 상왈 환수 불

學文 最爲未便. 老壯者已矣 年少之輩不可不訓. 在前敎訓金子誠
학문 최위 미편 노장자이의 연소 지배 불가 불훈 재전 교훈 김자성

有他故 何以得貧寒而好如子誠者 給衣服 使之敎訓乎?" 代言等薦
유 타고 하이 득 빈한 이호 여자성 자급 의복 사지 교훈 호 대언 등 천

直卿 至是召之 賜衣服家舍.
직경 지시 소지 사 의복 가사

　甲申 禮曹上新撰健元陵祭儀註 上覽之曰: "山陵拜奠禮 予已
　갑신 예조 상 신찬 건원릉 제 의주 상 람지 왈 산릉 배 전례 여이

從俗. 且儀註內 無飮福禮 何哉? 若詳定官無事 則退而休焉可也."
종속 차 의주 내 무 음복례 하재 약 상정 관 무사 즉퇴 이 휴언 가야

蓋禮官好改儀禮 成毁無常 以煩上聽 故有此敎也.
개 예관 호개 의례 성훼 무상 이번 상청 고유 차교 야

築全羅道道康 長沙二城.
축 전라도 도강 장사 이성

是月 朝暮氣寒如秋.
시월   조모 기한 여추

태종 17년 정유년
5월

五月

병술일(丙戌日) 초하루에 상이 건원릉에 나아가 단오별제(端午別祭)를 거행했다.

애초에 박신(朴信)·권진(權軫)·허조(許稠) 등이 아뢰어 말했다.

"내월 초1일 건원릉(健元陵) 친행제(親幸祭) 때는 거가(車駕)가 환궁하는 노상(路上)에서 육조(六曹)가 잠시 향례(享禮)를 베풀고자 합니다."

조말생(趙末生)이 말했다.

"상께서 어제 신(臣)을 불러 말씀하기를 '내가 궐내(闕內)에서는 약주(藥酒)를 금하고자 하나, 내가 만약 마시지 않는다면 상왕께서도 필시 술을 마시지 않으실까 염려된다. 이제 농사철을 당해 한 달이 지나도록[彌月] 비가 내리지 않으니, 내 심히 이를 근심한다'라고 하시므로, 신이 대답하기를 '금주(禁酒)는 진실로 좋은 법입니다. 그러나 매년 빈민(貧民)들은 요행으로 탁주(濁酒)를 마시다가 붙잡히면 죄를 받지만, 대가(大家-권문세가)는 문을 닫고 종일 즐겁게 마시더라도 결국은 죄에 걸리지 않습니다'라고 했습니다. 이에 상께서 말씀하기를 '이것이 내 뜻이나, 우선은 정침(停寢)하겠다'라고 하셨습니다. 그러나 상려(上慮)가 대단하시니, 나아가 아뢰기가 곤란합니다."

신(信)이 말했다.

"우리 상께서 지나치게 천계(天戒-하늘이 내리는 경계)를 삼갑니다.

아직은 농사철도 다하지 아니했고, 또 내가 백성에게 물었더니 백성
이 말하기를 '하늘이 만약 큰비를 내린다면 좋지만, 그렇지 아니하면
비가 내리지 않는 것이 더 낫다'라고 했으니, 모름지기 계달(啓達)해
야 합니다."

말생(末生)이 대답하지 아니했다. 신 등이 나가자 말생이 들어가 아
뢰니, 상이 그 대답한 말[答辭]을 좋게 여겼다[善].

○ 주정소(晝停所)를 송계원(松溪院) 냇가에 설치했다. 상이 천우(天
祐)의 죽음으로 육선(肉膳)을 들지 않자 영의정(領議政) 유정현(柳廷
顯) 등이 권해 올리고자 했으나, 이미 진선(進膳)한 까닭에 미처 아뢰
지 못하다가 이윽고 동가(動駕)했다. 환궁(還宮)하자 정현(廷顯) 등이
육선 드시기를 청하니, 가르쳐 말했다.

"내 명일에 상왕께 권해 올린 뒤에 그것을 따르겠다."

상이 건원릉(健元陵)에서 환궁할 때 사청(射廳-활쏘기 연습을 하는
중앙의 관아)이 장려(壯麗)함을 보고 말했다.

"어찌 민력(民力) 쓰기를 이다지 심하게 하는가?"

정해일(丁亥日-2일)에 연은(鍊銀-은을 추출하는 일)의 일 때문에 각
도 도관찰사들에게 뜻을 전했다. 뜻은 이러했다.

"해마다 진헌(進獻)하느라 은을 쓰는 것이 한이 없다. 만약 하루아
침에 다 써버린다면 은을 잇대기가 어려울 것이다. 각기 도내에서 은
석(銀石)과 연은(鍊銀)·철물(鐵物)의 산지(産地)를 샅샅이 찾아내 사
실대로 아뢰고, 그 산지(産地) 근방의 거민(居民)들은 요부(徭賦-요역
과 부세)를 면제해서 은을 불리는 일에 전속(專屬)하게 하라. 오는 가

을부터 시작해 단련(鍛鍊)하되, 만일 은닉하고서 보고하지 않는 자가 있다면 위지(違旨-왕의 뜻을 어김)의 율로 논하게 하라."

○ 외방(外方-지방)의 동녀(童女)를 놓아 돌려보냈다. 상이 말했다.

"사대(事大)의 예(禮)는 내가 감히 게을리할 수 없어 이미 처녀 5인을 얻었다."

무자일(戊子日-3일)에 도총제(都摠制) 이도분(李都芬, ?~1441년)[1], 대사헌(大司憲) 이발(李潑)을 파직했다.

애초에 도분(都芬)과 발(潑)이 하정사(賀正使)와 부사(副使)로 금릉(金陵-남경)에 갔을 때 포물(布物)을 많이 가지고 가서 매매(買賣)를 자행(恣行)했는데, 발은 자신이 직접 매매를 행했다. 장유신(張有信-통사)이 말했다.

"내가 경사(京師)에 나아가기를 삼십오륙 차례나 했지만, 아직 이 같은 짓을 하는 자를 보지 못했다."

중국 예부(禮部)에서도 그들이 사물(私物-개인적인 물건)을 많이 가지고 온 것을 알게 돼 저자에 금령을 내어 말했다.

"감히 조선(朝鮮) 사람들과 매매하는 자에게는 벌이 있을 것이다."

예부상서(禮部尙書)가 원민생(元閔生-통사)에게 일러 말했다.

"폐사(陛辭-황제에게 사직함)할 날이 박두했는데, 매매는 어떠

---

1   1419년(세종 1년) 개성유후로 있을 때 본명인 이도분(李都芬)의 도(都) 자가 세종의 이름과 음이 같아서 이사분(李思芬)으로 고쳤다. 다섯 번 수령에 임명되고 세 번 진수(鎭帥)가 돼 모두 공적이 있었고, 좌군도총제(左軍都摠制)를 역임했다. 1441년(세종 23년) 88세로 졸했다.

했소?"

민생(閔生)이 말했다.

"저자 사람들이 포물(布物)을 돌아보지도 않아 바꾸지 못했습니다."

상서(尙書)가 웃으며 말했다.

"포물은 절기를 어겼으니, 베를 가지고 초(鈔-송나라 저화)와 바꾸면 전환(轉換)할 수 있을 것입니다."

이 일 때문에 중국에서 웃음거리가 되고 말았다. 환국(還國)해 일이 발각되니[事發=事覺], 유신(有信)은 그들과 동행한 것을 한탄하면서 떠들어 말했다[揚言].

"이도분·이발·원민생·김언용(金彦容)과 타각(打角-통사의 일종)·종인(從人-수종인) 등이 사물(私物)을 많이 가지고 가서 마음대로 매매를 행했다."

온 나라 사람이 이를 알지 못하는 자가 없었다. 마침[適] 발이 대사헌이 돼 출관(出官-관직에 나옴)하는 날, 헌부(憲府)에서 거부해 받아들이지 않고 유신과 언용(彦容) 등을 핵문(劾問)하니 유신이 대답해 말했다.

"당초 길을 떠났을 때, 도분은 치중(輜重-말에 실은 짐)이 한 바리[一駄]이고 반종인(伴從人)도 모두 한 바리였습니다. 가다가 요동(遼東)에 이르러 문득 어디에서 왔는지 알지 못할 물건을 보았는데, 더 나온 것이 무려 일곱 짝이요 거기에 싼 베는 거의 100필(匹)에 이르렀습니다. 발의 치중(輜重)도 마찬가지이기에, 내가 두 분 사신에게 고하기를 '이번 행차에 진헌하는 물건은 매우 적은데 사사로이 가지고 가는 물건은 너무 많으니, 안 되지 않습니까? 연로(沿路)에서 파시는 것만 못합니다'라고 했으나 두 사신이 듣지 않았습니다. 경사(京師)에 이르자 저자 사람들이 전언(傳言)하기를, '지금 조선 사람들이 진헌하는 물건은 적고 사사로이 가지고 온 물화는 많으니, 조심해서 조선 사람들과 베를 바꾸지 말라'고 했습니다. 그 뒤에 저자 사람들이 초(鈔)를 가지고 와서 베를 바꿔 간 자가 심히 많았는데, 어떤 사람이 말하기를 '관(官)에서 초(鈔)를 내어 저자 사람에게 나눠줘서, 사들인 베를 관(官)에서 받아들였다'라고 했으나 그것이 사실인지는 또한 알지 못합니다. 그들을 따라간 사람으로 원민생·오의(吳義)·김언용·강상부(姜尙傅)·최경위(崔敬渭) 등이 가지고 간 물건은, 비록 그 숫자를 자세히 알지는 못하지만 많은 자는 100필에 이르고 적은 자도 4~50필을 내려가지 않았으니, 오직 서장관(書狀官) 김타(金沱)의 베만이 10여 필뿐이었습니다."

김타도 아뢰어 말했다.

"황제가 우리나라 사신이 함부로 포물(布物)을 가져온 것을 옳지 못하게 여겼습니다."

이에 헌사(憲司)에서 말씀을 올렸다.

"이도분·이발·장유신·김언용 등이 입조(入朝)했을 때 물화를 많이 가지고 가서 매매를 자행(恣行)해 시중(市中)에[市裏] 환포(換布)
시리
의 금령이 있었고, 예부에서도 '바꾸기를 어떻게 하려는가?'라고 묻기까지 해 웃음을 사고[取笑] 왕명을 욕되게 했으니[辱命], 특히 봉
취소   욕명
사(奉使-신을 받듦)의 마땅함을 잃었습니다. 그 죄가 작지 아니하나, 그 범한 것이 사유(赦宥)가 있었던 4월 25일 이전의 일이니 죄를

감히 논할 수 없습니다. 발은 마음 씀이 간사하고 탐욕이 있으니 풍헌(風憲)의 장(長)이 되는 것은 안 될 일입니다. 상재(上裁-임금의 재가)를 바랄 뿐입니다."

명해 모두 파직시켰다. 이에 앞서 김언용이 돌아올 때 사사로이 비단 70필을 평양도 검률(平壤道檢律)에 부치니, 검률이 진상하는 이피(狸皮-살쾡이 가죽)로 환매(換賣)해서 서울로 올 때 언용의 비단과 함께 가지고서 청교역(靑郊驛)에 이르렀다. 역승(驛丞)이 중량을 견줘보았더니 검률의 행장에 실린 것의 중량이 30근을 넘었다. 비단 자루를 찾아내 감사(監司)에게 고하니, 감사가 계문(啓聞)해서 그 비단을 모조리 제용감(濟用監)에 들이게 했다.

○ 각 고을의 향교 노비(鄕校奴婢)의 수(數)를 정했다.

형조에서 아뢰어 말했다.

"향교 노비에 정수(定數)가 없음은 불편합니다. 유수관(留守官)은 30구(口), 대도호부(大都護府) 목관(牧官)은 25구, 단부관(單府官)[2]은 20구, 지관(知官)은 15구, 현령(縣令)·현감(縣監)은 10구(口)를 정속(定屬)시키고, 그 나머지는 모두 전농시(典農寺)에 소속하게 하소서."

그것을 따랐다.

기축일(己丑日-4일)에 상이 문소전(文昭殿)에 나아가 단오별제(端午

---

2   유수부(留守府)·대도호부(大都護府)·목관(牧官)을 제외한, 주(州) 자를 가진 고을을 말한다. 태종 13년에 단부(單府)의 주(州)를 산(山)과 천(川)으로 고쳤다.

別祭)를 거행했다.

○ 상왕(上王)이 건원릉(健元陵)에 나아가 단오제(端午祭)를 거행했다.

○ 금은(金銀)을 일본 객인(客人)에게 파는 것을 금했다.

경인일(庚寅日-5일)에 잠깐 비가 내렸다[乍雨].

○ 상이 인덕궁(仁德宮)에 나아가 경회루(慶會樓)에서 상왕을 받들어 맞이해 술자리를 베푸니, 종친들이 시연했다. 수가(隨駕)한 대소 신료들에게 술을 내려주었고, 내탕(內帑)의 활과 전통(箭筒) 각 1벌씩을 재추청 참의(宰樞廳參議), 첨총제청(僉摠制廳), 승정원(承政院), 상호군(上護軍)·대호군(大護軍)·호군(護軍), 사복시(司僕寺)의 관원(官員) 등 5곳에 내려주고 이어서 과녁을 쏘도록 명했다.

○ 궐내(闕內)의 공역(供役)하는 사람의 칭호를 고쳤다. 한파오치(漢波吾赤)³를 별사옹(別司饔), 장자색(粧子色)⁴을 진상상배색(進上床排色), 다인상배색외방(多人床排色外方)을 증색(蒸色), 주방성상(酒房城上)을 주색(酒色)으로 고쳤다.

신묘일(辛卯日-6일)에 원민생(元閔生)·장유신(張有信)·김타(金沱)·김언용(金彦容)·오의(吳義)·강상부(姜尙傅)를 의금부에 가두었다.

---

3 사옹방(司饔房)에서 고기를 베는 일을 특별히 맡아보던 사람을 말한다.
4 조선조 때 궁중의 음식물을 상(床)에 차리는 일을 맡아보던 하례(下隸)를 가리킨다.

의정부에서 말씀을 올렸다.

"『원육전(元六典)』「호전(戶典)」중에 '부경사신(赴京使臣)의 행차(行次)에 모리(謀利)하는 사람이 중국으로 나아가 몰래 매매를 행해서 (국가에) 오욕(汚辱)의 이름을 초래하면 관계되는 바가 적지 않다. 진헌방물(進獻方物), 노차반전(路次盤纏), 의복(衣服) 외의 잡물(雜物)은 모조리 몰관(沒官)하고, 그 모리하는 사람이 끌고 가던 마필(馬匹)도 아울러 각 참(站)에 소속시킨다'라고 했습니다. 정조진표사(正朝進表使) 이도분(李都芬)과 진전사(進箋使) 이발(李潑) 등은 많은 사물(私物)을 가지고 가서 매매를 자행해 중국에서 웃음거리가 됨으로써 임금의 명을 욕되게 했으니, 일이 대체(大體)에 관계됩니다. 헌부(憲府)에서 4월 25일 유사(宥赦-사면령) 전의 일이므로 그 죄를 묻지 말도록 해서, 신충(宸衷-임금의 마음)에서 결단하시어 단지 직임만 정지케 했습니다. 도분·발·유신·언용 등을 유사(攸司)에 두어 그 이유를 국문(鞫問)함으로써 국법을 바르게 할 것을 청합니다."

의금부에 명해 도분·발 외는 모두 가두어 국문하고, 근수(根隨)[5] 매매인(買賣人)과 끌고 간 마필(馬匹)은 『원육전(元六典)』에 의거해 참(站)에 속하게 했다. 또 가르쳐 말했다.

"국문(鞫問)할 때 그 물주(物主)는 추핵(推劾)하지 말고, 단지 그 매매한 필수(匹數)만 물어 모조리 속공(屬公)케 하라."

조말생이 말했다.

"신 등이 볼 때는 물주도 국문해 모두를 징계함으로써 뒷사람을

---

5 관원이 외출할 때 따라다니며 시중드는 관아의 하인을 가리킨다.

경계함이 옳다고 여겨집니다."

상이 대답하지 않았다.

애초에 도분·발 및 희천군(熙川君) 김우(金宇) 등이 혹은 장사치의 은정(銀丁)을 받기도 하고 혹은 채단(綵段)도 받아들이고, 이어서 그들까지 데리고 중국(中國)으로 가게 되니 운반하는 사람들이 많이 원망했다.

임진일(壬辰日-7일)에 명해 내자 직장(內資直長) 김숙검(金叔儉)을 풀어주었다.

애초에 상이 경복궁(景福宮)으로 행차할 때 숙검(叔儉)이 가전(駕前-어가 앞) 가까이에 와서 말을 내리니, 사금(司禁)이 붙들어 병조에 보고하자 병조에서 전옥(典獄)에 가두었다. 형조에서 안문(按問)해 죄주기를 청하니, 명해 말했다.

"신진(新進)의 선비가 당황해 몸 둘 바를 잃은 것이지[失措]^{실조}, 어찌 불경(不敬)한 마음이 있었겠느냐?"

마침내 풀어주었다.

○ 상인(商人)들이 평안도 미곡(米穀)을 회환(回換)⁶하는 것을 금했다.

평안도 도관찰사가 보고했다.

---

6   장사치가 변방 지방에 군량미(軍糧米)를 공급하고 환(換)을 받아서 오면 근기(近畿) 지방에서 미곡(米穀)을 지급해주는 제도를 말한다.

"본도의 풍속은 양맥(兩麥-대맥과 소맥)을 많이 경종(耕種-농사지음)하지 않는데, 경중(京中)의 흥리인(興利人)이 긴요하지도 아니한 잡물을 가지고 채리(寨里)로 쏘다니면서 미곡을 많이 모아들이고 있습니다. (그런데) 무지(無知)한 백성이 뒷날의 근심을 돌아보지 않고 허비하니 그 씀씀이가 한이 없습니다. 봄에서 가을까지 전적으로 환상(還上)을 내니, 이 때문에 지난해의 환상으로 미납된 잡곡(雜穀)이 20만 2,700여 석에 이르러서 실로 국가에서 양향(糧餉-군량미)을 비축하는 뜻에 위배됩니다. 이제부터는 경중(京中)에서 종사(從仕)하는 사람과 도내(道內)의 항거인원(恒居人員)이 농사지어 소출한 것을 회환(回換)하는 이외에, 흥리인의 회환이나 반매(反賣-도로 파는 일)하는 일을 일절 금하게 하소서."

그것을 따랐다.

○ 명해 진도(陣圖)를 이습(肄習-실습)하게 했다. 병조에서 아뢰었다.

"진도(陣圖)를 이습해야 합니다. 입직(入直)한 상호군(上護軍)·대호군(大護軍), 삼군진무(三軍鎭撫)·경력(經歷)·도사(都事)와 내금위(內禁衛)·내시위(內侍衛)·별시위(別侍衛)·응양위(鷹揚衛) 및 각문 차비(各門差備) 외의 갑사(甲士)·별패(別牌) 등으로 하여금 말을 가지고 날마다 이습하게 하되, 그중에서 삼가지 않는 자는 율(律)에 비춰 논죄하게 하소서."

○ 병조에서 비첩자(婢妾子)와 간척인(干尺人)의 천전(遷轉)하는 법을 올렸다. 아뢰어 말했다.

"이에 앞서 각 영(領)과 부(府)의 병사가 거관(去官)하면 섭대장(攝隊長)·섭대부(攝隊副) 중의 장실(壯實)한 사람을 보충해 세우고, 섭대장·섭대부가 천전(遷轉)하면 비첩자와 칭간칭척(稱干稱尺)[7] 중의 장실한 사람을 보충해 세웠습니다. 그러나 입역(立役)한 연월(年月)의 많고 적음을 고찰하지 않고 한갓 장실한 사람만 쓴다면, 일반 정군(正軍) 안의 노약자(老弱者)와 봉족인(奉足人)은 종신토록 천전(遷轉)하지 못해 실로 미편(未便)합니다. 이제부터는 위 항의 비첩자와 간척인 중의 정군(正軍)은 매 10명을 1소패(小牌)로 삼고 매 50명을 1총패(摠牌)로 삼아서 각 총패(摠牌)가 치부(置簿)해 날마다 이름을 쓰게 하고, 세말(歲末)에 한 총패 안에서 그 입역한 일수가 많은 자 1인을 고찰해서 승진시켜 대부(隊副)로 삼으소서. 그 봉족(奉足)으로 자원해 입역한 자는 정군과 더불어 윤번(輪番)함을 허락하되 위 항의 예(例)에 의해 녹용(錄用)하고, 신량수군(身良水軍)도 또한 이 예에 의거해 녹용하시는 것이 어떻겠습니까?"

봉교(奉敎)했다.

"세말(歲末)에만 구애되지 말고, 도목정사(都目政事)[8] 때마다 결원이 있다면 그 즉시 서용(敍用)하게 하라."

계사일(癸巳日-8일)에 서리가 내렸다. 상이 말했다.

"4월에 서리가 내리는 일은 자주 있었지만 5월에 내린 것은 금년이 처음이다. 원민생(元閔生)이 하정사(賀正使)와 부사(副使)가 가지

---

7 신량역천인(身良役賤人)의 총칭이다.

8 관원의 성적(成績)을 고사(考査)해 출척(黜陟)과 이동(移動)을 행하는 일이다. 매년 6월과 12월에 관리 적격자(適格者)의 선발·임명·전근·승진 등을 심사했다.

고 간 포물(布物)의 숫자를 보고하지 않아서 인심(人心)의 미워함이 이러하니, 하늘과 땅이 어찌[其=豈]제자리에 있을 수 있겠느냐? 그
러나 천지의 변괴(變怪)는 임금이 스스로 달게 받아야[甘受] 마땅하다."

대언(代言)들이 아뢰어 말했다.

"민생(閔生)은 자기가 가지고 갔던 포물의 숫자를 줄여서 보고했을 뿐이고, 하정사와 부사의 물건은 유신(有信)의 말과 합치합니다. 의금부 도사(義禁府都事) 민서각(閔犀角)이 잘못 아뢴 것일 뿐입니다."

상의 노여움이 마침내 풀렸다.

○ 갇혀 있던 원민생을 풀어주었다. 민생을 처녀주문사(處女奏聞使)로 삼아 장차 경사(京師)로 떠나게 해야 했기에 여러 사람보다 먼저 풀어주었다.

○ 대마주(對馬州) 수호만호(守護萬戶) 임온(林溫)이 사인(使人)을 보내 토산물을 바쳤다.

갑오일(甲午日-9일)에 서리가 내렸다. 상이 말했다.

"내가 왕위에 나아온 이래 매번 여름철에 자주 서리가 내리고 수한(水旱-홍수와 가뭄)이 고르지 못했으니, 이를 볼 때마다 그 연유를 구명하려 했다. 그런데 경서(經書)와 사기(史記-역사서)에서 상고해보니 '여름철에 서리가 자주 오는 것은 형벌을 씀에 있어 그 원정(原情-사정을 하소연함)을 잃은 데 연유한다'라고 했기에, 내가 형벌을 쓰려고 할 때 참작해 시행했다."

222

드디어 지신사(知申事)에게 명해 육조(六曹)·대간(臺諫)에 가르침을 전해 말했다.

"신장(訊杖)하며 문죄(問罪)할 즈음에 혹시라도 중도(中道-적중된 도리)를 잃을까 염려된다. 옛말에 이르기를 '천자(天子)가 형벌을 씀에 있어 중도를 잃으면 여름철에 서리가 천하(天下)에 편재(遍在-두루 퍼져 있음)하니, 제후(諸侯)는 일국(一國)이 달려 있고 수령(守令)은 일군(一郡)이 달려 있다'라고 했으니, 경 등은 각기 고금의 일을 참상(參詳)해 시행하는 것이 마땅할 것이다. 내 어찌 양(梁)나라 무제(武帝)[9]와 같이 국수[麵]_면로써 희생(犧牲)을 대신해 임시방편으로[姑息]_{고식} 행하게 하겠는가? 마땅히 고금에 용형(用刑)한 실례를 상고하고 겸하여 극진히 한 뒤에 행하도록 하겠다."

상이 또 말했다.

"그 밖의 천변지괴(天變地怪)는 간혹 다른 일 때문이기도 하지만, 서리가 내리는 연유는 곧 임금이 형벌을 씀에 중도를 잃은 소치라 하겠다. 그러나 또 죄주는 데 원정(原情-사정을 잘 헤아림)하지 않더라도 곧 반드시 서리가 내려 그 때를 잃게 될 것이다. 지난번에 진산군(晉山君-하륜)이 수상(首相-영의정)이 됐을 때 사람들이 생각하기를 '백성이 한숨지으며 서로 원망하면서 천지의 변괴를 초래한 것은 모두 진산(晉山)이 그렇게 만든 것'이라고 했지만, 진산으로 하여금 집에 있게 하고 다른 사람을 수상으로 삼았어도 하늘의 변괴는 역시

9　양(梁)나라 고조(高祖)를 말한다. 성(姓)은 소씨(蕭氏)이고 이름은 연(衍)인데, 불교를 혹신(惑信)해서 재위 48년 동안에 모든 제사에 희생(犧牲)을 없애고 면(麵)으로 대신했다.

그와 같았다. 이제 진산은 이미 죽고 수상과 육대언(六代言)을 자주 바꾸었어도 그 사람들도 또한 이와 같았다. 이는 재상(宰相)이 봉직(奉職)한 과실이 아니라, 내가 백성의 위에 있은 지 18년이 되니 모두 나의 소치로 그런 것이다. 자식이 재주가 없어 전위(傳位)할 수도 없고, 또한 스스로 죽을 수도 없으며, 벗어나 도망칠 수도 없는 노릇이니, 부질없이[徒] 이 일 때문에 마음만 아플 뿐이다."

또 말했다.

"금년에 또 가뭄기[旱氣]가 있으니, 경복궁(景福宮) 행랑(行廊)은 지붕을 덮은 뒤에 역사를 중단하게 하라."

좌대언 서선(徐選)이 말했다.

"사청(射廳)은 대청(大廳)이 이미 이뤄졌는데도 또 더 지으려 하니, 아울러 이 역사도 그만두게 함이 어떻겠습니까?"

상이 옳게 여겨 말했다.

"사청은 긴요한 곳이 아닌데, 저처럼 장려(壯麗)해서 무엇하겠는가?"

대언 등이 대답해 말했다.

"봄가을로 습사(習射-활쏘기 연습)할 때가 되면 병조(兵曹)의 당상(堂上)·진무(鎭撫)와 훈련관 관원(訓鍊觀官員)이 모여 앉는 곳이기는 하나, 신 등도 너무 지나치다고 생각합니다."

상이 말했다.

"어찌 또한 그전에 차일(遮日-햇볕을 차단하는 천막)을 쳐서 풍우(風雨)를 가리던 때를 생각하지 않는가? 어찌 반드시 이렇게 해야만 하겠는가? 속히 정역(停役)하게 하라."

그 참에 가르쳐 말했다.

"내가 공사(公私)를 막론하고 토목(土木)의 역사는 그만두려 하는데, 아직도 명을 따르지 아니하니 그 까닭이 무엇인가? 내 비록 굳게 금지해도 해마다 이런 일이 없었던 적이 없다. 매번 한재(旱災)를 만나서 사람들이 황공하게 여길 때라야 (마지못해) 이를 정지하고자 하니, 이게 무슨 도리인가?"

○ 평안도·함길도·풍해도·강원도 감사 등에게 뜻을 전했다.

"여름철에 진상하는 익두라진(益頭羅進-黃鷹)·가지개(加之介-靑海靑)·응자(鷹子-매)는 다시 전지가 있기를 기다려 바치게 하라."
청해청

○ 처녀(處女)를 뽑았다. 의정부·육조·대간(臺諫)과 지신사 조말생(趙末生), 내관(內官) 노희봉(盧希鳳)에게 명해 중국에 진헌할 처녀를 가려 뽑게 했더니[選揀], 황씨(黃氏)·한씨(韓氏)를 상등(上等-일등)으로 삼았다. 황씨는 용모가 미려(美麗)했는데 고(故) 부령(副令) 하신(河信)의 딸이고, 한씨는 선연(嬋娟-품위 있고 아름다운 모양)했는데 고(故) 지순창군사(知淳昌郡事-순창군 지사) 영정(永矴)의 딸이다.

○ 서연(書筵)에 이르기를, 반드시 삼원(三員)을 갖춰 진강(進講)할 것을 명했다. 비록 온고(溫故-복습)하는 때라 하더라도 반드시 삼원을 갖춰 진강하게 하고, 그렇지 아니하면[不爾然則=不然 則] 대죄(大罪)로 처단하겠다고 했다.
불이 연 즉   불연 즉

○ 이도분·이발을 의금부에 가두었다. 장유신의 구백(具白-구체적인 아룀) 때문이다. 도분과 발은 흥리(興利-장사)하는 사람을 중국에 데리고 가서[率去] 매매(買賣)를 자행한 때문이다.
솔거

○ 삼도감(三都監)·내시다방(內侍茶房)·상의원(尚衣院)·응양위(鷹揚

衛)에 명해 탄일(誕日)의 축수재(祝壽齋)를 베풀지 말라고 했다.

을미일(乙未日-10일)에 이도분·이발·김타(金沱) 등의 구속을 풀어주고, 이어서 명하기를 도분·발·민생(閔生-원민생)·타 등이 매매한 물색(物色-물건)을 제외한, 장유신(張有信)·김언용(金彦容)·오의(吳義)·강상부(姜尙傅)·최경위(崔敬渭) 등이 역환(易換)한 물건은 반(半)을 관(官)에서 몰수하고 종인(從人) 4명의 물건은 전부 관에서 몰수하게 했다. 이에 앞서 헌부(憲府)에서 도분 등에게 죄줄 것을 청하니 상이 말했다.

"다른 일은 그만두고 파직하라. 정사(正使)·부사(副使)를 파직시키면 실로 경계할 줄 알 것이다. 그 나머지는 논하지 말라."

말생(末生)이 아뢰어 말했다.

"유신의 직(職)도 없앱니까?"

상이 말했다.

"비록 파직하지 않더라도 정사(政事-도목정사)가 있으면 반드시 대체될 것이다."

유신 등은 사역원(司譯院)의 직이라 서로 바꾸어 체대(遞代)하기 때문이다.

○ 사헌부에 명해 흠문기거사(欽問起居使)·통사(通事)·압물(押物)·타각부(打角夫)·종인(從人) 등이 매매를 범람하게 한 사상(事狀-일의 실상)을 추핵(推覈)하게 했다. 사헌부에서 아뢰어 말했다.

"김우(金宇) 등이 중국에 입조(入朝)해 무역한 잡물은 모두 관에서 몰수하게 하소서."

상이 말했다.

"김우를 제외하고서 서장관(書狀官)·통사(通事)·압물(押物) 등이 무역한 잡물은 반(半)을 관에서 몰수하고, 종인(從人)이 무역한 물건은 모조리 관에서 몰수하라."

병신일(丙申日-11일)에 육조(六曹)에 명해 신장(訊杖)의 수(數)를 의정(議定-토의해 정함)하게 하고, 이어서 말할 만한 일을 실상에 비춰 토의해[擬議] 아뢰게 했다. 형조에서 아뢰었다.

"의정부(議政府)·제조(諸曹)에서 가르침을 받들어[奉敎] 실상에 비춰 토의한 조건을 아룁니다.

하나, 신장(訊杖)은 한 차례에 많아도 30도(度-번)를 넘지 못하게 하고, 모름지기 치부(置簿)토록 했다가 뒷날의 참고에 빙거(憑據)가 되게 하소서.

하나, 무릇 신장의 체제(體制)와 타하처(打下處-형장을 때리는 곳)는 한결같이 의금부의 예(例)에 의거하게 하소서.

하나, 압슬(壓膝-무릎을 누르던 형벌의 일종)은 1차(次)에 2인, 2차에 4인, 3차에 6인으로 하되, 십악(十惡)·강도(强盜)·살인범(殺人犯) 외에는 이 방법을 쓰지 말게 하소서.

하나, 경중(京中)에서 형벌을 관장한 각사(各司)는 이미 결행한 신장(訊杖)의 차수(次數-차례의 수)와 장수(杖數)를 결등(決等)할 때마다 계본(啓本)을 만들어 갖춰 기록하고, 비록 끝까지 실정을 얻지 못했다 하더라도 이미 신장을 시행한 자의 차수와 장수도 마땅히 계문(啓聞-아뢰어 보고함)하도록 해서 남형(濫刑)하지 말게 하소서.

하나, 경중(京中-서울)의 유사(攸司)에서는 대체로 가르침을 받들어 구속해 문초하되, 응당 신장을 가해야 할 자라 하더라도 반드시 계문한 뒤에 시행하도록 하소서.

하나, 외방(外方-지방)의 각 고을 수령(守令)은 대체로 죄수(罪囚)나 응당 신장을 가해야 할 자라 하더라도 스스로 행형(行刑)을 천단(擅斷-마음대로 결단)하지 말고 반드시 관찰사(觀察使)에게 보고한 뒤에 시행하되 임시로 재결할 수 있는 경죄(輕罪)는 이 한계에 있지는 않으나 결행한 뒤에는 또한 관찰사에게 보고하며, 관찰사는 계월(季月-3·6·9·12월)마다 각 고을 죄수의 신장 차수와 장수도 경중(京中)의 예(例)에 의거해 갖춰서 기록해 계문하게 하소서.

하나, 경외(京外)의 관리(官吏)로서 만일 성상(聖上)의 흠휼(欽恤-삼가 불쌍히 여김)하는 뜻을 체득하지 아니하고 법을 어겨가며 난형(亂刑)을 행한 자와, 경중(京中)의 사헌부 및 외방(外方)의 도관찰사 중에서 범죄인의 친속(親屬)이 진고(陳告)하도록 허락한 자는 율(律)에 의거해 논죄하게 하소서."

그것을 따랐다.

○ (전라도 해남) 어란량 수군만호(於瀾梁水軍萬戶) 송안(宋安)을 파직(罷職)하고, 아울러 조운(漕運)할 때 남용(濫用)한 물건을 징수하게 했다. 전라도 관찰사의 아룀을 따른 것이다.

정유일(丁酉日-12일)에 명해 도류인(徒流人-도형과 유배형을 받은 사람)의 어미와 처자(妻子)를 완취(完聚-함께 모여 사는 것)하게 했다. 뜻을 내려 말했다.

"일찍이 도류죄(徒流罪)를 범한 자와 자원안치(自願安置)된 사람들의 처자는 모두 자원거생(自願居生)하게 하고, 그 속관 천인(屬官賤人-관가에 속한 노비)들의 어미도 또한 서로 왕래하며 만나보는 것을 허락하라."

○ 신맹화(辛孟和)·신숙화(辛叔和)[10]를 외방종편(外方從便)하는 것을 허락했다.

  무술일(戊戌日-13일)에 호조에서 부경사신(赴京使臣-명나라 서울에 가는 사신)의 포물(布物)을 상정(詳定)했다.

"정사(正使)·부사(副使)는 각각 15필, 종사관(從事官)은 10필, 타각부(打角夫)는 5필씩으로 했습니다. 차(茶)·삼(蔘) 외의 기타 잡물(雜物)은 모조리 금단(禁斷)하소서."

그것을 따랐다.

○ 함길도 여연군(閭延郡)을 평안도에 소속시켰으니, 도(道-평안도)로 왕래하는 길이 편해서다.

○ 지신사 조말생(趙末生)에게 각궁(角弓)을 내려주었다.

---

10 두 사람은 신극례(辛克禮)의 아들이다. 신극례는 1398년(태조 7년) 1차 왕자의 난 때 상장군으로서 공을 세워 좌명공신(佐命功臣) 1등에 녹훈되고 취산군(鷲山君)에 봉해졌다. 정종·태종 연간에 예조전서·좌군동지총제(左軍同知摠制) 등의 벼슬을 역임했다. 1407년(태종 7년) 민무구(閔無咎)·민무질(閔無疾) 등과 함께 종친 간을 이간질했다 하여 이화(李和) 등의 탄핵을 받고 강원도 원주에 유배됐으나, 태종의 지우를 받아 자원부처(自願付處)됐다. 관직에서 물러난 뒤에도 의정부·사헌부·사간원 등의 계속되는 탄핵을 받아오다가 그해 11월 양주에서 죽었다. 죽은 뒤에는 태종이 좌명공신으로 후하게 사부(賜賻)하고 조회를 사흘간이나 멈추었다. 두 사람은 민씨 집안과의 혼인을 주선했다 하여 죄를 받았다.

기해일(己亥日-14일)에 사헌부에서 병조판서 이원(李原), 참판 이춘생(李春生) 등에게 죄를 줄 것을 청하니, (죄를) 논하지 말라고 명했다. 원(原) 등은 명을 받들어 동소문(東小門) 밖에서 취각(吹角)을 시험하다가, 그 참에 술자리를 마련하고서 평양군(平陽君) 김승주(金承霆), 이조판서 박신(朴信), 공조판서 성발도(成發道), 파평군(坡平君) 윤곤(尹坤), 총제(摠制) 하경복(河敬復) 등과 더불어 회사(會射)했다. 일이 발각되자 사헌부에서 그들을 탄핵했다. 상이 장령(掌令) 정흠지(鄭欽之)를 불러 추핵하지 말라고 하니, 흠지(欽之)가 말했다.

"감히 명을 따르지 않을 수 있겠습니까? 그러나 한기(旱氣)가 매우 심해 전하께서 소간(宵旰)[11]하면서 근심하는데, 대신(大臣)된 자로 생각이 이에 미치지 못하고 함부로 연음(宴飲)했으니 이미 옳지 못했습니다. 또 함부로 자문(紫門)[12]의 포마(鋪馬) 5필을 끌어내 창기(倡妓)를 태우고 갔으니, 더욱 대신의 뜻이 아닙니다. 바라건대 모두 계문(啓聞)해 취지(取旨-뜻을 받아냄)하게 하소서."

조말생이 이를 아뢰니 상이 말했다.

"헌사(憲司)가 탄핵한 것은 옳다. 그러나 대신들이 기쁜 정을 이기지 못해 잠깐 밖에서 술 마신 것을 어찌 감히 죄주겠느냐?"

헌사에서 소(疏)를 올려 말했다.

---

11 소의간식(宵衣旰食)의 준말이다. 상이 미명(未明)에 일어나 옷을 입고 해가 진 뒤에 저녁 밥을 먹는다는 뜻에서, 정사에 부지런한 것을 말한다.

12 궁전(宮殿)을 둘러싼 자성(紫城)에 설치된 문(門)이다. 대개 신하들끼리 나라의 일을 의논할 때 이곳에 모였다. 또 자문 안에 선공감(繕工監)·군기감(軍器監)이 있었으므로, 뒤에 자문감(紫門監)이라는 명칭이 이로부터 생겨났다.

'이원·김승주·박신·성발도·윤곤·하경복과 인녕부윤(仁寧府尹) 김점(金漸), 병조참판 이춘생, 대호군 유연지(柳衍之), 병조정랑 서진(徐晉)·정환(鄭還)·윤수(尹粹), 좌랑 김상직(金尙直)·정인지(鄭麟趾) 등은 공사(公私) 간의 연음(宴飮)을 일절 금지하는 때를 맞아 각각 주과(酒果)를 가지고 성 밖에서 연음했는데, 이제 그들을 핵문(劾問)할 즈음에 조말생이 (상의) 뜻을 전하기를 "논하지 말라"고 했습니다. 그러나 중하(仲夏-음력 5월)의 달에 한 달이 끝나도록[彌月] 비가 내리지 않_{미월}아 전하께서 구중(九重) 안에서 소간(宵旰)하며 애타게 걱정하고 계신데, 이원·승주·박신·발도·윤곤·경복·김점·춘생 등은 혹은 훈구(勳舊)로서, 혹은 위임(委任)대신으로서 논사(論思-나랏일을 논하고 생각함)의 위치에 처해 있고 균축(鈞軸-국가의 중심을 잡는 벼슬자리)의 지위에 처해 있으니, 마땅히 근신절검(謹愼節儉)하고 몸을 바로 해[正身] 아랫사람을 이끌면서 재앙이 그치게 할 것[弭災]을 생각해 침_{정신} _{미재}식(寢食)할 겨를이 없어야 할 것입니다. (그런데) 오늘날 전하께서 근심하는 뜻을 체득하지 않고 성 밖에 모여서 염소를 잡아[烹羔] 잔치_{팽고}를 베풀고 기생을 데리고 풍악을 울리며 하루가 다 가도록[竟日] 술_{경일}을 마셨으니, 실로 대신으로서 나라를 근심하는 뜻이 없습니다. 유연지·서진·정환·윤수·김상직·정인지 등도 사리를 아는 조사(朝士)로서 소행이 이와 같았으니, 모두가 마땅하지 않습니다. 지금 만약 모조리 논하지 않는다면 뒷사람을 경계할 수 없으니, 위 항의 인원들을 논죄(論罪)함으로써 삼가지 못하는 사람들[不恪]을 경계시키_{불각}소서.'

윤허하지 않았다.

○ 검교 판내시부사(檢校判內侍府事-검교 내시부 판사) 이원봉(李元奉)에게 장(杖) 80대에 도(徒) 3년에 처하고서 사헌부 하전(下典-하급 관리)에 배속시켰다. (상의 사위) 길창군(吉昌君) 권규(權跬)의 아들에게 욕을 했기 때문이다.

신축일(辛丑日-15일)에 상왕(上王)이 창덕궁(昌德宮)에 이르러 술자리를 마련하고 한껏 즐기니, 상의 탄일(誕日)이기 때문이다. 종친(宗親)이 시연(侍宴)했다. 입직(入直)한 대소 신료와 갑사(甲士)·별패(別牌) 및 아래로 방패(防牌)까지 술을 내려주었다. 내관(內官) 신용명(申用明)에게 명해 술과 고기를 창녕부원군(昌寧府院君) 성석린(成石璘)에게 내려주었다. 상이 석린이 연로(年老)해서 기거(起居)하기가 어렵다는 것을 배려해 이런 하사(下賜)가 있었다.

임인일(壬寅日-17일)에 변계량(卞季良)을 예조판서(禮曹判書), 조흡(曹恰)을 우군도총제(右軍都摠制), 조용(趙庸, ?~1424년)[13]을 예문관대제

---

13 1374년(공민왕 23년) 문과에 급제했고, 계림부판관(鷄林府判官)을 역임했다. 공양왕 즉위년에 시학(侍學), 1390년(공양왕 2년) 정월에 전농시승(典農寺丞), 4월에 지평(持平)이 됐는데, 윤이(尹彝)·이초(李初)의 당(黨) 가운데 귀양 가지 않은 우현보(禹玄寶)·권중화(權仲和)·장하(張夏)·경보(慶補) 등을 탄핵해서 유배 보내게 했다. 1392년 7월에 사예로서 왕이 당시 실권을 잡고 있던 이성계(李成桂)와 맹세하려고 할 때 그 초(草)를 잡아 이방원(李芳遠)과 함께 초고(草稿)를 바쳤다. 조선 건국 초기에는 병으로 성균좨주를 사임하고 보주(甫州)에서 자제들을 교육했다. 1398년(태조 7년) 7월에 간의대부로 발탁되었고, 9월에 우간의로서 이조전서(吏曹典書) 이첨(李詹), 전지선주사(前知善州事) 정이오(鄭以吾)와 함께 경사(經史)에 기재된 임금의 마음가짐과 정치에 관계되는 것만을 찬집해 상절(詳節)을 만들어 바쳤다. 1401년(태종 1년) 5월에 경연시강관(經筵侍講官), 다음해 2월에 대사성으로서 생원시의 시관(試官)이 되었다. 1402년 7월에 좌사간이 됐고, 1403년 12월에 성균생원 60인의 요청으로 검교한성윤 겸 성균대사성(檢校漢城尹兼成均大司成)에 제

학(藝文館大提學)으로 삼았다.

○ 공조참판 신개(申槪)를 보내 중국 경사(京師-북경)로 가게 하니, 천추(千秋-천추절)를 하례하기 위함이다.

상이 말했다.

"무릇 표문(表文)·전문(箋文)을 올릴 때는 내가 친히 배송(拜送)하지 않은 적이 없었다. 그러나 오늘은 체기(體氣-몸의 기운)가 편안치 못해 친행(親行)하지 못하겠다."

마침내 세자에게 명해 의장(儀仗)을 갖추고 백관(百官)을 인솔해서 배전례(拜箋禮)[14]를 대행하게 했다.

○ 좌군첨총제(左軍僉摠制) 원민생(元閔生)을 보내 중국 경사(京師)로 가게 해서 주문(奏聞)했다.

'영락(永樂) 15년 4월 초4일에 통사(通事) 원민생이 경사(京師)에서 돌아와 말하기를 "금년 정월 21일 상사(賞賜)를 삼가 받았는데, 진표사(進表使) 이도분(李都芬)과 원민생 등은 우순문(右順門) 안으로 들라는 선지(宣旨)가 있어 들어갔습니다. 권파파(權婆婆), 태감(太監-환관 직) 황엄(黃儼) 등이 있다가 원민생 등에게 말하기를 '그대는 국왕

수됐다. 1406년 9월에 다시 우부빈객(右副賓客), 1409년 8월에 검교판한성부사(檢校判漢城府事)·우빈객, 다음해 4월에 겸대사성을 제수받았다. 1414년 8월 예문관대제학이 됐으며, 다음해 정월에 성절사(聖節使)로서 명나라에 다녀왔다. 1415년 12월에 예조판서가 되고, 1417년 5월에 다시 예문관대제학이, 다음해 정월에 우군도총제가 됐다. 그해 4월에 예문관대제학·세자좌빈객·행성균대사성이 됐다. 1421년(세종 3년) 8월에는 검교의정부찬성으로서 전(田) 30결과 미두(米豆) 20석(石)을 하사받았고, 다음해 6월에 판우군도총제부사로 치사(致仕)했다.

14 임금이 백관(百官)을 거느리고 중국에 보내는 전문(箋文)을 배송(拜送)하는 예(礼)를 말한다.

(國王)에게 돌아가거든 이렇게 말하라. 한 적당한 여자를 골라 주본 (奏本)에다 그 성과 나이를 써 보내라' 했습니다"라고 전했습니다. 이 말을 듣고 성안[在城-도성 안]에 있는 사람과 각 도 주부군현(州府郡縣)의 문무양반(文武兩班)과 아울러 군민(軍民)의 집에서 있는 그 대로 가려 뽑아 여자 1명이 이르렀기에, 때를 기다려 진헌(進獻)하기로 하고 지금은 우선 여자의 생년월일과 친부(親父)의 직사(職事)·성명·적관(籍貫)을 개좌(開坐-열거)해서 삼가 갖춰 주문합니다.

하나, 봉선대부(奉善大夫) 종부부령(宗簿副令) 황하신(黃河信)의 딸로 나이는 17세이며, 신사년(1401년) 5월 초3일 해시(亥時)에 났는데 본관(本貫)은 상주(尙州)입니다.'

○ 하신(河信)의 집에 쌀 10석과 염장(鹽醬)·어혜(魚醯-젓갈) 등의 물건을 내려주었다.

○ 금주령(禁酒令)을 내리고 감선(減膳)[15]했는데, 이날 밤에 비가 내렸다.

○ 홍주목사(洪州牧使) 유사눌(柳思訥)이 반인(伴人)을 보내 개인 소유의 말 1필을 바치니, 상이 이를 받고서 내구마(內廐馬) 1필을 내려주고 또 반인에게 세마포(細麻布) 옷을 내려주었다.

계묘일(癸卯日-18일)에 평안도 도순문사(平安道都巡問使)가 부경사신(赴京使臣)에게 잡물을 주는 것을 금지하고, 오직 소도자(小刀子-작은

---

15 천재지변이나 나라의 어려운 일이 있을 때, 임금이 근신하는 뜻에서 수라상의 반찬 가짓수를 줄이는 일을 말한다.

쇠손칼)·아다개(阿多介-털요)·사라손(沙羅遜-세숫대야)·모관(毛冠)·분투(分套-신발)·이엄(耳掩-귀마개)·남라개(南羅介-남날개)[16] 등만 금지하지 말게 했다.

헌부(憲府)에서 아뢰어 말했다.

"부경사신(赴京使臣)이 행차하게 되면 감찰(監察) 1원(員)을 의주(義州)로 보내 사사로이 가지고 가는 물색(物色-물건)을 수검(搜檢)하게 해서 그 숫자 외의 물건은 거두어들이는 것을 영구히 항식(恒式)으로 삼게 하소서."

호조(戶曹)에서 아뢰어 말했다.

"부경사신이 행차하게 되면 평안도 의주(義州) 등지의 군인이 요동(遼東)으로 호송할 때 매 1명당 저포(苧布)·마포(麻布) 중 3필씩만 가지고 들어가게 하고, 기타의 물색은 일절 금지하소서."

그것을 따랐다.

○ 사간원(司諫院)에서 소(疏)를 올려 총제(摠制) 권희달(權希達)에게 죄줄 것을 청했다.

소는 이러했다.

'대체로 사람 중에서 부도(不道)한 자를 앞서 징계하지 않는다면 뒤에 오는 사람을 경계시킬 수 없습니다. 희달(希達)은 마음대로 법도를 어겼으며[橫戾] 잔인하고 사나운[殘暴] 자질로써 거리낌 없이
횡려   잔포
여러 번 국법을 어겼으나, 전하께서 특별히 관인(寬仁)을 드리우시어

---

16 사냥꾼이 가지고 다니는 화약·탄알 등을 넣는 그릇을 통틀어 이르는 말이다.

단지 파직했다가 얼마 안 돼 다시 벼슬을 제수하셨으니, 그는 허물을 고치고 생각을 바꾸어 성은(聖恩)에 보답해야 마땅합니다. (그런데) 이달 초5일 경복궁(景福宮)에서 수가(隨駕)했을 때 총제(摠制) 성달생(成達生)과 더불어 활쏘기로 재능을 서로 자랑하다가, 달생(達生)의 갓을 벗기고 머리카락을 휘어잡아 끌었습니다. 동렬(同列)들이 함께 말렸으나 또 욕설을 더했습니다. 이는 다름이 아니라 외람되게 성은(聖恩)을 입어 징계함이 없기 때문입니다. 그가 광태를 궐내(闕內)에서 함부로 부렸으니 천위(天威-임금의 위엄)를 공경하지 않음이며, 동렬을 능욕(凌辱)한 죄는 진실로 통징(痛懲)해 뒷사람을 경계시켜야 마땅할 것입니다. 엎드려 바라건대 전하께서 한결같이 헌사(憲司)의 청을 따라 그대로 윤허하시어[兪允] 시행함으로써 풍속을 바로 잡고 조정(朝廷)을 엄숙하게 하소서.'

윤허하지 않았다. 삼군도진무(三軍都鎭撫) 평양군(平陽君) 김승주(金承霔), 곡산군(谷山君) 연사종(延嗣宗), 총제 하경복(河敬復) 등이 아뢰어 말했다.

"희달이 경복궁에서 수가(隨駕)하던 날에 진무(鎭撫)를 능욕했으므로 간원(諫院)에서 이미 그에게 죄주기를 청했으나, 상께서는 단지 구사(丘史-수행원)만 빼앗음에 그쳤으니 이 사람은 반드시 마음을 개전(改悛)하지 않을 것입니다. 빌건대 간원의 장신(狀申)을 따르소서."

상이 말했다.

"일이 끝나기를 기다린 뒤에 말하도록 하라."

갑진일(甲辰日-19일)에 삼관(三館-성균관·예문관·교서관)의 행수 장무(行首掌務)[17]에게 태(笞) 50을 속(贖)바치게 하고 환임(還任-본래의 직임에 다시 임명)하니, 부시 생도(赴試生徒)에게 매질을 행한 죄 때문이다.

○ 전라도 도관찰사가 제주(濟州)의 사의(事宜-현안)를 올렸다.

'정의현감(旌義縣監) 이이(李貽)의 정문(呈文)에 의거하면 "정의(旌義)를 본읍(本邑)으로 삼으라는 교지(敎旨)가 있었다"라고 하나 그곳에 합속(合屬)한 4현(縣)이 한라산(漢拏山-漢拏山) 남쪽에 연달아 배치돼 있어, 만약 정의현을 본읍으로 삼는다면 호아현(狐兒縣)이나 홍로현(洪爐縣)과의 거리가 3식(息-1식은 30리) 남짓하게 돼서 그 인민의 왕래, 공사(公事)의 지대(支待), 목장(牧場)의 고찰 등의 일에 있어 폐단이 실로 적지 않을 것입니다. 마땅히 중앙에 있는 정의(旌義) 땅 서촌(西村)의 진사(眞舍)나 토산(兎山) 중에서 지리(地利)가 가당(可當)한 곳에다 읍성(邑城)을 배치하소서. 그곳을 방어할 경우라면 현감은 바람이 순할 때, 군대를 영솔하고 정의진(旌義鎭)에 이르러 고수(固守)하며 방어할 수 있을 것입니다.'

그것을 따랐다.

을사일(乙巳日-20일)에 대마도 수호(對馬島守護) 종정무(宗貞茂)에게 쌀 100석을 내려주었다. 정무가 보낸 사인(使人)이 와서 토산물을 바치고 그 참에 쌀을 팔라고[糶米] 아뢰었기 때문이다.
조미

○ 예조에서 왜사(倭使)가 바치는 심황(深黃)을 받아들이지 말도록

---

17 각 관아(官衙)에서 실무(實務)를 분장(分掌)하는 관원의 우두머리를 말한다.

청하니, 그것을 따랐다. 황색(黃色) 사용을 금한 때문이다.

병오일(丙午日·21일)에 비가 내렸다.

정미일(丁未日·22일)에 행대감찰(行臺監察) 이장손(李長孫)을 의주(義州)로 보내니, 신개(申槪)·원민생(元閔生) 등이 사사로이 가지고 가는 물색(物色)을 수검하기 위함이었다. 조말생에게 명해서 전해 말했다.

"부경사신의 행차에 모리인(謀利人)이 범람해 평안도 도순문사, 의주목사로 하여금 고찰하라고 이미 뜻을 내렸으나, 근래의 행차에 행대(行臺)를 보내 고찰하지 않았으므로 이제 또 보낸다. 행대감찰로 하여금 도순문사·의주목사가 있는 곳에 정성을 다해서 고찰할 일을 말한 뒤에 고찰하게 하라."

기유일(己酉日·24일)에 경기 채방판관(京畿採訪判官) 권심(權審)이 황진사(黃眞絲-명주실)와 누에고치[繭]를 올렸다.
애초에 전 예문관 대제학(藝文館大提學) 이행(李行)이 『농상집요(農桑輯要)』[18] 내의 양잠방(養蠶方)을 뽑아서 자기 스스로 징험했더니 수확이 보통 때의 배(倍)나 되므로, 드디어 판간(板刊)해 세상에 시행하

---

18 고려 때 이암(李嵒, 1297~1364년)이 원(元)나라로부터 수입한 농서(農書)다. 중국 최초의 관찬(官撰) 농서로, 원나라 조정에서 농업 진흥을 위해 설치한 사농사(司農司)의 창사문(暢師文) 등이 1273년에 집성해서 1286년에 간행 공포했다. 내용은 경간(耕墾)·파종(播種)·재상(栽桑)·과실·약초 등 10문(門)으로 되어 있다.

게 했다. 국가에서 민간(民間)이 중국어를 알지 못할까 염려해서, 의
정부 사인(議政府舍人) 곽존중(郭存中)에게 명해 우리나라 말[俚語]
로써 (양잠방) 구절에 협주(夾註-두 줄짜리 작은 주)를 내게 한 뒤 다
시 판간해 광포(廣布)했다. 그러나 우리나라에서 본래부터 익혀온 것
이 아니라서 모두 양잠하기를 즐겨 하지 않았다. 이에 다시 명해 각
도에서 놀고 있는 넓은 땅 중에서 뽕나무가 있는 곳을 골라 채방(採
訪-채방사)을 나눠 보내고, 전농시(典農寺)에 속한 노비(奴婢)로 하여
금 그 잡역(雜役)을 면제해주면서 양잠해서 민간에 보이게 했다. 또
후궁(後宮)으로 하여금 직접 자양(自養)하게 해서 많은 소득을 얻
었다.

신해일(辛亥日-26일)에 상이 경복궁으로 행차해서 상왕을 받들어
맞이했다. 잔치를 베풀고 과녁을 쏘니 종친(宗親)이 시연(侍宴)했다.
수가(隨駕)한 대소 신료에게 술을 내려주고, 내탕(內帑)의 궁시(弓矢)
를 수가한 재추(宰樞)·대언(代言), 상호군·대호군에게 내려주었다.

임자일(壬子日-27일)에 전라도 채방부사(全羅道採訪副使) 유익지(柳
翼之), 풍해도 채방부사 서계릉(徐係稜)이 황진사(黃眞絲)·백진사(白
眞絲)를 바쳤다.
○ 경상도 도관찰사와 도절제사에게 명해 왜인(倭人)이 연해(沿海)
에서 배 만드는 것을 금지하게 했다.

○ 조신언(趙愼言)[19]에게 쌀·콩을 합쳐 10석을 내려주었다. 신언(愼言) 부부가 모두 종척(宗戚)에 연계되므로 상이 그 궁벽함을 불쌍히 여겨 이런 하사가 있었다.

○ 등차랑(藤次郎)이 거느리고 온 왜인 삼미시라(三味時羅)의 모상(母喪)에 쌀·콩을 합쳐 10석, 종이 100권을 내려주었다.

을묘일(乙卯日-30일)에 대호군(大護軍) 임군례(任君禮)를 함길도에 보내 도순문사(都巡問使) 강회중(姜淮仲)에게 뜻을 전해 말했다.

"길주(吉州) 관내의 동쪽 해변 오라퇴(吾羅堆) 사동구(寺洞口)에 있는 난봉(卵峯)의 봉우리에 벽전아석(碧甸兒石)이 가득하다는데, 지금 같이 간 임군례가 번거롭게 친히 가게 하지 말고 임군례의 근수(根隨-심부름꾼) 전 사정(司正) 최영달(崔永達)이 지휘해 청지(聽知)하고 채취(採取)해서 올리게 하라. 그 좌우봉(左右峯)의 소산(所産) 또한 굳게 금지하게 하라."

군례는 결국 찾지 못했다[未覓].
미멱

○ 강회중(姜淮仲)의 보고는 이러했다.

"5월 23일에 경성(鏡城)으로 나온 총기(摠旗) 동아리답(佟阿里答)·동불화(童不花) 등 20명이 말한 가운데에 '내사(內使) 장신(張信)이 성지(聖旨)를 가지고 작년인 병신년 11월 14일에 요동(遼東)에 이르렀는데, 군마(軍馬) 1,500명을 인솔하고 정월 19일에 떠나 3월 29일에 나연(羅延)에 도착해서 목책(木柵)을 설치하고 창고를 지어 양료(糧

---

19 조박(趙璞)의 아들이며, 회안대군 이방간의 사위다.

料)를 수입(輸入)한 뒤 짐을 지고 온 군인은 그 즉시 환송(還送)했다. 그런데 천호(千戶) 석탈리(石脫里)는 군인 500명과 농우(農牛) 160척(隻-바리)을 거느리고 나연 등지에서 농사를 짓고 있다'라고 했고, 장신은 또 병마 1,000을 거느리고 4월 17일에 출발해서 28일에 남라이(南羅耳)에 이르러 재목을 작벌(斫伐)하면서 명령하기를 '근방에 접해 사는 올량합(兀良哈)과 조선인(朝鮮人)들을 놀라게 하지 말라' 하고, 또 '원(元)나라 때 송골매[松鶻鷹子-송골 응자]를 잡던 곳'이라 하면서 길주(吉州)의 아간(阿看)·오보이(吾甫伊)·서지위(西之委) 등지의 사소좌(沙所坐) 기지(基趾)를 간심(看審-살펴봄)하고자 한다는 뜻으로 '남라이에 근접한 천호(千戶) 나오(羅吾)·아다모(阿多毛) 등 2명이 길을 안내해서 왔다'라고 전통(傳通)했습니다. 그러나 서지위(西之委) 등지는 경성(鏡城)의 초면(初面)에서 2~3일 노정[程途-정도]이니 나아가 맞이하도록 보냄이 옳지 못하고, 또 아간(阿看) 등지는 백성이 많이 살고 있지만, 이전에 송골매를 잡은 일을 들어본 적이 없다고 대답했습니다."

○ 경성 병마사(鏡城兵馬使) 황상(黃象)이 보고한 성식(聲息-동향)은 이러했다.

'하나, 동불화(童不花) 등이 저희끼리 말하기를 "요동(遼東)에서 남라이(南羅耳)에 이르는 도로는 지극히 험해 양료(糧料)를 지고 온 군인 1만 8,000명이 왕래에 대단히 어려워서, 군인 200명으로 하여금 나무를 찍고 길을 열게 한 뒤에 나왔다"라고 했습니다.

하나, 나연(羅延)의 농사는 단지 소 먹이는 것만을 필요로 하므로 내년 2월 사이에 사사(寺社)를 다 지은 뒤에 돌아가겠다고 했습니다.

하나, 남라이 등지에서 나무를 찍게 되면 반드시 우레 같은 소리가 울릴 것이니, 꼭 톱을 가지고 소리 없이 취해야 하는 까닭에 영조(營造)가 늦어지겠다고 했습니다.

하나, 절을 지은 뒤에 달달(達達)의 중과 근처의 선심(善心) 있는 중으로 하여금 간직(看直-살펴서 지킴)하는 일을 말했습니다.

하나, 가지고 온 마필(馬匹)이 자주 죽기 때문에 명주[絹]와 무명[木綿]으로 말을 사들이고자 하기에 대답하기를 "소와 말을 방매(放賣)하는 것은 본국(本國)에서 금지하는 일"이라고 했습니다.

하나, 내사 장신(張信)이 이르기를, "조선 국왕(朝鮮國王)은 지성으로 사대(事大)하는데, 근방에 와서 지키는 사람에게 어찌하여 술을 보내 위문하지 않는가?"라고 했습니다.'

상이 의정부·육조(六曹)에서 함께 토의해 아뢰게 하니, 좌의정 박은(朴訔)이 말했다.

"남의 신하 된 자에게는 외교(外交)하는 의리는 없습니다. 장 내관(張內官)이 성지(聖旨)도 없이 우리 경내로 들어오지는 못할 것이니 경성 병마사로 하여금 대의(大義)를 들어 지금 경성으로 온 사람들을 일깨워주게 하고, 그들에게 고하기를 '길주(吉州)는 예로부터 인민의 거주가 조밀(稠密)한 데다 송골매를 잡던 곳이 본래부터 없습니다'라고 하소서. 저들이 만약 국가에 알린 뒤에 들어오고자 한다면 도순문사는 자기 스스로의 뜻인 것처럼 해서 그들에게 대답하기를 '비록 국가에 알리더라도 성지가 없으므로 받아들이지 않을 것이다'라고 하며 후위(厚慰)로써 보내게 하소서."

모두 은(訔)의 계책을 따랐다. 즉시 이원(李原)·이춘생(李春生)·조말생(趙末生)·서선(徐選)에게 명해 이 뜻을 갖고서 강회중·황상에게 회서(回書)하게 했는데, 그 글은 대략 이러했다.

'길주의 아간·오보이·서지위 등지에서는 본래부터 매를 잡았던 사소좌(沙所坐)의 장소가 없고, 더욱이 동아리답(佟阿里答) 등은 성지(聖旨)도 없으니 비록 나라에 보고하더라도 반드시 입국을 허가하지 않을 것이라고 전언(傳言)하고, 가만히 끈질기게[慇懃] 위로해서 보내게 하되, 그들로 하여금 전보(傳報)한 뜻을 알지 못하게 하라.'

○ 전 호군(護軍) 권호(權護)의 죄를 용서했다. 호(護)가 활쏘기를 연습하다가 화살이 궁장(宮墻) 안으로 들어가니, 율(律)에 비춰 죄가 교형(絞刑)에 해당됐다[應=當]. 상이 호에게 가르쳐 말했다.

"네 죄는 크다. 그러나 너의 아비 권충(權衷)이 태조의 원종공신(原從功臣)이므로 용서한다."

丙戌朔 上詣健元陵 行端午別祭. 初 朴信 權軫 許稠等啓曰:

"來月初一日 健元陵親行祭還駕路上 六曹欲暫設享禮." 趙末生曰:

"上昨日召臣曰: '予欲禁闕內藥酒 予若不進 則恐上王必不進酒. 今

當農月 彌月不雨 予甚憂之.' 臣對曰: '禁酒固是良法 然每年貧民幸

飲濁酒 而見執被罪 若大家則杜門終日歡飲 竟不坐罪.' 上曰: '是

予志也 姑停之.' 然上慮之甚 難以進啓." 信曰: "我主上過謹天戒.

當時農月未盡 且我問於百姓 百姓曰: '天若大雨則可 不然 不若

不雨之爲愈也.' 須當啓達." 末生 不答. 信等出 末生入啓 上善其

答辭.

畫停于松溪院川邊. 上以天祐之卒 不進肉膳 領議政柳廷顯等欲

勸進 然已進膳 故未及啓 俄而動駕. 及還宮 廷顯等請進肉膳 教曰:

"我明日勸進上王 然後從之." 上自健元陵還宮時 觀射廳壯麗曰:

"何用民力之甚也?"

丁亥 以鍊銀事 傳旨于各道都觀察使. 旨曰: "每歲進獻 用銀無窮

若一朝盡用 則難繼也. 各其道內銀石及鍊銀鐵物産處 備細訪問

以實啓聞. 其産處近地居民 蠲除徭賦 專屬吹鍊 來秋爲始鍛鍊.

如有隱匿不報者 以違旨論."

放還外方童女. 上曰: "事大之禮 予不敢怠 已得處女五人矣."

戊子 罷都摠制李都芬 大司憲李潑職. 初 都芬與潑以賀正使副

如金陵時 多齎布物 恣行買賣 潑乃身親行之. 張有信曰: "予赴京

三十五六度 未見如此行者." 禮部知其多齎私物以來 出禁于市曰:

"敢與朝鮮人買賣者有罰." 禮部尙書謂元閔生曰: "陛辭日逼 買賣

何如?" 閔生曰: "市人不顧布物 不能易換." 尙書笑曰: "布物背節

以布易鈔 則可以轉換矣."

以此取笑中國 及還事發. 有信恨其同行 揚言曰: "都芬 潑 閔生

金彦容及打角從人等多齎私物 恣行買賣." 由是 國人無不知之. 適

潑爲大司憲 出官之日 憲府拒而不受. 劾問有信 彦容等 有信答曰:

"當初發行 都芬輜重一馱 伴從人竝一馱 行到遼東 忽見不知所自來

物 加出者凡七隻 所裹之布 幾至百匹 潑之輜重亦同. 予告兩使曰:

'今玆行也 進獻之物甚少 而私齎物貨太多 無乃不可乎? 不如沿路

做賣.' 兩使不聽. 至于京師 市人傳言: '今朝鮮人之進獻之物小 而

私齎之貨多 愼莫與朝鮮人易布.' 後 市人持鈔易布者甚多 人云: '自

官出鈔 分與市人 買布官收.' 然亦未知其實也. 其從行者 若閔生

吳義 彦容 尙傳 崔敬湄等所齎之物 則雖未得詳知其數 然多者至

百匹 少者亦不下四五十匹. 唯書狀官金沱之布 十餘匹而已."

金沱亦啓: "皇帝不義我國使臣濫齎布物." 於是 憲司上言: "都芬

潑 有信 彦容等入朝 多齎物貨 恣行買賣 至使市裏有換布之禁
발 유신 언용 등 입조 다재 물화 자행 매매 지사 시리 유 환포 지금

禮部亦有易換何如之問 取笑辱命 殊失奉使之義 其罪不小. 然其
예부 역유 역환 하여 지문 취소 욕명 수실 봉사 지의 기죄 불소 연기

所犯 在四月二十五日宥前 罪則不敢論矣. 潑設心奸貪 不可爲風憲
소범 재 사월 이십오 일 유전 죄즉 불감 논의 발 설심 간탐 불가위 풍헌

之長 惟取上裁."
지장 유취 상재

命皆罷職. 先是 彦容之回來也 將私絹七十匹 付諸平壤道檢律
명개 파직 선시 언용 지 회래 야 장 사견 칠십 필 부저 평양도 검률

檢律以進上狸皮換賣 來京時幷將彦容絹 至靑郊驛 驛丞較重
검률 이 진상 이피 환매 내경 시 병장 언용 견 지 청교역 역승 교중

檢律裝載 重過三十斤 探取絹帒 以告監司 監司啓聞 悉入其絹於
검률 장재 중과 삼십 근 탐취 견대 이고 감사 감사 계문 실입 기견 어

濟用監.
제용감

定各官鄕校奴婢之數. 刑曹啓: "鄕校奴婢無定數 未便. 留守官
정 각관 향교노비 지수 형조 계 향교노비 무 정수 미편 유수관

三十口 大都護牧官二十五口 單府官二十口 知官十五口 縣令 縣監
삼십 구 대도호 목관 이십오 구 단부관 이십 구 지관 십오 구 현령 현감

十口定屬 其餘皆屬典農寺." 從之.
십구 정속 기여 개 속 전농지 종지

己丑 上詣文昭殿 行端午別祭.
기축 상 예 문소전 행 단오 별제

上王詣健元陵 行端午祭.
상왕 예 건원릉 행 단오제

禁賣金銀於日本客人.
금매 금은 어 일본 객인

庚寅 乍雨.
경인 사우

上詣仁德宮 奉迎上王于慶會樓 置酒 宗親侍宴. 賜酒隨駕大小
상 예 인덕궁 봉영 상왕 우 경회루 치주 종친 시연 사주 수가 대소

臣僚 賜內帑弓及箭箭各一件于宰樞廳參議 僉摠制廳 承政院 上
신료 사 내탕 궁 급 전통 각 일건 우 재추청 참의 첨총제청 승정원 상

大護軍護軍與司僕官員等五處 仍命射的.
대호군 호군 여 사복 관원 등 오처 잉명 사적

改闕內供役人稱號 漢波吾赤改別司饔 粧子色改進上床排色
개 궐내 공역 인 칭호 한파오치 개 별사옹 장자색 개 진상상배색

多人床排色外房改蒸色 酒房城上改酒色.
다인상배색 외방 개 증색 주방성상 개 주색

辛卯 囚元閔生 張有信 金沱 金彦容 吳義 姜尙傅于義禁府.

議政府上言: "元六典戶典內: '赴京使臣行次 謀利人之往赴中國

暗行買賣 致有汚辱之名 關係不小. 進獻方物路次盤纏 衣服外雜物

竝皆沒官 其謀利人帶去馬匹 幷屬各站.' 正朝進表使李都芬 進箋使

李潑等多齎私物 恣行買賣 取笑中國 以辱上命 事關大體. 憲府以

四月二十五日宥前事 勿問其罪 斷自宸衷 只令停職. 都芬 潑 有信

彦容等 請置攸司 鞫問其由 以正邦憲."

命義禁府 除都芬 潑外 皆囚鞫問 根隨買賣人及帶去匹馬 依

元六典屬站. 又敎曰: "鞫問之時 勿推物主 只問其買賣匹數 幷皆

屬公." 趙末生曰: "臣等以爲 鞫問物主 幷懲戒後." 上不答. 初 都芬

潑及熙川君金宇等或受價人銀丁 或受綵段 仍與率行上國 轉輸之

人多怨焉.

壬辰 命釋內資直長金叔儉. 初 上幸景福宮 叔儉近駕前下馬 司禁

執報兵曹 兵曹囚于典獄. 刑曹按問請罪 命曰: "新進之士 蒼黃失措

豈有不敬之心乎?" 乃釋之.

禁商人回換平安道米穀. 平安道都觀察使報: "本道風俗 兩麥

不移耕種. 京中興利人 將不緊雜物 橫行寨里 多聚米穀. 無知之民

不顧後患 費用無際 自春至秋 全出還上. 是故 往年還上未納雜穀

二十萬二千七百餘石 實違國家備糧餉之意. 自今京中從仕 道內

恒居人員農作所出回換外 興利人反賣回換一禁." 從之.

命肄陣圖. 兵曹啓: "陣圖肄習 令入直上大護軍 三軍鎭撫 經歷
都事 內禁 內侍衛 別侍衛 鷹揚衛及各門差備外 甲士 別牌等以
馬兒 追日肄習 其中不謹者 照律論罪."

兵曹上婢妾子干尺人遷轉之法. 啓曰: "前此 各領府兵去官 則以
攝隊長 隊副壯實人充立; 攝隊長 隊副遷轉 則以婢妾子及稱干稱尺
壯實人充補. 然不考立役年月多少 徒用壯實人 則一般正軍內
老弱者及奉足人 終身未得遷轉 實爲未便. 自今上項婢妾子 及
干尺人中 正軍每十名爲一小牌 每五十名爲一摠牌 各其摠牌置簿
每日書名 歲末每一摠牌內 考其役日多者一人 陞爲隊副. 其奉足
自願立役者 許令與正軍輪番 以上項例錄用 身良水軍 亦依此例
錄用何如?"

奉教: "不拘歲末 每政有闕 隨卽敍用."

癸巳 隕霜. 上曰: "四月降霜屢矣 五月則始於今年也. 元閔生
不報賀正使 副使齎布之數 人心之惡如此 天地其能位乎? 然
天變地怪 人君宜自甘受." 代言等啓曰: "閔生減報自己布物之數耳
使副使之物 與有信之言合 義禁府都事閔犀角誤達耳." 上怒乃解.

釋元閔生囚. 以民生爲處女奏聞使 將如京師 故先諸人釋之.

對馬州守護萬戶林溫使人獻土物.

甲午 隕霜. 上曰: "予自踐位以來 每見夏月繁霜 水旱不調 欲究
其所以. 然稽諸經史 有曰: '夏月繁霜 由於用刑失其原情.' 予欲於

用刑之際 參酌施行." 遂命知申事 傳教六曹 臺諫曰: "訊杖問罪之

용형 지제 참작 시행　수명 지신사　전교 육조　대간 왈　신장 문죄 지

際 恐或失中. 古語云: '天子用刑失中 則夏月霜遍天下 諸侯在一國

제 공혹 실중　고어 운　천자 용형 실중　즉 하월 상편 천하　제후 재 일국

守令在一郡.' 卿等宜各參詳古今施行. 予豈若梁武帝以麪代犧牲

수령 재 일군　경등 의각 참상 고금 시행　여기약 양무제 이면 대 희생

姑息而行之? 當考其古今 用刑之實兼盡 而後乃行之也."

고식 이 행지　당고기 고금　용형 지실 겸진　이후 내 행지 야

　上又曰: "其他天變地怪 或因他事 至於霜降之故 則乃人君刑罰

상 우왈　기타 천변지괴　혹인 타사　지어 상강 지고　즉내 인군 형벌

失中之致. 然且罪不原情 則必霜降失其時也. 曩者 晉山爲首相

실중 지치　연차 죄불 원정　즉필 상강 실 기시 야　낭자 진산 위 수상

時 人以爲: '民咨胥怨 以致天地之變怪者 皆晉山爲之也.' 使晉山

시 인이위　민자 서원　이치 천지 지변괴 자　개 진산 위지 야　사 진산

在家 以他人爲首相 天之變怪亦如彼. 今 晉山已歿 首相 六代言屢

재가　이 타인 위 수상　천지 변괴 역 여피　금 진산 이몰　수상　육대언 누

更其人 亦如此. 此則非宰相奉職之過 予在民上十八年于茲 皆予之

갱 기인　역 여차　차즉 비 재상 봉직 지과　여재 민상 십팔 년 우자　개 여지

致然也. 子息不才 不得傳位 亦不能自死 不能脫逃 徒爲之痛心耳."

치연 야　자식 부재　부득 전위　역 불능 자사　불능 탈도　도 위지 통심 이

　又曰: "今年又有旱氣 景福宮行廊蓋覆後停役."

우왈　금년 우유 한기　경복궁　행랑 개복 후 정역

　左代言徐選曰: "射廳大廳已成 而又欲加造 幷罷此役如何?" 上

좌대언 서선 왈　사청 대청 이성　이우 욕 가조　병파 차역 여하　상

然之曰: "射廳 不緊處也. 如彼壯麗何哉?" 代言等對曰: "當春秋

연지 왈　사청　불긴 처야　여피 장려 하재　대언 등 대왈　당 춘추

習射之時 兵曹堂上 鎭撫及訓鍊觀官員會坐處也. 然臣等亦以爲

습사 지시　병조 당상　진무 급 훈련관 관원 회좌 처야　연 신등 역 이위

太過也." 上曰: "盍亦思昔日遮日庇風雨時乎? 何必如此? 速令

태과 야　상왈　합역 사 석일 차일 비 풍우 시호　하필 여차　속령

停役." 仍敎曰: "予欲止公私土木之役 尙且不從 其故何哉? 予雖

정역　잉교 왈　여 욕지 공사 토목 지역　상차 부종　기고 하재　여 수

堅禁 無歲無之 每遇旱災 人人惶恐 乃欲停之 是何道也?"

견금　무세 무지　매우 한재　인인 황공　내욕 정지　시 하도 야

　傳旨于平安 咸吉 豐海 江原道監司等曰: "夏節進上益頭羅進

전지 우 평안　함길　풍해　강원도　감사 등왈　하절 진상 익두라진

加之介 鷹子 俟更有旨乃進."

가지개　응자　사 갱 유지 내진

選處女. 命議政府 六曹 臺諫與知申事趙末生 內官盧希鳳 選揀

선 처녀　명 의정부　육조　대간 여 지신사 조말생　내관 노희봉　선간

進獻處女 以黃氏 韓氏爲上等. 黃氏容貌美麗 故副令河信之女;
진헌 처녀 이 황씨 한씨 위 상등 황씨 용모 미려 고 부령 하신 지녀

韓氏嬋娟 故知淳昌郡事永矴之女也.
한씨 선연 고 지순창군사 영정 지녀 야

命書筵必備三員進講 雖溫故之時 必備三員而進講 不爾則斷以
명 서연 필비 삼원 진강 수 온고 지시 필비 삼원 이 진강 불이 즉 단이

大罪.
대죄

囚李都芬 李潑于義禁府. 以張有信具白都芬及潑率去興利之人
수 이도분 이발 우 의금부 이 장유신 구백 도분 급 발 솔거 흥리 지인

恣行買賣故也.
자행 매매 고야

命三都監 內侍茶房 尙衣院 鷹揚衛 勿設誕日祝壽齋.
명 삼도감 내시다방 상의원 응양위 물설 탄일 축수재

乙未 釋李都芬 李潑 金沱等囚 仍命除都芬 潑 閔生 沱等買賣
을미 석 이도분 이발 김타 등 수 잉 명제 도분 발 민생 타 등 매매

物色外 張有信 金彦容 吳義 姜尙傅 崔敬渭等易換之物 爲半沒
물색 외 장유신 김언용 오의 강상부 최경위 등 역환 지물 위 반몰

官; 從人四名之物 專沒於官. 先是 憲府請都芬等罪 上曰: "除他事
관 종인 사명 지물 전몰 어관 선시 헌부 청 도분 등 죄 상왈 제 타사

罷職. 使副使罷職 亦足知戒矣 其餘勿論." 末生曰: "有信之職亦罷
파직 사 부사 파직 역족 지계 의 기여 물론 말생 왈 유신 지직 역 파

乎?" 上曰: "雖不罷職 有政事則必見代." 以有信等司譯院之職 更相
호 상왈 수불 파직 유 정사 즉 필 견대 이 유신 등 사역원 지직 갱상

遞代故也.
체대 고야

命司憲府推覈欽問起居使 通事 押物 打角夫 從人等買賣泛濫
명 사헌부 추핵 흠문기거사 통사 압물 타각부 종인 등 매매 범람

事狀. 司憲府啓: "金宇等入朝貿易雜物 乞盡沒於官." 上曰: "除
사상 사헌부 계 김우 등 입조 무역 잡물 걸 진몰 어관 상왈 제

金宇外 書狀 通事 押物等所易雜物 爲半沒官; 從人所易之物 一皆
김우 외 서장 통사 압물 등 소역 잡물 위반 몰관 종인 소역 지물 일개

沒官."
몰관

丙申 命六曹議定訊杖之數 仍命可言之事 擬議以聞.
병신 명 육조 의정 신장 지수 잉명 가언 지사 의의 이문

刑曹啓: "議政府 諸曹奉敎擬議條件.
형조 계 의정부 제조 봉교 의의 조건

一 訊杖每一次多不過三十度 須令置簿 以憑後考.
일 신장 매 일차 다 불과 삼십 도 수령 치부 이빙 후고

一 凡訊杖體制及打下處 一依義禁府例.
일 범 신장 체제 급 타하 처 일의 의금부 예

一 壓膝一次二人 二次四人 三次六人. 其犯十惡 强盜 殺人外
일 압슬 일차 이인 이차 사인 삼차 육인 기범 십악 강도 살인 외

母得用此.
무득 용차

一 京中掌刑各司 已決訊杖次數及杖數 每於決等啓本具錄. 雖竟
일 경중 장형 각사 이결 신장 차수 급 장수 매어 결등 계본 구록 수경

未得情 其已行訊杖者 次數杖數亦當啓聞 母得濫刑.
미 득정 기이행 신장 자 차수 장수 역 당 계문 무득 남형

一 京中攸司凡奉教拘問 應加訊杖者必啓聞 然後乃行.
일 경중 유사 범 봉교 구문 응가 신장 자필 계문 연후 내행

一 外方各官守令 凡罪囚應加訊杖者 母得擅自行刑 必報觀察使
일 외방 각관 수령 범 죄수 응가 신장 자 무득 천자 행형 필보 관찰사

然後施行. 臨時可決輕罪 不在此限 決後亦報觀察使. 觀察使每
연후 시행 임시 가결 경죄 부재 차한 결후 역보 관찰사 관찰사 매

季月 各官罪囚訊杖次數及杖數 亦依京中例 具錄啓聞.
계월 각관 죄수 신장 차수 급 장수 역 의 경중 예 구록 계문

一 京外官吏 如有不體聖上欽恤之意 違法亂刑者 京中司憲府;
일 경외 관리 여유 불체 성상 흠휼 지의 위법 난형 자 경중 사헌부

外方都觀察使 許犯罪人親屬陳告 依律論罪."
외방 도관찰사 허 범죄인 친속 진고 의율 논죄

從之.
종지

罷於蘭梁水軍萬戶宋安職 幷徵漕運時濫用之物. 從全羅道
파 어란량 수군만호 송안 직 병징 조운 시 남용 지물 종 전라도

觀察使之啓也.
관찰사 지 계야

丁酉 命徒流人母及妻子完聚. 下旨曰: "曾犯罪徒流者及
정유 명 도류인 모급 처자 완취 하지왈 증 범죄 도류 자급

自願安置人等妻子 聽皆自願居生 其屬官賤人等之母 亦許往來
자원안치 인등 처자 청개 자원 거생 기 속관천인 등지모 역허 왕래

相見."
상견

辛孟和 辛叔和許令外方從便.
신맹화 신숙화 허령 외방 종편

戊戌 戶曹詳定赴京使臣布物: "使副使各十五匹 從事官十匹
무술 호조 상정 부경사신 포물 사 부사 각 십오 필 종사관 십필

打角夫五匹. 茶蔘外其餘雜物 一皆禁斷." 從之.
타각부 오필 다삼 외 기여 잡물 일개 금단 종지

以咸吉道閭延郡屬平安道 以道途往來之便也.
이 함길도 여연군 속 평안도 이 도도 왕래 지 편야

賜知申事趙末生角弓.
사 지신사 조말생 각궁

己亥 司憲府請兵曹判書李原 參判李春生等罪 命勿論. 原等
기해 사헌부 청 병조판서 이원 참판 이춘생 등 죄 명 물론 원등

承命試吹角於東小門之外 仍設酌 與平陽君金承霔 吏曹判書朴信
승명 시 취각 어 동소문 지 외 잉 설작 여 평양군 김승주 이조판서 박신

工曹判書成發道 坡平君尹坤 摠制河敬復等會射. 事覺 司憲府
공조판서 성발도 파평군 윤곤 총제 하경복 등 회사 사각 사헌부

劾之. 上召掌令鄭欽之勿推 欽之曰: "敢不從命? 然旱氣太甚 殿下
핵지 상소 장령 정흠지 물추 흠지 왈 감 부종 명 연 한기 태심 전하

宵旰憂勤 爲大臣者慮不及此 恣爲宴飮 已爲不可. 又擅發紫門鋪馬
소간 우근 위대신자 여 불급 차 자위 연음 이위 불가 우 천발 자문 포마

五匹 載倡妓以行 尤非大臣之意也. 願悉啓聞而取旨." 趙末生以聞
오필 재 창기 이행 우비 대신 지의야 원실 계문 이 취지 조말생 이문

上曰: "憲司之劾是矣. 然大臣不勝歡情 暫宴于外 何敢罪之?" 憲司
상 왈 헌사 지핵 시의 연 대신 불승 환정 잠 연 우외 하감 죄지 헌사

上疏曰:
상소 왈

'李原 金承霔 朴信 成發道 尹坤 河敬復及仁寧府尹金漸
이원 김승주 박신 성발도 윤곤 하경복 급 인녕부윤 김점

兵曹參判李春生 大護軍柳衍之 兵曹正郎徐晉 鄭還 尹粹 佐郎
병조참판 이춘생 대호군 유연지 병조정랑 서진 정환 윤수 좌랑

金尙直 鄭麟趾等當公私宴飮一禁之時 各持酒果 城外宴飮. 今其
김상직 정인지 등 당 공사 연음 일금 지시 각지 주과 성외 연음 금기

劾問之際 趙末生傳旨曰: "勿論." 然仲夏之月 彌月不雨 殿下宵旰
핵문 지제 조말생 전지 왈 물론 연 중하 지월 미월 불우 전하 소간

九重 焦心軫慮 李原 承霔 朴信 發道 尹坤 敬復 金漸 春生等或以
구중 초심 진려 이원 승주 박신 발도 윤곤 경복 김점 춘생 등 혹이

勳舊 或以委任 處論思之位 當鈞軸之地 誠宜謹愼節儉 正身率下
훈구 혹이 위임 처 논사 지위 당 균축 지지 성의 근신 절검 정신 솔하

思欲弭災 寢食不暇也. 今乃不體殿下憂勤之意 城外聚會 烹羔設宴
사욕 미재 침식 불가 야 금 내 불체 전하 우근 지의 성외 취회 팽고 설연

携妓作樂 竟日以飮 實無大臣憂國之意. 柳衍之 徐晉 鄭還 尹粹
휴기 작악 경일 이음 실무 대신 우국 지의 유연지 서진 정환 윤수

金尙直 鄭麟趾等以識理朝士 所行如此 皆爲不當. 今若竝皆勿論
김상직 정인지 등 이 식리 조사 소행 여차 개위 부당 금약 병개 물론

則後無戒焉. 上項人員論罪 以懲不恪.'
즉 후 무계 언 상항 인원 논죄 이징 불각

不允.
불윤

杖檢校判內侍府事李元奉八十 徒三年 屬司憲府下典. 以罵
장 검교 판내시부사 이원봉 팔십 도 삼년 속 사헌부 하전 이 매

吉昌君權跬之子也.
길창군 권규 지 자 야

辛丑 上王至昌德宮 置酒極歡 以上之誕日也. 宗親侍宴. 賜酒
신축 상왕 지 창덕궁 치주 극환 이 상 지 탄일 야 종친 시연 사주

入直大小臣僚與甲士 別牌 下至防牌. 命內官申用明 賜酒肉于
입직 대소 신료 여 갑사 별패 하지 방패 명 내관 신용명 사 주육 우

昌寧府院君成石璘. 上慮石璘年老 難於起居 故有是賜.
창녕부원군 성석린 상 여 석린 연로 난어 기거 고 유 시사

壬寅 以卞季良爲禮曹判書 曹恰右軍都摠制 趙庸藝文館大提學.
임인 이 변계량 위 예조판서 조흡 우군도총제 조용 예문관대제학

遣工曹參判申槪如京師 賀千秋也. 上曰: "凡進表箋 予無有不親
견 공조참판 신개 여 경사 하 천추 야 상왈 범진 표전 여 무유 불친

拜送之時 今日體氣未安 不能親行." 乃命世子備儀仗 率百官 代行
배송 지시 금일 체기 미안 불능 친행 내 명 세자 비 의장 솔 백관 대행

拜箋禮.
배전례

遣左軍僉摠制元閔生如京師 奏曰: '永樂十五年四月初四日 通事
견 좌군첨총제 원민생 여 경사 주왈 영락 십오 년 사월 초사일 통사

元閔生回自京師言: "本年正月二十一日 欽受賞賜 宣進表使李都芬
원민생 회자 경사 언 본년 정월 이십 일일 흠수 상사 선 진표사 이도분

及元閔生等入右順門內. 有權婆婆 太監黃儼等對閔生等說道: '恁
급 원민생 등 입 우순문 내 유권 파파 태감 황엄 등 대 민생 등 설도 임

回去 國王根底說了. 選一箇的當的女兒 奏本上塡他姓年紀來.'"
회거 국왕 근지 설료 선 일개 적당 적 여아 주본 상전 타 성년 기래

聽此 於在城各道府州郡縣文武兩班幷軍民之家 儘情選揀到女兒
청차 어 재성 각도 부주 군현 문무양반 병 군민 지 가 진정 선간 도 여아

一名 待候進獻 今先將女兒生年月日及親父職事 姓名 籍貫開坐
일명 대후 진헌 금 선 장 여아 생년월일 급 친부 직사 성명 적관 개좌

謹具奏聞.
근구 주문

一 奉善大夫 宗簿副令黃河信女子 年十七歲 辛巳年五月初三日
일 봉선대부 종부부령 황하신 여자 연 십칠 세 신사년 오월 초삼일

亥時生 本貫尙州.'
해시 생 본관 상주

賜河信家米十石 鹽醬魚醢等物.
사 하신 가 미 십석 염장 어해 등물

下禁酒令 減膳 是夜雨.
하 금주령 감선 시야 우

洪州牧使柳思訥遣伴人獻私馬一匹 上受之 賜內廏馬一匹 又賜
홍주목사 유사눌 견 반인 헌 사마 일필 상 수지 사 내구마 일필 우 사

伴人細麻布衣.
반인 세마포 의

癸卯 禁平安道都巡問使贈赴京使臣雜物 唯小刀子 阿多介
계묘 금 평안도 도순문사 증 부경사신 잡물 유 소도자 아다개

沙羅遜 毛冠 分套 耳掩 南羅介等勿禁. 憲府啓: "當赴京使臣行次
사라손 모관 분투 이엄 남라개 등 물금 헌부 계 당 부경사신 행차

遣監察一員于義州 搜檢私齎雜物 其數外之物收取 永爲恒式."
견 감찰 일원 우 의주 수검 사재 잡물 기수 외지물 수취 영위 항식

戶曹啓: "赴京使臣每行次 平安道義州等處軍人護送遼東之時 每
호조 계 부경사신 매 행차 평안도 의주 등처 군인 호송 요동 지시 매

一名苧麻布中三匹式 齎持入去 其餘物色一禁." 從之.
일명 저마포 중 삼필 식 재지 입거 기여 물색 일금 종지

司諫院上疏 請摠制權希達之罪. 疏曰:
사간원 상소 청 총제 권희달 지죄 소왈

'大抵 人之不道者 前無所懲 則後無所戒. 希達以橫戾殘暴之資
대저 인지 부도 자 전무 소징 즉후 무 소계 희달 이 횡려 잔포 지자

無所忌憚 累干邦憲 而殿下特垂寬仁 只令罷職 尋復除官 宜其改過
무소기탄 누간 방헌 이 전하 특수 관인 지령 파직 심부 제관 의기 개과

易慮 以報聖恩 今月初五日 隨駕于景福宮 與摠制成達生因射誇能
역려 이보 성은 금월 초오일 수가 우 경복궁 여 총제 성달생 인사 과능

脫達生之帽 携髮而曳 同列共禁 而又加辱罵. 此無他 濫蒙聖恩 無
탈 달생 지모 휴발 이예 동렬 공금 이우 가 욕매 차 무타 남몽 성은 무

懲戒之故也. 其肆狂闕內 不敬天威 凌辱同列之罪 誠宜痛懲而戒後
징계 지고야 기 사광 궐내 불경 천위 능욕 동렬 지죄 성의 통징 이 계후

也. 伏望殿下一依憲司之請 俞允施行 以正風俗 以肅朝廷.'
야 복망 전하 일의 헌사 지청 유윤 시행 이정 풍속 이숙 조정

不允. 三軍都鎭撫平陽君金承霔 谷山君延嗣宗 摠制河敬復等
불윤 삼군 도진무 평양군 김승주 곡산군 연사종 총제 하경복 등

啓曰: "希達曾於景福宮隨駕之日 凌辱鎭撫 諫院已請其罪 上只奪
계왈 희달 증어 경복궁 수가 지일 능욕 진무 간원 이청 기죄 상 지탈

丘史 此人必不悛心. 乞從諫院狀申." 上曰: "待事畢 然後言之."
구사 차인 필부 전심 걸종 간원 장신 상왈 대 사필 연후 언지

甲辰 三館行首掌務 贖答五十還任 以赴試生徒行楚之罪也.
갑진 삼관 행수장무 속태 오십 환임 이 부시 생도 행초 지죄야

全羅道都觀察使上濟州事宜:
전라도 도관찰사 상 제주 사의

'據旌義縣監李眙呈 以旌義爲本邑 曾有敎旨 然其合屬四縣 連排
于漢拏山南面 若以旌義縣爲本邑 則狐兒縣 洪爐縣相去三息有餘
其人民往來 公事支待及牧場考察等事 弊實不貲 宜於中央旌義地
西村 眞舍及兎山地中 地利可當處 邑城排置. 若其防禦則縣監於
順風時 領軍到旌義鎭 固守防禦.'

從之.

乙巳 賜對馬島守護宗貞茂米百石. 貞茂遣人來獻土物 仍告糴也.

禮曹請物納倭使所獻深黃 從之. 以禁用黃色也.

丙午 雨.

丁未 遣行臺監察李長孫于義州 搜檢申槩 元閔生等私齎物色也.

命趙末生傳曰: "赴京使臣行次汎濫謀利之人 令平安道都巡問使
義州牧使考察 已曾下旨 然近來行次 不遣行臺考察 故今又遣之.
使行臺監察於都巡問使義州牧使處 盡情考察事說道 然後考察."

己酉 京畿探訪判官權審進黃眞絲與繭. 初 前藝文館大提學李行
於農桑輯要內 抽出養蠶方 自爲經驗 所收倍常 遂板刊行于世.
國家慮民間未解華語 命議政府舍人郭存中 將本國俚語 逐節夾註
又板刊廣布 然非我國素習 皆不樂爲之. 至是 命擇各道閑曠有桑
之地 分遣探訪 屬典農寺奴婢 免其雜役 使之養蠶 以示民間 又令
後宮親自養焉 多有所得.

辛亥 上幸景福宮 奉迎上王 設宴射侯 宗親侍宴. 賜酒隨駕大小

臣僚 賜內帑弓矢于隨駕宰樞 代言 上大護軍.
신료 사 내탕 궁시 우 수가 재추 대언 상 대호군

壬子 全羅道採訪副使柳翼之 豐海道採訪副使徐係稜獻黃
임자 전라도 채방부사 유익지 풍해도 채방부사 서계릉 헌 황

白眞絲.
백진사

命慶尙道都觀察使 都節制使 禁倭人沿海造船.
명 경상도 도관찰사 도절제사 금 왜인 연해 조선

賜趙愼言米豆幷十石. 愼言夫婦皆連宗戚 上憐其窮 有是賜.
사 조신언 미두 병 십석 신언 부부 개연 종척 상련 기궁 유 시사

藤次郎率來倭三味時羅母喪 賜賻米豆幷十石 紙百卷.
등차랑 솔래 왜 삼미시라 모상 사부 미두 병 십석 지 백권

乙卯 遣大護軍任君禮于咸吉道 傳旨于都巡問使姜淮仲曰: "吉州
을묘 견 대호군 임군례 우 함길도 전지 우 도순문사 강회중 왈 길주

州內東面海邊吾羅退寺洞口卵峯碧甸兒石滿峯 同今去任君禮不煩
주내 동면 해변 오라퇴 사동구 난봉 벽전아석 만봉 동 금거 임군례 불번

親到 任君禮根隨前司正崔永達指揮聽知 採取以進 其左右峯所産
친도 임군례 근수 전 사정 최영달 지휘 청지 채취 이진 기 좌우 봉 소산

亦堅禁." 君禮竟未覓.
역 견금 군례 경 미멱

姜淮仲報云: "五月二十三日 鏡城出來摠旗佟阿里答 童不花
강회중 보운 오월 이십삼일 경성 출래 총기 동아리답 동불화

等二十名言內 '內使張信齎陪聖旨 丙申十一月十四日 到遼東 率
등 이십명 언내 내사 장신 재배 성지 병신 십일월 십사일 도 요동 솔

軍馬一千五百名 正月十九日離發 三月二十九日到羅延 置木柵造
군마 일천 오백 명 정월 십구일 이발 삼월 이십구일 도 나연 치 목책 조

倉庫 輸入糧料後 擔來軍人隨卽還送 千戶石脫里率軍人五百 農牛
창고 수입 양료 후 담래 군인 수즉 환송 천호 석탈리 솔 군인 오백 농우

一百六十隻 亦於羅延等地農作.' 張信又率兵馬一千 四月十七日
일백 육십 척 역어 나연 등지 농작 장신 우솔 병마 일천 사월 십칠일

離發 二十八日到南羅耳 斫材木 令曰: '毋令近地接兀良哈及朝鮮人
이발 이십팔일 도 남라이 작 재목 영왈 무령 근지 접 올량합 급 조선인

等驚動.' 又欲'以元朝時 松鶻鷹子所獲處 吉州 阿看 吾甫伊 西之委
등 경동 우욕 이 원조 시 송골 응자 소획 처 길주 아간 오보이 서지위

等地 沙所坐基趾看審爲意 乃率南羅耳接千戶羅吾 阿多毛等二人
등지 사소좌 기지 간심 위의 내솔 남라이 접 천호 나오 아다모 등 이인

指路而來事' 傳通. 然西之委等處 鏡城初面二三日程途 不宜出送.
지로 이래 사 전통 연 서지위 등처 경성 초면 이삼 일 정도 불의 출송

且阿看等處 民多居生 以在前松骨捉得事 未聞爲對."
차 아간 등처 민 다 거생 이 재전 송골 착득 사 미문 위대

鏡城兵馬使黃象所報聲息: "一 童不花等自中言說: '自遼東至
경성 병마사 황상 소보 성식 일 동불화 등 자중 언설 자 요동 지

南羅耳道路極險 糧料擔持軍一萬八千名往返甚艱. 乃使軍人二百
남라이 도로 극험 양료 담지 군 일만 팔천 명 왕반 심간 내 사 군인 이백

伐木開路 然後出來.'
벌목 개로 연후 출래

一 羅延農事 只要牛飼 來年二月間 寺社畢造後乃還.
일 나연 농사 지요 우사 내년 이월 간 사사 필조 후내환

一 南羅耳等處伐木 則必雷震 必以鋸無聲而取 故營造稽遲.
일 남라이 등처 벌목 즉필 뇌진 필 이거 무성 이취 고 영조 계지

一 造寺後 以達達僧人及近處有善心僧人看直事說了.
일 조사 후 이 달달 승인 급 근처 유 선심 승인 간직 사설료

一 所持馬匹屢死 欲以絹及木綿買馬 對以牛馬放賣 本國所禁.
일 소지 마필 누사 욕 이견 급 목면 매마 대이 우마 방매 본국 소금

一 內使張信云: '朝鮮國王至誠事大 於近地來守者 豈不送酒問慰
일 내사 장신 운 조선 국왕 지성 사대 어 근지 내수 자 기불 송주 문위

乎?'"
호

上命議政府 六曹同議以聞. 左議政朴訔以爲: "人臣無外交之
상 명 의정부 육조 동의 이문 좌의정 박은 이위 인신 무 외교 지

義 張內官無聖旨而入我境內 必不爲之. 令鏡城兵馬使擧大義以喩
의 장 내관 무 성지 이입 아 경내 필불 위지 영 경성 병마사 거 대의 이유

今來鏡城人等 而且告云: '吉州 自古人居稠密 松骨捉得處本無.' 彼
금래 경성 인등 이차 고운 길주 자고 인거 조밀 송골 착득 처 본무 피

若欲聞于國家 然後乃入 都巡問使似若自爲之辭答曰: '雖聞于國家
약 욕문 우 국가 연후 내입 도순문사 사약 자위 지사 답왈 수 문우 국가

無聖旨 故不納焉.' 厚慰以送."
무 성지 고 불납 언 후위 이송

皆從訔計. 乃命李原 李春生 趙末生 徐選 將此意回書于姜淮仲
개 종은 계 내명 이원 이춘생 조말생 서선 장 차의 회서 우 강회중

黃象. 其書略曰:
황상 기서 약왈

'吉州 阿看 吾甫伊 西之委等地 本無鷹子所捉沙所坐之處 況
길주 아간 오보이 서지위 등지 본무 응자 소착 사소좌 지처 황

佟阿里答等 旣無聖旨 雖報於國 必不許入之事傳說 而慇懃慰送
동아리탑 등 기무 성지 수 보어 국 필 불허 입지 사전설 이 은근 위송

勿令彼人知得傳報之意.'
물령 피인 지득 전보 지의

宥前護軍權護罪. 護習射 矢入宮墻 照律罪應絞. 上敎護曰:
유 전 호군 권호 죄 호 습사 시입 궁장 조율 죄 응교 상교 호왈

"汝罪大矣. 然汝父衷爲太祖原從功臣 故原之."
여죄 대의　연 여부 충 위 태조　원종공신　고 원지

태종 17년 정유년
윤5월

閏五月

병진일(丙辰日) 초하루에 첨지사역원사(僉知司譯院事-사역원 첨지
사) 장약수(張若壽)에게 명해, 왜인(倭人)에게 포로가 됐던 중국 사
람[唐人] 김아침(金亞侵) 등 4명을 요동(遼東)으로 압송(押送)하게
했다.

○ 윤향(尹向)을 경상도 도관찰사(慶尙道都觀察使), 이백지(李伯持)
를 강원도 도관찰사(江原道都觀察使), 김구덕(金九德)을 동지돈녕부사
(同知敦寧府事-돈녕부 동지사)¹로 삼았다.

○ 권영균(權永均)² · 임첨년(任添年) · 정윤후(鄭允厚) · 이무창(李茂
昌) · 최득비(崔得霏)에게 밭 20결(結)을 각각 내려주었다. 뒤에 영균
(永均)에게는 10결을 더 내려주며 말했다.

"이 사람은 세가(世家)의 자제이므로, 다른 (명나라) 황친(皇親)에
비할 바가 아니다."

○ 명해 전 사윤(司尹) 이맹유(李孟眛), 검교 판사(檢校判事) 김서(金
紓), 대호군 이란(李蘭)의 과전(科田)을 환급(還給)토록 했다. 이에 앞

---

1   약칭은 동지돈녕이다.

2   광록경(光祿卿) 권영균(權永均)의 여동생이 명나라 성조(成祖-永樂帝)의 후궁이었던 현비
    (賢妃)다. 고려 시대나 조선 초기에는 우리나라 여자들을 중국에 후궁(後宮)으로 보내는
    공녀(貢女) 제도가 있었는데, 태종 9년(1409년) 영균의 여동생도 공녀로 뽑혀가서 중국
    황제의 후궁이 됐다가 나중에 현비로 책봉됐다.

서 맹유 등이 금주령을 어기면서 회음(會飮)한 까닭에 그들의 과전을 거두었는데, 이때에 이르러 도로 내려주었다. 박은(朴訔)이 맹유의 친구이므로, 그래서 도로 내어주기를 청했기 때문이다.

기미일(己未日-4일)에 수원부사(水原府使) 박강생(朴剛生), 봉례랑(奉禮郎) 윤돈(尹惇)을 파직(罷職)했다. 이에 앞서 돈(惇)이 과천현감(果川縣監)에서 교대돼 서울로 돌아올 때 강생(剛生)과 금천현감(衿川縣監) 김문(金汶) 등이 돈을 안양사(安養寺)에서 전별(餞別)했는데, 문(汶)이 소주(燒酒)에 상(傷)해 갑자기 죽었다. 이때에 이르러 일이 발각돼 헌부(憲府)에서 죄줄 것을 청하니, 상이 말했다.

"술을 권하는 것은 본시 사람을 죽이고자 함이 아니고, 이웃의 같은 관리[隣官]를 전별함도 상사(常事)다."
인관
명해 다른 일은 제외하고 파직시켰다.

○ 훈련관(訓鍊觀)에서 전지(田地)를 본관(本觀)에 소속시키고 무사(武士) 양성 방법을 성균관(成均館)과 같게[一如] 해줄 것을 청하니
일여
상이 말했다.

"안 될 일이다. 무(武)란 본시 광사(狂事)이며 공력을 씀이 적은 까닭에 사람마다 즐겨서 나가니, 또한 무과(武科)를 설치해서 취사(取士-무사를 뽑음)하고 관직을 제수함으로써 그들을 권장하면 충분하다."

이조판서 박신(朴信)이 말했다.

"무사(武士) 양성을 성균관과 같게 해서 아침저녁으로 병서(兵書)를 읽게 하소서."

상이 말했다.

"병서를 읽는 것이 어찌 육경(六經)·사서(四書)를 구명하는 것만 하겠는가?"

신(信)이 이를 억지로 주장하니, 상이 말했다.

"일단은 후일을 기다려라."

○ 함길도 도순문사 강회중(姜淮仲)이 글을 올렸다. 글은 대략 이러했다.

'특별히 성은(聖恩)을 입어 외람되게 대임(大任)을 받았으니, 명을 받은 이래로 심히 두려움을 감당할 수가 없어 밤낮으로 전전긍긍하고 있습니다[戰兢-戰戰兢兢]. (그런데) 지금 도내(道內)의 갑산군사(甲山郡事-갑산군 지사) 장온(張蘊)이 공사(公事)의 혐의를 가지고 도리어 사사로운 원수를 만들어 거짓으로 신(臣)이 불법(不法)한 것처럼 몇 건을 꾸며대어 신을 죄에 빠지게 하고자 도모하니, 신은 신소(申訴-호소)할 곳이 없어 억울함과 서글픔[鬱悒]을 이기지 못하고 있습니다. 삼가 신이 비훼(誹毀-비난)받는 근유(根由-근본 이유)와 온(蘊)이 신을 비훼한 본말(本末)을 다음과 같이[如左] 갖춰 기록해 올리니, 엎드려 바라건대 빼어나심으로 재단(裁斷)해주소서.

온은 그 고을 사람 이안(李安)·동천(童天) 등이 몰래 상경(上京)할 때 제 마음대로 죽반(粥飯)·초료(草料)의 문자(文字-증서)를 주었습니다. 평포도 역승(平浦道驛丞) 이현식(李賢植)이 거두어 가지고 정보(呈報-보고)했으므로, 신(臣)이 제 마음대로 준 사유(辭由)를 추핵(推劾)하고자 색리(色吏-아전)로 하여금 보내게 했더니 온이 거절하고서 보내지 않았고, 두 번 세 번 행이(行移-이첩)해도 거짓으로[佯] "일이 많아서 잊었다"라고 핑계 대며 여전히 보내지 않았습니다. 신이 북청부(北靑府)로 행이해 추고(推考)하게 했더니, 온은 북청에 이르러 초사(招辭)는 들이지 않고 밤중에 까닭 없이 본관으로 돌아갔습니다. 또 온이 그 고을 아전들의 장보(狀報-보고)에 의거해 이르기를 "전 군수(郡守) 홍유(洪宥)가 서울로 나아가 관(官)이 비었을 때, 북청부 사람 전 소감(少監) 김종남(金終南)이 고을에서 기르는 진상할 매[鷹子] 5런(連)을 빼앗아 가지고 갔다"라고 했습니다. 신이 북청부에 행이해 추고(推考)했더니 종남(終南)이 공술하기[供稱]를, "전혀 그런 일은 없고, 단지 홍유와 다른 사람이 사응(私鷹) 4런(連)을 주기에 가지고 왔을 뿐입니다. 그 허실을 그 고을 아전과 한곳에 자리를 같이하여 변명하기를 원합니다"라고 하기에, 신이 이에 의거해 또 색리를 보냈으나 온은 여전히 내버려두고 보내지 않았습니다. 그뿐 아니라 무릇 시위(施爲-정령을 베풀고 행하는 바)하는 바가 수령(守令)에 부적합하므로 추핵(推覈)할 즈음, 마침 유지(宥旨-사면령)가 있어 뜻을 이루지 못했습니다. 온은 이 때문에 호장(戶長) 신득방(辛得邦) 등을 꾀어 신이 불법한 것 5~6조(條)를 기록해서, 친히 그 글을 써서 그들로 하여금 사헌부에 바치게 하고자 했으나 결국 올리지 못했습니다. 신이 그 장사(狀辭-소장에 기록된 말)를 보니 이러했습니다.

첫째, 갑산군(甲山郡) 노비를 멋대로 제가 여연(閭延)에 분속(分屬)한 일입니다. 그러나 신의 어리석은 생각에는 "국가에서 이미 갑산(甲山) 일읍(一邑)의 토지와 인민을 나눠 양군(兩郡)으로 만들었으므로 유독 노비에 대한 것만 다시 번거롭게 계문(啓聞)함이 옳지 못하다"라고 여긴 까닭에 신이 균평하게 분속시킨 일이라고 이미 행이

(行移)했는데도, 온이 갑산 편을 들어 지금까지 연고를 핑계로 분배하지 않은 채 여연수령(閭延守令)과 군관(軍官)·사객(使客)의 공판(公辦)에 온 촌민(村民)을 사역시켜서 백성이 고생을 견디지 못하게 했습니다. 신은 우둔해 사곡됨[曲]이 누구에게 있는지 아직 알지 못하겠습니다.

둘째, 2처(妻)와 중첩(衆妾)을 관아 안에 벌여놓고 늠록(廩祿)을 허비한다는 일입니다. 그러나 지난 정해년에 신의 처(妻) 남씨(南氏)가 사망한 뒤 몇 해 동안을 홀아비로 살다가 한 비첩(婢妾)을 두었고, 계사년에 이르러서 최씨(崔氏)를 취(娶)한 것뿐입니다. 이 일은 모든 사람이 다 아는 것으로 어찌 변명하기 어렵겠습니까? 관아 안에 데리고 온 노비수(奴婢數)와 늠록을 지급한 것도 한결같이 상정(詳定)한 것에 의거했기에 실로 규정에 지나침이 없음은 분명히 함흥부(咸興府)의 중기(重記-곡식 출납 장부)에 있습니다.

셋째, 좋지 않은 매[鷹子]를 진상하고, 좋은 매는 골라서 친렵(親獵)해 금수를 잡아다 처첩(妻妾)을 양육한다는 일입니다. 그러나 신이 비록 어리석고 사리에 어둡다 해도[愚暗] 진상하는 일을 어찌 감히 삼가지 않겠습니까? 신이 (장사(狀辭)를) 읽다가 이에 이르러서는 눈물이 흐르는 것도 깨닫지 못했습니다. 신이 비록 재주 없다 하더라도 감사(監司)로서 처첩을 길러주기 위해 친히 금수를 사냥해 잡겠습니까? 이럴 리가 만무(萬無)합니다. 신에게 만약 이런 일이 있었다면 여러 사람의 눈을 가릴 수 없을 것입니다. 단지 전례(前例)에 따라 진상할 매 2~3연(連)을 기르던 중에 털이 빠졌을 뿐입니다[退毛].

넷째, 함부로 포마(鋪馬-역마)를 타는 사람을 죄주지 아니한 일입니다. 그러나 이 일은 평포도 역승(平浦道驛丞) 이현식(李賢植)이 차사(差使)로 인해 갑산(甲山)으로 들어갔다 돌아오는 노차(路次)에 위항에 적힌 온의 인원이 함부로 죽반(粥飯)·초료(草料)의 문자(文字)를 준 것을 거두어 가져온 것인데, 온은 이에 노여움을 머금고 보복(報復)하고자 꾀해 "함부로 포마(鋪馬)를 탔습니다"라고 정보(呈報)한 것입니다. 신이 즉시 북청부로 행이(行移)해 현식(賢植)을 추고(推考)하자 그가 공술하기를 "아무도 없는 산골짜기에서 말을 탄 역자(驛子) 1명을 데리고 왔습니다"라고 하니, 신이 그 실정을 살펴보건대 용서할 만한 것 같기에 그대로 두고 논죄하지 말라고 했습니다. 이 일도 또한 온이 공의(公義)를 핑계 삼아 사수(私讎-개인적인 원수)를 갚으려 한 것입니다.

다섯째, 초피(貂皮-담비 가죽) 100령(領)을 사용(私用)한 일입니다. 그러나 신은 용렬(庸劣)한 자질을 가지고 이미 성은(聖恩)을 입었고 선음(先蔭-선조의 음덕)을 이어받아 벼슬이 이에 이르렀으니, 항상 상께 보답하고 선조에게 욕되지 않고자 하고 있습니다. 신이 어찌 감히 공물(公物-관물)을 도용(盜用)해 제 몸에 흠이 있게 함으로써 마침내 후손에까지 누(累)가 되게 하겠습니까? 신의 종천(終天-세상이 끝날 때까지)의 아픔이 이보다 더한 것이 없습니다. 신은 전규(前規-전례)에 의거해 신세포(神稅布)[3] 100필을 초피(貂皮)의 산처(産處)인 갑산(甲山)·여연(閭延) 두 고을에 각각 50필씩 보내 자원(自願)에 따라 무

---

3 조선조 때 나라에서 무당(巫堂)이나 판수[盲人]에게 세(稅)로 부과하던 포목(布木)을 말한다.

역하게 해, 좋은 것을 골라 진상하기로 하고 그 나머지 숫자는 분명히 문적에 기록해두었습니다. 신이 어찌 감히 기망(欺罔)하겠습니까?

위 항의 다섯 가지 오훼(汚毁)는 천유(穿踰-도둑)[4]보다도 심합니다. 만약 일이 유전(宥前-사면령 이전)에 있었던 일이라고 변명(辨明)할 수 없었더라면, 신이 장차 무슨 면목으로 성조(盛朝-성대한 조정)에 설 것이며 선조를 지하에 가서 뵙겠습니까? 신이 가만히 생각건대, 온 이 신을 비훼한 것은 비록 사유(赦宥) 전에 있었다 하더라도 신의 변명이야 어찌 사유의 전후를 헤아릴 겨를이 있겠습니까? 하물며 온 이 신을 비훼해 양설(揚說-크게 떠들어 댐)함은 또한 사유의 뒤에 있었으니 말해 무엇하겠으며, 또 감사와 수령의 직분에 어떻겠습니까? 그가 조언(造言-말을 지어냄)한 실마리를 따져보면, 다름 아니라 자기가 위착(違錯-잘못)한 일 때문입니다. 전최(殿最)[5]할 즈음 폄출(貶黜)을 가할까 두려워서 휼계(譎計)를 펴고자 꾀해서, 전최하는 시기보다 앞질러 많은 회뢰(賄賂)를 행해 자기의 사식(詐飾)과 무망(誣罔)을 도움으로써 신을 함정에 빠뜨리고 (폄출을) 시행하지 못하게 하고서는 그것을 득계(得計)한 것으로 여기고자 함이니, 그 설심(設心-마음 씀)의 험악함과 용모(用謀-꾀를 씀)의 간휼함이 이와 같습니다. 신은 전

4　『논어(論語)』「양화(陽貨)」편에 나오는 말에서 가져온 것이다. "공자가 말했다. '얼굴빛은 위엄을 보이면서 내면이 유약한 것을, 소인에 비유해서 말한다면 벽을 뚫고 담을 넘는 도둑놈[穿窬=穿踰]과 같을 것이다.'"
　　　　　　　　　　　　　　　천유　천유
5　지방 감사(監司)가 각 고을 수령(守令)의 치적을 심사해 중앙에 보고할 때, 그 우열(優劣)을 나눠 상등을 최(最)라 하고 하등을 전(殿)이라 하던 제도다. 매년 6월과 12월에 실시했는데, 5고3상(五考三上)이면 승진됐다.

례(典禮)가 이지러지고 풍속(風俗)이 야박해짐이 온으로부터 시작할까 두렵습니다. 신은 온이 소신(小臣)을 모훼(謀毁)한 문적을 별봉(別封)하고 아울러 실봉(實封)해 아룁니다. 삼가 생각건대, 전하께서는 신이 비훼받은 소자출(所自出-연유)을 살피셔서 신이 분함을 품은 간절한 정상을 불쌍히 여기시어, 유사(攸司-해당 부서)에 내려 신으로 하여금 온과 더불어 맞대어 바른 것을 따지게 하소서. 그리하여 신의 곡직(曲直)을 가리고 신의 울읍(鬱悒)함을 펴게 함으로써 전례(典禮)를 온전히 하고 풍속을 두텁게 하소서.'

그 뒤에 회중이 올린 계본(啓本)에 일러 말했다.

'갑산군사(甲山郡事) 장온이 여연진무(閭延鎭撫) 이택(李澤)으로 하여금 군인 5~6명을 거느리고 마천(亇遷) 목채(木寨)로 가게 했기에, 신이 김여하(金慮遐)를 시켜 그 연고를 물었더니 "장온이 군마(軍馬) 20여를 거느리고 동량북(東良北) 우라우(亏羅亐) 초지(草地)에 주둔했습니다"라고 했습니다.'

상이 말했다.

"온이 서울에 오는 대로[比] 추국(推鞫)해 아뢰라."
　　　　　　비

○ 대마도(對馬島) 종정무(宗貞茂)와 농주태수(濃州太守) 평종수(平宗壽)의 사인(使人)이 토산물을 바쳤다.

경신일(庚申日-5일)에 각사(各司)의 점심(點心)을 그만두게 했다.

호조(戶曹)에서 아뢰어 말했다.

"때가 바야흐로 성농기(盛農期)인데, 한 달이 되도록 비가 오지 않으니 장래가 염려됩니다. 바라건대 각사의 선반(宣飯)⁶과 점심을 그만 두게 하소서."

상이 말했다.

"선반마저 그만두게 할 수는 없다. 또 한재(旱災)가 점심으로 인연 해서 온 것도 아니다. 기갈(饑渴)로 인해 음식 먹는 것은 곧 하늘의 마음이니, 어찌 굶주림으로써 재앙을 물리치는 도리가 있겠는가? 이 것은 모두 정사(政事)의 실책에서 말미암은 것이다."

그 참에 물었다.

"모내기[立苗]는 어떠한가?"
　　　입묘

찬성(贊成) 김한로(金漢老), 판서 박신(朴信, 1362~1444년)⁷ 등이 말 했다.

"모두 이미 모내기를 마쳤습니다."

신(信)이 말했다.

"한전(旱田)에 심은 것도 만약 비만 내린다면 불쑥 자라나 논

6　관아에서 관원에게 끼니때에 제공하는 식사를 말한다.

7　정몽주(鄭夢周)의 문인이다. 1385년(우왕 11년) 문과에 급제, 사헌부규정(司憲府糾正)을 거 처 예조·형조의 정랑(正郎)을 역임했고, 봉상시소경 등을 거쳐 대사성(大司成)이 됐다. 1399년(정종 1년) 형조전서(刑曹典書)가 됐고, 1400년 태종이 즉위하자 승추부 좌부승 지(承樞府左副承旨)로 발탁, 우대언(右代言)·대사헌·판광주목사(判光州牧師)를 역임했다. 1405년(태종 5년) 참지의정부사(參知議政府事)를 거쳐 다시 대사헌이 됐는데, 언사(言事) 로써 왕의 비위에 거슬려 아주현(牙州縣)에 귀양 갔다가 이듬해 동북면도순문찰리사(東 北面都巡問察理使)에 기용됐다. 1407년 다시 참지의정부사·공조판서, 이듬해 서북면도 순문찰리사를 지내고, 1409년 지의정부사(知議政府事)가 됐으며, 뒤에 호조판서·병조판 서·찬성사(贊成事)·이조판서를 역임했다. 1418년 세종이 즉위하자 다시 이조판서가 됐 으나, 선공감제조(繕工監堤調)로 있을 때 선공감 관리가 저지른 부정(不正) 사건에 관련돼 통진현(通津縣)에 유배(流配)됐다.

[水田]보다 더 잘될 것입니다."
수전

상이 대답하지 않았다. 신 등이 정사에 마땅함을 잃어[失宜] 화
실의
기(和氣)를 범했음은 조금도 말하지 않으니, 사람들이 모두 일러 말
했다.

"신하로서 계사(啓事)할 때마다 시의(時宜)에 절실하지 못하니, 탐
인(貪吝-탐욕하고 인색함)함이 비할 데가 없다."

바야흐로 상이 가뭄을 근심해 눈물을 줄줄 흘리던 날, 신도 눈물
을 흘렸지만, 궐외(闕外)로 나가서는 술을 마시며 즐겼기 때문이다.
상이 말했다.

"한재(旱災)가 너무 심한 것은 실로 나의 죄다. 내가 부덕(不德)한
몸으로 나라를 누린 지도 17년이 됐다. 세자(世子)에게 대신하게 하
고자 해도 세자가 어리고 광망해[穉狂] 어찌할 수가 없으니, 이것이
치광
민간(民間)의 원망과 탄식을 부른 것이다. 그러나 공부(貢賦)의 상수
(常數)를 살핀다면 혹 원망과 탄식이 없어질는지도 모르겠다. 이는
반드시 인심이 화합하지 못한 데서 초래된 것이겠지만, 내가 어느 재
상(宰相)을 가리켜 화합시키지 못했다고 할 수도 없다. 경 등이 각기
어느 사람이 불화(不和)했다고 말해줄 것을 청한다."

그리고는 말했다.

"호정(浩亭-하륜)은 비록 한거(閑居)하고 있더라도 국가의 일을 마
음에서 잊지 않았다."

박신·이원(李原)·정역(鄭易) 등이 대답했다.

"가뭄기가 아직은 심하지 않으니, 서성(西成-가을 추수)을 기대할
수 있을 것입니다."

○ 예조에서 종묘(宗廟)·사직(社稷)·우사(雩祀)·원단(圓壇)에 기우(祈雨)할 것을 청하니, 그것을 따랐다. 상이 말했다.

"우사(雩祀)에 비를 빌자는 것은 판서(判書) 변계량(卞季良)의 청이다. 옛날에 (은나라를 세운) 성탕(成湯)이 가뭄을 근심해 상림(桑林)에서 기도할 때 자기 몸으로 스스로 희생(犧牲)을 대신했으니, 이는 비를 근심함이 대단한 것이다."

이원이 아뢰어 말했다.

"신이 듣건대, 평안도는 장맛비[霖雨]가 연일 내려 길이 매우 질척여서[泥濘] 다니기에 쉽지 않다 하고, 전라도·경상도에도 연일 비가 내린다고 합니다."

상이 말했다.

"각 도(道)가 이와 같은데 유독 기내(畿內-경기도 안)에서만 한 달이 되도록 비가 내리지 않으니, 이것이 더욱 두렵다."

신유일(辛酉日-6일)에 각사(各司)의 노비쇄권색(奴婢刷卷色)이 소(疏)를 올렸다.

'가만히 생각건대[竊惟], 전조(前朝-고려)의 말년에 토전(土田)·장획(臧獲-노비)의 제도가 크게 무너져 서로 침탈(侵奪)하게 되니 극히 문란(紊亂)해졌는데, 우리 태조(太祖) 강헌대왕(康獻大王)께서 천명을 받아 창업(創業)하면서 먼저 경계(經界-논밭의 경계)를 바로잡아 크게 전제(田制)를 개정하니 공사(公私)가 뚜렷해져서[截然] 사람들이 법을 어기지 못하게 됐습니다. (그러나) 오직 노비쟁송(奴婢爭訟)만은 아직껏 구철(舊轍-전철)을 따르고 있었는데, 정축년(丁丑年-1397년)

에 명해 변정도감(辨正都監)을 세우게 하고 중외(中外)에서 송사하는 것들을 정한(定限-기한을 정함)해 결절(決絶-판결)하게 했습니다. 이에 원통한 것을 펴고 원망스러움을 풀게 돼 여러 해에 걸쳐 쌓인 거폐(巨弊)가 거의 영구히 없어지게 됐으나, 다만[第] 유사(有司)가 봉행(奉行)함에 있어 지극하지 못했던 까닭에 많이 유체(遺滯-지체)돼 있습니다. 전하께서 즉위하자 잘 이어받고 잘 조술해서[善繼善述] 경진년(庚辰年-1400년)·갑오년(甲午年-1414년)에 다시 도감(都監)을 세워서 정축년 이래로 미결(未決)한 것과 오결(誤決)한 것을 모두 다 결절하게 하고 이어서 관문(官文)을 성급(成給)하는 법(法)을 나타내시니, 구폐(舊弊)를 개혁하고 쟁송(爭訟)을 그치게 하며[弭=止] 인륜(人倫)을 두터이 하고 풍속(風俗)을 바로 하는 도리에 있어 지극했다고 이를 만합니다. 그러나 공처노비(公處奴婢)에서만은 개국(開國) 이래로 추쇄(推刷)에 적중함을 잃어서, 혹은 문계(文契-문서)가 불분명해 많은 유실(遺失)을 보기도 했고, 혹은 관리가 용렬해서 고의로 사속(斜屬)[8]시킨 까닭에 양인(良人)으로서 군대를 기피했다는 이름을 뒤집어 쓴 자도 있고 사천(私賤)으로서 주인(主人)을 배반하고 투속(投屬)한 자도 있게 됐습니다. 그중에는 도망쳐 피역(避役)한 자와 용은자(容隱者-숨겨주는 자)도 대체로 많았습니다. 전하께서 구부려 헌의(獻議)를 채택해서 영락(永樂) 을미년(乙未年-1415년)에 쇄권색(刷卷色)을 설치하고 쇄권하는 법을 엄하게 세우시니, 조획(條畫)을 명시(明示)해서 각사의 구근문적(久近文籍-고금의 문서)을 포집(褒集-모아서 포장함)한

---

8 부정(不正)하게 노비를 소속시키는 것을 말한다.

뒤에 일일이 상량 확정하되, 그 본말(本末)을 갖추고 그 실제를 따르며 그 착오를 깎아내고 그 바른 것을 취했습니다. 그중에 원통함을 소송하는 자가 있게 되면, 유사(攸司)에 이송(移送)하는 즉시로 변결(辨決)케 해서 일대(一代)의 신안(新案)을 늑성(勒成-작성)해 만세(萬世)의 원적(元籍)이 되게 했으니, 인심(人心)이 이 때문에 안정되고 쟁단(爭端-싸움의 실마리)이 영구히 없어지게 됐습니다. 성조(盛朝)에서 다스림을 위한 기구가 극진했다고 이르겠습니다. 이제 안적(案籍)이 이뤄졌으니, 만약 법을 세워 관방(關防-방비)하지 않는다면 후일의 폐단이 또 여전하지 않을까 염려되어 삼가 영세(永世)토록 준수(遵守)할 조건(條件)을 상고해서 뒤에 갖춰 기록하니, 엎드려 바라건대 성상께서 보시고 재택(裁擇)해 시행케 하소서.

하나, 지금 정유년안(丁酉年案)에 붙인 경외노비(京外奴婢)는 해당 관리가 해유(解由)[9]할 때 원수(元數-원래의 수) 몇 구(口) 중에서 물고(物故-사망)가 몇 구(口), 도망(逃亡)이 몇 구, 모처이접(某處移接)이 몇 구, 생산(生産)이 몇 구임을 명백히 시행해 교부함으로써 뒷날의 증거자료가 되게 하고, 그중에서 제대로 구휼하지 못해 많이 도산(逃散-도망쳐 흩어짐)하게 한 자는 이조(吏曹)에서 그 구수(口數)의 다소를 고찰해 폄출(貶黜)할 것.

하나, 정유년안(丁酉年案)에 붙인 노비를 그 정상을 알면서도 용은(容隱)하거나 역사(役使)한 경우에는 일찍이 내린 교지(教旨)에 의거

---

9 관리가 갈릴 때 후임자에게 그 사무를 인계하고 보고하는 일을 말한다. 오늘날의 용어로 인수인계다.

해 직첩(職牒)을 거둬들이고 결장(決杖) 100대에 수군(水軍)에 충당하며, 구수(口數)를 계산해 역가(役價)를 생징(生徵)[10]토록 할 것.

하나, 지금 정유년안(丁酉年案)에 붙인 노비는 10구(口)마다 1구를 골라 두목(頭目)을 정해서, 3구마다 1구를 역사시키되 도망(逃亡)·이접(移接)·생산(生産)한 액수(額數-인원수)는 두목 노비(頭目奴婢)와 이장(里長)·정장(正長)이 즉시 관(官)에 알리고 치부(置簿)했다가 속안(續案)[11]할 때를 기다려 명백히 시행하고, 그 용은(容隱)하고 고발하지 아니한 자는 조율(照律)해 논죄(論罪)할 것. 10구 미만(未滿)은 두목 노비를 편의에 따라 골라서 정할 것.

하나, 경외에 산접(散接)한 노비가 생산한 자손(子孫)과 도망자·물고자(物故者)는, 경중(京中)은 각기 그 사(司)에서, 외방(外方)은 경차관(敬差官)이 3년에 한 차례씩 명백히 추고(推考)해서 속안(續案)할 때 시행하는 것을 영구히 항식(恒式)으로 삼을 것. 만일 경차관을 파견하지 않을 때는 각 도의 관찰사가 법식에 따라 성적(成籍)해 상납(上納)하게 할 것.

하나, 무진년(戊辰年-1388년) 사이에 권세 있는 집에서 (서로) 증여(贈與)한 노비와, 죄를 범해서 양쪽이 다 부당하게 속공(屬公)한 노비, 지금의 안(案-노비 명부) 내에 본주(本主)의 성명(姓名)이 기록되지 아

---

10 국가의 조세 대상인 토지나 인구 또는 재산을 사사로이 점거하거나 침탈한 경우 정부에서 강제로 세금을 물려 회수하거나 여러 이유로 손해를 끼친 경우에 강제로 회수하는 것을 말한다. 백징(白徵)이라고도 한다.

11 각 관사(官司)의 공천(公賤)을 기재한 형지안(形止案)에 잇달아 붙여서 만든 장부(帳簿)다. 3년마다 한 번씩 만드는데, 각사에서 누락된 노비를 형조에 보고하면 형조에서 다시 그 관사(官司)에 통첩(通牒)해 기재했다.

니한 원속노비(元屬奴婢)도 일체(一體)로 시행하되, 비록 도산(逃散)한 자가 있다 하더라도 침핍(侵逼)하지 말게 할 것. 본 주인 중에서 위반한 자는 헌사(憲司)에서 규리(糾理)하고, 본 주인 중에서 용은(容隱)했다가 드러난 자가 있게 되면 위 항의 용은례(容隱例)로써 논죄할 것.

하나, 경외의 안(案)에 붙인 노비 중에서 도망하거나 피역(避役)한 자는 해당 관리가 그 일족(一族)·절린(切隣-가까운 이웃) 및 두목(頭目)·이장(里長)·정장(正長)을 문책하고 기한을 정해 잡아 오게 하며, 현재 추쇄하지 못한 것은 속안(續案)할 때마다 이를 추국(推鞫)하게 하되 그중에서 실정을 알고 있는 정상이 현저한 자는 형문(刑問)해 독촉할 것.

하나, 물고(物故)한 노비는 해당 관리가 그 호(戶)와 두목노(頭目奴)의 고장(告狀)에 의거해 몸소 친히 검시(檢視)해서, 경중은 형조(刑曹)에 보고하고 외방은 관찰사에게 보고해 문안(文案)을 분명히 세웠다가, 속안(續案)할 때를 기다려서 개정해 시행하되 만일 친히 살피지 않거나 즉시 고발하지 않은 자가 있다면 논죄할 것.

하나, 지금 정유년안(丁酉年案)에 붙인 노비로서 소량자(訴良者)와 상송자(相訟者)는 따끔하게 금지하고, 위반자는 치죄(治罪)할 것. 정안(正案)과 도망미추안(逃亡未推案-도망쳐 추쇄하지 못한 자의 명단) 안에 명자(名字)가 뚜렷이 올라 있는 이외의 진고(陳告)는 또한 모두 금단(禁斷)할 것. 위 항의 안(案) 안에 부모(父母)·동복(同復)·삼사촌(三四寸)이 뚜렷하게 올라 있는 자는 이 한계에 두지 말게 할 것.

하나, 진고(陳告)해 수상(受賞)된 노비는 일찍이 내린 교지에 의거해 신후(身後)[12]에 모두 거두어 환속(還屬)시키고, 그 자손 일족을 관(官)에 고하지 아니하고 인집(因執)해 역사시킨 자는 지정용은례(知情容隱例)[13]에 의거해 논죄할 것.

하나, 군기감(軍器監)의 조역노비(助役奴婢) 1만 구(口)와 사재감(司宰監)의 전운노비(轉運奴婢) 1만 구 안에서, 당번(當番)으로 입역(立役)한 정군(正軍)의 봉족(奉足)[14]을 제외한 그 나머지 노비는 소재관(所在官)에서 그들의 신공(身貢-노비가 신역 대신 바치는 공물)을 거두어 제용감(濟用監)에 들일 것. 기타 각사(各司)의 외방노비로 경중에서 입역한 자와 차비(差備)가 있는 자 이외에는 또한 이 예(例)에 의거해 그 신공을 거두어 호조(戶曹)에 보고해서 상납(上納)하게 하고 국용(國用)으로 할 것.

하나, 공신이 하사(下賜)받은 노비사패(奴婢賜牌)[15] 안에서 자손에 대대로 이어주는 것을 불허(不許)한 경우에는 죽은 후 모조리 환속(還屬)시키고, 사패(賜牌) 안에서 비록 자손이 서로 전함을 허락했다 하더라도 만약에 자손 없이 신몰(身歿)했다면 또한 환속할 것.

하나, 지금 쇄권(刷卷)할 때 처음으로 드러난 노비는 부모(父母)·조부모(祖父母)의 연갑(年甲)과 자손(子孫)을 각각 본인으로부터 초사(招辭)를 취한 다음에야 안(案)에 기록하게 할 것. 만일 도망해서 추

---

12 '죽은 후'라는 뜻이다.
13 실상을 알고서도 숨겨준 죄를 말한다.
14 조선조 때 정군(正軍)의 집안일을 도와주던 여정(餘丁)을 말한다. 대개 정군(正軍) 1명에 봉족 2명을 지급해 집안일을 돕거나 물질을 도와주게 했다.
15 나라에서 공신(功臣)에게 노비를 내려줄 때 주는 노비 증서다.

쇄하지 못한 노비나 용은(容隱)·피역(避役) 등의 노비도 재삼 추궁하고, 끝까지 현추(現推)하지 못한 자는 별도로 일안(一案)을 만들어 뒷날의 빙거로 삼을 것. 이왕에 물고한 노비는 문서가 번잡하니 기록을 감하게 하되, 그중 사칭(詐稱)한 자도 간혹 있을 것이니 모두 진고(陳告)함을 허락해 상급(賞給)하게 할 것.

하나, 지금 정유년 노비안(丁酉年奴婢案)을 2본(本)으로 만들어 1본은 본사(本司)에 두고 1본은 가각고(架閣庫)에 두게 하며, 외방의 경우 1본은 본관(本官)에 두고 1본은 영고(營庫)에 두게 함으로써 간위(奸僞)를 방지하고, 뒤에 오는 속안(續案)도 또한 이 예(例)를 따를 것. 그러나 외방에서 가각고로 상납하는 안(案)만은 도내(道內) 각사(各司)의 노비안의 편의함에 따라 합록(合錄)할 것.

하나, 갑오년(甲午年-1414년) 6월 28일 이후, 양부(良夫)에게 출가해 낳은 소생(所生)은 일찍이 내린 교지에 의거해 아비를 따라 양민(良民)으로 삼되, 안(案)에 기록하지 말고 그 양부에게 출가한 연월(年月)만 해당 관리가 명백히 추고해 시행함으로써 모람(冒濫)됨을 방지하게 할 것.'

그것을 따랐다. 쇄권색에서 또 아뢰었다.

"공처노비(公處奴婢)는 계문(啓聞)해서 결절(決絶)한다는 저령(著令-뚜렷한 법령)이 있는데도 경외(京外)의 관리들이 취지(取旨-왕의 교지를 받음)도 없이 결절해 입안(立案)하는 일이 많습니다. 그 교지를 위반하면서 결절해 입안한 것은 전결례(前決例-사면령 이전에 결절한 예)로 논하지 말고, 바른 법도를 따라 결절함이 어떻겠습니까?"

상이 그것을 따르고서 말했다.

"교지를 위반하면서 결절해 입안한 관리는 유전(宥前-사면령 이전)·유후(宥後-사면령 이후)를 분간해서 논죄(論罪)하라."

○ 예조에서 아뢰었다.

"무릇 결송(決訟)함에 있어 만약 6품 이상의 관원이라면, 반드시 취지(取旨)한 뒤에 올리게 해서 취초(取招)하는 것을 항식(恒式)으로 삼게 하소서."

그것을 따랐다.

임술일(壬戌日-7일)에 각 도 도관찰사에게 명해 민간의 질고(疾苦)를 찾아 물어서 아뢰게 하니, 비가 오지 않아서다. 승정원(承政院)에 뜻을 전해 말했다.

"어제저녁에 비 올 조짐이 있었기에 기뻐서 잠을 자지 못했더니, 몸이 고단해[困] 정사를 보지 못하겠다."

계해일(癸亥日-8일)에 절일사 통사(節日使通事) 김을현(金乙玄)이 북경(北京)으로부터 돌아와 아뢰어 말했다.

"황제(皇帝)가 2월 13일에 남경(南京)을 출발해서 5월 초1일에 북경에 하연(下輦-수레에서 내림)했습니다. 황태자(皇太子)가 남경에 있었으므로 신 등이 남경으로 향해 가다가 숙주(宿州)에 이르러 황제의 대가(大駕)를 뵈었는데, 황제가 말하기를 '지금 오는 사신이 제비(諸妃)의 친척이 아니냐?'라고 하기에 신이 아뢰기를 '사신 정구(鄭矩)는 정비(鄭妃)에게 동성(同姓)의 친척이 됩니다'라고 했습니다. 황제가 내관(內官) 구아(狗兒)를 불러 말하기를 '조선인(朝鮮人)은 돼지고기를 먹지 않으니, 광록시(光祿寺)로 하여금 쇠고기와 양고기를 공급하도록 하라'라고 했습니다. 수가(隨駕)하라고 명해, 10일에 북경에 이르렀습니다."

○ 다시 광연루(廣延樓)에 단청을 했다.

○ 경상도와 경기 도관찰사 등이 역마를 보내 우택(雨澤-비의 은택)을 아뢰었는데, 상이 비를 걱정했기 때문이다.

○ (황해도) 안악군(安岳郡) 사람 김언(金彦)이 와서 큰 매를 바쳤으나 받지 않았다.

갑자일(甲子日-9일)에 비가 내렸다.

○ 의정부·육조(六曹)에서 각 도(道)의 진언(陳言) 내용에 있는 조건을 실상에 맞춰 의견을 올렸다.

"하나, 풍해도의 진언 내용에 있는 한 조항에, '군기감(軍器監)에 납부하는 아교피(阿膠皮)는 후박(厚薄)·대소(大小)를 가리지 말고 그 근량(斤兩-무게)을 숫자로 정해 봉납(捧納-봉상)하게 하소서'라고 했습니다.

하나, 경상도의 진언 내용에 있는 한 조항에 '인리(人吏-아전)의 구분전답(口分田畓)은 5결(結)에 그 세(稅)가 경미(更米) 2석인데 수한(水旱-홍수와 가뭄)으로 인한 진손(陳損)을 제외하고는 모두 경작자에게 세를 물리니, 한전(旱田)에서 쌀을 낸다고 원망하고 있습니다. 각 품 과전례(各品科田例)에 의해 수전세(水田稅)의 부족은 한전(旱田)에서 거두지 말게 하소서.

하나, 녹용(鹿茸)의 사냥은 열에 하나도 얻지 못합니다. 때는 5월을 맞아 농사일에 방해가 되고 절요(切要)한 약(藥)도 아니니, 공상(供上)을 제외하고는 요량해 숫자를 감정(減定)하게 하소서.

하나, 땅이 개척되고 백성은 조밀해 금수(禽獸)가 드물기에, 비록 병마(兵馬)를 수고롭게 한다 하더라도 충공(充貢)할 수 없습니다. 바라건대 이제부터는 공상(供上)을 제외한 각 처의 건장록(乾獐鹿-말린 노루고기와 사슴고기)은 각 고을에서 기르는 돼지와 염소로써 대치하게 하소서'라고 했습니다.

하나, 경기(京畿)의 진언 내용에 있는 한 조항에, '생총(生葱-생파)은 침장고(沈藏庫)로 하여금 이를 갖추게 하소서'라고 했습니다.

위 항의 다섯 조목은 진언한 내용대로 따르소서.

하나, 제역(除役)하는 것은 각호(戶)의 공부(貢賦)를 위의 조항과 같이 분정(分定)해 제역(除役)하고, 각호에서 경작하는 공부수(貢賦數)는 서로 상고해서 감제(減除)하도록 호조로 하여금 마련(磨鍊)해 아뢰게 하소서.

하나, 종친(宗親)·공신(功臣)의 국장(國葬)에 백성을 사역시키는 정액(定額)과 정한(定限)은, 위 조항의 조묘군(造墓軍)을 그전에 정한 숫자로써 한 달을 한정해 역사시키게 하소서.

하나, 사복시(司僕寺)의 곡초(穀草)를 헤아려서 감(減)하는 것은, 위 조항의 양감한 숫자를 마련(磨鍊)해 아뢰게 하소서.

하나, 내자시(內資寺)·내섬시(內贍寺)의 절수전(折受田)의 방석(方席)과 비[箒] 등을 감제하는 것은, 위 조항 상항(上項)에 있는, 내자시·내섬시·군기감(軍器監)·경승부(敬承府) 등 각사에 절속(折屬)한 전지의 경우는 법식에 의거하고, 세(稅) 외의 잡물(雜物)은 그 각사로 하여금 자비(自備)하게 하소서."

○ 명해 역자비첩(驛子婢妾)이 낳은 자식은 아비의 정역(定役)을 따르게 했다.

병조에서 아뢰었다.

"영락(永樂) 12년 8월 자 변정도감(辨正都監)의 수교(受敎) 가운데 '신량역천(身良役賤-양인의 몸으로 천역을 하는 자)의 자기비첩 소생을 모조리 사재감(司宰監)에 소속시키는 것은 미편(未便)하므로, 이 같은 역천인(役賤人)의 자기비첩 소생은 모두 속공(屬公)하게 하라'라고 했는데, 영락 13년 3월 모일 자 본조(本曹-병조)의 수교(受敎) 가운데서는 '대소 인원(大小人員)의 자기비첩 소생은 모두 아비를 따라 양인(良人)으로 삼고 보충군(補充軍)에 소속하게 하라'라고 했습니다. 오로지 역자비첩(驛子婢妾)의 소생만 속공(屬公)시키는 것은 미편(未便)하니, 아비의 정역을 따르게 하소서."

그것을 따랐다.

○ 문과(文科)의 사의(事宜)를 토의했다. 상이 말했다.

"『삼경(三經)』 이상은 임문(臨文-책을 눈앞에 놓고 읽는 일)해 고강(考講)함이 좋겠다."

예조판서 변계량(卞季良)이 안 된다며 말했다.

"비록 임문(臨文)하지 않는다 해도 좋고 나쁜 것이 있습니다."

상이 말했다.

"어찌 좋고 나쁜 것이 있겠는가?"

계량(季良)이 말했다.

"신(臣)이 두 번이나 국시(國試)를 관장했으니, 좋고 나쁨이 어찌 꼭 없다고 하겠습니까?"

상이 말했다.

"대간(臺諫)이 있으니 어찌 좋고 나쁜 것이 있겠는가? 또 삼경(三 經)은 불가하지만 『예기(禮記)』는 역사와 서로 가까우니 사수(師受- 스승에게 배움)할 필요가 없으며, 『주역』은 비록 오묘한 이치를 깨닫 기는 어려우나 또한 읽기는 쉽다. 사경(四經) 이상은 임문고강(臨文考 講)함이 좋을 것이다. 또 나라의 대사(大事)를 내가 독단(獨斷)하는 것은 안 될 일이니, 여러 경(卿)과 토의하려 한다."

계량이 또 아뢰어 말했다.

"장중(場中)의 등촉(燈燭)을 금지하고자 합니다."

상이 말했다.

"재주에는 각기 지속(遲速-느리고 빠름)이 있어, 그 더디고 빠름에 따라 좋은 것도 있고 나쁜 것도 있다. 대체로 잘 제술(製述)하는 자 는 반드시 더디다. 그전에 듣기를, 늙은 흥안군(興安君) 이인복(李仁 復)이 급히 짓지 못해서 만일 술작(述作)하는 일이 있으면 좌우에 경 서(經書)를 늘어놓고 제술했기에 심히 고생했지만, 제술하기만 하면 반드시 좋았다고 한다. 이로써 미뤄볼 때 백일장(白日場)이란 (이런) 인재를 잃는 것이 아닌가?"

계량이 말했다.

"백일장은 좋은 것입니다. 신이 두 번이나 국시(國試)를 관장했는 데, 지난밤에는 폐단이 진실로 적지 않았습니다. 지난해 경복궁(景福 宮)에서 친시(親試)했을 때도 법을 범한 자가 있었으므로 의금부에서 그 자를 잡아서 순례 돌렸고 진산부원군(晉山府院君) 하륜(河崙)이 경노(驚怒)해 장중(場中)의 사람들을 재촉해 내보냈으니, 백일장은 실로 인재를 잃는 것이 아닙니다."

상이 말했다.

"나는 이런 폐단이 있다는 것을 알지 못했다. 그때도 이런 폐단이 있었는가?"

지신사 조말생(趙末生)이 아뢰어 말했다.

"임문강시법(臨文講試法)[16]을 허조(許稠)가 일찍이 신에게 말하기를 '진산부원군이 이를 상언(常言)했다'라고 했습니다."

상이 말했다.

"진산부원군도 이를 말했던가? 과연 내 뜻과 합하노라. 가람(假濫)의 폐단 같은 것은 굳게 금하는지의 여부에 달려 있을 뿐이다."

좌우에서 모두 말했다.

"비록 이를 금하지 않는다 하더라도 고강(考講)하면 반드시 폐단이 없을 것입니다. 금년에는 고강하는 까닭에 경수(經數)가 미만(未滿)인 자는 모두 부시(赴試)하지 못했고, 단지 갑오년(甲午年-1414년)에만 이 폐단이 있었습니다."

상이 말했다.

"가람자(假濫者)도 시험에 합격했던가?"

좌우에서 말했다.

---

16 과거시험을 볼 때 부시생(赴試生)이 책을 눈앞에 펴놓고 고강(考講)을 치르게 하던 법이다. 뒤에 이를 금지해 협서지금(挾書之禁)이 생겼다.

"모두 합격하지 못했습니다."

계량이 불가함을 고집해 말했다.

"백일장은 좋은 것입니다."

○ 당인 압송관(唐人押送官) 설내(偰耐)가 북경(北京)으로부터 돌아와 아뢰었다.

"황제가 주본(奏本)을 보고도 별다른 성지(聖旨)가 없었습니다. 중국 사람[唐人] 예관음보(倪觀音保)가 떠들어 말하기[揚言]를 '왜인(倭人)이 배 80여 척[艘]을 만들어 중국(中國)을 침략하고자 합니다' 하니, 황제가 이를 듣고 좌군도독(左軍都督)과 내사(內史)를 시켜 재삼 묻게 했습니다. 예관음보 등이 말하기를 '흥리(興利)하는 왜선(倭船)을 청해 탔더니 조선(朝鮮) 진주(晉州)의 경내에 이르렀습니다. 도망쳐 산에 올라가 숨었더니 봉화(烽火)를 지키는 자가 붙잡아 결박해서 만호(萬戶)에게 회부했는데, 만호가 결박을 풀어주고 의관(衣冠)을 주어 그 도의 관찰사(觀察使)에게 보냈습니다. 관찰사도 의관을 주고 융성한 음식을 먹이며 왕경(王京)으로 보냈습니다. 전하께서도 의관(衣冠)·화(靴)·포(布)를 주어 후위(厚慰)하고 예대(禮待)해 보냈습니다'라고 하니, 도독 등이 이 말을 듣고 좋다고 했습니다. 또 묻기를 '왜선(倭船)에는 무슨 물건이 있었는가?'라고 하니, 대답하기를 '한 배에는 어염(魚鹽)을 실었고 한 배에는 당목면(唐木綿)을 실었는데, 조(租)나 쌀과 바꾸는 것입니다'라고 했습니다. 도독(都督)이 말하기를 '조선은 반드시 왜(倭)와 통호(通好)할 것이다'라고 하니, 예관음보 등이 말하기를 '저 왜놈들은 모두 병기(兵器)를 간직했다가 만약 배가 없는 곳에 이르면 침탈(侵奪)하고, 병기가 있는 곳에 이르면 흥리

(興利)하고자 합니다'라고 하고, 또 황제에게 아뢰기를 '왜놈이 사는 섬[倭島]은 요엽(蓼葉-여뀌 잎)과 같이 작습니다. 만약 중국선[唐船]과 조선선(朝鮮船)이 함께 친다면 손을 놀리는 것과 같이 쉬울 것입니다'라고 하니 황제도 정왜(征倭)의 뜻을 가지게 됐습니다. 이윽고 강(江)·절(浙) 등지에 왜선 80척이 정박한 일을 와서 아뢰었습니다. 예관음보 등을 6~7일 동안 머물게 했다가 각각 본가(本家)에 돌아가도록 명했습니다."

설내가 또 아뢰었다.

"우리나라 중이 몰래 요동(遼東)으로 들어가니 요동에서 붙잡아 결박하고 주문(奏聞)했는데, 예부낭중(禮部郎中)이 중을 꾸짖어 말하기를 '네 비록 유방(遊方)이라 하지만 반드시 너희 나라에서 죄를 범하고 도망쳐 왔을 것이다. 조선에서는 왜인에게 붙잡힌 중국 사람도 모조리 조정(朝廷-명나라 조정)으로 보낸다'라고 하면서 이 중은 환송(還送)시켜야 마땅하다고 다음날 상주(上奏)했는데, 황제가 '우선 절에 머물러 두게 하라'라고 했습니다."

○ 좌의정 박은(朴訔)이 글을 올렸다. 글은 대략 이러했다.

'갑오년(甲午年-1414년)에 형조·대간(臺諫)에서 신의 조상(祖上) 황단유(黃丹儒)의 노비를 잘못인 줄 알면서도 오결(誤決)해 속공(屬公)시켰습니다. 바라건대 유사(攸司)에 내려 개정(改正)하게 하소서.'

당시의 의견은 대부분 이러했다.

"을미년(乙未年-1415년)의 교지(敎旨) 안에 '이미 속공시킨 노비는 다시 거론하지 말라'고 했는데, 박의정(朴議政)이 아니었다면 조상의 현격(懸隔)한 일을 가지고 교지를 위반하면서 신정(申呈)해 상감(上

鑑)을 번거롭게 하기는 어려웠을 것이다."

상이 말했다.

"비록 을미년의 교지가 있었다 하지만, 은(訔)은 갑오년 연한(年限) 내에 오결한 것을 격고(擊鼓)해 신정(申呈)했다. 그때의 지신사 유사눌(柳思訥)이 그대로 두고 아뢰지 않아 지금까지 아뢰지 못했을 뿐이다. 어찌 예외(例外)가 있겠는가? 마땅히 형조와 대간에 내려 시비(是非)를 분간해 아뢰도록 하라."

을축일(乙丑日-10일)에 평안도 의주 통사(平安道義州通事) 허풍(許豐)의 집에 천화(天火)[17]가 내렸고, 그 처(妻)가 벼락을 맞았다.

병인일(丙寅日-11일)에 비가 내렸다.

○ 박구(朴矩)를 강계 병마도절제사(江界兵馬都節制使) 겸 판강계도호부사(判江界都護府事), 고득종(高得宗)을 성균 주부(成均注簿)로 삼았다. 득종(得宗)은 제주(濟州)사람이다. 감찰(監察)을 제수해 수십 일을 지난 뒤에 고신(告身)을 서경(署經)했으나, 본방(本房-임금의 장인 집)에서 또 대장(臺長)에게 고해 그를 탄핵해 나오지 못하게 한 까닭에 좌천(左遷)됐다.

○ 하성절사(賀聖節使) 정구(鄭矩)가 북경(北京)으로부터 돌아왔다. 구(矩)가 아뢰어 말했다.

"호송군(護送軍)이 가지고 가는 포물(布物)은 정수(定數)대로 하고

---

17 하늘에서 벼락이 쳐서 초목에 일어나는 불을 말한다.

다른 물건을 모두 금지하니 사람마다 결망(缺望-실망)해 말하기를, '사신(使臣)이 일이 있어 오래 머물게 되면 농사철에 혹 1개월을 머물기도 합니다. 더군다나 그 흥리(興利)마저 금하니, 이것은 더욱 실심(失心)하게 하는 것입니다'라고 합니다. 청컨대 그 숫자를 더해 백성의 여망(輿望)을 위로하소서."

상이 말했다.

"전의 숫자대로 포(布) 10필, 인삼(人蔘) 5근(斤)으로 하되 입모(笠帽) 등은 금하지 말고, 금은(金銀)·마필(馬匹)은 굳게 금지하라."

호조판서 정역(鄭易)이 말했다.

"10필은 너무 지나칩니다. 비록 5필이라 하더라도 사람마다 숫자를 채우지는 못합니다. 가지고 가는 인삼 또한 3근이면 충분합니다."

지신사 조말생(趙末生), 동부대언(同副代言) 하연(河演) 등이 말했다.

"포물(布物) 숫자가 너무 지나치니, 전의 숫자에 의거하기 바랍니다."

상이 말했다.

"호조로 하여금 양정(量定)해 아뢰도록 하라."

정묘일(丁卯日-12일)에 비가 내렸다.

○ 명해 우사(雩祀)·원단(圓壇)의 기우제(祈雨祭)를 정지하게 했다.

○ 형조판서 권진(權軫)을 보내 북경으로 떠나게 하니, 기거(起居)를 흠문(欽問)하기 위함이었다.

애초에 영의정 유정현(柳廷顯), 좌의정 박은(朴訔), 우의정 한상경

(韓尙敬) 등이 중국 사신[天使] 황엄(黃儼)이 온다는 말을 듣고 대궐에 나아와 아뢰어 말했다.

"흠문사(欽問使)는 황엄이 아는 부마(駙馬)나 종친(宗親)·대신(大臣)을 보냄이 좋겠습니다. 권진은 안 되지 않겠습니까?"

조말생이 말했다.

"예전에 한상경(韓尙敬)이 호조판서가 됐을 때 흠문기거사(欽問起居使)로 경사(京師)에 갔고, 희천군(熙川君) 김우(金宇)도 같았습니다. 이것은 본시 예(例)입니다."

상경(尙敬)이 말했다.

"신은 황제가 북정(北征)했을 때 봉사(奉使)로 행재(行在)에 나아갔었고, 김우가 간 것은 황제가 남경(南京)으로 환행(還幸)한 뒤의 일이었습니다. 남경과 우리나라는 멀리 떨어져 있는데 지금 황제가 가까이 북경에 행차했으니, 어찌 권진을 보내고 그로써 희기(喜氣)를 펴는 것이 가하겠습니까?"

박은이 말했다.

"인정(人情)은 가까우면 꼭 친히 보고자 하는 것입니다. 전하께서 친조(親朝)하실 수 없다면 중신(重臣)으로 하여금 대신 가게 함이 좋겠습니다."

상이 말했다.

"경 등의 말은 크게 옳다. 진실로 청납(聽納-받아들임)해야 마땅하나, 상경과 김우도 이러한 사신을 했으니 이제 다시 무엇을 의심하겠는가? 종친이나 부마·대신을 보내어 예를 세움[立例]은 옳지 못한 것이다. 또 황엄이 아는 종친이란 한두 사람이 있을 뿐이니, 비록 알지 못하는 사람을 보내더라도 해가 될 것은 없다."

정현 등이 말했다.

"상의 가르침이 옳습니다. 어찌 황엄이 알고 모르는 데 구애되겠습니까? 또 타국(他國)의 대신(大臣)을 황엄이 다 알 수 있겠습니까?"

○ 도성위(都城衛)의 수전입직인(受田立直人)을 모두 귀농(歸農)하도록 허락해 놓아주었다.

○ 개성유후사(開城留後司)의 채방부사(採訪副使) 이사흠(李士欽)이 와서 황진사(黃眞絲)·백진사(白眞絲)와 누에고치[繭]를 바쳤다.
견

○ 이조판서 박신(朴信)이 인정전(仁政殿)을 다시 지을 것을 청했으나 윤허하지 않았다.

애초에 신(信)이 아뢰어 말했다.

"육조청(六曹廳)에 축대(築臺)를 쌓지 않아 지금 장맛비를 당해 거의 쓰러지게 됐으니[顚仆], 병조의 보충군(補充軍)으로 축조하기를
전부
바랍니다."

상이 말했다.

"비록 작은 역사일지라도 삼복(三伏) 중에 백성을 부려 고단하게 할 수는 없다. 홑옷[單衣=襌衣]을 입고 깊은 궁중에 앉아 있어도 더
단의 단의
위를 이기지 못하겠는데, 하물며 역인(役人)이야 말해 무엇하겠는가? 일단은 가을이 돼 서늘해지기를 기다려라."

신이 말했다.

"돌은 이미 실어 들였습니다. 10여 인이 분번(分番)해 입역(立役)하면 될 것입니다."

굳이 청해 마지않으니 상이 말했다.

"만약 이미 낙성된 집이 쓰러진다면 이 또한 거폐(巨弊)다. 돌이 이미 들어왔다면 역사하게 하라."

신이 또 아뢰어 말했다.

"인정전(仁政殿)은 매우 좁으니 고쳐 지어야 합니다."

상이 말했다.

"이 집은 이궁(離宮)이라 비록 좁더라도 좋다. 만약 대사(大事)가 있다면 마땅히 경복궁(景福宮)으로 나아가겠다. 또 바로 산맥(山脈)에 당했으니 개조(改造)하기도 어렵다."

신이 말했다.

"서쪽 가까이 당겨서 옮겨 지어도 산맥에 당하겠습니까?"

상이 대답하지 않고, 청성부원군(淸城府院君) 정탁(鄭擢, 1363~1423년)[18], 예조판서(禮曹判書) 변계량(卞季良)을 돌아보면서 말했다.

---

18 1382년(우왕 8년) 문과에 병과로 급제했고, 이후 춘추관수찬관·사헌규정(司憲糾正)·좌정언·호조좌랑·병조좌랑·광흥창사(廣興倉使) 등을 역임했다. 1392년(태조 1년) 사헌부지평과 성균관사예를 거쳐 대장군이 됐고, 이성계의 추대를 제일 먼저 발의한 공로로 개국공신 1등에 책록됐다. 1393년 문하부직문하(門下府直門下), 이듬해 대사성이 됐다. 1396년 중추원우승지로 있을 때 전년부터 조선과 명나라의 현안 문제로 대두된 표전(表箋) 문제(問題)의 찬표인(撰表人)으로 명나라에 압송됐다가 귀환해 좌승지에 서용됐으며, 다음해 중추원부사에 승진하면서 청성군(淸城君)에 봉해졌다. 1398년(정종 즉위년) 10월 방간(芳幹)의 난 평정에 대한 공로로 정사공신(定社功臣) 2등에 책록, 곧 첨서중추원사(簽書中樞院事)가 됐다. 이어 예문관·춘추관의 대학사, 정당문학을 거쳐 지의정부사(知議政府事)·삼사우사(三司右使)를 지냈다. 1403년(태종 3년) 판한성부사가 됐으며, 1405년 살인죄로 직첩을 몰수당하고 영해로 유배됐으나 공신이므로 곧 사면됐다. 개성유후사유후(開城留後司留後)를 거쳐, 1408년 태조가 죽자 고부청시사(告訃請諡使)가 돼 명나라에 다녀왔다. 1415년 청성부원군(淸城府院君)에 진봉됐고, 1421년 진하사(進賀使)로 명나라에 다녀온 뒤 이듬해 우의정에 올랐다.

"그전에 내가 『대학연의(大學衍義)』를 부원군에게서 수강했는데, (그중에) '환관(宦官) 진홍지(陳弘志)가 청니역(靑尼驛)에 이르러 봉장살(封杖殺)됐다'라는 글귀에 이르러, 부원군이 말하기를 '봉은 봉검(封劍)의 봉(封)과 같은 뜻이니 봉장(封杖)으로 죽이는 것입니다'라고 했다. 변 판서는 세자를 가르칠 때 무슨 뜻으로 말했는가? 내가 수강한 이래로 늘 마음에 맞지 않게 여겼는데, 지금 운회(韻會-사전)를 보니 봉(封) 자를 주석(註釋)하기를 '봉(封)은 계(界-경계)이니, 강(疆-강역이나 경계)과 같다'라고 했으므로 이것을 보고서야 나의 의심이 풀렸다. 이것은 반드시 청니봉(靑尼封-청니 경계)에 이르러 장살(杖殺)됐다는 뜻일 것이다."

정탁은 '예예[唯唯]'하고 있을 뿐이었다. 상이 서사(書史) 보기를 좋아해 간혹 의심되는 것이 있으면 반드시 구명(究明)해서 변석(辨釋)한 뒤에 그만두었으니, 이런 까닭에 『대학연의』를 본 지 수년이 됐어도 변석함이 이와 같았다. 상이 말했다.

"『통감강목(通鑑綱目)』[19]을 내가 보았는데 시정(時政)의 득실(得失)을 자세히 말하지 아니했다. 이런 까닭에 『십팔사(十八史)』를 보았으나 역시 자세하지 못했다."

---

19 『강목(綱目)』이라고도 한다. 『자치통감(資治通鑑)』 294권을 강목(綱目)별로 엮은 책으로, 기원전 403년부터 960년까지 1362년간의 정통(正統)·비정통을 분별하고 대요(大要-總)와 세목(細目-目)으로 나눠 기술했다. 주희는 대요만 썼고, 그의 제자 조사연(趙師淵)이 세목을 완성했다. 역사적인 사실의 기술보다는 의리(義理)를 중히 여기는 데 치중했으므로 너무 간단히 적어, 앞뒤가 모순되거나 틀린 내용도 적지 않다. 삼국 시대는 촉한(蜀漢)을 정통으로 하고 위(魏)나라를 비정통으로 하는 등 송학(宋學)의 도덕적 사관이 엿보이는 곳도 많다.

주서(注書)에게 명해 유관(柳觀)의 집으로 가서 묻게 했다.

"이 사서(史書) 외에 상밀(詳密)한 것으로는 무슨 역사책이 있는가?"

유관이 대답했다.

"『한서(漢書)』·『당서(唐書)』와 사마천(司馬遷)의 『사기(史記)』가 있습니다."

기사일(己巳日-14일)에 경상도 경주(慶州)·순흥(順興) 등지에 우박이 내려 모맥(麰麥)과 화곡(禾穀)의 10분의 8을 손상시켰다.

○ 일본 화전포 만호(和田浦萬戶) 수조승(守助丞)의 사인(使人)이 예물을 바치고 『반야경(般若經)』을 청구했다.

○ 예조에서 과거(科擧)의 법을 올렸다.

'하나, 고강치부(考講置簿)의 법은 구애되면 시행하기 어려우니, 마땅히 관시(館試)·한성시(漢城試)·향시(鄕試)에서 사서(四書)와 사경(四經)[20] 이상을 통한 자에게는 부시(赴試)를 허락하소서. 초장(初場)의 강문(講問)에는 경서(經書)마다 한 장씩 묻게 하되 부시자(赴試者)가 반드시 외우도록 하지 말고 임문(臨文)해 대답하게 해서 뜻[旨趣]
^{지취}
을 융관(融貫-두루 통함)하는 것만 요구하되, 그중에서 두 장을 불통(不通)한 자는 부시(赴試)에 들어오는 것을 불허하소서. 중장(中場)인 회시(會試)의 강문(講問)하는 법 또한 이 예(例)에 의거하소서.

하나, 고강(考講)할 때는 경서(經書)마다 처음으로 책을 편 곳[開卷
^{개권}

---

20 『시경』, 『서경』, 『주역』, 『예기』를 말한다.

處]의 한 장을 두루 묻되 30인 혹은 40인이 되더라도 종일토록 해서
파(罷)하고, 다음날에는 또 처음으로 책을 편 곳을 가지고 고강(考
講)하기를 전과 같게 하소서.

하나, 부시(赴試)하는 생원(生員)은 그가 성균관에 있을[居館] 때의
원점(圓點)[21]을 상고해서 만(滿) 300점인 자는 관시(館試)와 향시(鄕
試)에 나아감을 허락하고, 회시(會試)에 이르러 분수(分數-점수)가 서
로 대등한 자는 그 원점이 많은 자를 상고해 뽑으며, 그중에 이미 식
년(式年)을 경과하고서 상사(喪事)를 만나 종제(終制)하고 부시(赴試)
를 원하는 자는 그 소거관(所居官)의 명문을 상고해서 원점의 다소
를 논하지 말고 모두 부시하게 허락하소서.

하나, 제도(諸道)에서 향시에 나아가는 자는 그 소거관의 수령(守
令)이 연갑(年甲)·본관(本貫) 및 통한 경서(經書)를 갖추되, 생원은 모
름지기 성균관(成均館)의 원점명문(圓點明文)을 상고해서 300점에 찬
자는 도관찰사(都觀察使)에 보고해서 도회소(都會所)[22]로 이문(移文)
해야만 부시하게 하소서.

하나, 타도(他道)로 부시함을 일절 금지하게 하소서.

하나, 경기(京畿)의 주군(州郡)은 본래 직례(直隷-직속)가 되니, 그
생도(生徒)는 모두 한성시(漢城試)에 나아감을 허락하소서.

하나, 부시 생도(赴試生徒)의 액수(額數)는, 관시(館試)는 20을 더해

---

21 조선조 때 성균관(成均館) 유생(儒生)의 출석·결석을 점검(點檢)하기 위해서 식당(食堂)에
들어갈 때 식당지기가 찍는 점을 말한다. 아침·저녁의 두 끼를 한 점으로 해서 쉰 점에
이르면 과거(科擧) 볼 자격을 얻었다.

22 각 도에 설치한 임시 관아를 말한다.

50인으로 하고 한성시(漢城試)는 10을 더해 40인으로 하며 강원풍해도는 각각 5인을 감해 10인으로 하고, 그 나머지 충청도 20인, 경상도 30인, 전라도 20인, 평안도 10인, 함길도 10인은 모두 옛날 그대로 하소서.

하나, 삼장(三場)의 분수(分數)의 법[23]은, 초장(初場)에서는 대통(大通)을 3분(分) 5리(里), 통(通)을 2분, 약통(略通)을 1분, 조통(粗通)을 5리로 하고, 중장(中場)에서는 논(論)·표(表)를 통고(通考)해 등급을 만들되 중지상(中之上)을 10분(分), 중지중(中之中)을 9분, 중지하(中之下)를 8분, 하지상(下之上)을 7분, 하지중(下之中)을 6분, 하지하(下之下)를 5분으로 하며, 종장(終場)에서 상지상(上之上)을 13분 5리, 상지중(上之中)을 12분, 상지하(上之下)를 11분, 중지상(中之上)을 10분, 중지중(中之中)을 9분, 중지하(中之下)를 8분, 하지상(下之上)을 7분, 하지중(下之中)을 6분, 하지하(下之下)를 5분으로 하소서.

하나, 동당시(東堂試)의 향시(鄉試)·한성시·관시(館試)·회시(會試)·전시(殿試)와 생원시(生員試)의 향시(鄉試)·한성시·회시(會試)에서는 모조리 등촉(燈燭) 사용을 금지하게 하소서.

하나, 생원 중에서 원점수(圓點數)에 차지 못한 자로서 부시(赴試)하고자 감히 신문고(申聞鼓)를 친 자, 본도(本道)의 향시(鄉試)에 나아가지 아니하고 타도(他道)로 나아간 자, 장시원(掌試員)으로 만 300점의 명문을 상고하지 않은 자와 등촉 사용을 금하지 아니한 자

---

23 과거의 초시(初試)·복시(覆試)·전시(殿試)에서 성적의 점수를 매기는 법이다. 첫째를 대통(大通)이라 하고, 이후 통(通), 약통(略通), 조통(粗通)으로 이어진다.

는 모조리 교지부종(敎旨不從)의 율(律)로 논죄하게 하소서.

하나, 잡과(雜科)의 기예는 정밀하게 가리지 않을 수 없으니, 이제부터는 각 학(學)의 제조(提調)로 하여금 본사(本司)로 나아가 그 관원(官員)과 더불어 먼저 그 재주를 시험하게 해서 부거(赴擧)할 만한 자를 본액(本額)의 배(倍)로 뽑아 예조(禮曹)에 전보(傳報)해야 부시(赴試)하게 하되, 역과(譯科)에 나가는 자가 일본(日本) 문자(文字)를 겸해서 통하면 그 분수(分數)를 더하고, 일본 문자만 통하면 단지 사맹월(四孟月)에 제학(諸學)에서 취재(取才)할 때 아울러 시험해 서용(敍用)하게 하소서.

하나, 의정(議政) 이상은 반당(伴儻) 1명, 지인(知印)·녹사(錄事) 중에서 1명, 종인(從人) 1명으로 하고, 2품 이상은 반당 1명, 전리(典吏)·서리(書吏) 중에서 1명, 종인 1명으로 하며, 통정(通政) 이하 참고관(參考官)과 대간원(臺諫員)은 서리 1명, 종인 1명으로 하소서.'

그것을 따랐다. 이에 앞서 경중(京中)의 호세자제(豪勢子弟)들이 다행히 생원시(生員試)에 합격하더라도 성균관에 있은 지 얼마 안 돼 그 거처(居處)와 음식이 제 뜻에 적합하지 못함을 꺼려 해서 모두 부형(父兄)의 음덕으로 종사(從士)하고자 하므로, 그 외방(外方)에 있는 자가 모이기도 하고 흩어지기도 했다. 간혹 학문에 뜻을 둔 선비가 있다 하더라도 모두가 향곡(鄕曲-시골)의 한미(寒微)한 사람이라 항상 관(館)에 있어야 했기 때문에 왕왕 풍습병(風濕病-풍토병)을 얻게 되니, 이런 까닭에 사람들이 매우 싫어했다. (그래서) 그 거관자(居館者)는 늘 3, 40명 미만이었다. 상이 깊이 염려해서[軫慮] 유사(攸司)
진려
에 명해 온돌방을 재(齋)의 한 모퉁이에 지어 병 앓는 자의 휴양하

는 장소로 삼고 또 의원(醫員)으로 하여금 병후(病候)를 진찰하고 약
으로 치료하게 함으로써 선비를 기르는 방법이 갖춰지게 됐다. 그러
나 과거(科擧)하는 때에 이르러서도 관시(館試)의 숫자에 차지 못하
므로 이제 예조에서 원점(圓點)의 법을 아울러 세우니, 대체로 생원
으로 하여금 모두 거관(居館)시키려 함이었다.

경오일(庚午日-15일)에 제천현감(堤川縣監) 이잠(李岑)을 파직했다.
애초에 잠(岑)이 국마(國馬)를 병이 나 여위게 했다고 해서 태(笞)
30대를 점마별감(點馬別監)[24]에게 속(贖)바치게 했더니, 관찰사에게
고해 말했다.

"병들지 않은 말을 가지고 속죄(贖罪)하게 하니, 진실로 결망(缺望)
합니다."

관찰사가 청풍군사(淸風郡事-청풍군 지사) 양구주(梁九疇)로 하여
금 가서 살피게 했더니, 구주(九疇)가 병나지 않았다고 보고했다. 사
복 제조(司僕提調)가 다시 점마(點馬)의 말을 계문해 아뢰자 헌사(憲
司)에 명해 추변(推辨)하게 했는데, 헌사에서도 병이 있는 것으로 아
뢰니 상이 말했다.

"잠을 파직시키는 것이 옳다."

이조판서 박신(朴信)이 말했다.

"헌사에서 자세히 변정하지 못한 것이 아닌가 합니다. 잠은 그 같

---

24 각 도의 목장(牧場)에서 기르는 말을 점고(点考)하는 일을 맡아보던 사복시(司僕寺)의 관
원을 말한다.

은 사람이 아닙니다."

상이 말했다.

"사복(司僕-사복시)에서 비록 나를 속였다 하더라도 헌사에서야 어찌 나를 속이겠는가? 잠이란 자가 이미 감사(監司)를 속이고 또 나까지 속였으니 죄를 용서할 수 없다. 파직시키는 것이 옳다."

호조판서 정역(鄭易)도 역시 말했다.

"헌사에서 직접 말을 보았습니까?"

장령(掌令) 전직(全直)이 변명해 말했다.

"직접 보았습니다."

역(易)이 말했다.

"더욱이 이와 같다면 파직만으로 부족합니다. 죄를 짓지 않는 자도 파직시키는데, 하물며 잠의 죄야 말할 것이 있겠습니까?"

상이 말했다.

"(법조문을) 조율(照律)해 아뢰라."

조회를 마치고 좌부대언(左副代言) 이명덕(李明德)이 이를 다시 아뢰니, 상이 말했다.

"내가 사복(司僕)의 말만 믿고 잠을 죄주는 것이 아니라, 바로 공사(公事)인 것이다. 사복이 비록 내 곁에 있다 하지만, 내가 천재(天災)를 크게 두려워하니 어찌 감히 사사(私事)가 있겠는가? 또 하늘은 비록 높은 데 있지만, 또한 살펴봄이 이곳에 있으니, 어찌 일호(一毫)라도 사사가 있겠는가? 여러 경(卿)의 말은 도리어 헌사가 자세히 살피지 못한 것으로 여기는가?"

(이잠을) 파직시키라고 명하되, 구주는 (죄를) 논하지 말게 했다.

○ 풍해도 곡산(谷山) 사람 오문찬(吳文粲)이 곰 새끼[熊兒]를 잡아
바치니, 상이 받지 않고 말했다.

"이 짐승은 내가 좋아하는 바가 아니다."

신미일(辛未日-16일)에 개성현(開城縣) 여자 최장(崔藏)이 한꺼번에
세 딸을 낳으니, 명해 쌀 3석을 내려주었다.

임신일(壬申日-17일)에 경상도 채방판관(慶尙道採訪判官) 배소(裵素),
풍해도 채방부사(豐海道採訪副使) 서계릉(徐係稜) 등이 와서 진사(眞
絲)와 누에고치를 바치니, 명해 말했다.

"내가 듣건대 외방의 양잠(養蠶)에 폐단이 있다고 한다. 그러나 각
처에 잠실(蠶室)을 둔 것은 나라에서 이(利)를 취하기 위해서가 아니
라, 인민으로 하여금 보고 들어서 본받고 양잠하게 하려는 것이다.
만약에 집집마다 모두 양잠하는 법을 알게 된다면 앞으로 이를 그
만두려 한다. 금후로는 다만 그 고을 수령으로 하여금 양잠을 감독
하게 하고, 채방(採訪)은 보내지 말게 하라."

계유일(癸酉日-18일)에 이지실(李之實)을 함길도 병마도절제사(咸吉
道兵馬都節制使), 박초(朴礎)를 의주목사(義州牧使)로 삼았다.

○ 상이 헌부(憲府)에 명해 말했다.

"지난번에 박초를 제주목사(濟州牧使)로 삼았더니 헌부에서 불가
하다고 고집하므로, 내 그 말을 좇아서 보내지 않았다. 초의 사람됨
이 임사(任使-지방 관직을 맡김)할 만해서 이제 의주로 보내니, 너희들

대간(臺諫)은 이 뜻을 알라."

장령(掌令) 정흠지(鄭欽之)가 아뢰어 말했다.

"초의 천성이 본래부터 청렴하지 못하니, 신의 어리석은 생각으로
는 그를 쓰는 것은 불가하다고 여깁니다. 또 의주(義州)는 경계가 중
국과 연접해 있어 저 나라와 우리나라의 사람들이 무역할 물건을 가
지고 왕래함이 잇닿아 끊이지 않아서[絡繹不絶] 제주(濟州)보다 더욱
어렵습니다. 진실로 청렴하지 못한 사람을 목사로 삼아 맡길 곳이 아
니오니, 다시 청렴공정한 사람을 골라 차견(差遣)하소서."

윤허하지 않았다.

○ 명해 요동출사인(遼東出使人-요동으로 사신 가는 사람)이 사사로이
가지고 가는 물건의 숫자를 한결같이 부경사신(赴京使臣) 행차의 통
사(通事)·압물(押物)의 예(例)에 의거하게 했다.

갑술일(甲戌日-19일)에 한천부원군(漢川府院君) 조온(趙溫)이 졸(卒)
했다. 온(溫)의 선계(先系)는 본래 한양(漢陽) 사람으로, 용진(龍津-함
경도 덕원군)에 옮겨가서 살았다. 아버지 조인벽(趙仁璧)은 용원부원
군(龍原府院君)이다. 온은 일찍이 태조(太祖)의 잠저(潛邸) 때부터 섬
기어 드디어 개국(開國)·정사(定社)·좌명공신(佐命功臣)이 되었고,
3조(三朝-태조·정종·태종)에 역사(歷仕)해서 여러 관직을 거쳐 의정부
찬성사(議政府贊成事)에 이르렀다. 사람됨이 염정(廉靜)하고 온량(溫
良)하며, 몸을 공손히 하고 말이 적었다. 가산(家産)을 일삼지 아니하
니, 귀(貴)하고 능히 절검(節儉)했다. 죽으니 나이 71세였다. 철조(輟
朝)하고 부의를 보냈으며 유사(有司)에 명해 예장(禮葬)하게 했다. 시

호를 양절(良節)이라 했다. 아들은 의(儀)·완(琓)·홍(興)·육(育)이다.

○ 의정부·육조(六曹)·공신(功臣)·총제(摠制)·대간(臺諫)에 명해 왜인(倭人)에게 재목(材木)을 주는 것에 대한 가부를 모여서 토의하게 했다[會議]. 이에 앞서 본국에서 왜선장(倭船匠) 등차랑(藤次郎)을 청해 남해도(南海島)에서 배를 만들어왔는데, 등차랑이 배 1척(隻)을 만들어 본도(本道)로 돌아가고자 남아 있는 재목을 청하니 영의정 유정현(柳廷顯), 예조참판 허조(許稠)가 불가하다고 여기며 말했다.

"왜인은 성질이 사나워 믿기 어렵습니다. 항상 해도(海島)에 살면서 배를 만들어 횡행(橫行)함을 일삼고 있으니, 그 청을 한 번 들어주게 되면 진실로 뒷날에는 막기가 어렵습니다. 또 중국에서 이 일을 들으면 사교(私交)는 불가하다고 할 것입니다. 기타의 상사(賞賜)로 쌀이나 베[布] 같은 경우는 교결(交結)을 위해서가 아니라 우리 변경(邊境)을 침략하기 때문에 어쩔 수 없이 그러할 뿐입니다."

그 나머지 사람들도 모두 말했다.

"이 재목은 왜인 때문에 찍어온 것이 아니라 바로 배를 만들고 남은 재목이니, 그 청을 따르는 것이 옳겠습니다."

상이 말했다.

"경 등의 말이 진실로 옳다. 나도 서로 교제해 신의를 맺자는 것이 아니고, 또한 변민(邊民-변방 백성)을 안정(安靖)시키기 위해서도 아니다. 내가 이런 일을 들고나온 것은 하늘이 실로 알 것이다."

병자일(丙子日-21일)에 세자가 더위를 핑계로[托熱] 정강(停講)했다. 빈객(賓客) 조용(趙庸)·변계량(卞季良)·김여지(金汝知)·탁신(卓愼) 등이 세자에게 고해 말했다.

"수사간(水賜間)[25] 종으로 하여금 침실(寢室) 근처에 입숙(入宿)하게
하고, 또 동산(東山)에 집을 지어 밤이 깊도록 오래 앉아 있는 것은
안 되지 않겠습니까?"

세자가 무더위[酷熱]를 핑계로 (서연에) 나오지 않았는데, 실은 빈
객의 말을 꺼려 해서였다. 세자가 일찍이 예궐(詣闕)하고 돌아와 풀
밭 사이로 들어가 탄자(彈子)를 쏘니, 서연 낭청(書筵郞廳)이 아뢰어
말했다.

"수사간 종으로 하여금 침실 근처에 입숙하게 하고, 또 들새[野鳥]
를 궐내에서 기르는 것은 모두 안 되는 것입니다."

세자가 답해 말했다.

"너희들의 말이 옳다. (그러나) 새를 기르는 것은 작은 과실이니 반
드시 말할 것은 없다."

정축일(丁丑日·22일)에 별이 낮에 나타났다.

○ 형조·대간에서 전 전사판관(典祀判官) 박융(朴融, ?~1428년)[26]을
핵문(劾問)했다.

애초에 융(融)이 형조좌랑(刑曹佐郞)이 됐을 때 대간(臺諫)과 더불
어 좌의정 박은(朴訔)의 노비를 추변(推辨)하다가 양쪽이 모두 부당

---

25 궁중(宮中)에서 나인(內人)의 시중을 드는 무수리[水賜伊]의 방(房)을 말한다.

26 정몽주(鄭夢周)의 문인이다. 1408년(태종 8년) 문과에 급제했다. 1411년 정언(正言)으로 있
   을 때 직무 태만으로 면직됐다가 뒤에 전한(典翰)에 기용됐다. 1423년(세종 5년) 이조정랑
   으로 강원도경차관(敬差官)을 지낸 후 군수에 이르렀다.

하다 해서 속공(屬公)시킨 바 있는데, 이때에 이르러 그를 탄핵했다.

이에 앞서 융이 이조좌랑으로 있다가 승진해 전사판관이 됐는데, 얼마 안 돼 산원(散員-실직이 없는 관원)이 되고 (판관은) 정회(鄭繪)로 대체되니 당시 사람들은 (박은이) 음중(陰中-몰래 중상모략함)했다고 여겼다.

○ 감찰(監察) 정려(鄭旅)·원욱(元郁)을 파직(罷職)했다.

애초에 려(旅)와 욱(郁)이 행대(行臺)로서 수원(水原)에서 회합했는데, 부사(府使-수원부사) 박강생(朴剛生)이 려와 욱을 연정(蓮亭)으로 맞이해 염소를 잡고 술자리를 마련해서 활과 과녁을 갖추고는 기생(妓生)을 불러 가무(歌舞)하면서 명중(命中)하는 것으로 재능을 겨루었다. 이때에 이르러 이 일이 발각돼 헌사(憲司)에서 죄줄 것을 청했다. 글은 대략 이러했다.

'려와 욱은 수령(守令)의 비법(非法)을 규찰하는 직임을 띠고서 농사철을 당해 금주(禁酒)하는 때, 먼저 스스로 금령을 범해가면서 도리어 수령과 더불어 음주(飮酒)하고 가무(歌舞)해 감히 비법을 행했으니 특히 행대(行臺-행대감찰)의 뜻을 잃었습니다. 강생(剛生)은 지난번에도 이웃 고을 수령(守令)과 경내(境內)를 벗어나 안양사(安養寺)에서 취회(聚會)해 소주(燒酒)를 강권하다가 김문(金汶)을 죽게 했는데. 아직도 개전하지 못하고 지금은 또 교지(敎旨)를 준수하지 않고 대감(臺監-행대감찰)과 더불어 술 마시며 활쏘기를 했으니, 그 행위는 부당하기가 막심합니다. 청컨대 율(律)에 의거해 논죄하소서.'

명해 려와 욱을 파직시키고, 강생은 이미 죄를 받았으니 논하지 말라고 했다.

○ 예조판서 변계량(卞季良)과 제조(諸曹)에서 공상(供上)을 그전대로 할 것을 청하니 윤허하지 않았다.

아뢰어 말했다.

"상께서 각 도의 진상(進上)을 제하도록 명하니 그 겸근(謙謹)의 뜻은 옳습니다. (그러나) 상의 일신(一身)은 천지·종사(宗社)를 맡은 것이며 대소 신민(大小臣民)이 우러러보는 바이니, 역로(驛路)의 작은 폐단 때문에 스스로 진선(進膳)을 폐함으로써 상체(上體-임금의 옥체)를 수척하게 함은 불가한 것입니다. 청컨대 먼 곳은 그만둔다 하더라도 가까운 도(道)에서는 진상할 수 있게 하소서."

뜻을 전해 말했다.

"이 말은 옳다. 그러나 농사철을 당해 역로에 폐단이 있을 것이니 내가 차마 못 하겠다. 이제부터 (이를) 영구히 법을 세우려 하니, 부디 경 등은 이를 듣고 따르도록 하라."

○ 예조참판 허조(許稠)가 글을 올렸다. 글은 이러했다.

'이에 앞서 각사(各司)에서 올린 글과 함께 토의한 것들은 모조리 첨명(簽名-서명)해 '장(狀)'[27]이라 이르고, 오직 의정부(議政府)에서 초안을 만들어 올린 것만 첨명하지 않게 했습니다. (그런데) 지난번에 『홍무예제(洪武禮制)』에 의거해 각사에서 아뢴 것을 '계본(啓本)'이라 개칭하고 첨명(簽名)은 그전대로 하게 하니, 이조(吏曹)·병조(兵曹)에서 초안을 만들어 올린 식(式)은 첨명하지 않으므로 근년의 각사소

---

27 각사(各司)에서 아뢰거나 토의한 글을 통틀어 칭하는 말이다.

신(各司所申-각사에서 올린 글)은 비록 예악(禮樂)과 형정(刑政)에 관계된 일이라 하더라도 흔히 입초한 식(式)만 사용해서 첨명하지 않고 이를 '계목(啓目)'이라 이릅니다. 신(臣) 허조가 가만히 생각건대 성명(姓名)이 없다면 체대(遞代)당한 뒤에 소신자(所申者)를 알지 못하게 돼, 만일 참고할 것이 있어도 그 본말(本末)을 물을 길이 없지 않을까 염려됩니다. 바라건대 이제부터는 입초(入抄-초안을 만들어 올림)와 일용상사(日用常事) 외는 계목을 쓰지 말고 계본을 쓰게 하되, 토의한 자와 더불어 그전대로 첨명하게 하소서.'

가르쳐 말했다.

"입초와 일용상사 외의 새로 입법(立法)한 사항도 올린 글에서 말한 대로 계목을 없애고 계본을 쓰게 하라."

이에 앞서 조(稠)와 판서 변계량이 모든 일을 토의함에 있어 서로 어긋나[相忤] 합치하지 못하자 계량이 간혹 '계목'의 형식을 써서 계문(啓聞)해 시행했던 까닭에 조의 이 같은 청(請)이 있었다.

병인일(丙寅日-23일)에 명해 환자(宦者) 박기(朴奇)를 (황해도) 장연(長淵)의 본가(本家)로 내치고 함부로 출입하지 못하게 했다. 세자전(世子殿)의 속고치(速古赤)[28]이면서 (뭔가를) 범한 것이 있었기 때문이다.

○ 사헌집의(司憲執義) 이감(李敢)이 소(疏)를 올렸다. 소는 이러했다.

───────
28 시구르치(Sigurchi)·숙위병(宿衛兵)으로, 잔심부름을 했다.

'작록(爵祿)은 임금이 뛰어난 인재를 대우하는 수단입니다. 그러
므로 임금은 사람을 쓰는 데 삼가지 않을 수 없습니다. 의주목사(義
州牧使) 박초(朴礎)는 전에 선공감승(繕工監丞)이 됐을 때 장죄(贓罪)
를 범했으므로 전하께서 유사(攸司)에 내려 추명(推明)해서 핵실(覈
實)하도록 명해 죄상이 이미 드러났으나, 특별히 너그럽게 용서해 자
자(刺字)를 면하게 하고 그로 하여금 사류(士流)에 참여하게 했으니
[齒=參], 그가 우악(優渥-도타운 은혜)을 입은 것이 이미 한도를 넘었
습니다[踰涯]. 그 뒤에 자급(資給)을 올려 탁용(擢用)해서 수군도만
호(水軍都萬戶)로 삼고, 또 수년이 되어 제주목사(濟州牧使)로 특별
히 제수했습니다. 신 등이 글을 올려 논집(論執)했던바, 전하께서 즉
시 유윤(兪允)을 내리어 그 직임을 정파(停罷)했습니다. 그런데 얼마
안 돼 또 의주 목사를 제수하셨으니, 무슨 까닭으로 전일에는 파면
했다가 오늘날 다시 그를 쓰는 것입니까? 초의 사람됨은 천성이 본
래부터 탐오(貪汚)해 염치(廉恥)를 돌보지 않아, 온 나라 사람들이 일
찍이 관물(官物)을 도용(盜用)한 장죄(贓罪)의 진범(眞犯)인 것은 알
고 아직 개과천선(改過遷善)한 사실이 있는지는 알지 못하고 있는
데, 전하께서 유독 그를 등용해 의심하지 않고 범죄 이후 겨우 1기
(一紀-12년)를 지나는 동안에 두 번이나 주목(州牧)을 제수하니, 비록
공렴청결(公廉淸潔)하고 그 직책을 삼가 지킨 자 하더라도 어찌 이
에 지나겠습니까?

또 의주(義州)는 중국과 접경해 있어서 왕래하는 사신(使臣)이 경
유하는 도(道)이므로, 참으로 이른바 국가의 관약(管鑰-자물쇠)입
니다. 공렴청간(公廉淸幹)해 본래부터 명망(名望)이 있는 자로 하여금

이 벼슬을 시키더라도 오히려 맞지 않을까 두려운데, 하물며 박초 같은 자야 말해 무엇하겠습니까? 의주목수(義州牧守)는 전하께서 전일에는 반드시 조신(朝臣) 중 명망 있는 자를 선택해 시켰던 까닭에 이 직임에 당한 자는 비록 부모(父母)를 버리고 처자(妻子)를 버리며 간다 하더라도 꺼려 하지 않고 도리어 영광으로 여겼으니, 이는 전하께서 선택함이 신중하고 위임함이 높았기 때문입니다. 하루아침에 절도(竊盜)한 사람으로 대체하니, 전등(前等-전직)의 목수(牧守-목사)와 뒤에 초를 이어서 가는 자가 어찌 결망(缺望)함이 없겠습니까? 가령 초에게 고세(高世)의 지략과 절륜(絶倫)의 용맹이 있고 위란(危亂)한 때를 당했다면 그 행실을 논하지 말고 씀이 혹은 괜찮다 하겠지만, 초의 말기(末技-변변치 못한 재주)와 촌장(寸長-작은 장점)을 가지고 오늘날 씀에 어찌 족하겠습니까?

엎드려 바라건대 전하께서는 그 직임을 삭탈 파면해서 전리(田里)로 쫓아 보내시어, 온 나라의 신민(臣民)으로 하여금 관리가 돼 장물로 독직한 자는 비록 장처(長處-장점)가 있다 하더라도 세상에 쓰일 수 없음을 효연(曉然)하게 모두 알게 하소서.'

들어주지 않고, 사헌집의 이감에게 명했다.

"박초의 일은 다시 말하지 말라. 무릇 사람에게 허물이 있다지만 오래되면 반드시 고치는 법이니, 초라고 어찌 유독 고치지 않겠느냐?"

기묘일(己卯日·24일)에 김승주(金承霆)를 평양부원군(平陽府院君), 조연(趙涓)을 한평부원군(漢平府院君), 이원(李原)을 판우군도총제부사

(判右軍都摠制府事), 윤향(尹向)을 병조판서(兵曹判書), 유사눌(柳思訥)을 경상도 도관찰사로 삼았다. 사눌(思訥)은 헌사(憲司)의 탄핵을 받아 취임하지 못했다.

경진일(庚辰日-25일)에 경기 도관찰사 이관(李灌)이 노루를 바치니 받지 않았다.

상이 말했다.

"지금 농사철을 맞아 전수(轉輸-운송)에 폐단이 있어 일찍이 각 도의 진선(進膳)은 금지했는데, 어째서 듣지 않고 이 지경인가? 내가 옛 제도를 준수함으로써 후왕(後王)에게 남겨 주고자 하는 것이 어찌 명예를 낚자는 것[釣名]이겠는가?"
조명

신사일(辛巳日-26일)에 평안도 안주(安州)에서 한 여자에게 벼락이 쳤는데, 두정(頭頂-정수리)에 불탄 흔적[燒痕]이 남았다.
소흔

○ 대언(代言)들에게 명해 말했다.

"민폐(民弊)를 듣거든 그 즉시 계달(啓達)하라."

애초에 상이 말했다.

"육조청(六曹廳)이 너무 넓지 않은가?"

대언들이 말했다.

"혹시라도 사연(賜宴)하는 날이 있게 되면 여러 대신이 시좌(侍坐-모시고 앉음)하는 까닭에 이와 같습니다."

대언(代言) 하연(河演)이 아뢰어 말했다.

"계체석(階砌石)²⁹을 지금껏 끝내지 못해 기인(其人)³⁰ 30여 명에게 노역을 시키고 있습니다."

상이 말했다.

"어찌하여 금하지 않았는가? 기인의 노고가 심히 불쌍하다. 근래에 궐내의 집을 헐고 나온 나무와 돌을 기인들을 시켜서 나르게 했는데, 기인 가운데 한 사람도 강한 사람이 없었으니 참으로 불쌍하다. 어찌하여 그만두게 하지 않았는가? 내가 일한일우(一旱一雨-한 차례의 가뭄과 한 차례의 비)를 가지고 기뻐도 하고 두려워도 하고 항상 경외(敬畏)하고 있다. 가뭄을 만나 전도(顚倒)할 것 같아 근심인데, 어찌하여 예방하지를 않는가? 이런 성농기를 맞아 크게 토목(土木)의 역사를 일으킴이 옳겠는가?"

연(演)이 아뢰어 말했다.

"의금부(義禁府)에 있는 도부외(都府外)³¹ 또한 그 구실[役]이 괴롭습니다. 3번(番)으로 나눠 서로 교대하게 하되 낮에는 나무를 지고 밤에는 행순(行巡)하게 하며, 또 구사(丘史-심부름) 등의 일도 실로 어렵고 고생스러우니 마땅히 4번(番)으로 나눠 그 역사를 관대하게 하소서."

---

29 건물이나 무덤 앞 계절(階節)에 놓은 장대석(長台石)을 말한다.

30 고려 때의 인질(人質) 제도다. 고려 초기에 향리(鄕吏)의 자제(子弟)를 뽑아 서울로 데려와서 볼모로 삼는 한편 그 출신 지방의 사정에 관해 자문하게 하던 것으로, 조선조에 들어서도 궁중(宮中)에서 노예와 같이 여러 고역(苦役)에 역사(役使)되다가 태종 9년 이후에는 주로 소목(燒木)을 바치는 역(役)을 지게 되었다.

31 여말선초에, 금란(禁乱)·포도(捕盜)·순작(巡綽) 등의 임무를 수행하던 중앙 관청이다. 순군부(巡軍府)에 속한 군대(軍隊)의 하나로, 경기(京畿)의 민호(民戶)로 충당했다.

상이 말했다.

"이런 일을 경 등이 말하지 않는다면 내가 어찌 알겠는가? 4번(番) 으로 나눔이 좋겠다."

그 참에 대언(代言)들에게 가르쳐 말했다.

"내가 여러 어려움을 두루 경험하지 않아 민간(民間)의 질고(疾苦) 를 다 알지 못하니, 경들이 들은 것이 있으면 즉시 계달하도록 하라. 경들은 모두 일을 경정(更正)하면서 치체(治體)를 통달한 자들이다. 내가 그대들을 뽑아 쓰는 것은 이 같은 말을 듣고자 함에서이니, 경 들이 말하지 않는다면 써서 무슨 이익이 있겠는가? 오히려 말하지 않는 것이 두렵다."

또 명하여 즉시 아뢰게 하니, 조말생(趙末生)이 말했다.

"신(臣)이 후설(喉舌-승지)의 직책에 있은 지 이미 여러 해 되었으 므로 상의 뜻을 알지 못함이 없습니다. 아뢸 만한 일이 없는 까닭에 아뢰지 않는 것이지, 만일 보고할 만한 것[所聞]이 있다면 감히 계달 하지 아니하겠습니까?"

<small>소문</small>

이에 앞서 제조(提調) 인녕부윤(仁寧府尹) 김점(金漸)이 말씀을 올 렸다.

"의금부에 부속(府屬)한 도부외(都府外)로 하여금 매년 장빙(藏氷)· 둔전결(屯田結)·어량(魚梁)을 역사시키니, 비록 농사철이나 매우 날씨 가 찬 때를 당하더라도 집에 돌아가지 못합니다. 비록 분번(分番)한다 고 하나, 집에 있는 날은 적고 입역(立役)하는 날은 많으니 이것은 작 은 일이 아닙니다. 청컨대 장빙·둔전(屯田)·어량(魚梁)의 폐단을 없애 고 4번(番)으로 나눔으로써 그 역사를 관대하게 하소서."

상이 말했다.

"옳다."

그 참에 승정원에 명해 다시 토의해 아뢰게 했다.

○ 헌납(獻納) 배윤(裵閏)이 글을 올려[上章] 박초에게 죄줄 것을 청
했다. (그러나) 일찍이 교지가 있었기에 아뢰지 않았다.

○ 전라도(全羅道) 조선(漕船-조운선) 3척이 (경기도) 교하(交河) 오
도성(吾道城) 밑에 이르러서 풍랑을 만나 침몰하는 바람에, 사람들이
모두 익사(溺死)하고 쌀·콩 2,680여 석(石)이 물에 잠겼다.

계미일(癸未日-28일)에 김포현(金浦縣) 사람 김난(金難) 집의 소가 벼
락에 맞았다.

○ 의금부 도사(義禁府都事) 김유공(金有恭)을 강원도로 보내 왜인
(倭人) 슬라(瑟羅)를 잡아 오게 했다.

애초에 도관찰사가 치보(馳報-급보)했다.

'평해군(平海郡) 후리포(厚里浦)에서 반간(反間-간첩질)하는 왜놈
슬라를 잡아 본군(本郡)에 가두었는데, 그 왜놈이 납사(納辭)하기를
"대마도(對馬島)에 거주하는 선주(船主) 오라(吾羅)·삼보라(三甫羅) 등
3인이 왜인 21명을 거느리고 평해(平海) 지방에서 정박했다가, 나만
남겨두고 가면서 말하기를 '조선의 각 포(浦)에서 흥리(興利)를 엄금
하니 생리(生理-생계)가 심히 어렵다. 연해(沿海)를 두루 다니면서 부
자로 사는 민가를 살펴 허실을 알고, 6월 보름이 지나서 돌아오라'라
고 했다" 했습니다.'

이때에 이르러 잡아 오게 했다.

○ 충청도 진천(鎭川)의 사노(私奴) 도치(都致)의 말과 경상도 상주(尙州) 백성(百姓) 파충(波忠)의 소가 벼락을 맞았다. 파충은 번개에 닿아 몸이 그을렸으나 결국 죽지는 않았다.

○ 전라도 도관찰사 정경(鄭耕)이 각 고을의 수령(守令)·품관(品官)들의 진언(陳言)을 올리니, 의정부(議政府)·육조(六曹)에 내려서 토의한 다음 의견을 올리게 했다.

"하나, 각사(各司)에 공납(貢納)하는 것을 매년 끌어당겨 납부하는 [引納=延納] 바람에 폐단이 있으니, 1년 동안 소용되는 수량을 헤아
인납 연납
려 그 소산(所産-생산량)에 따라 다시 상정(詳定)하게 하소서.

하나, 대체로 백성은 먹는 것으로써 근본을 삼습니다. 비록 환과(鰥寡-홀아비와 과부)라 하더라도 소를 가지고 사람 대신 경전(耕田)하게 하고 있습니다. 역민(役民)의 일은 모두 경작(耕作)하는 것에 쓰이어 입군(立軍-군대를 세움)도 어려우나, 환과(鰥寡)는 농사지을 수 없으므로 경작하는 것은 날로 줄고 농사짓는 자도 적어지니 유수자(遊手者)가 많아지고 백성의 식량이 부족합니다. 이제부터 부렴(賦斂)은 경작하는 것의 다소(多少)에 따라 시행하고 그 출군(出軍-군대를 냄)은 인정(人丁)의 다소에 따라 시행하소서.

하나, 조운선(漕運船)의 육물(陸物-육지에서 나는 물산)에 대한 여러 가지를 촌민(村民)으로 하여금 마련하게 하니 폐단이 있습니다. 이제부터는 각 포(浦)의 병선(兵船)에 분급(分給)했다가 육물(陸物)의 조전(漕轉)을 마친 뒤에 각 포에 돌려주게 하소서.

하나, 선군호(船軍戶)의 자손(子孫)은 비록 누락(漏落)됐다 하더라도 다른 사람의 봉족(奉足)으로 정하지 말게 하소서.

하나, 녹전(祿轉)과 군자(軍資)로 압령(押領)돼 상경(上京)한 창정(倉正)·인리(人吏)를 선공감(繕工監)에서 함부로 역사시키니, 법관(法官)으로 하여금 고찰해 금지하게 하소서.

하나, 도절제사(都節制使)가 춘추(春秋)에 전렵(佃獵)해 잡은 것을 평민(平民)들로 하여금 전수(轉輸)하게 하는 것은 폐단이 있습니다. 금후로는 영솔하는 군인으로 하여금 전수하게 하소서.

하나, 녹전(祿田)과 군자 미곡(軍資米穀)은 각 고을의 창정(倉正)·장리(掌吏)가 숫자에 의해 수납하니, 혹 간수(看守)하지 못하거나 혹은 자신이 사용(斜用-부정하게 씀)하고서 충납(充納)하지 못한 것은 논죄(論罪)하고 생징(生徵)함이 마땅합니다. 이미 도회소(都會所)의 차사원처(差使員處)에서 백성으로 하여금 스스로 요량하고 스스로 가늠하게 해서 주고는 납창(納倉)할 즈음에 이르러 부족하게 되면 곡여(斛餘-휘로 재고 남은 곡식)로써 충수(充數)하지 않고 다른 미곡으로 채우도록 독촉함에, 빈민(貧民)들이 납부를 지탱하지 못해서 이 때문에 묵은 것이 쌓이고 다중(多重-양이 많고 책임이 무거움)해져서 일가[一族]의 가재(家財)를 다 팔기에 이르니 폐단이 막심합니다. 이제부터는 원수(元數)가 부족하면 그 곡여(斛餘)로써 충수(充數)하게 하되, 그 잉수(剩數-여유분)가 있은 뒤에야 곡여로써 시행하게 하소서."

그것을 따랐다.

○사간원 우사간(司諫院右司諫) 최순(崔洵) 등이 소(疏)를 올렸다. 소는 이러했다.

'엎드려 바라보건대[伏覩] 전하께서 즉위하신 이래 백성을 근심하는 마음으로 애민(愛民)하는 정치를 시행해서 백성의 이해(利害)를

312

흥제(興除-일으키고 없앰)하지 아니함이 없었으니, 이는 인사(人事)를 닦는 방법이고 천심(天心)에 보답하는 지극함입니다. 그러나 근년 이래로 풍재(風災)와 한기(旱氣)가 잇달아 곡식을 해쳤고, 지난해에도 농사철의 가뭄에 백성이 장차 굶게 되었으나 다행히 전하의 지극한 정성이 하늘에 이름을 힘입어 단비[甘雨]가 패연(沛然-콸콸)하게 내려서 백성에게 가을이 있게 됐습니다만, 민생(民生)에서는 아직 넉넉하지 못했습니다. 또 금년에는 바로 농사철을 맞이해 우택(雨澤-비의 혜택)이 내리지 않아 소간(宵旰-宵衣旰食)의 근심을 부르게 됐습니다. 신 등은 모두 용렬한 자질을 가지고 언관(言官)으로 승핍(承乏-재능 없는 자가 벼슬함)됐으니, 감히 함묵(緘默-함구)할 수 없어서 삼가 한두 가지 관견(管見)으로써 우러러 천총(天聰-임금의 귀 밝음)을 번거롭게 합니다.

하나, 『춘추(春秋)』는 대체로 민력(民心)을 쓰는 것은 반드시 기록했으니, 민력을 중하게 여긴 때문입니다. 금년 봄에 외방 각 도(道)에서 공역(工役)이 모두 일어났고 경중(京中)의 한두 각사(各司)에서도 영조(營造)를 일으켰는데, 전하께서 밝게 그 폐단을 알아 일이 아직 완성을 고하지 못했는데도 모조리 정파(停罷-중단)하게 하셨으니, 그 민력을 소중히 여기는 뜻이 지극합니다. 다만 경복궁(景福宮)을 수즙(修葺-수리)하는 일만은 각 요(窯)에서 기와를 굽는 역사를 아직도 다 끝내지 못했는데, 경복궁 같은 것은 곧 사신(使臣)을 맞이하는 곳이라 수즙하지 않을 수 없습니다. 바라건대 장차 선공감(繕工監)에 합번(合番)하려던 공장(工匠)들을 그전대로 분번(分番)해서 수즙하게 하소서. 각 요(窯)에서 기와 굽는 중들은, 비록 유수(遊手-장사치)의 무리라 하더라도 몸을 아끼지 아니하고 고되게 해서 휴식하지 못하는 것은 한가지입니다. 엎드려 바라건대 또한 모두 정파를 명했다가 가을철을 기다려 거사함으로써 민력(民力)을 쉬게 하소서.

하나, 백성이 토착(土着)하지 못하면 그 생명을 보전할 수 없는데, 오늘날의 보충군(補充軍)은 본래 외방(外方)에서 살던 자가 10에 7~8이나 됩니다. 일찍이 그 고향에 있을 때는 처자(妻子)를 완취(完聚-모두 거두어 사는 것)해 힘껏 농사하며 살았어도 혹 부채(負債)를 지게 되어 겨우 생업(生業)을 잃지 않을 정도였습니다. 하물며 향토(鄕土)를 떠나 처자(妻子)를 버리고 양식을 싸가지고 번상(番上)해서 서울에 여우(旅寓-여관에 기대어 지냄)하며 객지에서 역사에 종사함에 겨를이 없는 데야 말해 무엇하겠습니까? 한 번 양식이라도 떨어지게 되면 그 고통을 견딜 수 없어 역사에서 도망쳐 집으로 돌아가게 되는데, 그때마다 즉시로 이문(移文)해 징궐(徵闕)하되 입역(立役)하는 것을 한정으로 삼으니, 집이 가난해 스스로 마련하지 못하면 빌려다가 납부해야 하므로 가산을 없앤 자가 많습니다. 이 같은 일이 수십 년이 가면, 앞으로 그 폐단을 견디지 못해 원망이 반드시 생길 것입니다. 이에 앞서 대장(隊長)·대부(隊副)가 된 자들이 오랫동안 이 역사에 종사했어도 이런 폐단이 없었던 것은 그들에게 모두 작록(爵祿)이 있어 그 생활을 염려하지 않아도 됐기 때문이니, 어찌 오늘날의 보충군의 고생과 같겠습니까? 바라건대 앞으로 보충군 중에서 서울에 살면서 입역(立役)하는 자를 제외하고 일찍이 외방에 살던 자는 모두 방환(放還)토록 허락하심으로써 외군(外軍-지방의 군대)을 보충하며 그들의 생활을 편안하게 해주소서. 만약 서울에 사는 자의 숫자가 적어서 사령(使令)이 부족함을 염려하신다면 대장·대부의 숫자를 더해 제수해 보내[除出] 보충(補充)하게 하소서.
^{제출}

하나, 제언(堤堰)의 수축은 본래 백성을 이롭게 하는 것입니다. 신 등이 가만히 듣건대, 근년에 쌓은 전라도(全羅道) 벽골제(碧骨堤)가 여러 고을의 경계에 침수해 들어가게 돼 일찍이 제내(堤內)에 살던 백성 중에 물의 침수 때문에 그 전토를 잃은 자가 많다고 합니다. 마땅히 제하(堤下)의 가까운 땅을 그 백성에게 먼저 준 뒤에 이를 가지고 소재지의 백성에게 나눠주어 경작하기를 권장했다면, 수리(水利)도 이미 많고 땅도 비옥하니 누가 앞을 다투어 나아가 부지런히 일하지 않겠습니까? 그러나 지난해 봄부터 국가에서 둔전(屯田)을 설치하고 금년에 와서도 또 이것을 증치(增置)하게 하니, 저번에 침수로 인해 전토를 잃은 자가 도리어 그 뒤 차례가 됐습니다. 또 그곳에 둔전을 지키는 백성이 따로 없다면 경운(耕耘)하고 수확(收穫)할 때 역사해야 할 자는 틀림없이 모두가 남묘(南畝)의 백성이라, 둔전(屯田)의 소출이 비록 수조(收租)하는 것의 배(倍)가 된다 해도 이는 다만 작은 이익에 불과할 뿐이니, 어찌 백성이 극진히 경작함을 들어주어 민용(民用)에 여유 있게 하는 이익만 하겠습니까? 만약 둔전을 설치함이 백성을 창도(唱導)해 권농하는 소이가 되므로 폐지할 수 없다고 한다면, 이미 경기(京畿)에다 적전(籍田)을 개치(開置-열어둠)해 백성을 창도했는데 어찌 다시 둔전을 설치함으로써 백성을 번거롭게 해야 하겠습니까? 바라건대 지금부터는 이 둔전을 없애 백성에게 나눠줌으로써 농업(農業)을 이롭게 하고 민생(民生)을 두텁게 하소서.'

丙辰朔 命僉知司譯院事張若壽 押送被倭擄唐人金亞侵等四名于
병진 삭 명 첨지사역원사 장약수 압송 피 왜 로 당인 김아침 등 사명 우

遼東.
요동

以尹向爲慶尙道都觀察使 李伯持江原道都觀察使 金九德
이 윤향 위 경상도 도관찰사 이백지 강원도 도관찰사 김구덕

同知敦寧府事.
동지돈녕부사

賜權永均 任添年 鄭允厚 李茂昌 崔得霏田各二十結. 後加賜永均
사 권영균 임첨년 정윤후 이무창 최득비 전 각 이십 결 후 가사 영균

十結曰: "此世家子弟 非他皇親比也."
십 결 왈 차 세가 자제 비 타 황친 비야

命還給前司尹李孟畉 檢校判事金敘 大護軍李蘭科田. 先時
명 환급 전 사윤 이맹유 검교 판사 김서 대호군 이란 과전 선시

李孟畉等以犯令會飮 收其科田 至是還賜. 朴訔 孟畉之親舊 故
이맹유 등 이 범령 회음 수 기 과전 지시 환사 박은 맹유 지 친구 고

爲之請之.
위지 청지

己未 罷水原府使朴剛生 奉禮郎尹惇職. 先是 惇自果川縣監見代
기미 파 수원부사 박강생 봉례랑 윤돈 직 선시 돈 자 과천현감 견대

還京 剛生及衿川縣監金汶等餞惇于安養寺 汶傷燒酒暴死. 至是
환경 강생 급 금천현감 김문 등 전 돈 우 안양사 문 상 소주 폭사 지시

事覺 憲府請罪 上曰: "勸酒本非欲致人於死 而隣官餞別 亦常事
사각 헌부 청죄 상왈 권주 본 비 욕치 인 어사 이 인관 전별 역 상사

也." 命除他事罷職.
야 명제 타사 파직

訓鍊觀請屬田地于本觀 以養武士 一如成均館 上曰: "不可也. 武
훈련관 청속 전지 우 본관 이양 무사 일여 성균관 상왈 불가 야 무

本狂事 用功少 故人皆樂趨. 且設武科而取士授織 其勸之也足矣."
본 광사 용공 소 고 인개 낙추 차 설 무과 이 취사 수직 기 권지 야 족의

吏曹判書朴信曰: "養武士 一如成均 令朝夕讀兵書." 上曰: "讀兵書
이조판서 박신 왈 양 무사 일여 성균 영 조석 독 병서 상왈 독 병서

豈如究六經四書乎?" 信强之 上曰: "姑待後日."
기여 구 육경 사서 호 신 강지 상왈 고 대 후일

咸吉道都巡問使姜淮仲上書. 書略曰:
함길도 도순문사 강회중 상서 서 약왈

'特蒙聖恩 濫受大任 受命以來 深恐不堪 夙夜戰兢. 今有道內
특몽 성은 남수 대임 수명 이래 심공 불감 숙야 전긍 금유 도내

甲山郡事張薀以公事之嫌 反成私讎 詐飾臣不法數件 謀欲陷臣
갑산군사 장온 이 공사 지혐 반성 사수 사식 신 불법 수건 모욕함 신

於罪 臣無所申訴 不勝鬱悒. 謹將臣被毀之根由 薀毀臣之本末
어죄 신 무 소신소 불승 울읍 근장신 피훼 지 근유 온훼 신 지 본말

具錄如左 伏惟聖裁.
구록 여좌 복유 성재

薀於其郡人李安 童天等私上京也 擅給粥飯 草料文字. 平浦道
온 어 기군 인 이안 동천 등 사 상경 야 천급 죽반 초료 문자 평포도

驛丞李賢植收取呈報 臣欲推劾擅給辭由 俾送色吏 薀拒不送 至於
역승 이현식 수취 정보 신 욕 추핵 천급 사유 비송 색리 온 거 불송 지어

再三行移 佯稱多事中忘却 如前不送. 臣行移北靑府推考 薀到
재삼 행이 양칭 다사 중 망각 여전 불송 신 행이 북청부 추고 온 도

北靑 不納招辭 夜半無故還官. 且薀據其郡吏等之狀報云: "前郡守
북청 불납 초사 야반 무고 환관 차 온 거 기 군리 등 지 장보 운 전 군수

洪宥赴京空官時 北靑府人前少監金終南奪郡所畜進上鷹子五連
홍유 부경 공관 시 북청부 인 전 소감 김종남 탈군 소축 진상 응자 오 련

持去." 臣行移北靑府推考 金終南供稱: "絶無是事 但洪宥及他人
지거 신 행이 북청부 추고 김종남 공칭 절무 시사 단 홍유 급 타인

私贈鷹子四連持來耳. 其虛實 願同郡吏一處辨明." 臣據此 又致
사증 응자 사련 지래 이 기 허실 원동 군리 일처 변명 신 거차 우치

色吏 薀如前任置不送. 非特此也 凡所施爲 不合守令 故推覈之際
색리 온 여전 임치 불송 비특 차야 범 소시위 불합 수령 고 추핵 지제

適有宥旨未果. 薀因此 誘戶長辛得邦等 錄臣不法五六條 手書其狀
적유 유지 미과 온 인차 유 호장 신득방 등 녹신 불법 오륙 조 수서 기장

欲令呈于司憲府 而竟不得呈. 臣見其狀辭.
욕령 정우 사헌부 이 경 부득 정 신 견 기 장사

其一 甲山郡奴婢 擅自分屬閭延事也. 然臣愚以爲國家旣將甲山
기일 갑산군 노비 천자 분속 여연 사야 연 신우 이위 국가 기장 갑산

一邑土地人民 分爲兩郡 獨於奴婢 不宜更煩啓聞 故臣以平均分屬
일읍 토지 인민 분위 양군 독어 노비 불의 갱번 계문 고 신 이 평균 분속

之事 已曾行移 而薀私其甲山 至今托故不分 致令閭延守令及軍官
지사 이증 행이 이 온 사기 갑산 지금 탁고 불분 치령 여연 수령 급 군관

使客供辦 全使村民 民不堪苦 臣愚未知曲在誰耶?
사객 공판 전사 촌민 민 불감 고 신우 미지 곡재 수야

其二 二妻重妾 衙中列置 靡費廩祿事也. 然去丁亥年 臣妻南氏
기이 이처 중첩 아중 열치 미비 늠록 사야 연거 정해년 신처 남씨

歿後數年鰥居 時有一婢妾 至癸巳年 乃娶崔氏而已. 此則衆所共知
몰후 수년 환거 시유 일비첩 지 계사년 내취 최씨 이이 차즉 중 소공지

何難辨乎? 衙中率來奴婢數 廩祿支給 一依詳定 實無過程 明在
하 난변 호 아중 솔래 노비 수 늠록 지급 일의 상정 실무 과정 명재

咸興府重記.
함흥부 중기

其三 以不善鷹子進上 而擇善鷹親獵獲禽 養妻妾事也. 然臣雖
기삼 이 불선 응자 진상 이택 선응 친렵 획금 양 처첩 사야 연신 수

愚暗 於進上事 何敢不謹? 臣讀至於此 不覺隕涕. 臣雖不才 以
우암 어 진상 사 하감 불근 신독 지어 차 불각 운체 신수 부재 이

監司而爲養妻妾 親獵獲禽 萬無此理. 臣若有此 則衆目難掩. 但依
감사 이 위양 처첩 친렵 획금 만무 차리 신약 유차 즉 중목 난엄 단의

前例 進上鷹子二三連 畜養退毛而已.
전례 진상 응자 이삼 련 축양 퇴모 이이

其四 濫騎鋪馬人 不罪之事也. 然此則平浦道驛丞李賢植因差使
기사 남기 포마인 부죄 지사야 연 차즉 평포도 역승 이현식 인 차사

甲山入歸路次 見上項張蘊員 擅給粥飯 草料文字而收取 蘊乃含怒
갑산 입귀 노차 견 상항 장온 원 천급 죽반 초료 문자 이 수취 온 내 함노

謀欲報復 以濫騎鋪馬呈報. 臣卽行移北靑府 推考賢植 供稱: "於
모욕 보복 이 남기 포마 정보 신즉 행이 북청부 추고 현식 공칭 어

無人山谷間 率騎馬子一名而來." 臣察其情 似乎可恕 置而勿論.
무인 산곡 간 솔 기마 자 일명 이래 신 찰 기정 사호 가서 치 이 물론

此亦蘊托公義而報私讎也.
차역 온 탁 공의 이 보 사수 야

其五 貂皮一百領私用事也. 然臣以庸劣 旣蒙聖恩 又承先蔭 官
기오 초피 일백 령 사용 사야 연신 이 용렬 기몽 성은 우승 선음 관

至於此 常欲報上而不辱先也. 臣何敢盜用公物 以玷吾身 逐累後裔
지어 차 상욕 보상 이불 욕선 야 신 하감 도용 공물 이점 오신 수누 후예

哉? 臣之終天之痛 莫甚於此. 臣依前規 將神稅布一百匹 於貂皮
재 신지 종천 지통 막심 어차 신의 전규 장 신세포 일백 필 어 초피

産處甲山 閭延兩官 各送五十匹 以自願貿易 除擇善進上外 遺在之
산처 갑산 여연 양관 각송 오십 필 이 자원 무역 제 택선 진상 외 유재 지

數 明在于籍 臣何敢欺罔?
수 명재 우적 신 하감 기망

上項五條之污毁 甚於穿踰. 若以事在宥前 而不得辨明 則臣將
상항 오조 지 오훼 심어 천유 약 이사 재 유전 이 부득 변명 즉 신장

何面目 立於盛朝 而將見祖先於地下乎? 臣竊謂 蘊之毁臣 雖在
하 면목 입어 성조 이장 견 조선 어 지하 호 신 절위 온 지 훼신 수재

318

宥前 臣之辨明 何暇計於宥之先後哉? 況蘊毀臣揚說 亦在宥後乎!
유전 신지 변명 하가 계어 유지 선후 재 황 온 훼신 양설 역재 유후 호

於監司守令之分何如 原其造言之端 無他 因自己違錯事 殿最之際
어 감사 수령 지분 하여 원기 조언 지단 무타 인 자기 위착 사 전최 지제

恐加貶黜 謀張詭計 先其殿最之期 多行賄賂 欲以助己 詐飾誣罔
공가 폄출 모장 궤계 선기 전최 지기 다행 회뢰 욕 이 조기 사식 무망

期以陷臣 使不得施行 以爲得計 其設心之險 用謀之譎如此. 臣恐
기이 함신 사부득 시행 이위 득계 기 설심 지험 용모 지휼 여차 신공

典禮之虧 風俗之薄 自蘊而始也. 臣別封蘊謀毀小臣之籍 倂隨實封
전례 지휴 풍속 지박 자온 이시 야 신 별봉 온 모훼 소신 지적 병수 실봉

以聞. 恭惟殿下 察臣被毀之所自 憐臣懷憤之至情 下攸司 令臣與
이문 공유 전하 찰신 피훼 지소자 연신 회분 지지정 하 유사 영신 여

蘊與之對正 辨臣之曲直 伸臣之鬱悒 以全典禮 以厚風俗.'
온 여지 대정 변신 지곡직 신신 지울읍 이전 전례 이후 풍속

厥後淮仲上啓本云: '甲山郡事 張蘊使闍延鎭撫李澤率軍人五六
궐후 회중 상 계본 운 갑산군사 장온 사 여연 진무 이택 솔 군인 오륙

名 送于亇遷木寨 臣使金慮遏問其故 蘊領軍馬二十餘名 屯于東良
명 송우 마천 목채 신사 김여하 문 기고 온 영 군마 이십 여명 둔우 동량

北亏羅亏草地.'
북 우라우 초지

上曰: "比蘊來京 推鞫以聞."
상 왈 비온 내경 추국 이문

對馬島宗貞茂及濃州太守平宗壽使人獻土物.
대마도 종정무 급 농주태수 평종수 사인 헌 토물

庚申 罷各司點心. 戶曹啓: "時方盛農 彌月不雨 將來可慮. 乞除
경신 파 각사 점심 호조 계 시방 성농 미월 불우 장래 가려 걸제

各司宣飯及點心." 上曰: "宣飯不可竝除 且旱災非緣點心而致之.
각사 선반 급 점심 상왈 선반 불가 병제 차 한재 비연 점심 이 치지

因飢渴飲食 乃天之心也. 何有飢而弭災之道乎? 是全由政事之失
인 기갈 음식 내 천지심 야 하유 기이 미재 지도 호 시전 유 정사 지실

也." 仍問曰: "立苗如何?" 贊成金漢老 判書朴信等曰: "皆已立苗."
야 잉 문왈 입묘 여하 찬성 김한로 판서 박신 등왈 개 이 입묘

信曰: "旱田所種 若下雨 則勃然大興 愈於水田." 上不答. 信等略無
신왈 한전 소종 약 하우 즉 발연 대흥 유어 수전 상 부답 신등 약무

政事失宜 以干和氣之對 人皆謂: "臣每啓事不切時宜 貪吝無比."
정사 실의 이간 화기 지대 인 개위 신 매 계사 부절 시의 탐인 무비

方上之憂旱涕泣之日 信亦涕之 及出于外 飲酒懽樂. 上曰: "旱災
방 상지우 한 체읍 지일 신 역 체지 급 출우외 음주 환락 상왈 한재

太甚 實予之罪也. 予以不德 享國十七年 欲代世子 世子穉狂 無可
태심 실 여지죄 야 여 이 부덕 향국 십칠 년 욕대 세자 세자 치광 무가

乃何 是民間怨咨之所致也. 然察貢賦之常數 或庶乎無怨咨也. 此
내하 시민간 원자 지소치 야 연찰 공부 지상수 혹 서호 무원자 야 차

必人心不和之所召 然我不可指某宰相不和 請卿等宜各言某人不和
필 인심 불화 지 소소 연아 불가 지모 재상 불화 청경등 의 각언 모인 불화

也." 因曰: "浩亭雖閑居 國家之事不忘于懷." 朴信 李原 鄭易對曰:
야 인왈 호정 수 한거 국가 지사 불망 우회 박신 이원 정역 대왈

"旱氣未甚 可待西成."
한기 미심 가대 서성

禮曹請祈雨于宗廟社稷雩祀圓壇 從之. 上曰: "雩祀祈雨 判書
예조 청 기우 우 종묘사직 우사 원단 종지 상왈 우사 기우 판서

卞季良之請也. 昔成湯憂旱 桑林之禮 以身自代犧牲 是閔雨之甚
변계량 지청야 석 성탕 우한 상림 지례 이신 자대 희생 시 민우 지심

也." 李原啓曰: "臣聞平安道霖雨連日 路甚泥濘 行不易進. 又 全羅
야 이원 계왈 신문 평안도 임우 연일 노심 이녕 행불 이진 우 전라

慶尙道連日有雨." 上曰: "各道如此 獨圻內彌月不雨 是尤可懼也."
경상도 연일 유우 상왈 각도 여차 독 기내 미월 불우 시우 가구 야

辛酉 各司奴婢刷卷色上疏:
신유 각사 노비쇄권색 상소

'竊惟 前朝之季土田 臧獲之制大毀 互相侵奪 極爲紊亂. 我太祖
절유 전조 지계 토전 장획 지제 대훼 호상 침탈 극위 문란 아 태조

康獻大王受命創業 首正經界 大正田制 公私截然 人不犯法 獨奴婢
강헌대왕 수명 창업 수정 경계 대정 전제 공사 절연 인불 범법 독 노비

爭訟 尙循舊轍. 越歲丁丑 命立辨正都監 將中外所訟 定限決絶.
쟁송 상순 구철 월세 정축 명립 변정도감 장 중외 소송 정한 결절

於是 有冤者伸 有怨者解 積年巨弊 幾至永斷 第以有司奉行未至
어시 유원 자신 유원 자해 적년 거폐 기지 영단 제이 유사 봉행 미지

多有遺滯. 及殿下卽位 善繼善述 於庚辰 甲午 再立都監 自丁丑
다유 유체 급 전하 즉위 선계 선술 어 경진 갑오 재립 도감 자 정축

以來 未決與誤決者 悉令畢決 仍著官文成給之法 其所以革舊弊
이래 미결 여 오결 자 실령 필결 잉저 관문 성급 지법 기 소이 혁 구폐

弭爭訟 厚人倫 正風俗之道 可謂至矣. 但公處奴婢 開國以來失於
미 쟁송 후 인륜 정 풍속 지도 가위 지의 단 공처노비 개국 이래 실어

推刷 或文契不明 多致遺失 或官吏庸劣 故令斜屬 以良人而避軍
추쇄 혹 문계 불명 다치 유실 혹 관리 용렬 고령 사속 이 양인 이 피군

冒名者有之; 以私賤而背主投屬者有之. 其逋逃避役與容隱者 蓋
모명 자 유지 이 사천 이 배주 투속 자 유지 기 포도 피역 여 용은자 개

亦多矣. 殿下俯採獻議 於永樂乙未 設刷卷色 嚴立刷卷之法 明示
역 다의 전하 부채 헌의 어 영락 을미 설 쇄권색 엄립 쇄권 지법 명시

條畫 裒集各司久近文籍 逐一商確 具其本末而從其實; 刪其錯誤
조획 포집 각사 구근 문적 축일 상확 구 기 본말 이 종 기실 산 기 착오

320

而取其正 其有訟冤者 則移送攸司 卽令辨決 勒成一代之新案 以爲

萬世之元籍 人心以定 爭端永絶 盛朝爲治之具 可謂極矣. 今案籍

已成 若不設法關防 後日之弊 恐復如前 謹稽永世遵守條件 具錄

于後 伏望上鑑裁擇施行.

一 今丁酉年案付京外奴婢 當該官吏解由時 元數幾口內 物故

幾口 逃亡幾口 某處移接幾口 生産幾口 明白施行交付 以憑後考.

其中不能完恤 多致逃散者 吏曹考其口數多少 以行貶黜.

一 丁酉年案付奴婢 如有知情容隱役使者 依曾降敎旨 職牒收取

決杖一百 身充水軍 計口役價生徵.

一 今丁酉年案付奴婢 每十口擇一口 定爲頭目 每三口役一口.

逃亡移接生産之額 頭目奴婢及里正長 隨卽告官置簿 待續案時

明白施行 其容隱不告者 照律論罪. 未滿十口者 頭目奴婢 從宜

擇定.

一 京外散接奴婢生産子枝與逃亡物故者 京中各其司 外方

敬差官 三年一次明白推考 續案施行 永爲恒式. 敬差官 如或不遣

則各道觀察使依式成籍上納.

一 戊辰年間權勢之家贈與奴婢及犯罪各人兩邊不當屬公奴婢

今案內本主姓名不錄元屬奴婢 一體施行 雖有逃散 勿令侵逼. 本主

違者 憲司糾理 本主如有容隱現露者 以上項容隱例論罪.

一 京外案付奴婢逃亡避役 則當該官吏責其一族 切隣及頭目 里

正長 定限推促 未現推 則每當續案時推鞫之 其中知情情狀現著者
정장 정한 추촉 미현추 즉매당 속안 시 추국 지 기중 지정 정상 현저 자

刑問督之.
형문 독지

　一 物故奴婢 當該官吏據其戶及頭目奴告狀 躬親檢視 京中報
　일 물고 노비 당해 관리 거 기호 급 두목 노 고장 궁친 검시 경중 보

刑曹 外方報觀察使 明立文案 待續案時改施行 如有不親審 不卽
형조 외방 보 관찰사 명립 문안 대 속안 시개 시행 여유 불 친심 부즉

告者論罪.
고자 논죄

　一 今丁酉年案付奴婢訴良及相訟者 痛行禁止 違者治罪. 正案及
　일 금 정유년 안 부 노비 소량 급 상송 자 통행 금지 위자 치죄 정안 급

逃亡未推案內 名字現付外陳告 亦皆禁斷. 上項案內 父母同腹三四
도망미추안 내 명자 현부 외 진고 역개 금단 상항 안내 부모 동복 삼사

寸現付者 不在此限.
촌 현부 자 부재 차한

　一 陳告受賞奴婢 依曾降教旨 身後竝皆收取還屬 其子孫一族 不
　일 진고 수상 노비 의 증강 교지 신후 병개 수취 환속 기 자손 일족 불

告官因執役使者 依知情容隱例論罪.
고관 인집 역사 자 의 지정 용은 례 논죄

　一 軍器監助役奴婢一萬口 司宰監轉運奴婢一萬口內 當番立役
　일 군기감 조역 노비 일만 구 사재감 전운 노비 일만 구 내 당번 입역

正軍奉足外 其餘奴婢所在官 收其身貢 納于濟用監. 其餘各司
정군 봉족 외 기여 노비 소재관 수 기 신공 납우 제용감 기여 각사

外方奴婢 京中立役及有差備外 亦依此例 收其身貢 報戶曹上納
외방노비 경중 입역 급 유 차비 외 역의 차례 수 기 신공 보 호조 상납

以爲國用.
이위 국용

　一 功臣受賜奴婢賜牌內 不許子孫相傳 則身後竝令還屬 賜牌內
　일 공신 수사 노비 사패 내 불허 자손 상전 즉 신후 병령 환속 사패 내

雖許子孫相傳 若無子孫身歿 則亦令還屬.
수 허 자손 상전 약 무자손 신몰 즉 역령 환속

　一 今刷卷時始現奴婢 父母 祖父母年甲子枝 各取本人招辭 然後
　일 금 쇄권 시 시현 노비 부모 조부모 연갑 자지 각 취 본인 초사 연후

乃錄于案. 如逃亡未推 容隱避役等奴婢 再三窮推 終不現推者
내 녹우 안 여 도망 미추 용은 피역 등 노비 재삼 궁추 종불 현추 자

別爲一案 以憑後考. 已往物故奴婢 文煩減錄 其中詐稱者或有之
별위 일안 이빙 후고 이왕 물고 노비 문번 감록 기중 사칭 자 혹 유지

皆許陳告賞給.
개 허 진고 상급

一 今丁酉年奴婢案成二本 一置本司 一置架閣庫; 外方則一置
本官 一置營庫 以防奸偽 後來續案亦依此例. 但外方架閣庫上納之
案 道內各司奴婢 從宜合錄.

一 甲午六月二十八日以後 嫁良夫所生 依曾降敎旨 從父爲良
不錄于案. 其嫁良夫年月 當該官吏明白推考施行 以防冒濫.'
從之.

刷卷色又啓: "公處奴婢 啓聞決絕 已有著令. 京外官吏無取旨
決絕立案居多 其違敎決絕立案 不以前決例論 從正決絕何如?"
上從之曰: "其違敎決絕官吏 宥前後分揀論罪."

禮曹啓: "凡於決訟 若六品已上員 則必取旨後進之取招 以爲
恒式." 從之.

壬戌 命各道都觀察使 訪民問疾故以聞 以不雨也. 傳旨承政院
曰: "昨晚有雨徵 憙而不寐 身困未得視事."

癸亥 節日使通事金乙玄回自北京啓曰: "皇帝於二月十三日發
南京 五月初一日下輦于北京. 皇太子在南京 臣等向南京 行至宿州
謁皇帝大駕 帝曰: '今來使臣 無乃諸妃之親乎?' 臣奏: '使鄭矩 於
鄭妃爲同姓之親.' 帝召內官狗兒曰: '朝鮮人不食猪肉 令光祿寺以
牛羊肉供給.' 遂命隨駕 十日到北京."

復丹膔廣延樓.

慶尙道及京畿都觀察使等驛聞雨澤 以上之閔雨也.

安岳郡人金彦來獻大鶻 不受.
<small>안악군 인 김언 내헌 대골 불수</small>

甲子 雨.
<small>갑자 우</small>

議政府 六曹上擬議各道陳言內條件:
<small>의정부 육조 상의의 각도 진언 내 조건</small>

"一 豐海道陳言內一款 軍器監納阿膠皮 不擇厚薄大小 以其斤兩
<small>일 풍해도 진언 내 일관 군기감 납 아교 피 불택 후박 대소 이기 근량</small>

定數捧納.
<small>정수 봉납</small>

一 慶尙道陳言內一款 人吏口分田畓五結 其稅更米二石 因水旱
<small>일 경상도 진언 내 일관 인리 구분전 답 오결 기세 경미 이석 인 수한</small>

除陳損 幷稅於田作者 有旱田出米之怨. 依各品科田例 水田之稅
<small>제 진손 병세어 전작 자 유 한전 출미 지원 의 각품 과전 례 수전 지세</small>

不足 則毋收於旱田.
<small>부족 즉 무수 어 한전</small>

一 鹿茸之獵獲 十不能得一 時當五月 有妨農務 且非切要之藥.
<small>일 녹용 지 엽획 십 불능 득일 시당 오월 유방 농무 차 비 절요 지약</small>

除供上外 量用減定.
<small>제 공상 외 양용 감정</small>

一 地關民稠 禽獸罕少 雖勞兵馬 不能充貢. 願自今供上外 各處
<small>일 지관 민조 금수 한소 수로 병마 불능 충공 원 자금 공상 외 각처</small>

乾獐鹿 以各官所畜猪羔代之.
<small>건장록 이 각관 소축 저고 대지</small>

一 京畿陳言內一款 生葱 令沈藏庫備之. 上項五條 從陳言.
<small>일 경기 진언 내 일관 생총 영 침장고 비지 상항 오조 종 진언</small>

一 除役各戶貢賦分定. 右條除役各戶所耕貢賦數 相考減除 令
<small>일 제역 각호 공부 분정 우조 제역 각호 소경 공부 수 상고 감제 영</small>

戶曹磨鍊啓聞.
<small>호조 마련 계문</small>

一 宗親 功臣國葬 役民定額定限. 右條造墓軍以其前定數 限
<small>일 종친 공신 국장 역민 정액 정한 우조 조묘 군 이기 전정 수 한</small>

一朔役使.
<small>일삭 역사</small>

一 司僕寺穀草量減. 右條量減之數 磨鍊啓聞.
<small>일 사복시 곡초 양감 우조 양감 지수 마련 계문</small>

一 內資寺 內贍寺折受田方席及等等減除. 右條上項內資寺
<small>일 내자시 내섬시 절수전 방석 급 추 등 감제 우조 상항 내자시</small>

內贍寺 軍器監 敬承府等各司折屬田地依式 稅外雜物 令其各司
<small>내섬시 군기감 경승부 등 각사 절속 전지 의식 세외 잡물 영 기 각사</small>

自備.
자비

命驛子婢妾産 從父定役. 兵曹啓: "永樂十二年八月辨正都監
명 역자비첩 산 종부 정역 병조 계 영락 십이 년 팔월 변정도감

受敎內: '身良役賤 自己婢妾所生 幷屬司宰監 未便. 如此役賤人
수교 내 신량역천 자기비첩 소생 병속 사재감 미편 여차 역천인

自己婢妾所生 皆令屬公.' 然永樂十三年三月日本曹受敎內:
자기비첩 소생 개 령 속공 연 영락 십삼 년 삼월 일 본조 수교 내

'大小人員 自己婢妾所生 皆從父爲良 屬補充軍.' 獨於驛子婢妾産
대소인원 자기비첩 소생 개 종부 위량 속 보충군 독 어 역자비첩 산

屬公未便 從父定爲驛子." 從之.
속공 미편 종부 정위 역자 종지

議文科事宜. 上曰: "三經以上 臨文考講可也." 禮曹判書 卞季良
의 문과 사의 상왈 삼경 이상 임문고강 가야 예조판서 변계량

不可曰: "雖不臨文 尙有好惡." 上曰: "何好惡之有?" 季良曰: "臣
불가 왈 수불임문 상유 호악 상왈 하 호악 지유 계량왈 신

再掌國試 好惡豈可謂必無也?" 上曰: "有臺諫 安有好惡? 且三經
재장 국시 호악 기 가위 필무 야 상왈 유 대간 안유 호악 차 삼경

不可. 禮記則與史相近 不必師授 易雖難曉妙理 然亦易讀. 四經
불가 예기 즉 여사 상근 불필 사수 역수 난효 묘리 연역 이독 사경

以上臨文考講可也. 且國之大事 予不可獨斷 與諸卿議." 季良又啓:
이상 임문고강 가야 차 국지 대사 여 불가 독단 여 제경 의 계량 우계

"欲禁場中燈燭." 上曰: "才各有遲速 而隨其遲速 有善有惡 大抵
욕금 장중 등촉 상왈 재 각유 지속 이 수기 지속 유선 유악 대저

善述者必遲. 昔聞 老興安君李仁復不能急作 如有述作之事 左右
선술 자필지 석문 노 흥안군 이인복 불능 급작 여유 술작 지사 좌우

布列經書 而述之甚苦 旣述必善. 以此推之 白日場無乃失人乎?"
포열 경서 이 술지 심고 기술 필선 이차 추지 백일장 무내 실인 호

季良曰: "白日場可也. 臣再掌國試 過夜則弊固不小. 去年景福宮
계량 왈 백일장 가야 신 재장 국시 과야 즉 폐고 불소 거년 경복궁

親試 尙有犯法者 義禁府執而巡之 晉山府院君河崙驚怒 促出
친시 상유 범법자 의금부 집 이 순지 진산부원군 하륜 경노 촉출

場中之人. 白日場亦不失人也." 上曰: "予不知有此弊也. 此時亦
장중 지인 백일장 역불 실인 야 상왈 여 부지 유차폐 야 차시 역

有此弊乎?" 知申事趙末生啓曰: "臨文講試之法 許稠嘗謂臣曰:
유차폐 호 지신사 조말생 계왈 임문 강시 지법 허조 상위 신왈

'晉山府院君常言之矣.'" 上曰: "晉山府院君 亦言之乎? 果合予心.
진산부원군 상 언지 의 상왈 진산부원군 역 언지 호 과합 여심

若假濫之弊 在堅禁與否耳." 左右皆曰: "雖不禁之 考講則必無弊
약 가람 지폐 재 견금 여부 이 좌우 개왈 수불 금지 고강 즉 필 무폐

矣. 今年考講 故未滿經數者 皆未赴試. 但甲午年有此弊." 上曰:

"假濫者得中試乎?" 左右曰: "皆不中試." 季良固執不可曰: "白日場

可也."

唐人押送官偰耐回自北京 啓曰: "帝見奏本 別無聖旨. 唐人

倪觀音保者揚言曰: '倭人造船八十餘艘 欲侵中國,' 帝聞之 使

左軍都督與內史問至再三 觀音保等曰: '請騎興利倭船 到朝鮮

晉州之境 逃匿登山 守烽火者執縛而付于萬戶 萬戶解縛而給衣冠

送于其道觀察使 觀察使亦給衣冠 餉以盛饌 送于王京. 殿下亦給

衣冠靴布 厚慰禮待以送.' 都督等聞是言曰: '善哉!' 又問曰: '倭船有

何物?' 答曰: '一船載魚鹽 一船唐木綿換租與米.' 都督曰: '朝鮮必

與倭通好也.' 觀音保等曰: '彼倭等皆藏兵器 若到無船之地 則侵奪;

有兵器處 則乞爲興利.' 又奏於帝曰: '倭島如蓼葉小 若唐船與朝鮮

船共伐 則猶運手也.' 皇帝有征倭之志. 俄而 江 浙等處以倭船八十

隻到泊之事來聞 留觀音保等六七日 命各還本家."

耐又啓曰: "我國僧人潛往遼東 遼東執縛聞奏. 禮部郎中罵僧曰:

'爾雖曰遊方 必在爾國犯罪逃來. 朝鮮被倭唐人悉送朝廷 此僧奏當

還送.' 明日乃奏 帝曰: '姑置於寺.'"

左議政朴訔上書. 書略曰:

'甲午年 刑曹 臺諫以臣祖上黃丹儒奴婢 知非誤決屬公 乞下攸司

改正.'

時議多曰: "乙未年敎旨內 已屬公奴婢 更勿擧論. 非朴議政則難
可以祖上懸隔之事 違敎申呈 以煩上鑑也." 上以爲: "雖有乙未年
敎旨 然嘗於甲午年限內 以誤決擊鼓申呈. 時知申事柳思訥置而
不啓 迨今未啓耳. 豈在列外? 宜下刑曹 臺諫 分揀是非以聞."

乙丑 天火平安道義州通事許豐家 且震其妻.

丙寅 雨.

以朴矩爲江界兵馬都節制使兼判江界都護府事 高得宗成均注簿.
得宗 濟州人也. 除監察 閱數旬而後 署經告身 本房又告于臺長
劾之 使不得出 故左遷.

賀聖節使鄭矩回自北京. 矩啓曰: "護送軍所齎布物定數 而 他物
皆禁 人人缺望曰: '使臣有故而久留 則農月或留至一朔 加以禁其
興利 此尤爲失心也.' 請加其數 以慰民望." 上曰: "因前數 布十匹
人蔘五斤 笠帽等毋禁 金銀馬匹堅禁." 戶曹判書鄭易曰: "十匹
太過 雖五匹人人不得準數. 齎去人蔘 三斤亦可." 知申事趙末生
同副代言河演等曰: "布數太過 乞依前數." 上曰: "令戶曹量定
以聞."

丁卯 雨.

命停雩祀圓壇祈雨祭.

遣刑曹判書權軫如北京 欽問起居也. 初 領議政柳廷顯 左議政
朴訔 右議政韓尙敬等聞天使黃儼來 詣闕啓曰: "欽問使則遣黃儼

所知駙馬 宗親 大臣可也. 權軫無乃不可乎?" 趙末生曰: "昔者
소지 부마 종친 대신 가야 권진 무내 불가 호 조말생 왈 석자

韓尙敬爲戶曹判書時 以欽問起居使如京師 熙川君金宇亦同 此固
한상경 위 호조판서 시 이 흠문기거사 여경사 희천군 김우 역동 차고

例也." 尙敬曰: "臣則帝在北征時 奉使詣行在 宇之行在帝還幸南京
예야 상경 왈 신즉제재북정시 봉사예행재 우지행재제환행 남경

之後. 南京與我國邈隔 今帝近幸北京 豈宜遣軫 以展喜氣?" 垠曰:
지후 남경 여 아국 막격 금제 근행 북경 기의 견진 이전 희기 은왈

"人情近則必欲親見 殿下未得親朝 宜以重臣代往." 上曰: "卿等之
인정 근즉필욕친견 전하 미득 친조 의이 중신 대왕 상왈 경등지

言大然 固宜聽納. 然尙敬與宇 亦嘗爲此使 今復何疑? 不宜遣宗親
언 대연 고의 청납 연 상경 여우 역상위 차사 금부 하의 불의 견종친

駙馬 大臣以立例也. 且儼所知宗親 只有一二 雖遣所不知 亦無傷
부마 대신 이 입례 야 차 엄 소지 종친 지유 일이 수견 소부지 역 무상

也." 廷顯等曰: "上敎是矣 何拘儼知與不知? 且他國大臣 儼可盡知
야 정현 등왈 상교 시의 하구 엄지여부지 차 타국 대신 엄가 진지

乎?"
호

放都城衛受田立直人 皆許歸農.
방 도성위 수전 입직인 개 허 귀농

開城留後司採訪副使李士欽 來獻黃白眞絲及繭.
개성유후사 채방부사 이사흠 내헌 황 백진사 급 견

吏曹判書朴信請改營仁政殿 不允. 初 信啓曰: "六曹廳不築臺
이조판서 박신 청개영 인정전 불윤 초 신계왈 육조청 불축대

今當霖雨 幾至顚仆. 乞以兵曹補充軍造築." 上曰: "雖小役 三伏內
금당 임우 기지 전부 걸이 병조 보충군 조축 상왈 수 소역 삼복내

不可使民困也. 着單衣坐深宮 尙不勝其熱 況役人乎? 姑待秋涼."
불가 사민 곤야 착 단의 좌 심궁 상 불승 기열 황 역인 호 고대 추량

信曰: "石已輸入 十餘人分番入役 則可爲." 固請不已 上曰: "若
신왈 석 이수입 십여인 분번 입역 즉 가위 고청 불이 상왈 약

已成之屋顚覆 則是亦巨弊. 石已入 則役之." 信又啓曰: "仁政殿
이성지옥 전복 즉 시역 거폐 석 이입 즉 역지 신 우계 왈 인정전

狹隘 當改造." 上曰: "此離宮 雖狹亦可. 如有大事 當於景福宮. 且
협애 당 개조 상왈 차 이궁 수 협 역가 여유 대사 당어 경복궁 차

正當山脈 難以改造." 信曰: "近西移造 亦當脈乎?" 上不答 顧謂
정당 산맥 난이 개조 신왈 근서 이조 역 당맥 호 상부답 고위

淸城府院君鄭擢 禮曹判書卞季良曰: "昔予受大學衍義於府院君 至
청성부원군 정탁 예조판서 변계량 왈 석여 수 대학연의 어 부원군 지

'宦官陳弘志至靑尼驛封杖殺'之文 府院君以爲: '封猶封劍之封 以
환관 진홍지 지 청니역 봉장살 지문 부원군 이위 봉유 봉검지봉 이

封杖殺之也.' 卞判書 訓世子以何義? 予自受讀以來 常不協於心.
봉장 살지 야　변 판서　훈 세자 이 하의　여자 수독 이래　상 불협 어심

今觀韻會釋封之註 '封界也疆也.' 看此予疑乃解. 是必'至靑尼封
금 관 운회 석봉 지주　봉 계야 강야　간차 여의 내해　시필 지청니 봉

以杖殺之也.'" 擢唯唯而已. 上好看書史 間有所疑 必究明辨而後
이장 살지 야　탁 유유 이이　상 호간 서사　간유 소의　필구 명변 이후

已 故讀衍義有年 辨釋如此. 上曰: "通鑑綱目 予已覽之 不細陳
이 고독 연의 유년 변석 여차　상왈　통감강목 여 이 람지 불 세진

時政得失 故覽十八史 亦不詳矣." 命注書往問柳觀之第曰: "此史外
시정 득실 고람 십팔사 역 불상 의　명 주서 왕문 유관 지제 왈　차사 외

詳密者何史?" 觀曰: "漢 唐書及馬遷史有之."
상밀 자 하사　관왈　한 당서 급 마천사 유지

己巳 雨雹于慶尙道慶州順興等處 損麰麥 禾穀十分之八.
기사 우박 우 경상도 경주 순흥 등처 손 모맥 화곡 십분 지팔

日本和田浦萬戶守助丞使人獻禮物 求般若經.
일본 화전포 만호 수조승 사인 헌 예물 구 반야경

禮曹上科擧之法:
예조 상 과거 지법

'一 考講置簿之法 拘而難行 宜於館試 漢城試 鄕試通四書及
일 고강 치부 지법 구이 난행 의어 관시 한성시 향시 통 사서 급

司經以上者 許令赴試. 初場講問之時 每經書各問一章 赴試者不必
사경 이상 자 허령 부시　초장 강문 지시　매 경서 각문 일장 부시 자 불필

成誦 臨文以答 只要融貫旨趣. 其有二章不通者 不許入赴 中場
성송 임문 이답 지요 융관 지취　기유 이장 불통 자 불허 입부 중장

會試講問之法 亦依此例.
회시 강문 지법 역 의 차례

一 考講時 每經書以初開卷處一章 歷問三十人 或至四十人 竟日
일 고강 시 매 경서 이초 개권 처 일장 역문 삼십 인 혹지 사십 인 경일

而罷. 翼日則又以開卷處考講如前.
이 파　익일 즉우 이 개권 처 고강 여전

一 赴試生員 考其居館圓點 滿三百者 許赴館試及鄕試 至會試有
일 부시 생원 고기 거관 원점 만 삼백 자 허부 관시 급 향시 지 회시 유

分數相等者 考其圓點多者取之. 其有旣經式年而遭喪 終制願赴試
분수 상등 자 고기 원점 다자 취지　기유 기경 식년 이 조상 종제 원 부시

者 考其所居官文 勿論圓點多少 皆許赴試.
자 고기 소거 관문 물론 원점 다소 개 허 부시

一 諸道赴鄕試者 所居官守令 具年甲 本官 所通經書 生員則須考
일 제도 부 향시 자 소거관 수령 구 연갑 본관 소통 경서 생원 즉 수고

成均館圓點明文 滿三百者 報都觀察使 移文都會所 方許赴試.
성균관 원점 명문 만 삼백 자 보 도관찰사 이문 도회소 방 허 부시

一 一禁他道赴試.

一 京畿州郡 本爲直隷 其生徒皆許赴漢城試.

一 赴試生徒額數 館試加二十爲五十 漢城試加一十爲四十 江原

豐海道各減五人爲十 其餘忠淸道二十 慶尙道三十 全羅道二十

平安道十 咸吉道十 皆仍其舊.

一 三場分數之法 初場大通三分五里 通二分 略通一分 粗通五里

中場論表通考爲等. 中之上爲十分 中之中九分 中之下八分 下之上

七分 下之中六分 下之下五分. 終場上之上十三分五里 上之中

十二分 上之下十一分 中之上十分 中之中九分 中之下八分 下之上

七分 下之中六分 下之下五分.

一 東堂鄕試 漢城試 館試 會試 殿試及生員鄕試 漢城試 會試

竝禁用燈燭.

一 生員不滿圓點數 欲赴試而敢擊申聞鼓者 不赴本道鄕試 而赴

他道者 掌試員不考滿三百點明文及不禁用燈燭者 竝以教旨不從

論.

一 雜科之藝 不可不精擇. 自今宜令各學提調 就於本司 與其官員

先試其才堪赴擧者 倍於本額 傳報禮曹 乃令赴試. 赴譯科者 兼通

日本文字 則加其分數 其有只通日本文字 則但於四孟月諸學取才

之時 幷試敍用.

一 議政已上 伴黨一名 知印錄事中一 從人一; 二品以上 伴黨

一名 典吏書吏中一 從人一; 通政以下參考官及臺諫員 書吏一
일명 전리 서리 중일 종인 일 통정 이하 참고관 급 대간 원 서리 일

從人一.'
종인 일

　從之. 先是 京中豪勢子弟 幸中生員試 居館未幾 憚其居處飲食
종지 선시 경중 호세 자제 행중 생원시 거관 미기 탄기 거처 음식

之未適其意 因父兄之蔭 皆欲從仕 其在外方者 或聚或散. 間有
지미적 기의 인 부형 지음 개욕 종사 기재 외방 자 혹취 혹산 간유

志學之士 皆鄕曲寒生 恒居於館 往往得風濕之疾 故人多厭之 其
지학 지사 개 향곡 한생 항거 어관 왕왕 득 풍습 지질 고인 다 염지 기

居館者 常不滿三四十. 上軫慮 命攸司作堗於齋之一隅 以爲患病
거관 자 상 불만 삼 사십 상 진려 명 유사 작돌 어재 지 일우 이위 환병

者休養之所 又使醫員診候療藥 其養士之方備矣 及其科擧之時 尙
자 휴양 지소 우사 의원 진후 요약 기 양사 지방 비의 급기 과거 지시 상

不滿館試之數. 今禮曹竝立圓點之法 蓋欲令生員皆居館也.
불만 관시 지수 금 예조 병립 원점 지법 개 욕령 생원 개 거관 야

　庚午 罷堤川縣監李岑職. 初 岑以國馬瘦損生病 贖笞三十於
경오 파 제천현감 이잠 직 초 잠이 국마 수손 생병 속태 삼십 어

點馬別監 而告于觀察使曰: "以不病之馬贖罪 誠爲缺望." 觀察使
점마별감 이 고우 관찰사 왈 이 불병 지마 속죄 성위 결망 관찰사

使淸風郡事梁九疇往審之 九疇以不病報之. 司僕提調又將點馬
사 청풍군사 양구주 왕심 지 구주 이 불병 보지 사복 제조 우 장 점마

之言啓之 命憲司推辨 憲司亦以病實啓之. 上曰: "罷岑之職可也."
지언 계지 명 헌사 추변 헌사 역 이 병실 계지 상왈 파잠 지직 가야

吏曹判書朴信曰: "恐憲司之不詳辨也. 岑不如是者也." 上曰: "司僕
이조판서 박신 왈 공 헌사 지 불상변 야 잠 불여시 자야 상왈 사복

雖欺我 憲司豈欺我哉? 爲岑者旣誆監司又誆我 罪在不宥 可以
수 기아 헌사 기 기아 재 위잠 자기 광 감사 우 광아 죄재 불유 가이

罷職." 戶曹判書鄭易亦曰: "憲司親見馬乎?" 掌令全直辨曰: "親見
파직 호조판서 정역 역왈 헌사 친견 마호 장령 전직 변왈 친견

之矣." 易曰: "儻如此則罷職不足矣. 非作罪者 尙亦罷職 況如岑
지의 역왈 당 여차즉 파직 부족 의 비 작죄 자 상역 파직 황 여잠

之罪乎?" 上曰: "照律以聞." 罷朝 左副代言李明德復啓之 上曰:
지죄 호 상왈 조율 이문 파조 좌부대언 이명덕 부 계지 상왈

"吾非偏聽司僕之言 而罪岑也 乃公也. 司僕雖在予側 予大畏天災
오 비 편청 사복 지언 이 죄잠 야 내 공야 사복 수재 여측 여 대외 천재

何敢有私? 且天雖在高 亦監在玆 豈可有一毫之私乎? 數卿之言 反
하감 유사 차 천수 재고 역감 재자 기가 유 일호 지사 호 수경 지언 반

以憲司爲不詳察歟?" 只命罷職 九疇勿論.
이 헌사 위 불 상찰 여 지명 파직 구주 물론

豐海道谷山人吳文粲捕熊兒以獻 上不受曰: "此物非我所好也."
풍해도 곡산 인 오문찬 포웅아 이헌 상 불수 왈 차물 비아 소호 야

辛未 開城縣女崔藏一乳三女 命賜米三石.
신미 개성현 여 최장 일유 삼녀 명 사미 삼석

壬申 慶尙道採訪判官裵素 豐海道採訪副使徐係稜等來獻眞絲
임신 경상도 채방판관 배소 풍해도 채방부사 서계릉 등 내헌 진사

及繭 命曰: "予聞 外方養蠶有弊 然各置蠶室者 非以有利於國 欲使
급견 명왈 여문 외방 양잠 유폐 연 각치 잠실 자 비이 유리 어국 욕사

人民見聞取法而爲之. 若家家皆知養蠶之法 則將欲罷之. 今後但令
인민 견문 취법 이 위지 약 가가 개지 양잠 지법 즉 장욕 파지 금후 단령

其官守令監養 毋遣採訪."
기관 수령 감양 무견 채방

癸酉 以李之實爲咸吉道兵馬都節制使 朴礎義州牧使.
계유 이 이지실 위 함길도 병마도절제사 박초 의주목사

上命憲府曰: "曩以朴礎爲濟州牧使 府執不可 予從而不遣. 礎
상명 헌부 왈 낭이 박초 위 제주목사 부집 불가 여종 이 불견 초

爲人可任使者 今遣義州 惟爾臺諫知之." 掌令鄭欽之啓曰: "礎性
위인 가 임사 자 금견 의주 유이 대간 지지 장령 정흠지 계왈 초성

本不廉 臣愚以爲 用之不可. 且義州境連上國 彼我國人貿易之物
본 불렴 신우 이위 용지 불가 차 의주 경련 상국 피 아국 인 무역 지물

齎持往還 絡繹不絶 尤難於濟州. 固非不廉之人任使之處也 更擇
재지 왕환 낙역 부절 우난 어제주 고비 불렴 지인 임사 지처 야 갱택

廉正之人差遣." 不允.
염정 지인 차견 불윤

命遼東出使人私齎去物數 一依赴京使臣行次通事 押物例.
명 요동 출사인 사재 거물 수 일의 부경사신 행차 통사 압물 예

甲戌 漢川府院君趙溫卒. 溫之先 本漢陽人 徙居龍津 父仁璧
갑술 한천부원군 조온 졸 온지선 본 한양 인 사거 용진 부 인벽

龍原府院君. 溫早事太祖潛邸 遂爲開國定社佐命功臣. 歷仕三朝
용원부원군 온 조사 태조 잠저 수위 개국 정사 좌명공신 역사 삼조

累官至議政府贊成事. 爲人廉靜溫良 恭己寡言 不事家産 貴而能儉
누관 지 의정부찬성사 위인 염정 온량 공기 과언 불사 가산 귀 이 능검

卒年七十一. 輟朝致賻 命有司禮葬 諡良節. 子儀 玩 興 育.
졸년 칠십 일 철조 치부 명 유사 예장 시 양절 자 의 완 흥 육

命議政府 六曹 功臣 摠制 臺諫 會議給倭人材木可否. 先是 本國
명 의정부 육조 공신 총제 대간 회의 급 왜인 재목 가부 선시 본국

請倭船匠藤次郎造船于南海島 次郎欲造船一隻 還歸本道 請餘在
청 왜선 장 등차랑 조선 우 남해도 차랑 욕 조선 일척 환귀 본도 청 여재

材木 領議政柳廷顯 禮曹參判許稠以爲不可曰: "倭人性狠難言.
재목 영의정 유정현 예조참판 허조 이위 불가 왈 왜인 성 한 난언

常居海島 以造船橫行爲事 一開其請 則後實難遏. 且上國聞之 則
상거 해도 이 조선 횡행 위사 일개 기청 즉후 실 난알 차 상국 문지 즉

不可私交. 其他賞賜若米若布 非以交結 以寇我邊境而不得已耳."
불가 사교 기타 상사 약미 약포 비이 교결 이구 아 변경 이 부득이 이

其餘皆曰: "此木材非爲倭人斫取 乃造船餘材也 宜從其請." 上曰:
기여 개왈 차 목재 비위 왜인 작취 내 조선 여재 야 의종 기청 상왈

"卿等之言誠然 予非相交結信也 亦非爲邊民安靖也. 予之此擧 天
경 등 지언 성연 여비 상 교결 신야 역비 위 변민 안정 야 여 지 차거 천

實知之."
실 지지

丙子 世子托熱停講. 賓客趙庸 卞季良 金汝知 卓愼等告世子曰:
병자 세자 탁열 정강 빈객 조용 변계량 김여지 탁신 등고 세자왈

"使水賜間奴入宿于寢室近處 且搆屋於東山 夜深久坐 無乃不可
사 수사간 노 입숙 우 침실 근처 차 구옥 어 동산 야심 구좌 무내 불가

乎?" 世子托以酷熱不出 實憚賓客之言也. 世子嘗詣闕而還 入草間
호 세자 탁이 혹열 불출 실탄 빈객 지언 야 세자 상 예궐 이환 입 초간

射彈 書筵郞廳啓曰: "使水賜間奴入宿于寢室近處 又養野鳥于內
사탄 서연 낭청 계왈 사 수사간 노 입숙 우 침실 근처 우 양 야조 우내

皆不可也." 世子答曰: "汝等之言是矣. 養鳥則小失 不必言也.
개 불가 야 세자 답왈 여등 지언 시의 양조 즉 소실 불필 언야

丁丑 有星晝見.
정축 유성 주현

刑曹 臺諫劾問前典祀判官朴融. 初 融爲刑曹佐郞 與臺諫推辨
형조 대간 핵문 전 전사 판관 박융 초 융위 형조좌랑 여 대간 추변

左議政朴訔奴婢 而以兩邊不當屬公 至是劾之. 前此 融以吏曹佐郞
좌의정 박은 노비 이 이 양변 부당 속공 지시 핵지 전차 융이 이조좌랑

升爲典祀判官 未幾作散 以鄭繪代之 時人以爲陰中也.
승위 전사 판관 미기 작산 이 정회 대지 시인 이위 음중 야

罷監察鄭旅 元郁職. 初 旅與郁以行臺 會于水原 府使朴剛生邀
파 감찰 정려 원욱 직 초 려여 욱이 행대 회우 수원 부사 박강생 요

旅 郁于蓮亭 烹羔置酒 張弓設的 召妓歌舞 命中爭能. 至是事覺
려 욱우 연정 팽고 치주 장궁 설적 소기 가무 명중 쟁능 지시 사각

憲司請罪 略曰: '旅 郁以糾察守令非法之任 當農月禁酒之時 先自
헌사 청죄 약왈 려 욱이 규찰 수령 비법 지임 당 농월 금주 지시 선자

犯令 反與守令飮酒歌舞 敢行非法 殊失行臺之義. 剛生其在曩時
범령 반여 수령 음주 가무 감행 비법 수실 행대 지의 강생 기재 낭시

與隣官守令越境聚會安養寺 强勸燒酒 致死金汝 尙且不悛 而今又
여 인관 수령 월경 취회 안양사 강권 소주 치사 김문 상차 부전 이 금우

不遵敎旨 乃與臺監飮射 其爲不當莫甚 請依律論罪.' 命罷旅 郁職
부준 교지 내여 대감 음사 기위 부당 막심 청 의율 논죄 명파 려 욱직

剛生已曾受罪 宜勿論.
강생 이증 수죄 의 물론

禮曹判書卞季良 與諸曹請上供依舊 不允. 啓曰:"上命除各道
예조판서 변계량 여 제조 청 상공 의구 불윤 계왈 상명 제 각도

進上 其謙謹之意是矣. 然人主一身 天地宗社之所寄; 大小臣民之
진상 기 겸근 지의 시의 연 인주 일신 천지 종사 지 소기 대소 신민 지

所仰 不可以驛路之小弊 私自廢膳使上體虛瘦也. 請遠方則已 令
소앙 불가이 역로 지 소폐 사자 폐선 사 상체 휴수 야 청 원방 즉이 영

近道得以進上." 傳旨曰:"此言是矣. 然當農月 驛路有弊 予不忍
근도 득이 진상 전지왈 차언 시의 연 당 농월 역로 유폐 여 불인

爲之. 伊欲自今永爲立法 惟卿等聽從之."
위지 이욕 자금 영위 입법 유 경등 청종 지

禮曹參判許稠上書. 書曰:
예조참판 허조 상서 서왈

'前此各司所申之書 與議者竝皆僉名 而謂之狀 惟議政府入抄不
전차 각사 소신 지서 여의 자 병개 첨명 이 위지 장 유 의정부 입초 불

僉名. 曩者 依洪武禮制 各司所申 改稱啓本 僉名則依舊 吏兵曹
첨명 낭자 의 홍무예제 각사 소신 개칭 계본 첨명 즉 의구 이 병조

入抄之式 不僉名 而近年各司所申 雖干禮樂刑政 率多用入抄之式
입초 지식 불 첨명 이 근년 각사 소신 수간 예악형정 솔다 용 입초 지식

不僉名謂之啓目. 臣稠竊恐 無名姓見遞之後 莫知所申者 如有參考
불 첨명 위지 계목 신 조 절공 무 명성 견체 지후 막지 소신 자 여유 참고

無由問其本末. 願自今入抄及日用常事外 勿用啓目 而用啓本 與議
무유 문기 본말 원 자금 입초 급 일용 상사 외 물용 계목 이 용 계본 여의

者依舊僉名.'
자 의구 첨명

敎曰:"入抄及日用常事外 新立法事 依上書 除啓目用啓本." 先是
교왈 입초 급 일용 상사 외 신 입법 사 의 상서 제 계목 용 계본 선시

稠與判書卞季良 凡議事相忤不合 季良或用啓目啓聞施行 故稠有
조 여 판서 변계량 범 의사 상오 불합 계량 혹용 계목 계문 시행 고 조 유

是請也.
시청 야

戊寅 命黜宦者朴奇于長淵本家 毋得擅自出入. 以世子殿速古赤
무인 명출 환자 박기 우 장연 본가 무득 천자 출입 이 세자전 속고치

有所犯故也.
유 소범 고야

司憲執義李敢上疏. 疏曰:
사헌 집의 이감 상소 소왈

'爵祿 人君所以待賢才者也. 故人君用人 不可不愼也. 義州牧使
작록 인군 소이 대 현재 자야 고 인군 용인 불가 불신 야 의주목사

朴礎 前爲繕工監丞 身犯贓罪 殿下命下攸司 推明覈實 罪狀已著
박초 전위 선공감 승 신범 장죄 전하 명하 유사 추명 핵실 죄상 이저

特垂寬宥 免其刺字 使得齒於士流 其蒙 已踰涯矣. 其後升其資級
특수 관유 면기 자자 사득 치어 사류 기몽 이유애 의 기후 승기 자급

擢爲水軍都萬戶 又數歲而特除濟州牧使. 臣等上章論執 殿下卽賜
탁위 수군도만호 우 수세 이특제 제주목사 신등 상장 논집 전하 즉사

兪允 停罷其職 未幾又除義州牧使 是何前日罷之 今日又用之耶?
유윤 정파 기직 미기 우제 의주목사 시하 전일 파지 금일 우용지야

礎之爲人 性本貪汚 不顧廉恥 國人但知會盜官物 眞犯贓罪 而未聞
초지위인 성본 탐오 불고 염치 국인 단지 회도 관물 진범 장죄 이미문

有遷善改過之實也. 殿下獨用之不疑 犯罪以後 纔歷一紀 再爲州牧
유 천선개과 지실야 전하 독용지불의 범죄이후 재력 일기 재위 주목

雖公廉淸潔 謹守其職者 焉能過此?
수 공렴 청결 근수 기직 자 언능 과차

且義州接境上國 往來使臣所經由之道 眞所謂國之管鑰也. 使
차 의주 접경 상국 왕래 사신 소경유 지도 진 소위 국지 관약 야 사

公廉淸幹素有名望者爲之 猶懼不稱 況如礎者哉? 義州牧使 殿下
공렴 청간 소유 명망 자위지 유구 불칭 황여 초자재 의주목사 전하

前日必選朝臣有名望者爲之 故當是任者 雖棄父母 捐妻子而往
전일 필선 조신 유 명망 자위지 고당 시임 자 수기부모 연처자 이왕

不以爲憚 而以爲榮者 以殿下選擇之重 委任之隆也. 一朝乃以竊盜
불이위탄 이이위 영자 이 전하 선택 지중 위임 지융야 일조 내이 절도

之人代之 前等牧守與後之繼礎而往者 豈無缺望也哉? 借使礎有
지인 대지 전등 목수 여 후지계 초이 왕자 기무 결망 야재 차사 초유

高世之智 絶倫之勇 而當危亂之時 則不論其行而用之 猶或可也.
고세 지지 절륜 지용 이당 위란 지시 즉 불론 기행 이용지 유혹 가야

以礎之末技寸長 何足用於今日哉? 伏望殿下 削罷其職 放歸田里
이초지 말기 촌장 하 족용 어 금일 재 복망 전하 삭파 기직 방귀 전리

使國之臣庶曉然皆知爲吏而贓汚者 雖有所長 不得見用於世也.'
사 국지 신서 효연 개지 위리 이장오 자 수유 소장 부득 견용 어세 야

不聽 命司憲執義李敢曰: "朴礎之事 毋更言之. 夫爲人有過 久則
불청 명 사헌 집의 이감 왈 박초 지사 무갱 언지 부 위인 유과 구즉

必改 礎豈獨不改者耶?"
필개 초 기독 불개 자야

己卯 以金承霔爲平陽府院君 趙涓爲漢平府院君 李原
기묘 이 김승주 위 평양부원군 조연 위 한평부원군 이원

判右軍都摠制府事 尹向兵曹判書 柳思訥慶尙道都觀察使. 思訥被
판우군도총제부사 윤향 병조판서 유사눌 경상도 도관찰사 사눌 피

憲司所劾 未得就其任.
헌사 소핵 미득 취기임

庚辰 京畿都觀察使李灌獻獐 不受. 上曰: "今當農月 轉輸有弊
경진 경기 도관찰사 이관 헌장 불수 상왈 금당 농월 전수 유폐

曾禁各道進膳 何不聽至此耶? 我欲遵古制 以貽後王 豈以釣名
증금 각도 진선 하불청 지차 야 아욕준 고제 이이 후왕 기이 조명

乎?"
호

辛巳 震平安道安州女 頭頂有燒痕.
신사 진 평안도 안주 녀 두정 유 소흔

命代言等曰: "苟聞民弊 隨卽啓達." 初 上曰: "六曹廳無乃廣大
명 대언등왈 구문 민폐 수즉 계달 초 상왈 육조청 무내 광대

乎?" 代言等曰: "儻有賜宴之日 則諸大臣侍坐 故若是." 代言河演
호 대언등왈 당유 사연 지일 즉제 대신 시좌 고약시 대언 하연

啓曰: "階砌今尙未畢 役其人三十餘名." 上曰: "何不禁耶? 其人
계왈 계체 금상 미필 역 기인 삼십 여명 상왈 하불금 야 기인

之勞 甚可矜也. 近者 內有破家木石 使其人等負而輸出 其人無一
지로 심 가긍 야 근자 내유 파가 목석 사 기인 등부 이 수출 기인 무일

强者 誠爲可矜 何不罷之? 予不以一旱一雨爲喜懼 常常敬畏 奈何
강자 성위 가긍 하불 파지 여불이 일한일우 위 희구 상상 경외 내하

遇旱如顚 而不預防乎? 當此盛農 大興土木之役可乎?" 演啓曰:
우한 여전 이불 예방 호 당차 성농 대흥 토목 지역 가호 연 계왈

"義禁府有都府外 其役亦苦. 分三番相遞 而晝則負木 夜則行巡
의금부 유 도부외 기역 역고 분 삼번 상체 이주 즉 부목 야 즉 행순

又爲丘史等事 實爲艱苦也. 宜分四番 以寬其役." 上曰: "是卿等
우위 구사 등사 실위 간고 야 의분 사번 이관 기역 상왈 시경등

不言 予何知之? 分四番可也." 仍敎代言等曰: "予非歷試諸難 民間
불언 여하 지지 분 사번 가야 잉교 대언 등왈 여비 역시 제난 민간

疾苦 未嘗盡知. 卿等有聞 須卽啓之. 卿等皆更事而達治體者也.
질고 미상 진지 경등 유문 수즉 계지 경등 개 갱사 이 달 치체 자야

予選用之 欲聞如此之言 卿等不言 用之何益? 猶恐不言." 又命
여 선용지 욕문 여차 지언 경등 불언 용지 하익 유공 불언 우명

須卽啓之. 趙末生曰: "臣職在喉舌 已有年矣. 上意無不知之 無事
수즉 계지 조말생 왈 신직 재 후설 이유년 의 상의 무불 지지 무사

可啓 故不啓. 如有所聞 敢不啓達" 先是 提調仁寧府尹金漸上言曰:
가계 고 불계 여유 소문 감불 계달 선시 제조 인녕부윤 김점 상언 왈

"義禁府令府屬都府外 每年役使藏氷 屯田結 魚梁 雖當農月 沍寒
의금부 령 부속 도부외 매년 역사 장빙 둔전 결 어량 수당 농월 호한

之時 不得歸家. 雖曰分番 在家之日少 立役之日多 此非細事也.
지시 부득 귀가 수왈 분번 재가 지일소 입역 지일다 차비 세사 야

請除藏氷 屯田 魚梁之弊 分爲四番 以寬其役." 上曰: "是矣." 仍命
청제 장빙 둔전 어량 지폐 분위 사번 이관 기역 상왈 시의 잉명

承政院更議以聞.
승정원 갱의 이문

獻納裵閏上章. 請朴礎之罪. 曾有旨 故不啓.
헌납 배윤 상장 청박초 지죄 증 유지 고 불계

全羅道漕船三艘到交河吾道城下 遭風敗沒 人皆溺死 沒米豆
전라도 조선 삼소 도 교하 오도성 하 조풍 패몰 인개 익사 몰 미두

二千六百八十餘石.
이천 육백 팔십 여석

癸未 震金浦縣人金難家牛.
계미 진 김포현 인 김난 가 우

遣義禁府都事金有恭于江原道 拿倭人瑟羅以來. 初 都觀察使
견 의금부도사 김유공 우 강원도 나 왜인 슬라 이래 초 도관찰사

馳報曰: '於平海郡厚里浦 執反間之倭瑟羅 囚于本郡. 其倭納辭
치보 왈 어 평해군 후리포 집 반간 지왜 슬라 수우 본군 기왜 납사

曰: "對馬島居住船主吾羅三甫羅等三人 率倭二十一名 到泊于平海
왈 대마도 거주 선주 오라 삼보라 등 삼인 솔왜 이십 일명 도박 우 평해

地面 置予曰: '朝鮮各浦 堅禁興利 生理甚艱 橫行沿海 富居人戶
지면 치 여왈 조선 각포 견금 흥리 생리 심간 횡행 연해 부거 인호

審知虛實 至六月望後還來.'"' 至是拿來.
심지 허실 지 육월 망후 환래 지시 나래

震忠淸道鎭川私奴都致馬 慶尙道尙州百姓波忠牛. 波忠觸氣
진 충청도 진천 사노 도치 마 경상도 상주 백성 파충 우 파충 촉기

身燋 然竟不至死.
신초 연경 부지 사

全羅道都觀察使鄭耕上各官守令品官陳言 下議政府六曹議得:
전라도 도관찰사 정경 상 각관 수령 품관 진언 하 의정부 육조 의득

"一 各司納貢 每年引納有弊 量一年所用之數 隨其所產 改詳定.
일 각사 납공 매년 인납 유폐 양 일년 소용 지수 수기 소산 개 상정

一 凡民以食爲本 雖鰥寡 以牛易人耕田. 役民之事 皆用所耕
일 범민 이식 위본 수 환과 이우 역인 경전 역민 지사 개용 소경

難於立軍 而鰥寡不得耕耘 故所耕日減 耕耘者少 遊手者多 民食
난어 입군 이 환과 부득 경운 고 소경 일감 경운 자소 유수 자다 민식

不足. 自今賦斂則用所耕多少 其出軍則用人丁多少.
부족 자금 부렴 즉용 소경 다소 기 출군 즉용 인정 다소

一 漕運船陸物諸緣 令村民備辦有弊 自今分給各浦兵船 陸物
일 조운선 육물 제연 영 촌민 비판 유폐 자금 분급 각포 병선 육물

漕轉畢後 還給各浦.
조전 필후 환급 각포

一 船軍戶子枝 雖漏落 毋定他人奉足.
일 선군 호 자지 수 누락 무정 타인 봉족

一 祿轉及軍資押領上京倉正 人吏 繕工監擅自役使 令法官考禁.
일 녹전 급 군자 압령 상경 창정 인리 선공감 천자 역사 영 법관 고금

一 都節制使春秋佃獵所獲 令平民轉輸有弊 今後令所領軍人
일 도절제사 춘추 전렵 소획 영 평민 전수 유폐 금후 영 소령 군인

轉輸.
전수

一 祿轉 軍資米穀 各官倉正 掌吏 依數收納 或不能看守 或自
일 녹전 군자 미곡 각관 창정 장리 의수 수납 혹 불능 간수 혹 자

斜用而未能充納 則固當論罪生徵. 旣於都會所差使員處 令民自量
사용 이 미능 충납 즉 고당 논죄 생징 기어 도회소 차사원 처 영민 자량

自槪以受 至於納倉之際不足 不以斛餘充數 督令他米充之 貧民
자개 이수 지어 납창 지제 부족 불이 곡여 충수 독령 타미 충지 빈민

不能支納. 困此宿積多重 至於一族 盡賣家財 弊莫甚焉. 自今元數
불능 지납 곤차 숙적 다중 지어 일족 진매 가재 폐막심언 자금 원수

不足 則以其斛餘充數 而有剩然後 以斛餘施行."
부족 즉 이기 곡여 충수 이유 잉연후 이 곡여 시행

從之.
종지

司諫院右司諫崔洵等上疏. 疏曰:
사간원 우사간 최순 등 상소 소왈

'伏覩 殿下卽位以來 以愛民之心 行愛民之政 民之利害 靡不
복도 전하 즉위 이래 이 애민 지심 행 애민 지정 민지 이해 미불

興除 其所以修人事 而答天心者至矣. 然近年以來 風災旱氣 相仍
흥제 기 소이 수 인사 이답 천심 자지의 연 근년 이래 풍재 한기 상잉

害稼 而去歲農月之旱 民將阻飢 幸賴殿下至誠格天 甘雨沛然 民乃
해가 이 거세 농월 지한 민장 조기 행뢰 전하 지성 격천 감우 패연 민내

有秋 然而民生未爲贍也. 又至今年 正當農月 雨澤不降 以致宵旰
유추 연이 민생 미위 섬야 우지 금년 정당 농월 우택 불강 이치 소간

之憂 臣等以庸材 承乏言官 不敢緘默 謹以一二管見 仰瀆天聰.
지우 신등 이 용재 승핍 언관 불감 함묵 근이 일이 관견 앙독 천총

一 春秋凡用民力必書 所以重民力也. 今歲之春 外方各道 工役
일 춘추 범용 민력 필서 소이 중 민력 야 금세 지춘 외방 각도 공역

竝興 而京中一二各司 亦興營造 殿下約知其弊 功未告訖 而悉令
병흥 이 경중 일이 각사 역흥 영조 전하 약지 기폐 공미 고흘 이실령

停罷 其所以重民力者至矣. 獨有景福宮修葺之事 各窯燔瓦之役 尙
정파 기 소이 중 민력 자지의 독유 경복궁 수즙 지사 각요 번와 지역 상

未盡罷. 若景福宮則乃迎使臣之處 不可不修 乞將繕工監合番工匠
미진파 약 경복궁 즉 내영 사신 지처 불가 불수 걸장 선공감 합번 공장

仍舊分番修葺. 各窯燔瓦之僧 雖曰遊手之徒 其勞筋苦體 不得休息
잉구 분번 수즙 각요 번와 지승 수왈 유수 지도 기 노근 고체 부득 휴식

則一也. 伏望亦皆命罷 待秋而擧 以休民力.
즉 일야 복망 역개 명파 대추 이거 이휴 민력

一 民不土著則無以保其生矣. 今補充軍本居外方者十之七八
일 민불 토착 즉 무이 보 기생 의 금 보충군 본거 외방 자 십지 칠팔

嘗在其鄕 完聚妻子 力農以生 尙或負債 僅不失業. 況離鄕土 棄
상재 기향 완취 처자 역농 이생 상혹 부채 근불 실업 황이 향토 기

妻子 齎糧番上 旅寓於京 而從役不暇哉? 一至糧盡 則不堪其苦
처자 재량 번상 여우 어경 이 종역 불가 재 일지 양진 즉 불감 기고

逃役歸家 隨卽移文徵闕 以立役爲限 家貧不能自備 稱貸而納 因此
도역 귀가 수즉 이문 징궐 이 입역 위한 가빈 불능 자비 칭대 이납 인차

失産者多矣. 如此數十年 恐將不勝其弊 而怨必生矣. 前此爲隊長
실산 자 다의 여차 수십년 공장 불승 기폐 이원 필생 의 전차 위 대장

隊副者 久從此役 而無此弊者 以其皆有爵祿 而不慮其生也. 豈如
대부 자 구종 차역 이무 차폐 자 이기 개유 작록 이 불려 기생 야 기여

今日補充軍之苦哉? 乞將補充軍 除居京立役者外 曾居外方者 皆許
금일 보충군 지고 재 걸장 보충군 제 거경 입역 자외 증거 외방 자 개허

放送 以充外軍 以安其生. 若慮居京者數少 使令不足 則增其隊長
방송 이충 외군 이안 기생 약려 거경 자 수소 사령 부족 즉 증 기 대장

隊副之數 除出充補.
대부 지수 제출 충보

一 堤堰之築 本以利民也. 臣等竊聞 近年所築全羅道 碧骨之堤
일 제언 지축 본이 이민 야 신등 절문 근년 소축 전라도 벽골 지제

浸入數縣之境 而嘗居堤內之民 以水之所浸 失其田土者多矣. 宜以
침입 수현 지경 이 상거 제내 지민 이 수지 소침 실기 전토 자 다의 의이

堤下近地 先給其民 然後以此分授所在之民而勸耕之 則水利旣多
제하 근지 선급 기민 연후 이차 분수 소재 지 민 이 권경 지 즉 수리 기다

地且沃饒 孰不爭赴而服勤哉? 然自去歲之春 國家始置屯田 及至
지차 옥요 숙 부쟁 부이 복근 재 연자 거세 지춘 국가 시치 둔전 급지

今年 又增置之 而向之因浸失田者 反居其後. 且其地別無屯守之
금년 우 증치 지 이향 지인 침실 전자 반거 기후 차 기지 별무 둔수 지

民 則耕耘收穫之時 所役者必皆南畝之民 屯田所出 雖倍於收租 此
민 즉 경운 수확 지시 소역 자 필개 남무 지민 둔전 소출 수 배어 수조 차

特小利耳. 豈若聽民盡耕 民用有裕之爲利哉? 若曰屯田之置 所以
특 소리 이 기약 청민 진경 민용 유유 지 위리 재 약왈 둔전 지치 소이

倡民勸農 不可廢也 則已於京畿開置籍田以導民矣 何必更置屯田
창민 권농 불가 폐야 즉 이어 경기 개치 적전 이 도민 의 하필 갱치 둔전

以煩民乎? 願自今罷此屯田 分給於民 以利農業 以厚民生.'
이 번민 호 원 자금 파차 둔전 분급 어민 이리 농업 이후 민생

태종 17년 정유년
6월

六月

을유일(乙酉日) 초하루에 경상도(慶尚道) 여자 김덕(金德)이 벼락을 맞았는데, 등에 업고 있던 2살 된 작은 여자아이도 벼락을 맞았다 [被震].
피진

○ 호조에서 군자감(軍資監)·내자시(內資寺)·장흥고(長興庫) 등 각 사에서 사용해 해지거나 닳은 물건의 숫자만큼 그 당시의 관리에게 징납(徵納)하기를 청하니, 윤허하지 않았다.

상이 말했다.

"출납(出納)할 때 착오(錯誤)가 난 문서(文書)가 아니겠느냐? 관리가 어찌 감히 스스로 훔치겠느냐?"

영의정 유정현(柳廷顯)이 말했다.

"창고를 열 때, 혹 일이 번잡하거나 혹 일몰(日沒)한 뒤에 출납하는 종들이 훔쳐간 것입니다."

상이 말했다.

"그렇다면 해당 관리에게 추징(推徵)함은 더욱 안 될 일이다. 징납하지 말라."

○ 장제(葬制)를 토의했다. 상이 말했다.

"옛날에 천자(天子)는 7개월, 제후(諸侯)는 5개월, 대부(大夫)는 3개월, 사(士)는 유월(踰月-한 달을 넘김)이어야 장사지냈는데, 이제는 간혹 유년(踰年-한 해를 넘김)이 돼도 장사지내지 않는 자가 있으니 심히 고제(古制)에 어긋난다. 또 가장(假葬)[1]한다고 일컬으며 들판에 두고서는 '아무 해[某年] 아무 달[某月] 아무 날[某日]은 어느 아들[某子], 어느 손자[某孫]의 생일(生日)을 범하므로 누구누구[某某]에게 표적이 된다'라고 하면서 그 자손의 이해(利害)를 불러가며 헤아리니, 그 자손이 많은 사람은 혹 2년에서 3년에 이르도록 장사지내지 않는 자도 많다. 만약 사(士)는 유월(踰月), 대부(大夫)는 3개월에 장사지낸다 해도 상사(喪事)가 미비할 것이니 이 또한 염려되지만, 전조(前朝-고려)의 말기에는 삼일장(三日葬)을 행한 자도 있었으니 어찌 그 자손의 이해를 가리는 것이 있었다 하겠는가?"

예조판서 변계량(卞季良)이 말했다.

"삼일장은 고제(古制)가 아니니, 청컨대 5월·3월·유월(踰月)의 제도를 따르게 하소서."

이조판서 박신(朴信)이 말했다.

"음양가(陰陽家)에서 제가(諸家)의 장서(葬書)를 모았기 때문에 이론(異論)이 봉기(蜂起)해 사람들을 속이고 유혹(誘惑)했으니, 장서(葬書)를 모두 모아 서운관(書雲觀)으로 하여금 그 대요(大要)를 추리고 기타의 괴이한 서적은 모조리 없애서 쓰지 말게 함으로써 사람들의 미혹을 막으소서."

상이 말했다.

"법제(法制)를 처음 세우는 것[創立]은 모름지기 후세 사람으로 하

---

1 복장(複葬)의 하나다. 정식 장례(葬禮)를 치르기 전에 우선 임시로 매장해두는 것을 말한다.

여금 개정하지 않게 해야 하는데, 갑자기 법제를 세우게 되면 이것이 무너짐도 반드시 빠를 것이다. 경 등은 예전의 장사지내던 법에 의해 제도를 정함으로써 영구히 전할 것을 도모하라."

조말생(趙末生)이 예조(禮曹)의 장계(狀啓)에 의거해 아뢰었다.

"대부의 장례는 3개월, 사(士)의 장례는 유월(踰月)의 제도로 하소서."

상이 말했다.

"이것은 진실로 아름다운 법이다."

대신(大臣)으로 하여금 의의(擬議−실상에 맞춰 토의함)해 정하게 하니, 좌의정 박은(朴訔)이 말했다.

"장례에 관한 서적 중에서 괴이한 것은 불태워버림으로써 사람들의 미혹됨을 막으소서."

계량(季良)이 말했다.

"서운관에 있는 괴서(怪書)는 모조리 불사를 수 있으나, 사사로이 간직한 괴서 같은 것을 어찌 다 불사를 수 있겠습니까? 법을 세우게 되면 사람들이 스스로 복종할 것입니다."

은(訔)이 말했다.

"사람의 사사로운 연고란 다단(多端)합니다. 서운관과 함께 통행(通行)할 장일(葬日)을 의논하게 하되, 만약 결정된 것이 그달 안에 연고가 있으면 연장(延葬)하는 법도 아울러 논하게 한 뒤 괴서(怪書)를 모두 불살라버리게 하소서."

상이 말했다.

"물러가서 다시 토의해 아뢰도록 하라."

또 말했다.

"내가 서운관 구장(舊藏)의 참서(讖書-참언을 담은 책)를 모조리 불사르라고 했는데 아직도 있다는 말인가? 내가 비록 불민(不敏)하지만 두루 제왕(帝王)의 행적을 보았더니, 참위(讖緯)의 설(說)을 논자(論者)들은 모두 취하지 않았다. 술수(術數)로 말하면 수(數)에 의해 일어난 것이지만, 참위 같은 것은 허탄(許誕)한 데서 나온 것이라 심히 믿기에 족하지 못한 것이다. 그러나 한(漢)나라 광무제(光武帝) 같은 총명을 가지고도 오히려 도참(圖讖)에 미혹되었으므로 논자들이 이를 비평했는데, 이는 광무제가 도(道)에 불순(不純)한 때문이다. 우리 조정에 이르러 참서(讖書)에서 말한바 목자(木子-이씨), 주초(走肖-조씨)의 설(說)이 개국 초에 있었다. 정도전(鄭道傳)이 말하기를 '이는 반드시 호사자(好事者-일 벌이기 좋아하는 사람)가 만든 것이다'라고 했지만, 마침내 이 책을 따르게 되니 조정의 대신들도 이를 믿지 않는 사람이 없었다. 내가 정안군(靖安君)으로 있을 때 이것을 믿지 않았는데, 천도(遷都)하는 날에 진산부원군(晉山府院君) 하륜(河崙)이 심히 이 책을 믿어 도읍을 모악(母岳-무악)으로 정하고자 했지만, 나만이 믿지 아니하고 한양(漢陽)으로 도읍을 정했다. 만약 참서를 불사르지 않고 후세에 전한다면 사리(事理)를 밝게 보지 못하는 자들이 반드시 깊이 믿을 것이니, 빨리 불사르는 것이 이씨(李氏) 사직(社稷)에서 반드시 손실(損失)됨이 없을 것이다."

○ 예조에서 장례는 3개월·유월(踰月)의 제도를 쓰자고 올렸다. (아뢰어 말했다.)

"옛날에 대부는 3개월이 돼야 장사지내고 사(士)는 유월(踰月)이면 장사지냈는데, 이는 빼어난 이의 대중지정(大中至正)한 제도로서 『육전(六典)』에 실려 있습니다. 오늘날 장사지내는 자들은 대부분 음양(陰陽) 때문에 구기(拘忌)[2]해서 간혹 1년이 다 되기도 하니, 심히 분별이 없습니다[無藝]. 이제부터는 대부·사(士)가 빈소(殯所)를 두었으면 그 자손은 즉시 한월(限月-한정한 개월) 이내의 장일(葬日)을 본조(本曹)에 보고하게 하고, 그 예장(禮葬)·증시(贈諡)·치부(致賻)에 해당하는 자는 본조가 계문해 각사(各司)로 이관(移關)하게 하소서. 그 한정한 달이 넘어서 장일(葬日)과 장지(葬地)를 잡은 자와 장일을 본조에 보고하지 않은 자는 상주(喪主)와 택일자(擇日者)·상지자(相地者)까지 모두 교지부종(敎旨不從)의 율(律)로써 논죄하되, 그중에서 부득이 큰 이유[大故]가 있는 자는 이 한계에 두지 않게 하소서."

그것을 따랐다.

정해일(丁亥日-3일)에 유흥준(兪興俊)을 보내 당인(唐人-중국 사람) 주아정(周亞靖) 등 5명을 요동(遼東)으로 압송(押送)하게 했다.

○ 이적(李迹)을 풍해도 도관찰사(豊海道都觀察使)로 삼았다.

○ 대호군(大護軍) 남득량(南得良)을 강원도에 보냈다. 득량(得良)이 조전 첨절제사(助戰僉節制使)가 돼 갑사(甲士) 4인을 거느리고 떠나니, 그 참에 득량에게 궁전(弓箭-활과 화살)과 마포(麻布) 1필, 저포(苧布) 2필을 내려주었다.

애초에 강원도 도관찰사가 보고했다.

─────────

2 일종의 미신으로, 재앙이 올까 두려워 마음에 꺼리는 바가 있는 것을 말한다.

'적선(賊船) 3척이 바다 가운데에 떠서 자주 횃불을 올리며 가지 않고 나타났다 숨었다 합니다.'

상이 승정원(承政院)에 명해 토의하게 했다. 조말생(趙末生)이 말했다.

"이 도적들이 횃불을 올리는 것은 반드시 우리에게 붙잡힌 그의 반간(反間-간첩)을 유인하려는 것입니다. 그곳에 복병(伏兵)해두고 반간할 장소를 약속하되 불로써 응화(應火)하게 한다면, 저들은 반드시 반간하는 불이라 여겨 나아올 것이니 그때에 합공(合攻)함이 상책(上策)입니다. 그러나 반간이 우리에게 구집(拘執-체포)당한 줄을 저들도 반드시 알고 있을 것입니다."

상이 말했다.

"적(賊)이 반간하다가 구집(拘執)당한 줄 안다면 어찌 경솔하게 들어오겠느냐?"

판우군도총제부사(判右軍都摠制府事) 이원(李原)에게 명해 이 일을 모의하게 했더니, 원(原)이 말했다.

"이 도적들은 반드시 경솔하게 들어오지 아니할 것입니다. 비록 반간이 구집됐다 하더라도 저들은 본래 욕심이 많으므로, 그 이익을 얻지 못하면 떠나려고 하지 않은 채 방비가 없는 곳으로 돌입해서 서절(鼠竊-도둑질)할 것이 두렵습니다. 강원도 연해주군(沿海州郡)의 수령(守令)으로서 무재(武才)가 있는 자는 오직 여흥렬(余興烈)뿐입니다. 신의 생각으로는 3품 이하의 무용(武勇) 있는 사람 1인을 조전첨절제사(助戰僉節制使)라 칭해 보내는 것이 옳겠습니다."

상이 말했다.

"그렇다. 내가 이미 깊이 생각해보았는데 누가 좋겠는가?"

병조참판 이춘생(李春生)이 아뢰어 말했다.

"대호군 남득량은 사람됨이 부지런하고 조심성이 있으며[勤謹] 무재(武才)도 있어서 이 임무를 감당할 만합니다."

이때에 이르러 그를 보냈다.

○ 상이 경복궁(景福宮)으로 행차해 상왕을 받들어 맞이해 술자리를 베푸니, 세자(世子)·종친(宗親)이 시연(侍宴)했다. 명해 박신(朴信), 이원(李原), 판좌군도총제부사(判左軍都摠制府事) 이화영(李和英) 등을 연회에 나오게 하고 수가(隨駕)한 대소 신료(大小臣僚)에게 술을 내려주었다. 내관(內官)을 보내 주과(酒菓-술과 안주)를 창녕부원군(昌寧府院君) 성석린(成石璘)에게 내려주었는데, 노인을 공경하기 위함이다.

○ 악공(樂工) 이생(李生)에게 쌀 5석을, 이석(李石)에게 쌀 3석을 내려주었다.

○ 각사 노비(各司奴婢)의 쇄권색(刷卷色)이 일을 마쳤다고 고했다. 각사의 노비는 모두 11만 9,602구(口)인데, 그중에서 노(奴-남자 노비)는 5만 9,585구, 비(婢-여자 노비)는 6만 17구였다. 쇄권색은 을미년(乙未年-1415년) 가을부터 시작해 이때에 이르러서 마쳤다고 고했다.

무자일(戊子日-4일)에 태백성(太白星)이 낮에 나타났는데, 하늘의 남북을 가로질러 갔다.

○ 명해 의금부(義禁府)의 둔전(屯田)·어량(魚梁)을 없애고, 도부외(都府外)도 4번(番)으로 나누게 했다. 제조(提調)들이 제좌(齊坐)했을

때의 점심(點心)은 호조(戶曹)에 보고해 마련하게 하고, 장빙(藏氷)하는 것 또한 반감(半減)하게 했다.

○ 명해 전 동지돈녕부사(同知敦寧府事-돈녕부 동지사) 이굉(李宏)의 직첩(職牒)을 거두고, 황보원(皇甫元)을 의금부에 가뒀다. 굉(宏)은 천우(天祐)의 아들이다.

애초에 천우가 굉의 어미를 내쫓고 황보씨(皇甫氏)를 취(娶)해 봉작(封爵)을 받고 살다가 병이 들자 전토(田土)와 장획(臧獲)·가재(家財)를 황보씨에게 주고자 굉을 불러 증인으로 삼으려 했는데, 굉은 노비를 그의 어미에게 나눠주지 않으므로 서명하지 않았다. 또 천우가 일찍이 원종공신(原從功臣)으로서 비(婢) 동백(冬白)을 하사받아 첩(妾)으로 삼았는데, 굉이 동백과 미리 모의해 말했다.

"아버지께서 돌아가시면 나는 마땅히 (아버지가) 하사받은 것을 돌려받게 된다."

이렇게 재차 아비의 마음을 상하게 했다. 또 병이 위독할[病革] 때를 당해 굉은 곁에서 모시며 봉약(奉藥)하지 않고 바둑을 두면서 놀이를 했다. 또 검(劍)을 차고 여러 사람을 거느리고 다녔으며, 속산(屬散)한 갑사(甲士) 김을생(金乙生)의 아내를 겁탈해 첩(妾)으로 삼았다. 아비가 죽어 목욕(沐浴)시켜 반함(飯含)³할 때 코를 막고 나갔으며, 대렴(大斂)하고 입관(入棺)할 때는 그 냄새가 나쁘다 해 만면(滿面)에 약을 바르고 코를 손으로 가리며 물러서 있었다. 계모(繼母)와 첩(妾)이 들어가 이를 보고자 하니 문을 닫고 받아들이지 않았고,

---

3 염습할 때, 죽은 사람의 입속에 구슬과 쌀을 물리는 일을 말한다.

또 아비가 일찍이 황보씨에게 준 노비(奴婢) 가운데 6구(口)를 침탈(侵奪)했다. 아비가 죽은 지 얼마 안 돼 그 아비가 친신(親信)하던 종 사안토(沙顔吐)를 두들겨 패서 상처 입혀 도망치게 했고, 빈소(殯所)를 모시지 아니하고 몸에 병이 있다고 핑계한 뒤 기첩(妓妾) 월연연(月涓涓)을 데리고 김을생의 집에서 묵었다. 부의(賻儀)로 내려준 쌀·콩을 계모에게 고하지 않고 제 마음대로 나눠 썼으며, 아직 장사지내기도 전에 계모를 침핍(侵逼)해 드디어 그 누이동생과 함께 그 아비의 가재(家財)·문서(文書)를 나눠 가졌다. 그 재산을 분배할 즈음에, 황보씨가 산호모주(珊瑚帽珠)를 잡고 말했다.

"이것은 본시 너희 아버지의 첩(妾) 성은가이(成隱加伊)의 물건이다."

결국 (성은가이에게) 주니, 굉이 주먹으로 성은가이를 때려 땅에 쓰러뜨린 다음 목을 누르면서 그것을 빼앗고는 여종을 시켜서 머리를 끌고 발을 잡아당겨 내쫓게 했다. 성은가이가 이를 헌부(憲府)에 호소하니, 헌부에서 굉이 불순불효(不順不孝)해서 인륜(人倫)을 어지럽히고 풍속을 오염(汚染)시키며 그 행실이 짐승과 같다고 죄(罪)를 논청(論請)했고, 황보원(皇甫元)이 처형(妻兄) 굉과 정(情)을 같이해서 그의 동성 삼촌(同姓三寸) 황보겸(皇甫兼)을 핍박해 계모 황보씨를 처(妻)로 삼게 하고 그 재물을 나눈 죄를 논청했으므로, 명해 굉의 직첩을 거두고 황보원을 의금부에 하옥하게 했다. 이 황보씨에게는 천우가 생전에 얻었던 집과 재물(財物)을 모조리 결급(決給)하고, 굉의 어미는 내치고 천우의 집에서 살지 못하게 했다. 사헌 장령(司憲掌令) 전직(全直)이 굉에게 죄줄 것을 청해 말했다.

"직첩(職牒)만 거두는 것은 벌(罰)이 죄에 맞지 않습니다. 바라건대 친히 국문해 죄를 그에 맞게 줌으로써 국법을 바로잡아야 할 것입니다."

상이 말했다.

"너는 내 말을 분명하게 들어라. 꿩은 나에게 종질(從姪)이 된다. 그 아비를 보아서 우대해 왔더니 오늘날 부상(父喪)을 당하고도 조심하지 못함이 이 같은데, 내 어찌 꿩을 아끼느라 그를 법에 두지 않았겠는가? 다만 그 아비가 빈소에 있은 지 만(滿) 100일도 못 되었다. 꿩이 비록 사람이 못되었다 하더라도 최질(衰絰-상복) 중에 있으니 차마 옥(獄)에 가둘 수 없어 우선 직첩만 거두었으나, 그 죄는 그대로 있는 것이다. 그의 계모 황보씨가 남편에게서 얻은 물건을 모조리 찾아서 돌려주고, 또 꿩의 어미는 비록 지아비에게 버림을 당했다 하더라도 지아비가 죽으면 빈소에 있는 것이 예(禮)다."

양우(良祐)·천우(天祐) 등은 첨설직(添設職)⁴ 3·4품으로, 임신년(壬申年-1392년)에 태조(太祖)를 시위(侍衛)했다. 그러나 아비 이원계(李元桂)에게 재산을 얻지 못해 심히 궁핍했다. 그 뒤 천우는 입신(立身)하자 아들이 있는 조강지처(糟糠之妻)를 버렸으니, 이는 천우의 잘못이다. 천우를 아직 장사지내기 전에 계모는 꿩의 어미를 내치었고, 꿩도 얼마 안 돼 병으로 죽었다. 황보원은 또한 보방(保放)했다. 상이 말했다.

---

4 공로(功勞)가 있는 사람에게 새로 벼슬자리를 주거나, 승직(陞職)시키려 해도 실직(實職)이 없을 때 차함(借銜)으로 주는 벼슬을 말한다.

"완산부원군(完山府院君) 천우의 장례가 8월 23일에 있으니 회격(灰隔-석회로 사이를 막는 것)을 써서 매장하고, 그 광(壙) 밖에 소용되는 큰 돌은 추수(秋收)를 기다려서 실어들이라."

길가의 곡식을 밟아 손상시킬까 염려해서다.

○ 병조에서 마정(馬政)의 사의(事宜)를 올렸다. 아뢰어 말했다.

"마정(馬政)은 군국(軍國)의 중대한 일입니다. 강화부(江華府) 장내(掌內)에 있는 진강산(鎭江山)·길상산(吉祥山)·북일곶(北一串)·신도(信島)·매도(煤島) 등 다섯 곳 목장(牧場) 안에 들여놓고 자식(孳息-번식)시키는 마필(馬匹)이 피마[雌馬-암말]·상마[雄馬-수말]를 합해 1,200여 필인데, 목자(牧子) 1명마다 피마 5필과 상마 1필을 가지고 1둔(屯)⁵으로 삼았습니다. 그러나 고찰할 길이 없고, 무식한 목자들이 돌보며 기르는 것도 잘 못 해 말이 번식하지 못하니 유명무실(有名無實)합니다. 청컨대 부사(府使)로 하여금 목장을 겸하게 하소서."

그것을 따랐다.

○ 병조판서 윤향(尹向), 좌대언(左代言) 서선(徐選)에게 명해 함길도 도순문사(咸吉道都巡問使)에게 뜻을 전해 말했다.

"판부사(判府事) 이화영(李和英) 관하(管下)의 북청(北靑) 거주인(居住人)들이 국령(國令)을 따르지 않고 대거 길주(吉州) 경내로 이사(移徙)했다 하니 추성(秋成-추수)한 뒤에는 모조리 본래 있던 곳으로 되돌리게 하되, 그 솔거인정(率居人丁-데리고 사는 사람) 안에서 약간인(若干人)은 머물러 있으면서 경작한 곡물을 간수(看守)하게 하라. 또

---

5 목장(牧場)에서 말을 기르는 일정한 단위다. 피마 5필과 상마 1필로써 1둔(屯)을 삼았다.

졸(卒)한 검교 한성윤(檢校漢城尹) 강구(姜具)와 총제(摠制) 김고시가물(金高時加勿) 관하인(管下人)들이 갑산(甲山) 경내에 다수가 살고 있다. 그 가운데 수인(首人-우두머리)과 데리고 가서 사는 사람들 안에서 종사(從仕)할 만한 사람은 서용(敍用)하고자 하니, 자세히 이름을 적어 아뢰도록 하라."

○ 평안도 도순문사(平安道都巡問使)가 보고했다.

'중국 사람[唐人]이 여연(閭延) 등지에 이르러 도망한 군인 소송(小
당인
宋) 등을 (내놓을 것을) 청합니다.'

윤향(尹向)과 서선(徐選) 등에게 명해 뜻을 전해 말했다.

"비록 왜놈들에게 피로(被虜)된 중국 사람이라 하더라도 본국(本
國)으로 도망해 오면 그 즉시 들여보냈는데, 더욱 소송(小宋)은 도망
쳐 우리 땅으로 왔으니 반드시 끝까지 찾아서 해송(解送)함이 마땅
하다. 그러나 성지(聖旨)도 있지 아니한데 어찌 너의 입경(入境)을 기
꺼이 허락함이 옳겠는가? 장차 이 뜻으로써 여연군(閭延郡)에 이문
(移文)해, 즉시 지군수(知郡守)의 말로 만들어서 간절히 당인에게 설
명하도록 하라."

경인일(庚寅日-6일)에 강계(江界)의 무녀(巫女) 2인이 요언(妖言)을
만들어냈으니, 그 죄가 사형에 해당했으나 감등(減等)해 시행토록 명
했다. 상이 그와 관련해 말했다.

"참위(讖緯)⁶의 글을 내가 믿지 않은 지 오래됐다. 왕씨(王氏)·이

─────────

6 음양오행설(陰陽五行說)에 바탕을 두어, 일식(日蝕)·월식(月蝕) 등의 천재지변(天災地變)이

씨(李氏)의 사이에 목자(木子)란 말이 있었고 삼각산(三角山)의 남쪽에서 눈으로 삼지(三池)를 본다는 말이 있어, 사람들은 이를 모두 믿었다. 정도전(鄭道傳)이 처음에는 말하기를 '일 없는 한가한 사람들이 말을 만들어 이런 책을 내었다' 하더니 끝에 가서는 마침내 이를 믿어 드디어 「수보록가(受寶籙歌)」[7]에도 올렸고 하륜(河崙) 또한 이를 믿었지만, 내 생각으로는 이 같은 일은 덕정(德政)을 가영(歌詠)함에 불가하다고 여겨 일찍이 고치도록 명했다. 종사(宗社)의 화복장단(禍福長短)을 어찌 이로써 알겠는가? 일찍이 서운관(書雲觀)에 명해 이러한 요서(妖書)를 모두 불살라버리게 했는데, 모두 불살라버렸는지는 알지 못하겠다."

즉시 내관(內官) 최한(崔閑)에게 명해 이를 서운관에 묻게 했더니, 판사(判事) 최덕의(崔德義)가 나아와 아뢰었다.

"일의 연유를 알지 못하겠습니다."

○ 육조판서(六曹判書)가 계사(啓事-일을 보고함)를 마치고 모두 나가니, 좌의정 박은(朴訔)이 아뢰어 말했다.

"신(臣)이 사사로운 일을 가지고 천위(天威)에 앙달(仰達)함은 송구스러우나, 민망함을 품은 정(情)이라도 상달하지 않을 수 없습니다. 기망(欺罔)한 죄(罪)는 오직 근신(近臣)이 한 것입니다. 그전에 유사눌(柳思訥)이 지신사(知申事)가 되었을 때 이숙번(李叔蕃)의 무리에 비

나 은어(隱語)에 의해 인간의 길흉화복(吉凶禍福)을 점치는 것을 말한다.

7 수보록무(受寶籙舞)를 출 때 부르던 노래로, 조선 태종 2년(1402년) 6월에 지어서 전해졌다. 태조가 잠저에 있을 때 지리산 돌벽 속에서 귀한 글이 담긴 바구니를 얻었다는 참위가 있었는데, 보록이란 바로 그 바구니를 가리킨다.

부(比附)해서 신의 조상 황단유(黃丹儒)의 노비를 빼앗고자 상교(上
敎)가 없는데도 방장(房掌-관아 실무자)을 부르니 원숙(元肅)이 그 사
유를 물었으며, 또 신이 격고신정(擊鼓申呈)하려는 소장[所志]도 상께
상달하지 않음으로써 천총(天聰)을 가렸습니다. 또 숙번이 신에게 말
하기를 '사눌이 상지(上旨)를 받았는데, 이르기를 "만약에 양쪽에서
화론(和論-화해)한다면 중분(中分)해주는 것이 좋겠다"라고 했다' 하
기에, 신이 대답하기를 '노비는 종파(宗派)에 따라 각기 다르니 중분
(中分)함은 합당하지 못하다'라고 했습니다."

상이 말했다.

"이는 내가 한 말이 아니다."

은(誾)이 나가니, 조말생(趙末生) 등이 말했다.

"신 등은 (왕명을) 출납(出納)하는 임무를 관장하고 있습니다. 근신
(近臣)이 기망(欺罔)했다는 말을 듣고 황공해 몸 둘 곳을 모르겠습
니다. 청컨대 사눌이 기망한 사유를 묻게 하소서."

상이 말했다.

"숙번과 사눌이 한창 성대했을 때는 어찌 이 말이 드러나지 않았
던가?"

○사헌 장령(司憲掌令) 정흠지(鄭欽之, 1378~1439년)[8]가 소(疏)를 올

---

8   진사성균시에 합격한 뒤 음사(蔭仕)로 벼슬이 지평에 이르렀다. 1408년(태종 8년) 좌정승
    하륜(河崙)을 탄핵하다가 먼 곳에 유배됐다. 그 뒤 풀려나와 1411년 식년문과에 병과로
    급제, 이조정랑·병조정랑·좌헌납을 거쳐 1416년 장령이 됐다. 1418년 세종이 즉위하면
    서 봉상시소윤(奉常寺少尹)이 됐고, 이어 집의·지형조사(知刑曹事)·대언(代言)을 거쳐 지
    신사(知申事)가 되어 기밀(機密)을 관장했다. 그 뒤 이조참판·대사헌을 거쳐 형조판서에
    오르고, 충청·전라·경상 3도의 도순무사가 되어 연해 주군(州郡)의 성터를 심정(審定)

려 말했다.

'남의 신하 된 자의 죄 중에서 불경(不敬)보다 더 큰 것이 없고, 불경(不敬)의 실상 중에서 기망(欺罔)보다 더 심한 것은 없습니다. 지금 경상도 도관찰사 유사눌(柳思訥)은 전에 지신사로 있을 때 권완(權緩)에게 비부(比附)하고 이류(異類)와 교결(交結)해서 국용(國用)을 도둑질했습니다. 전하께서 특별히 관전(寬典)을 드리우시어 그 직첩만 거두고 외방으로 내치시더니, 한 해도 지나지 않아[不閱歲] 목재(牧宰)로 제수하고 또 얼마 안 되어 감사(監司)로 제수했습니다. 신 등이 가만히 생각건대, 감사는 한 지방을 전제(專制)해서 장부(臧否-좋고 나쁨)를 출척(黜陟)하는 것이 수령(守令)의 표준이라고 여겨집니다. 진실로 그 재주와 행실이 청수(淸修)한 자가 아니라면 무엇으로 여러 백성의 마음을 눌러서 복종시키겠습니까? 예로부터 자기 자신의 몸을 바로잡지 못하고서 남을 바로잡을 수 있는 자는 있지 아니합니다. 엎드려 바라건대, 전하께서는 사눌의 범죄한 사유를 살펴어 그 감사의 사명을 파직하심으로써 여망(輿望)에 부응하소서.'

상이 말했다.

"너희들 대간(臺諫)의 공평정직(公平正直)한 논(論)이라면 내가 마땅히 청납(聽納)하겠지만, 전조(前朝)의 말년과 같이 좌우(左右)를 관

했다. 1435년(세종 17년) 함길도도관찰사가 되어서는 새로 설치한 회령 등 4진(鎭)의 수비에 공헌했고, 어머니의 병환으로 돌아와서 중추원사가 되어 죽었다. 사람됨이 풍채가 좋고 밖으로는 유화하나 내심은 강직했으며, 독서를 좋아했는데 특히 『사기(史記)』・『한서(漢書)』를 잘 외었다. 일찍이 황보인(皇甫仁)과 함께 『진설(陣說)』을 지어 올렸고, 천문에도 밝아 세종의 명으로 역법(曆法)을 연구하기도 했다.

망(觀望)해 말한다면 내 이것을 알 것이다. 전조 말년의 일을 내 모두 안 뒤에 오늘에 이르렀으니, 너희들은 이 점을 살피도록 하라."

흠지(欽之)가 대답했다.

"신 등이 망령되게 의의(意議-딴 뜻)를 품고 좌우를 관망했다면 불측(不測)한 죄를 받아도 마땅합니다. 사눌은 일찍이 왕지(王旨)를 거짓으로 전했기 때문에 죄를 받았으니, 어찌 사눌이 기망한 죄가 없다고 하겠습니까? 신 등의 생각에 만약 일읍(一邑)이라면 가하겠지만, 감사는 한 지방을 통찰(統察)하니 가볍게 주심은 불가하다고 여깁니다."

상이 말했다.

"임금이란 (신하들의) 더러운 것을 받아들여주는 다움[納汚之德]⁹
　　　　　　　　　　　　　　　　　　　　　납오 지 덕
이 있는 것이다. 또 사눌이 경상도에 부임해 다시 무슨 물건을 도둑질했는가? 사눌은 경직(京職)을 주어야 마땅하다. 기타의 청렴정직한 사람을 너희들이 천거하도록 하라."

흠지가 아뢰어 말했다.

"사람을 쓰는 것은 군상(君上)의 일이니 신 등이 천단할 것은 아닙니다. 신 등은 언관(言官)의 직임에 있어 감히 함구(緘口)할 수 없어서입니다."

상은 끝내 소(疏)를 보지 않았다. 박은이 이미 사눌의 기망한 일을

9　이 말은 『춘추좌씨전(春秋左氏傳)』 선공(宣公) 15년조 기사에 진(晉)나라 백종(伯宗)이 "시내와 연못은 더러운 것을 받아들이고, 산과 숲은 나쁜 것을 감춰두며, 옥은 흠을 감추고 있으니, 임금이 더러움을 포용하는 것은 하늘의 도리입니다[川澤納汚, 山藪藏疾, 瑾瑜
　　　　　　　　　　　　　　　　　　　　　　　　　　　천택 납오,　　산수 장질,　　근유
匿瑕, 國君含垢, 天之道也]"라고 한 데서 나왔다. 흔히 함구납오(含垢納汚)라 한다.
익하,　국군 함구,　천지도 야

아뢰었는데 때마침 헌부(憲府)의 장계가 이르러 온 까닭에 좌우를 관망한다는 가르침이 있었다.

신묘일(辛卯日-7일)에 편전(便殿)에 나아가 정사를 보았다. 상이 편전에 나아가 대언(代言)과 삼성(三省-사간원·사헌부·형조의 의금부)의 행수(行首)를 나오게 해서, 전등(前等-전직)의 삼성(三省)에서 결절(決絕)한 황단유(黃丹儒) 자손의 노비를 서로 소송한 일을 물었다. 육조(六曹)가 모두 나가니, 박은이 삼성에서 자기를 그르다고 한 잘못을 극언(極言)했다.

○ 박습(朴習)을 경상도 도관찰사(慶尙道都觀察使)로 삼았다.

임진일(壬辰日-8일)에 대언(代言) 서선(徐選)·홍여방(洪汝方)·이명덕(李明德)·한승안(韓承顔)에게 명해 각기 자신들의 집으로 돌아가게 했다.

애초에 박은의 상서(上書) 때문에 삼성(三省)에 명해 다시 이를 변정하게 했더니, 삼성에서도 앞서의 결절을 따라 속공(屬公)시키게 했다. 이날 은이 또 글을 올려 그 불가함을 진달(陳達)하니, 상이 대언 등에게 보이면서 말했다.

"각자 시비(是非)를 말해보라."

서선·홍여방·이명덕·한승안 등이 아뢰어 말했다.

"속공노비(屬公奴婢)는 쟁망(爭望)하지 말게 하라는 교지를 일찍이 받았으니, 법을 가볍게 고침은 불가하고 접장(接狀)해 다시 추핵함도 마땅하지 못합니다. 청컨대 삼성(三省)의 결정에 따르소서."

그런데 그 노비의 근각(根脚-신원)과 시비(是非)를 아뢰지 않았다. 조말생이 아뢰어 말했다.

"이 상서(上書)를 보면 그것은 황단유의 노비가 분명합니다. 그러나 교지(敎旨)와의 상위(相違) 여부는 마땅히 육조(六曹)에 내려 모조리 다시 명변(明辨)하게 하소서."

상이 말했다.

"말생의 말은 결정하지 못하고 우물쭈물한[依違] 것일 뿐이나, 서선 등 4인의 말은 모두가 내가 물은 것이 아니다. 선 등은 어찌하여 시비(是非)는 말하지 아니하고, 교지에 어긋나니 접장(接狀)함은 불가하다고만 말하는가? 임금이 만약에 신하가 임금을 속인 죄를 알았다 하더라도 또한 교지에 구애되어야 가하겠는가? 선 등은 어찌하여 다시 나를 속이는가?"

마침내 이러한 명이 있었다. 4인이 이미 나갔는데, 조금 있다가 즉시 사람을 시켜 뜻을 전했다.

"길에서 말을 타지 말고, 마땅히 걸어서 가야 할 것이다."

계사일(癸巳日-9일)에 갑오년(甲午年-1414년) 형조(刑曹)·대간(臺諫)의 관원들과 지금의 형조·대간의 관원들을 의금부에 내렸다. 육조판서(六曹判書), 의금부 제조(義禁府提調)를 불러 말했다.

"내가 어려서부터 결사(決事)하는 관직을 거치지 못했던 까닭에 장획(臧獲-노비)의 시비(是非)를 알지도 못한 채 나라를 다스린 지 이미 17년이 됐다. 유사(有司)에서 장획의 일을 가지고 아뢰면 내가 생각하기에 '각기 맡은 자가 있어서 반드시 이치에 합당할 것이다'라고

해서, 다만 '그래, 그래' 하고 응낙할 뿐이었다. 그런데 전일에 박은(朴訔)이 나에게 원통함을 호소하니 내 실로 그것을 달게 여기지 않았으나, 천천히 그것을 살핀 연후에 훤하게 그 시비를 알게 됐다. 황단유(黃丹儒)의 자손은 바로 박은·박자청(朴子靑)·조원(曹瑗)이고, 박송비(朴松庇, ?~1278년)[10]의 자손은 바로 정탁(鄭擢)·이숙번(李叔蕃)·이래(李來)다. 목진공(睦進恭)·원숙(元肅) 등이 갑오년에 변정도감(辨正都監)의 원리(員吏)가 돼 이 소송을 결절할 때 황단유가 옳고 박송비가 그르다고 하자 정탁의 무리가 크게 떠들기를 '이 노비는 속공(屬公)함이 마땅하다' 하고 근신(近臣) 또한 '가하다' 하기에, 나도 그렇게 여겨 속공(屬公)하게 했더니 박은이 호소하기를 '속공시킨 것은 잘못입니다'라고 했다. 그래서 삼성(三省)에 명해 이를 변정하게 했더니, 삼성이 미연(靡然)[11]하게 이숙번(李叔蕃)의 말을 따라 '신축년 이전의 일이라 속공시켰다'라고 했다. 박은이 이제 또 글을 올려 지난날 삼성의 잘못을 아뢰었으므로 곧 삼성에 명해 변정하게 했더니, 또한 전등(前等-전직)의 결절을 따랐다. 오늘날 군신(君臣)이 함께 다스려가는 때에 있어 이같이 붕비(朋比-붕당을 지음)와 기망(欺罔)하는 풍습이 있으니, 이것이 옳겠는가? 그것을 모조리 국문(鞫問)하게 하

---

10 1258년(고종 45년)에 장군으로서 대사성 유경(柳璥), 별장 김준(金俊-김인준(金仁俊)) 등과 함께 최의(崔竩)를 살해함으로써 최씨 무신정권을 타도하고 정권을 왕에게 돌렸는데, 그 공으로 대장군이 되고 뒤이어 위사공신(衛社功臣)이 됐다. 1259년에 박송비의 공으로 내향(內鄕)인 예주(禮州-지금의 영덕(盈德))를 덕원소도호부(德原小都護府)로 승격시켰다가 다시 예주목(禮州牧)으로 승격시켰다. 1262년(원종 3년)에 공신당(功臣堂)을 다시 지을 때 벽에 도형됐다. 1263년에 수사공 태자소부 좌복야(守司空太子少傅左僕射)가 됐고, 1278년(충렬왕 4년)에 참지정사(參知政事)에 이르러 세상을 떠났다.

11 초목이 바람에 나부끼듯 쏠리는 모양이다.

고, 장획의 시비(是非) 같은 것은 병문(幷問)하지 말게 하라. 내 뜻은 이미 결정됐다."

상의 이른바 근신(近臣)이 또한 '가하다'라고 했다는 것은, 정탁이 이미 소송에서 이기지 못하자 단자(單子)로 신정(申呈)하기를 '바라건 대 이 노비를 속공(屬公)시키소서'라고 함에, 상이 그 단자를 승정원 (承政院)에 내려 속공시키는 것의 타당함 여부를 묻자 유사눌이 이 숙번의 청(請)을 들어 '가합니다'라고 아뢴 것이다. 이에 의금부에 뜻 을 내렸다.

"지금의 형조·대간이 황단유와 박송비의 자손들이 서로 소송한 노비를 분간(分揀)한 계본(啓本)과 박은의 상서(上書)를 빙거해서, 지 난 갑오년에 이 노비를 분간했던 형조·대간의 관원이 함부로 희롱해 [冒弄] 계문(啓聞)한 사의(事意)를 자세히 추고(推考)해 아뢰라. 지금
모롱
의 형조·대간의 관원들이 또 말하기를 '을미년 2월에 육조(六曹)에 분하(分下)한 소지(所志) 안에는 "양쪽이 부당해 속공시킨 노비는 다 시 거론(擧論)하는 일이 없게 하라"는 교지(敎旨)가 있었습니다'라고 했다. 그러나 황단유의 자손은 갑오년 12월 기한 내에 격고(擊鼓)해 신정했는 데도 그 소장[所志]을 아직 육조에 계하(啓下)하지 않았으
소지
니, 이것을 이미 육조에 분하(分下)한 소지(所志)와 아울러 논하는 것 은 불가하다. 그 (육조에) 분하(分下)하지 않은 사연(辭緣)을 즉시 취지 (取旨)하지 않고 문득 도로 속공시킨 것과, 또 갑오년에 형조·대간의 관원들이 기망한 죄와, 함부로 허론(虛論)을 가지고 계문(啓聞)한 사 의(事意)도 아울러 추고(推考)해 아뢰도록 하라."

이어서 갑오년의 형조참의(刑曹參議) 윤임(尹臨), 좌랑(佐郎) 송명산

362

(宋命山)·박융(朴融)과 지금의 참의(參議) 오식(吳湜), 정랑(正郎) 송기(宋箕)·허항(許恒), 좌랑(佐郞) 양수(楊脩)·김연지(金連枝), 사헌 집의(司憲執義) 이감(李敢), 지평(持平) 홍도(洪陶)·진중성(陳仲誠), 사간(司諫) 최순(崔洵), 정언(正言) 안지(安止)·정지담(鄭之澹) 등을 의금부에 하옥시키고, 병조판서 윤향(尹向)과 조말생(趙末生)에게 명해 의금부에 가서 그들은 국문(鞫問)하게 했더니 말생이 아뢰어 말했다.

"신(臣)의 동모형(同母兄) 여흥부사(驪興府使) 유중(惟中)이 박송비의 자손들과 같은 소장(訴狀-同狀)에 있는 까닭에, 상피(相避)[12]함이
~~~~~~~~~~~~~~~~~~~~~~~~~동장
있어 이 옥사를 들을 수가 없습니다."

상이 말했다.

"이번에 묻는 일은 본래 노비의 결절과는 관계가 없고, 전후(前後)로 삼성(三省)에서 기망한 죄만을 묻는 것이다. 또 비록 상피함이 있다 하더라도 그대는 내 명(命)을 받들었으니 어찌 사사로움을 용납할 수 있겠는가? 가서 듣도록 하라."

또 의금부에 명해 지수천군사(知隨川郡事-수천군 지사) 김희(金熙), 나주 교수관(羅州敎授官) 이초(李椒), 지진산군사(知珍山郡事-진산군 지사) 유선(柳善), 전 헌납(獻納) 정곤(鄭坤)을 잡아 오게 했다. 희(熙)와 초(椒)는 갑오년의 형조정랑, 선(善)은 장령, 곤(坤)은 헌납이었기 때문이다.

○ 명해 이제부터 대언(代言)이 명을 받들어 의금부에 가게 되면 제

---

12 친족(親族) 또는 기타의 관계로 인해 같은 곳에서 벼슬하는 일이나 청송(聽訟)·시관(試官) 같은 것을 피하는 것을 말한다.

조(提調) 및 형조·대간과 교좌(交坐)[13]하되 서벽(西壁)에 앉도록 했다.

을미일(乙未日-11일)에 태백성이 낮에 나타났다.

○ 명해 전 판홍주목사(判洪州牧使-홍주목 판사) 유사눌(柳思訥), 형조참판 신상(申商), 우헌납(右獻納) 배윤(裵閏)을 의금부에 가두었다. 박은의 상서(上書)에 '신상·배윤 등이 성풍붕비(成風朋比)[14]해 신의 죄를 짜서 만들었습니다[羅織]'라는 말이 있었기 때문이다.
<small>나직</small>

○ 박은(朴訔)·정탁(鄭擢)을 불러 각기 상송(相訟)한 시비(是非)를 진달하게 하자 두 사람이 다 자신이 옳다고 주장하니, 상이 말했다.

"각기 자복(自服)함이 마땅하다."

두 사람 모두 수긍하지 않았다.

○ 의금부 제조(義禁府提調) 박신(朴信)이 아뢰었다.

"갑오년의 형조참의 윤림(尹臨)과 좌랑(佐郎) 송명산(宋命山)이 그 죄에 불복(不伏)하니, 형문(刑問)하기를 청합니다."

상이 말했다.

"내가 노비를 분간하려는 것이 아니다. 전후로 삼성(三省)에서 나를 속인 죄를 국문(鞠問)하려는 것일 뿐이다."

○ 승문원(承文院)의 참외관(參外官-7품 이하의 관리)을 증치(增置)했다.

---

13 나라에서 중대한 사건을 심문할 때 형조(刑曹)·사헌부(司憲府)·사간원(司諫院)의 3성(省)이 합동으로 사건을 심의 조사하던 제도다. 삼성교국(三省交鞫) 또는 삼성잡치(三省雜治)라고도 불렀다.

14 당파를 짓는 풍토를 이루는 것을 말한다.

예조에서 아뢰어 말했다.

"본원(本院)은 이문(吏文)의 예습(預習)과 사대문서(事大文書)의 제술(製述) 등의 일을 맡고 있어 가볍지 아니합니다. 이제 신급제(新及弟) 10인을, 삼관(三館)의 예(例)에 의해 권지 부정자(權知副正字)라 일컬으며 구전(口傳)해 시행했습니다. 전부터 있던 참외 녹관(參外祿官)은 오직 종7품 2인, 정8품 2인뿐이니, 중군 부사정(中軍副司正) 55인, 좌·우군 부사정 각 54인 중에서 각각 1인을 본원에 제수해서 정·종9품 각 2인을 가설(加設)하게 하소서. 전부터 있던 종7품 정자(正字)를 정7품 박사(博士)로 고치고 정8품 부정자(副正字)를 저작랑(著作郞)으로 고치며, 이에 가설한 정9품 2인과 종9품 2인은 정자(正字)와 부정자(副正字)로 칭호(稱號)하게 하소서."

그것을 따랐다.

○ 사헌부에 명해 이현(李儇)·이백신(李伯臣)을 추고(推考)하지 말라고 했다. 현(儇)과 백신(伯臣)은 난신(亂臣) 거이(居易)의 아들인데 함부로 경중(京中)에 들어오니, 헌사에서 이들을 추고한 까닭에 이런 명이 있었다.

○ 일본(日本) 국지전(菊池殿)의 사송인(使送人)이 조아례(朝衙禮-아일의 조례)에 참여하고 그 참에 환국을 고했다.

병신일(丙申日-12일)에 별이 낮에 나타났다.

○ 명해 전후(前後)의 대간(臺諫)·형조(刑曹)의 관원에게 모두 장(杖) 80대를 속(贖)바치게 하고 직첩(職牒)을 거두게 하되 오직 김연지(金連枝)만은 원종공신(元從功臣)의 아들이라 해서 단지 그 직책만

파면했고, 신상(申商)·유사눌(柳思訥)은 논하지 말게 했다.

○ 임첨년(任添年)·이무창(李茂昌)·최득비(崔得霏)·송희경(宋希璟) 등을 불러 편전(便殿)에서 잔치를 했다. 황제가 북경(北京)에서 하연(下輦)함에 첨년(添年) 등이 기거사(起居使)로 입조(入朝)하게 됐으므로, 상이 황친(皇親)이라 하여 그들을 전별한 것이었다. 희경(希璟)은 정윤후(鄭允厚)의 사위다. 첨년 등 4인에게 각각 말 1필씩 내려주었다.

○ 성균관(成均館)에 술 100병(瓶)을 내려주었다.

상이 임첨년을 전송하는 잔치에서 화종(畫鍾)[15]을 보고 조말생에게 물었다.

"그전에 성균관에 화종이 있었는데 지금도 있는가? 그 종(鍾)은 술을 얼마나 받아내는가?"

말생이 대답했다.

"지금도 있는데 술을 한 사발(沙鉢)쯤 받을 수 있습니다."

상이 말했다.

"성균 유생(成均儒生)들은 그 종을 잘 쓰고 있는가?"

말생이 대답했다.

"헌부(憲府)에서 청해 처음으로 과거에 나오는 유생들에게 베를 받들기로[捧布] 한 이래로, 술빚이 없어서 쓰지 않고 있습니다."
봉포

---

15 청동(靑銅)으로 만든 술그릇의 하나다. 크기는 사발만 했고, 표면에 여러 무늬의 그림이 새겨져 있었다.

이에 영을 내려 술 100병, 장(獐-노루)·녹(鹿-사슴)을 합쳐 10구(口), 잡어(雜魚) 300마리[尾]를 내려주었다.

○ 길창군(吉昌君) 권규(權跬)에게 약주(藥酒)·건록(乾鹿-사슴고기 육포)·전포(全鮑-절인 전복)를 내려주었다.

○ 의금부 제조(義禁府提調) 박신(朴信)·정역(鄭易), 위관(委官) 윤향(尹向)과 (대언) 서선·홍여방·이명덕·한승안 등을 의금부에 내리고 영의정 유정현(柳廷顯), 예조판서 변계량(卞季良), 동부대언 하연(河演), 병조참의 우균(禹均)에게 명해 잡치(雜治-합동 처리)하게 했다. 또 진무(鎭撫) 이척(李陟), 지사(知事) 정종성(鄭宗誠), 도사(都事) 김안경(金安卿)·양질(楊秩) 등을 옥에 내렸다. 이조정랑 우승범(禹承範), 호조정랑 서적(徐勣), 공조정랑 박신생(朴信生)도 잡치하는 대열에 참여하게 했다.

애초에 박송비(朴松庇)의 자손 정탁 등이 갑오년에 변정도감(辨正都監)에 호소해 말했다.

"황단유(黃丹儒)의 자손 박은(朴訔)이 우리 노비를 거집(據執)[16]했습니다."

변정도감에서 이를 추고했더니 실제로는 거집(據執)한 것이 아니므로 그전대로 박은 등에게 주었는데, 탁 등이 신소(申訴)해 말했다.

"변정도감이 오결(誤決)했습니다."

삼성에 내려 변정할 것을 명하니, 삼성에서 청리(聽理)해 속공(屬公)시켰다. 은 등이 호소해 말했다.

---

16 거짓 문서(文書)를 꾸며 남의 노비를 강제로 차지해 사역시키는 것을 말한다.

"변정도감에서 접장(接狀)하는 법은 조부모(祖父母)·부모(父母)의 노비를 합집(合執)[17]한 것이나, 결정된 뒤에 잉집(仍執-그대로 차지함)한 것이나, 타인(他人)의 노비는 거집(據執)한 것일 뿐입니다. 이제 우리 노비들은 위 항의 3건(件)의 예(例)가 아니라 바로 4차(次)나 소량(訴良)해서 내가 소유하게 된 천적(賤籍)의 종천노비(從賤奴婢)이니, 변정도감은 정탁·이숙번 등의 청탁 때문에 접장(接狀)을 불공정하게 했습니다."

상이 의금부로 하여금 변정도감에서 접장한 시비를 분간해 아뢰게 했다. 제조(提調) 박신·정역, 위관(委官) 윤향 등이 모두 황단유의 자손이 타인의 노비를 거집(據執)한 것은 곧 변정도감의 접장이 옳았다고 논계(論啓)하고, 신이 또 말했다.

"대체로 노비에 대한 것은 남집(濫執)·잉집(仍執)으로써 신축년(辛丑年)에 정한(定限)했는데 송비의 자손 또한 남집으로 정장(呈狀)했고, 또 은은 바로 황단유의 육촌제(六寸弟) 이지성(李之誠)의 증손(曾孫)으로서 단유에 대해서는 손외(孫外)가 되는 까닭에 신 등의 생각으로는 타인의 노비를 남집한 것으로 여겼습니다."

상이 조계 재상(朝啓宰相)과 조말생, 하연 등을 시켜 토의하게 했다.

"박은이 전해 가진 결절한 입안(立案) 3도(道)는, 본문(本文)은 아니지만 모두 전한 것이 천적(賤籍)입니다. 그러나 3차(次)나 득결(得決)했으니 어찌 근거 없이 타인의 노비를 거집(據執)한 예(例)로 논할

---

17 여러 사람이 나눠 가져야 할 노비를 한 사람이 모조리 차지하는 것을 말한다.

수 있겠습니까?"

상이 박신 등에게 화를 내며 말했다.

"내 뜻도 또한, 타인(他人)의 노비를 거집(據執)한다는 것은 관련이 없는 타인의 노비를 거집하는 것을 말한다고 여겼다. 황단유의 자손은 허위이든 실제든 4차(次)나 종천(從賤)한 관결(官決)이 있는데 어찌하여 거집(據執)이라 말해 다시 나를 기망하는가? 임금과 신하 사이에 어찌 이런 이치가 있겠는가? 나는 국가에 정형(政刑)의 실책이 없도록 하고자 하는데 이제 이같이 나를 기망하니, 경 등은 나를 속(粟)이나 먹는 임금으로 여기는가? 임금을 속인 죄를 경 등도 면치 못할 것이다. 또 공사(公事)란 그 양쪽을 공평(公平)하게 하고자 함이고 승부(勝負)란 공평에 있을 뿐인데, 어찌 유독 죄를 은에게만 돌리는가? 또 대언(代言)의 직임은 임금의 과실(過失)이나 출납(出納)을 관장해 규간(規諫)하지 아니함이 없어야 하는 까닭에 반드시 도리를 아는 사람을 골라 좌우에 두는 것인데, 지금의 삼성(三省)은 갑오년에 삼성에서 기망한 죄와, 양쪽이 모두 부당하다고 해 속공(屬公)시킨 사연(辭緣)을 신청(申請)하지 않았고, 내가 하문(下問)했을 때도 서선 등은 도리어 지금의 삼성을 옳다고 여겨 몽롱하게 계달(啓達)했으니, 임금을 속인 죄를 모두 추국(推鞫)해 아뢰라. 만약 곧지 못한 말이 있게 되면 형문(刑問)을 가해 추국하라."

말생은 다른 의견을 냈기 때문에 구속을 면했다. 이때 이조·호조·공조 등 제조(諸曹)에 당상(堂上-당상관)이 없었던 까닭에 낭청(郎廳) 우승범(禹承範) 등이 참여해 죄를 물었다.

○ 이초(李椒)·정곤(鄭坤)·김희(金熙) 등을 의금부에 내렸다.

○ 유정현(柳廷顯) 등이 아뢰었다.

"박신(朴信) 등이 모두 말하기를 '신 등은 삼성(三省)에서 임금을 속인 사실을 미처 알지 못했다'라고 하지만 진실로 죄가 있습니다. 그러나 신 등은 임금을 속이는[欺君] 데까지 이르지는 않았습니다."

상이 말했다.

"(그렇다면) 어찌 임금을 속인 실상을 국문(鞫問)하지 않았는가? 이는 지록위마(指鹿爲馬)다."

상이 생각하기에는, 전등(前等-전임)의 윤임(尹臨) 등은 숙번(叔蕃)의 위세(威勢)를 따랐고 오식(吳湜) 등도 그 위풍을 뒤따랐으며[踵=從] 오늘날 신(信) 등을 또 법대로 처리하지 않은 것도 조정에 있는 신하들이 모두 풀이 바람에 쓰러지듯 숙번의 무리를 따랐기 때문이라 하면서 박은(朴訔) 혼자만이 배척을 당하고 있다[見=被]고 여겼던 것이다.

○ 전 도총제(都摠制) 신유정(辛有定)에게 쌀 10석을 내려주었다.

○ 좌의정 박은(朴訔)에게 명해 직에 나오게 했다[就職].

사헌 장령(司憲掌令) 정흠지(鄭欽之)가 핵청(劾請)해 말했다.

"조계청(朝啓廳)은 대신(大臣)들이 (세상을 다스리는) 도리를 논하는 곳인데, 박은은 수상(首相)으로서 국가의 큰일은 말하지 않고 자주 사사로운 일을 진달했으니 특히 대신의 체모를 잃었습니다."

이 때문에 은이 집에 있으면서 직에 나아오지 않으니, 이때에 이르러 출사(出仕)를 명했다. 흠지는 얼마 안 가서 파직됐다.

경자일(庚子日-16일)에 김한로(金漢老)를 병조판서, 심온(沈溫)을 이조판서, 맹사성(孟思誠)을 호조판서, 김여지(金汝知)를 공조판서, 정구(鄭矩)를 의정부 찬성(議政府贊成), 연사종(延嗣宗)·성발도(成發道)를 의정부 참찬(議政府參贊), 윤사영(尹思永)을 좌대언(左代言), 김효손(金孝孫)을 좌부대언(左副代言), 원숙(元肅)을 우부대언(右副代言), 최부(崔府)를 동부대언(同副代言), 이하(李賀)를 사헌 장령(司憲掌令)으로 삼았다. 사영(思永)은 안동(安東)에서, 효손(孝孫)은 원평(原平)에서, 원숙은 양근(楊根)에서, 최부는 광주(光州)에서 부름을 받았다. 상이 말했다.

"대언(代言)의 직임은 출납(出納)을 관장하고 가까이 좌우(左右)에 있는 신하이니 다른 관직에 비할 바가 아니다. 금후로는 외방에 있으면서 제수받은 자는 마땅히 역마[駟]를 타고 서울로 부임하게 하라."
^일

이전까지는 외관(外官-지방관)으로 경직(京職-중앙직)을 제수받은 자는 모두 말을 주어 서울로 부임하게 했는데, 근래에 역로(驛路)가 조폐(凋弊)해져서 모조리 금지한 까닭으로 이런 명이 있었다.

○ 이하(李賀)는 박은(朴訔)과 동년(同年) 진사(進士)였다. 하(賀)가 항상 그 아내를 시켜서 주육(酒肉)을 갖추고 은의 집에 들고났다.

○ 명해 서선(徐選)·홍여방(洪汝方)·이명덕(李明德)·한승안(韓承顔)을 놓아주고, 또 이척(李陟)·양질(楊秩)·정종성(鄭宗誠)·김안경(金安卿) 등도 풀어주었다. 또 명해 박신(朴信)·정역(鄭易)·윤향(尹向) 등의 죄를 조율(照律)해 아뢰게 했다.

이날 유정현 등이 신(信)·선(選) 등을 국문(鞫問)한 공술장[狀]을
^장

싸가지고 와서 바치니, 상이 물었다.

"안문(按問)을 마쳤는가?"

하연(河演)이 대답해 말했다.

"신 등은 단지 '착오로 입전(入傳)되었다'라고 하면서 원정(元情-실상)을 말하지 않았습니다."

변계량(卞季良)이 연(演)에게 일러 말했다.

"가장 중요한 것이 원정인데, 지금까지도 추고(推考)하지 못했나니 문사(問事)를 어떻게 한 것이오?"

상이 말했다.

"계량(季良)은 이치를 아는[識理] 사람이라 이런 말을 하는 것이다."
_{식리}

또 명해 말했다.

"선 등이 곧지 못한 말을 했지만 모두 풀어주라."

드디어 선 등에게 가르침을 전해[傳敎] 말했다.
_{전교}

"대언(代言)이란 모름지기 양가(良家)의 자제를 골라 좌우에 두고 임금의 과실(過失)을 규간(規諫)하게 함으로써 임금의 임금다움을 보필하는 것이다. 이제 너희들은 내가 하문하던[垂問=下問] 날에 곧지 못한 말로 진달했으니 마땅히 다시 추국해 율(律)로써 처벌해야 하겠지만, 각기 자기의 뜻을 말한 것뿐이므로 일단은 용서한다. 각기 너희들 집으로 돌아가 주역(紬繹-실마리를 찾아냄)해 깊이 생각한다면 도리어 부끄러움이 있을 것이다."

또 정현에게 일러 말했다.

"이번 문사(問事)에서 그 실정을 얻었지만 미진(未盡)한 곳이 있지는 아니한가? 신 등은 죄에 굴복해 머리를 들지 못했는가?"

정현이 대답해 말했다.

"신이 말하기를 '조원(曹瑗)·박자청(朴子靑) 또한 황단유의 7·8대 손(孫)인데 모두 전계(傳係)가 없다'라고 하기에, 신이 질책하기를 '비록 전계가 없다 하더라도 그 조상의 노비를 자손에게 전하면서 부리는 것은 통례인 것이다'라 하고 또 '우리들이 지금 명을 받든 것은 노비의 일을 추고해 변정하려는 것이 아니다'라고 했습니다만, 그 공사(供辭)를 받지 아니한 것이 미진한 것 같기도 합니다. 그러나 일마다 모두 죄에 굴복하니, 신뿐 아니라 사람마다 그 죄를 알고 있습니다."

계량이 말했다.

"신 등의 뜻은 만약 갑오년의 삼성을 추궁(推窮)한다면 반드시 중죄(重罪)를 입겠으므로 국문(鞫問)하지 않으리라고 여긴 것이니, 그 정상이 이미 뚜렷해 신(臣) 등도 그 공사(供辭)를 받지 않았습니다."

상이 말했다.

"변판서의 말이 곧 나의 뜻이다. 그런데 영의정이 수반이 돼서 그 죄상을 안문(按問)했으니, 온 나라 사람들[國人-조정 관리]이 모두
               국인
신 등이 잘못했음을 알았을 것이다."

의금부에서 안율(按律)해, 신 등이 일을 아뢰는 데 있어 속이고 실상대로 고하지 아니한 율(律)을 적용해 장(杖) 100대에 해당한다고 하니 상이 말했다.

"신과 척은 태조(太祖)의 원종공신(元從功臣)이고 역은 나의 원종(元從-원종공신)이다. 그러나 그 죄상이 심히 가증스러우니, 어떻게 처치해야 하겠는가?"

정현 등이 말했다.

"그 녹권(錄券-공신녹권)에 실린 글에는 '용서가 후세(後世)에 미친다'라고 했습니다. 근일에 김연지(金連枝)는 그 아비가 전하(殿下)의 원종공신이라 해서 직책을 파면함에 그쳤는데, 하물며 그 자신이야 말해 무엇하겠습니까? 만약에 그 죄가 불측(不測-역모)함에 있다면 비록 삼공신(三功臣)이라 하더라도 면할 수 없으니 하물며 원종 같은 것이야 말할 나위가 있겠습니까마는, 이 죄는 용서하심이 좋겠습니다."

상이 말했다.

"이 무리는 공신(功臣)이라는 것을 믿고서 이같이 죄를 범했다. 그러나 '용서가 후세에 미친다'라고 했으니, 말을 저버림[負言]은 안 될 일이다. 윤항·양질 같은 사람들은 비록 공신은 아니라 하더라도, 신 같은 흉포(兇暴)한 죄인의 괴수도 오히려 좌죄(坐罪-처벌)되지 않았으니 모두 용서함이 마땅하다."

정현 등이 말했다.

"공신을 면죄함은 될 일이지만, 공신이 아닌 자를 면죄하는 것은 실로 안 될 일입니다."

상이 말했다.

"내가 일국의 여탈권(與奪權)을 쥐고서 흉포한 신을 이미 죄주지 않았는데, 그 나머지 사람을 죄주는 것이 어찌 옳겠는가?"

드디어 척·질·종성·안경을 풀어주었다. 정현이 말했다.

"신 등이 말하기를 '갑오년에 삼성에서 추궁(推窮)하지 아니한 일에 대해서는 신 등뿐 아니라 김점(金漸)·전흥(田興)·조말생(趙末生)

등도 이에 참여했다'라고 했습니다."

상이 말했다.

"내가 그것을 들었는데, 박신·정역·윤향 등이 의견을 같이하고 김점·전홍·조말생 등이 의견을 같이해서 대궐 뜰에서 크게 힐난했다고 한다. 신 등은 그들의 의견을 고집했지만, 김점 등은 실로 신 등의 편을 들지 않았다."

말생(末生)이 이를 듣고 아뢰어 말했다.

"박신이 소신(小臣)을 언급했다 하니, 신 등과 발명(發明)해서 혐의를 변별하기를 청합니다."

상이 말했다.

"네가 신의 의논을 따르지 않은 것을 사람들이 모두 아는데, 무슨 혐의가 있겠는가?"

○ 명해 박신·정역·윤향을 풀어주고 오식(吳湜)의 직첩을 돌려주었다. 수속(收贖)할 때 식(湜)은 제주목사(濟州牧使)에서 체대(遞代-교체)해 서울에 온 지 오래지 않아서 교지(敎旨)를 알지 못했기에 이런 명이 있었다. 의금부에 명해 김희·정곤·이초(李椒) 등의 죄를 윤임·송명산의 예(例)에 의거해서 고신(告身)을 거두고 장(杖) 80대를 속(贖) 받게 했다. 장령(掌令) 전직(全直)이 서선·여방·명덕·승안을 법대로 처치하기를 청하니 상이 말했다.

"선 등은 큰 과실이 있는 것도 아니니, 근신(近臣)으로서 파직시킨 것만으로도 충분하다. 임금이 신하를 기르는 것은 아비가 자식을 기르는 것과 같다. 아비가 자식에 대해 어려서부터 장년까지 기르는 기간이 하루 동안이 아니며 임금이 신하에 대해 대우함도 하루 동안

이 아닌데, 어찌 차마 죄가 있다 해 갑자기 버리겠는가? 또 박신·정역은 다 원종공신(元從功臣)이니, 그 자손에 이르렀다 해도 모두 용서할 터인데 하물며 그 자신이야 말해 무엇하겠는가? 이미 박신·정역을 죄주지 않았는데 유독 윤향만 죄주는 것이 내 마음에 편안하겠는가? 저 윤향은 집의(執義)에서 대언(代言)으로, 대언에서 재상(宰相)으로 그를 시용(試用)함이 한 가지 소임만이 아니었고 그를 대우함도 한 조정만이 아니었으니, 나는 윤향이 박신을 따랐기 때문에 그런 줄로 알고 있다. 이것은 다 박신의 죄다. 비록 박신에게 죄주지 않는다 하더라도 박신이 물러가 집에서 생각해보면 홀로 마음에 부끄럽지 않겠는가?"

형조 도관(刑曹都官)에 뜻을 내려 말했다.

"황단유(黃丹儒)·박송비(朴松庇)의 자손들이 서로 다툰 노비는 갑오년에 변정도감(辨正都監)에서 결절한 것에 의거해 황단유의 자손 박은(朴訔) 등에게 환급(還給)하도록 하라."

호조(戶曹)에 명해 말했다.

"윤향·서선·이명덕·한승안의 과전(科田)은 타인(他人)에게 주지 말고 군자감[軍資]에 가속(假屬-임시 소속)하되, 이제부터는 장죄(杖罪)를 범한 사람들의 논밭은 승정원(承政院)에 진고(進告)한 뒤에 구처(區處-조치)하게 하라."

○ 예조판서 변계량이 성균관교서(成均館校書)·승문원권지(承文院權知-수습관리)를 군현(郡縣)에 나눠 보내 생도(生徒)들을 훈회(訓誨)시킬 것을 청했다. 아뢰어 말했다.

"삼관 권지(三館權知)는 그 수가 50여 인으로, 부모·처자가 외방에 사는 사람이 많습니다. 특령(特令)으로 부모가 거처하는 부근의 군현(郡縣)으로 나눠 보내 생도들을 훈회하게 함으로써 옛날 상서(庠序-주나라 시대의 학교)의 제도를 본받게 하고, 전하께서 문치를 중시하는[右文] 교화를 넓힘으로써 50여 인이 근성부육(覲省俯育)[18]하는 은혜를 이루게 하소서. 본래 서울에서 거주하던 자는 기전(畿甸)의 군현으로 보냄이 마땅하고, 그 고만(考滿)이 되면 본관(本館)의 추천에 의해 예(例)에 따라 천전(遷轉)하기를 『속육전(續六典)』의 예와 같이 하소서."

그것을 따랐다. 오직 승문원만은 이문(吏文-관리의 용어)을 이습(肄習)하니 보내지 않았다.

○ 선공감(繕工監)에 명해 명통사(明通寺)를 다시 짓게 하고 그 참에 노비를 모두 10구(口)를 주니, 오부(五部)의 맹인(盲人)이 모이는 곳이기 때문이다.

갑진일(甲辰日-20일)에 학당(學堂)에 공억(供億-재정 지원)하기를 명하고 풍저창(豐儲倉)으로 하여금 지급(支給)하게 했다.

예조판서 변계량이 아뢰었다.

"오부(五部)의 자제(子弟)가 모두 학당에 모이는데, 그 공억(供億)하는 것을 양현고(養賢庫)[19] 미곡으로 쓰고 있습니다. 만약에 거관 생원

---

18 어버이를 뵙고 기른 정을 굽어 생각하게 한다는 말이다.

19 조선조 때 성균관 유생에게 주는 식량의 일을 맡아보는 관아로, 태조(太祖) 원년에 설치

(居館生員)이 많다면 양현고의 미곡으로도 오히려 부족할 것입니다. 청컨대 학당에 전지(田地)를 별급(別給)해 공억에 이바지하게 하소서."

상이 말했다.

"전지(田地)에는 연도에 따라 손실(損實)이 있다."

드디어 영을 내려 풍저창으로 하여금 매월 지급하게 했다.

을사일(乙巳日-21일)에 사헌부에서 지안성군사(知安城郡事-안성군 지사) 유순도(庾順道)의 죄를 핵청(劾請)했다.

애초에 안성 향리(安城鄕吏)가 삼정일자(三丁一子)[20]로서 전관(前官)의 진성(陳省)[21]을 받아 헌부(憲府)의 서리(書吏)가 됐는데, 순도(順道)가 도로 향역(鄕役)으로 정하고자 해서 그 아비를 추고하며 독촉하니 그 아비가 말했다.

"이는 불효자식입니다."

순도가 그 아비로 하여금 불효장(不孝狀)[22]을 내게 해서 감사(監司)에게 보고했다. 감사가 그를 국문(鞫問)하니, 서리가 고해 말했다.

"아버지가 관원(官員)의 교유(敎誘-꼬드김)로 불효장을 냈던 것이지,

해 고종(高宗) 31년에 폐지했다.

20 여말선초(麗末鮮初)에, 향리(鄕吏) 1호(戶)에 3성정(成丁)이 한꺼번에 역(役)을 서게 되면 나라에서 그중의 한 아들에게 역(役)을 면제해주던 제도다. 수령(守令)이 이조(吏曹)에 진성(陳省)을 올리면 각사(各司)에 나눠 정역(定役)시켰다가, 기간이 차면 거관(去官)시켜 그 역(役)을 면제하게 했다.

21 사람의 인명(人名) 수나 물건의 물목(物目)을 적은 보고서를 말한다.

22 부모가 자식의 불효(不孝)한 사실을 관가에 고소하는 글 또는 그 죄상을 말한다.

실제로 불효한 사실은 없습니다."

이에 사헌부에서 핵청했다.

"순도는 백성을 효제(孝悌)로써 가르치지 않고 부자(父子)로 하여금 서로 해치게 하고자 했으니[相夷=相痍], 수령으로서 백성을 자식처럼 여겨야 하는 마땅함[子民之義]이 아닙니다. 그 정유(情由)를 국문(鞫問)함으로써 그 죄를 바로잡아야 할 것입니다."

상이 말했다.

"이 아전은 신구(新舊)가 교대하는 동안에 몰래 나와서 출사(出仕)했기 때문에 순도가 그 향역(鄕役)으로 도로 정해 안성(安城)의 이익으로 삼고자 했을 뿐이지, 어찌 그 사이에 사의(私意)가 있었겠는가?"

○ 명해 동화자(童火者-어린 환관) 10여 명을 뽑게 했다.

병오일(丙午日-22일)에 상이 상왕을 광연루(廣延樓)에서 받들어 맞이해서 술자리를 마련하고 투호(投壺)[23]를 하니, 세자(世子)·종친(宗親)들이 시연(侍宴)했다.

상이 말했다.

"나는 상왕(上王)을 위해 삽화(揷花)했지만 제군(諸君)은 꽃을 꽂지 말라."

이굉(李宏)이 죽은 지 오래되지 않은 때문이다.

---

23 연회석(宴會席)에서 주인과 손님이 화살을 병에 던져 넣어 승부(勝負)를 겨루는 놀이로, 이긴 사람이 진 사람에게 술을 먹였다.

○ 주문사(奏聞使) 원민생(元閔生)이 북경(北京)으로부터 돌아와 아뢰었다.

"황제가 채택한 여자의 얼굴이 아름다운가를 묻고, 상사(賞賜)가 심히 두터웠습니다. 이어서 환자(宦者) 황엄(黃儼)·해수(海壽) 등으로 하여금 와서 여자를 맞이하게 했습니다."

무신일(戊申日·24일)에 내관(內官) 홍로(洪路)가 첨총제(僉摠制) 허권(許權)을 꾸짖었더니, 상이 이를 알고서 승정원에 명해 조율(照律)해서 아뢰게 했다.

○ 하구(河久)에게 고기를 내려주었다.

하륜(河崙)의 아내 이씨(李氏)가 의원(醫員) 양홍달(楊弘達)에게 일러 말했다.

"아들 구가 오랫동안 아버지의 상사[父喪]로 인해 기운이 허약해진 데다가 병이 심해 입안이 써서 먹을 것을 생각지 아니하오. 내가 육식(肉食)하기를 권했어도 구가 따르기를 달게 여기지 아니하니, 그대는 이에 그 사정을 상전(上前)에 아뢰어 구로 하여금 고기를 먹도록 해주오."

홍달(弘達)이 와서 아뢰어 말했다.

"구의 어미 말이 이러해 신(臣)이 진찰해보았더니, 상중(喪中)에 채소만 먹은 나머지 천식[喘]이 깊이 들어 치료하기 어려웠습니다."

상이 즉시 내관(內官) 김용기(金龍奇)에게 명해 구에게 고기를 내려주며 말했다.

"네 어찌 뜰을 지나면서의 가르침[過庭之訓]²⁴이 없었으랴? (아버지 하륜에게 배웠다면) 반드시 상경(常經)과 권도(權道)의 도리를 통달했을 것이다. 상중에 육식(肉食)하지 않음이 비록 효자라 하더라도, 훼척(毁瘠-수척)해 요절(夭折)하는 것과 비한다면 어찌 몸이 강강(康强-건강)해 제사를 받드는 것과 같겠느냐? 이것이 곧 효 중에서도 큰 것이다."

경술일(庚戌日-26일)에 태백성이 낮에 나타났다.

○ 상이 편전에 나아와 황씨와 한씨를 살펴보았다.

○ 명해 (명나라에) 진헌(進獻)할 별마(別馬) 30필을 갖추게 했다. 상이 병조참판 이춘생(李春生)에게 일러 말했다.

"(지금) 별마를 각 도에서 추쇄(推刷)한다니 그 계책이 늦었다. 탄신(誕晨)·정조(正朝) 때 미리 진헌할 말을 얻었다 해도 쓸 만한 것이 없는데, 하물며 공물(貢物)에 충당할 천구마(天廐馬-진헌마)를 어찌 쉽게 얻겠는가? 나도 이미 내구(內廐)의 양마(良馬) 20여 필을 가려 놓았는데, 병조에서는 늦었다."

춘생(春生)이 대답해 말했다.

---

24 아버지가 자식에게 사람의 도리를 가르치는 것을 말한다. 『논어(論語)』 「계씨(季氏)」편에 이르기를 "하루는 공자가 홀로 서 있을 적에 이(鯉-공자의 아들)가 뜰 앞을 지나쳤다. '시(詩)를 배웠느냐?' 하니, 대답하기를 '배우지 못했습니다' 했다. '시를 배우지 않으면 남과 더불어 말할 게 없느니라' 하여, 이(鯉)가 물러 나와 시(詩)를 배웠다. 후일 또 공자가 홀로 서 있을 적에 이(鯉)가 뜰 앞을 지나치니 '예(礼)를 배웠느냐?' 하므로, 대답하기를 '배우지 못했습니다' 했다. '예를 배우지 않으면 세상에 나설 수가 없느니라' 하자, 이(鯉)가 물러 나와 예를 배웠다"라고 했다.

"날마다 2품 이상에게 말을 독납(督納)합니다만 모두 '없다'라고 대답하고, 겨우 납부한 말이라 해도 혹은 늙고 혹은 수척합니다."

상이 말했다.

"재상(宰相)들에게 말이 있다면 비록 값을 주지 않는다 하더라도 어찌 바치지 않을 이치가 있겠는가? 하물며 말 1필의 값을 2필의 값으로 쳐주는 데야 말할 나위가 있겠는가? 이것은 실제로 없는 것이다. 황제가 비록 상사(賞賜)도 없이 처녀(處女)를 구한다 히더라도 내 어찌 따르지 않겠는가? 그러나 사신[使介]이 올 때마다 곧 하사 (下賜)함이 있었고, 지금 양전(兩殿)에 모두 상사가 있었으며, 또 권씨 (權氏)에 대해서는 '이비(二妃)'라 일컬어 또한 상사(賞賜)가 있었다. 황제의 권고(眷顧-보살핌)가 이와 같으니 감히 성심으로 사대(事大)하지 않을 수 없다. 또 금년에는 사신이 없었으니 모름지기 양마(良馬) 30필을 바쳐야겠다. 중국에서는 말의 노소(老少)를 가리지 않고 다만 건장하고 튼실한 것을 구할 뿐이니, 병조에서 즉시 널리 구하여 보라."

여양군(礪良君) 송거신(宋居信)이 말했다.

"신에게 말 1필이 있으나 실은 숨기고 내놓지 않았습니다. 이제 상교(上敎-상의 가르침)가 여기에 이르렀으니, 신은 마땅히 바치겠습니다."

상이 말했다.

"태조(太祖) 때 고황제(高皇帝)가 정도전(鄭道傳) 등의 표사(表辭-외교문서)가 공순하지 못한 데 노해서 조칙을 내려 '장자(長子)·차자(次子) 중 1인을 부경(赴京)하게 하라'고 했다. 나는 장자도 차자도 아니었지만, 태조께서 나를 보내셨다. 그때에는 양마(良馬)가 많지 않아서 불용마(不用馬-쓰지 못할 말) 20필만을 끌고 갔는데, 요동(遼東) 들판에 이르자 좋은 말이 죽어버렸고 천정(天庭-명나라 대궐)에 이르러서는 심히 피로해졌으니, 부행(副行) 남재(南在)와 조박(趙璞) 등이 우려했다. 그러나 황제가 너그럽게 이를 받아들이고, 말하기를 '이런 험난한 때에 조선왕(朝鮮王)이 어찌 친자식을 보냈겠는가? 실로 이것은 허사(虛事)다'라고 하고 몰래 사람을 보내 나의 동정을 엿보게 했다. 이후 친자식임을 알고는 중조(中朝)에서도 태조께서 사대(事大)하는 정성에 모두 감복했다."

공조판서 김여지(金汝知)가 아뢰어 말했다.

"사신을 영접할 때 행할 나례(儺禮)[25]에 드는 주홍(朱紅) 등의 물건은 어찌하겠습니까?"

상이 말했다.

"옛날에 대신(大臣)들이 까다롭게 살핀 것도 불가했는데, 하물며 임금이야 말해 무엇하겠는가? 이 같은 일은 내가 실로 알지 못한다. 그러나 그전에 나례에 소용되는 채색을 보았더니 모두 금은(金銀)을 썼는데, 이것은 심히 무익한 일이다. 더구나 금은은 우리나라의 소산(所産)도 아니니, 모름지기 긴요하지 아니한 비용은 없애게 하라."

○ 명해 여연군(閭延郡)의 유수군정(留戍軍丁) 300명을 3번(番)으로

---

25 고려 정종(靖宗) 이후 음력 섣달그믐날 밤에 민가와 궁중에서 마귀와 사신(邪神)을 쫓기 위해 베풀던 의식이다. 원래 중국의 주(周)나라 때부터 유래된 풍습으로 새해의 악귀를 쫓을 목적으로 행해졌는데, 차츰 중국 칙사(勅使)의 영접, 왕의 행행(行幸), 인산(因山) 때 앞길의 잡귀를 물리치는 의미로 행해졌다.

나눠 서로 교대하게 했다.

○ 광연루(廣延樓)에 나아가 술자리를 마련하고 그 참에 투호희(投壺戲)를 구경했는데, 세자·종친이 모두 시연(侍宴)했다.

신해일(辛亥日-27일)에 바람이 크게 불었다.

○ 구주탐제(九州探題) 우무위(右武衛) 원도진(源道鎭)의 사인(使人)이 와서 예물(禮物)을 바치고, 거류 중인 회회사문(回回沙文-아라비아 출신 승려)을 돌려보내 줄 것을 청했다.

○ 급전(給田-과전의 지급)을 토의했다. 상이 말했다.

"선비 된 자가 왕사(王事)에 균로(均勞)하고 있으면서, 과전(科田)을 전혀 받지 못한 자가 있는가 하면 받았어도 많지 못한 자가 있다. 전날에 범죄인 전지(犯罪人田地)를 가지고서 모두 주게 했는데, 이제 고루 받지 않았는가?"

호조판서 맹사성(孟思誠)이 아뢰어 말했다.

"관(官)에 고백(告白)한 것은 모두 주게 했습니다."

상이 말했다.

"아직도 관(官)에 고백하지 않은 자는 없는가?"

사성(思誠)이 대답했다.

"신도 아직 알지 못하겠습니다."

상이 말했다.

"다시 고찰해 고루 주도록 하라."

○ 장획(臧獲-노비)의 폐단을 토의했다. 상이 말했다.

"우리 조정에서 장획을 상송(相訟)하는 폐단은 비단 원(元-원고)·

척(隻-피고) 사이에 원망을 줄 뿐 아니라 또한 결송(決訟)한 관리에게도 원망을 맺게 하니, 관리된 자가 혹 친구의 청탁에 구애돼 법을 굽혀 오결(誤決)함으로써 원망에 이르게 되면 일국(一國)에 뻗치게 된다. 내 일찍이 생각건대 윤향(尹向)은 여러 대를 내려오는 벌열(閥閱)의 자손이므로 마음가짐이 공정할 것이라고 여겼다. 얼마 전에 향(向)에게 명해 황단유(黃丹儒)의 노비를 함께 추고하게 했더니, 향이 말하기를 '박신(朴信)의 아들은 제 사위입니다. 비록 형적(形迹)의 혐의가 없다 하더라도, 박신과 함께 추고한다면 자구지단(藉口之端-평곗거리)이 되지 않을까 두렵습니다'라고 했다. 내가 말하기를 '상관없으니[無傷] 가서 청리(聽理)하도록 하라'고 했다. 그러나 향이 예전부터 가지고 있던 사심(私心)을 무엇으로 바로 하겠는가? 풍속이 순박하지 못함이 여기에 이르렀다. 만약 사예(私隷-사노비)를 모조리 혁파한다면 이 같은 폐단은 반드시 없어질 것이다. 우리 태조께서도 이 폐단을 깊이 알고 혁파하고자 한 지 오래되었다."

영의정 유정현(柳廷顯)이 말했다.

"동방(東方)의 고사(故事)이므로 갑자기 혁파함은 안 됩니다."

○ 2품 이상 범죄자를 우대(優待)하는 법을 세워 의금부에 뜻을 내려 말했다.

"2품 이상을 하옥할 때, 아직 죄의 경중(輕重)도 분별하지 못했는데 도중에서 갓을 벗기는 일은 진실로 옳지 못하다. 일이 사직(社稷)에 관계된 것을 제외하고는 범죄자의 갓을 벗기지 말게 하고, 먼 지방에서 잡아 올 때도 항쇄(項鎖-목에 씌우는 칼)하지 말게 하라."

○ 예조판서 변계량이 홍염의(紅染衣)를 금지할 것을 청했다. 아뢰

어 말했다.

"중국 사신을 영접할 때는 금지할 것을 청합니다."

상이 말했다.

"홍색(紅色)은 상(上)에 속하는 것도 아닌데 어찌 금지하자고 하는가? 예전에 내가 즉위한 지 얼마 되지 않아 황릉욕(黃綾褥-노란 비단요)에 앉았더니 지금은 졸(卒)한 정승 이서(李舒)가 고하기를 '앉으신 요[褥]의 빛깔이 누렇습니다. 빨리 바꿔야 합니다'라고 해서, 내가 이 말을 듣고 땀이 나옴을 깨닫지 못할 정도였다. 홍색은 황색에 비할 바가 아니다."

계축일(癸丑日·29일)에 (명나라) 조정 내사(朝廷內史) 황엄(黃儼)·해수(海壽)가 의주(義州)에 이르렀다. 평안도 도순문사가 보고했다.

'황엄·해수 두 천사(天使)가 요동(遼東) 호송군(護送軍)이 가지고 온 물건의 매매가 지완(遲緩-지연)된 것 때문에 분노했습니다. 즉시 절제사(節制使)로 하여금 군사를 이끌고 가서 전도(前導)하게 했으나, 스스로 요동 군관(遼東軍官)을 거느리고 산야(山野)에서 사냥하다가 말을 산 아래 이원보(李元寶)의 집에 머물러 두고, 판관(判官)을 불러 말하기를 "이 앞서는 민간의 우마(牛馬)가 채리(寨里)에 산재했는데 지금은 그전 같지 아니하니, 필시 숨겨둔 것이다"라고 하고는, 객관으로 돌아와 목사(牧使) 박초(朴礎)에게 말하기를 "그대는 수재(秀才)요? 그전에 중국 사신이 왕래할 때는 수령 중에 욕보지 않은 사람이 없었는데, 지금은 그렇지 아니하오. 어찌 그 매매하는 것이 지완(遲緩)되는 거요? 내가 떠나는 것의 빠르고 늦음은 매매가 끝나는

가의 여부에 달려 있을 뿐이오"라고 했습니다. 해수는 통사(通事) 노복룡(盧卜龍)을 매질하고 노해서 목사더러 말하기를 "이 앞서는 호송군(護送軍)이 매매할 때 우마를 우선으로 했고 잡물(雜物)에 이르러서도 매매를 불허함이 없었는데 지금의 목사는 전규(前規)를 돌아보지 아니하고 금지하니 내 장차 전하에게 아뢰겠으며, 또 목사의 방문(牓文) 안에 '단지 인삼(人蔘)·추포(麤布-거친 베)만 파는 것을 허가한다' 하고 우마는 언급하지 아니한 것은 진실로 부당하니 이것도 장차 전하에게 아뢰겠소"라고 하고서는 드디어 방문(牓文)을 집어넣었습니다. 박초가 고하기를 "우마(牛馬)가 생산되면 화인(火印)을 찍고 문적(文籍)에 올려야 하는 것으로, 수령(守令)이 함부로 팔 수 있는 것이 아닙니다"라고 하면서 사리에 의거해 대답해주었지만, 노기가 아직 풀리지 않았습니다. 황엄은 비록 말해 나타내지는 않았어도, 채리(寨里)에서 말을 내려 그들의 보종인(步從人)들로 하여금 야순(夜巡)하는 곳 등에서 우마를 찾아보았지만 발견하지 못했습니다.'

○ 명해 원종공신전(元從功臣田)은 당사자가 죽은 뒤에는 군자감(軍資監)에 영속(永屬)시키고 과전으로 절급(折給)하지 말도록 하니, 이는 교지(敎旨)를 거듭 밝힌 것이다.

○ 평안도 숙천(肅川)·중화(中和) 등지에서는 황색·백색·흑색의 황충(蝗蟲-메뚜깃과 곤충)이 곡식을 해쳤고, 풍해도 황주(黃州) 지방에서는 청색·황색·흑색의 황충이 곡식을 해쳤다. 이에 호조에 뜻을 내려 말했다.

"평안도·풍해도에서 보고한 황충을 제때[及時]에 잡게 하라. 만약
급시
에 황충이 너무 많아 인력(人力)으로 다 잡을 수 없다면[未能] 그만
미능

이지만, 인력으로 할 수 있는 일[所能]을 각 고을 수령이 마음을 써서[用心] 잡지 않아 곡식을 해치는 데 이르게 했다면 왕지부종(王旨不從-왕의 뜻을 따르지 않음)의 율(律)로 논죄하라."

대체로 왕지(王旨)는 승정원에서 짓는 것이지만, 지금 왕지(王旨) 안의 '미능소능(未能所能)' 4글자는 상이 친필(親筆)로 고친 것이다. 승정원에 뜻을 전해 말했다.

"장원(壯元)한 인재라도 어디에다 쓰겠는가?"

이때 지신사(知申事) 조말생(趙末生)이 을과(乙科) 제1인(第一人)이었기 때문이다. 또 평안도 도순문사(平安道都巡問使) 황희(黃喜)에게 명해 황충을 잡게 하고 그 참에 말했다.

"황충을 잡는 데 뜻이 없다면 대신(大臣)의 체모가 아니다."

— 원문 —

乙酉朔 震慶尙道女金德 負持二歲小女亦被震.
을유 삭 진 경상도 여 김덕 부지 이세 소녀 역 피진

戶曹請軍資監 內資寺 長興庫等各司耗損物數 當其時官吏徵納
호조 청 군자감 내자시 장흥고 등 각사 모손 물수 당 기시 관리 징납

不允. 上曰: "無乃出納時 錯誤文書乎? 官吏安敢自竊乎?"領議政
불윤 상왈 무내 출납 시 착오 문서 호 관리 안감 자절 호 영의정

柳廷顯曰: "開庫時 或事煩 或日沒 爲出納之奴所竊." 上曰: "然則
유정현 왈 개고 시 혹 사번 혹 일몰 위 출납 지 노 소절 상왈 연즉

當官吏推徵 尤爲不可也 勿令徵納."
당 관리 추징 우위 불가 야 물령 징납

議葬制. 上曰: "古者天子七月 諸侯五月 大夫三月 士踰月而葬
의 장제 상왈 고자 천자 칠월 제후 오월 대부 삼월 사 유월 이장

今或有踰年未葬者 甚乖古制. 且稱爲假葬 置諸原野 以爲某年某月
금 혹유 유년 미장 자 심괴 고제 차 칭위 가장 치저 원야 이위 모년 모월

某日 犯某子某孫生日 於某某爲的呼 計其子孫利害. 如其子孫衆多
모일 범 모자 모손 생일 어 모모 위적호 계 기 자손 이해 여 기 자손 중다

者 或二年以至三年不葬者 亦多有之. 若士踰月 大夫三月 則喪事
자 혹 이년 이지 삼년 부장 자 역 다 유지 약 사 유월 대부 삼월 즉 상사

未備 是亦可慮 然前朝之季 有行三日葬者 安有擇其子孫利害乎?"
미비 시 역 가려 연 전조 지 계 유행 삼일 장자 안유 택 기 자손 이해 호

禮曹判書卞季良曰: "三日葬 非古制 請從五月 三月 踰月之制."
예조판서 변계량 왈 삼일장 비 고제 청종 오월 삼월 유월 지제

吏曹判書朴信曰: "陰陽家集諸家藏書 異論蜂起 使人誆惑 悉集
이조판서 박신 왈 음양가 집 제가 장서 이론 봉기 사인 광혹 실집

藏書 令書雲觀撮其大要 其他怪異之書 悉除不用 以杜人惑." 上
장서 영 서운관 촬기 대요 기타 괴이 지서 실제 불용 이두 인혹 상

曰: "創法立制 須使後世不改 遽立法制 則毀之必速. 卿等依古葬法
왈 창법 입제 수사 후세 불개 거립 법제 즉 훼지 필속 경등 의고 장법

定制 以圖永傳." 趙末生 據禮曹狀 啓大夫之葬三月 士踰月之制 上
정제 이도 영전 조말생 거 예조 장계 대부 지 장 삼월 사 유월 지제 상

曰: "是誠美法 令大臣擬議定之." 左議政朴訔曰: "燒毁葬書之怪者
왈 시성 미법 영 대신 의의 정지 좌의정 박은 왈 소훼 장서 지 괴자

以杜人惑." 季良曰: "其在書雲觀怪書則可得盡燒 若私藏怪書 何能

盡燒? 立法則人自服從." 嘗曰: "人之私故多端 令書雲觀共議通行

葬日 若定月內有故 則延葬之法幷論 然後悉燒怪書." 上曰: "退而

更議以聞." 上又曰: "予以書雲觀舊藏讖書 悉令燒去 無乃尚存乎?

予雖不敏 歷觀帝王之迹 讖緯之說 論者皆不取焉. 術數則因數而起

若讖緯則出於虛誕 甚不足信. 然以漢光武之明 猶惑圖讖 論者譏之

是光武之不純乎道也. 至我朝 讖書所信木子走肖之說 在開國初

鄭道傳曰: '此必好事者之所作也.' 然竟從是書 朝之大臣莫不信之.

予以靖安君時 尚不之信 遷都之日 晉山府院君河崙深信此書 欲定

都母岳 予獨不信 乃定漢都. 若不燒讖書 以傳後世 則見理不明者

必深信矣 亟令燒去. 於李氏社稷 必無所虧."

禮曹上葬用三月 踰月之制. (啓曰): "古者大夫三月而葬 士則踰月

此聖人大中至正之制 載在六典. 今之葬者 率以陰陽拘忌 或至

終年 甚爲無藝. 自今大夫士旣殯 其子孫卽以限月內葬日告本曹

其應禮葬 贈諡 致賻者 曹啓聞 移關各司. 其踰限月而卜葬日 葬地

及不以葬日告本曹者 主喪及擇日相地者 皆以敎旨不從論之 其有

不得已大故者 不在此限." 從之.

丁亥 遣兪興俊押送唐人周亞靖等五名于遼東.

以李迹爲豐海道都觀察使.

遣大護軍南得良于江原道. 得良爲助戰僉節制使 率甲士四人

以行 仍賜得良弓箭與麻布一匹 苧布二匹. 初 江原道都觀察使

報: ‘賊船三艘 浮在海中 屢擧火不去 或見或隱.’ 上命承政院議之.

趙末生曰: “此賊擧火 必引其被拿反間也. 伏兵於其所 約反間

處 以火應火 則彼必謂反間之火而至焉 合攻之是上策也. 然反間

拘執於我 彼必之矣.” 上曰: “賊知反間之拘執 則豈輕入哉?” 命

判右軍都摠制府事李原謀之 原曰: “此賊必不輕入 雖反間拘執 彼

本多欲 不得其利 則不肯去 而突入無備之處 鼠竊可畏. 江原沿海

州郡守令 有武才者 惟余興烈而已. 臣以謂 三品以下武勇一人

稱爲助戰僉節制使遣之可也.” 上曰: “然. 予已熟計矣 誰是可者?”

兵曹參判李春生啓曰: “大護軍南得良 爲人勤謹 有武才 可當是任.”

至是遣之.

　上幸景福宮 奉迎上王置酒 世子宗親侍宴. 命朴信 李原

判左軍都摠制府事李和英等赴宴 賜酒隨駕大小臣僚. 遣內官賜

酒菓于昌寧府院君成石璘 敬老也.

　賜樂工李生米五石 李石米三石.

　各司奴婢刷卷色告畢. 各司奴婢幷十一萬九千六百二口內 奴

五萬九千五百八十五口 婢六萬十七口. 刷卷色始於乙未之秋 至是

告畢.

　戊子 太白晝見經天.

　命罷義禁府屯田 魚梁 都府外亦分爲四番. 提調齊坐時點心 報

戶曹以辦 藏氷亦減半.

命收前同知敦寧府事李宏職牒 囚皇甫元于義禁府. 宏 天祐之子

也. 初 天祐出宏母 娶皇甫氏 封爵以居. 及病 欲以土田 臧獲 家財

給皇甫氏 召宏爲證 宏以奴婢不分與其母 不署名. 又天祐嘗以

原從功臣受賜婢多白爲妾 宏與多白預謀曰: "父卒 吾當回換受賜."

再傷病父之志. 又當病革之時 宏不侍側奉藥 而着棊戲謔 又佩劍

率衆 怯取屬散甲士金乙生之妻爲妾. 及父卒 於沐浴 飯含之時

塞鼻而出 大斂入官之時 稱其臭惡 滿面塗藥 撎鼻退立 繼母及妾

欲入見之 閉門不納. 又父曾以奴婢與皇甫氏 侵奪其六口 父卒未幾

打傷其父之所親信奴沙顔吐 以致逃去 又不侍殯 乃托身疾 率妓妾

月涓涓 嘗宿于金乙生之家 致賻米豆 不告繼母 擅自分用. 未葬之

前 侵逼繼母 遂與其妹 分其父之家財文書. 及其分財之際 皇甫氏

執珊瑚帽珠曰: "此本是汝父妾成隱加伊之物也." 遂給之 宏拳歐

成隱加伊 使仆於地 因扼其吭而奪之 乃使婢子牽頭曳足而逐出之

成隱加伊 以訴憲府.

憲府論請宏不順不孝 汨喪人倫 汚染風俗 行同禽獸之罪 又論

皇甫元與妻兄宏同情 逼其同姓三寸兼妻之 繼母皇甫氏 以分其財

之罪 故命收宏職牒 下元于義禁府. 其皇甫氏於天祐生前所得家舍

財物 竝皆決給 黜宏母使不得居天祐之第. 司憲掌令全直請宏之罪

曰: "只收職牒 罰不稱罪. 乞親問科罪 以正邦憲." 上曰: "爾明聽

予言. 宏於予爲從姪 見其父而優待之. 今當父喪 不謹若此 予何愛
여언 굉어여위종질 견기부이우대지 금당부상 불근약차 여하애

宏 不置於法? 但其父在殯未滿百日 宏 雖不人 衰経之中不忍繫獄
굉 불치 어법 단기부재빈미만백일 굉 수불인 최질지중불인계옥

先收職牒 其罪固在. 其繼母皇甫氏所得於夫之物 悉推還給. 又宏
선수직첩 기죄고재 기계모 황보씨 소득어 부지물 실추환급 우굉

母雖見棄於夫 夫死在殯 侍側禮也."
모수견기어부 부사재빈 시측예야

良祐 天祐等以添設三四品 於壬申年間 侍衛太祖 然不獲於父
양우 천우등이첨설삼사품 어임신연간 시위태조 연불획어부

元桂 甚爲窮乏. 厥後天祐成身 棄其有子糟糠之妻 是天祐之過
원계 심위궁핍 궐후천우성신 기기유자 조강지처 시천우지과

也. 天祐 未葬之前 母黜宏母. 宏 未幾以疾死 元亦保放. 上曰:
야 천우 미장지전 무출굉모 굉 미기이질사 원역보방 상왈

"完山府院君天祐之葬 在八月二十三日. 用灰隔埋葬 其壙外所用
완산부원군 천우지장재 팔월이십삼일 용회격매장 기광외소용

大石 以待秋收輸入." 恐其踏損路邊禾穀也.
대석 이대 추수 수입 공기답손 노변 화곡 야

兵曹上馬政事宜. 啓曰: "馬政 軍國重事. 江華府掌內 鎭江山
병조 상 마정 사의 계왈 마정 군국 중사 강화부 장내 진강산

吉祥山 北一串 信島 煤島等五處牧場內入放 孳息馬匹 雌雄幷
길상산 북일곶 신도 매도 등 오처 목장내 입방 자식 마필 자웅 병

一千二百餘匹. 牧子每一名 雌馬五匹 雄馬一匹爲一屯 然考察無門
일천 이백 여필 목자 매 일명 자마 오필 웅마 일필 위 일둔 연 고찰 무문

無識牧子不能看養 馬不蕃息 有名無實. 請令府使兼牧場." 從之.
무식 목자 불능 간양 마 불 번식 유명무실 청령 부사 겸 목장 종지

命兵曹判書尹向 左代言徐選 傳旨于咸吉道都巡問使曰: "判府事
명 병조판서 윤향 좌대언 서선 전지 우 함길도 도순문사 왈 판부사

李和英管下北靑住人等 不從國令 多徙于吉州境內 秋成後悉令
이화영 관하 북청 주인 등 부종 국령 다 사우 길주 경내 추성 후 실령

還本 其率居人丁內 留若干人 看守所耕之物. 且卒檢校漢城尹姜具
환본 기 솔거인정 내 유 약간 인 간수 소경 지물 차 졸 검교 한성윤 강구

及摠制金高時加勿管下人 甲山境內數多居生. 其中爲首人與率居
급 총제 김고시가물 관하인 갑산 경내 수다 거생 기중 위수인 여 솔거

內從仕可當人 將以敍用 備細錄名以聞."
내 종사 가당 인 장이 서용 비세 녹명 이문

平安道都巡問使報: '唐人至閭延等處 請逃軍小宋等.' 命尹向及
평안도 도순문사 보 당인 지 여연 등처 청 도군 소송 등 명 윤향 급

徐選等傳旨曰: "雖被倭虜唐人 逃來本國 隨卽入送. 儻小宋 逃入
서선 등 전지 왈 수 피 왜로 당인 도래 본국 수즉 입송 당 소송 도입

我疆 必當窮推解送 然未有聖旨 豈肯許爾入境? 可將此意移閭延郡
<small>아강 필당 궁추 해송 연미유 성지 기긍 허이 입경 가 장 차의 이 여연군</small>

卽作知郡守之言 懇懇說與唐人."
<small>즉 작 지군수 지언 간간 설 여 당인</small>

庚寅 江界巫女二人造妖言 罪應死 命減等施行. 上因曰: "讖僞
<small>경인 강계 무녀 이인 조 요언 죄 응사 명 감등 시행 상 인 왈 참위</small>

(讖緯)之書 予不信久矣. 王氏 李氏之間 有木子之言 有三角之南
<small>참위 지서 여 불신 구의 왕씨 이씨 지간 유 목자 지언 유 삼각 지남</small>

眼見三池之說 人皆信之. 鄭道傳 初曰: '人有閑事者 造言書出.'
<small>안견 삼지 지설 인개 신지 정도전 초 왈 인유 한사 자 조언 서출</small>

終乃信之 遂上受寶籙歌 河崙亦信之 予以爲 如此之事不可歌詠
<small>종내 신지 수상 수보록가 하륜 역 신지 여 이위 여차 지사 불가 가영</small>

德政 曾命改之. 宗社禍福長短 安有以此而知之? 曾命書雲觀 如此
<small>덕정 증명 개지 종사 화복 장단 안유 이차 이 지지 증명 서운관 여차</small>

妖書皆火之 予未知皆火之否." 乃命內官崔閑 問諸書雲觀 判事
<small>요서 개 화지 여 미지 개 화지 부 내 명 내관 최한 문저 서운관 판사</small>

崔德義進曰: "未知事由."
<small>최덕의 진왈 미지 사유</small>

六曹判書啓事畢皆出 左議政朴訔啓曰: "臣以私事 仰干天威是懼
<small>육조판서 계사 필 개출 좌의정 박은 계왈 신 이 사사 앙간 천위 시구</small>

然懷悶之情 不可不達. 欺罔罪 惟近臣爲之. 向者柳思訥爲知申事
<small>연 회민 지정 불가 부달 기망 죄 유 근신 위지 향자 유사눌 위 지신사</small>

黨附李叔蕃 欲奪臣祖上黃丹儒奴婢 無上敎而呼房掌元肅 問其
<small>당부 이숙번 욕탈 신 조상 황단유 노비 무 상교 이 호 방장 원숙 문기</small>

事由 又將臣之擊鼓申呈所志 不達于上 以蔽天聰. 且叔蕃語臣曰:
<small>사유 우 장 신지 격고 신정 소지 부달 우상 이폐 천총 차 숙번 어 신 왈</small>

'思訥承上旨云: "若兩邊和論 則中分與之可也."' 臣答曰: '奴婢宗派
<small>사눌 승 상지 운 약 양변 화론 즉 중분 여지 가야 신 답왈 노비 종파</small>

各異 不合中分."' 上曰: "此非予所言也." 訔出 趙末生等曰: "臣等
<small>각이 불합 중분 상왈 차 비여 소언 야 은 출 조말생 등 왈 신등</small>

掌出納之任 聞近臣欺罔之言 竦身惶懼 請問思訥欺罔之由." 上曰:
<small>장 출납 지임 문 근신 기망 지언 송신 황구 청문 사눌 기망 지유 상왈</small>

"叔蕃與思訥全盛之時 何不露此言乎?"
<small>숙번 여 사눌 전성 지시 하 불로 차언 호</small>

司憲掌令鄭欽之上疏曰:
<small>사헌 장령 정흠지 상소 왈</small>

'人臣之罪 莫大於不敬 不敬之實 莫甚於欺罔. 今慶尙道
<small>인신 지죄 막대 어 불경 불경 지실 막심 어 기망 금 경상도</small>

都觀察使柳思訥 前爲知申事 比附權緩 交結異類 以盜國用. 殿下
<small>도관찰사 유사눌 전위 지신사 비부 권완 교결 이류 이도 국용 전하</small>

特垂寬典 收其職牒 黜之于外 不閱歲而除爲牧宰 又未幾而除爲
監司. 臣等竊謂 監司專制一方 黜陟臧否 爲守令之標準也. 苟非
才行淸修者 何以鎭服衆心哉? 自古未有己不正而能正人者也.
伏望殿下 察思訥犯罪之由 罷其監司之命 以副輿望.'
　　上曰: "爾臺諫有公平正直之論 則予當聽納 若前朝之季觀望
左右而爲之 則予當知之. 前朝之季事 予悉知之 然後以至今日 爾
其審之." 欽之對曰: "臣等妄生意議 觀望左右 則當受不測之罪.
思訥曾以詐傳王旨受罪 何謂思訥無欺罔之罪? 臣等以謂 若一邑
則可 監司一方統察 不可輕授." 上曰: "人君有納汚之德 且思訥赴
慶尙道 復盜何物? 思訥則當授以京職 其他廉正者惟爾薦之." 欽之
曰: "用人 君上之事 非臣等所擅. 臣等職在言官 不敢緘默." 上遂不
覽疏. 旣已白思訥欺罔之事 而憲府之狀適至 故有觀望左右之敎.
　　辛卯 御便殿視事. 上御便殿 進代言及三省行首 問前等三省決絶
黃丹儒子孫相訟奴婢事. 六曹皆出 旣極言三省非己之非.
　　以朴習爲慶尙道都觀察使.
　　壬辰 命代言徐選 洪汝方 李明德 韓承顔 各歸其家. 初以旣上書
命三省更辨之 三省亦依前決屬公. 是日 旣又上書 陳其不可 上示
代言等曰: "各言是非." 徐選 洪汝方 李明德 韓承顔等啓曰: "屬公
奴婢 毋得爭望 已曾受敎 法不可輕改 不宜接狀更推." 請依三省之
決 而不啓其奴婢根脚是非. 趙末生啓曰: "見此上書則其爲黃丹儒

之奴婢明矣. 然教旨相違與否 宜下六曹 更悉明辨."
지 노비 명의 연 교지 상위 여부 의하 육조 갱실 명변

上曰: "末生之言則依違而已 選等四人之言則皆非予之所問也.
상왈 말생 지언 즉의위 이이 선등 사인 지언 즉개 비여 지소문 야

選等何不言是非 而只曰違教旨不可接狀乎? 人君若知臣下欺君之
선 등하 불언 시비 이지왈위 교지 불가 접장 호 인군 약지 신하 기군 지

罪 亦可拘於教旨乎? 選等亦何欺予哉?" 乃有是命. 四人既出 尋卽
죄 역가 구어 교지 호 선등 역하 기여 재 내유 시명 사인 기출 심즉

使人傳旨曰: "路上勿騎馬 宜徒行."
사인 전지 왈 노상 물 기마 의 도행

癸巳 下甲午年刑曹 臺諫員及今刑曹 臺諫員于義禁府. 召
계사 하 갑오년 형조 대간 원급금 형조 대간 원우 의금부 소

六曹判書 義禁府提調曰: "予自幼不經決事之官 故不知臧獲之是非
육조판서 의금부 제조 왈 여 자유 불경 결사 지관 고 부지 장획 지 시비

而享國已十有七年矣. 有司以臧獲之事啓之 則予以謂 各有任之
이 향국 이십유 칠년 의 유사 이 장획 지사 계지 즉여 이위 각유 임지

者 必當於理 徒唯唯耳. 前日 嘗訴冤於予 予實不肯焉. 徐察之然後
자 필당 어리 도유유 이 전일 은 소원 어여 여실 불긍 언 서 찰지 연후

曉然知其是非也. 黃丹儒子孫 乃朴訔 朴子青 趙瑗也; 朴松庇子孫
효연 지기 시비야 황단유 자손 내 박은 박자청 조원 야 박송비 자손

乃鄭擢 李叔蕃 李來也. 睦進恭 元肅等爲甲午辨正都監員吏 決
내 정탁 이숙번 이래 야 목진공 원숙 등위 갑오 변정도감 원리 결

此訟 是丹儒而非松庇. 擢輩揚言此奴婢屬公 近臣亦曰可 予以爲然
차송 시 단유 이비 송비 탁배 양언 차 노비 속공 근신 역왈가 여 이위 연

屬公. 嘗訴曰: '屬公非也.' 命三省辨之 三省靡然從叔蕃之言 稱爲
속공 은 소왈 속공 비야 명 삼성 변지 삼성 미연 종 숙번 지언 칭위

辛丑年前事屬公. 嘗今又上書 陳昔日三省之非 乃命三省辨之 亦從
신축년 전사 속공 은 금우 상서 진 석일 삼성 지비 내명 삼성 변지 역종

前等之決. 以今日君臣共治之時 有如此朋比欺罔之風 其可乎? 其
전등 지결 이 금일 군신 공치 지시 유 여차 붕비 기망 지풍 기 가호 기

悉鞫問之. 若臧獲之是非 則勿幷問之. 予意已決矣."
실 국문 지 약 장획 지 시비 즉물 병문지 여의 이결 의

上之所謂近臣亦曰可者 擢旣不勝 乃申呈單子曰: "願以此奴婢
상 지 소위 근신 역왈 가자 탁기 불승 내 신정 단자 왈 원 이차 노비

屬公." 上下其書承政院 問屬公當否 柳思訥聽叔蕃之請 啓曰:
속공 상 하 기서 승정원 문 속공 당부 유사눌 청 숙번 지청 계왈

可故也. 乃下旨義禁府曰: "今刑曹 臺諫黃丹儒 朴松庇子孫等
가 고야 내 하지 의금부 왈 금 형조 대간 황단유 박송비 자손 등

相訟奴婢分揀啓本 與朴訔上書憑考 去甲午年 此奴婢分揀 刑曹
상송 노비 분간 계본 여 박은 상서 빙고 거 갑오년 차 노비 분간 형조

臺諫官員 冒弄啓聞事意 備細推考以聞. 今刑曹 臺諫員等又言:

'乙未年二月分下六曹所志內 以兩邊不當屬公奴婢 更不擧論事

已有敎旨.' 然黃丹儒子孫 甲午年十二月限內 擊鼓申呈 其所志未

啓下六曹 是不可以已分下六曹所志竝論也. 其未分下辭緣 不卽

取旨 輒還屬公. 且甲午年刑曹 臺諫官員等欺罔之罪 擅自虛論啓聞

事意 幷推以聞."

乃下甲午年刑曹參議尹臨 佐郎宋命山 朴融 今參議吳湜 正郎

宋箕 許恒 佐郎楊脩 金連枝 司憲 執義李敢 持平洪陶 陳仲誠

司諫崔洵 正言安止 鄭之澹等于義禁府 命兵曹判書尹向及趙末生

至義禁府鞫問之. 末生啓曰: "臣之同母兄驪興府使惟中 同狀於

松庇子孫等 故有相避 不可聽此獄." 上曰: "今此問事 固不干於

奴婢之決 乃問前後三省欺罔之罪也. 且雖有相避 汝承予命 豈可

容私? 其往聽之." 又命義禁府 拿知隨川郡事金熙 羅州敎授官李椒

知珍山郡事柳善 前獻納 鄭坤以來. 熙 椒 甲午年刑曹正郎 善 掌令

坤獻納也.

命自今代言奉命往義禁府 與提調及刑曹臺諫交坐 坐于西壁.

乙未 太白晝見.

命囚前判洪州牧事柳思訥 刑曹參判申商 右獻納裵閏于義禁府.

以朴訔上書 有申商 裵閏等成風朋比 羅織臣罪之言故也.

召朴訔 鄭擢 使各陳相訟是非 二人皆自以爲是 上曰: "宜各

自服." 二人皆不肯.
자복 이인 개 불긍

義禁府提調朴信啓: "甲午年刑曹參議尹臨 佐郞宋命山不伏其罪
의금부 제조 박신 계 갑오년 형조참의 윤림 좌랑 송명산 불복 기죄

請刑問." 上曰: "予非分揀奴婢也. 前後三省欺我之罪 鞫問而已."
청 형문 상왈 여비 분간 노비 야 전후 삼성 기아 지죄 국문 이이

增置承文院參外官. 禮曹啓曰: "本院 吏文預習製述事 事大文書
증치 승문원 참외관 예조 계왈 본원 이문 예습 제술 사 사대문서

等事匪輕. 今以新及第十人 依三館例 稱權知副正字 口傳施行.
등사 비경 금이 신급제 십인 의 삼관 례 칭 권지부정자 구전 시행

在前參外祿官 唯從七品二 正八品二而已. 中軍副司正五十五 左
재전 참외 녹관 유 종칠품 이 정팔품 이이이 중군 부사정 오십오 좌

右軍副司正 各五十四內 各除一 於本院加設正從九品各二. 在前
우군 부사정 각 오십사 내 각제일 어 본원 가설 정종구품 각이 재전

從七品正字改正七品博士; 正八品副正字 改著作郞. 其加設正九品
종칠품 정자 개 정칠품 박사 정팔품 부정자 개 저작랑 기 가설 정구품

二 從九品二 以正字副正字稱號."
이 종구품 이 이 정자 부정자 칭호

從之.
종지

命司憲府 勿推李儇 李伯臣. 儇與伯臣 亂臣居易之子 擅入京中
명 사헌부 물추 이현 이백신 현여 백신 난신 거이 지자 천입 경중

憲司推之 故有是命.
헌사 추지 고유 시명

日本菊池殿使送人參朝衙禮 仍告還.
일본 국지전 사송인 참 조아례 잉 고환

丙申 有星晝見.
병신 유성 주현

命前後臺諫 刑曹員 皆贖杖八十 職牒收取 唯金連枝以元從功臣
명 전후 대간 형조 원 개 속장 팔십 직첩 수취 유 김연지 이 원종공신

之子 但罷其職 申商 柳思訥勿論.
지자 단 파 기직 신상 유사눌 물론

宴任添年 李茂昌 崔得罪 宋希璟等于便殿. 添年等以帝下輦北京
연 임첨년 이무창 최득비 송희경 등우 편전 첨년 등이 제 하련 북경

入朝起居 上以皇親餞之也. 希璟 鄭允厚之壻也. 賜添年等四人馬
입조 기거 상이 황친 전지 야 희경 정윤후 지서 야 사 첨년 등 사인 마

各一匹.
각일 필

賜成均館酒百瓶. 上於餞添年之宴見畫鍾 問趙末生曰: "成均館
사 성균관 주 백병 상어 전 첨년 지연 견 화종 문 조말생 왈 성균관

398

古有畫鍾 今猶在乎? 其鍾之受酒幾何?” 末生對曰: “至今存焉
고유 화종 금유재호 기종 지 수주 기하 말생 대왈 지금 존언

容酒一沙鉢許.” 上曰: “成均儒生能用其鍾乎?” 末生對曰: “自憲府
용주 일 사발 허 상왈 성균 유생 능용 기종 호 말생 대왈 자 헌부

請罷 初赴擧儒生捧布以來 無酒債 不能用矣.” 乃令賜酒百瓶 獐鹿
청파 초 부거 유생 봉포 이래 무 주채 불능 용의 내 영 사주 백병 장록

幷十口 雜魚三百尾.
병 십구 잡어 삼백 미

賜吉昌君權跬藥酒 乾鹿 全鮑.
사 길창군 권규 약주 건록 전포

下義禁府提調朴信 鄭易 委官尹向及徐選 洪汝方 李明德 韓承顏
하 의금부 제조 박신 정역 위관 윤향 급 서선 홍여방 이명덕 한승안

等于義禁府 命領議政柳廷顯 禮曹判書卞季良 同副代言河演
등 우 의금부 명 영의정 유정현 예조판서 변계량 동부대언 하연

兵曹參議禹均雜治之. 又下鎭撫李陟 知事鄭宗誠 都事金安卿 楊秩
병조참의 우균 잡치 지 우 하 진무 이척 지사 정종성 도사 김안경 양질

等于獄. 吏曹正郎禹承範 戶曹正郎徐勣 工曹正郎朴信生 亦與雜治
등 우옥 이조정랑 우승범 호조정랑 서적 공조정랑 박신생 역 여 잡치

之列.
지 열

初 朴松庇子孫鄭擢等訴於甲午年辨正都監曰: “黃丹儒子孫朴誾
초 박송비 자손 정탁 등 소어 갑오년 변정도감 왈 황단유 자손 박은

據執我奴婢.” 及都監推之 果非據執 故仍舊給誾等 擢等申訴云:
거집 아 노비 급 도감 추지 과 비 거집 고 잉구 급은 등 탁등 신소 운

“都監誤決.” 命下三省辨之 三省聽理屬公. 誾等訴曰: “辨正接狀之
도감 오결 명하 삼성 변지 삼성 청리 속공 은 등 소왈 변정 접장 지

法 祖父母父母奴婢合執 決後仍執 他人奴婢據執而已. 今我奴婢
법 조부모 부모 노비 합집 결후 잉집 타인 노비 거집 이이 금 아 노비

非上項三件之例 乃四度訴良 以吾所有賤籍 從賤奴婢也. 辨正都監
비 상항 삼건 지 례 내 사도 소량 이 오 소유 천적 종천 노비 야 변정도감

因鄭擢 李叔蕃等請託 接狀不公.”
인 정탁 이숙번 등 청탁 접장 불공

上令義禁府分揀辨正都監接狀是非以聞 提調朴信 鄭易 委官
상 령 의금부 분간 변정도감 접장 시비 이문 제조 박신 정역 위관

尹向等皆以爲: “黃丹儒子孫 據執他人奴婢 乃以辨正接狀爲是而
윤향 등 개 이위 황단유 자손 거집 타인 노비 내 이 변정 접장 위시 이

論啓.” 信又曰: “大抵奴婢以濫執 仍執爲辛丑年定限 朴松庇子孫
논계 신 우왈 대저 노비 이 남집 잉집 위 신축년 정한 박송비 자손

亦以濫執呈 而且朴誾乃黃丹儒之六寸弟李之誠之曾孫 於丹儒爲
역 이 남집 정 이차 박은 내 황단유 지 육촌 제 이지성 지 증손 어 단유 위

孫外 故臣等以爲他人奴婢濫執."
손외 고 신등 이위 타인 노비 남집

上令朝啓宰相及趙末生 河演等議得: "朴訔傳持決立案三道 非
상 령 조계 재상 급 조말생 하연 등 의득 박은 전지 결 입안 삼도 비

本文 皆傳準賤籍 然有三度得決 豈以無根他人奴婢據執之例論
본문 개 전 준 천적 연 유 삼도 특결 기 이 무근 타인 노비 거집 지 례 논

乎?" 以此啓聞 上怒信等曰: "予意亦以爲 據執他人奴婢者 無干連
호 이차 계문 상 노 신등 왈 여의 역 이위 거집 타인 노비 자 무 간련

他人奴婢據執之謂也. 丹儒子孫 盧實間四度從賤有官決 何以曰
타인 노비 거집 지위 야 단유 자손 허실 간 사도 종천 유 관결 하이 왈

據執 復欺我哉? 君臣之間 安有如此之理乎? 予欲國無政刑之失
거집 부 기아 재 군신 지간 안유 여차 지리 호 여욕 국무 정형 지실

今欺我如此 卿等以予爲食粟之君乎? 欺君之罪 卿等亦未免也. 且
금 기아 여차 경등 이여 위 식속 지군 호 기군 지죄 경등 역 미면 야 차

公事欲其平公兩邊 勝負在於公耳. 何獨歸罪於訔乎? 且代言職掌
공사 욕 기 평공 양변 승부 재어 공이 하독 귀죄 어은 호 차 대언 직장

出納 人君過失 靡不規諫 必擇識理之人 以置左右. 今之三省 不
출납 인군 과실 미불 규간 필택 식리 지인 이치 좌우 금지 삼성 불

申請甲午年三省欺罔之罪與兩邊不當屬公辭緣 下問之際 選等反
신청 갑오년 삼성 기망 지죄 여 양변 부당 속공 사연 하문 지제 선등 반

以今之三省爲是 朦朧啓達. 欺君之罪 皆推鞫以聞 如有不直之
이 금지 삼성 위시 몽롱 계달 기군 지죄 개 추국 이문 여유 부직 지

辭 加刑以推." 末生 以異議免囚. 時 吏戶工諸曹無堂上 故以郎廳
사 가형 이추 말생 이 이의 면수 시 이호공 제조 무 당상 고이 낭청

禹承範等參問焉.
우승범 등 참문 언

下李椒 鄭坤 金熙等于義禁府.
하 이초 정곤 김희 등 우 의금부

柳廷顯等啓: "朴信等皆曰: '臣等不及知三省欺君之實 誠有罪矣.
유정현 등계 박신 등 개 왈 신등 불급 지 삼성 기군 지실 성 유죄 의

然臣等不至於欺君也.'" 上曰: "何不鞫問欺君之實乎? 是指鹿爲馬
연 신등 부지 어 기군 야 상 왈 하불 국문 기군 지실 호 시 지록위마

也." 上意以爲 前等尹臨等從叔蕃之威勢 又吳湜等亦踵其風. 今 信
야 상의 이위 전등 윤림 등 종 숙번 지 위세 우 오식 등 역 종 기풍 금 신

等又不置於法 在朝之臣靡然從叔蕃之輩 而朴訔獨見排斥也.
등 우 불치 어법 재조 지신 미연 종 숙번 지배 이 박은 독견 배척 야

賜前都摠制辛有定米十石.
사 전 도총제 신유정 미 십석

命左議政朴訔就職. 司憲掌令鄭欽之劾請曰: "朝啓廳 大臣論道
명 좌의정 박은 취직 사헌 장령 정흠지 핵청 왈 조계청 대신 논도

之處 朴訔以首相 不言國家大務 屢陳私事 殊失大臣之體." 是以訔
지 처 박은 이 수상 불언 국가 대무 누진 사사 수실 대신 지체 시이 은

在家不仕 至是命出仕. 欽之未幾罷.
재가 불사 지시 명 출사 흠지 미기 파

庚子 以金漢老爲兵曹判書 沈溫吏曹判書 孟思誠戶曹判書
경자 이 김한로 위 병조판서 심온 이조판서 맹사성 호조판서

金汝知工曹判書 鄭矩議政府贊成 延嗣宗 成發道議政府參贊
김여지 공조판서 정구 의정부 찬성 연사종 성발도 의정부참찬

尹思永左代言 金孝孫左副代言 元肅右副代言 崔府同副代言 李賀
윤사영 좌대언 김효손 좌부대언 원숙 우부대언 최부 동부대언 이하

司憲掌令. 思永自安東 孝孫自原平 肅自楊根 府自光州被召. 上曰:
사헌 장령 사영 자 안동 효손 자 원평 숙 자 양근 부 자 광주 피소 상왈

"代言職掌出納 近在左右之臣 非他官比也. 今後在外除授者 宜令
대언 직장 출납 근재 좌우 지신 비타관 비야 금후 재외 제수 자 의령

乘馹赴京." 前此 以外官除京職者 皆給馬赴京 近以驛路凋弊竝禁
승일 부경 전차 이 외관 제 경직 자 개 급마 부경 근이 역로 조폐 병금

故有是命.
고유 시명

李賀 朴訔進士同年也. 賀常使妻備酒肉 進退於訔家.
이하 박은 진사 동년 야 하 상 사 처 비 주육 진퇴 어 은 가

命釋徐選 洪汝方 李明德 韓承顔 又釋李陟 楊秩 鄭宗誠 金安卿
명석 서선 홍여방 이명덕 한승안 우 석 이척 양질 정종성 김안경

等 且命朴信 鄭易 尹向等罪 照律以聞. 是日 柳廷顯等齋信 選等
등 차명 박신 정역 윤향 등 죄 조율 이문 시일 유정현 등 재신 선등

鞫問之狀以進 上問: "按問畢乎?" 河演對曰: "信等唯曰誤錯入傳
국문 지장 이진 상문 안문 필호 하연 대왈 신등 유왈 오착 입전

不言元情." 卞季良謂演曰: "最是元情 今未見推於問事何如?" 上
불언 원정 변계량 위 연 왈 최시 원정 금미 견추 어 문사 하여 상

曰: "季良識理人也 故有如此說話." 又命曰: "選等有不直之辭 然
왈 계량 식리 인 야 고유 여차 설화 우 명왈 선등 유 부직 지사 연

皆釋之." 遂傳敎選等曰: "代言須擇良家子弟 以置左右 要其規諫[26]
개 석지 수 전교 선 등 왈 대언 수 택 양가자제 이치 좌우 요기 규간

過失 以補君德. 今爾等當予垂問之日 不直以達 當更推鞫 處之
과실 이보 군덕 금이등 당 여 수문 지일 부직 이달 당 갱 추국 처지

以律 然各言其志耳 姑宥之. 各歸汝家 紬繹深思 則反有恥焉." 又
이율 연 각 언 기지 이 고 유지 각 귀 여가 주역 심사 즉 반 유치 언 우

---

26 원문에는 '규간(糾諫)'으로 돼 있는데, '규간(規諫)'의 잘못이다.

謂廷顯曰: "此問事得其情 而無有未盡處乎? 信等服罪 不能擧頭
위 정현 왈 차 문사 득 기정 이 무유 미진 처호 신등 복죄 불능 거두

乎?" 廷顯對曰: "信言: '曹瑗 朴子靑 亦黃丹儒七八代孫 皆無傳係.'
호 정현 대왈 신언 조원 박자청 역 황단유 칠팔 대손 개무 전계

臣叱曰: '雖無傳係 其祖上奴婢 傳子孫而使之例也. 又我等今奉命
신질왈 수무 전계 기 조상 노비 전 자손 이 사지 례야 우 아등 금 봉명

非爲推辨奴婢事也.' 不取其辭 是若有未盡處 然事事皆伏罪. 非獨
비위 추변 노비 사야 불취 기사 시약유 미진 처 연 사사 개 복죄 비독

信 人人皆知其罪."
신 인인 개 지 기죄

季良曰: "信等之意 若窮推甲午年三省 則必蒙重罪 故不爲鞫問.
계량왈 신등지의 약 궁추 갑오년 삼성 즉 필몽 중죄 고 불위 국문

其情已著 臣等不取其辭." 上曰: "卞判書之言 予志也. 然領議政
기정 이저 신등 불취 기사 상왈 변 판서 지언 여지 야 연 영의정

爲首 按問其罪 國人皆知信等之非." 義禁府按信等以奉事詐不以
위수 안문 기죄 국인 개지 신등지비 의금부 안 신등 이 봉사 사 불이

實之律 應杖一百 曰: "信 陟 太祖元從功臣 易 予之元從. 然其罪狀
실지율 응장 일백 왈 신 척 태조 원종공신 역 여지 원종 연 기 죄상

甚可憎 何以處之?" 廷顯等曰: "其錄券所載有曰宥及後世. 近日
심 가증 하이 처지 정현 등왈 기 녹권 소재 유왈 유급 후세 근일

金連枝 以其父爲殿下之元從功臣 罷職而已 況當其身乎? 若罪在
김연지 이 기부 위 전하 지 원종공신 파직 이이 황당 기신 호 약 죄재

不測 雖三功臣不免 況元從乎? 此罪宥之可也." 上曰: "此輩恃功臣
불측 수 삼공신 불면 황 원종 호 차죄 유지 가야 상왈 차배 시 공신

而犯罪如此 然宥及後世 不可負言. 若尹向 楊秩等 雖非功臣 信
이 범죄 여차 연 유급 후세 불가 부언 약 윤향 양질 등 수비 공신 신

以凶暴罪魁 猶不坐罪 宜幷宥之." 廷顯等曰: "功臣可免 非功臣亦
이 흉포 죄괴 유불 좌죄 의병 유지 정현 등왈 공신 가면 비공신 역

免不可." 上曰: "予柄一國之與奪 凶暴之信 旣不與罪 其他豈可罪
면 불가 상왈 여병 일국지여탈 흉포 지신 기불 여죄 기타 기가 죄

乎?" 遂釋陟 秩 宗誠 安卿.
호 수 석 척 질 종성 안경

廷顯曰: "信等言甲午三省不窮推之事 非獨臣等 金漸 田興
정현 왈 신등 언 갑오 삼성 불 궁추 지사 비독 신등 김점 전흥

趙末生等亦與焉." 上曰: "予聞之 信 易 向等同一議 漸 興 末生
조말생 등 역 여언 상왈 여 문지 신 역 향등 동일 의 점 흥 말생

同一議 大詰宮庭. 信等固執其議 漸等實無與於信等." 末生聞之
동일 의 대힐 궁정 신등 고집 기의 점등 실무 여어 신등 말생 문지

啓曰: "信言及小臣 請與信等發明 以別嫌疑." 上曰: "汝不從信議
계왈 신 언급 소신 청여 신등 발명 이별 혐의 상왈 여 부종 신의

402

人皆知之 何有嫌焉?"
_{인개 지지 하유 혐언}

命釋朴信 鄭易 尹向 還給吳湜職牒. 及收贖 湜以濟州牧使見代
_{명석 박신 정역 윤향 환급 오식 직첩 급 수속 식 이 제주목사 견대}

來京未久 不識敎旨 故有是命. 命義禁府 金熙 鄭坤 李椒等罪 依
_{내경 미구 불식 교지 고유 시명 명 의금부 김희 정곤 이초 등죄 의}

尹臨 命山之例收告身 贖杖八十施行. 掌令全直請將徐選 汝方 明德
_{윤림 명산 지례 수고신 속장 팔십 시행 장령 전직 청장 서선 여방 명덕}

承顔置之於法 上曰: "選等非有大過 以近臣而罷職亦足矣. 君之
_{승안 치지 어법 상왈 선등 비유 대과 이 근신 이 파직 역족의 군지}

養臣 猶之養子. 父之於 自少而壯 養之非一日. 君之於臣 待之亦非
_{양신 유지 양자 부지어 자소 이장 양지 비일일 군 지어 신 대지 역비}

一日 豈忍有罪而遽棄之乎? 且朴信 鄭易皆元從功臣 至於子孫皆
_{일일 기인 유죄 이거 기지호 차 박신 정역 개 원종공신 지어 자손 개}

宥 況其身乎? 旣不罪信 易而獨罪向 於予心安乎? 夫向 自執義而
_{유 황기신호 기 부죄 신 역이독죄향 어 여심 안호 부향 자집의 이}

代言 自代言而宰相 試之非一任; 待之非一朝 予知向從信而然也
_{대언 자대언 이재상 시지 비일임 대지 비일조 여지향 종신 이 연야}

是皆信之罪也. 雖不罪信 信退思於家 獨不內愧乎?" 下旨刑曹
_{시개 신지죄야 수 부죄 신 신퇴사 어가 독불 내괴호 하지 형조}

都官曰: "黃丹儒 朴松庇子孫相爭奴婢 依甲午辨正都監所決 還給
_{도관 왈 황단유 박송비 자손 상쟁 노비 의 갑오 변정도감 소결 환급}

黃丹儒子孫朴嘗等." 命戶曹曰: "尹向 徐選 李明德 韓承顔科田
_{황단유 자손 박은 등 명 호조 왈 윤향 서선 이명덕 한승안 과전}

毋給他人 假屬軍資. 自今犯杖罪人等田地 進告承政院 然後區處."
_{무급 타인 가속 군자 자금 범 장죄 인등 전지 진고 승정원 연후 구처}

禮曹判書卞季良請分遣成均校書 承文院權知于郡縣 訓誨生徒
_{예조판서 변계량 청 분견 성균 교서 승문원 권지 우 군현 훈회 생도}

啓曰: "三館權知之數五十餘人 其父母妻子 在外者居多. 特令分遣
_{계왈 삼관 권지 지수 오십 여인 기 부모 처자 재외자 거다 특령 분견}

父母居處附近郡縣 訓誨生徒 以效古者庠序之制 以廣殿下右文之
_{부모 거처 부근 군현 훈회 생도 이효 고자 상서 지제 이광 전하 우문 지}

化 以遂五十餘人覲省俯育之恩. 其素居京者 宜遣圻甸郡縣 及其
_{화 이수 오십 여인 근성부육 지은 기 소 거경자 의견 기전 군현 급기}

考滿 以其本館所薦 隨例遷轉 如續六典例." 從之 惟承文院以肄習
_{고만 이기 본관 소천 수례 천전 여 속육전 예 종지 유 승문원 이 이습}

吏文不遣.
_{이문 불견}

命繕工監改營明通寺 仍給奴婢幷十口 五部盲人所會處也.
_{명 선공감 개영 명통사 잉급 노비 병 십구 오부 맹인 소회 처야}

甲辰 命學堂供億 令豐儲倉支給. 禮曹判書卞季良啓: "五部子弟
갑진 명 학당 공억 영 풍저창 지급 예조판서 변계량 계 오부 자제

皆會學堂 其所供億 用養賢庫米穀 若居館生員多 則養賢庫米穀 猶
개 회 학당 기 소공억 용 양현고 미곡 약 거관 생원 다 즉 양현고 미곡 유

爲不足. 請於學堂 別給田地 以資供億." 上曰: "田地隨歲有損實."
위 부족 청 어 학당 별급 전지 이자 공억 상 왈 전지 수세 유 손실

遂令豐儲倉每月支給.
수 령 풍저창 매월 지급

乙巳 司憲府劾請知安城郡事庾順道之罪. 初 安城鄕吏以
을사 사헌부 핵청 지안성군사 유순도 지죄 초 안성 향리 이

三丁一子 受前官陳省 爲憲府書吏. 順道欲還定鄕役 當其父推督之
삼정일자 수 전관 진성 위 헌부 서리 순도 욕 환정 향역 당 기부 추독지

父曰: "此不孝子也." 順道令父呈不孝狀 報于監司. 監司鞫之 吏
부왈 차 불효자 야 순도 영 부정 불효장 보우 감사 감사 국지 이

告曰: "父以官員敎誘呈狀 實無不孝之事." 於是 憲府劾請曰: "順道
고왈 부 이 관원 교유 정장 실무 불효 지사 어시 헌부 핵청 왈 순도

不敎民孝悌 欲使父子相夷 非守令子民之義 鞫問情由 以正其罪."
불 교민 효제 욕사 부자 상이 비 수령 자민 지의 국문 정유 이정 기죄

上曰: "此吏新舊交代間 逃出從仕 順道欲還其役 以爲安城之利耳
상왈 차리 신구 교대 간 도출 종사 순도 욕 환 기역 이위 안성 지리 이

豈有意於其間哉?"
기유 의어 기간 재

命選童火者十餘名.
명선 동화자 십여 명

丙午 上奉迎上王于廣延樓 置酒投壺 世子宗親侍宴. 上曰: "吾爲
병오 상 봉영 상왕 우 광연루 치주 투호 세자 종친 시연 상왈 오위

上王揷花 諸君毋得揷花." 以李宏之死未久也.
상왕 삽화 제군 무득 삽화 이 이굉 지사 미구 야

奏聞使元閔生回自北京啓曰: "皇帝問採女顏色之美 賞賜甚厚 乃
주문사 원민생 회자 북경 계왈 황제 문 채녀 안색 지미 상사 심후 내

使宦者黃儼 海壽等來逆女."
사 환자 황엄 해수 등 내 역녀

戊申 內官洪路罵僉摠制許權 上知之 命承政院照律以聞.
무신 내관 홍로 매 첨총제 허권 상 지지 명 승정원 조율 이문

賜肉于河久. 河崙妻李氏謂醫員楊弘達曰: "子久 因父之喪 氣弱
사육 우 하구 하륜 처 이씨 위 의원 양홍달 왈 자구 인 부지상 기약

病劇 口若不思食 予勸以食肉 久不肯從. 汝其啓於上前 令久食肉."
병극 구약 불사 식 여권 이 식육 구 불긍 종 여기 계어 상전 영구 식육

弘達來啓曰: "久母之言如此 臣診視之 齋蔬餘喘 病深難療也." 上
홍달 내 계왈 구 모지언 여차 신 진시 지 재소 여천 병심 난료 야 상

404

卽命內官金龍奇 賜肉于久曰: "汝豈無過庭之訓乎? 必達經權之道
矣. 喪不食肉 雖曰孝子 與其毀瘠而夭 豈若身其康强 以承祭祀乎?
此乃孝之大者也."

庚戌 太白晝見.

上御便殿 見黃氏及韓氏.

命備進獻別馬三十匹. 上謂兵曹參判李春生曰: "別馬各道推刷
其計晚矣. 於誕晨 正朝 預得所獻之馬 無有可用 況充貢天廏 豈
易得乎? 予旣擇內廏良馬二十餘匹 兵曹緩矣." 春生對曰: "日督
二品以上納馬 皆答以無有 纔所納馬 或老或瘠."

上曰: "宰相有馬則雖不給價 安有不納之理? 況一馬之價 直二馬
乎? 是實無也. 皇帝雖無賞賜而求處女 予何不從? 然每有使介 輒
有所賜. 又今兩殿皆有賞賜 又於權氏稱二妃 亦有賞賜. 帝眷若此
敢不誠心事大? 且今年無使介 須以良馬三十匹獻焉. 中國不擇馬
之老少 但以壯實而已 兵曹須卽廣求."

礪良君宋居信曰: "臣有一馬 實匿而不現. 今上敎至此 臣當
納之."

上曰: "在太祖時 高皇帝怒鄭道傳等表辭不恭 勅送長子 次子中
一人赴京 予非長且次 太祖遣予. 其時良馬不多 唯不用馬二十四匹
帶去 至遼野善馬死焉. 及至天庭 甚爲羸憊 副行南在 趙璞等憂慮
焉. 然帝優納之以謂: '如此險亂時 朝鮮王 豈送親子? 實是虛事.'

潛遣人伺予動止 然後乃知親子 中朝皆伏太祖事大之誠."
잠 견인 사 여 동지 연후 내지 친자 중조 개복 태조 사대 지성

工曹判書金汝知啓使臣迎接時 儺禮所入朱紅等物 上曰:"古者
공조판서 김여지 계 사신 영접 시 나례 소입 주홍 등물 상왈 고자

大臣苟察 猶爲不可 況人君乎? 如此之事 予實不知 然昔者見儺禮
대신 가찰 유위불가 황 인군 호 여차지사 여실 부지 연 석자 견 나례

所用彩色 皆用金銀 是甚無益也. 況金銀非我國所産 須除不緊之
소용 재색 개용 금은 시심 무익 야 황 금은 비 아국 소산 수제 불긴 지

費."
비

命閭延郡留戍軍丁三百名 分三番相代.
명 여연군 유수 군정 삼백 명 분 삼번 상대

御廣延樓置酒 仍觀投壺戲 世子宗親咸侍.
어 광연루 치주 잉관 투호 희 세자 종친 함시

辛亥 大風.
신해 대풍

九州探題右武衛源道鎭使人獻禮物 請還留居回回沙文.
구주탐제 우무위 원도진 사인 헌 예물 청환 유거 회회 사문

議給田. 上曰:"爲士者均勞於王事 而科田有全未受者 有受而
의 급전 상왈 위사자 균로 어 왕사 이 과전 유전 미수 자 유수 이

不多者. 向以犯罪人田地 皆令均受 今已均受否?" 戶曹判書孟思誠
부다 자 향이 범죄인 전지 개령 균수 금이 균수 부 호조판서 맹사성

啓曰:"告白于官者 皆已受之." 上曰:"無乃有未告于官者乎?" 思誠
계왈 고백 우관 자 개이 수지 상왈 무내 유미 고우 관자 호 사성

對曰:"臣亦未知矣." 上曰:"更考均給之."
대왈 신역 미지 의 상왈 갱고 균급 지

議臧獲之弊. 上曰:"我朝臧獲相訟之弊 非徒元隻有怨 抑亦結怨
의 장획 지폐 상왈 아조 장획 상송 지폐 비도 원척 유원 억역 결원

於決訟之吏. 爲吏者或泥於親舊之請托 枉法誤決 以致怨延於一國.
어 결송 지리 위리 자혹 이어 친구 지 청탁 왕법 오결 이치 원연 어 일국

予嘗謂 尹向累世閥閱之孫 立心公正. 曩也命向共推黃丹儒之奴婢
여 상위 윤향 누세 벌열 지손 입심 공정 낭야 명향 공추 황단유 지 노비

向曰: '朴信之子 吾之壻也. 雖無形迹之嫌 與信共推 則恐爲人藉口
향왈 박신 지자 오지 서야 수무 형적 지혐 여신 공추 즉공 위인 자구

也.' 予曰: '無傷矣 往哉聽理.' 然向先有私心 將何以正之? 風俗
야 여왈 무상 의 왕재 청리 연향 선유 사심 장 하이 정지 풍속

不淳 乃至於此. 若盡革私隷 則如此弊必除矣. 惟我太祖深知此弊
불순 내 지어 차 약진 혁 사예 즉 여차 폐필제 의 유 아태조 심지 차폐

欲革者久矣." 領議政柳廷顯曰:"東方故事 不可遽革."
욕혁 자구 의 영의정 유정현 왈 동방 고사 불가 거혁

406

立優待二品以上犯罪者之法. 下旨義禁府曰: "二品以上下獄時
입 우대 이품 이상 범죄자 지법 하지 의금부 왈 이품이상 하옥 시

未分罪之輕重 路中脫笠 誠爲未便. 帝事關社稷外犯罪者 毋得脫笠
미분 죄지 경중 노중 탈립 성위 미편 제 사관 사직 외 범죄자 무득 탈립

自退方拿來之時 勿令項鏁."
자 하방 나래 지시 물령 항쇄

禮曹判書卞季良請禁紅染衣. 啓曰: "上國使臣迎接之時 請禁之."
예조판서 변계량 청금 홍염 의 계왈 상국 사신 영접 지시 청 금지

上曰: "紅色非屬上 奈何禁之? 昔予卽位未久 坐於黃綾褥 卒政丞
상 왈 홍색 비 속상 내하 금지 석 여 즉위 미구 좌어 황릉 욕 졸 정승

李舒告曰: '坐褥色黃 宜速改之.' 予聞此言 不覺汗出 紅色則非黃之
이서 고왈 좌욕 색 황 의속 개지 여문 차언 불각 한출 홍색 즉 비 황 지

比也."
비 야

癸丑 朝廷內史黃儼 海壽至義州. 平安道都巡問使報: '黃 海 兩
계축 조정 내사 황엄 해수 지 의주 평안도 도순문사 보 황 해 양

天使以其遼東護送軍所持物色買賣遲緩之故憤怒 卽令節制使
천사 이기 요동 호송군 소지 물색 매매 지완 지고 분노 즉령 절제사

領軍前導 自率遼東軍官 畋于山野 駐馬于山下李元寶家 招判官
영군 전도 자솔 요동 군관 전우 산야 주마 우 산하 이원보 가 초 판관

曰: "前此民間牛馬 散在寨里 今不如古 必是藏隱也." 還館語牧使
왈 전차 민간 우마 산재 채리 금 불여 고 필시 장은 야 환관 어 목사

朴礎曰: "汝是秀才乎? 在前天使往來 守令無見辱. 今則不然 何
박초 왈 여시 수재 호 재전 천사 왕래 수령 무 견욕 금즉 불연 하

其買賣之遲緩乎? 吾之發行遲速 在於買賣畢否耳." 海壽扶通事
기 매매 지 지완 호 오지 발행 지속 재어 매매 필부 이 해수 질 통사

盧卜龍而怒 謂牧使曰: "前此護送軍買賣之時 牛馬爲先 至於雜物
노복룡 이 노 위 목사 왈 전차 호송군 매매 지시 우마 위선 지어 잡물

無不許賣也. 今牧使不顧前規而禁止 吾將白於殿下矣. 且牧使牓文
무불 허매 야 금 목사 불고 전규 이 금지 오장 백어 전하 의 차 목사 방문

內 只錄人蔘麤布許賣 而不及牛馬 誠爲不當 亦將白於殿下." 遂取
내 지 녹 인삼 추포 허매 이 불급 우마 성위 부당 역장 백어 전하 수 취

牓文而藏之. 礎乃告曰: "牛馬生産則火印成籍 非守令所得擅賣也."
방문 이 장지 초 내 고왈 우마 생산 즉 화인 성적 비 수령 소득 천매 야

據理以答 怒猶未解. 黃儼則雖不現說 下馬於寨里 令其步從人等
거리 이답 노 유 미해 황엄 즉 수 불현 설 하마 어 채리 영기 보종 인등

牛馬於夜巡等處而未得也.'
우마 어 야순 등처 이 미득 야

命元從功臣之田 身沒後永屬軍資 勿許科田折給 申敎旨也.
명 원종공신 지전 신몰 후 영속 군자 물허 과전 절급 신 교지 야

平安道肅川 中和等處 黃白黑蝗蟲害稼; 豐海道黃州地面 靑黃黑

蝗蟲害稼. 乃下旨戶曹曰: "平安 豐海兩道所報蝗蟲 令及時捕之.

若蝗蟲太多 人力未能盡捕則已矣 以人力所能事 各官守令若不

用心捕之 至於害稼則以王旨不從論."

大抵 承政院所製也. 今王旨內 未能所能四字 上親筆改之 傳旨

承政院曰: "壯元之才 何所用乎?" 時 知申事趙末生乙科第一人

故也. 且命平安道都巡問使黃喜捕蝗 仍曰: "無意於捕蝗 非大臣之

體."

태종 17년 정유년
7월

七月

갑인일(甲寅日) 초하루에 상이 경복궁(景福宮)에 가서 상왕(上王)을 받들어 맞이해서 경회루(慶會樓)에서 장수를 비는 술잔을 올리니, 세자와 여러 종친이 시연(侍宴)했다. 어가를 따른 대소 신료에게 술을 내려주었고 장사(壯士)를 뽑아 수박희(手搏戲-손으로 쳐서 승부를 내던 경기)를 구경하고 지극히 즐기다가 마쳤으니, 상왕의 탄신이었기 때문이다. 뜻을 전해 말했다.

"정조사(正朝使)의 근수(根隨) 중에서 장사하던 사람이 죄를 입은 연고를 내게 고하지 않고 상왕의 가전(駕前)에 호소했으니, 실상과 법에 따르면 죄주어야 한다. 그러나 오늘은 상왕의 탄신이니 특별히 상왕을 위해 이를 용서한다."

그 참에 관가에 몰수한 단필(段匹)을 돌려주라고 명했다.

을묘일(乙卯日-2일)에 경기(京畿) 가평현(加平縣)에 푸르고 붉고 검은 벌레가 곡식을 해쳤는데, 크기가 삼면잠(三眠蠶)과 같았다.

○ 권홍(權弘)을 판돈녕부사(判敦寧府事-돈녕부 판사), 김구덕(金九德)을 지돈녕부사(知敦寧府事), 이징(李澄)을 동지돈녕부사(同知敦寧府事), 유사눌(柳思訥)을 좌군동지총제(左軍同知摠制), 오진(吳眞)을 공안부윤(恭安府尹), 오식(吳湜)을 인녕부윤(仁寧府尹), 이추(李推)를 한성부윤(漢城府尹), 이흥(李興)을 개성유후사 부유후(開城留後副留後)

로 삼았다.

병진일(丙辰日-3일)에 평안도(平安道)에 크게 바람이 불고 비가 내렸다. 성천군(成川郡)에서 산이 무너진 것이 365곳이고, 압사(壓死)한 자가 여러 사람이었다. 영녕현(永寧縣)에는 산이 무너진 것이 28곳이었다.

정사일(丁巳日-4일)에 천추사(千秋使) 공조참판 신개(申槪)가 북경(北京)에서 돌아오면서 먼저 통사(通事)[1]를 보내 아뢰어 말했다.

"황태자(皇太子)가 남경(南京)에 있는데, 황제께서 남경은 길이 멀고 또 여름 장마를 만났다고 하여 예부(禮部)에 명해 전문(箋文)과 방물을 받아들이고 돌려보냈습니다."

그 참에 아뢰어 말했다.

"본조(本朝-조선)의 중 11명이 몰래 중국 경사(京師)에 이르렀는데, 황제가 명해 금릉(金陵-남경) 천주사(天住寺)로 보냈습니다. 예부상서(禮部尚書) 여진(呂震)이 신에게 본조의 관제작질(官制爵秩)과 중을 관할하는 관원과 승인(僧人)의 도첩(度牒)이 있고 없는 것에 관해 물었습니다."

○ (상중인) 청평군 이백강(李伯剛)을 일으켜 복직시켰다[起復].
기복

무오일(戊午日-5일)에 큰비가 내렸다,

---

1 이처럼 사신보다 먼저 가서 미리 아뢰는 통사를 선래통사(先來通事)라고 한다.

○ 각 도(道)로 하여금 전례에 따라 선수(膳羞)를 바치게 했다. 예조 (禮曹)에 명해 말했다. "사신이 장차 이를 것이니, 각 도로 하여금 수 류의 생산물을 연속해서 바치게 하고, 또 경기(京畿)로 하여금 사신 을 먹일 신선한 은구어(銀口魚)를 연속해서 바치게 하라."

상이 중국의 사신을 중하게 여겨 무릇 바치는 음식물을 극진히 생 각지 않는 것이 없었다.

○ 원주(原州) 각림사(覺林寺)의 중이 사곡(私穀) 200석을 근처 에 있는 제천(堤川) 창고의 쌀 100석과 바꿀 것을 청하니 이를 허락 했다. 승정원(承政院)에 뜻을 전해 말했다.

"각림사는 내가 젊었을 때 공부하며 놀던 땅이라 지금도 꿈속에 서 자주 찾아간다. 그래서 중수하고자 하는 것일 뿐 부처를 좋아해 서 하는 것은 아니다. 중들은 본래 성질이 지리(支離)하고 탐하는 마 음이 있으니, 간사승(幹事僧-일을 맡아보는 승려)으로 하여금 나를 빙 자해 범람한 일을 하지 못하게 하라."

그 뒤에 또 뜻을 전해 말했다.

"연안부(延安府)의 본궁(本宮) 곡식 200석을 그 부(府)의 창고에 들이고, 충청도(忠淸道) 제천(堤川) 고을의 창고 쌀 100석과 경원창 (慶源倉-충청도 충주 인근 창고)의 보리 20석을 각림사에 주라."

이는 대개 낙성(落成)한 법회(法會)의 밑천을 준 것이다.

○ 명해 2품 이상과 대언(代言)·대간(臺諫)을 외관(外官)부터 선소 (宣召)²할 때는 포마(鋪馬-역마)를 주라고 했다.

---

2 임금이 명령을 내려 대신(大臣)이나 장수(將帥)를 부르는 일을 말하는데, 이때는 오매패

기미일(己未日-6일)에 큰바람이 불었다.

○ 공조(工曹)에 명해 대가(大駕)의 위의(威儀)를 고쳐 모두 중국 [中朝]의 체제를 모방하라고 하고, 내섬 소윤(內贍少尹) 김타(金沱)와 병조(兵曹) 승여사(乘輿司)의 낭관(郎官)으로 하여금 감독해 만들게 했다.

○ 일본(日本) 일기주(一岐州)에서 사자를 보내 쌀을 청하고 원강주 (遠江州)에서 사자를 보내 『대반야경(大般若經)』을 청하면서 각각 도 산물을 바쳤다.

경신일(庚申日-7일)에 다시 햅쌀[稻米]을 종묘에 천신했다. 이에 앞 서 이미 찐[蒸] 햅쌀을 천신했는데, 상이 이를 알고서 볕에 말린 쌀 을 다시 천신하라고 명하고서 말했다.

"앞으로는 찐 햅쌀을 천신하지 말라."

○ 사헌부(司憲府)에서 도총제(都摠制) 이백온(李伯溫)의 죄를 청 했다. 하륜(河崙)의 첩이 지아비의 상복을 입어 아직 벗지 않았는 데, 백온(伯溫)이 억지로 아내로 삼고자 사람을 시켜 의복을 그 집에 보냈다. 첩의 아비가 헌사(憲司)에 호소하니, 헌사에서 사실을 조사 해 죄를 청했으나 상이 아무 말이 없다. 정부(政府)·육조(六曹)에서 정사를 아뢰기를 끝내고 물러가자 상이 대언(代言) 등에게 일러 말 했다.

"백온은 나의 종형제인데, 하는 짓이 나로 하여금 도리어 부끄럽게

─────────
(烏梅牌)를 사용했다.

하기에 내가 마침내 대답하지 않았다. 진산(晉山)은 사직(社稷)의 원훈(元勳)이고 백온은 종실의 지친이니, 상중이 아니라도 (아내로) 취(娶)할 수 없다. 비록 나의 지친이지만 내가 반드시 용서하지 않겠으니, 이에 (해당 조문을) 조율(照律)해 아뢰도록 하라."

○ 의정부(議政府)의 연향(宴享)에 창기(倡伎)의 의복을 검은빛을 쓰라고 명했는데, 상 앞의 정재(呈才)³에서는 붉은빛을 입기 때문이다.

신유일(辛酉日-8일)에 (경상도) 영일진 병마사(迎日鎭兵馬使) 박인길(朴寅吉)과 장기현감(長鬐縣監) 최이화(崔以和)가 왜적(倭賊) 3급(級)을 잡았다. 왜적 5인이 해안에 올라와 물을 긷는데 인길(寅吉) 등이 덮쳐서 잡았다[襲執].
습집

○ 병조(兵曹)에 명해 정의현감(旌義縣監) 이이(李貽)의 죄를 핵실했다[覈]. 지난 5월에 왜인 남녀 네 사람이 무기도 없이 작은 배를
핵
타고 와서 투항을 요청했는데, 이(貽)가 군사를 거느리고 쏘아서 죽였다. 사건을 아뢰니, 상이 노해 병조(兵曹)에 명해 말했다.

"비록 섬 오랑캐가 완악하고 어리석지만[頑嚚] 무기가 없이 이르렀
완은
으니 마땅히 사로잡아서 그 까닭을 물어야 하겠는데, 급히 다 죽였으니 어찌 그리 포학한가? 사실을 캐어물어서[推覈] 아뢰라."
추핵

○ 일기주 부만호(一岐州副萬戶) 사미도영(沙彌道英)에게 쌀과 콩 50석을 주었다.

3　대궐에서 잔치 때 하는 춤과 노래를 말한다.

도영(道英)이 도적 가운데 만호라고 자칭해 우리 변경을 도둑질한 것이 여러 번이었다. (그런데) 지금 사람을 보내 쌀을 주도록 고해오자, 조정 신하들이 모두 들어주려 하지 않았다. 상이 말했다.

"저들이 비록 공손하지 못하기는 하나, 만일 그 하고자 하는 바를 들어주지 않으면 저들은 반드시 나에 대해 인색하다[吝]고 할 것이다."

○ 예조판서(禮曹判書) 변계량(卞季良)과 대언(代言) 등에게 면포(綿布)·마포(麻布)를 내려주었다. 변계량에게는 면포 2필, 마포 2필을, 지신사(知申事) 조말생(趙末生)과 대언 윤사영(尹思永)·하연(河演)·김효손(金孝孫)·원숙(元肅)·최부(崔府) 등에게는 각각 마포 2필, 면포 1필을, 주서(注書) 구강(具綱), 이수령(李守領)에게는 각각 면포 1필을 주고, 내속고치(內速古赤)[4]로서 근시하는 자에게도 모두 주었다. 그 참에 말했다.

"근신(近臣)이 사신을 영접할 때 의복은 마땅히 정밀하고 가는 것을 입어야 한다. 변판서는 가난한 선비이고 또 일이 많은 때 부지런히 하니, 마땅히 특별히 주어야 한다."

○ 병조(兵曹)에서 전라도 도관찰사(全羅道都觀察使)의 첩보(牒報)에 의거해 제주(濟州) 사람을 구처(區處-조치)하는 사의(事宜)를 올렸다.

"제주의 각사(各司) 노비와 군정(軍丁-군졸) 등이 장삿배를 통해 도망쳐 육지로 나옵니다. 이제부터 서울 안 사람은 한성부(漢城府)에

---

4 대궐의 각 전(殿)에서 잔심부름을 하는 관원이다. 몽골어의 시구르치(Sigurchi)에서 나온 말로, 내외(內外)의 직(職)이 있었다.

서, 외방 사람은 거주지의 고을에서 행장(行狀)⁵을 만들어주게 하되 위법하는 자는 논죄하고, 제주 사람 중에서 본주(本州)의 행장(行狀)이 없는 자도 논죄해 모두 본토로 돌려보내소서. 또 왜적(倭賊)이 추자도(楸子島)에 숨어 정박해서[隱泊] 여러 섬을 엿보고 있다가[窺覘] 혹은 왕래하는 배를 해치니, 공선(公船)·사선(私船) 할 것 없이 병선(兵船)의 예에 의거해 군기와 의갑(衣甲)을 엄하게 갖추었다가 졸지에 왜적을 만나면 대적해 해를 피하게 하소서."

그것을 따랐다.

계해일(癸亥日-10일)에 기제(祈祭)를 지내 충재(蟲災-곤충으로 인한 재해)를 제거하는 법을 내렸다.

상이 말했다.

"예전에 충재(蟲災)에 기제하는 법이 있었는데, 지금 풍해도(豐海道) 각 고을에 충재가 더욱 심하니 급히 구제하라."

이에 호조좌랑(戶曹佐郎) 이성간(李成幹)을 보내 충재의 가벼움과 심함을 돌아다니며 보게 하고, 각 고을 수령으로 하여금 제문(祭文)을 짓고 전물(奠物)을 정성껏 갖춰 성심을 다해 기도하고 또 부지런히 벌레를 잡게 했다. 또 평안도(平安道)에 뜻을 전해 말했다.

"충재가 있는 각 고을은 역시 이 예에 따라서 시행하라."

○ 직예문관(直藝文館) 전직(全直)을 보내 함길도(咸吉道)에서 황충

---

5 일종의 여행 증명서다.

을 잡았다.

○ 여러 아들을 봉작(封爵)하는 법을 토의했다. 상이 말했다.

"원윤(元尹)⁶·정윤(正尹)⁷을 봉하는 것은 어느 시대의 고사(故事)인가? 임금의 아들은 그 작(爵)을 반드시 제한할 필요가 없다. 내노(內奴) 한간(韓幹)의 자식 같은 경우는 한계를 정하는 것이 옳겠지만, 하늘에는 두 해가 없고 왕위에는 두 임금이 없다. 한(漢)나라 문제(文帝)나 송(宋)나라 진종(眞宗, 968~1022년)⁸이 모두 제위(帝位)에 오르자 누가 어미의 귀천을 따지던가?"

이에 앞서 정한 제도에 적비(嫡妃)의 여러 아들은 대군(大君)에 봉하고, 빈잉(嬪媵)의 아들은 군(君)에 봉하고, 궁인(宮人)의 아들은 원윤(元尹)에 봉했기 때문에 이런 명이 있었다.

갑자일(甲子日-11일)에 명해 윤향(尹向) 등의 직첩을 거둬들였다.

---

6 조선 초 종실제군(宗室諸君)에게 주던 칭호로, 고려 시대의 제도에서 유래했다. 국왕의 궁인(宮人) 소생 아들, 종실의 대군(大君)이나 군(君)의 양첩(良妾) 소생 장자 등에게 주는 작호다.

7 조선 초 종실제군(宗室諸君)에게 주던 칭호로, 고려 시대의 제도에서 유래했다. 종실의 대군(大君)이나 군(君)의 천첩(賤妾) 소생 장자 등에게 주는 작호다.

8 태종의 셋째 아들이다. 처음에 한왕(韓王)과 양왕(襄王), 수왕(壽王)에 봉해졌다. 지도(至道) 원년(997년)에 황태자가 되고, 3년(998년)에 태종이 죽자 즉위했다. 초기에는 정치에 의욕적이어서 각지에 전운사(轉運使)를 파견해 민생을 살피고 누락된 세금을 감해주었다. 경덕(景德) 원년(1004년) 요나라 군대가 남하하자 재상 구준(寇準)의 건의에 따라 친정(親征)에 올라 단연(澶淵)에서 조약을 맺은 뒤 돌아왔다. 후기에는 왕흠약(王欽若)을 신임해 동쪽으로는 태산(泰山)에서 봉선(封禪)을 행하고 서쪽으로는 분음(汾陰)에서 제사를 올리는 한편, 곳곳에 궁관(宮觀)을 건설해 백성의 재물과 노동력을 고갈시켰다. 26년 동안 재위했다.

사헌부(司憲府)에서 소를 올려 말했다.

'신하의 직책 중에서는 명을 삼가는 것보다 앞서는 것이 없고, 신하의 죄 중에서는 임금을 속이고 무시하는 것보다 지나친 것이 없습니다. (그래서) 신하로서 임금을 속이면 신하들이 함께 분하게 여기는 것이요, 법에서 용서하지 못하는 것입니다. 전 이조판서(吏曹判書) 박신(朴信), 병조판서(兵曹判書) 윤향(尹向), 호조판서(戶曹判書) 정역(鄭易)은 몸이 재상이 되고 직책이 보필에 있었으니 마땅히 마음을 다해 전하께서 의지하고 바라는 바에 보답해야 할 것인데, 전일에 친히 면대해 명을 받고도 전후의 형조(刑曹)·대간(臺諫)이 결송(決訟)한 과오를 핵문(劾問)할 때 왕지(王旨)에 따르지 않고 도리어 자기 마음대로 시비를 논해 천총(天聰-임금의 귀 밝음)을 속였습니다. (또) 대언(代言) 서선(徐選)·홍여방(洪汝方)·이명덕(李明德)·한승안(韓承顔) 등이 일찍이 결송(決訟)을 다스릴 때 어찌 송사의 시비와 일의 당부(當否)를 알지 못했겠습니까마는 묻는 데 대답할 때에 모두 실상대로 하지 않았으니, 근신으로서 이런 지경에 이르렀습니다. 의금부 진무(義禁府鎭撫) 이척(李陟), 도사(都事) 양질(楊秩)은 직책이 문사(問事)를 맡고 있으면서도 사유를 추핵(推核)할 때 교명(敎命)에 어긋났으니, 죄가 또한 작지 않습니다. 모두 마땅히 법대로 처치해야 하겠는데, 전하께서 특별히 너그러운 법전을 내리어 다만 그 직책만 파면하고 죄는 주지 않았습니다.

신 등이 생각건대, 법이라는 것은 천하 만세의 공공한 것이어서, 전하께서 사사로이 할 수 있는 것이 아닙니다. 공신은 자손까지 용서하는 예가 있지마는, 그 밖의 사람도 아울러 죄 주지 않으니 왕법에 어찌 되겠습니까? 더군다나 전후의 형조·대간은 모두 장죄(杖罪)로 속(贖)하고 그 직첩을 거두었으니 죄를 범하고도 죄를 받는 것은 같지 않아서, 고르지 못하다는 탄식이 있을까 두렵습니다. 엎드려 바라건대 전하께서는 윤향·서선·명덕·승안·양질의 죄를 율에 의거해 시행하시어 뒤에 오는 자들을 경계시키소서.'

가르침을 받들어 윤향·양질은 직첩을 거둬들여 자원부처(自願付處)하고, 서선·명덕·승안은 직첩만 거뒀다. 이에 윤향은 임강(臨江)으로 돌아가고[歸][9], 양질은 청주(淸州)로 돌아갔다.

○ 조운(漕運)의 폐단을 토의했다.

정사 보기를 마친 뒤 여러 신하는 다 나가고 우의정 한상경(韓尙敬)이 뒤에 남았다[後=殿]. 상이 말했다.

"근일에 조운(漕運)하는 과정에서 사람들이 많이 빠져 죽는 것을 몹시 애통하게 여긴다. 깊이 생각해보았는데, 과전(科田)을 주어 선비를 기르는 것은 태조(太祖)의 제도이니 혁파할 수 없고 녹봉(祿俸)을 두텁게 해 염치를 기르는 것도 태조의 제도이니 줄일 수 없다. 경기 사전(私田)의 3분의 1을 경상도(慶尙道)·전라도(全羅道)에 주어 녹봉의 수만큼 제하고 베로써 주고자 하는데, 이렇게 하면 녹봉도 엷어지지 않고 사전(私田)도 줄어들지 않을 것이다. 또 덕은창(德恩倉)의 제도와 같이 또 충청도(忠淸道)에 큰 창고를 두고서 흉년을 만날 경우 굶주린 백성을 진휼하는 것이 어떠하겠는가? 오늘 여러 신하와

---

9 유배 갔다는 말이다.

더불어 모의하고자 했으나, 먼저 대신의 계책을 들어본 연후에 하려고 한다. 만일 대신이 불가하다고 하면 내가 어찌 감히 어기겠는가?"

상경(尙敬)이 대답해 말했다.

"만일 과전(科田)을 먼 지방에 옮기면 후일에 조(租)를 거둘 즈음에 많이 거두는 폐단이 있을까 두렵습니다. 이는 소신 혼자의 의심이 아니라 중론(衆論)입니다."

상이 말했다.

"나도 이 중론을 알지만, 그러나 먼 지방에도 감사(監司)·수령(守令)이 있어 고찰하니 무엇을 걱정하겠는가? 만일 후일에 기강이 무너지면 반드시 이 폐단이 생길 것이라고 한다면, 어찌 먼 지방뿐이겠는가? 경기에도 두텁게 거두는 자가 있을 것이다. 혹 이 폐단이 있더라도 어찌 배가 깨져서 사람이 빠져 죽는 폐단과 같겠는가?"

다른 날에 상이 또 상경 등에게 명했다.

"경기 백성의 노고가 다른 도보다 배나 되니 내가 심히 불쌍히 여긴다. 어떻게 하면 구휼할 수 있는가? 경 등은 각각 구휼할 방도를 강구하라."

○ 김득리(金得理)의 후손(後孫)인 전 총제(摠制) 박령(朴齡)·이종선(李種善), 홍원군(興原君) 이부(李敷) 등 9인을 의금부(義禁府)에 가두었다. 이에 앞서 령(齡) 등이 전 도절제사(都節制使) 신유정(辛有定), 전 판공안부사(判恭安府事) 권충(權衷), 전 판원주목사(判原州牧使) 권우(權遇), 판전농시사(判典農寺事) 권천(權踐), 성균사예(成均司藝) 권도(權蹈), 감찰(監察) 김빈(金鑌) 등과 함께 구암사(龜巖寺)를 상대로 그 절의 노비(奴婢)를 다투다가 얻지 못하고 속공(屬公)했는데, 이

때에 이르러 격고신정(擊鼓申呈)해 오결(誤決)이라고 호소했다. 상이 노해 말했다.

"이 노비는 두 번 교지(教旨)를 받아 속공한 것인데, 득리(得理)의 자손들이 교지를 따르지 않고 범람하게 북을 쳤으니 심히 부당하다. 정상과 연유를 국문해 아뢰라."

모두 옥에 내렸다. 령·종선 등이 모두 교지를 따르지 않은 죄에 복죄됐으나, 명해 모두 놓아주었다.

을축일(乙丑日-12일)에 세자가 사신을 벽제역에서 맞이해 위로했다.

병인일(丙寅日-13일)에 태감(太監) 황엄(黃儼), 소감(少監) 해수(海壽) 등이 칙서(勅書)를 받들고 이르니 산붕(山棚-산대놀이)·결채(結彩-색종이 색헝겊 장식)를 베풀고, 상이 의장(儀仗)을 갖춰 모화루(慕華樓)에 나가 맞이해서 창덕궁(昌德宮)에 이르러 칙서를 선독(宣讀)했다. 국왕(國王)에게 저사(紵絲) 30필, 이견(裏絹) 30필, 채견(綵絹) 100필을, 왕비에게 저사 20필, 이견 20필을 반사(頒賜)했다. 상이 따라가 태평관(太平館)에 이르러 잔치를 열었다. 삼미(三味)를 베푼 뒤에 원민생(元閔生)에게 명해 통역해서 말했다.

"노정(路程)이 멀고 떨어졌는데 수고해 나왔으니 깊이 감사한다."

사신이 말했다.

"위임받아서 온 일이 기쁨에 관계되는 일이니, 어찌 수고롭다고 여기겠습니까?"

상이 말했다.

"이는 곧 작은 일이니, 설사 큰일이 이르면 감히 지성으로 준비하지 않겠는가?"

사신이 말했다.

"옳습니다."

상이 말했다.

"나는 참으로 다른 마음이 없다."

사신이 말했다.

"『논어(論語)』에 이르기를 '일언이폐지왈사무사(一言以蔽之曰思無邪-한마디 말로 꿰자면 생각에 그릇됨이 없다)'라고 한 것이 아마도 이를 두고 말한 것일 터입니다. 전하께서 대국을 섬기는 것이 실로 지성(至誠)이십니다."

상이 말했다.

"황제의 사신이 이런 말씀을 해 신민(臣民)으로 하여금 듣게 하니, 감사하다."

봉녕군(奉寧君) 이복근(李福根)이 술을 돌리니 사신이 앉아서 받았다. 상이 말했다.

"이 사람은 곧 나의 친형의 아들이다."

사신이 바로 일어나서 읍(揖)하고 받았다. 상이 말했다.

"내 말이 지나치다 해도 환관(宦官)들은 알 바가 아니나, 너희 대언(代言) 등은 잊지 말고 갖춰 기록해 사책(史策)에 등록(謄錄-기록)하라."

사신들이 극진히 즐겼다. 이튿날 일찍이 조말생(趙末生)에게 명해 두 사신에게 문안하고, 그 참에 각각 세마포(細麻布) 단령(團領) 하나, 백세저포(白細苧布) 중단(中單) 하나, 한중단(汗中單) 하나, 저포고 (苧布袴) 하나, 초립(草笠) 하나, 화(靴) 하나, 안마(鞍馬) 여러 연구(緣 具)를 기증하고, 반인(伴人) 황귀(黃貴)·유신(劉信) 등 20인에게 각각 의복 3벌, 화(靴)·입(笠) 1벌, 안마(鞍馬) 각각 하나를 주니, 사신과 반인 등이 크게 기뻐했다. 세자 또한 태평관에 나아가 문안했다.

○ 황엄(黃儼)이 아청채단호의(鵶靑綵段胡衣)를 내놓으며 말했다.

"청컨대 초피(貂皮)로 속을 넣어주소서."

정묘일(丁卯日-14일)에 상이 태평관(太平館)에서 사신에게 잔치를 여니, 사신이 『신승전(神僧傳)』[10]을 상에게 바쳤다.

○ 황엄이 물건을 넣어둘 창고 짓기를 청하면서, 해수(海壽)에게 알리지 말아달라고 했다. 또 초피(貂皮)를 청하니, 200령(領)을 주었다.

무진일(戊辰日-15일)에 단자(段子)와 채견(彩絹)을 여러 신하에게 나눠주었다. 창녕부원군(昌寧府院君) 성석린(成石璘), 의령부원군(宜寧府院君) 남재(南在), 영의정 유정현(柳廷顯), 좌의정 박은(朴訔), 우의정 한상경(韓尙敬), 돈녕부사(領敦寧府事-돈녕부 영사) 이지(李枝), 봉녕군 (奉寧君) 이복근(李福根), 익평군(益平君) 이석근(李石根), 원윤(元尹) 이원생(李元生)·이군생(李群生), 판우군도총제부사(判右軍都摠制府事) 이원(李原), 곡산군(谷山君) 연사종(延嗣宗), 이조판서 심온(沈溫), 병조판서 김한로(金漢老), 호조판서(戶曹判書) 맹사성(孟思誠), 예조판서

10 명(明)나라 태종(太宗-영락제)이 편찬한 불교 고승(高僧)들의 전기집이다.

(禮曹判書) 변계량(卞季良), 공조판서(工曹判書) 김여지(金汝知) 등에게
각각 저사(苧絲) 1필을 내려주고, 그 참에 뜻을 전해 말했다.

"황제(皇帝)가 주신 물건은 전용하는 것이 옳지 않으므로 각 전
(殿)에 이미 나눠 올렸다. 나도 저사 1필을 골라 옷을 지어 입으려고
하니, 이제 대신도 입어야 한다."

총제(摠制) 최윤덕(崔閏德)·하경복(河敬復), 이조참판 탁신(卓愼), 병
조참판 이춘생(李春生), 공조참판 신개(申槩), 형조참판 신상(申商), 예
조참판 허조(許稠), 호조참판 이지강(李之剛), 지신사(知申事) 조말생
(趙末生), 대언(代言) 윤사영(尹思永)·하연(河演)·김효손(金孝孫)·원숙
(元肅)·최부(崔府)에게 각각 채견(綵絹) 2필을 주었다.

○ 전 지갑산군사(知甲山郡事-갑산군 지사) 장온(張蘊)을 의금부(義
禁府)에 가두었다.

애초에 온(蘊)이 갑산 군리(甲山郡吏)를 때려서 죽였는데, 그 아내
가 도순문사(都巡問使) 강회중(姜淮仲)에게 원통함을 호소하고 또 공
사가 잘못된 것이라고 고했다. 회중(淮仲)이 국문하자 온은 사람을
시켜 회중이 부역(賦役)을 고르게 하지 못했다는 따위의 일을 서울
안 집정(執政-실권자) 여러 곳에 호소했다. 회중이 이를 알고 지단천
군사(知端川郡事-단천군 지사) 김여하(金慮遐)를 시켜 가서 물으니 온
이 숨어서 피하고 나타나지 않았는데, 여하(慮遐)가 회중에게 보고
하기를 '온이 군사를 주둔하고서 항복하지 않는다'라고 했다. 회중이
병조(兵曹)에 전해 보고하니 병조에서 계문(啓聞)했다. 사건이 모반
(謀叛)에 관계되므로 회중이 붙잡기를 심히 엄하게 하니, 온이 또 도
망쳐 숨고 나타나지 않았다. 회중이 다시 병조에 보고하기를 '온이

도망쳤다'라고 했는데, 온이 희천(熙川)에 이르러 잡혀 왔다. 이에 의금부에 가두고 국문했다.

○ 황엄(黃儼)·해수(海壽) 등이 황씨(黃氏)를 그 집에 가서 보았다.

기사일(己巳日-16일)에 경회루(慶會樓)에서 사신들에게 잔치를 열어주고, 경복궁에 행차해서 처녀 황씨(黃氏)·한씨(韓氏) 등 10여 인을 근정전(勤政殿)에 모아놓고 두 사신으로 하여금 고르게 하니 한씨를 첫째로 삼았다. 선택이 끝나자 잔치를 베풀고, 그 참에 안마(鞍馬)를 각각 1필씩 주었다. 황엄이 청해 말했다.

"사해(四海-온 천하)가 한 집이 됐으니 내가 숭례문(崇禮門)에 저자를 베풀고자 합니다."

상이 말했다.

"상품(上品)의 몸체가 큰 달달구자(達達狗子-몽골 개)를 사신에게 주고자 하니, 이 뜻을 각 도 도관찰사(都觀察使)·도절제사(都節制使)에 행이(行移-이첩)해서 널리 구해 바치게 하라."

두 사신이 한씨를 황씨 집에 모이게 하고 가서 만나보았다.

경오일(庚午日-17일)에 경상도(慶尙道) 안동(安東)과 강원도(江原道) 춘천(春川)에 황충이 일었다.

○ 판한성부사(判漢城府事) 정진(鄭鎭), 좌군동지총제(左軍同知摠制) 심정(沈泟)을 보내 중국 서울에 가게 했으니, 사은(謝恩)하기 위함이었다.

○ 세자에게 명해 태평관(太平館)에서 사신들에게 잔치를 열어주

었다.

○ 사헌부(司憲府)에서 소를 올려 유사눌(柳思訥)·오식(吳湜)을 서용하는 것이 적당치 않다고 논했으나 윤허하지 않았다. 사눌(思訥)은 지난번에 임금을 속이고 거짓으로 전지(傳旨)한 일로, 오식은 오결(誤決)한 일로 인해 파면됐는데, 얼마 되지 않아 서용된 때문이다. 상이 장령(掌令) 이하(李賀)를 꾸짖어 말했다.

"근일에 헌부에서 사람의 죄를 청하는 것이 모두 부당하다. 유사눌·오식이 인아(姻婭)[11]인 때문인가? 청알(請謁)[12]한 때문인가?"

하(賀)가 말했다.

"식은 형조참의(刑曹參議)가 돼 죄를 받은 것이 아직 한 달이 못 됐고, 사눌은 권완(權緩)과 내통해 관물(官物)을 도둑질했는데, 이제 모두 탁용(擢用)하니 잘못된 것입니다."

상이 노하여 말했다.

"이조(吏曹)에서 어찌하여 이 같은 시골 사람을 썼는가? 사눌은 이미 그 죄를 자복했고, 오식은 3년 동안 바다 밖에 있으면서 공(功)이 또한 무겁다. 재상이 될 수 없겠는가? 또 초야(草野)에는 쓰지 않고 빠진 뛰어난 사람이 몇이나 있는가?"

마침내 두 사람에게 직사에 나오도록 명했다.

○ 황엄(黃儼)이 반인(伴人)을 보내 사탕(沙糖) 한 그릇과 금금(衿錦) 1단(段)과 상저(象筯-상아 젓가락) 20쌍(雙)과 겸철토환 흑광조대

---

11 사위 집 편의 사돈 및 남자의 동서 간 총칭이다.
12 사정(私情)을 써서 임금에게 인사 청탁(請託)을 하는 일을 말한다.

(鉗鐵吐環黑廣條帶) 1요(腰)를 바쳤다. 상이 경연청(經筵廳)에 나아가 반인을 인견(引見)하고, 그 참에 통사(通事) 선존의(宣存義)와 내관(內官) 노희봉(盧希鳳)에 명해 육조 조계청(六曹朝啓廳)에 나가 다례(茶禮)를 거행하게 했다. 엄(儼)이 또 세자(世子)에게 서각대(犀角帶) 하나, 상저(象箸) 10쌍, 수낭(繡囊) 하나를 증여했으니, 이는 회사(回賜-반대급부 선물)를 구한 것이다.

임신일(壬申日-19일)에 북풍이 불었다.

○ 사재감정(司宰監正) 조유중(趙惟中)을 강원도(江原道)에 보내 황충을 잡았다.

○ 의금부 부진무(義禁府副鎭撫) 최선(崔宣)을 파면할 것을 명했다. 애초에 한정(韓靖)의 후손(後孫) 한월(韓鉞) 등이 노비(奴婢) 사건 때문에 신문고(申聞鼓)를 쳐서 도관 원리(都官員吏)가 시일을 오래 끌고 결절(決絶)하지 않는 것을 호소하고자 하니, 선(宣)과 도사(都事) 김고(金顧) 등이 저지했다. 상이 듣고 사헌부(司憲府)에 내려 사실을 조사해 아뢰라고 명했는데, 이때에 이르러 죄를 청했다. 선은 파면하고 김고는 논하지 말라고 명했다. 고는 사정을 알지 못했기 때문이다.

계유일(癸酉日-20일)에 함길도(咸吉道)에 3일 동안이나 서리가 내려 곡식을 손상시켰다.

○ 우대언(右代言) 하연(河演)이 5도(道) 창고에 저축한 쌀과 곡식의 수를 올렸다. 총합계가 모두 415만 5,401석 2두(斗)인데, 그 안에

서 환상(還上)으로 나눠준 쌀이 1만 9,330석 1두이고, 곡식이 80만 8,148석 10두였다.

갑술일(甲戌日-21일)에 광연루(廣延樓)에 나아가 투호놀이를 구경하고 그 참에 술을 베풀었는데, 세자와 종친이 시연(侍宴)했다.

○ 해수(海壽)가 첨총제(僉摠制) 원민생(元閔生), 통사(通事) 김시우(金時遇)를 보내 암화분색(暗花粉色) 다종(茶鍾) 하나와 다병(茶瓶) 하나, 유문압청사(有紋鴨靑紗) 1필, 유청라(柳靑羅) 1필을 바치고, 분색(粉色) 다종(茶鍾) 하나, 남라(藍羅) 1필, 유문녹사(有紋綠紗) 1필을 중궁(中宮)에 바쳤다. 황엄(黃儼)이 분홍(粉紅) 저사(紵紗) 2필, 사탕(沙糖) 1반(盤)을 또한 중궁에 바치고, 또 금선랑(金線囊) 하나, 수랑(繡囊) 하나, 옥정(玉頂) 하나, 접선(摺扇) 2개를 성녕대군(誠寧大君) 이종(李褈)에게 주었다. 황엄·해수 등이 갑자기 황씨(黃氏) 집에 이르니, 황씨가 병을 앓았고 또 눈물 흔적이 있었으며 분과 연지를 바르지 않고 있었다. 엄 등이 크게 노해 원민생을 불러 말했다.

"여러 소인이 전하의 지성을 알지 못하고 여사(餘事)로 생각해서 늙은 어미와 어린아이로 하여금 그 곁에 가까이하게 해 병이 나게 했고, 시종(侍從)하는 내관(內官)이 모두 일에 경험이 없는 자들이다."

화를 내며 소리를 질렀다. 상이 듣고 내의(內醫) 양홍달(楊弘達)에게 명해 치료하고, 또 경험 있는[更事] 내관(內官) 노희봉(盧希鳳)을
갱사
보내 사신의 노여움을 풀었다.

을해일(乙亥日-22일)에 호조(戶曹)에 명해 과전(科田)의 3분의 1을 충청도(忠淸道)·전라도(全羅道)·경상도(慶尙道) 3도에 옮겨주었다. 의정부(議政府)·육조(六曹)·공신(功臣)·대간(臺諫)의 의견을 따른 것이다. 호조에서 아뢰었다.

"금년 경기(京畿) 안의 각 품 과전(科田)과 사사전지(寺社田地)를, 감사(監司-관찰사)로 하여금 그 손실(損失)을 조사해서 옮겨준 후를 기다려 공사(公私)를 아울러 모두 조(租)를 거두게 하소서."

그것을 따랐다.

병자일(丙子日-23일)에 함길도(咸吉道)·평안도(平安道)에 황충(蝗蟲)이 일었다. 의천(宜川)에는 황충이 심히 많아서 곡식을 손상했으나 이루 다 잡을 수가 없었고, 삭주(朔州)에는 3일 동안 토우(土雨-흙비)가 내리더니 검고 붉고 푸른 세 빛깔의 벌레가 벼를 해쳤다.

○ 풍해도(豊海道)에 비가 온 뒤 황충(蝗蟲)이 모두 죽어서 벼를 손상하지 않았다. 이성간(李成幹)이 풍해도에서 돌아와 아뢰었다.

"벌레의 손상이 심히 적어서 벼가 다시 소생할 것입니다."

무인일(戊寅日-25일)에 (경상도) 안동(安東)에 서리가 내렸다. 상이 사신을 청해 광연루(廣延樓)에서 잔치를 열었다. 사신이 권파파(權婆婆)가 준 금(錦) 2필(匹), 단(段) 2필, 침(針)·분(粉)·주머니[囊]를 친히 권궁주(權宮主-권홍(權弘)의 딸)에 주고자 하니, 상이 편전(便殿)으로 맞아들였다. 궁주(宮主)가 나와 보고 중국 여자 삼노(三奴)로 하여금 통역을 시켰다. 궁주가 안으로 돌아가고 사신이 나오니, 광연루에 나가 잔치를 베풀고 반인(伴人)을 연못 위에서 공궤했다. 삼노에게 쌀 5석을 주었다. 삼노는 명왕(明王)을 따라온 사람이다.

○ 중외(中外)에 혼가(婚嫁)를 금지하도록 명했다.

기묘일(己卯日·26일)에 통사(通事) 최운(崔雲)이 북경(北京)에서 돌아와 아뢰었다.

"신 등이 북경에 이르니 황제가 봉천문(奉天門)에 나아와 불러서 말하기를 '왕(王)은 잘 있느냐?'라고 했습니다. 신이 '잘 있습니다'라고 아뢰니 황제가 두세 번 물은 뒤에, 예부상서(禮部尙書)가 성지(聖旨)를 받들어 전하기를 '국왕(國王)께서 그대를 보내 두텁게 진헌(進獻)했으니, 국왕에 대해 대단히 기뻐하신다. 정례(定例)로 상사(賞賜)하는 외에 그대에게 분수 밖의 상사를 주겠다'라고 하고서, 인하여 사신 권진(權軫)에게 나의(羅衣) 일습(一襲) 두 표리(表裏), 초(鈔)[13] 500정(錠)을, 통사(通事)·압물(押物)[14]에게 각각 나의 일습 한 표리, 초(鈔) 200정을, 종인(從人) 3명에게 각각 포의(布衣) 일습, 초 100정을 주었습니다. 또 회동관(會同館)[15] 안에서 천호(千戶) 김성(金聲)을 보았는데, 내게 말하기를 '백두산(白頭山) 아래에서 진경(陳景)·장내사(張內史)가 사사(寺社)를 수조(修造)하다가 초피(貂皮)·스라소니와 송골매를 잡았으니, 가거든 말하라'라고 했습니다. 김성이 또 말하기

---

13 중국에서 쓰던 지폐(紙幣)로, 교자(交子)·회자(會子) 따위를 말한다.
14 외국에 왕래하는 사신 일행의 모든 물건을 운송하던 관원을 말한다.
15 중국에서 내공(来貢) 사신을 접대하던 일을 맡아보던 관아다. 원(元)나라 때 처음 설치되었고, 명(明)나라 초에는 우체(郵遞)를 겸해 맡아보았다.

를 '지금 칙서(勅書)를 받들고 도망한 군사를 초안(招安)하는 일로 후문(後門)[16] 밖에 많은 군인을 거느리고 가는데, 장차 진제(賑濟)를 바라는 일이 있을 것이다. 내가 그곳에 이르면 반드시 한 사람을 시켜 보내겠으니, 국왕께 이 뜻을 전달(轉達)하라'라고 하고, 또 말하기를 '이에 앞서 내가 초안(招安)하는 일 때문에 후문(後門) 밖에서 돌아왔는데, 황제가 말하기를 "조선 국왕이 그 나라로 도망쳐 간 사람뿐 아니라 다른 곳에 잡혀갔다가 도망해 온 사람까지도 하나도 보내지 않는 것이 없으니, 국왕의 지성(至誠)이 착하지 않으냐?"라고 했다'라고 했습니다."

경진일(庚辰日-27일)에 북풍이 불었다.

○ 두 사신이 양화도(楊花渡) 가을두(加乙頭)에서 노니, 예조(禮曹)에 명해 잔치를 판비(辦備-준비)하게 했다. 이조판서(吏曹判書) 심온(沈溫), 병조판서(兵曹判書) 김한로(金漢老), 예조판서(禮曹判書) 변계량(卞季良), 공조판서(工曹判書) 김여지(金汝知), 첨총제(僉摠制) 원민생(元閔生), 지신사(知申事) 조말생(趙末生) 등에게 명해 잔치에 참여하게 했다.

○ 명해 지형조사(知刑曹事) 유영(柳穎)에게 장(杖) 70대, 도관 좌랑(都官佐郎) 권서(權曙)에게 장(杖) 80대를 속(贖)하게 하고 모두 직첩을 거두었으니, 신자수(申自守)의 노비(奴婢)를 오결(誤決)한 일 때문

---

16 우리나라에서 동북면(東北面) 여진(女真)의 지역과 통하던 관문(関門)이다. 시대에 따라 그 장소가 약간씩 변했다.

이다. 자수(自守)의 아비 효창(孝昌)이 북을 쳐서 호소하니 또 명해 우승규(禹承珪)를 가두었는데, 자수의 노비를 숨긴 때문이다. 7일이 지나서야 마침내 풀어주었다.

신사일(辛巳日-28일)에 평안도(平安道)의 전조(田租)를 감할 것을 토의했다. 상이 하연(河演)에게 일러 말했다.

"평안도가 농삿달을 당해 사신이 마침 이르러서 백성을 수고롭게 한 것이 더욱 심했다. 게다가 황충(蝗蟲)이 겹쳤으므로 금년의 조세를 감하고자 하니, 경 등은 그리 알라."

연(演)이 대답했다.

"상의 가르침이 옳습니다. 그러나 충재(蟲災)로 손해를 본 결수(結數)를 지금은 아직 알지 못합니다. 수손급손(隨損給損)[17]하기를 기다린 뒤에 신 등이 조세(租稅)와 환상(還上)을 감면하는 편부(便否)를 다시 토의해 아뢰겠습니다."

계미일(癸未日-30일)에 황엄(黃儼)에게 초피(貂皮) 100령(領)을 주고, 금이환(金耳環-금귀고리)과 패주(貝珠) 1쌍을 주었다. 또 내관(內官) 박흥복(朴興福)을 보내 개[狗子]를 각각 1마리씩 두 사신에게 주었고, 세자(世子)가 또한 개 1마리를 황엄에게, 2마리를 해수(海壽)에게 주었으니, 모두 그들의 요구에 따른 것이다. 세자는 저포(苧布)와 마

---

17 연사(年事-농사)의 풍흉(豊凶)을 따져 손실(損失)에 따라 조세를 그만큼 감면해주는 제도를 말한다.

포(麻布) 각 5필을, 세 대군(大君)은 저포와 마포 각 4필을 황엄에게 주었다.

○ 흠문기거사(欽問起居使)[18] 형조판서(刑曹判書) 권진(權軫)이 북경에서 돌아와 계피(桂皮) 2근(斤), 마황(麻黃) 5근, 전피(貂皮) 4령(領), 사피(斜皮) 4령(領)을 바쳤다. 진(軫)이 아뢰어 말했다.

"신이 북경에 갈 때 종자(從者)의 의복 등 물건이 너무 많으므로 신이 모두 수색해 돌려보냈습니다. 요동(遼東) 등지의 인민들이 말하기를 '조선 사신의 행차는 짐이 무거워서 운반하는 괴로움을 견디기 어렵다'라고 하고, 황제의 친림처(親臨處)로 가는 행차에는 수레가 많으면 7~8대에 이른다고 합니다."

상이 말했다.

"경의 말이 옳다. (지금) 비록 헌사(憲司)가 유고하지만, 간원(諫院)도 있고, 또 형조(刑曹)에서 추핵(推核)해도 괜찮다."

○ 전지(田地)의 손실답험(損實踏驗)[19]하는 것을 토의했다. 상이 말했다.

"경차관(敬差官)을 보낼 때 모두 말하기를 '관찰사(觀察使)에게 위임하는 것만 같지 못하다'라고 하기에 병신년에는 온전히 관찰사에게 위임했는데, 또 말하기를 '경차관만 못하다'라고 하니, 어떤 것이 옳고 어떤 것이 그른가? 만일 경차관을 보낸다면 지금도 이미 늦었

---

18 황제의 기거(起居)를 흠문(欽問)하기 위해 보내는 사신이다. 주로 황제가 궁전을 떠나 외지(外地)에 나가 있을 때 차견(差遣)했다.

19 곡식의 실(實)하고 손(損)한 것을 관원이 실제로 답사(踏查)해서 조세의 등급을 매기는 제도를 말한다.

으니, 마땅히 빨리 사람을 정해서 보내야 한다."

유정현(柳廷顯) 등이 말했다.

"경차관을 보내는 것은 불가합니다."

하연(河演)이 말했다.

"관찰사에게 위임할 수 없습니다. 수령들이 모두 출척(黜陟)의 법을 두려워해 그 뜻을 받아서 소망에 맞게 합니다."

상이 웃으면서 대답하지 않았다.

甲寅朔 上幸景福宮 奉迎上王 獻壽於慶會樓 世子 諸宗親侍宴.
갑인 삭 상 행 경복궁 봉영 상왕 헌수 어 경회루 세자 제 종친 시연

賜酒隨駕大小臣僚 擇壯士 觀手搏之戲 極歡而罷 以上王誕晨也.
사주 수가 대소 신료 택장사 관 수박 지희 극환 이 파 이 상왕 탄신 야

傳旨曰: "正朝使根隨興利人 以其被罪之故 不告於予 訴于上王
전지 왈 정조사 근수 흥리인 이 기 피죄 지 고 불고 어여 소우 상왕

駕前 情法可罪. 然今日乃上王誕辰 特上王原之." 仍命還給沒官
가전 정법 가죄 연 금일 내 상왕 탄신 특 상왕 원지 잉 명 환급 몰관

段匹.
단필

乙卯 京畿加平縣 靑赤黑蟲害穀 大如三眠蠶.
을묘 경기 가평현 청 적 흑충 해곡 대여 삼면잠

以權弘爲判敦寧府事 金九德知敦寧府事 李澄同知敦寧府事
이 권홍 위 판돈녕부사 김구덕 지돈녕부사 이징 동지돈녕부사

柳思訥左軍同知摠制 吳眞恭安府尹 吳湜仁寧府尹 李推漢城府尹
유사눌 좌군동지총제 오진 공안부윤 오식 인녕부윤 이추 한성부윤

李興開城留後司副留後.
이흥 개성유후사 부유후

丙辰 平安道大風雨. 成川郡山崩三百六十五所 壓死者數人;
병진 평안도 대풍우 성천군 산붕 삼백 육십 오소 압사자 수인

永寧縣山崩二十八所.
영녕현 산붕 이십팔 소

丁巳 千秋使工曹參判申槪回自北京 先遣通事來啓曰: "皇太子在
정사 천추사 공조참판 신개 회자 북경 선견 통사 내 계왈 황태자 재

南京 帝以南京路遠 且値夏雨 命禮部納箋文 方物遣還." 仍啓曰:
남경 제 이 남경 노원 차 치 하우 명 예부 납 전문 방물 견환 잉 계왈

"本朝僧人十一名 潛至京師 帝命送于金陵天住寺. 禮部尙書呂震問
본조 승인 십일 명 잠지 경사 제명 송우 금릉 천주사 예부상서 여진 문

臣以本朝官制 爵秩 管僧之官及僧人度牒有無."
신 이 본조 관제 작질 관승 지관 급 승인 도첩 유무

起復淸平君李伯剛.
기복 청평군 이백강

436

戊午 大雨.

令各道依前例進膳. 命禮曹曰: "使臣將至 令各道連進水陸所産."

又令京畿 使臣饋餉新鮮銀口魚連續以進. 上重使臣 凡所羞之物 無不極慮.

原州覺林寺僧請以私穀二百石 換近地堤川倉庫米百石 許之.

傳旨承政院曰: "覺林寺 予小時所遊之地 至今夢中頻往 故欲重修耳 非好佛而爲之也. 僧人性本支離而有貪心 毋使幹事僧 憑我爲汎濫之事." 厥後又傳旨曰: "延安府之本宮穀二百石 入其府倉庫 以忠淸道堤川官倉庫米百石 與慶源倉 眞麥二十石賜覺林寺." 蓋以資落成之會也.

命二品以上及代言 臺諫自外官宣召時 給鋪馬.

己未 大風.

命工曹改造大駕威儀 皆倣中朝體制 以內贍少尹金沱 兵曹乘輿司郎官監造.

日本一岐州遣使請米; 遠江州遣使求大般若經 各獻土物.

庚申 更薦新稻米于宗廟. 前此已蒸新米 上知之 命更薦陽乾米曰: "自此以後 毋得薦蒸新米."

司憲府請都摠制李伯溫之罪. 河崙之妾服夫喪未除 伯溫强欲娶之 使人投衣服于其家 妾父訴于憲司 憲司覈實請罪 上默然. 政府 六曹啓事畢退 上謂代言等曰: "伯溫予之從昆弟也. 所爲令我

反懟 故予乃不答. 晋山社稷元勳 伯溫宗室至親 雖不冒喪 不可娶

也. 雖予之近親 予必不宥 其令照律以聞."

命於議政府宴享 倡伎衣服用黑色 以上前呈才服紅色故也.

辛酉 迎日鎭兵馬使朴寅吉 長鬐縣監崔以和捕倭三級. 倭五人

上岸汲水 寅吉等襲執之.

命兵曹覈旌義縣監李貽之罪. 去五月倭男女四人 無兵器 乘小船

來乞降 貽率兵射殺之. 事聞 上怒 命兵曹曰: "雖島夷頑嚚 無兵而

至 當生擒問其所以 遽盡殺之 何其暴哉? 推覈以聞."

賜一岐州副萬戶沙彌道英米豆五十石. 道英自稱賊中萬戶 盜我

邊境數矣. 今使人告糴 廷臣皆不欲從 上曰: "彼雖不恭 若不從其欲

則彼必謂我爲吝."

賜禮曹判書卞季良及代言等綿布麻布. 卞季良綿布二匹 麻布

二匹 知申事趙末生 代言尹思永 河演 金孝孫 元淑 崔府等各麻布

二匹 綿布一匹 注書具綱 李守領綿布各一匹 內速古赤近侍者皆

賜焉 仍曰: "近臣於使臣迎接時 衣服當精細. 卞判書寒生 且勤勞於

多事之時 宜特賜之."

兵曹據全羅道都觀察使牒報 上區處濟州人事宜:

"濟州各司奴婢及軍丁等 因興利船逃亡出陸. 自今京中人則

漢城府 外方人則所居官 許令行狀成給 違者論罪. 濟州人無本州

行狀者亦論罪. 且倭賊隱泊楸子島 窺覘諸島 或害往來之船 公私船

依兵船例 嚴備軍器衣甲 卒遇倭賊 對敵避害." 從之.
의 병선 례 엄비 군기 의갑 졸우 왜적 대적 피해 종지

癸亥 下祈祭禳蟲之法. 上曰: "古有蟲災祈祭之法 今豐海道各官
계해 하 기제 양충 지법 상왈 고유 충재 기제 지법 금 풍해도 각관

蟲災尤甚 宜急救之." 仍遣戶曹佐郎李成幹 行視蟲災輕重 令各官
충재 우심 의급 구지 잉견 호조좌랑 이성간 행시 충재 경중 영 각관

守令製述祭文 精備奠物 誠心祈禱 又勤拾捕 又傳旨于平安道曰:
수령 제술 제문 정비 전물 성심 기도 우근 습포 우 전지 우 평안도 왈

"其蟲損各官 亦依此例施行."
기 충손 각관 역의 차례 시행

遣直藝文館全直 捕蝗于咸吉道.
견 직예문관 전직 포황 우 함길도

議封爵諸子法. 上曰: "元尹正尹之封 何代故事乎? 人君之子
의 봉작 제자 법 상왈 원윤 정윤 지봉 하대 고사 호 인군 지자

不必限其爵也. 若內奴韓幹之子 定限可也 天無二日 尊無二主.
불필 한 기작 야 약 내노 한간 지자 정한 가야 천무 이일 존무 이주

漢文帝 宋眞宗 皆卽帝位 孰計母之貴賤哉?" 先是 定制 嫡妃諸子
한문제 송진종 개 즉 제위 숙계 모지 귀천 재 선시 정제 적비 제자

封大君 嬪媵子封君 宮人子封元尹 故有是命也.
봉 대군 빈잉 자봉군 궁인 자봉 원윤 고유 시명 야

甲子 命收向等職牒. 司憲府上疏曰:
갑자 명수 향등 직첩 사헌부 상소 왈

'人臣之職 莫先於敬命 人臣之罪 莫過於欺侮. 臣而欺君 臣
인신 지직 막 선어 경명 인신 지죄 막 과어 기모 신이 기군 신

所共憤 法所不宥. 前吏曹判書朴信 兵曹判書尹向 戶曹判書鄭易
소공분 법 소불유 전 이조판서 박신 병조판서 윤향 호조판서 정역

身爲宰相 職在輔弼 宜當盡心 以答殿下之倚望. 前日親承面命
신위 재상 직재 보필 의당 진심 이답 전하 지 의망 전일 친승 면명

劾問前後刑曹 臺諫決訟之誤 不從旨意 反以己意 擅論是非 欺侮
핵문 전후 형조 대간 결송 지오 부종 지의 반이 기의 천론 시비 기모

天聰. 代言徐選 洪汝方 李明德 韓承顏等 曾經決訟 豈不知訟之
천총 대언 서선 홍여방 이명덕 한승안 등 증경 결송 기 부지 송지

是非 事之當否? 然仰答淸問 皆不以實 以近臣而至於如此. 義禁府
시비 사지 당부 연 앙답 청문 개 불이 실 이 근신 이 지어 여차 의금부

鎭撫李陟 都事楊秩 職掌問事 推核事由 違於教命 罪亦不小 皆當
진무 이척 도사 양질 직장 문사 추핵 사유 위어 교명 죄역 불소 개당

置法. 殿下特垂寬典 只罷其職而不之罪 臣等竊謂 法者天下萬世之
치법 전하 특수 관전 지파 기직 이부지 죄 신등 절위 법자 천하 만세 지

所公共 非殿下所得而私也. 若功臣則旣有宥及子孫之例 其他幷不
소공공 비 전하 소득이 사야 약 공신 즉 기유 유급 자손 지례 기타 병불

罪之 其於王法何如? 況前後臺諫 刑曹 皆贖杖罪而收其職牒 觸罪
죄지 기어 왕법 하여 황 전후 대간 형조 개 속 장죄 이 수기 직첩 촉죄

而受罪不同 恐有不均之嘆. 伏望殿下 將尹向 徐選 明德 承顏 楊秩
이 수죄 부동 공유 불균 지탄 복망 전하 장 윤향 서선 명덕 승안 양질

之罪 按律施行 以懲後來.'
지죄 안율 시행 이징 후래

奉敎 尹向 楊秩收奪職牒 自願付處; 徐選 明德 承顏只收職牒.
봉교 윤향 양질 수탈 직첩 자원부처 서선 명덕 승안 지수 직첩

於是 向歸于臨江 秩歸于淸州.
어시 향귀우 임강 질귀우 청주

議漕運之弊. 視事畢 諸臣皆出 右議政韓尙敬後 上曰: "深痛近日
의 조운 지폐 시사 필 제신 개출 우의정 한상경 후 상왈 심통 근일

漕運人多溺死. 深思之 給科田以養士 乃太祖之制 不可以革; 厚
조운 인 다 익사 심사 지 급 과전 이 양사 내 태조 지제 불가이 혁 후

祿俸以養廉恥 亦太祖之制 不可減也. 欲移京圻私田三分之一 給於
녹봉 이양 염치 역 태조 지제 불가 감야 욕이 경기 사전 삼분지일 급어

慶尙 全羅之道 除祿俸之數 以布給之. 如此則祿俸不薄 私田不減
경상 전라 지도 제 녹봉 지수 이포 급지 여차즉 녹봉 불박 사전 불감

也. 且如德恩倉之制 又於忠淸道加置大倉 若遇凶年 則以賑飢民
야 차여 덕은창 지제 우어 충청도 가치 대창 약우 흉년 즉 이진 기민

何如? 今日欲與諸臣謀之 然先聽大臣之計 然後行之. 若大臣不可
하여 금일 욕여 제신 모지 연선 청 대신 지계 연후 행지 약 대신 불가

則予何敢違?" 尙敬對曰: "若移科田於退方 則後日收租之際 恐有
즉 여하감 위 상경 대왈 약 이 과전 어 하방 즉 후일 수조 지제 공유

厚斂之弊. 此非獨小臣之疑 乃衆論也." 上曰: "予亦知此衆論 然
후렴 지폐 차 비독 소신 지의 내 중론 야 상왈 여 역지차 중론 연

退方亦有監司 守令 考之何患乎? 若曰後日紀綱陵夷 則必生此弊
하방 역유 감사 수령 고지 하환 호 약왈 후일 기강 능이 즉 필생 차폐

豈止退方? 京畿亦有厚斂者矣. 雖或有此弊 豈若敗船人沒之弊
기지 하방 경기 역유 후렴 자의 수혹유 차폐 기약 패선 인몰 지폐

乎?" 他日 上又命尙敬等曰: "京畿之民勞苦倍於他道 予甚哀之
호 타일 상 우명 상경 등왈 경기 지민 노고 배어 타도 여 심애 지

何以恤之? 卿等各究所以救之之方."
하이 휼지 경 등각구 소이 구지 지방

囚金得理裔孫前摠制朴齡 李種善 興原君李敷等九人于義禁府.
수 김득리 예손 전 총제 박령 이종선 흥원군 이부 등 구인 우 의금부

前此齡等同前都節制使辛有定 前判恭安府事權衷 前判原州牧事
전차 령등 동전 도절제사 신유정 전 판공안부사 권충 전 판원주목사

權遇 判典農寺事權踐 成均司藝權蹈 監察金鑌等 與龜巖寺對隻爭
권우 판전농시사 권천 성균 사예 권도 감찰 김빈 등 여 구암사 대척 쟁

其寺奴婢 不得而屬公. 至是 擊鼓申呈 以訴誤決 上怒曰: "此奴婢
기사 노비 부득 이 속공 지시 격고 신정 이소 오결 상 노왈 차 노비

再受敎旨屬公. 得理子孫等不從敎旨 汎濫擊鼓 甚爲不當 鞫問情由
재수 교지 속공 득리 자손 등 부종 교지 범람 격고 심위 부당 국문 정유

以聞." 皆下于獄. 齡 種善等皆伏敎旨不從之罪 命皆釋之.
이문 개 하 우옥 령 종선 등 개복 교지부종 지죄 명개 석지

乙丑 世子迎慰使臣于碧蹄驛.
을축 세자 영위 사신 우 벽제역

丙寅 太監黃儼 少監海壽等奉勅書至 設山棚結彩 上備儀仗 出迎
병인 태감 황엄 소감 해수 등 봉 칙서 지 설 산붕 결채 상 비 의장 출영

于慕華樓 至昌德宮宣勅. 頒賜國王紵絲三十匹 裏絹三十匹 綵絹
우 모화루 지 창덕궁 선칙 반사 국왕 저사 삼십 필 이견 삼십 필 채견

一百匹; 王妃紵紗二十匹 裏絹二十匹. 上隨至太平館 設宴. 三味後
일백 필 왕비 저사 이십 필 이견 이십 필 상 수지 태평관 설연 삼미 후

命元閔生譯曰: "路塗退隔 勞身出來 深以爲感." 使臣曰: "委來事關
명 원민생 역왈 노도 하격 노신 출래 심 이위 감 사신 왈 위래 사관

乎情喜 何以爲勞?" 上曰: "此乃末節 雖至大事 敢不至誠辦供?"
호 정희 하이 위로 상왈 차내 말절 수지 대사 감불 지성 판공

使臣曰: "是." 上曰: "予固無他心." 使臣曰: "論語曰: '一言以蔽之
사신 왈 시 상왈 여고 무 타심 사신 왈 논어 왈 일언이폐지

曰思無邪.' 其此之謂乎! 殿下事大 實爲至誠." 上曰: "天使發此言
왈 사무사 기 차 지위 호 전하 사대 실위 지성 상왈 천사 발 차언

令臣民聞之感謝." 奉寧君福根行酒 使臣坐受 上曰: "此乃予親兄
영 신민 문지 감사 봉녕군 복근 행주 사신 좌수 상왈 차내 여 친형

之子." 使臣卽起揖受. 上曰: "予言爲大 非宦官所知 爾代言等 毋忘
지자 사신 즉기 읍수 상왈 여언 위대 비 환관 소지 이 대언 등 무망

備記 史策可謄." 使臣極歡. 翼日早 命趙末生問安於兩使臣 仍贈以
비기 사책 가등 사신 극환 익일 조 명 조말생 문안 어 양 사신 잉증 이

各細麻布團領一 白細苧布中單一 汗中單一 苧布袴一 草笠一 靴一
각 세마포 단령 일 백 세저포 중 단일 한 중단 일 저포 고 일 초립 일 화 일

鞍馬諸緣具 與伴人黃貴 劉信等二十 各衣服三事 靴笠一事 鞍馬各
안마 제 연구 여 반인 황귀 유신 등 이십 각 의복 삼사 화립 일사 안마 각

一 使臣與伴人等大喜. 世子亦詣太平館問安.
일 사신 여 반인 등 대희 세자 역예 태평관 문안

黃儼 出鴉靑綵段胡衣曰: "請以貂皮爲裏."
황엄 출 아청 채단 호의 왈 청이 초피 위리

丁卯 上宴[20]使臣于太平館 使臣以神僧傳獻上.
정묘 상연 사신 우 태평관 사신 이 신승전 헌상

黃儼請造藏物之庫 勿令海壽知之. 又請貂皮 乃與二百領.
황엄 청조 장물 지고 물령 해수 지지 우청 초피 내여 이백 령

戊辰 分賜段子及彩絹于群臣. 昌寧府院君成石璘 宜寧府院君
무진 분사 단자 급 채견 우 군신 창녕부원군 성석린 의령부원군

南在 領議政柳廷顯 左議政朴訔 右議政韓尙敬 領敦寧府事
남재 영의정 유정현 좌의정 박은 우의정 한상경 영돈녕부사

李枝 奉寧君福根 益平君石根 元尹元生 群生 判右軍都摠制府事
이지 봉녕군 복근 익평군 석근 원윤 원생 군생 판우군도총제부사

李原 谷山君延嗣宗 吏曹判書 沈溫 兵曹判書金漢老 戶曹判書
이원 곡산군 연사종 이조판서 심온 병조판서 김한로 호조판서

孟思誠 禮曹判書卞季良 工曹判書金汝知等 各紵絲一匹. 仍傳旨
맹사성 예조판서 변계량 공조판서 김여지 등 각 저사 일필 잉 전지

曰:"皇帝錫與之物 不宜專用之 故於各殿 已皆分上. 予亦欲擇紵絲
왈 황제 석여 지물 불의 전용 지 고어 각전 이개 분상 여역 욕택 저사

一匹 製衣以服 今大臣亦宜服之." 摠制崔閏德 河敬復 吏曹參判
일필 제의 이복 금 대신 역 의 복지 총제 최윤덕 하경복 이조참판

卓愼 兵曹參判李春生 工曹參判申槩 刑曹參判申商 禮曹參判許稠
탁신 병조참판 이춘생 공조참판 신개 형조참판 신상 예조참판 허조

戶曹參判李之剛 知申事趙末生 代言尹思永 河演 金孝孫 元肅 崔府
호조참판 이지강 지신사 조말생 대언 윤사영 하연 김효손 원숙 최부

各綵絹二匹.
각 채견 이필

因前知甲山郡事張蘊于義禁府. 初 蘊打殺甲山郡吏 其妻訴冤于
수 전 지갑산군사 장온 우 의금부 초 온 타살 갑산 군리 기처 소원 우

都巡問使姜淮仲 而且告以公事所錯. 淮仲鞫之 蘊使人訴淮仲 賦役
도순문사 강회중 이차 고이 공사 소착 회중 국지 온 사인 소 회중 부역

不均等事于京中執政諸處 淮仲知之 令知端川郡事金慮遐往問之
불균 등사 우 경중 집정 제처 회중 지지 영 지단천군사 김여하 왕문 지

蘊隱避不見. 慮遐報淮仲云:"蘊 屯兵不下." 淮仲傳報兵曹 兵曹
온 은피 불현 여하 보 회중 운 온 둔병 불하 회중 전보 병조 병조

啓聞 事干謀叛 淮仲執之甚嚴 蘊又逃隱不見. 淮仲又報兵曹云:"蘊
계문 사간 모반 회중 집지 심엄 온 우 도은 불현 회중 우보 병조 운 온

在逃." 蘊至熙川 被執而來 乃下義禁府鞫之.
재도 온 지 희천 피집 이래 내하 의금부 국지

---

20 원문에는 '안(晏)'으로 돼 있는데, '연(宴)'의 잘못이다.

黃儼 海壽等就見黃氏於其第.
황엄 해수 등 취견 황씨 어 기제

己巳 宴使臣于慶會樓 幸景福宮 聚處女黃氏 韓氏等十餘于
기사 연 사신 우 경회루 행 경복궁 취 처녀 황씨 한씨 등 십여 우

勤政殿 令兩使臣擇之 以韓氏爲第一. 選訖設宴 仍贈以鞍馬各一.
근정전 영 양 사신 택지 이 한씨 위 제일 선흘 설연 잉 증이 안마 각일

儼請曰: "四海一家 吾欲置市于崇禮門." 上曰: "欲以上品體大 達達
엄 청왈 사해 일가 오 욕 치시 우 숭례문 상왈 욕 이 상품 체대 달달

狗子贈使臣 將此意行移於各道都觀察使 都節制使 廣求以進." 兩
구자 증 사신 장 차의 행이 어 각도 도관찰사 도절제사 광구 이진 양

使臣以韓氏會于黃氏家而就見之.
사신 이 한씨 회우 황씨 가 이 취견지

庚午 慶尙道安東及江原道春川蝗.
경오 경상도 안동 급 강원도 춘천 황

遣判漢城府事鄭鎭 左軍同知摠制沈泟如京師 謝恩也.
견 판한성부사 정진 좌군동지총제 심정 여 경사 사은 야

命世子宴使臣于太平館.
명 세자 연 사신 우 태평관

司憲府上疏 論柳思訥 吳湜 不宜敍用 不允. 以思訥 曩者欺上詐
사헌부 상소 논 유사눌 오식 불의 서용 불윤 이 사눌 낭자 기상 사

傳旨 吳湜誤決見罷 未幾而見用也. 上責掌令李賀曰: "近日憲司請
전지 오식 오결 견파 미기 이 견용 야 상 책 장령 이하 왈 근일 헌사 청

人之罪 皆不當也. 柳思訥 吳湜以姻婭乎? 以請謁乎?" 賀曰: "湜爲
인지죄 개 부당 야 유사눌 오식 이 인아 호 이 청알 호 하왈 식위

刑曹參議受罪 曾未閱月; 思訥通同權緩盜官物 今皆擢用 非也." 上
형조참 수죄 증 미 열월 사눌 통동 권완 도 관물 금 개 탁용 비야 상

怒曰: "吏曹何用如此鄕人乎? 思訥已服其罪 吳湜三年居海外 功亦
노왈 이조 하용 여차 향인 호 사눌 이복 기죄 오식 삼년 거 해외 공역

重矣 不得爲宰相乎? 且野有幾遺賢而不用乎?" 乃命二人就職.
중의 부득 위 재상 호 차 야 유기 유현 이 불용 호 내 명 이인 취직

黃儼遣伴人獻沙糖一器 衿錦一段 象筯二十雙 鉗鐵吐環
황엄 견 반인 헌 사탕 일기 금금 일단 상저 이십 쌍 겸철토환

黑廣條帶一腰. 上御經筵廳 引見伴人 乃命通事宣存義 內官盧希鳳
흑광조대 일요 상 어 경연청 인견 반인 내 명 통사 선존의 내관 노희봉

出就六曹朝啓廳 行茶禮. 儼又贈犀角帶一 象筯十 繡囊一于世子
출 취 육조 조계청 행 다례 엄 우 증 서각대 일 상저 십 수낭 일 우 세자

是求其回奉也.
시 구 기 회봉 야

壬申 北風.
임신 북풍

遺司宰監正趙惟中于江原道捕蝗.
견 사재감정 조유중 우 강원도 포황

命義禁府副鎭撫崔宣罷任. 初韓靖裔孫韓鉞等以其奴婢事 欲擊
명 의금부 부진무 최선 파임 초 한정 예손 한월 등 이 기 노비 사 욕격

申聞鼓 訴都官員吏淹延不決 宣及都事金顧等止之. 上聞之 命下
신문고 소 도관 원리 엄연 불결 선급 도사 김고 등 지지 상 문지 명하

司憲府 覈實以聞 至是請罪 命宣罷任 金顧勿論. 以顧不知事情也.
사헌부 핵실 이문 지시 청죄 명선 파임 김고 물론 이 고 부지 사정 야

癸酉 咸吉道隕霜損穀凡三日.
계유 함길도 운상 손곡 범 삼일

右代言河演上五道倉庫所儲米穀之數. 都計凡四百十五萬
우대언 하연 상 오도 창고 소저 미곡 지수 도계 범 사백 십오 만

五千四百一石二斗內 以還上分給 米一萬九千三百三十石一斗.
오천 사백 일석 이두 내 이 환상 분급 미 일만 구천 삼백 삼십 석 일두

甲戌 御廣延樓 觀投壺戲 因置酒 世子宗親侍宴.
갑술 어 광연루 관 투호 희 인 치주 세자 종친 시연

海壽遣僉摠制元閔生 通事金時遇 以暗花粉色茶鍾一 茶瓶一
해수 견 첨총제 원민생 통사 김시우 이 암화 분색 다종 일 다병 일

有紋鴨靑紗一匹 柳靑羅一匹來獻 又以粉色茶鍾一 藍羅一匹 有紋
유문 압청사 일필 유청라 일필 내헌 우 이 분색 다종 일 남라 일필 유문

綠紗一匹于中宮. 黃儼以粉紅紵絲二匹 沙糖一盤亦獻于中宮 又以
녹사 일필 우 중궁 황엄 이 분홍 저사 이필 사당 일반 역 헌우 중궁 우 이

金線囊一 繡囊一 玉頂一 摺扇二贈于誠寧大君李褈. 黃儼 海壽等
금선 낭 일 수낭 일 옥정 일 접선 이 증우 성녕대군 이종 황엄 해수 등

驟至黃氏家 黃氏抱疾 且有淚痕 不施脂粉. 儼等大怒 呼閔生曰:
취지 황씨 가 황씨 포질 차 유 누흔 불시 지분 엄등 대노 호 민생 왈

"群小不知殿下至誠 視若餘事 使老母與小兒得近其側 以生勞疾.
군소 부지 전하 지성 시약 여사 사 노모 여 소아 득근 기측 이생 노질

且侍從內官 皆不更事者也." 怒叱之. 上聞之 命內醫楊弘達醫治之.
차 시종 내관 개 불경사 자 야 노 질지 상 문지 명 내의 양홍달 의치 지

且遣更事內官盧希鳳 以解使臣之怒.
차 견 갱사 내관 노희봉 이해 사신 지 노

乙亥 命戶曹移給科田三分之一于三道忠清 全羅 慶尙道也. 從
을해 명 호조 이급 과전 삼분지일 우 삼도 충청 전라 경상도 야 종

議政府 六曹 功臣 臺諫之議也. 戶曹啓: "今年畿內各品科田與寺社
의정부 육조 공신 대간 지 의 야 호조 계 금년 기내 각품 과전 여 사사

田地 使監司審其損實 以待移給後 公私竝皆收租." 從之.
전지 사 감사 심 기 손실 이대 이급 후 공사 병개 수조 종지

丙子 咸吉 平安道蝗. 宜川蝗蟲甚多損穀 不可勝捕; 朔州土雨凡
병자 함길 평안도 황 의천 황충 심다 손곡 불가 승포 삭주 토우 범

444

三日 黑紅靑三色蟲害稼.
삼일 흑 홍 청 삼색 충 해가

豐海道雨後蝗蟲皆死 不損禾稼. 李成幹回自豐海道 啓曰: "蟲損
풍해도 우후 황충 개사 불손 화가 이성간 회자 풍해도 계왈 충손

甚小 禾稼復蘇."
심소 화가 부소

戊寅 隕霜于安東. 上請使臣宴于廣延樓 使臣以權婆婆所贈綿
무인 운상 우 안동 상 청 사신 연우 광연루 사신 이 권 파파 소증 면

二匹 段二匹 針粉囊欲親授于權宮主 上邀入便殿 宮主出見 使漢女
이필 단 이필 침 분 낭 욕친 수우 권 궁주 상 요입 편전 궁주 출견 사 한녀

三奴爲譯. 宮主還內 使臣出就廣延樓設宴 饋伴人於蓮池上 賜三奴
삼노 위역 궁주 환내 사신 출취 광연루 설연 궤 반인 어 연지 상 사 삼노

米五石. 三奴乃從明王來者也.
미 오석 삼노 내종 명왕 내자 야

命中外禁婚嫁.
명 중외 금 혼가

己卯 通事崔雲回自北京啓曰: "臣等到北京 帝御奉天門召曰: '王
기묘 통사 최운 회자 북경 계왈 신등 도 북경 제 어 봉천문 소왈 왕

好在?' 臣奏好在 帝問之再三. 後禮部尙書奉傳聖旨曰: '國王差
호재 신 주 호재 제 문지 재삼 후 예부상서 봉전 성지 왈 국왕 차

爾 厚意進獻 向國王喜甚喜甚. 定例賞賜外 賜汝分外賞賜.' 仍賜使
이 후의 진헌 향 국왕 희심 희심 정례 상사 외 사 여 분외 상사 잉 사 사

權軫羅衣一襲 兩表裏 鈔五百錠 通事押物各羅衣一襲 一表裏 鈔
권진 나의 일습 양 표리 초 오백 정 통사 압물 각 나의 일습 일 표리 초

二百錠 從人三名各布衣一襲 鈔一百錠. 又會同館裏 見千戶金聲
이백 정 종인 삼명 각 포의 일습 초 일백 정 우 회동관 리 견 천호 김성

告予曰: '白頭山下 陳景 張內史修造寺社 捉貂皮 土豹 松骨鷹 進去
고 여왈 백두산 하 진경 장 내사 수조 사사 착 초피 토표 송골 응 진거

說了.' 金聲又曰: '如今奉勑書 以逃軍招安事 後門外數多軍人率去
설료 김성 우왈 여금 봉 칙서 이 도군 초안 사 후문 외 수다 군인 솔거

將有望賑濟. 我到其處 則必使送一人於國王前 此意轉達.' 金聲
장유 망 진제 아 도 기처 즉 필 사송 일인 어 국왕 전 차의 전달 김성

又曰: '前此我以招安事 後門外歸來. 帝曰: "朝鮮國王 不唯其土
우왈 전차 아 이 초안 사 후문 외 귀래 제왈 조선 국왕 불유 기토

逃歸人 至於他處被擄逃來人 無一不送. 國王至誠其不善乎""'
도귀 인 지어 타처 피로 도래 인 무일 불송 국왕 지성 기 불선 호

庚辰 北風.
경진 북풍

兩使臣遊楊花渡加乙頭 命禮曹供辦. 命吏曹判書沈溫 兵曹判書
양 사신 유 양화도 가을두 명 예조 공판 명 이조판서 심온 병조판서

金漢老 禮曹判書卜季良 工曹判書金汝知 僉摠制元閔生 知申事
김한로　　　예조판서　변계량　　공조판서　김여지　　첨총제　　원민생　　지신사

趙末生等參宴.
조말생　등　참연

命知刑曹事柳穎贖杖七十 都官佐郞權曙贖杖八十 皆收職牒 以
명　지형조사　유영　속장　칠십　도관　좌랑　권서　속장　팔십　개　수　직첩　이

誤決申自守奴婢事也. 自守之父孝昌擊鼓訴之 又命囚禹承珪 以
오결　신자수　노비　사야　자수　지부　효창　격고　소지　우　명수　우승규　이

容隱自守奴婢也. 越七日乃釋之.
용은　자수　노비　야　월　칠일　내　석지

　辛巳 議減平安道田租. 上謂河演曰: "平安道 當農月 使臣適至
신사　의감　평안도　전조　상위　하연　왈　평안도　당　농월　사신　적지

勞民尤甚. 加以蟲蝗 欲減今年租稅 卿等知之." 演對曰: "上敎是矣.
노민　우심　가이　충황　욕감　금년　조세　경등　지지　연　대왈　상교　시의

然蟲損結數 時未知之. 待隨損給損之後 臣等更議租稅 還上量減
연　충손　결수　시　미지　지　대　수손급손　지후　신등　경의　조세　환상　양감

便否啓之."
편부　계지

　癸未 贈貂皮百領于黃儼 又贈金耳環及貝珠一雙. 又遣內官
계미　증　초피　백령　우　황엄　우　증　금이환　급　패주　일쌍　우　견　내관

朴興福 贈狗子各一於兩使臣. 世子亦贈狗子一於黃儼 二於海壽 皆
박흥복　증　구자　각일　어　양　사신　세자　역증　구자　일어　황엄　이어　해수　개

從其求也. 世子贈苧麻布各五匹 三大君苧麻布各四匹于黃儼.
종　기구　야　세자　증　저마포　각　오필　삼　대군　저마포　각　사필　우　황엄

欽問起居使刑曹判書權軫回自北京 獻桂皮二斤 麻黃五斤 旬皮
흠문기거사　형조판서　권진　회자　북경　헌　계피　이근　마황　오근　전피

四領 斜皮四領. 軫啓曰: "臣赴京時 從者衣服等物過多 臣悉搜還.
사령　사피　사령　진　계왈　신　부경　시　종자　의복　등물　과다　신　실　수환

遼東等處人民曰: '朝鮮使臣行負重 故難堪轉輸之苦.' 皇親之行
요동　등처　인민　왈　조선　사신　행　부중　고　난감　전수　지고　황친　지행

車子之多 至於七八." 上曰: "卿言是矣. 憲司雖有故 諫院亦在 且
거자　지다　지어　칠팔　상왈　경언　시의　헌사　수　유고　간원　역　재　차

刑曹推核亦可也."
형조　추핵　역　가야

　議踏驗田地損實. 上曰: "遣敬差官時皆曰: '莫如委觀察使.' 故
의　답험　전지　손실　상왈　견　경차관　시개왈　막여　위　관찰사　고

於丙申年 全委觀察使 又曰: '不如敬差官.' 孰是孰非? 若遣敬差官
어　병신년　전위　관찰사　우왈　불여　경차관　숙시　숙비　약　견　경차관

今已晚矣 宜速差人發遣." 柳廷顯等曰: "遣敬差官不可." 河演曰:
금　이만　의　의속　차인　발견　유정현　등왈　견　경차관　불가　하연　왈

446

"不可委觀察使. 守令皆畏黜陟之法 逢迎其意 以中其望." 上笑而
불가 위 관찰사　　수령 개 외 출척 지 법 봉영 기의　 이중 기망　 상소이

不答.
부답

태종 17년 정유년
8월

八月

갑신일(甲申日) 초하루에 명해 갑사(甲士)의 체번(遞番-번 교체)하는 것을 다시 10월 초1일로 제한했다.

○ 회양(淮陽) 등지에서 금을 캐는 군인을 놓아 보냈다. 이에 앞서 삼군도진무(三軍都鎭撫)·병조참판(兵曹參判) 및 지신사(知申事)를 불러 추등 강무(秋等講武-가을 사냥)할 장소와 거둥할 시기를 토의하고, 마침내 말했다.

"평강(平康)은 봄이 좋으냐, 가을이 좋으냐?"

모두 말했다.

"가을이 좋습니다. 9월 24일에 거둥하실 수 있겠습니다."

드디어 평강으로 정하고 금을 캐는 군인을 장차 몰이꾼[驅軍]으로 쓰려고 놓아 보내서 쉬게 한 것이다.

을유일(乙酉日-2일)에 지신사(知申事) 조말생(趙末生)을 보내 두 사신에게 문안하고, 각각 12승(升) 저마포(苧麻布)를 아울러 20필, 11승 저마포를 아울러 20필, 인삼(人蔘) 30근(斤), 만화방석(滿花方席)·만화침석(滿花寢席)을 아울러 12장(張), 석등잔(石燈盞) 1개, 염주(念珠) 100관(貫), 유의(襦衣) 일습(一襲)과, 광견한삼(廣絹汗衫)·광견협군(廣絹裌裙)·초피허흉(貂皮虛胸)·초피관(貂皮冠)·초피이엄(貂皮耳掩)·초피리홍단자호슬(貂皮裏紅段子護膝)·표피리흑녹비화(豹皮裏黑鹿皮靴)·

정구흑사피투(精具黑斜皮套)·이피리백녹피분투(狸皮裏白鹿皮分套) 각각 하나씩을 내려주었다. 정비(靜妃)가 내관(內官)에게 명해 두 사신에게 각각 세마포(細麻布) 8필, 저포(苧布) 7필을 주었다. 황엄(黃儼)의 반인(伴人) 황귀(黃貴) 등 열 사람, 해수(海壽)의 반인 유신(劉信) 등 열 사람에게 모두 저마포 각 1필, 유의(襦衣) 일습을 내려주었다.

병술일(丙戌日-3일)에 겸 지형조사(知刑曹事-형조 지사) 유영(柳穎)과 도관 정랑(都官正郎) 하형(河迥)·최심(崔潯), 도관 좌랑(都官佐郎) 권서(權曙)·유상지(兪尙智) 등을 의금부(義禁府)에 가두었다. 한월(韓鉞) 등이 북을 쳐서, 유영 등이 지연하고 결절(決絶)하지 않는다고 호소한 때문이다. 의금부가 율(律)에 따라 아뢰니, 명해 유영은 장(杖) 70대, 권서는 장(杖) 80대를 각각 속(贖) 받게 하고 나머지는 모두 논하지 말라고 했다.

○ 함길도 병마도절제사(咸吉道兵馬都節制使) 이지실(李之實)이 마노석(瑪瑙石) 16두(斗)와 부싯돌[燧石] 하나를 바쳤다. 골간올적합(骨看兀狄哈)이 거주하는 곳에서 얻은 것이다. 명하여 상의원(尙衣院)에 내렸다.

○ 상이 태평관(太平館)에 가서 사신을 전별(餞別)했다. 황엄(黃儼)이 원민생(元閔生)을 시켜 아뢰어 말했다.

"내가 거친 면포(綿布) 999필을 의주(義州)에 두고 왔는데, 이것으로 종이 싣는 말과 바꾸려고 합니다. 내가 강제로 주면 바꿀 수는 있으나, 주군(州郡)의 수령이 죄를 범할까 두려워서 그대로 두고 왔습니다. 늙은 사람이 전하(殿下)를 향하는 마음과 전하가 늙은 사람을 향하는 마음이 어찌 한량이 있겠습니까? 말 1필에 면포 5필이 시가(時價)인데, 나는 말 1필에 반드시 25필로 값을 주겠습니다."

상이 들어주지 않으려다가 조금 뒤[俄而]에 뜻을 전해 말했다.

"이것은 말 40필에 불과하다. 만일 이 사람의 말을 들어주지 않으면 반드시 앙심을 먹을 것이니, 그 사세(事勢)가 어려운 이유를 분명히 말하기를 '압록강(鴨綠江)부터 강계(江界)까지 지경이 야인(野人)과 붙어 있어 변경을 방수(防戍)하는 자가 하루도 말이 없을 수 없고, 또 두 나라 사이에 성지(聖旨)가 없으면 사사로이 주고받을 수 없으며, 또 그 지방에는 말이 산출되지 않으니 거민(居民)들이 모두 평양(平壤) 이남에서 사가니, 만일 평양 민간에서 바꾼다면 가하다'라고 하라."

민생(閔生)이 그대로 모두 엄(儼)에게 고하니, 엄이 기뻐해 말했다.

"이후에 만일 늙은 사람이 다시 이곳에 온다면 터럭 1개도 구하지 않겠습니다. 내가 만일 거짓말을 한다면 황천(皇天-저 하늘)이 증거할 것입니다."

상이 마침내 병조(兵曹)에 명해 평양부(平壤府)의 민간 말 40필을 바꿔주었다.

○ 예조좌랑(禮曹佐郎) 김효정(金孝貞)이 아뢰어 말했다.

"신이 후운(後運-뒤에 보내는 것)의 각색 종이를 가지고 사신관(使臣館)에 이르러 먼저 황엄(黃儼)에게 고하니, 엄(儼)이 말하기를 '종이 수가 너무 많으니 그대가 전후를 통해 계산해서 총수(總數)를 1만 장으로 하고, 그 나머지는 그대가 도로 싸가고 해수(海壽)에게는 알리지 말라'고 했습니다. 해수(海壽)가 종이 수를 물으며 단자(單子)[1]를 재촉하는데, 엄이 마침 목욕하러 들어가는 것을 보고 살그머니 엄에게 고하니, 엄이 말하기를 '단자에는 1만 장이라고만 쓰는 것이 좋겠다'라고 하므로 엄의 말대로 1만 장이라고만 썼습니다. 엄이 몰래 사람을 시켜 신에게 말하기를 '200장은 영접도감(迎接都監)에 숨겨두라' 하고 또 말하기를, '전하의 지성(至誠)이 이러하나, 이 종이를 다 바치면 뒤에 오는 자가 반드시 이 숫자를 모방할까 두려우므로 남은 종이는 지금 놀려보낸다'라고 했습니다. 납입하는 종이 수를 단자에 기록한 수보다 조금 더했는데, 엄이 해수에게 이르기를 '숫자를 더한 까닭은 반드시 우리가 정밀하게 선택하리라 여겨 그런 것이다'라고 하고는 남은 종이는 다 돌려보냈습니다."

두터운 종이 각 40장을 두 사신에게 주니, 사신들이 심히 기뻐했다.

엄(儼) 등이 사사로이 저자를 두어 시리(市利)를 그물질하고, 또 오늘은 아무 물건을 요구했다가 명일은 또 아무 물건을 요구하는 것이 반인(伴人)까지도 그러했으니, 초피(貂皮)·마포(麻布)·석자(席子)·지지(紙地)·인삼(人蔘), 심지어는 초(酢)·젓갈까지 요구하지 않는 것이 없었다. 유사(有司)가 견딜 수 없었으나 상이 (원칙을) 굽혀서[曲] 이를 따랐으니, 운반하는 인부가 1,000여 명에 이르렀다. 영접도감 판관(迎接都監判官) 고약해(高若海)가 사람들이 사사로이 통해서 매매하는 것을 금지하니, 사신이 크게 노해 약해(若海)에게 장(杖)을 쳤다.

---

1 남에게 물건을 보낼 때 물건의 수량이나 보내는 사람의 성명을 적은 종이를 말한다.

무자일(戊子日-5일)에 사역원 주부(司譯院注簿) 김중저(金仲渚)를 평안도(平安道)에 보냈다. (그에 앞서) 평안도 도순문사(平安道都巡問使)가 치보(馳報)했다.

'흠차관(欽差官) 선재(善財=陸善財)가 두목(頭目) 두 사람을 거느리고 이달 초2일에 의주(義州)에 도착했는데, 황엄(黃儼)·해수(海壽) 두 사신이 출발하기 전에 도달하려 해 밤낮을 가리지 않고 왔습니다.'

그래서 중저를 보내 그 소식을 알아보았더니, 대개 처녀가 입조(入朝)하는 것을 독촉하기 위한 것이었다.

기축일(己丑日-6일)에 사신 황엄(黃儼)·해수(海壽)가 한씨(韓氏)·황씨(黃氏)를 데리고 돌아가는데, 한씨의 오빠 부사정(副司正) 한확(韓確, 1400~1456년)[2], 황씨의 형부 녹사(錄事) 김덕장(金德章), 근수(根

---

2 이때인 1417년(태종 17년) 진헌부사(進獻副使)가 돼 노구산(盧龜山) 등과 함께 명나라 성조(成祖)의 후궁으로 선발된 황씨(黃氏)와 누이를 호송했다. 누이가 여비(麗妃)로 책봉되자 명나라의 광록시소경(光祿寺少卿)에 제수됐다. 1418년 세종이 즉위하자 승습사(承襲使)로 명나라에 들어갔고, 1419년(세종 1년) 1월 명나라의 책봉사(冊封使)가 돼 부사인 홍로시승(鴻臚寺丞) 유천(劉泉)과 함께 귀환했다. 1420년 1월 광록시소경으로서 예조참판 하연(河演)과 함께 명나라에 가서 태종 이래 추진했던 금과 은의 공물 면제를 허락받고 귀국했다. 1424년 명나라 성조가 북정(北征) 도중 유목천(楡木川)에서 죽자 여비도 자결했다. 그러자 명나라에서는 또 그의 누이동생을 선종(宣宗)의 후궁으로 간선했다. 그래서 1429년 조종생(趙從生)과 함께 진헌사로 명나라에 다녀왔다. 이후 명나라 사신이 입국할 때마다 선위사(宣慰使)로 파견돼 접대했다. 1435년 행중추원부사·지중추원사 등을 거쳐 1438년 중추원사, 1439년 판한성부사·경기도관찰사 등을 역임했다. 1440년 병조판서·함길도도관찰사 등을 지냈고, 1443년 동지중추원사로 의금부제조를 겸했다. 1446년까지 이조판서를 역임하면서 인사에 공정을 기해 자못 명망이 있었다. 1446년 판중추원사가 되고, 이듬해 평안도도관찰사 겸 평양윤으로 파견됐으며, 1448년에는 병마절도사까지 겸임했다. 1450년(문종 즉위년) 판중추원사를 지냈고, 이듬해 사은사로 명나라에 다녀왔다. 1452년(단종 즉위년) 좌찬성이 됐고, 1453년 계유정난 때 수양대군(首陽大君)을 도와 정난공신 1등에 책록되고 서성부원군(西城府院君)에 봉해졌다. 1455년(세조 1년) 좌의정이

隨)하는 시녀(侍女) 각 6인, 화자(火者-환관) 각 2인이 따랐다. 길옆에 보는 자 중에서 눈물을 흘리지 않는 이가 없었다.

○ 상이 모화루(慕華樓)에 나가 전송하고, 그 참에 두 사신에게 말 1필을 각각 내려주었다. 황엄(黃儼)이 사현(沙峴-모래내)을 넘는 도중에 통사(通事) 김시우(金時遇)에게 일러 말했다.

"너희 나라의 뛰어난 임금[賢王]으로 예전에 기자(箕子)·왕건(王
　　　　　　　　　　　현왕
建)을 일컫는데, 지금 임금의 뛰어난 임금다움[賢德]은 그들을 넘어
　　　　　　　　　　　　　　　　　　　　　　　　현덕
서기 때문에 황세의 권고(眷顧)가 특별히 두텁다."

○ 진헌사(進獻使) 도총제(都摠制) 노구산(盧龜山), 주문사(奏聞使) 첨총제(僉摠制) 원민생(元閔生)을 보내 중국 경사(京師)에 가게 했는데, 각각 모관(毛冠)과 갓 하나, 화(靴-가죽신) 하나를 주었고 다시 민생에게는 이피허흉(狸皮虛胸)을 내려주었다.

○ 도총제(都摠制) 유습(柳濕)에게 명해 선온(宣醞-술)을 가지고 선사신(善使臣-육선재)의 행차에 가게 했다. 선천사(善天使)가 초현역(招賢驛)에 이르러 황(黃)·한(韓) 양씨(兩氏)를 보고는 돌아가니, 그 가는 것이 심히 빨랐다. 저포(苧布)·마포(麻布)를 각각 10필씩 주고, 반인(伴人) 두 사람에게도 각각 2필씩 내려주었다.

○ 왜적이 우산도(于山島)·무릉도(武陵島)를 노략질했다.

되고 좌익공신 1등에 올라 서원부원군(西原府院君)에 다시 봉해졌다. 1456년 사은 겸 주청사로 명나라에 가서 세조의 왕위찬탈을 양위라고 설득했다. 귀국 도중 사하포(沙河浦)에서 졸했다. 두 누이가 명나라 성조와 선종의 총애를 받음을 계기로 현달했지만, 넓은 도량과 온순하면서도 대범한 성품으로 상하의 신망이 있었다. 명나라 황실과의 유대와 공정하고 결단성 있는 정사로 외교와 내치에 크게 공헌했다. 1470년(성종 1년) 세조묘에 배향됐다.

신묘일(辛卯日-8일)에 환자(宦者) 정사징(鄭思澄)을 베었다[斬].

사징(思澄)은 고려(高麗) 공양왕(恭讓王) 때부터 환자(宦者) 같지
않다[不類=不似]는 말이 있었는데, 또 회안대군(懷安大君)의 첩과 간
통했고, 인덕궁(仁德宮-상왕)을 섬기면서 시녀(侍女) 기매(其每)와 간
음했다. 기매는 상왕(上王)의 본궁(本宮) 여종이었다. 상왕이 알고 기
매를 내치니 사징이 도망쳤는데, 이때에 이르러 붙잡히자 곧바로 베
었다. 의금부 제조(義禁府提調)에서 기매를 아울러 베자고 청하니 상
이 말했다.

"기매는 상왕에게서 아이를 배어 자식을 낳았으니 차마 못 하
겠다."

제조(提調) 등이 청해 말했다.

"기매가 이미 죄를 얻어 쫓겨났으니, 상왕인들 어찌 아끼겠습
니까?"

상이 옳다고 여겨 장차 베려 하다가, 결국 상왕의 명 때문에 과연
베지 못했다.

○ 전 판사역원사(判司譯院事-사역원 판사) 설내(偰耐)를 선천사(善天
使)의 행차에 보내 모의(毛衣)·모관(毛冠)과 옷 일습(一襲)을 주고, 두
반인(伴人)에게도 각각 옷 1벌을 내려주었다.

○ 의정부 찬성(議政府贊成) 정구(鄭矩)가 사직했으니 풍병 때문
이다. 상이 허락하고, 내약(內藥-내의원에서 조제한 약)을 주고 전의감
(典醫監)에 명해 치료하게 했다.

계사일(癸巳日-10일)에 호조(戶曹)에 명해 각 품 과전(科田)과 사사전지(寺社田地)를 마땅함을 헤아려 옮겨서 지급하게 하고, 정(丁)[3]을 허물어뜨려 전제(田制)를 문란하게 하지 말라고 경계시켰다.

○ 사헌부(司憲府)에서 집의(執義) 권상온(權尙溫)을 탄핵했다. 상온(尙溫)이 내자윤(內資尹)으로 있을 때 바야흐로 주금(酒禁-금주령)이 있는데, 객(客) 두세 사람과 상기(上妓) 등을 불러[速=召] 본시(本寺)에서 모여 술을 마셨다. 이때에 이르러 헌사(憲司)에서 탄핵하니 상온이 대답해 불렀다.

"상기(上妓)는 내가 부른 것이 아니라, 장령(掌令) 김자(金赭)가 직관(直館)으로 있을 때 감찰방(監察房)에서 모여 술을 마시다가 그 참에 마침 데리고 온 기생이다."

이에 장령 김자와 감찰 등이 모두 피혐(避嫌)하고 사진(仕進)하지 않았다. 일을 임금에게 아뢰니, 상이 형조에 명해 추핵(推核)하여 아뢰게 했다. 장령(掌令) 이하(李賀)가 상온과 틈이 있어, 동관(同官)이 되지 않으려고 모의를 주도해서[主謀] 탄핵한 것이었다.

갑오일(甲午日-11일)에 환자(宦者) 김용기(金龍奇)를 함길도(咸吉道)에 보냈다. (그에 앞서) 도순문사(都巡問使)가 치보(馳報)했다.

'안변부(安邊府) 남천(南川)에 빗물이 크게 넘쳐[漲溢=漲滿] 집 5채가 떠내려가고 빠져 죽은 자가 30인입니다.'

---

3 토지의 넓이를 헤아리는 단위다. 『세종실록』 제103권을 보면, "5경(頃)을 1자정(字丁)이라 한다"라고 했다.

상이 용기(龍奇)에게 명해 말했다.

"안변(安邊)의 수령(守令)은 비록 소나기[驟雨]라 하더라도 사람을 시켜 급히 구제하는 것이 마땅했고, 또 의천(宜川)·문천(文川)의 수령은 이미 익은 곡식을 급히 수확(收穫)했어야 하며, 도순문사 또한 독촉해서 수확하게 했어야 할 것인데, 모두 염려하지 않아서[不慮] 사기(事機)를 잃었다. 네가 가서 이 뜻을 이르고 안변군·의천군·문천군 수령의 초사(招辭)를 받아 오라."

○ 일본국(日本國) 삼주자사(三州刺使)의 사인(使人)이 와서 토산물을 바쳤다. 상이 그것들을 가지고서, 지신사(知申事) 조말생(趙末生)에게 사성각(四星角) 하나, 도금 주선자(鍍金酒旋子) 하나, 등상(藤箱) 하나를 주었고, 우대언(右代言) 하연(河演), 좌부대언(左副代言) 김효손(金孝孫), 우부대언(右副代言) 원숙(元肅)에게 각각 황각(黃角) 하나, 주선자 하나, 상자 하나를 주었고, 좌대언(左代言) 윤사영(尹思永)과 동부대언(同副代言) 최부(崔府)에게 각각 황각 하나, 주선자·자연(紫硯)·붓을 주었고, 내속고치(內速古赤) 등에게도 내려주었다.

을미일(乙未日-12일)에 상왕(上王)이 추석제(秋夕祭)를 건원릉(健元陵)에서 거행했다. 상이 상왕을 동교(東郊)에서 맞아 잔치를 베풀고 대소 신료(大小臣僚)에게 술과 안주를 내려주었다. 잔치가 끝나자 두 임금은 매사냥하는 것을 구경했고, 기생과 풍악이 앞에서 이끌었다. 병조판서(兵曹判書) 김한로(金漢老), 광록경(光祿卿) 권영균(權永均)에게 각각 매 1련(連)을 내려주었다.

○ 지단천군사(知端川郡事-단천군 지사) 김여하(金慮遐)를 의금부(義

禁府)에 가두었다.

애초에 여하(慮遐)가 강회중(姜淮仲)의 차견(差遣-파견)함을 받아 장온(張蘊)이 범한 것을 조사해 묻는데, 여하가 회중(淮仲)의 뜻에 맞춰 온(蘊)의 죄를 얽어 만들어서 보고했다.

'온(蘊)이 군사를 거느리고 저 땅으로 들어가서 오지 않습니다.'

이때에 이르러 온에게 물으니, 온이 말했다.

"경내(境內)의 화곡(禾穀)의 형지(形止-형편)와 잡사(雜事)를 다니며 살피는 일 때문에 부근 지역에 잠깐 나갔었습니다. 여하는 내가 갔다가 돌아오는 것을 기다리지도 않은 채 군사를 모아놓고 항복하지 않는다고 거짓 보고한 것입니다."

이에 명해 여하를 가두고 대질해 바로잡도록 하니[對正=對質], 여하가 밤에 도망쳤다. 마침내 당직(當直) 도사(都事) 이문간(李文幹)을 가두고, 의금부(義禁府)로 하여금 끝까지 수색해 붙잡게 했다.

○ 김빈길(金贇吉)의 아들 하(何)가 글을 올렸는데 대략 이러했다.

'신은 어렸을 때부터 처부(妻父-장인) 장합(張合)과 함께 살아왔는데, 아비의 과전(科田)을 휼양전(恤養田)'으로 먹었습니다. 신의 나이 이미 18세가 돼 상은(上恩)을 입어 8품직을 받았는데, 호조(戶曹)에서 직(職)에 준해 과전을 주고 남은 전지를 다른 사람에게 허락하려 하니 걱정이 심합니다. 신의 나이 20세가 되지 못했으니, 빌건대 주어서 휼양하게 하소서. 만일 휼양하는 것이 공사(公事)에 해가 된다면, 처부는 다만 과전 5결(結)을 받았으니 빌건대 처부의 과전에 옮

---

4 나라에서 나이 어린 아이들을 보호하기 위해 지급하는 토지를 말한다.

겨주소서.'

대언(代言) 하연(河演)이 아뢰니, 상이 말했다.

"전제(田制)는 허물어뜨릴 수 없다. 만일 김빈길(金贇吉)이 국가에 공이 있다면 그 자손을 먹여주어도 해로울 것이 없지마는, 처부(妻父)에게 옮겨준다는 말은 이것이 무슨 법인가? 경 등은 어째서 시비를 살피지 않고 아뢰는가?"

이어서 승정원(承政院)에 명해 휼양(恤養)하는 편부(便否)를 토의하게 했다.

조말생(趙末生)이 아뢰어 말했다.

"입법(立法)하는 일은 억설(臆說)로 아뢸 수 없습니다. 청컨대 주장관(主掌官)에 내려 토의하게 하소서."

명해 육조(六曹)에 내려 실상에 맞춰 토의하게 했다[擬議].
_{의의}

○ 원윤(元尹)[5]의 작질(爵秩)을 토의했다. 상이 말했다.

"대군(大君)·원윤(元尹)의 명칭은 어떻게 해서 이름 지은 것인가? 이들은 모두 나의 소생이다. 그러나 지금 정궁(正宮)에 이미 세자(世子)가 있고, 세자가 또한 아들이 있고, 또 세 대군(大君)이 있다. 만일 세자와 대군이 없으면 원윤을 과연 그 직(職)에 국한할 것인가? 이것은 참으로 두루 통하지 않는다. 나의 이 말은 원윤에게 두텁게 하는

---

5 고려 초에는 종친을 원군(院君)·대군(大君)이라 칭했으며, 1012년(현종 3년)에 종실제군(宗室諸君)을 공(公)·후(侯)로 봉하고 그 이하를 원윤·정윤(正尹)이라 했다. 그 뒤 1298년(충렬왕 24년)에 충선왕이 종실의 관제를 개혁했는데, 대군·원군은 정1품, 제군(諸君)은 종1품, 원윤은 정2품, 정윤은 종2품이었다. 1390년(공양왕 2년)에 원윤·정윤은 나이 15세가 되어야 제수하도록 했고, 나이가 차지 않으면 임명됐더라도 녹을 받지 못하게 했다.

것이 아니라 공통된 논의다. 이 일을 일찍이 하륜(河崙)·이숙번(李叔蕃)·황희(黃喜)와 토의한 바 있다. 륜(崙)은 이미 죽었고 숙번(叔蕃)은 폄소(貶所-유배지)에 있으니, 예관(禮官)을 황희에게 보내 묻는 것이 좋겠다. 옛날부터 제왕(帝王)이 정궁(正宮-제왕의 본부인)에게서 후사(後嗣)가 없는 일이 한두 번이 아니었으니, 한(漢)나라·당(唐)나라 때도 궁인(宮人)의 아들로서 임금 된 자가 있었다. 만일 다만 원윤(元尹)만 있다면 대위(大位)를 누가 차지할 것인가? 이씨(李氏)의 사직(社稷)을 개국해서 처음 입법(立法)하는 시초에, 염려하지 않을 수 없다. 경 등은 마땅히 자세히 살피어 예전 예(例)를 상고해서 정하라. 지금은 원윤(元尹)의 서열이 총제(摠制) 밑에 있으니 옳겠는가?"

마침내 예조정랑(禮曹正郎) 이종규(李宗揆)를 보내 평안도 도순문사(平安道都巡問使) 황희에게 물었다.

병신일(丙申日-13일)에 의정부·육조에 명해 중국 조정에서 나온 장 내관(張內官)을 접대하는 편부(便否)를 토의했다.

갑산 첨절제사 진무(甲山僉節制使鎭撫) 맹옥(孟玉)이 와서 고했다.

"이달 초하루에 동량북(東良北) 지방에 나온 중국 내관(內官) 장신(張信)이 목호리대(睦好里大) 등 6명을 보내 갑산에서 4일정(日程) 되는 가사동구자(加舍洞口子)에 와서 말하기를, '장대인(張大人)이 양마(良馬)를 교역(交易)할 것과 마료(馬料)와 청석려(靑石礪)를 찾아서 돌아갈[覓歸] 일 때문에 군마(軍馬)를 거느리고 이달 그믐께 갑산군(甲山郡)에 나온다'라고 했습니다. 만일 장 대인이 들어오면 허접(許接-

접대)하는 여부를 어떻게 조처하겠습니까?"

의정부·육조에 명해 함께 토의하게 했다. 계문(啓聞-아뢴 말이나 글)은 이러했다.

"마천(磨遷)에 와서 머물러 있는 장내관(張內官)이 만일 우마를 교역하는 것과 말의 양료를 청구하는 일을 빙자해서 경내에 들어오면, 구자(口子)를 파수하는 사람들이 마땅히 말하기를 '만일 성지(聖旨)가 있고 또 국가의 명이 있으면 허접(許接)할 수 있지만, 성지가 없는데 허접하는 것은 불가하다' 하고, 만일 혹시 강제로 들어오면 첨절제사(僉節制使)가 사람을 시켜 말하기를 '대인(大人)이 성지가 없이 경계를 넘은 것이 불가하고, 나 또한 전하의 명이 없이 사사로이 서로 접대하는 것은 불가하다'라고 한 뒤 첨절제사가 현신(現身)하고 진퇴하는 일이 없이 다만 대략 주육(酒肉)을 갖추고 쌀·콩 각 10여 두(斗)를 갖고서 적당한 사람을 보내 증유(贈遺)하면서 그 참에 말하기를 '이것은 나의 분수 안에 있는 물건이다'라고 하고, 만일 또 거느리고 온 인마(人馬)의 양료를 청하거든 마땅히 대답하기를 '국가의 쌀과 콩은 비록 1말 1되라도 신하 된 자로서 임의로 출납할 수 없다'라고 해서, 의리에 의거해 대답하되 '성자(城子)의 수호(守護)를 가볍게 하지 말고 사기에 따라 응변하라'라고 하소서."

마침내 병조(兵曹)에 명해 두 건(件)을 써서, 한 건은 평안도(平安道)에 보내고 한 건은 맹옥(孟玉)에게 주어 함길도(咸吉道)에 보냈다.

○ 형조(刑曹)에서 권상온(權尙溫)·김자(金赭)와 감찰(監察) 등의 죄를 조사해 아뢰니, 궁중에 머물러 두고 (해당 부서에) 내리지 않았다.

○ 장령(掌令) 이하(李賀)를 불러 직에 나오게 했다.

무술일(戊戌日-15일)에 상이 건원릉(健元陵)에 나아가 추석제(秋夕祭)를 거행했다.

기해일(己亥日-16일)에 일을 아뢰는 여러 경(卿)에게 음식을 제공했다. 여러 경이 모두 일어나서 앞으로 나와 하례해 말했다.

"상께서 지성으로 대국(大國)을 섬기어 국가에 일이 없으니, 신민(臣民)의 복입니다."

상이 말했다.

"내가 부덕(否德)한 몸으로서 정성을 다해[極殫悃愊] 중국을 섬
극탄 곤핍
겼다. 지나간 일은 이러했지만 오는 일이야 알기가 어렵다. 정성이 조금만 부족하면 흔단(釁端-틈이 생김)이 반드시 생길 것이니 두렵지 않겠는가?"

○ 판부사(判府事) 이원(李原)에게 매 1련(連)을 주었다.

○ 형조판서(刑曹判書) 권진(權軫)을 의금부(義禁府)에 내렸다.

의금부에서 아뢰었다.

"진(軫)이 전라도 도관찰사(全羅道都觀察使)로 있을 때 제주(濟州) 도적 중에서 옥에 갇혀 있는 자가 있었는데, 죄가 응당 사유(赦宥)를 받아야 할 것인데도 석방하지 않고 옥에 체류시켰습니다. 청컨대 진과, 그때의 제주목사(濟州牧使) 오식(吳湜)과, 제주 판관(濟州判官) 차유(車有)를 아울러 본부(本府)에 내려 그 연유를 국문하소서."

상이 말했다.

"말하지 말라. 이러한 일로 차마 대신을 가둘 수 있겠는가?"

제조(提調) 이원(李原)이 말했다.

"상의 분부가 옳으나, 위의 도적이 본래 6인인데 두 사람은 도망하고 두 사람은 옥에서 죽고 두 사람은 상은(上恩)을 입어 방면됐으니, 그때에 석방해 내보냈으면 두 사람도 죽지 않았을 것입니다. 이것이 신 등이 감히 청하는 이유입니다."

상이 말했다.

"죄의 경중을 율(律)에 따라서 아뢰어라. 내가 진실로 처리하겠다."

제서(制書)에 상고하니 율에 어긋남이 있었다. 상이 말했다.

"죄가 있다 해도, 어찌 다시 가둘 필요가 있겠는가?"

원(原) 등이 아뢰어 말했다.

"의금부(義禁府)에 내려 초사(招辭)를 받는 것이 옳겠습니다."

상이 그것을 따랐다가 이튿날 풀어주고, 오식(吳湜)과 차유(車有)는 등수를 줄여 장(杖) 60대를 속(贖) 받았다.

경자일(庚子日-17일)에 편전(便殿)에 나아가 정사(政事)를 보았다. 상이 유정현(柳廷顯) 등에게 일러 말했다.

"병신년(丙申年-1416년)에 가뭄이 대단히 심했는데, 변계량(卞季良)이 원단(圓壇)⁶에 기우(祈雨)하자고 진언(陳言)하고 글을 올렸다. 말이 심히 간절하므로 내가 비를 바라는 지극한 마음에 그 청을 들어 따랐는데, 지금 삼국사(三國史)를 보니 제후(諸侯)로서 원단제(圓壇祭)를 행하는 것은 옳지 않다."

---

6 하늘에 제사를 지내는 곳을 말한다.

변계량이 대답했다.

"전조(前朝-고려)에서 원단제(圓壇祭)를 행했으니, 그 유래가 오래 됐습니다. 전조에서도 어찌 상고한 것이 없었겠습니까? 심한 가뭄을 당해 하늘에 기도해서 비를 비는 것은 신의 뜻으로는 옳다고 생각합니다."

상이 말했다.

"내가 삼국사(三國史)를 두루 보았는데, 제후로서 참람(僭濫)한 예(禮)를 행한 것을 그르게 여기지 않은 것이 없다. 또 노(魯)나라의 교체(郊禘)를 성인(聖人-공자)이 그르게 여겼으니, 예로부터 내려오면서 아랫사람으로서 참례(參禮)를 행하고서 경사(經史)에 옳게 나타난 것은 없다. 내가 가뭄을 당해 비를 빌기는 하지만, 내 뜻에 비를 빌면 하늘이 반드시 비를 내린다고 생각하는 것은 아니다. 가뭄을 당해 비를 비는 것은, 이미 성법(成法)이 있으니 감히 무심하지 못하는 것이다. 알지 못해서 잘못한 일은 할 수 없지만, 옳지 않은 것을 안다면 비록 털끝만치라도 하고자 하지 않는다."

김한로(金漢老)가 대답했다.

"신 등도 또한 이와 같이 하고자 할 뿐입니다."

○ 예빈 소윤(禮賓少尹) 변계손(卞季孫)을 강원도에 보냈다. (이에 앞서) 강원도 도관찰사(江原道都觀察使) 이백지(李伯持)가 보고했다.

'이달 초5일부터 8일까지 큰비가 내리고 또 바람이 불어서 육지로 물이 30리를 넘치어, 통천(通川) 민호(民戶)가 표류(漂流)한 것이 5채이고 빠져 죽은 남녀가 모두 15명이며, 고성포(高城浦)에 정박한 군선(軍船) 2척이 표류하는 큰 나무와 충돌해 파선되어 군인 10구(口)

466

가 빠져 죽었고, 또 회양(淮陽) 임내(任內) 장양현(長楊縣)에 3호(戶)가 표류하고 두 사람이 빠져 죽었습니다.'

상이 노해 말했다.

"통천군수(通川郡守) 강자명(姜自明)은 큰비를 당해 물가의 민호(民戶)를 미리 옮기지 못했고, 고성포 만호(高城浦萬戶)는 미리 병선(兵船)을 붙잡아 매지 못해 인명(人命)을 빠져 죽게 했으니, 모두 법을 받드는 뜻이 없다."

명해 변계손(卞季孫)을 보내 안문(按問)하게 했다.

임인일(壬寅日-19일)에 사헌부(司憲府)에 명해 무패응자(無牌鷹子-패 없이 매를 가지고 다닌 것)를 금지하고, 비록 대궐 안의 매라도 패가 없으면 비응(臂鷹-매를 팔뚝에 받치고 다니는 것)하는 자의 죄를 논했다.

계묘일(癸卯日-20일)에 유사눌(柳思訥)을 함길도 도순문사(咸吉道都巡問使)로 삼고 권만(權蔓)을 경상도 병마도절제사(慶尙道兵馬都節制使)로 삼았다. 사헌 집의(司憲執義) 성엄(成揜)이 아뢰어 말했다.

"유사눌이 일찍이 경상도 감사(慶尙道監司)의 직책을 받았으므로 이미 청해 파면했는데, 지금 또 순문(巡問)의 직임(職任)을 제수하시니 신 등은 잘못이라고 생각합니다."

상이 한참 말이 없다가, 육조가 나가기를 기다려서 대언(代言) 등에게 가르쳐 말했다.

"집의(執義)가 일을 아뢸 때 내가 말하지 않은 것을 경들은 아는가? 내가 성질이 급해서 육조가 있을 때 발언을 극단으로 말할 폐단이 있기 때문에, 감히 말을 하지 않은 것일 뿐이다. 헌사(憲司)에서 어째서 이런 일을 아뢰는가? 사눌(思訥)이 감사가 되었을 때 파면하기를 청하고, 총제(摠制)의 직을 제수할 때는 말하지 않다가 순문사(巡問使)를 제수하자 또 파면하기를 청하니, 그 까닭이 무엇인가? 그러나 이것도 역시 언관(言官)이 마땅히 할 일이겠지만, 내가 말하지 않은 것도 까닭이 있는 것이다. 이제부터 이러한 일을 아뢰는 자가 있으면 내가 반드시 내치고 대답하지 않겠다. 경들은 그리 알라. 사눌이 지신사(知申事)로서 장죄(杖罪)를 속(贖) 받고 귀양보내게 했으니, 처벌이 그만하면 실로 족하다. 죄가 있으면 죄를 주고, 허물을 고치면 쓰는 것이 어찌 사심(私心)인가? 대언으로 있을 때 내가 혹 연거(燕居-평소 거처함)에서 접견해 대접하기를 친하고 믿었으니, 친하고 믿는 사람을 쓰지 않고 어찌하겠느냐? 일찍이 지신사를 지낸 사람은 모두 불차탁용(不次擢用)[7]해 다른 사람은 모두 육조에 들어갔으니, 만일 사눌을 판서(判書)에 탁용하면 헌사(憲司)에서 또한 어찌하겠는가? 내가 공신을 쓰는 것은 국가를 위하는 것이지만, 비록 공신이 아니라도 쓰임이 있는 재주는 내가 반드시 쓴다. 이러한 사람을 버리고 또 어떤 사람을 쓰겠는가? 나의 말을 가지고 말하지 말고, 경 등이 사사로이 말해 집의(執義)로 하여금 알게 하라."

조말생(趙末生) 등이 말했다.

"상의 가르침이 크게 옳습니다. 신 등도 집의를 그르게 여깁니다. 죄가 있어도 개과천선(改過遷善)하면 쓰는 것이니, 어찌 감히 일호(一

─────────

7 관계(官階)의 차례를 밟지 아니하고 벼슬에 올려서 쓰는 것을 말한다.

毫)의 사의(私意)가 있겠습니까?"

상이 말했다.

"내가 선을 좋게 여기고 악을 미워하는 것[善善惡惡][8]을 행하지 못

하겠는가? 나는 실로 선을 좋게 여기고 악을 미워한다."

○ 여연(閭延)을 강계(江界)에 붙이고 익천호(翼千戶)[9] 2원(員)을 차

하(差下)했다.

병조(兵曹)에서 아뢰어 말했다.

"여연의 천호(千戶)들이 권차(權差)로서 생활을 돌아보지 않고 여

러 해 동안[長年] 방어하니, 그 노고를 견디지 못합니다. 빌건대 이

군(郡)을 강계에 붙이고, 도중(道中)에 익천호 2원을 차하(差下)하는

것이 어떠하겠습니까?"

그것을 따랐다.

○ 경상도(慶尙道) 다대포(多大浦)에 만호(萬戶)를 차견(差遣)했다.

병조(兵曹)에서 수군 도절제사(水軍道節制使)의 정문(呈文)에 의거

해 아뢰었다.

"다대포가 좌우도(左右道)의 중앙에 왜적이 서로 바라보이는 요해

(要害)의 땅에 있으니, 마땅히 병선을 정박하고 만호를 차견하소서."

---

8 사마천의 『사기(史記)』 「태사공자서(太史公自序)」에 나오는 말이다.

9 익군(翼軍)을 거느리는 천호(千戶)를 말한다. 조선조 때 함길도(咸吉道)와 평안도(平安道)
   는 군익도(軍翼道)를 두었는데, 이는 여러 군현(郡縣)을 중(中)·좌(左)·우(右)의 익(翼)으
   로 나눠 설치한 방어 체제였다. 여연은 강계도(江界道)의 중익(中翼)이었다.

그것을 따랐다.

○ 전의 주부(典醫注簿) 박윤덕(朴允德)과 검교 한성윤(檢校漢城尹) 양홍달(楊弘達)을 힐문하라고 명했다. 상이 일찍이 17일 동안 관외혈 (關外穴)을 뜸 떴는데, 이때에 이르러 그때 방서(方書-의서) 안에서 금기(禁忌)하는 것을 아뢰지 않은 이유를 하문하고 장차 하옥시키고자 대언(代言) 등에게 뜻을 전해 말했다.

"홍달(弘達)과 윤덕(允德)을 자세히 추문(推問)한 뒤에 가두라."

그 참에 윤덕에게 물었다.

"방서 가운데에 침구(針灸)를 한 뒤에는 물로 수족을 씻는 것을 절대로 꺼린다는 말이 있는데, 어째서 일찍이 아뢰지 않고 지금 묻자 아뢰는가?"

윤덕이 대답하지 못했다. 홍달에게 물었다.

"일찍이 궁주(宮主)의 병에 네가 방서를 보지 않고 대단히 독한 약을 쓴 까닭에 상기(上氣)돼 구역(嘔逆)을 못해서 거의 죽을 뻔하다가 다시 살았고, 지금 소지(小指)와 차지(次指) 사이를 떠야 할 것인데 그릇되게 차지(次指)와 중지(中指) 사이를 떴고, 또 금기(禁忌)하는 것을 아뢰지 않았으니, 이것이 무슨 마음이냐?"

홍달이 대답했다.

"궁주의 병에 어찌 방서(方書)를 보지 않고 잘못 뜸 떴겠습니까? 혈(穴)은 신이 동인경도(銅人經圖)를 따르고 방서와 대조해 참고하지 않았으니 참으로 죄가 있습니다. 약을 드린 일은 신이 알지 못했으니, 신이 실로 죄가 있습니다."

상이 말했다.

"홍달은 태조(太祖)를 따라다니던 사람이고, 윤덕은 면성군(沔城君) 한규(韓珪)의 사위다. 사위는 (공신의 사위라 하여) 사유(赦宥)하는 예가 없지마는 모두 용서한다. 이제부터 다시 이같이 하지 말라."

홍달 등이 감격해 울었다.

갑진일(甲辰日·21일)에 서리가 사흘 내내 내렸다.

을사일(乙巳日·22일)에 대호군(大護軍) 지함(池含)을 함길도에 보내서 함길도 도안무사(咸吉道都安撫使) 이지실(李之實)에게 뜻을 전해 말했다.

"용성(龍城)의 성자(城子)를 쌓는 일은, 이미 역사를 시작했거든 이번 가을에 다 쌓도록 하라. 만일 역사를 시작하지 않았거든, 도안무사가 경성 절제사(鏡城節制使) 황상(黃象)과 더불어 전에 갔던 지리(地理·풍수)하는 사람 이양일(李良一)을 데리고 가서 부가적(富家狄)·시원(時原) 사이에 성을 쌓을 만한 곳을 골라, 용성의 성을 쌓는 군사에다가 적당하게 수를 더해 뽑아서 목책성(木柵城)을 설치하고 경원부(慶原府)를 두라."

이는 대개 내관(內官) 장신(張信)이 고경원(古慶源)에 위(衛)[10]를 설치하고자 하므로, 먼저 목책을 만들어 부(府)를 두고서 장신으로 하여금 소문을 듣도록 한 것이다.

---

10 명(明)나라 때 군사 제도의 하나다. 대개 5개의 천호소(千戶所)로 구성됐으며 도지휘사(都指揮使)에 예속됐는데, 전국에 300여 개가 있었다.

○중국의 지휘(指揮) 이민(李敏)이 경성(鏡城)에 이르니, 절제사(節制使) 황상(黃象)이 들이지 않았다. 상(象)이 치보(馳報)했다.

'이민 등 10여 인이 황제의 칙서를 받들고 와서 말하기를 "우리가 성지(聖旨)를 받들고 해양(海陽-길주)·삼산(參散-북청) 등지에 이르러 해청응자(海靑鷹子)를 잡는 일로 왔으니, 물자를 준비하고 말을 주어 들여보내라"라고 했습니다. 상이 대답하기를 "내가 변경을 지키고 있으니, 어떻게 임의로 사람을 들일 수 있는가?"라고 하니, 이민 등이 말하기를 "싱지(聖旨)가 있는데 감히 들어오는 것을 금하는가?"라고 했습니다. 상이 또 대답하기를 "비록 성지를 받들었더라도 우리 국왕이 성지에 의거해 들어오는 것을 허락하라는 명이 없었으니, 어찌 굳게 막지 않을 수 있는가?"라고 하니 이민 등이 돌아갔습니다.'

상이 말했다.

"상이 응대(應待)한 것이 바로 사리에 합당하다[合事理]."

○사복시(司僕寺)의 마초(馬草)를 줄였으니, 진사(進士) 안진(安進)이 올린 말을 쓴 것이다.

○금은전곡(金銀錢穀)을 출납하는 문자(文字)에 감합법(勘合法)[11]을 썼다.

호조(戶曹)에서 아뢰었다.

"본조(本朝)에서 서울과 외방의 관리가 금은전곡을 출납하는 문

---

11 공문서(公文書)나 문인(文引)을 발송할 때, 할부(割符)를 사용하는 법이다. 주로 전량(錢糧)을 출납(出納)하는 공문서나 장사치에게 발급하는 문인에 썼는데, 좌부(左符)와 우부(右符)로 나눠 이를 문안(文案)에 찍어 험증(驗證)했다.

자에 단지 수결을 하고 인(印)만 누르기 때문에 간교(奸巧)한 무리가 관문(官文-관청 문서)을 위조해 전물(錢物)을 도둑질해서 씁니다. 이제부터 중국 조정의 법제에 의거해 수결을 하고 인(印)을 누른 뒤에 감합(勘合)해 시행해서, 서울 안 각사(各司)에 이문(移文)하면 문서를 감합해서 때도 없이 상고하고, 외방(外方)은 도관찰사(都觀察使)가 옮겨 써서 등록(謄錄)하면 본문(本文)을 조(曹)로 도로 보내 자획(字畫)을 상고하게 하소서.”

그것을 따랐다.

○ 내자시(內資寺)에서 사(紗)와 능(綾) 각 3필을 바쳤으니, 잠실(蠶室)에서 바친 실로 짠 것이다. 시골 진사(眞絲-명주실)로 짠 단자(段子) 1필을 아울러 바치니, 지신사(知申事) 조말생(趙末生)에게 주었다.

○ 행차할 때 호가(扈駕)하는 군사를 정했다. 명했다.

“이제부터 문밖에 행차할 때는 내금위 절제사(內禁衛節制使) 1인, 내시위 절제사(內侍衛節制使) 1인, 도진무(都鎭撫) 1인, 사금(司禁) 4인, 가전갑사(駕前甲士)·가후갑사(駕後甲士)·내금위(內禁衛)·내시위(內侍衛)의 전례(前例) 외에 그 나머지는 거가를 따르지 말라.”

정미일(丁未日-24일)에 동교(東郊)에서 매사냥을 구경했다. 여섯 대언(代言)에게 술과 고기를 주고 교장(敎場)에 머물러 거가를 영접하라고 명했다.

무신일(戊申日-25일)에 경상도 도관찰사(慶尙道都觀察使) 박습(朴習)이 의령현감(宜寧縣監) 성혜(成蹊)를 파직하고 장(杖) 100대를 속 받왔다. 큰비가 올 때 물가에 이미 베어놓은 화곡(禾穀)을 거둬들이지 않아서 떠내려가게 한 때문이다.

○ 예빈 소윤(禮賓少尹) 변계손(卞季孫)이 복명(復命)해 통천(通川)·고성(高城)·회양(淮陽)에서 수해로 손곡(損穀)한 것과, 고성포 만호(高城浦萬戶) 신유선(辛惟善)이 병선을 미리 붙잡아 매어두지 못해서 파선되어 군인이 빠져 죽게 한 등의 일을 아뢰니, 형조에 명해 유선(惟善)을 율에 의거해 논죄하게 했다. 호조(戶曹)에 명해 말했다.

"무지(無知)한 백성이 혹 물가에 살다가 만일 폭우가 있어 물이 넘치면 빠져 죽는 것을 면치 못할 것이다. 고루 자세히 방문해서 오는 봄에 옮겨두도록 하라."

○ 충청도 수군도만호(忠淸道水軍都萬戶) 김희경(金希鏡)을 경원도호부사(慶源都護府使)로 삼았다.

애초에 곽승우(郭承祐)가 병마사(兵馬使)가 돼 야인(野人)과 싸워 패해서 주민들이 유리(流離)하게 되자 풀이 자라 무성하게 우거졌다. 상이 복고(復古)하고자 생각했으나 적합한 사람이 어려웠다. 대간(臺諫)·육조(六曹)에서 모두 말했다.

"김희경(金希鏡)이 좋습니다."

상이 말했다.

"내가 그 사람됨을 알지 못하지만, 일단 직책에 나오게 하라."

○ 공조(工曹)에서 금은(金銀)을 거두는 계책을 올렸다. 아뢰어 말했다.

"매년 공헌(貢獻)하는 황금(黃金) 150냥쭝과 백은(白銀) 700냥쭝을 채취하기 위해 백성을 수고롭게 하고 재물을 허비하지만 얻는 것은 심히 적으니, 한이 있는 물건을 가지고 무궁한 비용을 이바지하기는 어렵습니다. 수렴(收斂)의 법과 채취(採取)의 방법을 대강 뒤에 진달합니다.

하나, 안동(安東)·김해(金海)·태천(泰川)·수안(遂安)·안변(安邊)·정선(旌善)은 기타의 공(貢)을 감하고 해마다 그 액수를 정할 것.

하나, 외방 각 고을의 주식(酒食)의 그릇을 감사로 하여금 거둬 본조(本曹)에 보낼 것.

하나, 부상(富商)·대고(大賈)에게 유사(攸司)로 하여금 숫자를 정해 거둬 바치게 하고 그 값을 줄 것.

하나, 대소 신료(大小臣僚)는 시직(時職)·산직(散職)을 물론하고 수를 정해 본조(本曹)에 바치게 해서 값으로 줄 것.

하나, 다시 각 도 감사로 하여금 신사(神祠)에 설비한 그릇을 엄하게 수색할 것.

하나, 서울 안의 승록사(僧錄司)와 외방의 감사로 하여금 금은으로 부처를 만들고 탑을 만들어 사원(寺院)에 감춰둔 것을 거두게 할 것.

하나, 금은으로 불경을 쓰고 부처를 도금하는 것을 엄금하고, 어기는 자는 금은으로 속(贖)을 받을 것.

하나, 제주(濟州) 백성이 금은을 많이 가지고 있으니, 전라도(全羅道)의 미곡(米穀)과 포화(布貨)로 값을 주어 거둘 것."

봉교(奉敎)했다.

"부상(富商)·대고(大賈) 및 각 품(品)에게 금은으로 만든 부처와 탑을 수납하는 일을 제외하고, 나머지는 모두 그대로 윤허한다[依允]."
_{의윤}

기유일(己酉日·26일)에 큰바람이 불고 폭우가 쏟아졌다.

○ 충청도(忠淸道) 예산(禮山) 등지에 우박이 내렸다.

○ 이조(吏曹)에 명해 권완(權緩)의 직첩을 돌려주었다.

○ 호군(護軍) 김효성(金孝誠)을 가두었으니, 의금부(義禁府)의 아룀을 따른 것이다. 효성(孝誠)은 김여하(金慮遐)의 친족이다. 여하(慮遐)가 전에 항상 효성의 아비 판부사(判府事) 김남수(金南秀)의 집에 기식하고 있었는데, 단주(端州-단천)에서 (여하가) 잡혀 올 때 효성이 음식을 갖춰 중로(中路)에서 맞았다. (그런데) 지금 여하가 도망 중이기 때문에 효성을 가두었으니, 이는 대개 여하를 숨긴 것으로 의심한 때문이다. 4일 만에 풀어주었다.

신해일(辛亥日·28일)에 경기(京畿) 인천(仁川) 지방에 우박이 와서 화곡(禾穀)을 손상했다.

○ 노비(奴婢)의 공문(公文)을 토의했다. 유정현(柳廷顯)이 아뢰었다.

"사처노비(私處奴婢)에게 공문을 만들어주는 것은 이미 정한 의견이 있는데, 그대로 하지 못했으니 신은 그대로 하기를 청합니다. 도망친 노비의 일도 번극(煩劇-번잡)하고, 탐하는 사람이 심지어 한년(限年)에 정문(呈文)하지 않은 것을 도망이라 해서 가만히 문안(文案)을 만들어 소송하는 자가 매우 많으니 참으로 안 될 일입니다. 청컨대 한년(限年)을 정하는데, 만일 신축년(辛丑年)으로 한하면 멉니다. 청컨대 임신년(壬申年)으로 한정하소서."

상이 말했다.

"공문은 만들어 줄 수 있으나, 수는 정할 수 없다. 만일 수를 정하면 사람마다 따르려고 하지 않을 것이다. 그러나 토의해 아뢰어라. 내가 경 등의 계책을 따르겠다."

변계량(卞季良)이 말했다.

"만일 공문을 만들지 않는다면 그만이지만, 만일 만들어 주고자 한다면 반드시 수를 정해야 합니다. 국가에서 적(籍)에 등록해주면서 그 수를 제한하지 않아, 한 집의 노비가 혹은 많기가 1,000여 구(口)에 이른다면 후래에 무엇을 보겠습니까? 많아도 150에 지나지 않도록 수를 정해야 합니다."

상이 말했다.

"경의 말이 옳다. 그러나 수를 정할 수는 없다. 비록 1,000여 구(口)가 되는 자가 있더라도 자손이 있으면 반드시 나눌 것이고, 비록 자손이 없는 자라도 사손(使孫)¹²과 수양(收養)¹³ 중에 나누면 반드시 남는 수가 없을 것이다. 다만 이 뜻을 조금 보이는 것은 가하다. 비록 수를 정하더라도 공처(公處)로 들어오는 것은 반드시 없을 것이다. 또한 이 말을 발설하지 말라."

그 참에 대간(臺諫)에게 분부해 말했다.

"너희는 각각 그 뜻을 말하라."

장령(掌令) 이하(李賀)가 말했다.

"수를 정하지 않을 수 없습니다. 다만 변계량이 말하기를 '150으

---

12 자녀가 없는 사람의 유산을 그의 조카·종손·삼촌·사촌 중에서 이어받는 사람을 말한다.

13 양사자(養嗣子)를 목적으로 3살 전에 아이를 거둬 키우는 것을 말한다.

로 수를 정하자'라고 하는데, 신은 이 수를 적다고 생각합니다. 약 200구(口)면 가합니다. 150구로 한다면 신도 실망합니다. 신의 노비 또한 200여 구가 있습니다."

상이 대답하지 않았다. 이하가 자기의 사사로운 일을 가지고 감히 상 앞에서 말하고 부끄럽게 여기지 않으니, 식자(識者)가 더럽게 여기었다. 육조(六曹)에서 아뢰었다.

"노비의 공문을 만들어 주는 것은 가하나, 수를 정하는 것은 마땅하지 않습니다."

상이 뜻을 전해 말했다.

"수를 정한다는 말을 발설하지 말고서 만들어 주는 것이 가하다. 또 노비가 많은 자는 비록 자손 일족(一族)에게 나누더라도 남은 수는 알지 못할 수가 없다."

○ 절의 종[奴]으로 주승(主僧)을 죽인 자가 있는데, 감등(減等)해 곤장을 때렸다.

김효손(金孝孫)이 아뢰어 말했다.

"절의 종이 주승을 죽인 일은, 노비가 상전을 죽인 율(律)에 따르면 곧 능지(凌遲)[14]입니다. 그러나 사유(赦宥) 전의 일에 관계되니, 어찌하겠습니까?"

상이 말했다.

"사노(私奴)로 비유할 수는 없다. 어찌 능지에 이르겠는가? 하물며

---

14 능지처참을 말한다.

사유 이전의 일이겠는가?"

조말생(趙末生)이 말했다.

"이는 실상 사노비(私奴婢)입니다."

상이 말했다.

"사노비가 아니다. 주지(住持)가 서로 교대해 사용했으니, 사노비라고 할 수 없다. 바로 관노비(官奴婢)와 같다. 관노(官奴)가 그 주인을 죽인 것은 율이 없느냐?"

대답해 말했다.

"여기에 대한 율은 없고, 다만 고공인(雇工人)과 부민(部民)의 율이 있습니다."

상이 말했다.

"강등(降等)하라. 죄가 있는데 사유를 입는 것은 마땅하지 않다. 사유하는 것은 십악(十惡)[15] 밖의 죄다. 다만 장(杖) 100대를 때리면 적당할 것이다."

말생이 말했다.

"율에 정조(正條)[16]가 없으면 계문(啓聞)해 결단하라는 것이 또한 율문에 실려 있습니다."

상이 말했다.

---

15 『당률소의(唐律疏義)』에 의하면 모반(謀反)·모대역(謀大逆)·모반(謀叛)·악역(惡逆)·부도(不道)·대불경(大不敬)·불효(不孝)·불목(不睦)·불의(不義)·내란(內亂)을 말하는데, 십악은 사유(赦宥) 대상에서 제외됐다.

16 판결에서 조율(照律)할 때 그 죄와 맞아떨어지는 법의 조문(条文)을 말한다. 정조(正条)가 없을 때는 유사한 조문을 끌어내는 비부(比附)를 행했다.

"곤장을 쳐라."

임자일(壬子日·29일)에 교동(喬桐) 수군(水軍), 강화(江華) 수군(水軍)
이 받은 전지 800여 결(結)을 풍저창(豊儲倉)·광흥창(廣興倉) 두 창
(倉)에 소속시켰다. 호조(戶曹)의 아룀을 따른 것이다. 상이 말했다.

"예전에는 이 무리로 하여금 옮겨 살면서 방어(防禦)하게 했기 때
문에 전지를 주어 우대했지만, 지금은 경기(京畿)와 외방(外方)에 모
두 수군(水軍)을 정했으니 홀로 이 수군에게만 전지를 주는 것은 미
편(未便)하다."

○ 호조(戶曹)에 명해 우부대언(右副代言) 원숙(元肅)의 과전(科田)
을 돌려주었다. 상이 말했다.

"황단유(黃丹儒)와 박송비(朴松庇)의 자손이 서로 다투었던 노비
(奴婢)를 삼성(三省-사간원·사헌부·형조)에서 오결(誤決)해서 공가(公
家)에 소속시켰는데, 숙(肅)이 변정도감(辨正都監) 관원으로서 결절
(結絶)한 것이 그 바른 것을 얻었다."

甲申朔 命甲士遞番 復限十月初一日.
갑신 삭 명 갑사 체번 부 한 십월 초일일

放遣淮陽等處採金軍人. 先是 召三軍都鎭撫 兵曹參判及知申事
방견 회양 등처 채금 군인 선시 소 삼군 도진무 병조참판 급 지신사

議秋等講武之所行幸之期 乃曰: "平康 宜於春乎? 宜於秋乎?" 皆
의 추등 강무 지소 행행 지기 내왈 평강 의어 춘 호 의어 추 호 개

曰: "宜於秋也. 九月二十四日 可以行幸." 遂定平康. 以採金軍丁
왈 의어 추 야 구월 이십사일 가이 행행 수 정 평강 이 채금 군정

將以爲驅軍 放遣而使之休息也.
장 이위 구군 방견 이 사지 휴식 야

乙酉 遣知申事趙末生 問安於兩使臣 贈各十二升苧麻布幷
을유 견 지신사 조말생 문안 어 양 사신 증 각 십이 승 저마포 병

二十匹 十一升苧麻布幷二十匹 人蔘三十斤 滿花方席 滿花寢席
이십 필 십일 승 저마포 병 이십 필 인삼 삼십 근 만화방석 만화침석

幷十二張 石燈盞一事 念珠百貫 襦衣一襲 廣絹汗衫 廣絹裌裙
병 십이 장 석등잔 일사 염주 백관 유의 일습 광견한삼 광견협군

貂皮虛胸 貂皮冠 貂皮耳掩 貂皮裏紅段子護膝 貂皮裏黑綠皮靴
초피허흉 초피관 초피이엄 초피리홍단자호슬 초피리흑녹피화

精具黑斜皮套 狸皮裏白鹿皮分套 各一. 靜妃命內官 贈兩使臣各
정구흑사피투 이피리백록피분투 각일 정비 명 내관 증 양 사신 각

細麻布八匹 苧布七匹 黃儼伴人黃貴等十 海壽伴人劉信等十 皆給
세마포 팔필 저포 칠필 황엄 반인 황귀 등십 해수 반인 유신 등십 개급

苧麻布各一匹 襦衣一襲.
저마포 각 일필 유의 일습

丙戌 囚兼知刑曹事柳穎及都官正郎河逈 崔潯 佐郎權曙 兪尙智
병술 수 겸 지형조사 유영 급 도관 정랑 하형 최심 좌랑 권서 유상지

等于義禁府. 以韓鈇等擊鼓 訴穎等稽遲不決故也. 義禁府照律以聞
등 우 의금부 이 한월 등 격고 소 영 등 계지 불결 고야 의금부 조율 이문

命穎贖杖七十 贖杖八十 餘皆勿論.
명 영 속장 칠십 속장 팔십 여개 물론

咸吉道兵馬都節制使李之實獻瑪瑙石十六斗 燧石一. 得於
함길도 병마도절제사 이지실 헌 마노석 십육 두 수석 일 득어

骨看兀狄哈所居之處者也. 命下尙衣院.
골간올적합　소거 지처 자야　명하 상의원

上如太平館 餞使臣. 儼使元閔生啓曰: "予將麤布九百九十九匹
상 여 태평관 전 사신　엄사 원민생 계왈　여장 추포 구백 구십 구필

置于義州 欲以此換載紙之馬. 予若據給 則雖可換易 然恐州郡守令
치우 의주 욕이차 환 재지 지마 여약 거급 즉 수가 환역 연공 주군 수령

得罪 置之而來. 老人向殿下之心 殿下向老人之心 何可量乎? 每馬
득죄 치지 이래　노인 향 전하 지심 전하 향 노인 지심 하가 량호　매마

一匹 綿布五匹 時直[=値]也. 予則每馬一匹 必以二十五匹 爲直也."
일필 면포 오필 시직 치 야 여즉 매마 일필 필이 이십오 필 위직 야

上欲不聽 俄而傳旨曰: "此馬不過四十匹 若不聽此人之言 則必
상욕 불청 아이 전지왈　차마 불과 사십필 약불청 차인 지언 즉필

衝之矣. 明言其勢難之由曰: '自鴨綠江至江界 境連野人 其戍邊者
함지 의　명언 기세 난지유 왈　자 압록강 지 강계 경련 야인 기 수변 자

不可一日無馬. 且兩國非有聖旨 不可私與私受. 又其界馬且不産
불가 일일 무마　차 양국 비유 성지 불가 사여 사수　우 기계 마차 불산

居民皆買得於平壤以南 若於平壤民間易換斯可."閔生悉以告儼 儼
거민 개 매득 어 평양 이남 약어 평양 민간 역환 사가　민생 실 이고 엄 엄

喜之曰: "此後儼老人更到此 不求一根毛. 予若虛言 證有皇天." 上
희지왈　차후 당 노인 갱 도차 불구 일근 모 여약 허언 증유 황천　상

乃命兵曹易換平壤府 民間四十匹以給.
내 명 병조 역환 평양부　민간 사십 필 이급

禮曹佐郞金孝貞啓曰: "臣將後運各色紙 到使臣館 先告黃儼 儼
예조좌랑 김효정 계왈　신 장 후운 각색지 도 사신 관 선고 황엄 엄

曰: '紙數過多. 爾通計前後總數一萬張 其餘爾還齎去 勿使海壽知.'
왈　지수 과다　이 통계 전후 총수 일만 장 기여 이 환재 거 물사 해수 지

海壽問紙數而促其單子 儼適入浴 故潛告儼 儼曰: '單子只書一萬
해수 문 지수 이촉 기 단자 엄 적입욕 고 잠고 엄 엄왈　단자 지서 일만

張可也.' 故如儼言 只錄一萬張. 儼潛使人語臣曰: '二百 可潛置
장 가야　고 여 엄언 지록 일만 장 엄잠 사인 어신왈　이백 가 잠치

迎接都監.'且曰: '殿下至誠如此 然盡納此紙 則恐後來者必倣此數
영접도감　차왈　전하 지성 여차 연 진납 차지 즉공 후래자 필방 차수

故餘紙今還'云. 所入紙數 稍加單子之數 儼謂海壽曰: '所以加數
고 여지 금환 운　소입 지수 초가 단자 지수 엄위 해수왈　소이 가수

者 必以某等精擇也.' 餘紙悉還. 贈厚紙各四十張于兩使臣 使臣等
자 필이 모등 정택 야　여지 실환　증 후지 각 사십 장 우양 사신　사신 등

喜甚."
희심

儼等私自置市而罔市利 且今日求某物 明日又求某物 至於伴人亦
엄등 사자 치시 이 망 시리 차 금일 구 모물 명일 우구 모물 지어 반인 역

482

如此. 若貂皮 麻布 席子 紙地 人蔘 至於酢醢 無所不求 有司不堪
上曲從之 轉輸之丁 至於千餘名. 迎接都監判官高若海禁人私通
和賣 使臣大怒 杖若海.

戊子 遣司譯院注簿金仲渚于平安道. 平安道都巡問使馳報:
'欽差官善財率頭目二人 於本月初二日到義州 欲及黃 海兩使臣未
發程之日 不分晝夜而來.' 故遣仲渚 以審其消息. 蓋督處女入朝也.

己丑 使臣黃儼 海壽以韓氏 黃氏還. 韓氏兄副司正韓確 黃氏
兄夫錄事金德章 根隨侍女各六人 火者各二人從之. 路旁觀者 莫不
垂涕.

上出餞于慕華樓 仍賜兩使臣馬各一匹. 儼踰沙峴 道中謂通事
金時遇曰: "汝國賢王 古稱箕子 王建 今王之賢德過之 故皇帝眷顧
特厚."

遣進獻使都摠制盧龜山 奏聞使僉摠制元閔生如京師 各賜毛冠及
笠一 靴一 且賜閔生狸皮虛胸.

命都摠制柳濕 齎宣醞往善使臣行次. 善天使至招賢驛 見黃 韓
兩氏而還 其行也甚速. 贈苧麻布各十匹 伴人二各二匹.

倭寇于山 武陵.

辛卯 斬宦者鄭思澄. 思澄自高麗恭讓時 有言其不類宦者 又通
懷安大君妾. 及事仁德宮 淫于侍女其每 其每上王本宮婢也. 上王
知之 黜其每 思澄逃 至是被執 乃誅之. 義禁府提調請幷斬其每 上

曰: "其每於上王 有身生子 不忍也." 提調等請曰: "其每旣得罪見黜
왈 기매 어 상왕 유신 생자 불인 야 제조 등 청왈 기매 기 득죄 견출

上王何惜哉?" 上然之 將斬 竟以上王之命 不果斬.
상왕 하석 재 상 연지 장참 경이 상왕 지명 불과 참

遣前判司譯院事偰耐于善天使行次 贈毛衣毛冠及衣一襲 其二
견 전 판사역원사 설내 우선 천사 행차 증 모의 모관 급의 일습 기이

伴人各賜衣一.
반인 각 사의 일

議政府贊成鄭矩辭 以風疾也. 上許之 仍賜內藥 命典醫監治之.
의정부 찬성 정구 사 이 풍질 야 상 허지 잉사 내약 명 전의감 치지

癸巳 命戶曹各品科田及寺社田地 量宜移給 且戒其勿破丁以紊
계사 명 호조 각품 과전 급 사사 전지 양의 이급 차 계기 물파정 이문

田制.
전제

司憲府劾執義權尙溫. 尙溫爲內資尹時 方有酒禁 速客二三人及
사헌부 핵 집의 권상온 상온 위 내자 윤시 방유 주금 속객 이삼 인급

上妓等 會飮于本寺. 至是憲司劾之 尙溫答曰: "其上妓非予所喚 乃
상기 등 회음 우 본사 지시 헌사 핵지 상온 답왈 기 상기 비여 소환 내

掌令金赭爲直館時 會飮於監察房 因而率來妓也." 於是 掌令金赭
장령 김자 위 직관 시 회음 어 감찰방 인이 솔래 기야 어시 장령 김자

及監察等皆避嫌不仕. 事聞 上命刑曹 推核以聞. 掌令李賀與尙溫
급 감찰 등 개 피혐 불사 사문 상명 형조 추핵 이문 장령 이하 여 상온

有隙 欲不與同官 主謀而劾之.
유극 욕 불여 동관 주모 이 핵지

甲午 遣宦者金龍奇于咸吉道. 都巡問使馳報: '安邊府南川 雨水
갑오 견 환자 김용기 우 함길도 도순문사 치보 안변부 남천 우수

漲溢 漂沒五戶 溺死者三十.'
창일 표몰 오호 익사자 삼십

上命龍奇曰: "安邊守 雖驟雨 使人急救之可也. 且宜川 文川之守
상명 용기 왈 안변 수 수 취우 사인 급구 지 가야 차 의천 문천 지수

已熟之穀宜急收穫 都巡問使亦宜督令收穫 皆不慮焉 而失其事機.
이숙 지곡 의급 수확 도순문사 역의 독령 수확 개 불려 언 이 실기 사기

汝往諭此意 取安邊 宜川 文川郡守之招以來."
여 왕유 차의 취 안변 의천 문천 군수 지초 이래

日本國三州刺使使人來獻土物. 上以其所獻 賜知申事趙末生
일본국 삼주자사 사인 내헌 토물 상 이기 소헌 사 지신사 조말생

四星角一 鍍金酒旋子一 藤箱一 右代言河演 左副代言金孝孫
사성각 일 도금 주선자 일 등상 일 우대언 하연 좌부대언 김효손

右副代言元肅各黃角一 酒旋子一 箱一 左代言尹思永 同副代言
우부대언 원숙 각 황각 일 주선자 일 상 일 좌대언 윤사영 동부대언

崔府各黃角一 酒旋子 紫硯及筆 又賜內速古赤等.

乙未 上王行秋夕祭于健元陵. 上迎上王于東郊設宴 賜酒饌于

大小臣僚. 宴罷 兩上觀放鷹 妓樂前導. 賜兵曹判書金漢老 光祿卿

權永均鷹各一連.

囚知端川郡事金慮遐于義禁府. 初 慮遐受姜淮仲差遣 按問張蘊

所犯 慮遐迎淮仲意 羅織罪報曰: '蘊領兵彼土入歸不來.' 至是問蘊

則蘊曰: "以境內禾穀形止及雜事行審事 附近地面暫出. 慮遐不待

吾行而還歸 妄報以聚兵不下." 於是 命囚慮遐對正 慮遐夜逃 乃囚

當直都事李文幹 令義禁府窮推拘執.

金贇吉之子何上書 略曰:

'臣自少時 與妻父張合同居 父之科田 以恤養食之. 臣年已十八

蒙上恩受八品職 戶曹準職給科田 餘田欲許他人悶甚. 臣年未滿

二十 乞給以恤養. 若恤養害於公 則妻父只受科田五結 乞於妻父

科田移給.'

代言河演以啓 上曰: "田制不可毀也. 若贇吉有功於國家 其子孫

雖食之無傷也. 移給妻父之說 是何法歟? 卿等何不察是非而啓之

乎?" 仍命承政院 議恤養便否 趙末生曰: "立法之事 不可以臆說

啓之 請下主掌官議之." 命下六曹擬議.

議元尹爵秩. 上曰: "大君 元尹之名 何以名之? 是皆予之出也.

然今正宮旣有世子 世子亦有子 又有三大君矣. 若無世子與大君 則

元尹果限其職乎? 是誠不通也. 予之此言 非厚於元尹也 乃通論
원윤 과한 기직호 시성 불통 야 여지차언 비후어 원윤 야 내 통론

也. 此事曾與河崙 李叔蕃 黃喜議之. 崙已物故 叔蕃在貶所 遣禮官
야 차사 증여 하륜 이숙번 황희 의지 륜이 물고 숙번 재폄소 견예관

問于黃喜可也. 自古帝王正宮無後者非一 漢唐亦有宮人之子爲君
문우 황희 가야 자고 제왕 정궁 무후 자비일 한당 역유 궁인 지자 위군

者. 若只有元尹 則大位孰得而有之耶? 李氏社稷 開國之初 立法之
자 약지유 원윤 즉 대위 숙득이 유지야 이씨 사직 개국 지초 입법지

始 不可不慮. 卿等宜加詳察 考其古例以定. 今也元尹序於摠制之
시 불가 불려 경등 의가 상찰 고기 고례 이정 금야 원윤 서어 총제 지

下 其可乎哉?" 乃遣禮曹正郎李宗揆 問於平安道都巡問使黃喜.
하 기 가호 재 내견 예조정랑 이종규 문어 평안도 도순문사 황희

　丙申 命議政府 六曹 議待朝廷出來張內官便否. 甲山僉節制使
병신 명 의정부 육조 의대 조정 출래 장 내관 편부 갑산 첨절제사

鎭撫孟玉來告曰: "今月初一日 東良北地面出來中國內官張信使
진무 맹옥 내고 왈 금월 초일일 동량북 지면 출래 중국 내관 장신사

送人睦好里大等六名 距甲山四日程加舍洞口子來到語曰: '張大人
송인 목호리대 등 육명 거 갑산 사일 정 가사동 구자 내도 어왈 장 대인

以良馬交易及馬料 靑石礦覓歸事 軍馬率領 欲於今月晦時 出來
이 양마 교역 급 마료 청석 려 멱귀 사 군마 솔령 욕어 금월 회시 출래

甲山郡.' 若張大人入來 許接與否 何以 區處?"
갑산군 약 장 대인 입래 허접 여부 하이 구처

　命議政府 六曹同議. 啓曰: "磨遷來住張內官 若牛馬交易及馬糧
명 의정부 육조 동의 계왈 마천 내주 장 내관 약 우마 교역 급 마량

請乞依憑境內入來 則口子把截人等當語之曰: '如有聖旨 而且有
청걸 의빙 경내 입래 즉 구자 파절 인등 당 어지왈 여유 성지 이차유

國家之命 則可以許接 無聖旨而許接 不可也.' 儻或强入 僉節制使
국가 지명 즉 가이 허접 무 성지이 허접 불가 야 당혹 강입 첨절제사

使人語曰: '大人無聖旨 而越境不可 予亦無殿下命 而私相交接
사인 어왈 대인 무 성지 이 월경 불가 여역 무 전하 명 이 사상 교접

不可.' 僉節制使毋現身進退 但略備酒肉 且將米豆各十餘斗 遣可當
불가 첨절제사 무 현신 진퇴 단 약비 주육 차장 미두 각 십여 두 견 가당

人贈遺 仍語曰: '是吾分裏物也.' 若又請率來人馬糧料 當應之曰:
인 증유 잉 어왈 시 오분 리물 야 약우청 솔래 인마 양료 당 응지왈

'國家米豆 雖一斗一升 爲人臣者不可擅自出入.' 擧義答了 城子不輕
국가 미두 수 일두 일승 위인신자 불가 천자 출입 거의 답료 성자 불경

守護 臨機應變." 卽命兵曹書二件 一件送于平安道 一件授孟玉
수호 임기응변 즉명 병조 서 이건 일건 송우 평안도 일건 수 맹옥

送于咸吉道.
송우 함길도

刑曹推權尙溫 金赭及監察等罪以聞 留中不下.
형조 추 권상온 김자 급 감찰 등 죄 이문 유중 불하

召掌令李賀出就職.
소 장령 이하 출 취직

戊戌 上詣健元陵 行秋夕祭.
무술 상예 건원릉 행 추석제

己亥 饋啓事諸卿. 諸卿皆起進前賀曰: "上至誠事大 國家無事
기해 궤 계사 제경 제경 개기 진전 하왈 상 지성 사대 국가 무사

臣民之福也." 上曰: "予以否德 極殫悃愊以事上國. 往事如此 來者
신민 지 복야 상왈 여 이 부덕 극탄 곤핍 이사 상국 왕사 여차 내자

難知 誠若小虧 釁必生矣 可不畏哉?"
난지 성약 소휴 흔 필생 의 가 불외 재

賜判府事李原鷹一連.
사 판부사 이원 응 일련

下刑曹判書權軫于義禁府. 義禁府啓: "軫爲全羅道都觀察使 有
하 형조판서 권진 우 의금부 의금부 계 진 위 전라도 도관찰사 유

濟州盜繫獄囚者 罪應慶蒙宥 不放滯獄. 請軫及其時 濟州牧使吳湜
제주 도 계옥 수자 죄응 경 몽유 불방 체옥 청 진 급 기시 제주목사 오식

判官車有幷下本府 鞫問其由." 上曰: "毋言之. 以如此之事 忍囚
판관 차유 병하 본부 국문 기유 상왈 무 언지 이 여차 지사 인수

大臣歟?" 提調李原曰: "上敎然矣. 然右盜本六人 二人在逃 二人
대신 여 제조 이원 왈 상교 연의 연 우도 본 육인 이인 재도 이인

在獄致死 二人蒙上恩放免. 其時放出 則二人亦不死也. 是臣等
재옥 치사 이인 몽 상은 방면 기시 방출 즉 이인 역 불사 야 시 신등

所以敢請也." 上曰: "罪之輕重 照律以聞 予固處之." 案制書有違律
소이 감청 야 상왈 죄지 경중 조율 이문 여 고 처지 안 제서 유 위율

上曰: "有罪何用更囚?" 原等啓曰: "下府取招可也." 上從之 翼日
상왈 유죄 하용 갱수 원 등 계왈 하부 취초 가야 상 종지 익일

釋之. 湜 有減等 贖杖六十.
석지 식 유 감등 속장 육십

庚子 御便殿視事. 上謂柳廷顯等曰: "歲在丙申 旱氣太甚.
경자 어 편전 시사 상위 유정현 등 왈 세재 병신 한기 태심

卞季良以圓壇祈雨 陳言上書 辭甚懇切 予以悶雨之至 聽從其請.
변계량 이 원단 기우 진언 상서 사심 간절 여 이 민우 지지 청종 기청

今見三國史 以諸侯而行圓壇祭者非是." 季良對曰: "前朝行圓壇祭
금 견 삼국사 이 제후 이행 원단 제자 비시 계량 대왈 전조 행 원단제

其來尙矣. 前朝亦豈無考歟? 當其旱甚 祈天禱雨 臣意以爲然矣."
기래 상의 전조 역 기무 고여 당기 한심 기천 도우 신의 이위 연의

上曰: "予徧見三國史 諸侯而行僭禮者 莫不以爲非矣. 且魯之郊禘
상왈 여 편견 삼국사 제후 이행 참례 자 막불 이위 비의 차 노지 교체

聖人非之. 自古以來 下行僭禮 而見是於經史無有矣. 予雖當旱
성인 비지 자고 이래 하행 참례 이 현시 어 경사 무유 의 여수 당한

祈雨 而予意 非謂祈雨則天必下雨也. 當旱祈雨 已有成法 不敢
기우 이 여의 비위 기우 즉 천필 하우 야 당한 기우 이유 성법 불감

怠耳. 不知而妄作之事則已矣 知其非是 則雖一毫 而勿欲爲也."
태이 부지 이 망작 지사 즉이의 지기 비시 즉수 일호 이 물욕위 야

金漢老對曰: "臣等亦欲如是而已."
김한로 대왈 신등 역욕 여시 이이

遣禮賓少尹卞季孫于江原道. 都觀察使李伯持報: '自本月初五日
견 예빈 소윤 변계손 우 강원도 도관찰사 이백지 보 자 본월 초오일

至八日 大雨且風 陸地水溢三十里. 通川民戶漂流者五 溺死者男女
지 팔일 대우 차풍 육지 수일 삼십 리 통천 민호 표류 자오 익사자 남녀

共十五. 又高城浦泊立軍船二艘爲漂流 大木衝突而破 軍人十口
공 십오 우 고성포 박립 군선 이소 위 표류 대목 충돌 이 파 군인 십구

溺死. 又淮陽任內長楊縣三戶漂流 二人溺死.' 上怒曰: "通川郡守
익사 우 회양 임내 장양현 삼호 표류 이인 익사 상 노왈 통천군수

姜自明當大雨 不能預移水邊民戶; 高城浦萬戶不能預結兵船 以致
강자명 당 대우 불능 예이 수변 민호 고성포 만호 불능 예결 병선 이치

人命溺死 皆無奉法之意." 命遣季孫按問之.
인명 익사 개무 봉법 지의 명견 계손 안문 지

壬寅 命司憲府禁無牌鷹子 雖闕內鷹子 無牌則論臂鷹者之罪.
임인 명 사헌부 금 무패 응자 수 궐내 응자 무패 즉 논 비응 자지 죄

癸卯 以柳思訥爲咸吉道都巡問使 權蔓爲慶尙道兵馬都節制使.
계묘 이 유사눌 위 함길도 도순문사 권만 위 경상도 병마도절제사

司憲執義成揜啓曰: "柳思訥曾受慶尙監司之職 旣請罷之 今又
사헌 집의 성엄 계왈 유사눌 증수 경상 감사 지직 기청 파지 금우

除巡問之任 臣等竊謂未便." 上默然良久 待六曹出 敎代言等曰:
제 순문 지임 신등 절위 미편 상 묵연 양구 대 육조 출 교 대언 등왈

"執義啓事時 予之不言 卿等知之乎? 予性急 六曹在時發言 則有
집의 계사 시 여지 불언 경등 지지 호 여 성급 육조 재시 발언 즉유

極言之弊 故不敢言耳. 憲司何以啓此等事乎? 思訥爲監司時請罷
극언 지폐 고 불감 언이 헌사 하이 계 차등 사호 사눌 위 감사 시 청파

之 及除摠制之職不言 至除巡問使 又請罷之 其故何耶? 然是亦
지 급제 총제 지직 불언 지제 순문 사 우 청파 지 기고 하야 연 시역

言官之所當爲也. 予之不言由有然焉. 自今有啓如此事者 予必黜而
언관 지 소당위 야 여지 불언 유 유연 언 자금 유계 여차 사자 여필 출이

不答 卿等試知之. 思訥以知申事 贖杖而流之 罪亦足矣. 有罪罪之
부답 경등 시 지지 사눌 이 지신사 속장 이 유지 죄역 족의 유죄 죄지

改過用之 豈私心哉? 爲代言時 予或燕居接見 待之親信 親信之人
개과 용지 기 사심 재 위 대언 시 여혹 연거 접견 대지 친신 친신 지인

不用何爲? 曾經知申事者 皆用之不次 他皆入於六曹 若思訥擢用
불용 하위 증경 지신사 자 개 용지불차 타 개 입어 육조 약 사눌 탁용

於判書 則憲司亦如之何? 予之用功臣者 爲國家也. 雖非功臣 有用
어 판서 즉 헌사 역 여지하 여지용 공신 자 위 국가 야 수비 공신 유용

之才 予必用之. 捨如此之人 又用何等人乎? 毋以予之言言之 卿等
지재 여필 용지 사 여차 지인 우용 하등 인호 무이 여언 언지 경등

私言之 俾執義知之." 趙末生等曰: "上敎大是 臣等亦以執義爲非.
사 언지 비 집의 지지 조말생 등왈 상교 대시 신등 역 이 집의 위비

有罪罪之 遷善用之 豈敢有一毫私哉?" 上曰: "予不能善善而惡惡
유죄 죄지 천선 용지 기감 유 일호 사재 상왈 여 불능 선선 이 오악

耶? 予實善善惡惡也."
야 여실 선선 오악 야

以閭延屬江界 差翼千戶二員. 兵曹啓: "閭延千戶等以權差 不顧
이 여연 속 강계 차 익천호 이원 병조 계 여연 천호 등 이 권차 불고

生理 長年防禦 難堪其苦. 乞以此郡屬江界 道中翼千戶二員差下
생리 장년 방어 난감 기고 걸이 차군 속 강계 도중 익천호 이원 차하

何如?" 從之.
하여 종지

差萬戶于慶尙道多大浦. 兵曹據水軍都節制使呈啓: " 多大浦在
차 만호 우 경상도 다대포 병조 거 수군도절제사 정계 다대포 재

左右道中央 倭賊相望要害之地 宜泊立兵船 差遣萬戶." 從之.
좌우도 중앙 왜적 상망 요해 지지 의 박립 병선 차견 만호 종지

命詰典醫注簿朴允德 檢校漢城尹楊弘達. 上嘗以十七日灸關外
명힐 전의 주부 박윤덕 검교 한성윤 양홍달 상 상 이 십칠 일구 관외

穴 至是 下問其時不啓方書中禁忌之由 將下獄 傳旨代言等曰:
혈 지시 하문 기시 불계 방서 중 금기 지유 장 하옥 전지 대언 등왈

"弘達與允德細推後囚之." 仍問允德曰: "方書有針灸後 切忌以水
홍달 여 윤덕 세추 후 수지 잉문 윤덕 왈 방서 유 침구 후 절기 이수

灌手足之語 何不曾啓 及今下問 乃啓之乎?" 允德不能對. 問弘達
관 수족 지어 하불 증계 급금 하문 내 계지 호 윤덕 불능 대 문 홍달

曰: "曾於宮主之病 爾不見方書 進大毒之藥 上氣不能嘔逆 幾死
왈 증어 궁주 지병 이 불견 방서 진 대독 지약 상기 불능 구역 기사

復生. 今宜灸小指次指間 而誤灸次指中指間 又不啓禁忌 是何心
부생 금 의구 소지 차지 간 이 오구 차지 중지 간 우 불계 금기 시 하심

哉?" 弘達對曰: "宮主之病 豈不見方書誤灸? 穴則臣從銅人經圖
재 홍달 대왈 궁주 지병 기 불견 방서 오구 혈즉 신종 동인경도

灸之 不與方書參考 則誠有罪. 進藥之事 臣所未知. 不啓禁忌則
구지 불여 방서 참고 즉 성 유죄 진약 지사 신 소미지 불계 금기 즉

臣老且病 未卽詳審 臣實有罪." 上曰: "弘達 太祖根隨者也; 允德
신 노차병 미즉 상심 신 실 유죄 상왈 홍달 태조 근수 자야 윤덕

沔城君韓珪女壻也. 壻則無宥例 然皆原之 自今毋更若此." 弘達等

면성군 한규 여서 야　서즉무유례　연개원지　자금무갱약차　홍달등

感泣.

감읍

甲辰 殞霜凡三日.

갑진　운상범삼일

乙巳 遣大護軍池含于咸吉道. 傳旨都安撫使李之實曰: "龍城

을사　견대호군지함우함길도　전지도안무사　이지실왈　용성

城子造築 已赴役則今秋畢築 若不赴役 則都安撫使與鏡城節制使

성자조축　이부역즉금추필축　약불부역　즉도안무사여경성절제사

黃象率前去地理李良一 於富家狄 時原間 擇城子可築處 以龍城

황상솔전거지리이양일　어부가적　시원간　택성자가축처　이용성

城子造築軍 量宜加數抄出 設木柵城 置慶源府." 蓋內官張信欲於

성자조축군　양의가수초출　설목책성　치경원부　개내관장신욕어

古慶源設衛 故先設木柵置府 使張信聞之也.

고경원설위　고선설목책치부　사장신문지야

朝廷指揮李敏至鏡城 節制使黃象不納. 象馳報云: '李敏等十餘

조정지휘이민지경성　절제사황상불납　상치보운　이민등십여

人奉皇帝勅書來曰: "某等奉聖旨 至海陽 參散等處 捉海靑鷹子事

인봉황제칙서내왈　모등봉성지　지해양　삼산등처　착해청응자사

來矣. 可供辦給馬入送." 象答曰: "吾守邊境 豈可擅自納人乎?" 敏

내의　가공판급마입송　상답왈　오수변경　기가천자납인호　민

等曰: "有聖旨 敢禁入乎?" 象又對以雖奉聖旨 然無吾國王據聖旨

등왈　유성지　감금입호　상우대이수봉성지　연무오국왕거성지

許入之命 何不堅拒? 敏等乃還.'

허입지명　하불견거　민등내환

上曰: "象之應對 正合事理."

상왈　상지응대　정합사리

減司僕寺馬草 用進士安進陳言也.

감사복시마초　용진사안진진언야

金銀錢穀出納文字 用勘合法. 戶曹啓: "本朝京外官金銀錢穀

금은전곡출납문자　용감합법　호조계　본조경외관금은전곡

出納文字 只用着署踏印 奸巧之徒僞造官文 盜用錢物. 自今依中朝

출납문자　지용착서답인　간교지도위조관문　도용전물　자금의중조

法制 着署踏印後勘合施行 移文京中 各司則勘合文書無時相考

법제　착서답인후감합시행　이문경중　각사즉감합문서무시상고

外方則都觀察使傳書謄錄 將本文還送于曹 字畫相考." 從之.

외방즉도관찰사전서등록　장본문환송우조　자획상고　종지

獻紗綾各三匹 以蠶室所獻之絲織之也. 幷獻鄕眞絲所織段子

헌사릉각삼필　이잠실소헌지사직지야　병헌향진사소직단자

一匹 賜知申事趙末生.

定行幸扈駕軍士. 命自今門外行幸 內禁衛節制使一 內侍衛

節制使一 都鎭撫一 司禁四 駕前駕後甲士 內禁衛 內侍衛前例外

其餘毋得隨駕.

丁未 觀放鷹于東郊. 賜六代言酒肉 仍命留敎場迎駕.

戊申 慶尙道都觀察使朴習罷宜寧縣監成蹊職 贖杖一百. 以大雨

時 水邊已刈禾穀 不使收入漂流故也.

禮賓少尹卞季孫復命啓通川 高城 淮陽水損及高城浦萬戶辛惟善

不能預備結置兵船 致令破毀 軍人溺死等事 命刑曹以惟善依律

論罪. 命戶曹曰: "無知之人 或居水邊 如有暴雨水溢 則未免溺死.

備細訪問 來春移置."

以忠淸道水軍都萬戶金希鏡爲慶源都護府使. 初 郭承祐爲

兵馬使 與野人戰敗 居民流離 鞠爲茂草 上思欲復古 難其人 臺諫

六曹僉曰: "希鏡可." 上曰: "予未知其爲人 姑使就職."

工曹上收金銀之策 啓曰: "每歲貢獻黃金一百五十兩 白銀七百

兩 採取則勞民費財 而所獲甚少 以有限之物 供無窮之費難矣.

收斂之法 採取之方 略陳于後.

一 安東 金海 泰川 遂安 安邊 旌善 減其他貢 歲定其額.

一 外方各官酒食之器 令監司收送于曹.

一 富商大賈 令攸司定數收納 乃給其價.

一 大小臣僚 勿論時散 定數納曹 酬之以直.
　일　대소　신료　물론　시산　정수　납조　수지　이직

一 更令各道監司 嚴搜神祠所設之器.
　일　갱령　각도　감사　엄수　신사　소설　지기

一 令京中僧錄司 外方監司 收金銀鑄佛造塔 藏于寺院者.
　일　영　경중　승록사　외방　감사　수금은　주불　조탑　장우　사원　자

一 金銀寫經 塗佛者痛禁 違者贖以金銀.
　일　금은　사경　도불　자통금　위자　속이　금은

一 濟州之民多畜金銀 以全羅道米穀布貨 給價以收."
　일　제주　지민　다축　금은　이　전라도　미곡　포화　급가　이수

奉教: "除富商大賈及各品 金銀鑄佛 造塔收納事外 餘皆依允."
봉교　　제　부상　대고　급　각품　금은　주불　조탑　수납　사　외　여개　의윤

己酉 大風暴雨.
기유　대풍　폭우

忠清禮山等處雨雹.
충청　예산　등처　우박

命吏曹還給權緩職牒.
명　이조　환급　권완　직첩

囚護軍金孝誠 從義禁府之啓也. 孝誠 金慮遐之族也. 慮遐前此
수　호군　김효성　종　의금부　지계야　효성　김여하　지족야　여하　전차

恒寄食於孝誠之父判府事南秀家 自端州被執而來 孝誠備饌迎於
항　기식　어효성　지부　판부사　남수　가　자단주　피집　이래　효성　비찬　영어

中路. 今慮遐在逃 故囚之 蓋疑其匿慮遐也. 四日而釋之.
중로　금　여하　재도　고　수지　개　의기익　여하　야　사일　이　석지

辛亥 京畿仁川地面雨雹 損傷禾穀.
신해　경기　인천　지면　우박　손상　화곡

議臧獲公文. 柳廷顯啓曰: "私處奴婢公文成給 已有定議而
의　장획　공문　유정현　계왈　　사처노비　공문　성급　이유　정의　이

不果 臣請爲之. 逃奴婢之事 亦且煩劇 貪人至以限年未呈爲逃亡
불과　신청　위지　도노비　지사　역차　번극　탐인　지이　한년　미정　위　도망

暗成文案 訟者頗多 誠不可也. 請定限年 若限辛丑則遠矣 請限以
암성　문안　송자　파다　성불가　야　청정　한년　약한　신축　즉　원의　청한이

壬申年." 上曰: "公文可成給 不可定數. 若定數則人人不肯從之. 然
임신년　상왈　　공문　가성급　불가　정수　약정수　즉　인인　불긍　종지　연

議得以聞 予從卿等之計." 卞季良曰: "若不成公文則已 如欲成給
의득　이문　여종　경등　지계　변계량　왈　약　불성　공문　즉이　여욕　성급

必須定數. 國家錄籍給之 不限其數 而一家奴婢或多至千餘口 則
필수　정수　국가　녹적　급지　불한　기수　이　일가　노비　혹　다지　천여　구　즉

後來何觀? 多不過百五十爲數." 上曰: "卿言是矣 然不可定數.
후래　하관　다　불과　백　오십　위수　상왈　　경언　시의　연　불가　정수

雖有千餘口者 有子孫必分之 雖無子孫者 使孫收養中分之 則必無
餘數 但此意微示之可也. 雖定數 入於公者必無矣. 且此言勿露."
仍教臺諫曰: "爾各言其志." 掌令李賀曰: "不可不定數. 但卞季良
曰: '百五十口爲數.' 臣以此數爲少也. 約二百口則可也 百五十口則
臣亦缺望. 臣之奴婢亦有二百餘口." 上不答. 賀以己私 敢言上前
不以爲愧 識者鄙之. 六曹啓: "奴婢公文成給可也 而定數則不宜."
傳旨曰: "勿露定數之言 成給可也. 且多奴婢者 雖分於子孫一族 而
餘數不可不知."

有寺奴殺主僧 減等杖之. 金孝孫啓曰: "寺奴殺僧事 照奴婢殺主
之律 乃陵遲也. 然係前事 何如?" 上曰: "不可以私奴譬也 豈至
陵遲? 況宥前乎?" 趙末生曰: "此實私奴婢也." 上曰: "非私也 住持
相遞使用 不可謂私也 正與官奴婢同. 官奴殺其主者無律乎?"
對曰: "無此律也 但有雇工人部民之律." 上曰: "降等. 以罪蒙宥 則
不宜也. 赦者 十惡外也. 只杖一百則適宜也." 趙末生曰: "律無正條
則奏聞斷決 亦律文所載也." 上曰: "杖之."

壬子 以喬桐 江華水軍所受之田八百餘結 屬豐儲 廣興兩倉. 從
戶曹之啓. 上曰: "古者使此輩移接防禦 給田優待. 今也 京畿及
外方 皆定水軍 獨此水軍給田未便."

命戶曹給 右副代言元肅科田. 上曰: "黃丹儒 朴松庇子孫相爭
奴婢 三省誤決屬公 肅爲辨正都監官員 決絶得其正也."

태종 17년 정유년
9월

九月

계축일(癸丑日) 초하루에 사헌부(司憲府)에서 소(疏)를 올렸다. 소는 대략 이러했다.

'사천(私賤-사노비)은 일찍이 받은 교지(敎旨)에 의거해 공문(公文)을 만들었는데, 지금 정유년(丁酉年-1417년) 8월 29일 이전에 이미 소장을 접수하고 결절(結絶)을 끝내지 못한, 공사천(公私賤)이 양(良-양민)을 호소한 것과, 대소 원인(大小員人)이 서로 송사하는 노비는 달[朔]까지 한해 결절하게 하소서. 금년 2월 초6일 이전의 노비의 일을 그 당시에 얻은 자에게 주라는 것은 이미 일찍이 수교(受敎)했지만, 간사하고 속이는 무리가 혹은 도망쳤다고 평계 대고 혹은 피고[隻]가 없이 가결(假決)¹했다고 칭하며 난잡하게 정장(呈狀)해서 송사를 결단하는 것이 끝이 없자[無際] 이전에 서로 소송하던 노비를 이미 모두 시비를 묻지 않고 중분(中分)²하도록 했으니, 금년 2월 초6일 전에 그때에 가지고 있는 노비도 또한 시비(是非)를 묻지 말고 당시에 가지고 있는 자에게 움직임 없이 주는 것을 허락하소서. 도망친 사천(私賤)은 신축년(辛丑年-1361년) 이후에 비로소 소장을 접수해서

---

1 재판에서 원고나 피고가 현신(現身)하지 않을 때, 추후 승인을 받기로 하고 임시로 우선 행하는 판결을 말한다.
2 조선 초기에 노비(奴婢)의 쟁송(爭訟)이 그치지 않았으므로, 태종 13년 9월 왕명에 의해 소송 중인 노비를 원고(元告)와 피고(被告)에게 똑같이 나눠주게 한 것을 말한다.

추고(推考)하나 해가 오래된 일을 분간하기가 실로 어려워서 여러 달이 돼도 결절(結絶)하지 못하니, 참으로 미편(未便)합니다. 무릇 도망친 노비는 임신년(壬申年-1412년) 이전은 추핵(推覈)하는 것을 허락하지 말고, 임신년 이후에 도망친 일은 소장을 접수해서 추고해 송사를 결단할 것을 허락하소서.'

봉교(奉敎)했다.

"임신년 이전에 도망친 사천(私賤)은 추고를 허락하지 말고, 그중에서 당시에 사용한 노비 중에 동복(同腹) 삼사촌(三四寸)이 현재 살아 있는 자와 비록 동복 삼사촌이 없더라도 본인이 현재 살아 있어 역사(役使)가 명백한 자는 추고하는 것을 허락하고, 신축년 이전에 도망한 것은 추고를 허락하지 말라. 서로 소송하는 일은, 올해 정유년 9월 초1일 이전에는 당시에 결절을 얻은 자에게 주고, 전에 판결이 없는 것은 당시에 가지고 있던 것을 움직이지 말라."

○ 형조(刑曹)에서 아뢰었다.

"혼미해서 오결(誤決)한 관원(官員) 외에, 뇌물을 받고 오결했거나 그른 것을 알면서 오결한 것이 그 정상이 현저한 경우와, 거짓으로 오결이라 칭해 말을 꾸며 억지로 변론해서 법을 어지럽히고 관원을 속이는[瞞官] 경우에는, 앞으로는 속(贖) 받는 것을 허락하지 말고
만관
교지(敎旨)에 의거해 시행함으로써 뒤에 오는 자들을 징계하소서."

그것을 따랐다.

○ 호조(戶曹)에서 중국 경사(京師-북경)에 가는 사신의 의복(衣服) 수를 상세하게 정했다. (아뢰어 말했다.)

"정월·2월·7월·12월의 사(使)·부사(副使)는 12승(升) 이하 마포단

령(麻布團領) 4, 저포이의(苧布裏衣-저포 속옷) 4, 한삼(汗衫) 5로 하고, 종사관(從事官)은 10승 이하 마포단령 3, 저포이의 3, 한삼 4로 하고, 타각부(打角夫)[3]·압마(押馬)·양마(養馬)·이마(理馬)[4]는 9승 이하 마포단령 2, 저포이의 2, 한삼 3으로 하고, 종인(從人)은 7승 이하 마포의 2 저포이의 2 한삼 3으로 하소서. 3월·4월·5월·6월의 사(使)·부사(副使)는 12승 이하 마포단령 6, 저포이의 6, 한삼 7로 하고, 종사관은 10승 이하 마포단령 4, 저포이의 4, 한삼 5로 하고, 타각부·압마·양마·이마는 9승 이하 마포단령 3, 저포이의 3, 한삼 4로 하고, 종인은 7승 이하 마포의 2, 저포이의 3, 한삼 3으로 하소서."

그것을 따랐다.

갑인일(甲寅日-2일)에 서선(徐選)·이명덕(李明德)·한승안(韓承顏)의 직첩과 과전(科田)을 돌려줄 것을 명하니, 대간(臺諫)에서 안 된다고 했다. 상이 말했다.

"그전에 죄를 논할 때 사람마다 보는 것이 각각 달랐으니, 어찌 죄가 있겠는가? 다만 고쳐 분간(分揀)하고자 했기 때문에 어쩔 수 없이 논죄한 것일 뿐이었다."

○ 사헌부(司憲府)에 명해 전 지춘천군사(知春川郡事-춘천군 지사) 이속(李續)을 전옥(典獄)에 가두었다.

---

3 조선조 때 외국에 가는 사신 일행의 모든 물건을 감수(監守)하는 관원으로, 통사 중에서 가장 낮은 직급이다.
4 조선조 사복시(司僕寺)의 정6품 잡직(雜職)이다.

애초에 임금이 점치는 자인[卜者] 판수[盲人] 지화(池和)에게 명해, 복자   맹인
정해년 이전에 출생한 남자의 팔자(八字)⁵를 구해서 추산(推算)해 아
뢰도록 했다. 화(和)가 속(贖)의 집에 가서 속의 아들의 팔자를 물으
니, 속이 말했다.

"무슨 까닭으로 묻는가?"

화가 말했다.

"이는 왕명을 받드는 것이다."

속이 말했다.

"길례(吉禮)가 이미 끝났는데 또 궁주(宮主)가 있는가? 만일 권궁
주(權宮主)의 딸이 결혼한다면 나의 자식이 있지마는, 만일 궁인(宮
人)의 딸이라면 내 자식은 죽었다. 나는 이런 연혼(連婚)은 하고 싶지
않다."

화가 속의 말을 전해 아뢰니, 상이 말했다.

"속의 가문(家門)이 본래 바르지 못하니[不正] 나도 연혼하고 싶지 부정
않다. 그러나 속의 말이 심히 공손치 못하다."

마침내 그를 옥에 내리고 물었다. 이에 앞서 속의 매부 하형(河逈)
의 딸은 김화현감(金化縣監) 유복중(柳復中)의 아내인데, 5촌숙(五寸
叔) 김사문(金士文)과 사통했기 때문에 가문이 바르지 못하다는 가
르침이 있었던 것이다. 속은 사람됨이 거만하고 탐학해서 모든 언사
와 거동이 남들로부터 미움을 받았다.

---

5 출생(出生)한 연(年)·월(月)·일(日)·시(時)에 해당하는 간지(干支) 여덟 글자다. 이것으로
   사람의 화(禍)·복(福)·생(生)·사(死)를 판단했다.

○ 적자(嫡子)·서자(庶子)를 봉작(封爵)하는 법을 정했다. 예조(禮曹)에서 아뢰었다.

"영락(永樂) 10년(1412년-태종 12년) 5월 아무개 일에 의정부(議政府)에서 수교(受敎-교서를 받음)한 내용 가운데 '즉위한 임금의 궁인(宮人)의 소생(所生)은 정윤(正尹)이 되는 것을 허락한다'라고 했고, 영락(永樂) 12년 1월 아무개 일에 수교(受敎)한 내용 가운데 '즉위한 임금의 빈잉(嬪媵)의 아들은 군(君)에 봉하고, 궁인의 아들은 원윤(元尹)으로 삼고, 친자(親子) 및 친형제의 적실(嫡室)의 여러 아들은 군(君)으로 봉하고, 양첩(良妾)의 장자(長子)는 원윤(元尹)으로 삼고 중자(衆子)는 부원윤(副元尹)으로 삼아, 작품(爵品)의 한계를 정해서 수교하라'라고 했습니다. (그런데) 지금 예전의 제도를 상고해보면, 주(周)나라로부터 송(宋)나라를 거쳐 전조(前朝)까지, 즉위한 임금이 빈잉과 궁인의 아들을 봉작하되 그 품(品)을 제한하지 않았으며 친자 및 친형제의 적서(嫡庶) 여러 아들도 공후작(公侯爵)의 차등(差等)으로 봉작할 뿐 그 품을 제한하지는 않았습니다. 전에 수교한 것은 예전 제도를 상고하지 않은 것이니, 이제부터 즉위한 임금의 빈잉 및 궁인의 아들을 봉작하는 것과 친자 및 친형제의 적서 자손을 봉작하는 것은 한결같이 예전 제도에 의거해서 그 품직을 제한하지 말고, 친형제의 천첩 자손 및 여손(女孫)은 한결같이 전에 수교한 것에 의거해서 정(正)·종(從) 4품으로 삼을 것을 허락하소서."

그것을 따랐다.

○ 이속(李續)에게 장(杖) 100대를 때리고 폐서인(廢庶人)해서 먼 지방에 부처(付處)했다.

사헌부(司憲府)에서 아뢰어 말했다.

"속(續)이 거짓으로 그 자식이 죽었다고 말해 천총(天聰-임금의 귀 밝음)을 속였으니, 그 마음이 불측합니다. 법으로 반드시 형벌해 후래를 징계해야 합니다."

그 참에 형을 더해 국문할 것을 청하니, 상이 말했다.

"속이 사실대로 고했는데 또 무슨 형벌을 하겠는가?"

집의(執義) 성엄(成揜)이 말했다.

"불경(不敬)한 죄는 이미 초사(招辭)를 바쳤으니, 그 불경한 마음에 마땅히 형을 가해 국문해야 합니다."

상이 말했다.

"그 말을 미뤄 헤아려보면 그 마음을 알아낼 수 있는 것이다."

그 참에 일을 아뢰는 여러 경에게 일러 말했다.

"속에게 아들이 있으므로, 내가 궁인(宮人)의 소생을 출가시키고자 해 사람을 시켜 그 생갑(生甲-생년월일)을 물으니 속이 말하기를 '내 아들은 이미 죽었다. 만일 권궁주(權宮主)의 소생이라면 내 자식이 살아날 수 있다'라고 하면서 생갑(生甲)을 써서 바치지 않았다. 이것이 무슨 심보인가? 한쪽이 비록 천하지만 한쪽은 인군(人君)인데, 속이 왕실과 관계하지 않으려는 마음은 무엇인가? 그러므로 사헌부(司憲府)에 명해 추문한 것이다. 여러 경이 대답하기를 '크게 불충하다'라고 하니, 남의 신하가 되어서 이러한 자가 있으리라고는 생각지 못했다."

사헌부(司憲府)에서 또 속의 대역(大逆) 죄를 다스리기를 청하니, 상이 다만 장 100대를 때리고 서인(庶人)으로 폐(廢)하게 했다. 조말

502

생(趙末生)·김효손(金孝孫) 등이 아뢰어 말했다.

"속의 죄가 대역(大逆)에 관계되니, 대역의 죄인 삼족(三族)을 멸해야 합니다. 온 나라의 신자(臣子)가 누가 베고자 하지 않겠습니까? (죄를) 강등(降等)한 것은 크게 지나칩니다. 대신(大臣)·법관(法官)이 반드시 다시 청할 것이니, 비록 율에 의해 죄주지는 않더라도 청컨대 다시 가산을 적몰(籍沒)하고 외방에 안치하소서."

상이 말했다.

"경 등의 말이 맞기는 하지만, 아이들의 일을 가지고 사람을 베는 것은 내가 어찌 하고자 하는 일이겠는가? 경 등은 다시 일의 이치[事理]에 합당한 것으로 토의해 아뢰라."

윤사영(尹思永)·원숙(元肅)이 말했다.

"전에 아뢴 것이 일의 이치에 합당합니다."

하연(河演)이 말했다.

"대역(大逆)의 율을 어찌 지나치게 강등할 수 있겠습니까? 법이라는 것은 만세(萬世)에 공공(公共)한 것이니, 다른 일은 제(除)하더라도 속을 베는 것이 어떠하겠습니까?"

조말생(趙末生) 등도 연(演)의 말과 같았다. 상이 말했다.

"나는 차마 베지 못하겠다."

연이 말했다.

"불충한 사람이 머리를 보전해서 서인(庶人)이 되어 서울에 머무르는 것이 신 등은 옳은지 알지 못하겠습니다. 하물며 편안히 가산(家産)을 누리면 후래(後來)가 무엇을 보겠습니까? 죄가 있으면 죄를 주는 것은 후래를 경계시키자는 것입니다. 신하의 죄는 불충한 것보다 더 큰 것이 없습니다. 빌건대 먼 지방에 유배 보내소서."

들어주지 않았다[不聽].

사헌부(司憲府)에서 다시 말씀을 올려 말했다.

"신하의 죄 중에서 반역(叛逆)보다 더 큰 것이 없으니, 반역의 죄는 하늘과 땅이 용납하지 않고 종사(宗社-종묘사직)가 용서할 수 없는 바여서 전하께서 사사로이 할 수 있는 것이 아닙니다. 생각건대 남의 신하 된 자가 속으로 다른 뜻을 품으면 마땅히 정상을 캐어 엄하게 법으로 다스려야 합니다. 이속(李續)은 반역의 마음이 이미 사적(事迹)에 나타났으니, 마땅히 율에 의거해 그 죄를 밝혀서 바르게 해야 합니다. (그런데도) 전하께서 말감(末減-감형)을 따라서 다만 장 100대를 때리고 폐해 서인을 만들었으니, 이에 신 등이 통분할 뿐 아니라 또한 천지신인(天地神人)이 함께 심히 분해하는 것입니다. 바라건대 전하께서는 대의(大義)로 결단해서 밝게 법대로 처치함으로써 공손하지 못한 자들을 징계하소서."

사간원(司諫院)에서도 소를 올려 죄를 청하니, 먼 지방에 부처(付處-유배)시킬 것을 명했다.

○ 대간(臺諫)에서 교장(交章)해 이속(李續)의 죄를 청해 말했다.

"신 등이 전날에 속(續)이 반역한 죄에 대해 소(疏)를 갖춰 아뢰어서 유윤(兪允)을 입었으나, 신 등이 생각건대 반역의 죄는 법에 마땅히 베고 가볍게 용서할 수가 없습니다. 또 악한 짓을 하는 자는 비록 함정이 앞에 있고 부월(斧鉞)을 목에 가하더라도 기탄없이 합니다. 이를 그냥 두고서 베지 않으면 뒤에 올 사람들에게 무엇을 거울로 삼게 하겠습니까? 바라건대 전하께서 속이 반역한 죄를 율에 의거해 시행함으로써 신하 노릇 하지 않는 마음을 징계하신다면 공도(公道)에 다행함이 클 것입니다."

윤허하지 않았다.

○ 사헌부(司憲府)에서 아뢰어 회양부사(淮陽府使) 김사문(金士文)을 잡아 와서 국문했다.

애초에 사문(士文)이 최질(衰絰) 중(中)에 있었는데, 갑오년 경신일에 이속의 집에 가서 속 및 유복중(柳復中)과 더불어 밤에 마시고 또 복중(復中)의 아내 하씨(河氏)와 함께 윷놀이[柶戱]를 했다. 새벽이 되_{사희}어 사문이 속에게 이르기를 '복중이가 나를 꾸짖어 "내 아내를 간음했다"라고 한다'라고 했다. 이때에 이르러 속이 마침 잡혀 갇혔으므로, 헌사(憲司)에서 속에게 뜬말[汎]로 물었다._범

"네 가문에 불미한 일이 있는데, 아는가 모르는가? 다 말하라."

속이 말했다.

"불미한 일이란 어찌 다른 일이 있겠는가? 다만 사문이 복중의 아내를 사통한 것뿐이다."

이에 헌사(憲司)에서 사문의 죄를 청했다.

"일이 윤상(倫常)을 어지럽힌 데 관계되니, 직첩을 거두고 잡아다가 국문하소서."

그것을 따랐다.

을묘일(乙卯日-3일)에 상이 상왕을 받들고 광나루를 건너 위요성(慰要城-위례 지역)에서 매사냥을 구경하고, 저녁에 석도(石島)에 머물러 잤다.

병진일(丙辰日-4일)에 상이 상왕을 받들어 독음포(禿音浦-왕숙천 인근)에 이르러 매사냥을 보고, 중량포(中良浦)에 주정(晝停)했다. 세자가 행전(行殿)⁶에 나아갔다. 상의 몸이 편안하지 않고 벼가 수확되지 않았으므로 곧 돌아왔다. 이번 행차는 경기(京畿)에서 지응(支應)⁷하는 것을 금지하고, 다만 사옹원(司饔院)으로 하여금 공판(供辦-지원)하게 했다.

정사일(丁巳日-5일)에 관천대(觀天臺)⁸를 쌓으라고 명했다.

예조(禮曹)에서 서운관(書雲觀)의 정문(呈文)에 의거해 아뢰었다.

"예전에 천자(天子)는 영대(靈臺)가 있어 천지를 측후(測候)했고, 제후(諸侯)는 시대(時臺)가 있어 사시(四時)를 측후하고 요사한 기운을 관측했습니다. 마땅히 예전 제도에 따라 대(臺)를 쌓아 천문(天文)을 측후하소서."

그것을 따랐다. 그러나 이 일은 끝내 시행하지 못했다.

○ 예조(禮曹)에서 아뢰었다.

"부마제군(駙馬諸君)의 봉작(封爵)을 전례에 의거해서 공신제군(功臣諸君)의 예에 서열(序列)을 두소서."

그것을 따랐다.

---

6 행재소(行在所)에 임시로 마련한 장전(帳殿)을 말한다.
7 벼슬아치가 공무로 출장했을 때 그 소용되는 물품을 그곳에서 대어주는 일을 말한다.
8 천체(天體)나 대기(大氣)의 여러 변화를 관측하는 궁내의 망대(望臺)다. 왕조(王朝)의 길흉(吉凶)을 점치려는 데 목적이 있었다.

○ 예조에서 선왕(先王)의 기신재(忌晨齋)에 배제(陪祭-배신으로 참여해 제사를 지냄)하는 법을 올렸다. 아뢰어 말했다.

"의정부(議政府)·육조(六曹)는 종묘(宗廟) 5실(室)의 기신재(忌晨齋)에 나아갈 수 없으니, 신자(臣子)가 선왕을 추모하는 뜻에 어긋남이 있습니다. 의정부의 1원(員)과 예조의 1원(員)으로 하여금 나아가게 하고, 태조(太祖)와 신의왕태후(神懿王太后)의 기신재에는 영의정(領議政) 이하 참찬(參贊) 및 육조판서(六曹判書)가 함께 나아가게 하소서."

그것을 따랐다.

○ 함길도 도순문사(咸吉道都巡問使) 강회중(姜淮仲)을 가두었다. 의금부(義禁府)에서 회중(淮仲)이, 장온(張蘊)이 군사를 거느리고 저들의 땅으로 넘어갔다고 무고한 죄를 아뢰었기 때문이다.

○ 의금부(義禁府)에 명해 전라도 도관찰사(全羅道都觀察使)의 수령관(首領官)⁹ 최진성(崔進誠)과 병마도절제사(兵馬都節制使)의 수령관 심구린(沈龜麟)을 잡아 왔다. 병조의 아룀에 따라 공사(公事)를 지체한 까닭을 추문하고자 함이었다. 유정현(柳廷顯)이 말했다.

"이 일이 계류(稽留)된 것은 까닭이 있습니다. 신이 듣건대 절제사 마천목(馬天牧)은 일찍이 관찰사 정경(鄭耕)의 아비 지(地)를 따르던 자인데, 경(耕)이 매번 천목(天牧)을 욕하고 천목 또한 굽히지 않아서 두 사람 사이에 크게 틈이 있기 때문입니다. 무릇 공사(公事)에 있어 서로 밀쳐서 뜻을 다하지 않으면 늦어지는 잘못이 있게 되는데, 신

---

9 조선조 때 감영(監營)과 유수부(留守府)의 경력(經歷)과 도사(都事)를 가리킨다.

이 생각건대 이 일 또한 이 때문인가 합니다. 이 두 사람은 형세상으로 서로 용납하지 못할 것입니다."

상이 말했다.

"어찌 이럴 수가 있는가? 이 두 사람은 실로 죄가 있다. 내가 일찍이 가르쳐 말하기를 '서울 안에서 잡혀 갇히는 자는 갓을 벗기지 말고, 외방에서 잡혀 오는 자는 항쇄(項鎖)를 하지 말라' 했지만, 이 두 수령관은 이 예(例)를 쓸 수 없다."

조말생(趙末生)이 말했다.

"항쇄해서 잡아 와야 합니다."

그것을 따랐다.

애초에 병조(兵曹)에서 가르침을 받아 전라도 도관찰사에게 행이(行移)해 말했다.

"안마도(安馬島)에 머물러 있는 마필(馬匹)의 수와 말을 목축할 곳의 편부(便否)를 조사해 아뢰라."

정경이 이를 받아 천목에게 이문(移文)했는데, 천목이 연고를 칭탁하고서 내버려두니 경 또한 아뢰지 않았다. 이때에 이르러 안문(按問)해 조율(照律)하니, 심구린은 문자(文字)로써 정한(程限)을 계지(稽遲-지체)했으므로 장(杖) 80대를 때리고 최진성은 응당 아뢸 것을 아뢰지 않았으므로 장 80대를 때리며 이전(吏典)의 우두머리가 되는 자는 1등(等)을 감해 장 70대를 때리게 됐으나, 모두 (그 죄를) 논하지 않고 도로 직에 나아가라고 명했다.

○ 평안도(平安道)에서 황금(黃金) 150냥을 취련(吹鍊)해 바쳤다.

기미일(己未日-7일)에 이원(李原)을 의정부 찬성(議政府贊成), 이종무(李從茂)를 판우군도총제부사(判右軍都摠制府事), 윤곤(尹坤)을 의정부 참찬(議政府參贊), 정진(鄭鎭)을 우군도총제, 유염(柳琰)을 판한성부사(判漢城府事), 신상(申商)을 공조참판(工曹參判), 박습(朴習)을 사헌부 대사헌(司憲府大司憲), 서선(徐選)을 충청도 도관찰사(忠淸道都觀察使), 우균(禹均)을 경상도 도관찰사, 조흡(曹洽)을 평안도 병마도절제사(平安道兵馬都節制使)로 삼고, 다시 이명덕(李明德)을 좌대언(左代言)으로 삼았다.

경신일(庚申日-8일)에 무지개가 나타났다.

신유일(辛酉日-9일)에 우부대언(右副代言) 원숙(元肅)을 보내 성균관(成均館)에 궁온(宮醞-대궐의 술)을 내려주었다. 두 의정(議政) 이하 여러 관각 제학(館閣提學)이 성균관에 합좌(合坐)해서 생도(生徒)들을 율시(律詩)로써 시험했기 때문이다. 술이 100병이고, 어육(魚肉)을 갖추었다.

계해일(癸亥日-11일)에 강회중(姜淮仲)에게 자원부처(自願付處)를 명하고, 장온(張蘊)에게는 장(杖) 80대를 속(贖)하고 소매은(燒埋銀)[10]을 받아 피살된 사람의 집에 주었다. 의금부(義禁府)의 장계(狀啓)로, 온

___

10 살인(殺人)했을 때 죽은 사람의 장례비(葬禮費)를 살인자에게서 징수하는 은(銀)으로, 매장은(埋葬銀)이라고도 한다.

(蘊)은 잘못 형벌해서 사람을 죽인 죄에 걸려들고 회중(准仲)은 사람의 죄를 실입(失入)[11]한 죄에 걸려든 것이다. 정평 도호부사(定平都護府使) 홍리(洪理) 또한 회중의 지시에 따라 온의 죄를 꾸며 만든 죄에 걸려들어 장(杖) 80대를 속(贖) 받았다.

○ 병조(兵曹)에 명해 정언(正言) 이심(李審) 집의 종을 가두었다.

좌정언(左正言) 심(審)이 궐문(闕門)에 들어가는데 파수(把守)하는 갑사(甲士)가 심의 근수(根隨)[12]를 들이지 않으니, 심이 갑사의 종을 잡아서 가두었다. 도진무(都鎭撫) 곡산군(谷山君) 연사종(延嗣宗) 등이 아뢰어 말했다.

"일찍이 내린 교지(敎旨)에 5~6품에는 본래 근수(根隨)가 없으니, 문을 파수하는 갑사가 근수를 들이지 않는 것이 그 임무입니다. 지금 심이 집법(執法)하는 관원으로서 교지를 어기고 데리고 들어왔으니 잘못인데, 또 임의로 금군(禁軍)의 종을 가두었습니다. 청컨대 죄를 주어야 합니다."

마침내 이런 명이 있었다.

갑자일(甲子日-12일)에 명부(命婦)[13]를 봉작(封爵)하는 법식을 정

---

11 죄는 가벼운데 벌(罰)이 무거운 것을 말한다. 반대는 실출(失出)이다.

12 관원이 출입할 때 따라다니면서 시중드는 관아(官衙)의 하례(下隸)를 말한다.

13 봉호(封號)를 받은 부인(婦人)의 통칭이다. 여관(女官)으로서 품위가 있는 자, 종친(宗親)의 딸과 아내, 문무관(文武官)의 아내 등으로, 내명부(內命婦)와 외명부(外命婦)의 구별이 있었다.

했다. 이조(吏曹)에서 아뢰어 말했다.

"종실(宗室) 정1품 대광보국 대군(大匡輔國大君)의 처(妻)는 삼한국대부인(三韓國大夫人)으로, 보국 부원군(輔國府院君)의 처는 모 한국대부인(某韓國大夫人)으로, 종1품 숭록 제군(崇祿諸君)의 처는 모 한국부인(某韓國夫人)으로, 정2품 정헌 제군(正憲諸君) 및 종2품 가정 제군(嘉靖諸君)의 처는 이자호택주(二字號宅主)[14]로, 정3품 통정 원윤(通政元尹) 및 종3품 중직 정윤(中直正尹)의 처는 신인(愼人)으로, 정4품 봉정 부원윤(奉正副元尹) 및 종4품 조산 부정윤(朝散副正尹)의 처는 혜인(惠人)으로, 공신(功臣) 정1품 좌우의정 부원군(左右議政府院君)의 처는 모 한국대부인(某韓國大夫人)으로, 제 부원군(諸府院君)의 처는 모 한국부인(某韓國夫人)으로, 종1품 및 정2품·종2품 제군의 처는 이자호택주(二字號宅主)로 해서 이상은 모두 하비(下批)[15]하며, 문무(文武) 정1품·종1품의 처로서 이전의 군부인(郡夫人)은 정숙부인(貞淑夫人)으로 고치고 문무 정2품·종2품의 처로서 이전의 현부인(縣夫人)은 정부인(貞夫人)으로 고쳐서 이상은 이조(吏曹)에서 전례에 의거해 여러 사람이 토의해서 직첩(職牒)을 주소서."

그것을 따랐다.

○ 효령대군(孝寧大君) 이보(李), 충녕대군(忠寧大君)【금상(今上)의 휘(諱)】, 성녕대군(誠寧大君) 이종(李䄄重)은 모두 대광보국(大匡輔國)으

---

14 조선 초기에 종실(宗室)이나 공신(功臣)의 정·종2품의 부인(婦人)에게 임금이 지명(地名)을 붙여서 내려주던 봉작(封爵)이다.

15 임금이 유사(攸司)나 담당 관원이 올린 보고서에 그 가부(可否)를 직접 재결(裁決)해 내려주는 일을 말한다.

로 삼아 전과 같이 대군(大君)이라 했다. 복근(福根)을 추충협찬정란
정사공신보국(推忠協贊靖亂定社功臣輔國) 봉녕부원군(奉寧府院君)으
로, 석근(石根)을 숭록부원군(崇祿府院君)으로, 비(緋)를 정헌 경녕군
(正憲敬寧君)으로, 인(䄄)을 정헌 공녕군(正憲恭寧君)으로, 이원생(李
元生)을 가정 의평군(嘉靖義平君)으로, 이군생(李群生)을 가정 순평군
(嘉靖順平君)으로, 석(碩)·승(昇)·기(頎)를 모두 조산 부정윤(朝散副正
尹)으로 삼았다. 비(緋)와 인(䄄)은 상의 측실(側室)의 아들이고, 원생
(元生)·군생(群生)은 상왕(上王)의 측실의 아들이다. 또 숙의옹주(淑
懿翁主) 정씨(鄭氏), 경숙옹주(敬淑翁主) 심씨(沈氏), 경녕옹주(敬寧翁
主) 성씨(成氏)를 모두 삼한국대부인(三韓國大夫人)으로 삼고, 경녕군
(敬寧君)의 처 김씨(金氏)를 경신택주(敬愼宅主), 공녕군(恭寧君)의 처
최씨(崔氏)를 공신택주(恭愼宅主)로 삼았다.

병인일(丙寅日-14일)에 사헌부(司憲府)에서 소를 올려 좌정언(左正
言) 이심(李審), 우정언(右正言) 나유수(羅有綬)의 죄를 청했다. 심(審)
은 제멋대로 문을 파수하는 갑사(甲士)의 종을 가둔 때문이고, 유수
(有綬)는 일찍이 감찰(監察)이 됐을 때 길에서 부사직(副司直) 이주
(李柱)가 종묘(宗廟)를 지나면서 말에서 내리지 않는 것을 보고 이미
붙잡고서도 본부(本府)에 고하지 않고 임의로 놓아주었기 때문이다.
유수를 논하지 말라 명하고, 그 참에 심의 종을 풀어주었다.

정묘일(丁卯日-15일)에 정부(政府)·육조(六曹)에서 왕지(王旨)를 받
들어 경원 도호부(慶源都護府)의 시행할 만한 일의 항목들을 토의

했다.

"하나, 지난번에 인민(人民) 약 1,000호(戶)를 그 땅에 입거(入居)시키기로 했는데, 원거(原居)하다가 유이(流移-떠나감)한 인민들을 쇄입(刷入)하고 또 안변(安邊) 이북에서 자원하는 인민들을 우선 조출(調出)해서 선운(先運)으로 3~400호를 입거시키는데, 첫해에는 국고의 미곡으로 종자(種子)와 양식을 주어 농업을 잃지 않게 하며 조세를 전부 없애주어 다시 번성해지기를 기다릴 것.

하나, 함흥(咸興) 이북 각 고을의 향리(鄕吏) 약 20호를 쇄출해 입거시킬 것.

하나, 북청(北靑) 이북 각지에 흩어져 사는 각사 노비(各司奴婢) 4~50구(口)를 정해 관노비(官奴婢)로 삼을 것.

하나, 유방군(留防軍)[16] 500명을 정해 방어에 충당하되, 먼저 경성(鏡城) 유방군 200명 내에서 150명을 덜어내서 나눠 정해 부방(赴防)하게 할 것.

하나, 천호(千戶) 4인을 다른 예에 따라 교하(敎下)하고, 따로 백호(百戶) 10인을 차출(差出)해서 길주(吉州) 좌익(左翼)에 예속시킬 것.

하나, 병마사(兵馬使)의 군관(軍官)은 이전의 액(額) 7명에 3인을 더 정할 것.

하나, 경원(慶源)에서 용성(龍城)에 이르는 각 참(站)은 전례에 따라 배치하고, 참리(站吏)는 전 회양(淮陽)·옹구(雍丘)·시원(時原)·부가(富家) 등 4참(站)의 아전은 그대로 두며, 청주(靑州) 이북 각 참(站)

---

16 조선조 때, 군사상 중요한 여러 진(鎭)에 배치해 방어를 맡은 군대를 말한다.

의 아전은 마땅함을 헤아려서 덜어내고 입거(入居)시킬 것.

하나, 병마사(兵馬使)의 늠록(廩祿)과 군관 종인의 식량과 마료(馬料)는 먼저 경성(鏡城) 창고의 미곡으로 제급(題給)할 것."

아울러 모두[幷皆] 그것을 따랐다.
병개

○ 옥천부원군(玉川府院君) 유창(劉敞)에게 명해 원주(原州) 각림사(覺林寺)에 가게 했다. 이에 앞서 상이 황고(皇考)·황비(皇妣)의 명복(冥福)을 빌기 위해 『화엄경(華嚴經)』을 만들었는데, 이때에 이르러 각림사가 완성되자 마침내 이 경(經)을 보내고 창(敞)에게 내향(內香)[17]과 소(疏-글)를 주어 법회(法會)를 베풀어 낙성(落成)하게 했다.

○ 경기우도 수군첨절제사(京畿右道水軍僉節制使) 윤하(尹夏)가 사람을 보내 말을 바치니, 그의 반인(伴人-심부름꾼)에게 옷 1벌을 내려주었다.

○ 형조(刑曹)에서 옥수(獄囚-죄수)를 줄이는[省囚] 법을 올렸다. 아
생수
뢰어 말했다.

"각사(各司)에서 남의 종을 가두는 것이, 혹 한때의 분노로 인하거나 혹 본조(本曹)에 보고하지도 않고 곧장 마방(磨房-각사의 임시감옥)에 가두니 원옥(冤獄-원통한 옥사)이 없지 않습니다. 금후로는 각위(位)가 모여앉아서 죄상의 가볍고 무거움을 의논해 본조(本曹-형조)에 이문(移文)한 뒤 다시 수금(囚禁)하는 것을 토의하게 해서 옥수(獄囚)를 덜게 하소서."

그것을 따랐다.

---

17 전향(伝香)할 때 임금이 내려주는 궁내의 향(香)을 말한다.

무진일(戊辰日-16일)에 안개가 꼈다.

○ 상이 상왕(上王)을 받들어 동교(東郊)에서 매사냥을 구경했다.

기사일(己巳日-17일)에 정진(鄭津)을 판안동대도호부사(判安東大都護府事-안동대도호부 판사)로 삼고, 조비형(曹備衡)을 경원등처 병마사(慶源等處兵馬使) 겸(兼) 판경원도호부사(判慶源都護府事)로 삼았다.

○ 제생원(濟生院)에 명해 전옥서(典獄署)[18]의 수인(囚人-죄수)을 구료(救療)했으니, 예조(禮曹)의 아룀을 따른 것이다.

○ 처음으로 태조(太祖)와 신의왕태후(神懿王太后)의 기신(忌晨) 때 원묘(原廟)에 제사를 지내기로 정했다.

변계량(卞季良)이 일찍이 상정소 제조(詳定所提調)가 돼서 예조(禮曹)에 의견을 내서 말했다.

"태조(太祖)와 신의왕후(神懿王后) 기신(忌晨)에, 다만 불사(佛祠)에만 재(齋)를 베풀고 원묘(原廟)의 제사를 궐하는 것은 불가하다. 계목(啓目)을 올려 문소전(文昭殿)에 제사하기를 청하고자 한다."

참의(參議) 허조(許稠)는 안 된다고 하고 판서(判書) 설미수(偰眉壽)와 상정소 제조(詳定所提調) 이조(李慥)는 망설이니[依違], 계량(季良)
_{의위}
이 억지로 계목을 올리려고 하다가 지신사(知申事) 김여지(金汝知)가 저지해서 거행하지 못했다. 이때에 이르러 계량이 말씀을 올리니 마

---

18 조선조 때 옥수(獄囚)에 관한 일을 맡아보던 관아로, 태조(太祖) 원년에 두었다가 고종(高宗) 31년(1894년)에 없애고 감옥서(監獄署)를 두었다.

침내 시행했다.

경오일(庚午日-18일)에 명해 평강(平康) 등지의 강무(講武)를 정지시켰다.

애초에 찬성(贊成) 이원(李原)과 병조판서(兵曹判書) 김한로(金漢老) 등이 강무 때의 구군(驅軍-몰이꾼)의 수를 토의해 아뢰니, 상이 말했다.

"내가 상왕을 모시고[陪] 강무하고자 하는데 어떤가?"

원(原)이 말했다.

"만일 이미 상왕께 아뢰었으면[白] 마땅히 받들어 행해야 합니다."

김한로(金漢老)가 말했다.

"상왕께서 오래 깊은 궁중에 계셨는데, 여러 날 초지(草地)에 계시게 되면 체기(體氣)가 편안하지 않으실까 두렵습니다. 그러나 말을 저버릴 수는 없으니, 마땅히 상왕을 받들어 행해야 합니다."

한로(漢老) 등이 사사로이 서로 말했다.

"상왕의 몸을 들어 염려한 것은 본래의 말이 아니고, 우리들의 뜻은 다만 역마(驛馬)의 폐단 때문이다. 비록 100필을 더하더라도 또한 여유가 있지 않고, 기타 지응(支應)하는 등의 일이 또한 걱정이다."

이때에 이르러 정지했다.

○ 대호군(大護軍) 지함(池含)이 함길도(咸吉道)로부터 왔다. 함(含)이 도순문사(都巡問使) 유사눌(柳思訥)의 말을 가지고 (도성에) 들어와 전하니, 도절제사(都節制使)에게 뜻을 전해 말했다.

"동림성(童林城) 터에 군마를 거느리고 돌아가서 들어가 내년 봄

에 농사를 짓는다고 떠들어 말하고[聲言], 또 성자(城子)를 수보(修
補)한다고 이름하고서 사방에 표(標)를 세우고, 군사·품종(品從)[19]으
로 하여금 얼음이 얼면 하루 이틀 동안 돌을 줍게 하라. 이것은, 경
원(慶源)을 다시 세운다는 소리를 거짓으로 떠들어대어 내관(內官)
장신(張信)으로 하여금 알게 하고자 함이다."

신미일(辛未日-19일)에 문소전(文昭殿) 양위(兩位)의 기신 의례(忌晨
儀禮)를 정했다. 예조(禮曹)에서 아뢰었다.

"전물(奠物) 및 작헌 예도(酌獻禮度)와 헌관 등제(獻官等第-헌관 등
급)는 모두 유명일(有名日-이름이 있는 날) 별제(別祭)의 예에 의거하
고, 헌관의 제복은 백포의(白布衣)·사모(紗帽)·각대(角帶)를 쓰고, 주
악(奏樂)을 정지하소서."

그것을 따랐다.

○ 사헌부(司憲府)에서 우균(禹均)의 도관찰사(都觀察使) 직임을 파
하기를 청했으나 윤허하지 않았다.

(상이) 장령(掌令) 유빈(柳濱)을 불러 (태종 9년에) 우균이 탄핵당한
[被劾] 까닭을 물으니 빈(濱)이 아뢰어 말했다.

"균(均)이 밀양부사(密陽府使)로 있을 때, 호장(戶長) 득량(得良)이
도내(道內)에서 좋은 사람이라고 칭찬했는데 법을 굽혀[枉法] 그를

---

19 관리의 품급(品級)에 따라 지급되는 복종(僕從)으로, 종종 나라의 가벼운 역사(役事)에
   동원해 조역(助役)시켰다.

죽였습니다. 또 일찍이 영천(永川)·선산(善山) 여러 고을을 맡았을 때도 매번 사람을 죽였습니다. 감사(監司)는 한 도(道)의 큰 소임인데, 백성의 물망이 없이 다시 이 도(道)로 돌아가는 것은 안 될 일이므로 탄핵했습니다."

상이 말했다.

"균이 한 일은 나도 들었다. 소사(所司)로서 이 말을 들으면 탄핵하는 것이 옳다. 그러나 균이 여러 번 관직을 옮겼는데, 일찍이 탄핵하지 않다가 지금 명을 받아 출발할[發行] 날을 맞아서 핵문하는 것은 무슨 까닭이냐? 소사에 반드시 비밀리에 고한 자가 있을 것이다. 누가 듣고 먼저 발언했느냐?"

대답해 말했다.

"전일에 장령(掌令) 이하(李賀)가 조계(朝啓-조회)에서 듣고 발언했습니다."

하(賀)를 불러 물으니 하가 말했다.

"소사에서 원의(圓議)[20]한 공사(公事)는 죽어도 말할 수 없는 것이지만, 그러나 상께서 물으시니 군부(君父) 앞에서 어찌 감히 숨기겠습니까? 신이 조계한 후에 대사헌(大司憲) 박습(朴習)에게 들었습니다."

상이 말했다.

"(나는) 간사(奸詐)한 무리의 소행인가 의심했더니, 습(習)이 지금 대사헌이 됐기 때문에 이런 말을 했구나."

---

20 대간(台諫)의 관원이 둘러앉아 공사(公事)를 토의하는 일을 말한다.

마침내 우균을 불러 발행(發行-출발)하게 했는데, 습이 경상도 감사로부터 교대돼 와서 아직 상관(上官)²¹하지 않아서 하(賀)에게 말한 것일 뿐이었다. 얼마 안 돼 박습 등이 말씀을 올렸다.

"신 등이 가만히 생각건대, 감사의 직임은 상덕(上德-임금의 임금다움)을 선양(宣揚)하고 민생을 위로하는 것입니다. 진실로 적합한 사람이 아니면 백성이 그 해를 받습니다. 하물며 경상 일도(一道)는 다른 도에 비해 크니, 감사의 선택을 더욱 중히 하지 않을 수 없습니다. 우균이 일찍이 이 도(道)의 선산(善山)·영천(永川)·밀양(密陽)·김해(金海)에서 다스림을 맡았던 날에, 처사하는 것이 가혹하고 급격하며 형벌을 쓰는 것에 법도가 없어서 사나운 기운을 마음대로 부려, 사람에게 조그만 허물만 있으면 그때마다 무거운 형벌을 가해서 모두 살상(殺傷)에 이르렀습니다. 이에 그 읍의 인민들이 분개하고 원망하지 않는 이가 없어 깊이 억울하고 슬퍼하는 마음을 품었습니다. 그러므로 한 도의 백성이 모두 그 포학함을 아는데 지금 또 그 도를 관찰(觀察)하게 되니²², 신 등은 경상도(慶尙道)의 백성이 또다시 이마를 찌푸리고 가슴을 칠까[再蹙頞而拊心] 두렵습니다. (이렇게 해서야) 어
<small>재 축 알 이 부심</small>
찌 능히 상의 임금다움을 선양하고 민생(民生)을 위로하겠습니까? 또 일찍이 내린 교지(敎旨)에 불법으로 사람을 죽인 자는 영구히 서용하지 말라고 하셨습니다. 엎드려 바라건대 전하께서는 다시 합당한 사람을 골라 그 직임을 대신하게 하소서."

---

21 관직에 부임하는 것을 말한다.
22 즉 경상도 관찰사가 된다는 말이다.

들어주지 않았다.

○ 종정무(宗貞茂)와 아우 관령(管領) 종정징(宗貞澄)의 사인(使人)
이 예물을 바쳤다.

계유일(癸酉日-21일)에 윤향(尹向, 1374~1418년)[23]을 (유배지) 파평(坡
平)에서 불렀다. 그때 향(向)이 죄를 얻어 부처(付處-유배)됐는데, 상
이 향의 아래 처남[妻弟] 이조참의(吏曹參議) 홍여방(洪汝方)에게 일
러 말했다.

"내가 맹인(盲人) 지화(池和)를 시켜 상호군(上護軍)·대호군(大護軍)
의 아들들의 나이를 갖춰 아뢰게 했더니, 화(和)가 향의 아들 나이
를 써왔다. 내가 전일(前日) 이속(李續)의 말을 징계하고 화로 하여금
이 말을 누설하지 말게 했다. 그러나 향은 내 말을 들으면 비록 물불
이라도 피하지 않았고 또 듣건대 향이 진심으로 혼인을 하고자 한다
하니, 급히 부르는 것이 좋겠다."

---

23 아들은 윤계동(尹季童)이고, 홍여방(洪汝方)의 매부다. 1404년(태종 4년) 지사간원사(知司
諫院事)로 복직됐으나, 남재(南在)의 부정 사실을 탄핵하려다 오히려 공주로 귀양 갔다.
1405년 사헌부집의를 거쳐 1406년 왜적이 침입하자 경차관(敬差官) 판군자감사(判軍資
監事)로 충청도에 파견됐다. 1407년 이조참의로 승진됐다가 곧 대사헌이 됐다. 다시 한
성부윤으로 옮겼다가 곧 전라도관찰사로 임명됐고, 1409년 상평보(常平寶)의 설치를 건
의해 시행하게 했다. 참지의정사(參知議政事)를 거쳐, 1410년 경상좌도 병마도절제사 겸
계림부윤으로 임명됐다. 한때 윤향의 조카 윤목(尹穆)의 죄에 연좌된 탓에 중요 관직
에 임용될 수 없다는 탄핵을 받았으나, 윤향이 먼저 윤목의 죄를 고발했기 때문에 태
종이 중요 관직에 임명시켰다. 1412년 한성부윤을 거쳐 참지의정부사에 다시 임명됐다.
1413년 공조판서로 발탁됐고, 1415년 형조판서를 거쳐 호조판서로 임명됐다. 그러나 위
화도회군 공신들을 '자기 임금을 배신하고 한고조(漢高祖)를 도운 정공(丁公)의 일'에 비
유해 논하면서 그들의 전지(田地)를 회수해야 한다고 소를 올렸다가, 파직돼 파평(지금의
적성 일대)으로 유배됐다.

○ 내섬 소윤(內贍小尹) 김타(金沱), 사헌 감찰(司憲監察) 이계장(李繼長)을 파직했다. 면자(綿子)를 출납할 때 근(斤)·냥(兩)을 착오한 때문이다.

○ 호군(護軍) 김효성(金孝誠)에게 직사에 나아올 것을 명했다.

갑술일(甲戌日-22일)에 형조(刑曹)에서 노비 공문(奴婢公文)의 규식(規式)을 올렸다.

"하나, 직(職)·성명(姓名)·나이·본관[貫] 및 사조(四祖)의 노비 근각(根脚)이 사는 곳(을 밝힐 것).

하나, 각 품(品)에서 서인(庶人)까지 단자(單子)를 바치는 날의 기한을 정할 것.

하나, 경외(京外)의 노비가 살고 있는 곳의 도목장(都目狀)[24]과 본주(本主) 진성(陳省)[25]의 기한을 정할 것.

하나, 단자(單子) 내에 범람(汎濫-넘침)하게 아울러 기록한 것은 조목조목 논죄할 것.

하나, 각사(各司) 노비 가운데 쇄권색(刷卷色-노비를 추쇄하던 관아)이 마련(磨鍊)해 성적(成籍)한 것과 사사(寺社) 노비를 근년에 도관(都官)이 이미 일찍이 입안(立案)해서 만들어준 것, 위 두 건(件)의 노비는 공문을 만들어 주지 말 것."

그것을 따랐다.

---

24 지방의 공천(公賤) 및 시정(侍丁)·봉족(奉足)·호수(戶首) 등을 기록한 장부를 말한다.
25 사람이나 물건의 이름과 수량을 적은 물목서(物目書)를 말한다.

을해일(乙亥日-23일)에 평안도 별패(平安道別牌) 나인경(羅仁冏)·정득량(鄭得良)을 전옥(典獄)에 가두었다. 진무(鎭撫)가 아뢰기를, 인경(仁冏) 등이 입직(入直)해서 점고(點考-점호)를 받은 뒤에 갑옷을 입고 집으로 돌아갔다고 했기 때문이다. 모두 장(杖) 100대를 속(贖) 받았다.

정축일(丁丑日-25일)에 동교(東郊)에서 매사냥을 구경했다.

○ 함길도 도순문사(咸吉道都巡問使) 유사눌(柳思訥)이 글을 올렸다. 글은 이러했다.

'경원(慶源) 한 고을은 능침(陵寢)이 있는 곳이니, 수어(守禦)하는 자는 마땅히 죽기를 다하고 도망하지 말아야 합니다. (그런데) 경인년(庚寅年-1410년)에 어루만지고 길들이는 것[撫馭]이 도리를 잃게 되어 마침 야인(野人)들의 노여움을 사서 비린내 나는 풍속[腥膻之俗]이 한 번 지역 안에 들어오니, 드디어 능침이 편안치 못하고 변방이 공허하게 됐습니다. 말이 여기에 미치니 참으로 개탄스럽습니다. 다행히 이제 하늘이 전하의 마음을 달래어 다시 이 고을을 건설하게 됐으니, 그 편의 조건과 시설 방편을 뒤에 조목으로 열거합니다.

하나, 경원의 인물은 각 고을에 흩어져 있으니 군적(軍籍)에 있고 없는 것을 막론하고 일체 모두 추쇄(推刷)해서 강제로 옮겨두고, 자원하는 자가 있으면 3년에 한해서 부역(赴役)을 면제할 것[復].

하나, 경원은 토지가 비옥하니 빌건대 육전(六典)이 처음으로 기경(起耕)한 것을 수조(收租)하는 법에 의거해서, 첫해에는 전부 면제하고 다음해에는 반을 감하고 3년 되는 해에는 3분의 1을 감하고 4년 되는 해에는 4분의 1을 감해서 5년 되는 해에 이르러서 전액을 거둘 것.

하나, 공수전(公須田)·아록전(衙祿田)과 저 사람들을 접대하는 수요(需要)가 또한 없을 수 없으니 경성(鏡城)의 전지 5,000여 결(結) 중에서 1,000결의 소출을 경원으로 거둬들이되, 반은 쌀로 거둬 공억(供億)의 밑천으로 삼고 반은 피곡(皮穀)으로 거둬 명년 종자(種子)의 준비를 마련할 것.

하나, 제도(諸道)·제주(諸州)의 공처노비(公處奴婢) 중에서 북청(北靑)·단천(端川)·길주(吉州)·경성(鏡城) 등의 지방에 도피해 사는 자와, 정업원(淨業院)[26] 노비 중에서 이 도에 사는 자 195호를 추쇄해서 경원에 붙이고, 또 길주(吉州) 노비 48구(口)를 경원에 붙일 것.

하나, 저 사람들이 필요한 것은 소금과 장(醬)이 가장 소중하니, 바라건대 말장(末醬) 콩 100석과 부근 여러 고을의 염세(鹽稅)를 모두 경원에 들여 매년 장을 담가줌으로써 그 이익을 누리게 할 것[媕=享].'

그대로 따랐다.

무인일(戊寅日·26일)에 명해 윤향(尹向)·양질(楊秩) 등에게 고신(告身)과 과전(科田)을 내려주었다.

○사헌부(司憲府)에서 소를 올렸다. 대략 이러했다.

---

26 서울 성내(城內)에 있던 암자(庵子)다. 주로 양반 출신의 여승만이 있었으며, 명종(明宗) 때 이 자리에 인수궁(仁壽宮)을 지었다.

'공사(公私)가 서로 송사하는 노비는 9월 초1일 이전의 쟁송(爭訟)은 영구히 금단했는데, 경외(京外)의 공사천(公私賤)이 소량(訴良)하는 노비는 정한 기한이 없어서 결송(決訟)하는 것 또한 끝이 없습니다[無際]. 이달 초1일 이전에 공사천이 소량(訴良)해 끝나지 않은 사건은 시비를 묻지 말고 모두 보충군(補充軍)에 붙이고, 이미 일찍이 종천(從賤)²⁷한 뒤에 그날 이전에 오결한 것을 정문(呈文)하지 않은 경우에는 일절 금지하소서.'

봉교의윤(奉敎依允)²⁸했다.

"이미 일찍이 종천(從賤)한 뒤에 금년 9월 초1일 이전에 오결한 것을 정문(呈文-보고)하지 않은 경우에, 금단(禁斷)하지 말고 일찍이 내린 교지에 의거해서 결절(決絶)한 회수(回數)로 결단하라."

경진일(庚辰日-28일)에 상이 세자를 거느리고 근기(近畿-가까운 경기 지역)에서 강무(講武)하고, 저녁에 이포(梨浦)에 머물렀다[次].

신사일(辛巳日-29일)에 미원(迷原-지금의 양평)의 동쪽과 서쪽 산에서 몰이를 했다. 세자가 달리면서 노루를 쏘다가 말에서 떨어졌는데 상이 불러서 묻고, 그 참에 미원평(迷原坪)에서 잤다. 사람을 보내 종묘(宗廟)에 짐승을 바쳤다.

---

27 부모 가운데 어느 한쪽이 천인(賤人)일 때 그 자식도 천인이 되는 법을 말한다.
28 신하가 임금에게 상주(上奏)한 안(案)에 대해서 교명(敎命)을 받들어 윤허(允許)한 대로 시행하라는 뜻으로, 임금이 재가(裁可)하는 서류에 쓰는 말이다.

○ 내관(內官) 신이희(申以熙)를 보내 인덕궁(仁德宮-상왕의 궁)에 사슴을 바쳤다. 뜻을 전해 말했다.

"내일 도로 이포(梨浦)를 건너고자 한다."

여러 신하가 모두 머물기를 청하니, 상이 세자와 두 대군(大君)을 시켜 뜻을 전해 말했다.

"오늘은 몸이 편치 못해 경성(京城) 가까이에서 유숙하려 한다."

이원(李原) 등이 의원(醫員) 양홍달(楊弘達)을 부를 것을 청했으나 윤허하지 않았다.

임오일(壬午日-30일)에 김한로(金漢老)에게 말 1필을 주었다.

○ 함길도 도순문사(咸吉道都巡問使) 유사눌(柳思訥)이 채금(採金)한 190냥을 바쳤다. 사눌(思訥)이 보고했다.

'동맹가첩목아(童孟哥帖木兒)가 사람을 보내 경성(鏡城)에 거접(居接)하는 이대생(李大生) 등 5인을 데려가고자 합니다.'

수어관(守禦官)이 법에 의거해 금지하라고 명했다.

○ 이달에 살구꽃이 활짝 피었다[華].

○ 대내(大內) 다다량도웅(多多良道雄)의 사인(使人)이 예물을 바치고 대장경(大藏經) 등 불경을 청구했다.

癸丑朔 司憲府上疏. 疏略曰:
계축 삭 사헌부 상소 소 약왈

'私賤依曾受教旨 公文成給. 今丁酉八月二十九日以前已接狀
사천 의 증수 교지 공문 성급 금 정유 팔월 이십 구일 이전 이 접장

未畢決 公私賤訴良 大小員人 相訟奴婢 限朔決絶 今年二月初六日
미필 결 공사천 소량 대소 원인 상송노비 한삭 결절 금년 이월 초 육일

以前奴婢之事 於時得者給之 已曾受教 而奸詐之徒 或稱逃亡 或
이전 노비 지사 어 시득 자 급지 이증 수교 이 간사 지도 혹칭 도망 혹

稱無隻假決 亂雜呈狀 斷訟無際. 已前相訟奴婢 既皆勿問是非而
칭 무척 가결 난잡 정장 단송 무제 이전 상송노비 기 개 물문 시비 이

中分 今二月初六日前時執奴婢 亦許勿問是非 時執者不動給之.
중분 금 이월 초 육일 전 시집 노비 역허 물문 시비 시집자 부동 급지

逃亡私賤 辛丑年已後 始接狀推考 然年久之事 分揀實難 累月不決
도망 사천 신축년 이후 시 접장 추고 연 연구 지사 분간 실난 누월 불결

誠爲未便. 凡逃亡奴婢 壬申年已前勿許推覈 壬申年以後逃亡之事
성 위 미편 범 도망노비 임신년 이전 물허 추핵 임신년 이후 도망 지사

許令接狀推考 以斷訟事.'
허령 접장 추고 이단 송사

奉教: "壬申年已前逃亡私賤 勿許推考. 其中時使用奴婢中 同腹
봉교 임신년 이전 도망 사천 물허 추고 기중 시 사용 노비 중 동복

三四寸現存者及雖無同腹三四寸 當身現存役使明白者 許令推考
삼사 촌 현존 자급 수무 동복 삼사 촌 당신 현존 역사 명백 자 허령 추고

辛丑年前逃亡 勿許推考 若其相訟之事 今丁酉九月初一日以前 時
신축년 전 도망 물허 추고 약 기 상송 지사 금 정유 구월 초일일 이전 시

得決者給之 無前決者 則時執不動."
득결 자 급지 무 전결 자 즉 시집 부동

刑曹啓: "昏迷誤決官員外 受贈誤決 知非誤決 情狀現著者
형조 계 혼미 오결 관원 외 수증 오결 지비 오결 정상 현저 자

及妄稱誤決 飾辭强辨 亂法瞞官者 今後勿許收贖 依教施行
급 망칭 오결 식사 강변 난법 만관 자 금후 물허 수속 의교 시행

以懲[29]後來." 從之.
이징　후래　종지

　戶曹詳定赴京使臣衣服之數. (啓曰): "正月 二月 七月 十二月 使
호조　상정　부경사신　의복　지수　계왈　정월　이월　칠월　십이월　사

副使十二 升以下麻布團領四 苧布裏衣四 汗衫五 從事官十升以下
부사　십이　승　이하　마포　단령　사　저포　이의　사　한삼　오　종사관　십승　이하

麻布團領三 苧布裏衣三 汗衫四 打角夫 押馬 養馬 理馬九升以下
마포　단령　삼　저포　이의　삼　한삼　사　타각부　압마　양마　이마　구승　이하

麻布團領二 苧布裏衣二 汗衫三 從人七升以下麻布衣二 苧布裏衣
마포　단령　이　저포　이의　이　한삼　삼　종인　칠승　이하　마포　의이　저포　이의

二 汗衫三. 三四五六 使副使十二升以下麻布團領六 苧布裏衣六
이　한삼　삼　삼사오륙　사부사　십이　승　이하　마포　단령　육　저포　이의　육

汗衫七 從事官十升以下麻布團領四 苧布裏衣四 汗衫五 打角夫
한삼　칠　종사관　십승　이하　마포　단령　사　저포　이의　사　한삼　오　타각부

押養理馬九升以下麻布團領三 苧布裏衣三 汗衫四 從人七升以下
압양　이마　구승　이하　마포　단령　삼　저포　이의　삼　한삼　사　종인　칠승　이하

麻布衣二 苧布裏衣三 汗衫三." 從之.
마포　의이　저포　이의　삼　한삼　삼　종지

　甲寅 命還給徐選 李明德 韓承顔職牒與科田 臺諫以爲不可.
갑인　명환급　서선　이명덕　한승안　직첩　여　과전　대간　이위　불가

上曰: "昔者論罪之時 人之所見各異 豈有罪乎? 然欲改分揀 故
상왈　석자　논죄　지시　인지　소견　각이　기유죄호　연욕개　분간　고

不得已論罪耳."
부득이　논죄　이

　命司憲府囚前知春川郡事李績于典獄. 初 上命卜者盲人池和
명　사헌부　수전　지춘천군사　이속　우　전옥　초　상명　복자　맹인　지화

求丁亥以上生男八字 推算以聞. 知到績家 問子八字 績曰: "何故
구　정해　이상　생남　팔자　추산　이문　지도　속가　문자　팔자　속왈　하고

問之?" 和曰: "是承命也." 績曰: "吉禮已畢 又有宮主乎? 若以權
문지　화왈　시　승명　야　속왈　길례　이필　우유　궁주호　약이권

宮主之女結婚則吾有子矣 若宮人之女則吾子亡矣. 吾不欲如此
궁주　지녀　결혼　즉　오　유자　의　약　궁인　지녀　즉　오자　망의　오　불욕　여차

連婚也." 和以績言聞 上曰: "績之家門本不正 予亦不欲連婚 然
연혼　야　화이속언문　상왈　속지　가문　본부정　여역　불욕　연혼　연

績之言甚不恭." 乃下獄問之. 先是 績之妹夫河逈之女金化縣監
속지언　심　불공　내　하옥　문지　선시　속지　매부　하형　지녀　김화현감

---

29 원문에는 '징(徵)'으로 돼 있는데, 잘못이라 '징(懲)'으로 고쳤다.

柳復中之妻也. 與五寸叔金士文私焉 故有家門不正之教也. 續爲人
유복중 지 처 야 여 오촌 숙 김사문 사언 고 유 가문 부정 지 교 야 속 위인

倨慢貪暴 凡言辭擧動 爲人嫉惡①.
거만 탐포 범 언사 거동 위인 질오

定嫡庶子封爵之法. 禮曹啓: "永樂十年五月日 議政府受敎內:
정 적서 자 봉작 지 법 예조 계 영락 십년 오월 일 의정부 수교 내

'卽位之主宮人所出 許爲正尹.' 永樂十二年正月日 府受敎內: '卽位
즉위 지 주 궁인 소출 허위 정윤 영락 십이 년 정월 일 부 수교 내 즉위

之主嬪媵子封君 宮人子爲元尹 親子及親兄弟之嫡室諸子封君
지 주 빈잉 자 봉군 궁인 자 위 원윤 친자 급 친형제 지 적실 제자 봉군

良妾長子爲元尹 衆子爲副元尹.' 爵品定限受敎. 今考古制 自周
양첩 장자 위 원윤 중자 위 부원윤 작품 정한 수교 금고 고제 자주

及宋 以至前朝 卽位之主嬪媵及宮人之子封爵 不限其品. 親子及
급 송 이지 전조 즉위 지 주 빈잉 급 궁인 지 자 봉작 불한 기품 친자 급

親兄弟之嫡庶諸子 亦以公侯爵差等封爵 不限其品 在前受敎 不考
친형제 지 적서 제자 역 이 공후작 차등 봉작 불한 기품 재전 수교 불고

古制. 自今卽位之主嬪媵及宮人之子封爵 親子及親兄弟之嫡庶
고제 자금 즉위 지 주 빈잉 급 궁인 지 자 봉작 친자 급 친형제 지 적서

子孫 一依古制 不限其品 親兄弟之賤妾子孫及女孫 一依在前受敎
자손 일의 고제 불한 기품 친형제 지 천첩 자손 급 여손 일의 재전 수교

許爲正從四品." 從之.
허위 정종사품 종지

杖李續一百 廢爲庶人 遠方付處. 司憲府啓曰: "續妄言其子物故
장 이속 일백 폐위 서인 원방 부처 사헌부 계왈 속 망언 기자 물고

欺罔天聰 其心不測 法必當刑 以懲後來." 仍請加刑鞫之 上曰: "續
기망 천총 기심 불측 법필 당형 이징 후래 잉청 가형 국지 상왈 속

告實 又何刑焉?" 執義成揜曰: "不敬之罪 則已服招矣. 其不敬之
고실 우 하형 언 집의 성엄 왈 불경 지 죄 즉 이 복초 의 기 불경 지

心 宜加刑鞫問." 上曰: "推其言 其心可知矣." 仍謂啓事諸卿曰: "續
심 의 가형 국문 상왈 추 기언 기심 가지 의 잉위 계사 제경 왈 속

有子 予欲嫁宮人之出 使人問其生甲 續曰: '吾子已死矣. 若權宮主
유자 여욕 가 궁인 지 출 사인 문 기 생갑 속왈 오자 이사 의 약권 궁주

之出 則吾子生矣.' 不書生甲以入 是何心哉? 一邊雖賤 一則人君
지 출 즉 오자 생의 불서 생갑 이입 시 하심 재 일변 수천 일측 인군

續欲不干王室之心何哉? 是以命司憲府推之." 諸卿對曰: "大不忠
속 욕 불간 왕실 지심 하재 시이 명 사헌부 추지 제경 대왈 대 불충

矣. 不意爲人臣而有如此者乎?"
의 불의 위인신 이 유 여차 자 호

司憲府又請治李續大逆之罪 上只令杖一百 廢爲庶人. 趙末生
사헌부 우 청치 이속 대역 지 죄 상 지령 장 일백 폐위 서인 조말생

金孝孫等啓曰: "續罪干大逆 大逆之人 夷三族. 擧國臣子 孰不欲
誅之? 降等太過 大臣 法官必當更請. 雖不依律罪之 請又籍沒家産
外方安置."

上曰: "卿等之言然矣. 然以兒輩事誅人 予豈欲哉? 卿等更議
以當於者啓之." 尹思永 元肅曰: "前所啓合理." 河演曰: "大逆之
律 何至太降? 法者 萬世之公共也. 除他事斬續何如?" 末生等與演
言同 上曰: "予不忍斬." 演曰: "不忠之人 得保首領 爲庶人而留于
京師 臣等未知其可也. 況安享家産 則後來何觀? 有罪罪之 欲其
戒後也. 人臣之罪 莫大於不忠 乞流于遐方." 不聽.

司憲府又上言曰:

"人臣之罪 莫大於叛逆 叛逆之罪 天地所不容; 宗社所不赦 非
殿下所得而私也. 竊謂 人臣陰畜異志 當且求情而痛繩以法. 李續
叛逆之心 已著於事迹 宜當按律 明正其罪. 殿下從末減 只杖一百
廢爲庶人 此非惟臣等之痛憤 抑亦天地神人之所共憤也②. 願殿下
斷以大義 明置於法 以懲不恪."

司諫院亦上疏請罪 命遠方付處.

臺諫交章請李續之罪曰:

"臣等前日以續叛逆之罪 具疏以聞 得蒙兪允 然臣等以謂 叛逆
之罪 法所當誅 不可輕宥. 且爲惡者 雖陷穽在前 斧鉞加頸 無忌憚
而爲之. 釋此不誅 後來何鑑? 願殿下 將續叛逆罪 按律施行 以懲

不臣之心 公道幸甚." 不允.
불신 지심 공도 행심 불윤

以司憲府啓 淮陽府使金士文執來鞫問. 初 士文在衰絰之中 而於
이 사헌부 계 회양부사 김사문 집래 국문 초 사문 재 최질 지중 이어

甲午年庚申日往續家 與續及柳復中夜飮 且與復中妻河氏爲柶戱.
갑오년 경신일 왕 속 가 여속급 유복중 야음 차 여 복중 처 하씨 위 사희

及曉士文謂續曰: "復中叱我曰: '淫吾妻.'" 至是 續適囚繫. 憲司
급효 사문 위속왈 복중 질아왈 음 오처 지시 속적 수계 헌사

汎問續曰: "汝家門有不美事 知之乎否? 其悉言之." 續曰: "不美之
범문 속왈 여 가문 유 불미 사 지지 호부 기실 언지 속왈 불미 지

事 豈有他哉? 但士文私復中之妻耳." 於是 憲司請: "士文之罪 事關
사 기유 타재 단 사문 사 복중 지처 이 어시 헌사 청 사문 지죄 사관

亂常 職牒收取 執來鞫問." 從之.
난상 직첩 수취 집래 국문 종지

乙卯 上奉上王涉廣津 觀放鷹于慰要城 夕次石島宿焉.
을묘 상봉 상왕 섭 광진 관 방응 우 위요성 석차 석도 숙언

丙辰 上奉上王至禿音浦觀放鷹 晝停于中浪浦 世子詣行殿. 上以
병진 상봉 상왕 지 독음포 관 방응 주정 우 중랑포 세자 예 행전 상이

未寧 且以禾稼未獲乃還. 是行也 禁京畿支應 只令司饔供辦.
미녕 차 이 화가 미획 내환 시행 야 금 경기 지응 지령 사옹 공판

丁巳 命築觀天臺. 禮曹據書雲觀呈啓: "古者天子有靈臺 以候
정사 명축 관천대 예조 거 서운관 정계 고자 천자 유 영대 이후

天地; 諸侯有時臺 以候四時 以望氛祲. 宜遵古制 築臺以候天文."
천지 제후 유 시대 이후 사시 이망 분침 의준 고제 축대 이후 천문

從之. 然事竟不行.
종지 연사 경 불행

禮曹啓: "駙馬諸君封爵 依前例序於功臣諸君之例." 從之.
예조 계 부마 제군 봉작 의 전례 서어 공신 제군 지례 종지

禮曹上先王忌辰齋陪祭之法. 啓曰: "議政府 六曹不得進於宗廟
예조 상 선왕 기신재 배제 지법 계왈 의정부 육조 부득 진어 종묘

五室忌辰齋 有違臣子追慕先王之義 令議政府一員 禮曹一員進焉.
오실 기신재 유위 신자 추모 선왕 지의 영 의정부 일원 예조 일원 진언

太祖與神懿王太后忌辰齋 則領議政以下至參贊及六曹判書偕進."
태조 여 신의왕태후 기신재 즉 영의정 이하 지 참찬 급 육조판서 해진

從之.
종지

囚咸吉道都巡問使姜淮仲. 義禁府啓淮仲誣張蘊領兵越入彼土之
수 함길도 도순문사 강회중 의금부 계 회중 무 장온 영병 월입 피토 지

罪故也.
죄 고야

命義禁府 執全羅道都觀察使首領官崔進誠及兵馬都節制使
명 의금부 집 전라도 도관찰사 수령관 최진성 급 병마도절제사

首領官沈龜麟以來. 從兵曹之啓 欲推公事稽留之故也. 柳廷顯曰:
수령관 심구린 이래 종 병조 지계 욕추 공사 계류 지 고야 유정현 왈

"此事稽留 有油然矣. 臣聞 節制使馬天牧 曾隨觀察使鄭耕之父地
차사 계류 유 유연 의 신문 절제사 마천목 증수 관찰사 정경 지부 지

者也. 耕每辱天牧 天牧亦且不屈 此兩人大有隙也. 凡於公事 互相
자야 경매욕 천목 천목 역차 불굴 차 양인 대 유극 야 범어 공사 호상

推移 俱不致意 至有遲緩之失 臣謂此事亦以此也. 此兩人勢不相容
추이 구불 치의 지유 지완 지실 신위 차사 역 이차 야 차 양인 세 불 상용

矣."
의

上曰: "何乃如此? 兩人實有罪矣. 予曾教京中執囚者毋脫笠;
상왈 하내 여차 양인 실 유죄 의 여 증교 경중 집수자 무 탈립

自外執來者毋項鎖 此兩首領官不可用以此例." 趙末生曰: "宜項鎖
자외 집래 자무 항쇄 차 양 수령관 불가 용이 차례 조말생 왈 의 항쇄

執來." 從之.
집래 종지

初 兵曹承教行移于全羅道都觀察使曰: "安馬島留在馬匹數與
초 병조 승교 행이 우 전라도 도관찰사 왈 안마도 유재 마필 수여

牧馬處便否 審檢以聞." 鄭耕承此 移文天牧 天牧托故廢閣 耕亦不
목마 처 편부 심검 이문 정경 승차 이문 천목 천목 탁고 폐각 경 역불

以聞. 至是 按問照律 龜麟以文字稽程 杖八十; 進誠以應奏不奏杖
이문 지시 안문 조율 구린 이 문자 계정 장 팔십 진성 이 응주 부주 장

八十 竝吏典爲首 減一等 杖七十 命皆勿論 還就其職.
팔십 병 이전 위수 감 일등 장 칠십 명 개 물론 환취 기직

平安道吹鍊黃金百五十兩以獻.
평안도 취련 황금 백 오십 냥 이헌

己未 以李原爲議政府贊成 李從茂判右軍都摠制府事 尹坤
기미 이 이원 위 의정부 찬성 이종무 판우군도총제부사 윤곤

議政府參贊 鄭鎭右軍都摠制 柳琰判漢城府事 申商工曹參判 朴習
의정부참찬 정진 우군도총제 유염 판한성부사 신상 공조참판 박습

司憲府大司憲 徐選忠淸道都觀察使 禹均慶尙道都觀察使 曹洽
사헌부대사헌 서선 충청도 도관찰사 우균 경상도 도관찰사 조흡

平安道兵馬都節制使 復以李明德爲左代言.
평안도 병마도절제사 부 이 이명덕 위 좌대언

庚申 虹見.
경신 홍 현

辛酉 遣右副代言元肅 賜醞于成均館. 兩議政以下諸館閣提學
신유 견 우부대언 원숙 사온 우 성균관 양 의정 이하 제 관각 제학

合坐成均館 試生徒以律詩也. 酒百瓶 魚肉具焉.
합좌 성균관 시 생도 이 율시 야 주 백병 어육 구언

癸亥 命姜淮仲自願付處. 張蘊贖杖八十 徵燒埋銀 給付
계해 명 강회중 자원부처 장온 속장 팔십 징 소매은 급부

被殺人家. 以義禁府啓張蘊坐枉刑殺人; 淮仲坐失入人罪也. 定平
피살인가 이 의금부 계 장온 좌 왕형 살인 회중 좌 실입 인죄 야 정평

都護府使洪理亦坐聽從淮仲指 使織成蘊罪 贖杖八十.
도호부사 홍리 역좌 청종 회중 지 사 직성 온죄 속장 팔십

命兵曹囚正言李審家奴. 左正言李審入闕門 把直甲士不納其
명 병조 수 정언 이심 가노 좌정언 이심 입 궐문 파직 갑사 불납 기

根隨 審執甲士之奴囚之. 都鎭撫谷山君延嗣宗等啓曰: "曾降敎旨
근수 심집 갑사 지노 수지 도진무 곡산군 연사종 등 계왈 증강 교지

於五六品本無根隨 把門甲士不納根隨 其任也. 今審以執法之官
어 오륙품 본무 근수 파문 갑사 불납 근수 기임 야 금 심 이 집법 지관

違敎入非矣 而又擅囚禁軍之奴 請罪之." 乃有是命.
위교 입 비의 이 우 천 수 금군 지노 청죄 지 내 유 시명

甲子 定命婦封爵之式. 吏曹啓曰: "宗室正一品大匡輔國
갑자 정 명부 봉작 지식 이조 계왈 종실 정일품 대광보국

大君妻 三韓國大夫人; 輔國府院君妻 某韓國大夫人; 從一品
대군 처 삼한국대부인 보국 부원군 처 모 한국대부인 종일품

崇祿諸君妻 某韓國夫人; 正二品正憲諸君 從二品嘉靖諸君妻
숭록 제군 처 모 한국부인 정이품 정헌 제군 종이품 가정 제군 처

二字號宅主; 正三品通政元尹 從三品中直正尹妻愼人; 正四品
이자호택주 정삼품 통정 원윤 종삼품 중직 정윤 처 신인 정사품

奉正副元尹 從四品朝散副正尹妻 惠人. 功臣正一品右議政府院君
봉정 부원윤 종사품 조산 부정윤 처 혜인 공신 정일품 우의정 부원군

妻 某韓國大夫人; 諸府院君妻 某韓國夫人; 從一品及正從二品
처 모 한국대부인 제 부원군 처 모 한국부인 종일품 급 정종 이품

諸君妻 二字號宅主. 已上皆下批. 文武正從一品妻 在前郡夫人改
제군 처 이자호택주 이상 개 하비 문무 정종 일품 처 재전 군부인 개

貞淑夫人; 文武正從二品妻 在前縣夫人改貞夫人. 已上 吏曹依
정숙부인 문무 정종 이품 처 재전 현부인 개 정부인 이상 이조 의

前例 僉議給牒.
전례 첨 의 급첩

以孝寧大君補 忠寧大君【今上諱】誠寧大君種 皆爲大匡輔國
이 효령대군 보 충녕대군 금상 휘 성녕대군 종 개위 대광보국

依前大君. 福根推忠協贊靖亂定社功臣輔國奉寧府院君 石根
의전 대군 복근 추충협찬정란정사공신보국 봉녕부원군 석근

崇祿府院君 裶正憲敬寧君 禍正憲恭寧君 元生嘉靖義平君 群生
숭록부원군 비 정헌 경녕군 인 정헌 공녕군 원생 가정 의평군 군생

嘉靖順平君 碩 昇 頎 皆爲朝散副正尹. 裶 祵 上之側室之子;
가정 순평군 석 승 기 개위 조산 부정윤 비 인 상지 측실 지자

元生 群生 上王之側室之子也. 又以淑懿翁主鄭氏 敬淑翁主
원생 군생 상왕지 측실 지자야 우 이 숙의옹주 정씨 경숙옹주

沈氏 敬寧翁主成氏 皆爲三韓國大夫人 敬寧君妻金氏爲敬愼宅主
심씨 경녕옹주 성씨 개위 삼한국대부인 경녕군 처 김씨 위 경신택주

恭寧君妻崔氏爲恭愼宅主.
공녕군 처 최씨 위 공신택주

丙寅 司憲府上疏請左正言李審 右正言羅有綏罪. 以審擅囚
병인 사헌부 상소 청 좌정언 이심 우정언 나유수 죄 이 심 천수

把門甲士之奴; 有綏嘗爲監察 道見副司直李柱 過宗廟不下馬 旣
파문갑사 지 노 유수 상위 감찰 도견 부사직 이주 과 종묘 불 하마 기

執之而不告本府擅放故也. 命有綏勿論 仍釋審奴.
집지 이 불고 본부 천방 고야 명 유수 물론 잉 석 심 노

丁卯 政府 六曹奉旨 議慶源都護府可行事件:
정묘 정부 육조 봉지 의 경원도호부 가행 사건

"一 頃[=頃者] 將人民約一千戶入居其地 以原居流移人民刷入
일 경 경자 장 인민 약 일천 호 입거 기지 이 원거 유이 인민 쇄입

又於安邊以北 自願人民爲先調出 先運三四百戶入居. 其初年 以
우 어 안변 이북 자원 인민 위선 조출 선운 삼사 백호 입거 기 초년 이

國庫米穀 給種子口糧 俾不失農業 全減租稅 以待復盛.
국고 미곡 급 종자 구량 비 부실 농업 전감 조세 이대 부성

一 咸興以北各官 鄕吏約二十戶刷出入居.
일 함흥 이북 각관 향리 약 이십 호 쇄출 입거

一 將北靑以北各處散民各司奴婢四五十口 定爲官奴婢.
일 장 북청 이북 각처 산민 각사 노비 사오 십구 정위 관노비

一 定留防軍五百名 以實防禦. 先將鏡城留防軍二百名內 除出
일 정 유방군 오백 명 이실 방어 선 장 경성 유방군 이백 명내 제출

一百五十名 分定赴防.
일백 오십 명 분정 부방

一 千戶四人 定他例敎下 別差百戶十 屬吉州左翼.
일 천호 사인 정 타례 교하 별차 백호 십 속 길주 좌익

一 兵馬使軍官因前額七 加定三人.
일 병마사 군관 인 전액 칠 가정 삼인

一 自慶源至龍城各站 依前排置 站吏則因前淮陽 雍丘 時原
일 자 경원 지 용성 각참 의전 배치 참리 즉 인전 회양 옹구 시원

富家等四站之吏 靑州以北各站吏 量宜除出入居.
부가 등 사참 지리 청주 이북 각참 리 양의 제출 입거

一 兵馬使廩祿及軍官從人糧馬料 先將鏡城倉米穀題給."
일 병마사 늠록 급 군관 종인 량 마료 선 장 경성창 미곡 제급

幷皆從之.
_{병개 종지}

命玉川府院君劉敞如原州覺林寺. 先是 上爲資薦皇考皇妣冥福
_{명 옥천부원군 유창 여 원주 각림사 선시 상위 자천 황고 황비 명복}

成華嚴經 至是覺林寺告成 乃送是經 且授敞內香及疏 設法會以
_{성 화엄경 지시 각림사 고성 내송 시경 차수창 내향 급소 설 법회 이}

落之.
_{낙지}

京畿右道水軍僉節制使尹夏遣人獻馬 賜伴人衣一.
_{경기우도 수군첨절제사 윤하 견인 헌마 사 반인 의일}

刑曹上省囚之法. 啓曰: "各司囚人之奴 或以一時忿怒 或不報
_{형조 상 생수 지법 계왈 각사 수 인지노 혹이 일시 분노 혹 불보}

于曹 直囚磨房 不無冤獄. 今後各位齊坐 議論罪狀輕重 移文本曹
_{우조 직수 마방 불무 원옥 금후 각위 제좌 의논 죄상 경중 이문 본조}

更議囚禁 以省獄囚." 從之.
_{갱의 수금 이생 옥수 종지}

戊辰 霧.
_{무진 무}

上奉上王 觀放鷹于東郊.
_{상 봉 상왕 관 방응 우 동교}

己巳 以鄭津判安東大都護府事 曺備衡慶源等處兵馬使兼
_{기사 이 정진 판안동대도호부사 조비형 경원 등처 병마사 겸}

判慶源都護府事.
_{판경원도호부사}

命濟生院救療典獄署囚人 從禮曹之啓也.
_{명 제생원 구료 전옥서 수인 종 예조 지계 야}

初定太祖及神懿王太后忌辰原廟之祭. 卞季良嘗爲詳定所提調
_{초정 태조 급 신의왕태후 기신 원묘 지제 변계량 상위 상정소 제조}

議於禮曹曰: "太祖及神懿王后忌辰 只設齋於佛祠 闕祭於原廟
_{의어 예조 왈 태조 급 신의왕후 기신 지 설재 어 불사 궐제 어 원묘}

不可. 欲上啓目 請祭文昭殿." 參議許稠不可 判書偰眉壽 詳定所
_{불가 욕상 계목 청제 문소전 참의 허조 불가 판서 설미수 상정소}

提調李憓依違 季良强之 乃上啓目 知申事金汝知沮之 不得行.
_{제조 이조 의위 계량 강지 내상 계목 지신사 김여지 저지 부득 행}

至是季良上言 乃行之.
_{지시 계량 상언 내 행지}

庚午 命停平康等處講武. 初 贊成李原 兵曹判書金漢老等議啓
_{경오 명정 평강 등처 강무 초 찬성 이원 병조판서 김한로 등 의계}

講武時驅軍之數. 上曰: "予欲陪上王講武 何如?" 原曰: "若已白
_{강무 시 구군 지수 상왈 여욕 배 상왕 강무 하여 원왈 약 이백}

於上王 則當奉以行." 漢老曰: "上王久在深宮 而累日在草地 則恐
어 상왕 즉 당봉 이행 한로왈 상왕 구재 심궁 이 누일 재 초지 즉공

體氣未寧. 然不可負言 宜奉上王以行." 漢老等私相謂曰: "以上體
체기 미녕 연 불가 부언 의봉 상왕 이행 한로 등 사상 위왈 이 상체

爲恐者 非實辭也 某等之意 但以驛馬之弊也. 雖加百匹 亦不有餘
위공자 비실사 야 모등 지의 단이 역마 지폐 야 수가 백필 역불 유여

其他支應等事 亦可慮也." 至是 停之.
기타 지응 등사 역 가려 야 지시 정지

　大護軍池含來自咸吉道. 含以都巡問使柳思訥之言入傳 傳旨于
　대호군 지함 내자 함길도 함이 도순문사 유사눌 지언 입전 전지 우

都節制使曰: "童林城基 領軍馬入歸 聲言來春農作 且名以城子
도절제사 왈 동림성 기 영 군마 입귀 성언 내춘 농작 차 명이 성자

修補 四方作標 使軍士品從 氷凍則一二日拾石." 此虛張復立慶源
수보 사방 작표 사 군사 품종 빙동 즉 일이 일 습석 차 허장 부립 경원

之聲 欲使內官張信知也.
지성 욕사 내관 장신 지야

　辛未 定文昭殿兩位忌辰儀禮. 禮曹啓: "奠物及酌獻禮度 獻官
　신미 정 문소전 양위 기신 의례 예조 계 전물 급 작헌 예도 헌관

等第 竝依有名日[30]別祭例 獻官祭服 用白布衣 紗帽 角帶 停奏樂."
등제 병의 유명일 별제 례 헌관 제복 용 백포의 사모 각대 정 주악

從之.
종지

　司憲府請罷禹均都觀察使之任 不允. 召掌令柳濱 問禹均被劾之
　사헌부 청파 우균 도관찰사 지임 불윤 소 장령 유빈 문 우균 피핵 지

故. 濱啓曰: "均爲密陽府使時 戶長得良 道內稱爲善人 而枉法殺之.
고 빈 계왈 균 위 밀양부사 시 호장 득량 도내 칭위 선인 이 왕법 살지

又曾任永川 善山諸郡而亦皆殺人. 監司 一道之大任也 無民望而後
우 증임 영천 선산 제군 이 역 개 살인 감사 일도 지 대임 야 무 민망 이후

復歸 是道不可 故劾之."
복귀 시도 불가 고 핵지

　上曰: "均之所爲 予亦聞之矣. 以所司而聞是言劾之 然矣. 然
　상왈 균지 소위 여 역 문지 의 이 소사 이문 시언 핵지 연의 연

均累遷官職 而曾不彈劾 今當受命發行之日 乃劾問何也? 於所司
균 누천 관직 이 증 불 탄핵 금당 수명 발행 지일 내 핵문 하야 어 소사

必有陰告之者 伊誰聞之而先發言也?"
필유 음 고지 자 이수 문지 이선 발언 야

---

30 원문에는 '유명일(有明日)'로 돼 있는데 '유명일(有名日)'의 잘못이다.

對曰: "前日掌令李賀聞諸朝啓而發也." 召賀問之 賀曰: "所司
대왈　　전일 장령 이하 문저 조계 이 발야　　소 하 문지 하왈　　소사

圓議公事 死且不言 然上問之 君父之前 何敢隱匿焉? 臣朝啓後
원의 공사 사차 불언 연상 문지 군부 지전 하감 은닉 언　신 조계 후

聞於大司憲朴習."
문어 대사헌 박습

上曰: "疑其奸詐之徒所爲. 習今爲大司憲 故發是言也."
상왈　의 기 간사 지도 소위　습 금위 대사헌 고발 시언 야

乃召禹均發行 習自慶尙道監司見代而來 未上官 故言於賀耳.
내 소 우균 발행 습 자 경상도 감사 견대 이래 미 상관 고 언어 하이

未幾 朴習等上言:
미기 박습 등 상언

"臣等竊謂 監司之任 宣上德而慰民生也. 苟非其人 民受其害
신등 절위 감사 지임 선 상덕 이위 민생 야　구비 기인 민 수 기해

況慶尙一道 比他道爲巨 而監司之選 尤不可不重. 禹均曾於是道
황 경상 일도 비 타도 위거 이 감사 지선 우 불가 부중　우균 증어 시도

善山 永川 密陽 金海爲治之日 處事苟急 用刑無度 肆其暴厲之
선산 영천 밀양 김해 위치 지일 처사 가급 용형 무도 사기 포려 지

氣 人有小過 輒加重刑 皆致殺傷 其邑人民 罔不憤怨 深懷鬱悒.
기 인유 소과 첩가 중형 개치 살상 기읍 인민 망불 분원 심회 울읍

由是 一道之民擧知其虐 而今又觀察其道 則臣等竊恐慶尙之民 再
유시 일도 지민 거지 기학 이 금우 관찰 기도 즉 신등 절공 경상 지민 재

蹙頞而拊心也. 安能宣上德 而慰民生乎? 且曾降敎旨 非法殺人 永
축알 이 부심 야　안능 선 상덕 이위 민생 호　차 증강 교지 비법 살인 영

不敍用. 伏望殿下 更擇可人 以代其任."
불서용　복망 전하 갱택 가인 이대 기임

不聽.
불청

宗貞茂及其弟管領貞澄使人獻禮物.
종정무 급 기제 관령 정징 사인 헌 예물

癸酉 召尹向于坡平. 時 向得罪付處 上謂向之妻弟吏曹參議
계유 소 윤향 우 파평　시 향 득죄 부처 상 위 향 지 처제 이조참의

洪汝方曰: "予使盲人池和 具上大護軍子之年甲以聞. 和書向子之
홍여방 왈　여 사 맹인 지화 구상 대호군 자 지 연갑 이문　화 서 향 자 지

年甲以來 予徵前日李續之言 使和勿露此言. 然向聞予言 雖水火猶
연갑 이래 여 징 전일 이속 지언 사화 물로 차언　연 향 문 여언 수 수화 유

不避也. 且聞向誠欲婚姻也 可急召之."
불피 야　차문 향 성욕 혼인 야 가 급소 지

罷內贍少尹金沱 司憲監察李繼長職. 以綿子出納 錯誤斤兩故也.
파 내섬 소윤 김타 사헌 감찰 이계장 직　이 면자 출납 착오 근량 고야

命護軍金孝誠就職.

甲戌 刑曹上奴婢公文規式:

"一 職 姓名 年 貫 四祖奴婢根脚接處.

一 各品至庶人 單子呈日定限.

一 京外奴婢所居處 都目狀及本主陳省定限.

一 單子內汎濫幷錄 條條論罪.

一 各司奴婢 刷卷色磨鍊成籍; 寺社奴婢 近年都官已曾立案

成給. 右二條奴婢 勿令公文成給."

從之.

乙亥 下平安道別牌羅仁冏 鄭得良于典獄. 鎭撫啓仁冏等入直

逢點後 被甲歸家故也. 俱贖杖一百.

丁丑 觀放鷹于東郊.

咸吉道都巡問使柳思訥上書. 書曰:

'慶源一邑 陵寢所在 爲守禦者 固當效死勿去. 歲在庚寅 撫馭

失道 適犯其怒 腥膻之俗 一入其境 遂使陵寢未安 邊鄙空虛 興言

及此 誠可慨念. 幸今天誘宸衷 復建玆邑 其便宜條件設施之方

條列于後.

一 慶源人物 散處各官 勿論軍籍現否 一皆推刷 勒令移置 其有

自願者 限三年復役.

一 慶源土地沃饒 乞依六典初墾收租之法 初年全除 次年減半

三年三分之一 四年四分之一 至五年全收.
삼년 삼분지일 사년 사분 지일 지 오년 전수

一 公須 衙祿及彼人支對之需 亦不可無. 以鏡城之田五千餘結
일 공수 아록 급 피인 지대 지수 역 불가무 이 경성 지전 오천 여결

內 一千結所出 收納慶源 一半以米收齊 以爲供億之資; 一半皮穀
내 일천 결 소출 수납 경원 일반 이미 수제 이위 공역 지자 일반 피곡

收納 以爲明年種子之備.
수납 이위 명년 종자 지비

一 諸道諸州公處奴婢 避居北靑 端川 吉州 鏡城等地面者與
일 제도 제주 공처노비 피거 북청 단천 길주 경성 등 지면 자여

淨業院奴婢居此道者 一百九十五戶推刷 屬于慶源 又以吉州奴婢
정업원 노비 거 차도 자 일백 구십 오호 추쇄 속우 경원 우 이 길주 노비

四十八口 屬于慶源.
사십 팔구 속우 경원

一 彼人所須 鹽醬最重. 願將末醬豆一百石及附近諸州鹽稅 皆入
일 피인 소수 염장 최중 원장 말장 두 일백 석급 부근 제주 염세 개입

慶源 每年合醬以給 以啗其利.'
경원 매년 합장 이급 이담 기리

從之.
종지

戊寅 命賜尹向 楊秩等告身及科田.
무인 명사 윤향 양질 등 고신 급 과전

司憲府上疏. 其略曰:
사헌부 상소 기 약왈

'公私相訟奴婢 九月初一日以前爭訟永斷 京外公私賤訴良奴婢
공사 상송노비 구월 초일일 이전 쟁송 영단 경외 공사천 소량 노비

無定限 決訟無際. 今月初一日以前公私訴良未畢事 勿問是非 皆屬
무 정한 결송 무제 금월 초일일 이전 공사 소량 미필 사 물문 시비 개속

補充軍 已曾從賤後 某日以前誤決未呈者 一禁.'
보충군 이증 종천 후 모일 이전 오결 미정 자 일금

奉教依允: "其已曾從賤後 今年九月初一日以前誤決未呈 勿許
봉교의윤 기 이증 종천 후 금년 구월 초일일 이전 오결 미정 물허

禁斷 依曾降教旨 以決絶度數決之."
금단 의 증강 교지 이 결절 도수 결지

庚辰 上率世子 講武于近畿 夕次梨浦.
경진 상 솔 세자 강무 우 근기 석차 이포

辛巳 驅迷原東西山. 世子馳射獐墜馬 上召問之 仍宿於迷原坪.
신사 구 미원 동서 산 세자 치사 장 추마 상 소문 지 잉 숙어 미원평

遣人薦禽於宗廟.
견인 천금 어 종묘

538

遣內官申以熙 獻鹿于仁德宮. 傳旨曰: "明日欲還渡梨浦." 諸臣
견 내관 신이희 헌록우 인덕궁 전지왈 명일 욕 환도 이포 제신

皆請留 上使世子 兩大君傳旨曰: "今日體氣未寧 思欲近京城而
개 청류 상사 세자 양 대군 전지왈 금일 체기 미녕 사욕 근 경성 이

留宿." 李原等請召醫員楊弘達 不允.
유숙 이원 등 청소 의원 양홍달 불윤

壬午 賜金漢老馬一匹.
임오 사 김한로 마 일필

咸吉道都巡問使柳思訥獻採金百九十兩. 思訥報: '猛哥帖木兒
함길도 도순문사 유사눌 헌 채금 백 구십 냥 사눌 보 맹가첩목아

遣人 欲率去鏡城接李大生等五人.' 命守禦官據法禁止.
견인 욕 솔거 경성 접 이대생 등 오인 명 수어 관 거법 금지

是月 杏華.
시월 행화

大內多多良道雄使人獻禮物 求大藏等經.
대내 다다량도웅 사인 헌 예물 구 대장 등 경

| 원문 읽기를 위한 도움말 |

① 爲人嫉惡: 이는 원래 爲~ 所… 구문으로, '~에게 …당하다'의 뜻이다.
  위 인 질오   위 소
따라서 爲人所嫉惡가 정상적인 문장인데, 종종 所가 없기도 한다.
     위 인 소 질오   소
② 此非惟臣等之痛憤 抑亦天地神人之所共憤也: 非惟~ 抑亦…은 전형적
  차 비유 신등 지 통분 억역 천지 신인 지 소공분 야 비유 억역
으로 영어 not only~ but also…의 구문으로, '~뿐 아니라 …도 또한'이라
는 뜻이다.

태종 17년 정유년
10월

十月

계미일(癸未日) 초하루에 경기도 관찰사(京畿道觀察使) 목진공(睦進
恭)에게 표리(表裏-겉감·속감)를 내려주고, 또 경력(經歷) 이문간(李文
幹)에게 유의(襦衣-겨울옷)를 내려주었다. 상이 말했다.

"내가 강무(講武)를 잘못 시행했으니, 군사와 백성 중에서 어찌 이
맛살을 찌푸리는[嚬頻] 자가 없겠는가? 내일 마땅히 돌아가자."
　　　　　　　　　　　　축알

을유일(乙酉日-3일)에 궁으로 돌아왔다.

○ 명해 화자(火者-환관) 양자산(梁自山)의 직첩을 거두고 지금 살
고 있는 함창(咸昌-경상북도 상주의 옛 고을) 고을에 정역(定役)시켰으
니, 불경(不敬)한 죄를 범한 때문이다.

○ 전 형조판서(刑曹判書) 안등(安騰)이 졸(卒)했다. 등(騰)은 (경기
도) 죽산(竹山) 사람인데, 정당(政堂) 극인(克仁)의 손자다. 마음가짐
이 질실하고 곧으며[質直] 일에 임하여 마땅함을 좋아하고[好義] 이
　　　　　　　　질직　　　　　　　　　　　　　　　　　호의
재(吏才-관리로서의 재주)가 있었다. 지신사(知申事)를 거쳐 두 번 경상
도 도관찰사(慶尙道都觀察使)가 됐는데, 모두 성적(聲績-이름난 성과)
이 있었다. 졸(卒)하자 3일 동안 철조(輟朝)[1]하고, 시호를 정경(貞景)

---

1 국상(國喪)을 당하거나 대신(大臣)이 죽었을 때 임시로 조회(朝會)를 정지하는 일을 말
　한다. 정조(停朝)라고도 한다.

이라 했다. 아들이 없다.

병술일(丙戌日-4일)에 6대언(代言)과 의원(醫員)·주서(注書)에게 말을 각각 1필씩 주었으니, 대가(大駕)를 따른 노고 때문이다.

○ 사헌부(司憲府)에서 다시 우균(禹均)의 관찰사(觀察使) 직임을 파면할 것을 청했다. 소(疏)는 이러했다.

'우균이 일찍이 밀양(密陽)을 맡아서 노기를 부려 호장(戶長) 득량(得良), 통인(通引) 악로(若老), 학생(學生) 김수(金粹)의 첩, 학생 김을부(金乙富)의 종이 모두 형벌로 인해 죽었고, 또 김해(金海) 기관(記官) 인의(仁義)와 영천(永川)·선산(善山)의 백성 각각 한 사람이 또한 억울한 형벌로 죽은 것을 한 도의 사람들이 모두 압니다. 우균이 서울로 떠나는 날을 맞아 본부에서 핵문하자 균이 대답하기를 '한 사람도 죽은 일이 없다' 했으니, 그 마음이 정직하지 못하기가 이와 같습니다. 신 등이 가만히 다시 생각건대 균이 한 고을을 맡아서도 그 잔인함이 이와 같이 심했으니, 어찌 한 지방을 전제(專制)하는 직임을 줄 수 있겠습니까? 불법으로 사람을 죽이면 영구히 서용하지 말라는 것이 교지(敎旨)에 실려 있으니, 허물어뜨릴 수 없습니다. 엎드려 바라건대 그 직첩을 거두고 종신토록 서용하지 말아서 후일에 지나치게 형벌하는 자의 경계로 삼아야 할 것입니다.'

○ 사간원(司諫院)에서도 소를 올려 말했다.

'가만히 생각건대, 감사(監司)의 직임은 명령을 받고 임금의 근심을 나눠서 한 지방을 전제(專制)함에, 민생의 휴척(休戚)이 한 몸에 달려 있으니 반드시 자상(慈祥)하고 정직한 사람을 골라 맡겨야 합니다.

만일 그런 사람이 아니라면 백성이 그 해를 받습니다. 균이 일찍이 밀양(密陽)을 맡아 엄하고 혹독하게 형벌을 써서 그로 인해 죽기에 이른 자가 많아 네 사람이나 되니, 지금까지 경상도 사람들이 수령의 포학한 자를 말하라면 반드시 먼저 균을 듭니다. 균이 잔인 포학해서 어질지 못한 것은 천성으로 타고났으니, 전일의 엄하고 혹독함과 같이 백성에게 해독을 끼치지 않을 것을 어찌 알겠습니까? 한 고을이 해를 받아도 오히려 마음이 아픈데, 하물며 한 도의 백성이 모두 그 해독을 받는 것이 어찌 작은 일이겠습니까? 엎드려 바라건대 한결같이 전일 헌사(憲司)에서 아뢴 것에 의해서 명망 있는 사람을 골라 보내 한 도의 복이 되게 하소서.'

헌사에서 본도 경력(經歷)에게 이문(移文)해 균의 죄를 추핵(推核)하니, 균이 글을 올려 스스로 진달해 말했다.

"일찍이 영천(永川)·선산(善山)·밀양(密陽)·김해(金海)를 지킬 때 함부로 형벌해 사람을 죽인 일이 없습니다."

정언(正言) 김자이(金自怡)를 불러 가르침을 전해 말했다.

"너희들은 이런 일을 가지고 내 앞에 진달하지 말라."

김자이가 아뢰어 말했다.

"신 등이 백성의 생명을 무겁게 여기기 때문에 감히 청합니다."

상이 윤허하지 않고 균에게 직사에 나아갈 것을 명했다.

무자일(戊子日-6일)에 의정부(議政府)·육조(六曹)가 편전(便殿)에서 헌수(獻壽-장수를 빌며 술을 올림)했다.

우의정(右議政) 한상경(韓尙敬) 등이 아뢰어 말했다.

"강무(講武)한 뒤에 여러 신하가 모두 헌수하고자 했으나 윤허를 얻지 못해, 신 등이 실망하고 있습니다."

상이 말했다.

"내가 종묘에 짐승을 바치기 위해 강무를 행하고 결국 여러 날 만에 돌아왔는데, 무슨 잔치를 한단 말인가?"

상경(尙敬) 등이 다시 청해 말했다.

"지금 곡식은 풍년이 늘고[豐稔] 사방에 근심이 없으니[無虞], 이런 때를 당해 신하가 한 번 헌수하는 것이 어찌 이치에 있어 해롭겠습니까?"

상이 허락하고서 또 말했다.

"(대신) 앞으로는 그 예에 의거하지 말라."

예조참판(禮曹參判) 허조(許稠)가 술이 취해서 두 번 술을 올려 상의 임금다움을 칭송 찬미하고자 하고 또 은덕을 두텁게 입었다는 말을 했는데, 어좌(御座)에 너무 가까이 가는 바람에 도리어 무례한 모습이 있었다. 여러 재상이 모두 꾸짖어 금해도 조(稠)가 오히려 물러가지 않자, 상이 도탑게 대하며 말을 하고서 대사헌(大司憲) 박습(朴習)에게 일러 말했다.

"감히 탄핵하지 말라."

그 참에 습(習)에게 일어나 춤추라고 명하니, 이에 여러 신하가 모두 취해 춤추고 지극히 즐기다가 끝마쳤다.

애초에 좌정승(左政丞) 박은(朴訔)이 심온(沈溫)에게 말했다.

"충녕대군(忠寧大君)이 뛰어나 중외(中外)에서 마음이 쏠리니, 마땅히 말씀드려 처신할 바를 스스로 알게 해야 할 것이오."

온(溫)이 듣고서도 (대군에게) 말씀드리지 않았다. 이날 상이 편히 기거하려 하니[起便], 여러 신하가 모두 나와서 큰 기둥[楹] 밖에 흩어져 앉았다. (이때를 틈타 드디어) 은(訔)이 대군과 더불어 말하고자 하니, 온이 대군에게 눈짓을 해서[目] 일어나 그를 피하게 했다.

경인일(庚寅日-8일)에 해룡산(海龍山)[2]에서 사냥하고, 저녁에 포천(抱川) 매장원(每場院)에 머물렀다. 이날 눈이 내렸고, 밤에 우박이 크게 쏟아지고 천둥과 번개가 쳤다. 상이 말했다.

"오늘의 천변(天變)을 내가 마음으로 두려워하니, 내일 돌아가고자 한다."

구군(驅軍-몰이꾼)을 놓아 보내라고 명했다. 김한로(金漢老)가 아뢰어 말했다.

"겨울날에 눈이 오는 것이 어찌 괴이하겠습니까? 청컨대 왕방산(王方山)[3] 심구(深口-깊은 곳) 등지에서 몰이한 연후에 환궁하소서."

상이 말했다.

"내일도 개지 않겠으니, 오늘 구군(驅軍)을 놓아 보내라."

상이 천둥과 번개가 때를 잃었다고 보고서 옥(獄)의 죄수를 석방하고자 그 가부(可否)를 육조(六曹)·대간(臺諫)에게 물으니, 누군가는 말했다.

---

2 지금의 경기도 동두천 인근에 있다.
3 경기도 포천시 포천동·신북면과 동두천시에 걸쳐 있는 산이다.

"빼어난 다움[聖德]이 깊고 무거우며 정사가 아름답고 밝으니
[休明], 이 천둥과 번개는 (전하의 정사가) 불러들인 것이 아닙니다. 그
러나 상께서 천재를 두려워하고 백성의 곤궁함[民隱]을 불쌍히 여기
신다면 사유(赦宥)하는 것도 괜찮습니다."

누군가는 말했다.

"이 천둥과 번개는 불러들일 까닭이 있어서 그러한 것이 아닙니다.
유사(宥赦)를 함부로 내리지 말라는 것이 여러 전(傳)과 기(記)에 실
려 있으니, 사면령을 내려서는 안 될 것입니다." 상이 말했다.

"마땅히 대신들과 토의하겠다."

○ 상이 말했다.

"나는 본래 무반(武班)의 자식인데, 다행히 태조(太祖)께서 배움
을 권하신[勸學] 힘을 입어 사어(射御-활쏘기와 말타기)와 응견(鷹犬-
사냥)의 일을 익히지 않고 글을 읽어 과거에 올라, 벼슬이 승선(承宣)
에 이른 뒤에야 마침내 사어·응견의 일을 익혔다. 또 봄가을에 강무
(講武)하는 것이 법으로 이뤄진 것이므로 감히 폐지할 수는 없다. 그
러나 구군(驅軍)에 대한 한 가지 일은 실로 깊이 염려하는 바다. 이
제부터 경기 밖에 강무하는 것은 결단코 다시 행하지 않을 것이다.
지난날에 임실(任實)·태안(泰安)·해주(海州)에 간 것은 후회한들 어
찌하겠는가[何及]? 경기 안에서 (강무를) 행함에 있어서도 또한 각
고을의 구군을 조발하지 않으려고 한다. 다만[止=但] 방패(防牌) 등
1,000명을 내고 다시 이 같은 무리 1,000명을 쇄출(刷出)해, 합해서
2,000명이면 충분하다."

임진일(壬辰日-10일)에 궁으로 돌아왔다. 예조(禮曹)에서 새 눈이 내린 것[新雪]에 대해 하례하고자 하니, 상이 말했다.

"싫다[惡]. 이게 무슨 말이냐? 혹시라도 이 눈을 상서(祥瑞)라고 생각하는가?"

계사일(癸巳日-11일)에 바람이 크게 불었다.

○ 경원(慶源)으로 백성을 옮기는 것[移民=徙民]을 정지하라고 명했다. 상이 말했다.

"경원 지방은 대단히 추우니 절제사(節制使) 조비형(曹備衡)이 수어(守禦)하는 군정(軍丁) 300명과 더불어 목책(木柵)을 머물러 지켰다가, 명년 봄 화창한 때를 기다린 연후에 백성을 옮겨 들어가게 하는 것이 좋겠다."

이는 대개 길가는 도중에 혹시라도 얼어 죽는 사람이 있을까 두려워한 때문이다.

○ 함길도 경력(咸吉道經歷) 이희약(李希若)을 파직하고, 지갑산군사(知甲山郡事-갑산군 지사) 김해(金該)를 가두었다가 얼마 후[尋=旣而]에 풀어주었다. 희약(希若)과 해(該)가 강회중(姜淮仲)에게 동조해서[同] 장온(張蘊)의 죄를 거짓으로 보고한 때문이다.

갑오일(甲午日-12일)에 도총제(都摠制) 김만수(金萬壽), 총제(摠制) 신열(辛悅)을 보내 중국 경사(京師)에 가게 했으니, 이듬해 정삭(正朔-정월 초하루)을 하례하기 위함이다.

정유일(丁酉日-15일)에 평안도(平安道)·함길도(咸吉道) 도순문사(都巡問使)를 고쳐 도관찰출척사(都觀察黜陟使)로 하고, 도안무사(都安撫使)를 병마도절제사(兵馬都節制使)로 했다. 대호군(大護軍) 홍해(洪海)를 당성군(唐城君)으로 삼고, 이인종(李仁種)을 전농 주부(典農注簿)로 삼았다. 인종(仁種)은 곧 박은(朴訔)의 가신(家臣)인데, 은(訔)의 집에서 온갖 비루한 일을 관장하지 않는 것이 없었다. (원래는) 은이 인종을 감찰(監察)로 삼았는데, 대간(臺諫)에서 고신(告身)에 서경(署經)[4]하지 않았기 때문에 좌천한 것이다.

무술일(戊戌日-16일)에 명해 외방 각 고을의 은기(銀器)를 거두었다. 군기점고 경차관(軍器點考敬差官)으로 하여금 지나가는 각 고을의 중기(重記)[5]를 참고해서 거두어 상납함으로써 진헌(進獻)에 대비하게 했다.

○사간원(司諫院)에서 소를 올렸다. 소에서 논했다.

'공사(公私)에서 소량(訴良)하는 자는 시비를 묻지 말고 모두 보충군(補充軍)에 소속시키는 법은 대단히 불편하니, 청컨대 없애소서.'

상이 말했다.

"전일에 법을 만들 때 간관(諫官)이 좌우에 있으면서 묵묵히 감히 말을 못 했고, 물러가서 토의하는 데도 또한 그간에 가부가 없었다.

---

4 임금이 관원(官員)을 서임(敍任-임용)할 때, 대간(台諫)에서 그 사람의 성명(姓名)·문벌(門閥)·이력(履歷)을 상고해 그 가부(可否)를 원의(圓議)하는 일을 말한다. 50일 이내에 서경(署経)하지 않으면 관원은 취임할 수 없었다.

5 전곡(錢穀)을 출납(出納)하는 관아의 장부를 말한다.

(그런데) 지금 이미 법을 만든 뒤에 이 말을 하는 것은 무슨 까닭인
가? 보충군은 모두 양인(良人)이다. 양인이 적고 천인이 많은 것이 나
라에 무슨 이익이 되는가?"

박은(朴訔)이 말했다.

"상의 가르침이 참으로 옳으니, 가볍게 고칠 수 없습니다."

○ 명해 고양현(高陽縣) 가까이 사는 노인 김련(金連)과 그 며느리
인 사비(私婢) 내은장(內隱庄)에게 옷과 양식을 내려주었으니, 예조
(禮曹)가 아뢴 것을 따른 것이다. 련(連)의 나이 104세인데, 내은장이
마음을 다해 시아버지를 봉양해서 아울러 내려주었다.

○ 사간원(司諫院)에서 우균(禹均)의 도관찰사(都觀察使) 직임을 없
앨 것을 청했다. 아뢰어 말했다.

"균(均)이 일찍이 경상도(慶尙道) 두어 고을의 수령으로 있으면서
함부로 형벌해 사람을 죽인 것이 10여 명에 이르렀는데 지금 또 그
도의 감사가 됐으니, 경상도 백성이 무슨 죄입니까? 청컨대 직첩을
거둬 그 죄를 바로잡으소서."

상이 말했다.

"내가 일찍이 균을 알지 못했는데, 좌우 대신들이 모두 말하기를
'충성스럽고 곧아서[忠直] 임용할 만하다'라고 했다. 그래서 처음에
선공감정(繕工監正)을 시켜서 이 직에 이른 것이다. 지금 이 일을 듣
건대 (균은) 참으로 잔인하다. 내 마땅히 파직시키겠다."

○ 호조(戶曹)에 명해 경기(京畿) 백성이 겪는 폐단을 갖춰 아뢰게
했다.

상이 말하다가 그 말이 여러 고을의 부역(賦役)에 미치니, 말했다.

"내가 항상 백성의 간고(艱苦-어려움)한 것을 불쌍히 여겨서 매번 요역(徭役)을 감하고, 또 봄여름에는 내구(內廄-대궐 마구간)의 말을 단지 3~40필만 남기고 가을 겨울에는 단지 1~200필만 남김으로써 경기 백성이 수납(輸納)하는 폐단을 없앴다. 그러나 백성이 노역(勞役)하는 탄식이 있으니, 항상 혜택이 백성에게 미치지 못할까 두렵다."

마침내 이런 명이 있었다.

○ 강원도 도관찰사(江原道都觀察使) 이백지(李伯持)의 사인(使人)이 와서 궁시(弓矢-활과 화살)·마필(馬匹)·강아지를 바쳤다.

○ 병조(兵曹)에서 경원 절제사(慶源節制使) 조비형(曹備衡)이 보낸 일의 합행 사의(合行事宜-합당하게 시행할 일의 마땅함)를 올렸다.

'북청(北青) 이북의 별패(別牌) 51명은 경원의 인물들이 부성(阜盛-왕성)해질 때까지는 번상(番上)을 하지 말고 경원 방어(防禦)에 나아갈 것을 허락하소서. 화통(火㷁)·화약(火藥)을 알맞게 제급(題給-지급)하고, 군기감(軍器監)의 유능한 방사인(放射人) 1명을 보내 도내(道內) 사람에게 전해서 익히게 하며, 또 차비인(差備人)⁶ 20명의 양료(糧料)를 주소서. 또 올적합(兀狄哈)·오도리(吾都里)·올량합(兀良哈)에게 지급(支給)하기가 실로 어려우니, 쌀·베·소금·간장을 적당히 잇달아서 제급하소서.'

그것을 따랐다.

---

6 특별한 사무를 분장(分掌)하기 위해 임시로 임명하는 사람을 말한다.

경자일(庚子日-18일)에 상왕이 상을 맞이해[邀=迎] 인덕궁(仁德宮)에서 술자리를 베풀었는데, 세자와 종친들이 시연(侍宴)했다. 수가(隨駕)한 대소 신료(大小臣僚)들에게 술을 내려주고, 날이 저물도록 극진히 즐기다가 마쳤다.

신축일(辛丑日-19일)에 전 좌군도총제(左軍都摠制) 하구(河久)가 졸(卒)했다. 구(久)는 륜(崙)의 아들인데, 아비 덕에 일찍 귀해져 나이 23살에 대언(代言)이 됐다. 사람됨이 광혹(狂惑)해 아비의 상중에 있으면서도 술 마시는 것이 평소와 다름이 없었다. 상을 마치지 못하고 병들어 졸(卒)하니, 나이 38세였다. 3일 동안 철조(輟朝)하고 시호를 안평(安平)이라 했다. 아들이 하나인데, 복생(福生)이다.

○ 임첨년(任添年)·최득비(崔得霏)·이무창(李茂昌)·송희경(宋希璟) 등이 북경(北京)에서 돌아오니, 상이 광연루(廣延樓) 아래에 나아가 잔치를 베풀어 위로했다.

○ 명해 매년 10월에 1년 동안의 천둥이 치고 벼락이 친 재앙을 아뢰게 했다. 상이 말했다.

"천둥이 치고 벼락이 친 재앙을 매월 아뢰지 않고 매년 10월 초1일에 계문(啓聞)하는 것을 항구적인 법식으로 삼으라."

○ 호조(戶曹)에서 채방사(採訪使)를 보내지 말 것을 청하니 그것을 따랐다. 아뢰어 말했다.

"지금 양잠(養蠶)하는 법이 이미 이뤄졌으니, 금년에 잠실(蠶室)을 수리하는 것은 채방사를 보내지 말고 공간(公幹-공무를 주간함)하는 인원(人員)을 골라 양잠하게 하고, 소재지의 수령이 때도 없이 점검

해서 게으름을 부리는 자를 논죄하게 하소서."

계묘일(癸卯日-21일)에 호조(戶曹)에 명해 경녕군(敬寧君) 비(裶), 공녕군(恭寧君) 인(裀)에게 과전(科田)을 주었는데, 전에 받은 것에 준(准)해 200결(結)을 주었다.

갑진일(甲辰日-22일)에 사간원(司諫院)에서 소(疏)를 올렸다. 소는 대략 이러했다.

'양인(良人)이나 천인을 불문하고 모두 보충군(補充軍)에 속하게 하니, 양인과 천인이 서로 섞이어 실로 미편합니다. 바라건대 모두 바른 데에 따라 결단해서 양인과 천인을 분변하게 하소서.'

상이 말했다.

"양인은 적고 천인이 많아 송사가 몹시 번거롭고 바쁘다. 지금 소량(訴良)하는 사건이, 문서가 분명하지 못해서 오래 지체되고 판결되지 못하므로 송사를 없애고자 생각해 이 법을 세운 것이다. 양인이 많고 천인이 적은 것이 국가에 어찌 해가 되겠는가?"

정부(政府)·육조(六曹)·대간(臺諫)에 내려 실상에 맞춰 토의하게 했으나, 여러 사람의 의견이 결정되지 않았다. 박은(朴訔)이 말했다.

"역대 임금들은 혹 사천(私賤)으로 하여금 면해 양인이 되게 했으니, 지금 이 법이 실로 편하고 이익이 됩니다."

마침내 여러 사람의 의견을 보고해 올리니, 은(訔)의 말을 쫓아 모두 보충군에 소속하게 했다.

○공조(工曹)에서 금은(金銀)을 갖추는 방법을 올렸다. 아뢰어 말

했다.

"국가의 세공(歲貢)은 백은(白銀)이 700냥이고 황금(黃金)이 150냥인데, 본조(本曹)에 저축한 것은 5~6년을 지탱하지 못할 것입니다. 지난번에 각 도에 영을 내려 산출되는 곳을 물었으나 알아내지 못했습니다. 우리나라 여지(輿地-국토)의 넓음과 산천의 수려(秀麗)함으로 어찌 산출되는 땅이 없겠습니까마는, 그 선택 채취할 때 드는 노력과 비용이 대단히 무거워서 주군(州郡)의 원망이 될까 두려워하기 때문에 그곳을 분명히 말하는 자가 없습니다. 이제부터 국가의 대계(大計)를 아는 자가 만일 그곳을 가리켜주면, 한량인(閑良人)[7]은 관직을 주고 향리(鄕吏)·역리(驛吏)는 본역(本役)을 면제해주며 공사 천구(公私賤口)는 재물로써 상을 주어 권장하는 뜻을 보이소서."

그것을 따랐다.

○ 경상도(慶尙道)에 염포 만호(鹽浦萬戶)를 두었다.

병마도절제사(兵馬都節制使)가 보고했다.

'염포는 왜선(倭船)이 연속해 와서 정박하는데, 순풍을 만날 경우 조석이면 왕복할 수 있으니 염려하지 않을 수 없습니다. 빌건대, 만호(萬戶)를 차하(差下-벼슬을 시켜 내려보냄)해서 불우(不虞-예기치 못한 사태)에 대비해야 할 것입니다.'

병조(兵曹)에 내려 실상에 맞게 토의하게 하니[擬議] 모두 말했다.

"염포 방어는 가장 긴요하니, 마땅히 만호를 차하해야 합니다."

---

7   호반(虎班-무반) 출신이면서 무과(武科)에 급제하지 못한 사람을 말한다.

그것을 따랐다.

을사일(乙巳日-23일)에 대간원(臺諫員)이 궐문(闕門)에 들어올 때는 근수(根隨-수종하는 노비) 한 사람을 거느리라고 명했다. 사헌부(司憲府)에서 아뢰었다.

"대간 5~6품 관원은 근수가 없어서, 혹 비와 눈이 오는 날을 만나면 조계(朝啓) 때 더러운 신으로 대궐에 오르게 되니 불편합니다. 빌건대 근수 한 사람을 데리고 들어오게 하소서."

그것을 따랐다.

○ 다시 풍해도(豊海道) 관승(館丞)을 찰방(察訪)이라고 했다.

○ 외방 과전(科田)에서 수조(收租)하는 법을 세웠다.

두 의정(議政)에게 명해 각 품(品) 과전(科田)의 손실(損失)에 따라 수조(收租)하는 일을 실상에 맞게 토의하게 했다. 박은(朴訔)이 청했다.

"경기(京畿)에서 경작(耕作)하는 자가 경중(京中)에 직접 납입하는 예에 의거해서 전주(田主)가 자원하는 곳에 따라 5식(息-거리 단위로 30리) 안에 한해 수납하고, 5식 밖에서 강제로 수운하게 하는 자는 교지(敎旨)를 따르지 않는 죄로 논하소서."

한상경(韓尙敬) 또한 그 의견을 따랐다. 가르쳐 말했다.

"실상에 맞게 토의한 대로 시행하라. 또 각 고을의 손실(損失) 수(數)에 따라 조(租)를 거두라."

애초에 대사헌(大司憲) 박습(朴習)이 곡초(穀草)를 거두지 말 것을 청하니 상이 그것을 따랐다. (그런데) 이때에 이르러 회복하고자 하니, 습(褶)이 말했다.

"백성에게 원망을 살까 두렵습니다."

상이 말했다.

"한 나라에는 임금과 신하가 있은 연후에 백성이 있는 것이다. 모두 백성에게만 편하게 하려고 하면, 조사(朝士-조정 선비)에게는 반드시 넉넉지 못한 폐단이 있을 것이다."

습이 나가자, 조말생(趙末生) 등에게 가르쳐 말했다.

"소인(小人-백성)이 없으면 군자(君子-임금과 신하)를 먹여 살릴 수가 없다. 이 법을 다시 행하는 것은 내 마음에서 이미 정했으니, 고칠 수 없다."

드디어 명했다.

"경기 과전(科田)의 곡초(穀草)를 전례에 의거해 수납하라."

전례의 실기수(實起數-실제로 받던 수량)는 매 10복(卜)에 짚 1속(束)이었다.

병오일(丙午日-24일)에 의정부 사인(議政府舍人) 곽존중(郭存中), 예조정랑(禮曹正郎) 이종규(李宗揆)를 파직했다.

애초에 존중(存中)이 예조정랑 이종규·유맹문(柳孟聞), 좌랑(佐郎) 김효정(金孝貞)·유상지(兪尙智)·유구사(柳九思)와 더불어 사인사(舍人司)에서 회음(會飮)하면서 기생을 불렀다. 존중과 종규(宗揆)는 기생 위군래(爲君來)가 늦게 왔다고 화가 나서 채찍질을 했고, 위군래가 헌사(憲司)에 호소하니 헌사에서 그를 탄핵해 죄를 청했다. 두 사람을 파직하고, 나머지는 논하지 말게 했다.

○ 형조(刑曹)에서 노비(奴婢)의 사목(事目)을 아뢰었다. 아뢰어 말했다.

"사헌부(司憲府)에서 받은 가르침[受教] 중에 '9월 초1일 이전에 소장을 접수해 공사(公私)의 소량(訴良)이 끝나지 않은 일은 모두 보충군에 소속시키라'라고 했습니다. 그러나 그 보충군의 자매(姉妹)와 딸이 사노(私奴)에게 시집가서 낳은 것을 사노의 본주(本主) 등이 '내 노자(奴子)와 양처(良妻)가 함께 낳은 것이다'라고 하며 모두 붙잡아두고 사용하고자 해서 소송이 벌떼처럼 일어나니, 이러한 노비는 속량(屬良)할 길이 없습니다. 일반 천구(賤口)로서 서로 소송하는 노비는 시집(時執-현재 점유하고 있는 것)하는 예에 의거해, 종전에 사용하던 본주(本主)를 바꾸지 말게 하소서."

그것을 따랐다. 이에 앞서 박은(朴訔)이 이것을 가지고 계달(啓達)하니 상이 옳게 여겼는데, 이때에 이르러 형조(刑曹)로 하여금 수교(受教)해 행문이첩(行文移牒)하게 했다. 상이 말했다.

"내가 생각해보건대 소량(訴良)하는 일이 다 똑같지가 않다. 비첩(婢妾) 소생인 것이 명백하지 않은 자는 바른 데에 따라 결절(決絶)하고, 그 나머지 소량(訴良)하는 일은 모두 보충군에 소속하게 하라."

○ 사죄(死罪)를 처결(處決)하는 법을 거듭 엄격하게 했다. 사헌부(司憲府)에 뜻을 내려 말했다.

"생살여탈(生殺予奪)은 임금의 큰 칼자루여서 남의 신하 된 자가 참여할 수 있는 바가 아니다. 지난번에 무휼(無恤)·무회(無悔)의 죄가 대역(大逆)에 관계되므로 정부·공신·육조·대간(臺諫)에서 여러 차례 죄주기를 청했으나, 다만[第=但] 중궁(中宮)의 지친(至親)인 때문에 차마 법대로 처치하지 못하고 모두 외방에 유배 보냈다. 그 뒤에 정부·공신·대간에서 죄주기를 청해 그치지 않았다. 이에 의금부 도사(義禁府都事) 이맹진(李孟畛)에게 명해, 가서 원주목사(原州牧使) 권우(權遇)에게 말하기를 '무휼을 잘 지켜서 도망치지 못하게 하고, 만일 자진(自盡-자결)하고자 하거든 또한 금하지 말라'고 했다. (그런데) 우(遇)가 맹진(孟畛)이 전하는 가르침을 잘못 듣고 두 번이나 사람을 시켜 강제로 자진하게 했다. 내가 그때 우를 의금부(義禁府)에 내려 그 사실을 추핵(推核)하니, 의금부에서 제서유위율(制書有違律)로써 장(杖) 100대와 지의(旨意-임금의 뜻)를 착오(錯誤)한 것으로써 장(杖) 70대를 조율(照律)해 아뢰었다. 내가 태조(太祖)의 원종공신(原從功臣)의 아들이라 해서 다만 그 직책만 파면하고 특별히 용서했다. 지금에 와서 생각하니, 무휼·무회의 불충한 죄는 나라 사람이 다 분하게 여기는 것이어서 마침내 스스로 보전하지 못했겠지만, 강제로 자진하게 한 것은 실로 내 뜻이 아니었다. 지금 임금과 신하가 다스리기를 도모하는 날에도 오히려 이 같은 뜻밖의 일이 있으니, 후일의 폐단이 참으로 한심하다. 지금부터 죄를 범해 비록 이미 추고(推考)해 마땅히 죽을 자라 하더라도, 서울과 외방의 관리가 유사(有司)의 봉교(奉敎)·의율(依律)하는 글을 기다리지 않고 죽이는 자는 천살(擅殺-마음대로 죽임)의 율에 비춰 시행하는 것을 영원한 항식으로 삼으라."

○ 공조(工曹)에서 성 쌓는 법을 아뢰었다. 아뢰어 말했다.

"각 도에서 성 쌓는 것이 오직 빨리 이루기에만 힘쓰고 견고함은 요구하지 않아서, 혹 1~2년 안에 퇴락해 백성을 수고롭게 하고 재물을 허비하고 있습니다. 이제부터 성을 쌓는 것을 매번 농한기를 틈타서 힘을 헤아려 축조하고, 쌓은 뒤 5년 내 퇴락하는 곳이 있으면 역사를 감독한 관리를 율에 의거해 논죄해서 정성스럽지 못함[不恪=無誠]을 징계하소서."
불각
무성

그것을 따랐다.

무신일(戊申日-26일)에 침장고(沈藏庫)[8]를 혁파했다. 호조(戶曹)에 명해 말했다.

"여러 곳의 제향(祭享)과 각 전(殿)에 공상(供上)하는 채소를 침장고에서 진공(進供)하기가 쉽지 않다. 오는 무술년(戊戌年)부터 시작해 계성전(啓聖殿)·문소전(文昭殿)·혼전(魂殿)의 공상(供上)은 전사시(典祀寺)에서, 인덕궁(仁德宮)은 공안부(恭安府)에서, 대전(大殿)은 내자시(內資寺)에서, 정비전(靜妃殿)은 내섬시(內贍寺)에서, 성비전(誠妃殿)·세자전(世子殿)은 경승부(敬承府)에서 식례(式例)에 의해 진공(進供)하라. 침장고에 속한 노비(奴婢)와 거우(車牛)와 채전(菜田)은 그 용도의 번잡하고 간단한 것을 헤아려서 나눠 소속시켜라."

이에 앞서 침장고에서 제향과 각 전(殿)에 공상하는 채소가 매년 넉넉지 못해 쌀과 콩으로 바꾸거나 외방에 행문이첩(行文移牒)해 거둠으로써 심히 설립한 뜻에 어긋나게 되자, 이때에 이르러 없앴다.

---

8 궁중의 제사(祭祀)와 각 전(殿)에 드는 채소를 공급하는 곳 또는 김장을 장만해 갈무리하는 곳을 말한다.

기유일(己酉日·27일)에 해도(海島)에 새로 개간한 전지를 문서로 정리했다[成籍]. 호조(戶曹)에서 아뢰었다.
성적

"외방의 해변과 해도(海島)에 새로 개간한 전지를 육전(六典)에 의거해, 매년 답험(踏驗)해 정(丁)을 만들어서 주장관(主掌官)에게 보고하고, 계속해서 장적(帳籍-장부)에 쓰게 하소서."

그것을 따랐다.

경술일(庚戌日·28일)에 상이 상왕(上王)을 받들어 광연루(廣延樓)에서 술자리를 베풀었는데, 여러 종친이 시연(侍宴)했다. 대소 신료들에게 술을 내려주었고, 밤이 되도록 극진히 즐기다가 마쳤다.

癸未朔 賜京畿都觀察使睦進恭表裏 又賜經歷李文幹襦衣. 上
계미 삭 사 경기 도관찰사 목진공 표리 우 사 경력 이문간 유의 상

日: "予誤行講武 軍民豈無蹙頞者? 明日當還."
왈 여 오행 강무 군민 기무 축알 자 명일 당환

乙酉 還宮.
을유 환궁

命收火者梁自山職牒 於所居咸昌官定役 以犯不敬之也.
명수 화자 양자산 직첩 어 소거 함창 관정역 이범 불경 지야

前刑曹判書安騰卒. 騰竹山人 政堂克仁之孫. 操心質直 臨事
전 형조판서 안등 졸 등 죽산 인 정당 극인 지손 조심 질직 임사

好義 有吏才. 歷知申事 再爲慶尙道都觀察使 皆有聲績. 及卒 輟朝
호의 유 이재 역 지신사 재위 경상도 도관찰사 개유 성적 급졸 철조

三日 諡貞景. 無子.
삼일 시 정경 무자

丙戌 賜六代言 醫員 注書馬各一匹 以隨駕之勞也.
병술 사 육대언 의원 주서 마각 일필 이 수가 지로 야

司憲府復請罷禹均觀察使之任. 疏曰:
사헌부 부청 파 우균 관찰사 지임 소왈

'禹均嘗任密陽 逞其怒氣 戶長得良 通引若老 學生金粹接 學生
우균 상임 밀양 영기 노기 호장 득량 통인 약로 학생 김수접 학생

金乙富婢 皆因刑以死. 且金海記官仁義 永川 善山之民各一 亦
김을부 비 개 인형 이사 차 김해 기관 인의 영천 선산 지민 각일 역

枉刑以死 一道共知. 當均發京之日 本府劾問 均答曰: "無一人
왕형 이사 일도 공지 당균 발경 지일 본부 핵문 균 답왈 무 일인

致死." 其心之不直如此. 臣等竊復惟念 均任一郡 其爲殘忍若是
치사 기심 지부직 여차 신등 절부 유념 균임 일군 기위 잔인 약시

其甚 豈可授一方之專制乎? 非法殺人 永不敍用 載諸敎旨 不可毁
기심 기가 수 일방 지 전제 호 비법 살인 영 불서용 재저 교지 불가 훼

也. 伏望收其職牒 終身不敍 以爲後日濫刑者之戒.'
야 복망 수 기 직첩 종신 불서 이위 후일 남형 자 지계

司諫院亦上疏曰:
사간원 역 상소 왈

562

'竊謂 監司之任受命分憂 專制一方 民生休戚係於一身 必擇慈祥
절위 감사 지임 수명 분우 전제 일방 민생 휴척 계어 일신 필택 자상

正直者而任之 苟非其人 民受其害. 禹均曾任密陽 嚴酷用刑 因而
정직 자이 임지 구비 기인 민수 기해 우균 증임 밀양 엄혹 용형 인이

致死者 多至四人 至今慶尙之人凡言守令之暴者 必先擧均. 均之
치사 자 다지 사인 지금 경상 지인 범언 수령 지포자 필선 거균 균지

殘暴不仁 出於天性 安知不知前日之嚴酷 而貽害於生民也? 一邑
잔포 불인 출어 천성 안지 부지 전일 지 엄혹 이 이해 어 생민 야 일읍

受害 尙可痛心 況一道之民皆受其毒 豈爲細故哉? 伏望一依前日
수해 상가 통심 황 일도 지민개수 기독 기위 세고 재 복망 일의 전일

憲司所申 擇遣有名望者 以爲一道之福.'
헌사 소신 택견 유 명망 자 이위 일도 지복

　憲司移文本道經歷 推核均罪. 均上書自陳: "曾守永川 善山 密陽
헌사 이문 본도 경력 추핵 균죄 균 상서 자진 증수 영천 선산 밀양

金海之時 無濫刑殺人之事." 召正言金自怡傳敎曰: "汝等毋將如此
김해 지시 무 남형 살인 지사 소 정언 김자이 전교왈 여등 무장 여차

之事 以進於前." 自怡啓曰: "臣等以民命爲重 故敢請." 上不允 命均
지사 이진 어전 자이 계왈 신등 이 민명 위중 고 감청 상 불윤 명균

就職.
취직

　戊子 議政府 六曹獻壽于便殿. 右議政韓尙敬等啓曰: "講武之
무자 의정부 육조 헌수 우 편전 우의정 한상경 등 계왈 강무 지

後 群臣皆欲獻壽 未蒙允許 臣等缺望." 上曰: "予爲宗廟獻禽 乃
후 군신 개욕 헌수 미몽 윤허 신등 결망 상왈 여위 종묘 헌금 내

行講武數日而還 何以宴爲?" 尙敬等更請曰: "方今年穀豐稔 四方
행 강무 수일 이환 하이 연위 상경 등 갱청 왈 방 금년 곡 풍임 사방

無虞 當此時 臣子一獻壽 何害於理?" 上許之 且曰: "自今以後
무우 당 차시 신자 일 헌수 하해 어리 상 허지 차왈 자금 이후

毋依此例." 禮曹參判許稠酌酣 欲再進酒 稱美上德 又有厚蒙恩德
무의 차례 예조참판 허조 주감 욕 재 진주 칭미 상덕 우유 후몽 은덕

之辭 逼近御座 反有無禮之狀. 諸宰相皆呵禁 稠猶不退 上優待
지사 핍근 어좌 반유 무례 지상 제 재상 개 가금 조유 불퇴 상 우대

賜言 謂大司憲朴習曰: "毋敢彈劾." 仍命習起舞 於是諸臣皆醉舞
사언 위 대사헌 박습 왈 무감 탄핵 잉명 습 기무 어시 제신 개 취무

極歡而罷.
극환 이 파

　初 左政丞朴訔與沈溫言: "忠寧大君之賢 中外歸心 宜白之 使
초 좌정승 박은 여 심온 언 충녕대군 지현 중외 귀심 의백지 사

自知所以處之." 溫聞而不白. 是日上起便 諸臣皆出 散坐楹外. 訔
자지 소이 처지 온문 이 불백 시일 상 기편 제신 개출 산좌 영외 은

欲與大君言 溫目大君 使起避之.
욕 여 대군 언 온 목 대군 사 기피 지

庚寅 畋于海龍山 夕次抱川每場院. 是日雨雪 夜大雨雹 震雷. 上
경인 전우 해룡산 석차 포천 매장원 시일 우설 야 대우박 진뢰 상

曰: "今日天變 予心恐懼 明日欲還." 命放驅軍. 金漢老啓: "冬日
왈 금일 천변 여심 공구 명일 욕환 명방 구군 김한로 계 동일

雨雪何怪? 請驅王方山深口等處 然後還宮." 上曰: "明日亦不晴矣
우설 하괴 청구 왕방산 심구 등처 연후 환궁 상왈 명일 역 불청 의

今日須放驅軍." 上以雷電失時 欲宥獄囚 問可否於六曹臺諫 或曰:
금일 수방 구군 상이 뇌전 실시 욕유 옥수 문 가부 어 육조 대간 혹왈

"聖德深重 政事休明 此雷電非有召之也. 然上畏天災而恤民隱
성덕 심중 정사 휴명 차 뇌전 비유 소지 아 연상 외 천재 이 휼 민은

宥之亦可." 或曰: "此雷電非有召之然也. 赦不妄下 載諸傳記 不可
유지 역가 혹왈 차 뇌전 비유 소지 연야 사 불망하 재저 전기 불가

宥也." 上曰: "當與大臣共議之."
유야 상왈 당여 대신 공의 지

上曰: "予本武種 幸賴太祖勸學之力 不習射御鷹犬之事 讀書
상왈 여 본 무종 행뢰 태조 권학 지력 불습 사어 응견 지사 독서

登第 位至承宣 乃習射御鷹犬之事 又春秋講武 以爲成法 不敢
등제 위지 승선 내습 사어 응견 지사 우 춘추 강무 이위 성법 불감

廢弛 然驅軍一事 實所深慮. 自今畿外講武 決不復行. 往者 任實
폐이 연 구군 일사 실 소심려 자금 기외 강무 결 불부 행 왕자 임실

泰安 海州之行 悔之何及? 畿內之行 亦不欲調各官驅軍 出防牌等
태안 해주 지행 회지 하급 기내 지행 역 불욕 조 각관 구군 출 방패 등

一千 又刷如此輩一千 合二千人足矣."
일천 우쇄 여차 배 일천 합 이천 인 족의

壬辰 還宮. 禮曹欲賀新雪 上曰: "惡. 是何言? 曾謂此雪爲瑞
임진 환궁 예조 욕하 신설 상왈 오 시 하언 증위 차설 위서

乎?"
호

癸巳 大風.
계사 대풍

命停移民慶源. 上曰: "慶源地面甚寒 節制使曺備衡當與守禦
명정 이민 경원 상왈 경원 지면 심한 절제사 조비형 당여 수어

軍丁三百名留守木柵 待明年春和 然後徙民入去可也." 蓋恐其道途
군정 삼백 명 유수 목책 대 명년 춘화 연후 사민 입거 가야 개공 기 도도

之間 或有凍死者也.
지간 혹유 동사 자야

罷咸吉道經歷李希若職. 囚知甲山郡事金該 尋 釋之. 以希若及
파 함길도 경력 이희약 직 수 지갑산군사 김해 심 석지 이 희약 급

該 同姜淮仲妄報張蘊罪也.

甲午 遣都摠制金萬壽 摠制辛悅如京師 賀明年正也.

丁酉 改平安 咸吉道都巡問使爲都觀察黜陟使 都安撫使爲
兵馬都節制使. 以大護軍洪海爲唐城君 以李仁種爲典農注簿.
仁種乃朴訔家臣 訔鄙事無所不掌. 訔以仁種爲監察 臺諫不署告身
故左遷.

戊戌 命收外方各官銀器. 就令軍器點考敬差官 考 所經各官重記
收取上納 以備進獻.

司諫院上疏. 疏論: ‘公私訴良者 勿問是非 皆屬補充軍之法 殊爲
未便 請罷之.’

上曰: “前日作法之時 諫官在左右 默不敢言 及其退議 亦無可否
於其間. 今旣作法 乃出此言何也? 補充軍皆爲良人 良少賤多 於國
何益?” 朴訔曰: “上教誠然 不可輕改.”

命給高陽縣接老人金連與其婦私婢內隱庄衣糧 從禮曹之啓也.
連年百有四歲 內隱庄盡心養舅 故幷給之.

司諫院請罷禹均都觀察使之任. 啓曰: “均曾守慶尙道數郡 濫刑
殺人至十餘名 今又監司其道 慶尙之民 奚罪焉? 請收職牒 以正
其罪.” 上曰: “予曾不知均 左右大臣皆曰: ‘忠直可任.’ 故初爲
繕工監正 以至此職. 今聞此事 誠爲殘忍 予當罷之.”

命戶曹具畿民之弊以聞. 上語及諸郡賦役曰: “予常憫百姓艱苦

每減徭役 又於春夏 止留廐馬三四十匹 秋冬 止留一二百匹 以除
畿民輸納之弊. 然民有勞役之嘆 常恐澤未及民." 乃有是命.

江原道都觀察使李伯持使人來獻弓矢 馬匹 狗兒.

兵曹上慶源節制使曺備衡合行事宜. 啓曰: '北靑以北別牌五十一
慶源人物阜盛之間 勿令番上 許赴慶源防禦. 火熥火藥 量宜題給
遣軍器監有能放射人一名 令道內人傳習 且給差備人二十名糧料.
又兀狄哈 吾都里 兀良哈支給實難 米布 鹽醬量宜連續題給.' 從之.

庚子 上王邀上 置酒仁德宮 世子宗親侍宴. 賜酒隨駕大小臣僚
日暮極歡而罷.

辛丑 前左軍都摠制河久卒. 久 崙之子也. 席父資早貴 年二十三
拜代言. 爲人狂惑 居父喪飮酒 無異平昔 喪未畢病卒 年三十八.
輟朝三日 謚安平. 一子福生.

任添年 崔得霏 李茂昌 宋希璟等回自北京 上御廣延樓下 設宴
慰之.

命每年十月 啓一年雷震之災. 上曰: "雷震之災 勿令每月啓聞 每
十月初一日啓聞 以爲恒式."

戶曹請勿遣採訪使 從之. 啓曰: "今養蠶之法已成 今年蠶室修治
除採訪使 擇公幹人員養蠶 所在守令無時點檢 遲緩者論罪."

癸卯 命戶曹給敬寧君裶 恭寧君裀科田 因前受而準給二百結也.

甲辰 司諫院上疏. 疏略曰:

‘不問良賤 悉屬補充軍 良賤相混 實爲未便. 願皆從正決斷 以辨
良賤.’

上曰: “良少賤多 詞訟煩劇. 今訴良事 文契不明 久滯未辨 思欲
斷訟 以立此法. 良多賤少 何害於國家?”

下政府 六曹 臺諫擬議 衆議未定. 朴訔曰: “歷代人君 或使私賤
免爲良人 今此法實爲便益.” 乃以衆議啓聞 從訔之言 悉屬補充軍.

工曹上備金銀之術. 啓曰:

“國家歲貢白銀七百兩 黃金一百五十兩 而本曹所儲 不支五六
年. 曩[=曩者] 下令各道 訪其所産而未得 以我朝輿地之廣 山川之
秀 豈無所産之地哉? 然擇取之時 勞費甚重 恐爲州郡所怨 故莫有
明言其所者. 自今知國家大計者 若指示其所 則閑良人授之以職;
鄕驛吏免其本役; 公私賤口賞之以財 以示獎勸.” 從之.

置慶尙道鹽浦萬戶. 兵馬都節制使報: ‘鹽浦 倭船連續到泊 順風
則朝夕往返 不可不慮. 乞萬戶差下 以備不虞.’ 下兵曹擬議 皆曰:
“鹽浦防禦最緊 宜差萬戶.” 從之.

乙巳 命臺諫員入闕門 率根隨一人. 司憲府啓: “臺諫五六品員
無根隨 或値雨雪 朝啓時以汚染之靴陞殿未便. 乞令率根隨一名
以入.” 從之.

復以豐海道館丞爲察訪.

立外方科田收租之法. 命兩議政擬議各品科田損實收租之事.

朴訔請: "依京畿作者京中直納例 從田主之自願處 限五息內收納
박은 청 의 경기 작자 경중 직납 례 종 전주 지 자원 처 한 오식 내 수납

其五息外勒令輸轉者 以教旨不從論." 韓尚敬 亦從其議. 教曰: "依
기 오식 외 늑령 수전 자 이 교지부종 논 한상경 역 종 기의 교왈 의

擬議施行. 且依各官損實之數收租."
의의 시행 차 의 각관 손실 지 수 수조

初 大司憲朴習請勿收穀草 上從之. 至是欲復之 習曰: "恐取怨
초 대사헌 박습 청 물수 곡초 상 종지 지시 욕 복지 습왈 공 취원

於民." 上曰: "一國有君臣 然後有民. 皆欲便於民 則於朝士必有
어민 상왈 일국 유 군신 연후 유민 개 욕편 어민 즉 어 조사 필유

不給之弊." 習出 教趙末生等曰: "無小人 莫養君子. 此法之復行 於
불급 지폐 습출 교 조말생 등왈 무 소인 막양 군자 차법 지 부행 어

予心已定 不可改也." 遂命京畿科田穀草 依前例收納. 前例 實起數
여심 이정 불가 개야 수 명 경기 과전 곡초 의 전례 수납 전례 실기수

每十卜藁草一束也.
매 십복 고초 일속 야

丙午 罷議政府舍人郭存中 禮曹正郎李宗揆職.
병오 파 의정부사인 곽존중 예조정랑 이종규 직

初 存中與禮曹正郎李宗揆 柳孟聞 佐郎金孝貞 兪尚智 柳九思
초 존중 여 예조정랑 이종규 유맹문 좌랑 김효정 유상지 유구사

會飲於舍人司 召妓. 存中與宗揆怒妓爲君來晚至鞭之. 爲君來訴于
회음 어 사인사 소기 존중 여 종규 노기 위군래 만지 편지 위군래 소우

憲司 憲司劾請其罪 罷二人職 餘勿論.
헌사 헌사 핵청 기죄 파 이인 직 여 물론

刑曹啓奴婢事目. 啓曰: "司憲府受教內: '九月初一日以前接狀
형조 계 노비 사목 계왈 사헌부 수교 내 구월 초일일 이전 접장

公私訴良未畢事 皆屬補充軍.' 然其補充軍之姉妹及女子嫁私奴之
공사 소량 미필 사 개속 보충군 연 기 보충군 지 자매 급 여자 가 사노 지

所生 奴之本主等以: '吾奴子良妻幷産.' 皆欲執持使用 訴訟蜂起
소생 노지 본주 등이 오 노자 양처 병산 개 욕 집지 사용 소송 봉기

如此奴婢 屬良無路 一般賤口 依相訟奴婢時執例 在前使用本主
여차 노비 속량 무로 일반 천구 의 상송노비 시집 례 재전 사용 본주

不動." 從之. 先是 朴訔以此啓達 上然之 至是令刑曹受教行移. 上
부동 종지 선시 박은 이차 계달 상 연지 지시 영 형조 수교 행이 상

曰: "予思之 訴良之事非一. 婢妾所生未明白者 從正決絶 其餘訴良
왈 여 사지 소량 지사 비일 비첩 소생 미 명백 자 종정 결절 기여 소량

者 皆屬補充軍.
자 개속 보충군

申嚴死罪處決之法. 下旨司憲府曰:
신엄 사죄 처결 지법 하지 사헌부 왈

"生殺予奪 人君之大柄 非人臣所得與焉. 曩者 無恤 無悔罪刊

大逆 政府 功臣 六曹 臺諫累次請罪 第以中宮至親 不忍置之於法

皆流于外. 其後政府 功臣 臺諫請罪不已 乃命義禁府都事李孟畛往

說原州牧使權遇 看守無恤使不得逃 如欲自盡 亦且勿禁. 遇誤聽

孟畛傳敎之言 至再使人 勒令自盡. 予於其時 下遇義禁府 推核

其實. 義禁府以制書有違杖一百 失錯旨意杖七十 照律以聞. 予以

太祖原從功臣之子 只罷其職而特原之. 迨今思之 無恤 無悔不忠

之罪 國人所共憤 終必不能自保 然勒令自盡 實非予意. 方今君臣

圖治之日 尙有如此意外之事 後日之弊 誠可寒心. 自今犯罪 雖已

推當死者 京外官吏 不待有司奉敎依律之文而殺之者 照依擅殺之

律施行 永爲恒式."

工曹啓築城之法. 啓曰: "各道築城 唯務速成 不要堅固 或一二年

內頹落 勞民費財. 自今築城 每當農隙 量力造築 畢築後五年內有

頹落處 監役官吏依律論罪 以懲不恪." 從之.

戊申 罷沈藏庫. 命戶曹曰: "諸處祭享及各殿供上菜蔬 沈藏庫

未易進供. 來戊戌年始 啓聖殿 文昭殿 魂殿供上則典祀寺 仁德宮

則恭安府 大殿則內資寺 靜妃殿則內贍寺 誠妃殿 世子殿則敬承府

依式進供. 其屬沈藏庫奴婢車牛及菜田 量其用度煩簡分屬."

先是 沈藏庫於祭享及各殿供上菜蔬 每年不贍 以米豆易換 或

行移外方收斂 甚違設立之意 至是罷之.

己酉 籍海島新墾田. 戶曹啓: "外方海濱 海島新墾之田 依六典
기유 적 해도 신간 전 호조 계 외방 해빈 해도 신간 지 전 의 육전

每年踏驗作丁 申報主掌官 續書于籍." 從之.
매년 답험 작정 신보 주장관 속서 우적 종지

庚戌 上奉上王于廣延樓置酒 諸宗親侍宴. 賜酒大小臣僚 入夜
경술 상 봉 상왕 우 광연루 치주 제 종친 시연 사주 대소 신료 입야

極歡而罷.
극환 이 파

태종 17년 정유년
11월

十一月

임자일(壬子日) 초하루에 예조(禮曹)에 교지(教旨)를 내렸다. 가르쳐
말했다[教曰].

"대개 듣건대, 천하의 도리는 어짊[仁]뿐이다[而已矣=耳]. 한(漢)나
라 이래로 불법(佛法)이 중국에 들어와 지금까지 1,000여 년이 되었
는데, 역대 제왕(帝王) 중에 혹 존숭해 믿은 이도 있었고 혹 꺼리며
배척한 이도 있었으며, 또 믿지도 않고 꺼리지도 않아 그 하는 대로
내버려둔 이도 있었다. 여러 사책(史册)에 실려 있어 지금 모두 상고
할 수가 있다. 나는 화나 복을 두려워하거나 흠모해서 부처에게 아첨
하는[侫=佞] 자가 아니다. 즉위하던 처음에 일관(日官)이 말씀을 올
리기를 '아무 절은 그대로 두어야 하고, 아무 절은 폐지해야 합니다'
라고 하므로, 그 말을 믿어서 즉시 시행했다.

내가 일찍이 생각건대, 불씨(佛氏)의 무리가 비록 이단(異端)이기
는 하나 그 마음 쓰는 것[設心]을 캐보면 자비(慈悲)를 종지(宗旨)로
삼고 있다. 또 이미 도첩(度牒)[1]을 주어 출가(出家)해 입산(入山)했으
니, 국가의 일과는 관계가 없는 것이 분명하다. (그런데도) 만일 나라
에 큰일이 있으면 할 수 없지마는, 경외(京外)의 각사(各司)에서 매번

---

1 조선조 초기에 불교를 억제하기 위해 나라에서 중에게 발급한 일종의 신분증이다. 입적
(入寂) 또는 환속(還俗)을 하면 도로 반납(返納)했다.

영선(營繕-토목 공사)하는 일이 있으면 아울러 승도(僧徒)를 징용하는데, 이름은 '청중(請衆)'²이라고 하나 실상은 역사(役使)시키는 것이어서 도리어 평민보다 심한 것이 있으니 매우 불쌍하다. 이제부터 경외의 각 관사에서 만일 여전히 역사시키는 자가 있으면 승인(僧人-승려)들이 그 사유를 갖춰 서울에서는 예조(禮曹)에, 외방에서는 감사(監司)에게 일체 모두 진고(陳告-신고)해서 엄하게 금리(禁理)를 행함으로써 내가 백성을 어질게 사랑하는[仁愛] 뜻을 널리 알려라."

애초에 관리들이 승도(僧徒)를 역사시키는 일에 말이 미치자 상이 이렇게 말했다.

"내가 불법을 존숭하고 믿어서 죄나 복을 두려워하거나 생각하는 것이 아니다. 그러나 외방 각 관에서 영선을 하고자 하면 모두 '청승(請僧)'이라 해서 폐단 없이 건립(建立)하는데, 실상은 어찌 청했겠는가? 침요(侵擾-침해)해 고역(苦役)시키는 것이 평민과 다름이 없는데, 승도 백성이다. 이미 모두 부모를 하직하고 애정을 끊고서 중이 됐으니, 이렇게 역사시키는 것은 실로 불편하다. 별요(別窯)의 청승(請僧)이 기와를 굽는 것 또한 이것과 같다. 금후로는 별요(別窯)의 일과 각 고을에서 청승하는 법을 계문하지 말라."

일을 아뢰는 여러 신하가 모두 말했다.

"맞습니다."

홀로 평양부원군(平壤府院君) 김승주(金承霆)가 아뢰어 말했다.

---

2 나라에서 역사(役事)를 일으킬 때 많은 중을 청해 일을 시키는 것을 가리킨다. 중들이 토목 기술을 가졌던 때문이다.

"신이 비록 무재(武才)로써 늙었으나, 그래도 보고 들은 것이 있습니다. 불씨(佛氏)는 마음을 맑게 하고 욕심을 적게 하는 것을 종지(宗旨)로 삼는데, 지금 승도들은 여염(閭閻) 가운데 살면서 부녀들과 잡처(雜處)하고 술 마시고 고기 먹는 등 못하는 짓이 없으며 또 어리석은 백성을 꾀어서 제 도당을 늘리니, 신은 항상 다 베어서 그 무리를 없애고자 합니다."

상이 웃으며 말했다.

"어찌 죄다 벨 수가 있겠는가? 내가 이미 예조에 명해서 도첩(度牒)을 주어 출가(出家)하게 했고 도첩이 없는 자는 머리를 길러 백성이 되게 했으니, 그 무리[其流]가 저절로 없어질 것이다."

이때에 이르러 마침내 교지(敎旨)를 내렸다.

○ 사간원(司諫院)에서 조례(皂隷)를 갈도(喝道)³로 개칭(改稱)할 것을 청했다. 아뢰어 말했다.

"전에는 사헌부(司憲府)의 갈도(喝道)와 사간원(司諫院)의 정리(丁吏)⁴·인졸(引卒)의 복색이 특수하게 달랐습니다. (그런데) 지금은 정리를 고쳐 조례에 두니 각사와 구별되지 않아서, 일반인들이 보는 것이 혼동이 돼 길가는 사람이 혹 말[馬]을 범해 왕명을 욕되게 하는 자가 있습니다. 청컨대 사헌부의 예에 의거해서 갈도로 개칭(改稱)하고, 그 관대(冠帶)는 정리의 예에 의거해 오건(烏巾)·혁대(革帶)·담주

---

3 사헌부(司憲府)나 사간원(司諫院)의 관원이 사진(仕進)할 때, 앞에 서서 길을 치우라고 소리치는 하례(下隷)다.
4 양부(兩府)나 대간(臺諫)의 관원이 행차할 때, 붉은 옷을 입고 길을 인도하는 사람을 말한다.

색(淡朱色) 옷을 쓰게 하소서."

그것을 따랐다.

계축일(癸丑日-2일)에 예조(禮曹)에 명해서 예전에 동혈(同穴)에 장사 지내는 제도를 상고해 아뢰게 했다. 상이 말했다.

"내가 죽어서 중궁(中宮)과 합장하고자 하는데, 구천(九泉-무덤) 아래에 동혈(同穴)하려는 계교가 아니라 후세 자손이 배소(拜掃-성 묘)할 때에 여기저기 왔다 갔다 하는 폐단이 없게 하기 위함이다. 이 에[其] 빨리 고전을 상고해 아뢰라. 내가 장차 능침(陵寢)의 땅을 점 쳐 수목을 심어서 후일에 죽어 장사할 곳을 준비하겠다."

갑인일(甲寅日-3일)에 김사문(金士文)에게 장(杖) 80대를 때리고, 유 복중(柳復中)이 버린 아내 옥생(玉生)은 장(杖) 80대를 속(贖) 받았다. 헌부(憲府)에서 복중(復中)에게 아내를 버린 이유를 물으니, 복중이 말했다.

"아내가 지난해 경신일 밤에 그 5촌숙(五寸叔) 김사문과 윷놀이를 하는데, 전에도 역시 황당한 흔적이 있었습니다. 또 사문이 어미의 상중에 있어 윷놀이하는 것을 내가 실로 좋아하지 않아서 두 번이 나 아내를 부르자, 아내가 내 말에 순종하지 않더니 밤중이나 되어 와서는 옷을 벗지 않고 누웠습니다. 내가 거짓으로 잠든 체하며 코 를 고니[鼾鼻], 아내가 바깥방으로 나가서 사문과 함께 누웠습니다."

헌부에서 옥생과 사문을 추문하니 모두 불복했다. 헌사에서 고문 할 것을 청하니, 상이 말했다.

"서너 차례 고문하기 전에는 불복할 것이다. 만일 지나치게 형벌해서 진정을 알아낸다 해도 어찌 마음에 편안하겠는가? 사문은 상중에 놀이를 했고 복중의 처는 사문과 윷놀이를 해서 남녀의 분별을 어지럽혔으니, 이것으로 조율(照律)해서 죄를 주라."

○ 윤자견(尹自堅)에게 장(杖) 100대에 유(流-유배형) 2,500리, 섭공무(葉孔茂)에게 장(杖) 100대, 윤가생(尹可生)에게 장 60대를 (각각) 속(贖) 받았다.

애초에 자견(自堅)이 사섬 주부(司贍注簿)로 있을 때 직장(直長) 섭공무·윤가생과 더불어 사사로이 닥나무 종이[楮紙]를 준비해서, 제조관(提調官)이 저화(楮貨)를 감인(監印)[5]할 때를 당해 그 속에 섞어서 찍어내 관사(官司)에서 사사로이 쓰는 비용으로 삼아, 매번 술과 음식을 준비해 연회를 하고 심지어는 소를 잡아놓고 마시기까지 했다. 동부지돈녕부사(同副知敦寧府事-돈녕부 동부지사) 조혜(趙惠)와 사복 직장(司僕直長) 이효량(李孝良) 등도 일찍이 사섬 원리(司贍員吏)가 돼 저화 종이를 감조(監造)할 때 수를 줄여서 호조(戶曹)에 보고하고 사사로이 창고에 감춰두었는데, 이때에 이르러 일이 발각됐다. 형조(刑曹)에서 핵실해 물어서 직첩을 거두고 그 사유를 국문할 것을 청하니, 상이 그것을 따랐다. 조혜와 이효량은 공신의 아들이어서 죄를 면했다. 상이 형조에서 조율(照律)한 계본(啓本)을 보고 말했다.

"공무와 자견이 죄가 같다면 불공평한 것이 아니겠는가?"

형조에서 아뢰어 말했다.

---

5 저화(楮貨)를 발행할 때, 사섬서(司贍署)에서 일일이 확인한 뒤 찍는 검인(檢印)을 말한다.

"정상을 캐어보면 그 죄가 한가지입니다."

상이 말했다.

"공무가 비록 자견과 더불어 사사로이 저화를 찍어내기는 했으나 자견이 소를 잡아 잔치를 베풀었지만, 공무는 참여하지 않았으니 그 죄가 조금 가볍다. 공무는 자자(刺字-얼굴 문신형)와 유형(流刑)을 면제하라."

이에 자견의 아비 전 지안성군사(知安城郡事-안성군 지사) 유충보 (尹忠輔)가 북을 쳐서 호소해 말했다.

"노신(老臣)이 자식을 사랑하는 마음으로는, (자식이) 자자(刺字)돼 오점(汚點)이 후세에 미치는 것이 참으로 슬픕니다."

상이 말했다.

"한때의 사림(士林)들이 모두 알고 사필(史筆)이 쓰면, 자자를 하나 자자를 하지 않으나 마찬가지다."

호소를 들어주어 우선 자자를 면제하고, 유형(流刑)과 장형(杖刑) 을 모두 속(贖) 받았다. 율학박사(律學博士) 공윤귀(公允貴), 예빈녹사 (禮賓錄事) 임명산(林命山), 예문대교(藝文待敎) 이길배(李吉培) 등도 초청객으로 잔치에 참여했기 때문에 아울러 태(笞) 50대를 때리고 파직시켰다.

○ 대간(臺諫)이 대궐에 나아와 이속(李續)을 법대로 처치하도록 청 했으나 윤허하지 않았다.

병진일(丙辰日-5일)에 이속(李續)을 관노(官奴)로 정하고 가산(家産) 을 적몰(籍沒)했다.

사헌부(司憲府)에서 말씀을 올렸다[上言].
상언

"전일에 이속의 불충한 죄를 가지고 본부(本府)와 간원(諫院)에서 교장(交章)해 죄주기를 청했는데 유윤(兪允)을 내리지 않으시니, 신 등은 실로 유감입니다. 대체로 남의 신하가 되어 죄가 불충한 데 있으면, 법으로는 마땅히 베고 의리상으로도 세상에서 용납될 수 없습니다. 어찌 머리를 보전해 시골에서 평안히 있을 수 있겠습니까? 지금 속(續)의 불충한 마음이 말과 행동으로 나타났는데, 전하께서는 다만 차마 못 하는 마음[不忍之心=仁]으로 폐하여 서인(庶人)으로
　　　　　　　　　　불인 지심　인
삼고 곤장을 때려 유배를 보냈습니다만, 악한 것을 징계하고 후래(後來)를 경계시키는 뜻이 어디 있겠습니까? 또 법이라는 것은 천하고 금이 함께 말미암는 것이니, 전하께서 사사로이 할 수 있는 것이 아니라고 봅니다. 엎드려 바라건대, 전하께서는 명하시어 유사에 내려서 그 죄를 밝게 바로잡아 후래(後來)를 경계시키소서."

사간원(司諫院)에서 또 말씀을 올렸다.

"가만히 생각건대 이속의 죄는 마음에 쌓이어 말에 나타난 것입니다. 그 왕실(王室)을 업신여긴 횡역(橫逆)하고 불경한 마음은 전하께만 득죄한 것이 아니라, 천지신기(天地神祇)가 함께 노하고 일국의 신민이 함께 분하게 여기는 바입니다. 엎드려 바라건대 전하께서는 그 죄를 밝게 바로잡아서 신민의 소망을 위로하소서."

의정부(議政府)에서 말씀을 올렸다.

"이속의 죄는 죽어도 용서할 수 없으니, 빌건대 유사로 하여금 그 몸을 베고 그 집을 적몰하게 해서 신민의 분을 터주소서."

육조(六曹)에서 말씀을 올렸다.

"예(禮)라는 것은 천하의 큰 관방(關防)입니다. 지금 이속이 범한 바를 대간(臺諫)에서 죄주기를 청하는데, 전하께서는 단지 가벼운 법전을 따르니 대소 신료가 결망(缺望)하지 않는 이가 없습니다. 신 등이 생각건대, 속이 신하 된 자로서 군부(君父)의 명령을 거역했으니 그 죄가 한 가지요, 속이 불성실한 말[游辭]로써 그 자식이 죽었느니 살았느니 하면서 하늘을 속이고 임금을 속였으니 그 죄가 두 가지요, 예로부터 제왕의 자식은 모가(母家)로써 존비(尊卑)를 따지지 않는데도 속이 사심(私心)으로 망령되게 농화(穠華-공주나 옹주)의 세계(世系)를 말했으니 그 죄가 세 가지입니다. 옛사람이 말하기를 '인군에게 무례하게 하는 자를 보거든 응전(鷹鸇-매)이 조작(鳥雀-참새)을 쫓는 것처럼 하라'[6]라고 했습니다. 속이 무례하게 말을 한 것은 실로 그 마음이 불충함으로 말미암은 것이니, 죄가 막대해서 용서할 수 없는 것이 분명합니다. 바라건대 전하께서는 대간이 청한 것을 굽어 좇아서 법대로 처치하심으로써 하늘을 속이고 명을 거역한 죄를 징치하시어, 제왕 만세의 법전을 바르게 하고 천하 국가의 대방(大防)을 삼가며 대소 신료들이 바라는 것에 맞게 하소서."

그래서 이런 명이 있었으니, 창원부(昌原府)의 관노로 정했다.

○ 구주탐제(九州探題) 우무위(右武衛) 원도진(源道鎭)의 사인(使人)이 예물을 바치고 동기(銅器)·도화(圖畵)·포자(布子) 등의 물건을 청구했다.

○ 가르침을 내려 참서(讖書)를 금지했다. 예조(禮曹)에 뜻을 내려

---

6 『춘추좌씨전(春秋左氏傳)』 문공(文公) 18년조에 나오는 말이다.

말했다.

"참위(讖緯)·술수(術數)의 말은 세상을 미혹하고 백성을 속이는 바가 심한 것이다. 나라를 다스리는 자가 마땅히 먼저 버려야 하기 때문에, 이미 서운관(書雲觀)에 명해 요망하고 허탄(虛誕)해서 바르지 못한[不經] 글들을 골라 불태우게 했다. 이제부터 서울과 외방에 사사로이 간직하고 있는 요망하고 허탄한 글들은 오는 무술년 정월까지로 한정해서 자수해 바치게 해서 역시 불살라 없애버리고, 만일 혹시 정한 기한까지 바치지 않는 자가 있으면 여러 사람에게 진고(陳告)하도록 허락해서 조요서(造妖書)의 율에 의거해 시행하고 범인의 가산은 진고한 사람에게 상으로 충당하라."

○ 호조(戶曹)에서 탄(炭)을 거두는 법을 올렸다. 아뢰어 말했다.

"요즈음 선공감(繕工監)에서 정문(呈文)한 것으로 인해서 정탄(正炭)을 수납한 휘[斛]를 비교해보면 혹 15두(斗) 혹 20두짜리가 있고 또 저울로 다는 것이 있어 경중이 같지 않기 때문에, 아뢰어 상의 뜻을 받고자 합니다[取旨]."

상이 말했다.

"탄을 어찌 감히 말과 되로 헤아려 쌀이나 곡식과 같이 할 수 있겠느냐? 70근으로 한 섬을 삼아서 수납하고, 쓸 때도 근으로 달아서 내어주라."

정사일(丁巳日-6일)에 상이 상왕(上王)을 받들어 광연루(廣延樓) 아래에서 헌수(獻壽)했으니, 동짓날이기 때문이다. 세자·종친들이 시연(侍宴)했다. 의정부(議政府), 육조(六曹), 양부(兩府) 이상과 백관에게 사연(賜宴-잔치를 내려줌)하고, 또 전함(前銜-전직) 2품에게 사연하고, 갑사(甲士)·별패(別牌) 및 여러 궐내에서 장선(掌膳)하는 자들에게까지 술을 주고, 세자를 시켜 6대언(代言)에게 뜻을 전해 말했다.

"상왕을 모시고 함께 즐기니 참으로 즐겁다. 비록 3~4경(更)에 이르더라도 해롭지 않지 않겠느냐? 또한 사필(史筆)에 부끄러울 것이 없다."

조말생(趙末生) 등이 부복해 대답해 말했다.

"성대한 일[盛事]이 이와 같으니, 마땅히 사책(史冊)에 올려야 합니다."

초경 2점(點)에 이르러 상왕이 나가니, 상이 돈화문(敦化門)까지 전송했다.

무오일(戊午日-7일)에 충청도(忠淸道) 해미현(海美縣) 호장(戶長) 김련(金鍊)의 역사를 면제해주었다.

련(鍊)이 서산군(瑞山郡) 임내(任內) 지곡현(地谷縣) 땅에 은돌[銀石]이 있다고 고하니 관가에서 사람을 보내 파냈는데, 납[鉛] 1근 8냥을 녹였고 정련(精練)한 백은(白銀)이 1전(錢) 3푼(分)이었다. 또 다른 도(道)에는 은돌이 있는 곳이 모두 암석 사이였지만 여기는 땅이 평평하고 나무가 무성해서 은(銀)을 단련하기에 제일 좋은 땅이었다. 공조(工曹)에서 아뢰어 말했다.

"바라건대 김련을 교명에 의해 역사를 면제해주어 뒤에 오는 사람들을 권면하소서."

그것을 따랐다.

○ 대마주(對馬州) 좌위문대랑(左衛門大郎)의 사인(使人)이 (와서) 예물을 바쳤다.

기미일(己未日-8일)에 군영(軍營) 짓는 것을 토의했다. 병조(兵曹)에서 아뢰었다.

"각 도에서 번상(番上)하는 시위(侍衛)의 군영(軍營)을 쓸모없는 재목으로 임시로 지었기 때문에, 여러 해가 지나면 모두 퇴락해서 심한 추위와 장맛비에 간고(艱苦-고생스러움)하기가 더욱 심합니다. 마땅히 오는 봄에 고쳐 지어야겠습니다. 빌건대, 강원도(江原道) 및 충청도(忠淸道) 시위 군인을 시켜 나무를 베어 냇물에 띄워 보내게 하소서."

그것을 따랐다. 이에 앞서 병조판서(兵曹判書) 박신(朴信)이 조계(朝啓)에서 헌의(獻議-건의)하니 상이 말했다.

"이는 장구한 계획이다."

○ (전라도) 용안성(龍安城)에 새로 지은 창고를 득성창(得成倉)[7]이라 이름 지었다.

신유일(辛酉日-10일)에 금화령(禁火令)을 내렸다.

---

7   세종 10년(1428년)에 함열로 옮겨서 덕성창(德成倉)으로 이름을 바꿨다. 조운과 연계된 창고를 조창(漕倉)이라고 불렀는데, 득성창도 조창의 하나다.

호조(戶曹)에서 아뢰었다.

"『대명률(大明律)』「실화조(失火條)」에 이르기를 '무릇 잘못 불을
내서 자기 방옥(房屋)을 불태운 자는 볼기 40대를 때리고, 관민(官民)
의 방옥을 연소(延燒-옆집으로 연이어 불이 나는 것)한 자는 볼기 50대
를 때린다. 잘못 불을 낸 사람을 죄주되, 종묘(宗廟)와 궁실을 불태
운 자는 교형(絞刑-사형의 일종)에 처하고, 사(社-사직)를 연소한 자는
(교형에서) 1등을 감한다. 만일 산릉(山陵)의 조역(兆域-묘역) 안에서
잘못 불을 낸 자는 장(杖) 80대와 도(徒) 2년에 처하고, 임목(林木)을
불태운 자는 장 100대와 유(流) 2,000리에 처한다. 만일 관부(官府)
의 공해(公廨)와 창고 안에서 실화한 자는 장 80대와 도 2년에 처하
고, 밖에 있다가 잘못 불을 내 불태운 자는 (장 80대와 도 2년에서) 각
각 3등을 감하며, 만일 고장(庫藏)과 창오(倉厫-미곡 창고) 안에서 불
을 피운 자는 장 80대를 때린다. 궁전과 창고를 수위하는 자 또는
죄수를 맡은 자는 오직 불이 일어나는 것을 보면 모두 지키는 자리
를 떠나지 못하게 하고, 어기는 자는 장 100대를 때린다'라고 했습
니다.

지금 각사(各司)의 원리(員吏)가 상직(上直)함에 있어 친히 고찰하
지 않고 하전(下典-아전)을 시켜 좌경(坐更)[8]하게 하니, 아무것도 알지
못하는 하전은 마음을 쓰지 못합니다. 금후로는 각사의 관리로 하여
금 해가 지는 때에 입직(入直)해서 이전(吏典)과 하전을 거느리고 마

---

8 궁중의 보루각(報漏閣)에서 밤에 징과 북을 쳐서 경점(更點)을 알리는 일을 말한다. 초경
   삼점(初更三點)에서 시작해 오경 삼점(五更三點)으로 마치며, 서울 각처의 경점 군사(更點
   軍士)가 보루각의 징과 북소리를 받아 다시 쳐서 차례로 알린다.

음을 써서 좌경(坐更)하게 하고, 불을 금하는 순관(巡官)과 각 조(曹)에 속한 상직 관원이 때를 정하지 않고 적간(摘姦-간사한 자를 적발해냄)해서 만일 지만(遲晩-지체)하는 관원이 있으면 소사(所司)에 관문(關文)을 보내 논죄하소서. 외방의 수령은 수많은 창고를 상직(上直)하기가 실로 어려우므로 향리 양반(鄕吏兩班)의 체제를 정해 고찰하게 해서, 지만하는 수령(守令)·색장(色掌)이 있으면 감사(監司)가 율에 비춰 논죄하게 하소서."

그것을 따랐다. 이에 앞서 조계(朝啓)에서 상이 말했다.

"중외(中外)에서 잘못 불을 내는 것은 다름 아니라 맡은 관리가 해이한 때문이다."

그래서 호조(戶曹)로 하여금 실상에 맞춰 토의해[擬議] 아뢰게 했던 것이다.

○ 통례문 판관(通禮門判官) 김면(金沔)을 의금부(義禁府)에 가두었다. 동지(冬至) 하례를 할 때 예를 마친 뒤 상이 안으로 들어가는데, 면(沔)이 '궁신(躬身)'을 부른 것이 늦었으므로 헌사(憲司)에서 탄핵해 아뢴 때문이다.

○ 형조(刑曹)에서 제주 도안무사(濟州都安撫使)가 죄수를 신문하는 사의(事宜-일의 마땅함)를 아뢰었다.

"안무사가 형조에 보고했습니다. '본주(本州)는 바다 가운데 있어서, 비록 긴급한 공사(公事)라도 반드시 바람을 기다린 지 여러 달만에 육지에 나오게 됩니다. (그런데) 지금 교명(敎命)에 의하여, 범죄한 것이 있는 사람을 신문하고 때려 형벌을 행하는 것을 반드시 감사에게 보고한 연후에 시행한다면 지체되는 옥사가 없지 않을 것입니다. 불충(不忠)·불효(不孝)·살인·강도 등 일죄(一罪)⁹는 반드시 감사에게 보고하고, 도형(徒刑)·유형(流刑) 이하의 죄는 그때그때 곧 결단하고 명백하게 치부(置簿)했다가 연말 마지막 달에 이르러 정보(呈報)하는 것이 어떠하겠습니까?'"

상이 말했다.

"제주의 일은 예전부터 그러하다. 지금 안무사가 보고한 것은 다만 새로 내린 교지(敎旨)로 인한 것이니, 보고한 대로 시행하라."

갑자일(甲子日·13일)에 작은 초옥(草屋)을 궁내에 지으라고 명했다. 상이 밤에 자문(紫門)¹⁰ 선공감(繕工監)에 기인(其人)¹¹ 20여 명이 역사하는 소리를 듣고, 내관(內官) 홍득경(洪得敬)·엄영수(嚴永壽) 등을 시켜 뜻을 전해 말했다.

"선공 판관(繕工判官) 윤린(尹麟)이 작은 집을 짓는 것 때문에 이같

---

9 죄 중에서 가장 무거운 종류에 속하는 것을 말한다. 사직(社稷)에 관계되는 불충(不忠), 풍속에 관계되는 불효(不孝), 살인·강도 등이 이에 속했다.

10 궁전(宮殿)을 둘러싼 자성(紫城)에 설치된 문(門)이다. 대개 신하들끼리 나라의 일을 의논할 때 이곳에 모였다. 또 자문 안에는 선공감(繕工監)·군기감(軍器監)이 있었으므로, 뒤에 자문감(紫門監)이라는 말이 여기에서 나왔다.

11 고려 시대 볼모제도의 하나로, 향리의 자제 중에서 서울로 뽑혀와 볼모로 있으면서 그 출신 지방 사정에 관한 고문(顧問) 구실을 맡아하는 사람을 말한다. 지방세력을 견제하고 중앙집권을 강화하기 위한 정책으로, 신라 때의 상수리(上守吏)에서 유래했다. 고려 성종 이후 중앙집권이 강화되면서 지방세력은 향리라는 이름으로 중앙의 이속(吏屬)격으로 떨어지게 됐고, 이에 따라 향리에서 나오는 기인도 그 신분이 차츰 떨어지게 됐다. 문종 때 기인에게 역을 과(課)함으로써 볼모로서의 의의가 사라지게 됐고, 충렬왕 이후에는 궁실 영조(宮室營造)의 역부(役夫)로서 노예와 다름없는 고역에 종사하게 됐다. 조선 시대에 와서도 궁중에서 여러 고역에 사역되다가 태종 9년(1409년) 이후에는 주로 땔나무 따위를 바치는 역을 맡게 됐는데, 이 일은 광해군 때 대동법이 실시돼 기인의 역이 폐지될 때까지 계속됐다.

이 지독하게 추운 밤에 기인(其人)을 역사시켜 내 마음을 괴롭게 하리라고는 생각지 못했다[不圖]. 내일은 마땅히 일찍 마치도록 하라."

○ 전 계림 부윤(鷄林府尹) 한리(韓理)가 졸(卒)했다. 대언(代言) 한승안(韓承顔)[12]에게 종이 100권, 납촉(蠟燭) 10정(丁), 관곽(棺槨)·초둔(草芚)을 부의(賻儀)로 내려주었다. 승안은 리(理)의 장자(長子)다.

을축일(乙丑日-14일)에 사헌부(司憲府)에서 청성부원군(淸城府院君) 정탁(鄭擢)[13]의 죄를 청했다. 탁(擢)이 노비(奴婢)를 얻지 못했기에 박은(朴訔)을 미워해 망령되게 말하기를, 은(訔)은 황단유(黃丹儒)의 예손(裔孫-후손)이 아니라고 해서 헌사에서 청한 것이다. 공신인 때문에 죄를 면했다.

병인일(丙寅日-15일)에 상이 인덕궁(仁德宮)에 나아가 헌수(獻壽)하고 대소 신료와 복어인(僕御人-말 모는 사람)에게 술을 내려주었다.

무진일(戊辰日-17일)에 예조참판(禮曹參判) 허조(許稠)가 소격전(昭格殿)[14]을 고쳐 짓도록 청했으니, 좁았기 때문이다. 상이 말했다.

"내가 불법(佛法)을 깊이 알지 못하기에 믿지도 않고 훼방도 하지 않고 하는 대로 내버려두었다. 지금 천제(天帝)·성신(星辰)에게 초례

---

12 정몽주의 사위다.
13 이방간의 난 진압에 공을 세워 정사공신 2등에 책록됐다.
14 조선조 때 일월성신(日月星辰)에 제사지내기 위해 세운 전당(殿堂)으로, 도교(道敎)에서 나온 것이다. 태종은 종종 도교의 제사를 이곳에서 지냈다.

(醮禮)하는 일 또한 그 실제 이치를 알지 못하지만, 그러나 역대 제왕과 지금의 중화(中華)와 전조(前朝)의 왕씨(王氏)가 모두 이 예가 있었기 때문에 일찍이 예조(禮曹)와 제조(提調) 김첨(金瞻) 등에게 명해 예전 문적을 밝게 상고해 그 사전(祀典)을 정해서 번잡하고 허위인 것은 버리게 했다. 만일 좁은 곳이 있거든 내년 봄을 기다려서 고쳐 지으라."

기사일(己巳日-18일)에 형조(刑曹)에서 노비(奴婢)에 대한 사의(事宜)를 올렸다. 그것은 대략 이러했다.

"하나, 노비의 근각(根脚)이 같고 사손(使孫)이 같은 쪽일 경우, 비록 한두 사람이라도 저쪽과 대척(對隻-원고와 피고의 대질)해 결사(決事)를 얻었을 때는 결사를 얻은 자를 움직이지 않으며, 그 나머지 대척(對隻)하지도 않고 관문(官文)을 속여 받은 자는 거론하지 말게 해서 시집(時執)한 사람이 차지하고 움직이지 않는 것이 어떠하겠습니까?

하나, 갑오년(甲午年-1414년) 이후에 관사(官司)에서 결절(決絶)을 얻어 금합(衿合-아울러 합침)한 노비와, 당시에 상사(祥事-장사를 지내고 두 돌 만에 지내는 제사)·담사(禫事-상사 다다음 달에 지내는 제사)가 끝나지 않아 나누지 못한 노비는 아울러 나눠주는 것을 허락하는 것이 어떠하겠습니까?

하나, 서로 송사하는 것을 금단(禁斷)할 때 현신(現身-출두)하지 않았던 원고(元告)는 11월 그믐날까지로 한정해서 그 소첩(訴牒)을 불사르고 다시 청리(聽理)하지 못하게 하는 것이 어떠하겠습니까?"

상이 말했다.

"앞의 것은 그 당시에 결절을 얻은 자에게 주라고 이미 교지를 내렸는데 유사가 숨겨두고 도로 허물어뜨렸으니, 이것은 무슨 까닭인가? 이미 당시에 결절을 얻은 자에게 주라 했으면서 또 관문(官文)을 속여 받은 자는 거론하지 말라고 한다면 심히 안 될 일이다."

마침내 가르침을 내려 말했다.

"대척(對隻)이 없이 관문을 속여 받은 자도 또한 시득결례(時得決例-현재 판결을 얻은 예)로 논하고, 나머지는 모두 그대로 윤허한다[依允]."
_{의윤}

○ 형조(刑曹)에서 또 아뢰었다.

"공사(公私)에서 소량(訴良)하는 사람이, 이미 일찍이 종천(從賤)한 뒤에 지금 정유년 9월 초1일 이전에 오결(誤決)이라고 정장(呈狀)하지 않은 경우에는 수리(受理)하지 마소서."

그것을 따랐다.

신미일(辛未日-20일)에 명해 문정공(文靖公) 이색(李穡)이 지은 정릉(定陵-이성계의 아버지 환조(桓祖)의 무덤)의 신도비문(神道碑文)을 찾아내라고 했다. 예조(禮曹)에 뜻을 내려 말했다.

"대소 원인(大小員人)이 이색이 지은 함흥부(咸興府) 정릉 비문을 인출(印出-인쇄)해서 집에 간직하고 있는 것을, 서울과 외방에 자세히 찾아 물어서 구해 얻어[求得] 바치라."
_{구득}

○ 일본(日本) 능주태수(能州太守) 원창청(源昌淸)의 사인(使人)이 예물을 바치고 호표피(虎豹皮)와 인삼(人蔘)을 청구했다.

임신일(壬申日·21일)에 노비(奴婢)의 공문을 토의했다.

형조판서 권진(權軫)이 친히 품신(稟申)했다.

"대소 인원의 노비를, 서울에서는 다만 전계자(傳係者)가 없는 것을 추고(推考)해서 한성부(漢城府)로 하여금 체자(帖字)[15]를 주게 하고, 외방에서는 전계가 있고 없고를 논하지 말고 모두 추고해서 진성(陳省)을 만들어주게 하소서."

영의정(領議政) 유정현(柳廷顯)이 아뢰어 말했다.

"맡은 관리가 다만 천적(賤籍)만 보고 공문(公文)을 주면, 탐욕스럽고 완악한 무리가 허문(虛文)을 가지고 타인의 노비를 아울러 기록해서 후일의 소송을 열어놓을 것입니다. 신은 바라건대 서울은 한성부에서, 외방은 각 고을에서 매번 노비에 대해 친히 그 사실을 물은 뒤에 진성(陳省)을 만들어주어 훗날의 상고에 빙거(憑據)하게 하소서."

상이 말했다.

"나라를 다스리는 자는 그 대강(大綱)을 가지고 엄하게 법을 세움으로써 탐하고 사나운 것을 경계해야 할 것인데, 어찌 사람마다 귀에 대고 친히 물은 연후에 그 쟁단(爭端)을 막겠는가? 한성부로 하여금 다만 천적(賤籍)이 없는 자를 추고해 관문을 급부(給付)하고, 외방의 각 고을에서는 천적이 있고 없고를 막론하고 모두 관문을 주는 것이 좋겠다."

---

15 관사(官司)에서 인장(印章)을 찍지 않고 임시로 주는, 체(帖) 자를 새긴 공문을 말한다.

이 일은 결국 시행되지 않았다.

○ 대마도 수호(對馬島守護) 종정무(宗貞茂)가 사람을 보내와 토산물을 바쳤다.

계유일(癸酉日-22일)에 전 부정(副正) 강호(姜湖)를 형조(刑曹)에 내려 죄를 논했다. 호(湖)가 일찍이 김우(金宇)의 반인(伴人-수행원)으로 중국 경사(京師)에 갔을 때 포물(布物)을 많이 가지고 가서 지나치게 흥리(興利-장사)를 했는데, 일이 발각돼 관가에 몰수됐다. 이때에 이르러 그 물건을 도로 받고자 북을 쳐서 신소(申訴)한 때문이다. 호는 본래 장사하는 사람이었다.

○ 육조(六曹)와 한성부(漢城府)의 낭청(郎廳)을 포폄(襃貶)하는 법을 세웠다. 육조·한성부 낭청의 포폄은 각 당상(堂上)이 하고, 형조 도관(刑曹都官) 낭청(郎廳)의 포폄은 겸지조사(兼知曹事)가 하게 했다.

갑술일(甲戌日-23일)에 유한우(劉旱雨)[16]를 의금부(義禁府)에 가두었다. 한우(旱雨)는 일찍이 태조(太祖)의 잠저(潛邸-왕이 되기 전에 살던 집)에서 시종했고, 제릉(齊陵)의 땅을 잡는 여러 일을 모두 주장(主掌)했다. 상이 명해 능실(陵室) 근처에 살게 하고 겸해서 능침(陵寢)의 일을 규찰(糾察)하게 했는데, 이때에 이르러 금산(禁山)[17] 안의 소나무를 베어 사사로이 쓴 일이 발각돼 헌사에서 아뢰니, 3일 동안

---

16 이양달(李陽達)과 더불어 조선 초의 유명한 풍수가다.
17 능역(陵域) 부근의 입산벌목(入山伐木)이 금지된 산(山)을 가리킨다.

가두었다가 풀어주었다.

을해일(乙亥日·24일)에 상이 상왕을 받들어 광연루(廣延樓) 아래에 술자리를 베푸니, 종친들이 시연(侍宴)했다. 날이 저물어 극진히 즐기다가 마침내 마쳤다. 상이 돈화문(敦化門) 밖까지 받들어 거기서 전송했다.

○ 세자(世子)가 금빛 고양이를 신효창(申孝昌, 1364~1440년)[18]의 집에 구하니, 효창(孝昌)이 (세자의) 요구를 따르지 않고 빈객(賓客) 탁신(卓愼)에게 고했다. 신(愼)이 서연관(書筵官)들을 불러 말하자, 이에 서연관들이 (세자에게) 말씀을 올렸다.

"이 물건이 비록 응견(鷹犬)에 비교할 것은 아니나 구경하고 좋아할 수 없는 것이고, 재상의 집에 청구할 수 있는 것이 아닙니다."

세자가 말했다.

"사람들이 항상 말하기를 '금빛 나는 고양이는 수놈이 적다' 하기에, 보고서 돌려보내려고 한 것일 뿐이다."

---

18 조선 개국 당시 음관으로서 사헌시사(司憲侍史)에 올랐으며, 상장군에 천거됐다. 1394년 (태조 3년)에 호조전서(戶曹典書)의 직책을 맡았고, 1396년(태조 5년)에는 대사헌이 되어 태조가 북행(北幸)할 때 동행했다. 1403년(태종 3년)에 동지중추원사(同知中樞院事), 1404년(태종 4년) 충청도도관찰사를 역임했다. 충청도에서 1년간 있으면서는 사욕을 버리고 선정을 행해 칭송이 자자했다. 1405년(태종 5년) 동지총제(同知摠制)의 직을 받아 서울로 돌아왔고, 1418년(태종 18년) 봄에는 좌군도총제(左軍都摠制)를 역임했다. 그러나 그해 겨울에 탄핵을 받아 삭직돼고 무주로 귀양 갔다. 7년간의 귀양 생활을 마치고 1425년(세종 7년)에 서울로 돌아왔으며, 손녀가 광평대군과 결혼하게 되면서 고신(告身)을 환수받았다.

병자일(丙子日·25일)에 경차관(敬差官)을 경기(京圻)에 나눠 보냈으니, 호조(戶曹)의 아룀을 따른 것이다. 전지(田地)의 손실(損失)을 다시 살펴서, 만일 손을 실로 하거나 실을 손으로 한 자가 있으면 수령과 위관(委官-임시 판정관)을 논죄하게 했다. 이에 앞서 상이 편전(便殿)에서 정사를 보는데 재상들이 아뢰어 말했다.

"경기(京圻)의 수령·위관 등이 전지의 손실을 살펴서 답험한 것이 맞지 않고, 각 품(品) 과전(科田)의 손(損)이 지나침이 더욱 심해 사람들이 모두 실망합니다. 하물며 지금 과전의 3분의 1을 하도(下道)에 이속(移屬)한 경우이겠습니까?"

상이 그렇다고 여겼다. 이때에 이르러 경차관을 나눠 보내고 그 참에 뜻을 전해 말했다.

"전지(田地)를 받은 주인과 경작하는 자의 고장(告狀)을 살펴서, 거짓으로 고한 자는 논죄하라."

정축일(丁丑日·26일)에 각 도에 가르침을 내려 현량(賢良)과 유일(遺逸)[19]을 구했다.

무인일(戊寅日·27일)에 각 고을의 신명색(申明色)[20]을 없앴다.

---

19 명망이 높은 사람으로, 초야에 묻혀 있는 사람을 말한다.
20 각 도의 관찰사(觀察使)가 수령(守令)이 탐포(貪暴)하고 불법(不法)한 것을 규찰하기 위해 주부군현(州府郡縣)에 파견하던 관사다.

사헌부(司憲府)에서 말씀을 올렸다.

"각 고을에 신명색을 둔 것은 수령이 만일 불의한 일이 있으면 직언(直言)하고 숨기지 말아서 민폐(民弊)를 제거하기 위함입니다. (그런데) 밀양 신명색 손복경(孫卜經)이 부사(府使) 윤회종(尹會宗)을 농락하고 꾀어서 백성이 경작하는 전지를 빼앗고, 괴산(槐山)의 신명색 최보(崔普)는 임의로 연호군(烟戶軍)²¹을 발동시켜 남의 집을 허물어뜨렸으니, 수령을 속이고 시비를 변란(變亂)해서 해악이 백성에게 미칩니다. 가 고을의 신명색을 모두 혁파해버리는 것이 어떠합니까?"

상이 말했다.

"옛날에 진산군(晉山君-하륜)이 말하기를 '각 읍의 수령이 때 없이 체대(遞代)돼 조령(條令)을 알지 못하니, 만일 현명한 품관(品官)을 신명색으로 정하면 국가와 백성에게 이로움이 있을 뿐 아니라 또한 수령에게도 도움이 있을 것입니다'라고 했는데, 지금 이와 같다면 신명색의 작폐가 심하다."

명해서 없앴다.

○ 충청도 도관찰사(忠淸道都觀察使) 서선(徐選)을 파직했다. 충청도의 조운(漕運)이 시기를 맞추지 못해서 도중에 얼음이 얼어 인명을 죽음에 이르게 한 때문이다. 녹전 감재 차사원(祿轉監載差使員)²²을 맡아보았던 지청풍군사(知淸風郡事-청풍군 지사) 권소(權紹), 덕산

---

21 각호(戶)에 배당돼 부역(賦役)에 나아가는 정부(丁夫)를 말한다.

22 각 지방에서 서울로 녹미(祿米)를 조전(漕転)할 때, 배로 실어 나르는 일을 감독하는 차사원(差使員)을 가리킨다.

현감(德山縣監) 권수종(權守宗), 직산현감(稷山縣監) 최규(崔揆), 수참 전운 판관(水站轉運判官) 김자동(金自東) 등은 파직하고, 영선 차사원 (領船差使員)²³을 맡았던 이산현감(尼山縣監) 양유중(梁有中), 대진만 호(大津萬戶) 오진경(吳晉卿)은 모두 논하지 말라고 했다. 죄가 감재 (監載-싣는 것을 감독함)에 있고, 영선(領船-배 운행)한 자의 죄는 아니 기 때문이다.

○ 경기 도관찰사(京畿都觀察使) 목진공(睦進恭, ?~?)²⁴을 파직했으 니, (답험의) 손(損)과 실(實)이 맞지 않은[不中] 때문이다.
_{부중}

---

23 조전(漕転)할 때, 배를 몰고 목적지까지 가는 책임을 진 차사원(差使員)을 가리킨다.
24 조선 태종 때 우부대언(右副代言) 등을 거쳐 참관(參判) 벼슬을 지냈다. 부평부사(富平 副使)를 지내던 1417년(태종 17년) 우희열(禹希烈)이 들판을 개간하겠다고 신청하자 태 종의 윤허를 받아 이를 실행하도록 했다. 이때의 개간으로 수전(水田)이 450결(結)에서 1,000결로 늘어남으로써 농업에 크게 기여했다.

원문

壬子朔 下教旨于禮曹. 教曰:
임자 삭 하 교지 우 예조 교왈

"蓋聞 天下之道 仁而已矣. 自漢以來 佛法入中國 迄今千有餘禩
개문 천하지도 인 이이의 자한 이래 불법입중국 흘금 천유 여사

歷代帝王或有崇信 或有毀斥 又有不信不毀而任其自爲者 載諸
역대 제왕혹유 숭신 혹유 훼척 우유 불신 불훼 이임기 자위 자 재저

史冊 今皆可考. 余非畏慕禍福而佞佛者也. 卽位之初 乃以日官
사책 금개 가고 여비 외모 화복 이영불 자야 즉위 지초 내이 일관

獻言 某寺當存 某寺當廢 信用其言 隨卽施行. 予嘗思之 佛氏之
헌언 모사 당존 모사 당폐 신용 기언 수즉 시행 여상 사지 불씨 지

徒 雖爲異端 原其設心 慈悲爲宗 且旣給度牒 出家入山 其無與於
도 수위 이단 원기 설심 자비 위종 차기급 도첩 출가 입산 기무여 어

國家之事也明矣. 若國有大事 則已矣 京外各司每於營繕之事 竝徵
국가 지사야 명의 약 국유 대사 즉 이의 경외 각사 매어 영선 지사 병징

僧徒 名曰請衆 而實則役使 反有甚於平民者 深可閔也. 自今京外
승도 명왈 청중 이실 즉 역사 반유 심어 평민 자 심 가민 야 자금 경외

各官 苟有如前役使者 僧人之具其事由 京中則禮曹; 外方則監司
각관 구유 여전 역사 자 승인 지구 기사유 경중 즉 예조 외방 즉 감사

一皆陳告 痛行禁理 以廣予仁愛生民之志."
일개 진고 통행 금리 이광 여 인애 생민 지지

初 上語及官吏役使僧徒曰: "予非崇信佛法 畏慕罪福也. 然外方
초 상 어급 관리 역사 승도 왈 여비 숭신 불법 외모 죄복 야 연 외방

各官如欲營繕 則皆曰請僧 無弊建立 而其實則豈爲請哉? 侵擾
각관 여욕 영선 즉개 왈 청승 무폐 건립 이 기실 즉 기위 청재 침요

苦役 無異平民. 僧亦民也 旣皆辭親割愛爲僧 如此役使 實爲未便.
고역 무이 평민 승역 민야 기개 사친 할애 위승 여차 역사 실위 미편

別窯請僧燔瓦 亦猶是也. 今後毋得啓聞別窯之事及各官請僧之法."
별요 청승 번와 역유 시야 금후 무득 계문 별요 지사 급 각관 청승 지법

啓事諸臣皆曰: "可." 獨平陽府院君金承霍啓曰: "臣老於武才 而
계사 제신 개왈 가 독 평양부원군 김승주 계왈 신 노어 무재 이

猶有見聞. 佛氏以淸心寡欲爲宗 今僧徒居於閭閻之中 與婦女雜處
유유 견문 불씨 이청심 과욕 위종 금 승도 거어 여염 지중 여 부녀 잡처

飲酒食肉 靡所不爲 又誘愚民 以益其徒. 臣常欲盡斬之 以絶其流."
음주 식육 미 소불위 우유 우민 이익 기도 신상욕진참지 이절 기류

上笑曰: "豈得盡斬? 予已命禮曹給度牒 出家無度牒者 長髮爲民
상 소왈 기득 진참 여 이명 예조 급 도첩 출가 무 도첩 자 장발 위민

其流自絶矣." 至是 乃下敎旨.
기류 자절 의 지시 내 하 교지

司諫院請皂隸改稱喝道. 啓曰: "前此司憲府喝道 司諫院丁吏
사간원 청 조례 개칭 갈도 계왈 전차 사헌부 갈도 사간원 정리

引卒服色殊別. 今革丁吏 乃置皂隸 與各司無別 瞻視混淆 行路人
인졸 복색 수별 금혁 정리 내치 조례 여 각사 무별 첨시 혼효 행로 인

或有犯馬辱命者. 請依司憲府例 改稱喝道 其冠帶依丁吏例 用烏巾
혹유 범마 욕명 자 청의 사헌부 예 개칭 갈도 기 관대 의 정리 례 용 오건

革帶 淡朱色衣." 從之.
혁대 담주색 의 종지

癸丑 命禮曹稽古者同穴而葬之制以聞. 上曰: "予欲死而與中宮
계축 명 예조 계 고자 동혈 이 장지 제 이문 상왈 여 욕사 이 여 중궁

合葬 非九泉之下同穴之計 爲後世子孫拜掃之時 無彼此往來之弊
합장 비 구천 지하 동혈 지계 위 후세 자손 배소 지시 무 피차 왕래 지폐

也 其速稽諸古典以聞. 予將卜其陵寢之地 種之樹木 以備他日死葬
야 기 속계 저 고전 이문 여 장복 기 능침 지지 종지 수목 이비 타일 사장

之所也.
지소 야

甲寅 杖金士文八十; 柳復中棄妻玉生贖杖八十. 憲府問得中去妻
갑인 장 김사문 팔십 유복중 기처 옥생 속장 팔십 헌부 문 득중 거처

之由 復中曰: "妻於昔年庚申也 與其五寸叔金士文爲桮戲 前此
지유 복중 왈 처 어 석년 경신 야 여기 오촌 숙 김사문 위 사희 전차

亦有荒唐之迹. 且士文丁母憂爲桮戲 予實不肯 而再呼妻 妻不順
역유 황당 지적 차 사문 정 모우 위 사희 여 실 불긍 이 재호 처 처 불순

我言 夜半乃來 不脫衣而臥. 吾佯睡鼾鼻 妻出外房 與士文同臥."
아언 야반 내래 불 탈의 이와 오 양수 한비 처 출 외방 여 사문 동와

憲府推玉生及士文 俱不服. 憲司請拷訊 上曰: "三四次內當不服.
헌부 추 옥생 급 사문 구 불복 헌사 청 고신 상왈 삼사 차 내 당 불복

若過刑得情 豈安於心? 士文居喪爲戲 復中妻與士文爲桮戲 以亂
약 과형 득정 기 안어 심 사문 거상 위희 복중 처 여 사문 위 사희 이란

男女之分 可以此照律罪之."
남녀 지분 가 이차 조율 죄지

贖尹自堅杖一百 流二千五百里; 葉孔茂杖一百; 尹可生杖六十.
속 윤자견 장 일백 유 이천 오백 리 섭공무 장 일백 윤가생 장 육십

初 自堅爲司贍注簿 與直長葉孔茂 尹可生 私備楮紙 當提調官
초 자견 위 사섬 주부 여 직장 섭공무 윤가생 사비 저지 당 제조관

監印楮貨之時 雜其中而印之 以爲官中私用之費 每爲宴會 至以

宰牛而飮. 同副知敦寧府事趙惠 司僕直長李孝良等 亦嘗爲司贍

員吏 監造楮貨紙 減報戶曹 留藏私庫 至是事覺.

刑曹覈問而 請收職牒 鞫問其由 上從之. 惠及孝良以功臣之子

免. 上覽刑曹照律啓本曰:"孔茂與自堅同罪 無乃不均乎?"刑曹

啓曰:"原情則其罪一也." 上曰:"孔茂 雖與自堅私印楮貨 自堅

屠牛設宴 而孔茂不與焉 其罪差輕 孔茂可除刺字及流." 於是 自堅

之父前知安城郡事忠輔擊鼓訴曰:"老臣愛子之心 誠憫刺字汚及

後世." 上曰:"一時士林皆知 而史筆書之 則刺不刺一也也." 聽從

所訴 姑除刺字 流杖皆贖. 律學博士公允貴 禮賓錄事林命山 藝文

待敎李吉培等 亦以請客與宴 竝笞五十 罷職.

臺諫詣闕請置李續於法 不允.

丙辰 李續定爲官奴 籍沒家産. 司憲府上言:

"前日將李續不忠之罪 本府 諫院交章請罪 不賜兪允 臣等實有憾

焉. 大抵爲人臣而罪在不忠 法所當誅 義不容世 豈宜保全首領

安於鄕曲乎? 今續不忠之心 著於言動 殿下但以不忍之心 廢爲

庶人 決杖流竄 其於懲惡戒後之義安在? 且法者 天下古今所共由

恐非殿下所得而私也. 伏望殿下 命下攸司 明正其罪 以戒後來."

司諫院又上言:

"竊謂 李續之罪蘊於中而發於言. 其侮慢王室 橫逆不敬之心

非惟得罪於殿下 天地神祇之所共怒; 一國臣民之所共憤也. 伏望

殿下 明正其罪 以慰臣民之望."

議政府上言:

"李續罪不容誅 乞令攸司 誅其身而籍其家 以快臣民之憤."

六曹上言:

"禮者 天下之大防也. 今者李續所犯 臺諫請罪 殿下只從輕典

大小臣僚莫不缺望. 臣等以謂 續以臣子而逆君父之命 其罪一也.

續以游辭 死生其子 欺天罔上 其罪二也. 自古帝王之子 不以母家爲

尊卑 續以私心而妄議穠華之世係 其罪三也. 古人有言曰: '見無禮

於君者 如鷹鸇之逐鳥雀.' 續之出言無禮 實由其心之不忠 罪莫大焉

不可宥也明矣. 願殿下 俯從臺諫所申 以置於法 以懲欺天逆命之罪

以正帝王萬世之典 以謹天下國家之大防 以副大小臣僚之所望."

故有是命 定爲昌原府官奴.

九州探題右武衛源道鎭使人獻禮物 求銅器 圖畫 布子等物.

下敎禁讖書. 下旨禮曹曰: "讖緯術數之言 惑世誣民之甚者也.

爲國者所當先去 故已命書雲觀 擇其妖誕不經之書 付諸烈焰. 自今

京外私藏妖誕之書 來戊戌年正月爲限 自首顯納 亦令燒去. 如或

定限不納者 許諸人陳告 照依造妖書之律施行 將犯人家産 告者

充賞."

戶曹上收炭之法. 啓曰: "近因繕工監呈 比校正炭收納之斛 或

十五斗或二十斗 又有稱量輕重不同 故啓聞取旨." 上曰: "炭安敢以
십오 두 혹 이십 두 우유 칭량 경중 부동 고 계문 취지 상왈 탄 안감 이

斗升量如米穀乎? 以七十斤爲一石收納 當其用時 以斤量出之."
두승 양 여 미곡 호 이 칠십 근 위 일석 수납 당 기용 시 이근 양 출지

丁巳 上奉上王 獻壽于廣延樓下 以至日也. 世子 宗親侍宴. 賜宴
정사 상봉 상왕 헌수 우 광연루 하 이 지일야 세자 종친 시연 사연

議政府 六曹 兩府以上及百官 又賜宴于前銜二品 賜酒于甲士 別牌
의정부 육조 양부 이상 급 백관 우 사연 우 전함 이품 사주 우 갑사 별패

暨諸闕內掌膳者. 令世子傳旨於六代言曰: "陪上王同歡 誠爲樂矣.
기 제 궐내 장선 자 영 세자 전지 어 육대언 왈 배 상왕 동환 성 위락 의

雖到三四更 無乃不防乎? 亦無愧於史筆矣." 趙末生等俯伏對曰:
수 도 삼 사경 무내 불방 호 역 무괴 어 사필 의 조말생 등 부복 대왈

"盛事如此 宜登史冊." 至初更二點 上王出 上送至敦化門.
성사 여차 의등 사책 지 초경 이점 상왕 출 상송 지 돈화문

戊午 免忠淸道海美縣戶長金鍊役. 鍊告瑞山郡任內地谷縣之地
무오 면 충청도 해미현 호장 김련 역 련 고 서산군 임내 지곡현 지지

有銀石 官家遣人掘取 以鍊鉛一斤八兩 所鍊白銀一錢三分. 且他道
유 은석 관가 견인 굴취 이연 일근 팔냥 소련 백은 일전 삼분 차 타도

銀石所在處 皆巖石間 而此則地平木茂 爲鍊銀第一之地. 工曹啓:
은석 소재 처 개 암석 간 이 차즉 지평 목무 위연은 제일 지지 공조 계

"願令金鍊依敎免役 以勸後人." 從之.
원령 김련 의교 면역 이권 후인 종지

對馬州左衛門大郎使人獻禮物.
대마주 좌위문대랑 사인 헌 예물

己未 議造軍營. 兵曹啓: "各道番上侍衛軍營 以散材假造 年久
기미 의조 군영 병조 계 각도 번상 시위 군영 이 산재 가조 연구

竝皆頹落 祁寒暑雨 艱苦尤甚 宜以來春改造. 乞以江原及忠淸道
병개 퇴락 기한 서우 간고 우심 의 이 내춘 개조 걸이 강원 급 충청도

侍衛軍人 斫木流下." 從之. 先是 兵曹判書朴信於朝啓獻議 上曰:
시위 군인 작목 유하 종지 선시 병조판서 박신 어 조계 헌의 상왈

"此長久之計也."
차 장구 지계 야

號龍安城新造倉爲得成倉.
호 용안성 신조 창 위 득성창

辛酉 下禁火令. 戶曹啓: "大明律失火條云: '凡失火 燒自己房屋
신유 하 금화령 호조 계 대명률 실화 조 운 범 실화 소 자기 방옥

者笞四十; 延燒官民房屋者笞五十. 罪坐失火之人 延燒宗廟及宮室
자 태 사십 연소 관민 방옥 자 태 오십 죄좌 실화 지인 연소 종묘 급 궁실

者絞 社減一等. 若於山陵兆域內失火者杖八十 徒二年 延燒林木者
자교 사감 일등 약어 산릉 조역 내 실화 자 장 팔십 도 이년 연소 임목 자

杖一百 流二千里. 若於官府公廨及倉庫內失火者 杖八十 徒二年 其
<small>장 일백 유 이천리 약어 관부 공해 급 창고 내 실화 자 장 팔십 도 이년 기</small>

在外失火而延燒者 各減三等 若於庫藏及倉廠內燃火者 杖八十. 其
<small>재외 실화 이 연소 자 각감 삼등 약어 고장 급 창오 내 연화 자 장 팔십 기</small>

守衛宮殿及倉庫若掌囚者 但見火起 皆不得離所守 違者杖一百.
<small>수위 궁전 급 창고 약 장수 자 단견 화기 개 부득 이 소수 위자 장 일백</small>

今各司員吏於上直 不親考察 使下典坐更 無知下典不能用心.
<small>금 각사 원리 어 상직 불친 고찰 사 하전 좌경 무지 하전 불능 용심</small>

今後各司官吏 日沒時入直 率吏典及下典 用心坐更 火禁巡官及
<small>금후 각사 관리 일몰 시 입직 솔 이전 급 하전 용심 좌경 화금 순관 급</small>

仰屬各曹上直官員 時不定摘姦 如有遲晚官員 移關所司論罪. 外方
<small>앙속 각조 상직 관원 시 부정 적간 여유 지만 관원 이관 소사 논죄 외방</small>

守令 數多倉庫 上直實難 鄕吏兩班 定體考察 有遲晚守令色掌
<small>수령 수다 창고 상직 실난 향리 양반 정체 고찰 유 지만 수령 색장</small>

監司照律論罪." 從之. 先是 於朝啓上日: "中外失火無他 所掌官吏
<small>감사 조율 논죄 종지 선시 어 조계 상왈 중외 실화 무타 소장 관리</small>

陵夷之致然." 令戶曹擬議以聞故也.
<small>능이 지 치연 영 호조 의의 이문 고야</small>

囚通禮門判官金沔于義禁府. 沔當冬至賀禮 禮畢後 上入內時 唱
<small>수 통례문 판관 김면 우 의금부 면 당 동지 하례 예필 후 상 입내 시 창</small>

躬身遲緩 憲司劾啓.
<small>궁신 지완 헌사 해계</small>

刑曹啓濟州都安撫使訊囚事宜: "安撫使報刑曹日: '州在海中 雖
<small>형조 계 제주 도안무사 신수 사의 안무사 보 형조 왈 주 재 해중 수</small>

緊急公事 必待風 累朔出陸. 今依教 有所犯人訊杖行刑 必報監司
<small>긴급 공사 필대 풍 누삭 출륙 금 의교 유 소범 인 신장 행형 필보 감사</small>

然後施行 則滯獄非無. 不忠不孝 殺人强盜等一罪 必報監司 其
<small>연후 시행 즉 체옥 비무 불충 불효 살인 강도 등 일죄 필보 감사 기</small>

徒流以下罪 隨卽決斷 明白置簿 至年終季月呈報何如?'" 上日:
<small>도류 이하 죄 수즉 결단 명백 치부 지 연종 계월 정보 하여 상왈</small>

"濟州之事 自古如是. 今安撫使所報 但因新降教旨也 依報施行."
<small>제주 지사 자고 여시 금 안무사 소보 단인 신강 교지 야 의보 시행</small>

甲子 命構小草屋于宮內. 上夜聞紫門繕工監有其人二十餘名赴役
<small>갑자 명구 소 초옥 우 궁내 상 야문 자문 선공감 유 기인 이십 여명 부역</small>

聲 令內官洪得敬 嚴永壽等傳旨日: "不圖繕工判官尹麟因造小屋
<small>성 영 내관 홍득경 엄영수 등 전지 왈 부도 선공 판관 윤린 인조 소옥</small>

如此苦寒 夜役其人 以勞予心 明日宜早罷之."
<small>여차 고한 야역 기인 이로 여심 명일 의조 파지</small>

前鷄林府尹韓理卒. 賜賻代言韓承顔紙百卷 蠟燭一十丁及棺槨
<small>전 계림부윤 한리 졸 사부 대언 한승안 지 백권 납촉 일십 정 급 관곽</small>

草芚. 承顔 理之長子也.

乙丑 司憲府請淸城府院君鄭擢罪. 擢以不得奴婢 惡朴訔 妄謂訔

非黃丹儒裔孫 故憲司請之. 以功臣免.

丙寅 上詣仁德宮獻壽 賜酒大小臣僚曁諸僕御之人.

戊辰 禮曹參判許稠請改營昭格殿 以狹隘也. 上曰:"予未深知

佛法 故不信不毁而任其自爲. 今醮禮天帝星辰之事 亦未知其實理.

然歷代帝王與今中華 前朝王氏 皆有此禮 故曾命禮曹與提調金瞻

等 明考舊籍 定其祀典 去其煩僞 如有隘處 待明春改成."

己巳 刑曹上奴婢事宜. 其略曰:

"一 一根奴婢同邊使孫 雖一二人與彼邊對隻得決事時 得決者

不動. 其餘無隻 冒受官文者 除擧論 時執不動何如?

一 甲午年以後 官司得決 衿合奴婢及當時祥譚未盡 未分奴婢

竝許分給何如?

一 相訟禁斷時 不現身元告 以十一月晦日爲限 燬其訴牒 更不

聽理何如?"

上曰:"前者時得決者給之 已降敎旨 而攸司潛隱還毁 是何也? 旣

曰時得決者給之 又以冒受官文者除擧論 甚不可也." 乃下敎無隻

冒受官文者 亦以時得決例論 餘皆依允.

刑曹又啓:"公私訴良人 已曾從賤後 今丁酉九月初一日以前 未呈

誤決者 不受理." 從之.

辛未 命收文靖公李穡所製定陵神道碑文. 下旨禮曹曰: "大小
신미 명수 문정공 이색 소제 정릉 신도비문 하지 예조 왈 대소

員人印出李穡所製咸興府定陵碑文家藏者 京外備細訪問 求得
원인 인출 이색 소제 함흥부 정릉 비문 가장 자 경외 비세 방문 구득

以進."
이진

日本能州太守源昌清使人獻禮物 求虎豹皮 人蔘.
일본 능주태수 원창청 사인 헌 예물 구 호표피 인삼

壬申 議奴婢公文. 刑曹判書權軫親稟: "大小人員奴婢 京中則只
임신 의 노비 공문 형조판서 권진 친품 대소인원 노비 경중 즉 지

推無傳係者 令漢城府給帖字; 外方則勿論傳係有無 皆令推考 陳省
추무 전계 자 영 한성부 급 체자 외방 즉 물론 전계 유무 개 령 추고 진성

成給." 領議政柳廷顯啓曰: "所掌官吏 但賤籍 以給公文 則貪頑之
성급 영의정 유정현 계왈 소장 관리 단 천적 이급 공문 즉 탐완 지

徒 持其虛文 幷錄他人奴婢 以開後日之訟. 臣願京中漢城府 外方
도 지기 허문 병록 타인 노비 이개 후일 지송 신원 경중 한성부 외방

各官 每於奴婢親問其實 然後成給陳省 以憑後考." 上曰: "爲國者
각관 매어 노비 친문 기실 연후 성급 진성 이빙 후고 상왈 위국 자

持其大綱 嚴立法章 以戒貪暴. 豈於人人耳提親問 然後杜其爭端?
지 기 대강 엄립 법장 이계 탐포 기어 인인 이제 친문 연후 두 기 쟁단

令漢城府只推無賤籍者 給付官文; 外方各官 勿論賤籍有無 皆給
영 한성부 지추무 천적 자 급부 관문 외방 각관 물론 천적 유무 개 급

官文可也." 事竟不行.
관문 가야 사 경 불행

對馬島守護宗貞茂遣人來獻土物.
대마도 수호 종정무 견인 내헌 토물

癸酉 下前副正姜湖于刑曹論罪. 湖曾以金宇伴人赴京 多齎布物
계유 하 전 부정 강호 우 형조 논죄 호 증이 김우 반인 부경 다재 포물

汎濫興利 事覺沒官. 至是 欲還受其物 而擊鼓申訴故也. 湖本商人
범람 흥리 사각 몰관 지시 욕 환수 기물 이 격고 신소 고야 호 본 상인

也.
야

立六曹 漢城府郎廳褒貶之法. 六曹 漢城府郎廳褒貶 各其堂上
입 육조 한성부 낭청 포폄 지법 육조 한성부 낭청 포폄 각 기 당상

爲之; 刑曹都官郎廳褒貶 兼知曹事爲之.
위지 형조 도관 낭청 포폄 겸지조사 위지

甲戌 囚劉旱雨於義禁府. 旱雨曾侍從於太祖潛邸 又於齊陵卜地
갑술 수 유한우 어 의금부 한우 증 시종 어 태조 잠저 우어 제릉 복지

諸事皆主之 上命居陵室近處 兼糾察陵寢之事. 至是 斫取禁山內
제사 개 주지 상 명 거 능실 근처 겸 규찰 능침 지사 지시 작취 금산 내

松木私用 事覺 憲司以聞 囚三日乃釋之.
송목 사용 사각 헌사 이문 수 삼일 내 석지

乙亥 上奉上王 置酒廣延樓下 宗親侍宴. 日暮極歡乃罷. 上奉送
을해 상 봉 상왕 치주 광연루 하 종친 시연 일모 극환 내 파 상 봉송

于敦化門外.
우 돈화문 외

世子求金色猫兒於申孝昌家 孝昌不從 告於賓客卓愼 愼召書筵官
세자 구 금색 묘아 어 신효창 가 효창 부종 고어 빈객 탁신 신 소 서연관

說之. 於是書筵官獻言曰: "此物雖非鷹犬之比 不可玩好 又不可
설지 어시 서연관 헌언 왈 차물 수비 응견 지비 불가 완호 우 불가

求於宰相之家." 世子曰: "人常言金色猫雄者鮮少 故欲見而還送
구어 재상 지가 세자왈 인 상언 금색 묘웅 자 선소 고 욕견 이 환송

耳."
이

丙子 分遣敬差官于京畿 從戶曹之啓也. 更審田地損實 如有以損
병자 분견 경차관 우 경기 종 호조 지 계야 갱심 전지 손실 여유 이손

爲實 以實爲損者 守令與委官論罪. 先是 上視事便殿 宰相等啓曰:
위실 이실 위손 자 수령 여 위관 논죄 선시 상 시사 편전 재상 등 계왈

"京畿守令 委官等田地損實不中審驗 各品科田過損尤甚 人皆缺望
경기 수령 위관 등 전지 손실 부중 심험 각품 과전 과손 우심 인개 결망

況今科田三分之一 移屬下道乎?" 上然之. 至是 分遣敬差官 仍傳旨
황금 과전 삼분지일 이속 하도 호 상 연지 지시 분견 경차관 잉 전지

曰: "受田主及作者告狀審之 其妄告者論罪."
왈 수전 주 급 작자 고장 심지 기 망고 자 논죄

丁丑 下敎各道 求賢良遺逸.
정축 하교 각도 구 현량 유일

戊寅 罷各官申明色. 司憲府上言:
무인 파 각관 신명색 사헌부 상언

"於各官置申明色者 守令如有不義之事 直言勿諱 以除民弊也.
어 각관 치 신명색 자 수령 여유 불의 지사 직언 물휘 이제 민폐 야

密陽申明色孫卜經弄誘府使尹會宗 奪民所耕之田; 槐山申明色
밀양 신명색 손복경 농유 부사 윤회종 탈민 소경 지전 괴산 신명색

崔普擅發烟戶軍 破毁人家 欺冒守令 變亂是非 害及民生. 各官
최보 천발 연호군 파훼 인가 기모 수령 변란 시비 해급 민생 각관

申明色 竝皆革去何如?"
신명색 병개 혁거 하여

上曰: "昔者晋山君言: '各邑守令 無時遞代 不識條令. 若以賢明
상왈 석자 진산군 언 각읍 수령 무시 체대 불식 조령 약이 현명

品官 定爲申明色 則非惟有利於國家生民 亦有益於守令①.' 今若此
품관 정위 신명색 즉 비유 유리 어 국가 생민 역 유익 어 수령 금 약차

604

則申明色之作弊甚矣." 命罷之.
즉 신명색 지 작폐 심의   명 파지

罷忠淸道都觀察使徐選職. 以忠淸道漕運不及期 中路氷合 致死
파 충청도   도관찰사 서선 직 이 충청도 조운 불급 기 중로 빙합 치사

人命故也. 祿轉監載差使員 知淸風郡事權紹 德山縣監權守宗
인명 고야 녹전 감재 차사원   지청풍군사 권소   덕산현감 권수종

稷山縣監崔揆 水站轉運判官金自東等罷職. 領船差使員 尼山縣監
직산현감 최규 수참 전운 판관 김자동 등 파직   영선 차사원   이산현감

梁有中 大津萬戶吳晋卿 皆勿論 以罪在監載 非領船者之罪也.
양유중 대진 만호 오진경 개 물론 이 죄재 감재 비 영선 자 지 죄야

罷京畿都觀察使睦進恭職 以損實不中也.
파 경기   도관찰사 목진공 직 이 손실 부중 야

| 원문 읽기를 위한 도움말 |

① 非惟有利於國家生民 亦有益於守令: '非惟~ 亦…'의 구문으로, 영어
   비유 유리 어 국가 생민 역 유익 어 수령   비유   역
'not only~ (but) also…'에 해당한다.

태종 17년 정유년
12월

十二月

임오일(壬午日) 초하루에 정언(正言) 김자이(金自怡), 감찰(監察) 김소남(金召南)·김경재(金敬哉)·조서강(趙瑞康)·하척(河滌) 등 17인을 파직했다.

애초에 감찰이 서로 의심하고 갈라졌으니 경재(敬哉)·하척 등 12인이, 소남(召南)·서강(瑞康) 등 6인이 (상의) 가르침을 어기고[違敎] 사사로이 정언 김자이의 집에 모였다고 본부(本府)에 고발하자[課] 소남 등이 또 보복하려는 뜻에서 경재 등이 전일에 행한 각 범죄의 이름을 본부(本府)에 고발했는데, 헌부(憲府)에서 조사해 물어서 양쪽이 모두 죄가 있다고 아뢴 때문이다. 오직 정곡(鄭谷)과 김윤(金闊)은 범한 것이 조금 가벼워서 출사(出仕)를 명했다.

계미일(癸未日-2일)에 내의(內醫) 양홍달(楊弘達)·박윤덕(朴允德)을 밖으로 내쫓았다. 홍달(弘達) 등이 참새고기 전병(煎餠)을 만들어 바치고서는 금기(禁忌)해야 할 것을 아뢰지 않았기 때문에 내쫓은 것이다. 이헌(李軒)은 결박해서 그 불경한 죄를 수죄(數罪-죄를 꾸짖음)한 뒤에 용서해 환임(還任)시켰다.

갑신일(甲申日-3일)에 영의정(領議政) 유정현(柳廷顯)을 영서운관사(領書雲觀事), 좌의정(左議政) 박은(朴블)을 영춘추관사(領春秋館事),

우의정(右議政) 한상경(韓尚敬)을 영예문관사(領藝文館事), 황희(黃喜)를 형조판서, 성발도(成發道)·김점(金漸)을 의정부참찬(議政府參贊), 정역(鄭易)을 호조판서, 윤향(尹向)을 판한성부사(判漢城府事), 탁신(卓愼)을 이조참판, 맹사성(孟思誠)을 충청도 도관찰사(忠淸道都觀察使), 김자지(金自知)를 경기 도관찰사(京畿都觀察使), 권진(權軫)을 평안도 도관찰사(平安道都觀察使), 성달생(成達生)을 전라도 도관찰사(全羅道都觀察使) 겸 병마도절제사(兵馬都節制使)로 삼았다.

○ 풍해도를 황해도(黃海道)도 고쳤다.

을유일(乙酉日-4일)에 이조(吏曹)에서 사관(史官)을 천거하는 법을 올렸다.

이에 앞서 박은(朴訔)이 아뢰어 말했다.

"역사책에 기재(記載-기록)하는 사필(史筆)[載筆]의 책임이 큽니다.
                                    재필
(그런데) 지금 사관은 서로서로 천거해서, 사관이 된 자가 혹 (사사롭게) 좋아하고 미워함에 따라 젖비린내나고 서법(書法-글 쓰는 법)도 알지 못하는 자를 천거하니 참으로 잘못된 것입니다. 바라건대 이 폐단을 없애소서."

상이 말했다.

"사관이 (사관을) 천거하는 것은 유래가 아주 오래다. 새로 나온 유생(儒生)의 재행(才行)과 조계(祖系)를 위에 있는 사람이 두루 알 수 없으므로, 스스로 그 동료를 고르게 하면 선택하는 것이 반드시 정확하리라고 여겨서일 것이다. 하물며 그 천거하는 표(表-추천장)에 말하기를 '문(文)이나 행실에 있어 이 책임을 감당할 만하다'고 한 경우이겠는가? 만일 혹시라도 불가하다면 고치는 것이 무엇이 어렵겠는가?"

이때에 이르러 이조에서 말씀을 올렸다.

"사관(史官)은 시사(時事)를 기록하는 것을 맡아서 후세의 귀감(龜鑑)이 되니 그 맡은 바가 가볍지 않습니다. 다만 참외(參外) 사관의 천거로 아뢴 다음에 제수하니, 전선(銓選-선발)의 법에 있어 실로 불편합니다. 이제부터는 사관에 궐원이 있으면 예문관(藝文館)·춘추관(春秋館)의 당상(堂上)으로 하여금, 시직(時職)·산직(散職)의 문관(文官)으로서 참외(參外) 내에서 직품이 그에 해당하는 자를 모아 시험해서 반드시 경사(經史)에 통하고 제술에 능하며 안팎이 흔구(痕咎-흠결)가 없는 자를 갖고서 1망(望-후보)에 3인(三人)을 추천하게 해서, 이조(吏曹)에 관문(關文-공문서)을 보내 계문(啓聞-보고)해서 제수하는 것을 항식(恒式)으로 삼으소서."

그것을 따랐다.

○사간원(司諫院)에서 소를 올렸다. 소는 대략 이러했다.

'삼가 『원전(元典)』을 살펴보건대 관찰사가 되는 자는 대간(臺諫)이 천거하는 것을 허락했는데, 근년 이래로 이 법이 거행되지 않으니 이뤄진 법[成憲=成法]에 어그러짐이 있을까 두렵습니다. 신 등이 생각
             성헌   성법
건대 감사(監司-관찰사)의 직임은 한 지방을 전제(專制-전적으로 통제)하므로, 수령의 부지런하고 게으름이나 청렴하고 탐오(貪汚)함에 민속의 기뻐하고 슬퍼함이 모두 걸려 있습니다. 이에 반드시 공정하게 몸을 가지고 밝게 원통한 것을 살피며 백성을 은혜로 사랑하는 사람인 연후에야 그 직책에 알맞을[稱=副] 수가 있는 것입니다. 감사에
                                    칭 부

적합한 사람을 얻으면 수령이 직책을 받들고 백성이 생업을 편안히 하지만, 만일 적합한 사람이 아니면 한 지방이 폐해를 당함을 이루 다 말할 수 있겠습니까? 그 책임이 무거운 것이 이와 같으니 선택을 실로 삼가지 않을 수 없습니다. 엎드려 바라건대 전하께서는 매번 감사를 보낼 때 반드시 정부(政府)·육조(六曹)·대간(臺諫)으로 하여금 명망이 있는 사람을 골라 이름을 써서[具名=書名] 아뢰게 해서, 전하께서 또한 맡길 만한 실상을 살핀 연후에 임무를 주어 보내는 것을 항식(恒式)으로 삼으소서.'

그것을 따랐다.

○ 예조판서 변계량(卞季良)이 하늘에 제사하는 예[祭天之禮]를 거행할 것을 청했다. 계량(季良)이 아뢰어 말했다.

"신이 늘 하늘에 제사하는 예를 거행하기를 원해서, 이미 지난해에 두 번씩이나 계달했으나 아직 그대로 하라는 윤허를 입지 못했습니다. 청컨대 이 예를 거행하게 하소서."

상이 말했다.

"내 일찍이 듣건대 '천자(天子)는 천지(天地)에 제사하고 제후(諸侯)는 경내(境內) 산천(山川)에 제사한다'라고 했다. 내가 다만 이 예(禮)만 알기에 경내 산천에 제사하고, 하늘에 제사하는 예는 감히 바라지 못한 것이다. 하물며 노(魯)나라의 교체(郊禘)는 예가 아님¹을 선유(先儒-공자)가 이미 논하지 않았느냐?"

---

1 『논어(論語)』「팔일(八佾)」편에 나오는 말이다. "공자가 말했다. '체제(禘祭)를 행할 때 강신주를 땅에 부은 이후부터는 내 더는 보고 싶지 않았다.'"

계량(季良)이 말했다.

"우리나라는 멀리[邈] 해외(海外)에 있어서 중국의 제후들과는 같지 않기 때문에, 고황제(高皇帝)가 조(詔)해서 말하기를 '천조지설(天造地設-하늘이 만들고 땅이 베풀다)했으니 스스로 성교(聲敎)를 하라'라고 했습니다. 또 전조의 왕씨(王氏)가 이미 이 예를 행했는데, 다만 상께서 사대(事大)하는 정성이 예에 어긋남이 없어 행하고자 하지 않는 것입니다. 비록 전하께서 다움을 닦아[修德] 하늘을 감동시키는 정성이 이미 지극하더라도, 반드시 하늘에 비는 일이 있은 연후에 감동하는 것입니다."

상이 말했다.

"다움을 닦아 하늘을 감동시키는 것[修德格天]을 내 어찌 감히 털끝만큼이나 마음에 생각이나 했겠는가? 다만 신(神)은 예가 아닌 것을 흠향하지 않기 때문에, 내가 일찍이 말하기를 '예에 당연한 것을 행한 연후에 천신지기(天神地祇)가 돌아보고 돕는 것이다'라고 했다. 그러나 불행히 가뭄이 있으면 신(神)마다 받들지 않을 수가 없어서 여러 신하가 상제(上帝)께 기우제 지내기를 청하기 때문에, 정해년(丁亥年) 가뭄에 창녕부원군(昌寧府院君) 성석린(成石璘)에게 명해 북교(北郊)에서 제사하고 나는 해온정(解慍亭) 앞에서 밤새도록 꿇어앉아 기도했다. 창녕이 가진 덕망의 성대함과 일국 신민이 비를 근심하는 마음으로도 하늘을 감동시키지 못했는데, 어찌 감히 기도한다고 해서 감동시키겠는가? 만일 또 중국 제후와 같지 않다고 한다면, 어찌해서 사신과 환관이 올 때마다 교외에서 맞아 경의를 표하며, 정조(正朝)·절일(節日)·천추(千秋)에 내가 왜 친히 표전(表箋)을 보내고 공

(貢)을 바쳐 예를 다하는가?"

계량이 말했다.

"신은 다만 이 예로써 기천영명(祈天永命-오래오래 살기를 하늘에 빌다)의 실상을 삼기를 바라기 때문에 감히 청하는 것입니다."

상이 말했다.

"『서전(書傳-서경)』에서 말한 기천영명이 어찌 이것을 말한 것인가? 그러나 큰 가뭄이 있으면 어쩔 수 없이 기우제를 지내는 때가 있다. 마땅히 대신과 더불어 여러 사전(史傳)을 상고해서 참작해 아뢰라."

○ 일을 아뢰던 여러 신하가 나가자 상이 대언(代言) 등에게 일러 말했다.

"내가 각종 경서(經書)와 『통감(通鑑-자치통감)』·『송사(宋史)』·『원사(元史)』·『삼국사(三國史)』·전조사(前朝史-고려사)를 훑어보니[歷觀],^{역관} 환관(宦官)이 비록 임금에게 충성한 자도 있었으나 임금에게 아첨해[佞君]^{영군} 나라를 망친 자가 늘 많았으니, 그러나 임금의 궁위(宮闈-궁궐) 사이에 없을 수는 없다. 지금 궁내에 있는 환관들이 매번 작은 일로 나를 속이니 어찌 법대로 처치해야 함을 알지 못하겠는가마는, 다만 아무것도 모르는 어린 환관을 어떻게 일마다 내치고 꾸짖을 수 있겠는가? 내가 매번 밤중이 돼서야 겨우 3~4각(刻)을 자는데, 간밤에는 체기(體氣)가 불편해서 수라를 장만하는[掌膳]^{장선} 사람에 관해 물어보자 내관(內官)이 제 마음대로 내보냈다 하니, 간악하기가 심했다. 금후로는 승정원(承政院)에서 매일 밤 입직(入直)하는 환관과 수라를 장만하는 사람에 대해 적간(摘奸-간사한 자를 적발함)하라."

○ 화산군(花山君) 장사정(張思靖, ?~?)[2]에게 장(杖) 100대를 때리고 직첩과 녹권(錄券)을 회수해 (경상도) 상주(尙州)로 내쳤다[放=流].

애초에 사정(思靖)이 회안군(懷安君) 방간(芳幹)의 종 보배(寶背)를 첩으로 삼아서 딸 백종(百種)을 낳고는 그 첩을 버렸다. 그 뒤에 방간이 백종을 첩으로 삼았는데, 사정이 알고서도 고하지 않았다. 이때에 이르러 자식을 낳은 소식을 듣고는, 일찍이 알지 못했다가 지금에야 비로소 안 것같이 해서 말을 꾸며 아뢰었다. 이에 의금부(義禁府)에 내려 국문하니, (의금부에서) 조율(照律)해 아뢰었다. 상이 말했다.

"무릇 공신이 죄를 범하면 (나는) 보전해줄 것을 생각하나 대간(臺諫)은 죄주기를 청한다. 지금 사정도 율에 따라서 단죄(斷罪)하겠느냐?"

의금부에서 아뢰어 말했다.

"사정이 개국(開國)·정사(定社)의 신하로서 사사로이 대역(大逆)의 사람과 사통했으니 하늘을 속이고 임금을 속인[欺天罔上] 것입니다. 하물며 맹세에 실린 말에 '일이 종사(宗社)에 관계되면 마땅히 법으로 논하라'라고 했으니, 청컨대 법에 따라 처치하소서."

그래서 이런 명이 있었다.

---

2 화산부원군(花山府院君) 장사길(張思吉)의 아우다. 1392년(태조 1년) 개국공신이 돼 대장군으로 등용됐다. 1397년 중추원부사가 됐다가 곧 조전절제사로 전임돼, 풍해도(豊海道) 서북연해에서 양민을 약탈하는 왜구를 무찌르고 많이 사로잡았다. 1398년 상의중추원사(商議中樞院事-중추원 상의사)로 있을 때 이방원(李芳遠)을 도와 정도전(鄭道傳)·남은(南誾) 등을 급습해 살해한 공으로 정사공신(定社功臣) 2등에 책록되고 화성군(花城君)에 봉작됐으며, 1411년(태종 11년) 성절사(聖節使)가 돼 명나라에 다녀왔다. 1417년 전주에 유배 중인 이방간(李芳幹)의 첩을 거둬 동거하다가 함부로 버린 죄로 탄핵돼 상주에 유배됐으며, 다음해 덕천에 자원안치(自願安置)됐다.

○ 병조(兵曹)에서 연변(沿邊) 주군(州郡)의 응변조병(應變調兵-변고에 대응해 병사를 동원함)하는 법을 올렸다. 아뢰어 말했다.

"연변 주군에 혹 도적이 있거나 혹 목장에 맹수가 들이닥치면 소재지의 관리가 상례에 얽매여 결재를 받은 뒤 군사를 조발(調發-동원)하기 때문에, 시기를 놓쳐 미치지 못 하는 일이 있어 참으로 염려됩니다. 삼가 살펴보건대 『대명률(大明律)』 「천조군마조(擅調軍馬條)」에 이르기를 '사나운 군사가 졸지에 공격해 엄습해서 성진(城鎭) 군마가 둔취(屯聚-한곳에 모임)한 곳에 미치거나, 혹 반역이 있거나, 혹 적이 내응(內應)하는 것이 있어서, 일이 급하고 길이 멀면 아울러 두루 듣고 편의에 따라 신속하게 군마를 조발해서 기회를 타고[乘機] 소멸 체포하도록 허락한다. 만일 도적이 불어나 응당 모여서 잡아야 할 것은 인근의 위소(衛所)가 비록 소속이 아니더라도 군마를 조발해서 책응(策應)한 뒤, 아울러 곧 본관 상사(本管上司)에 신보(申報)해서 조정에 전달(轉達)해 알려야 한다. 만일 곧바로 조발해 보내어 회합하지 않았거나, 혹 곧 상사(上司)에 신보(申報)하지 않았거나, 인근(隣近) 위소(衛所)로서 곧 군사를 보내어 책응하지 않은 자는 아울러 임의대로 조발한 죄와 마찬가지로 (처벌)한다'라고 했습니다. 지금부터 만일 변경에서 도적을 막거나 목장에서 호랑이를 잡는 위급한 일이 있으면 소재지의 관사(官司)에서 곧 군사를 조발해 책응하고, (이를) 본도 감사에게 급히 보고해서 사유를 갖춰 본조(本曹)에 이문(移文)하면 본조에서 사실을 조사해 계달(啓達)하게 하는 것을 항식(恒式)으로 삼으소서."

그것을 따랐다.

이에 앞서 목장에 호랑이가 있어 그 고을의 수령이 군사를 조발해 쫓았는데, 감사가 허물로 삼아 병조(兵曹)에 이문(移文)했다. 병조에서 아뢰자 상이 말했다.

"혹 도적이 있거나 혹 이와 같은 나쁜 짐승[惡獸]이 있는데도 결재를 받은 연후에 군사를 조발하겠느냐? 병조에서 지금까지 입법을 하지 않은 것이 (과연) 되겠느냐? 예전 제도를 널리 상고해서 법을 세우는 것[立法]이 좋겠다."

(그래서) 병조에서 마침내 이러한 아룀이 있었다.

병술일(丙戌日-5일)에 사헌부(司憲府)에서 지개천군사(知价川郡事-개천군 지사) 민수산(閔壽山)이 아내가 있는데 (또) 아내를 취하고 임의로 직임을 떠난 죄를 청하니, 수산(壽山)이 동년(同年)·동경(同庚)[3]이었기 때문에 상이 용서했다.

정해일(丁亥日-6일)에 세자와 왕자, 부마(駙馬)가 광연루 아래에서 헌수(獻壽)했다. 세자와 효령대군(孝寧大君), 충녕대군(忠寧大君), 성녕대군(誠寧大君), 경녕군(敬寧君) 비(裶), 공녕군(恭寧君) 인(䄄), 청평군(淸平君) 이백강(李伯剛), 평양군(平壤君) 조대림(趙大臨), 의산군(宜山君) 남휘(南暉)가 헌수하고, 여러 종친과 권영균(權永均)이 시연(侍宴)했다. 병조판서 김한로(金漢老-세자의 장인), 이조판서 심온(沈溫-충녕의 장인), 호조판서 정역(鄭易-효령의 장인), 동지총제(同知摠制) 성억

---

3 같은 때에 과거에 급제해 방목(榜目-급제자 목록)에 같이 오른 사람을 말한다.

(成抑, 1386~1448년)⁴, 대호군(大護軍) 최사강(崔士康-함녕군 장인)·강주(姜籌)는 밖에 앉히고 연회를 열어주었다. 상이 말했다.

"지금 이 한로(漢老) 등 6인은 왕실과 연혼(連婚)한 사람들이니, 이후부터는 종친의 내연(內宴)에 모두 와서 잔치에 참여하라."

마침내 한로 등에게 명해 차례에 따라[隨次] 잔을 바치게 했다. 정비(靜妃)가 편전(便殿)에 나아가니 세자 이하가 헌수하고, 숙빈(淑嬪)·여러 대부인(大夫人)·궁주(宮主)·옹주(翁主)가 시연했다.

○ 이날 통사(通事) 최천로(崔天老)가 북경(北京)에서 돌아와 아뢰어 말했다.

"황제께서 한씨(韓氏)를 사랑하고 중하게 여겨서, 내관(內官) 육선재(陸善財)를 보내 상사(賞賜)를 가지고 요동(遼東)에 이르렀습니다."

상이 천로(天老)에게 모의(毛衣)·모관(毛冠)을 내려주고 예조(禮曹)에 명해 말했다.

"지금 오는 사신 영접은 한결같이 황엄(黃儼)을 접대하던 예에 의거하라."

○ 사헌부 대사헌 박습(朴習) 등이 소를 올려 방간(芳幹) 등의 죄를

---

4 아버지는 예조판서 성석인(成石因)이다. 음보(蔭補)로 공정고주부(供正庫注簿)가 되고, 감찰·공조정랑·공조좌랑 등을 역임했다. 1414년(태종 14년) 군자시부정·대호군을 거쳐 1416년에 동부대언(同副代言)·좌군사지총제(左軍司知摠制) 등을 역임했다. 1414년에 딸이 태종의 넷째 아들인 성녕대군(誠寧大君)에게 출가해 경녕옹주(敬寧翁主)로 봉해졌는데, 1418년에 성녕대군이 홍역으로 14세의 나이로 요절하자, 태종이 애통히 여겨 성억의 일족을 공신의 예로 대우하게 했다. 이로써 성씨 일문은 조선의 명가로서의 위치를 굳히게 됐다. 1421년(세종 3년) 집현전부제학, 이듬해 전라도도관찰사(全羅道都觀察使)·공조참판, 1427년 우군도총제(右軍都摠制)·공조판서를 거쳐 1431년 중군도총제가 됐다. 이때 호군(護軍) 최성(崔成)과 순청(巡廳)에서 큰 소리로 싸운 일로 사헌부의 탄핵을 받았으나, 외척이라 하여 용서받았다. 1439년 우찬성·중추원사(中樞院使)를 역임했다.

청했다. 소는 이러했다.

'신 등이 가만히 생각건대, 남의 신하[人臣]가 되어 임금을 업신여
기는 마음[無君之心]을 품고서 불충한 죄를 범하게 되면 친척·훈신
(勳臣)이라 해도 왕법을 폐할 수 없으니, 이는 천하고금에 두루 통하
는 의리입니다. 경진년(庚辰年-1400년)에 방간 부자가 뜻밖의 변(變)
을 일으켜 불궤(不軌-역모)한 짓을 행했으니, 왕법에서 용서할 수 없
는 것입니다. 심종(沈淙)은 몰래 방간과 통해 슬그머니 주는 물건을
받았으니, 신하들이 함께 분하게 여기는 바입니다. 이숙번(李叔蕃)은
속으로 다른 뜻을 품어 불충·무례한 실상이 언동에 나타났으니, 일
조일석에 생겨난 마음이 아닙니다. 이직(李稷)은 평소 변고를 엿보는
마음[窺變之心]을 품어 가만히 불충한 생각을 품었다가, 염치용(廉致
庸)이 범죄한 때를 맞아 교묘하게 언사(言辭)를 꾸며 마침내 정부가
청하는 것을 거부했습니다. 치용(致庸)은 패가(敗家)한 뒤였으나 다
시 상의 은혜를 입었는데, 제 욕심을 이기지 못하고 갑자기 근거 없
는 말을 내어 상덕(上德-임금의 임금다움)을 더럽히고자 했습니다. 이
들은 하늘과 땅이 용납하지 않고 모든 신하가 하늘을 함께하지 못
하는[不共戴天] 원수입니다. (그런데도) 전하께서는 모두 너그러운 법
전을 따라 목숨을 보전케 해서, 혹은 전장(田庄)에서 편안히 처자와
완취(完聚-그대로 모여 삶)하거나 가인(家人-집안 식구)들이 왕래하는
것이 평소와 다를 바가 없습니다. 또 지금 방간을 쓸데없이[贅] 조
반(朝班)에 참여할 수 있게 하시니, 참으로 왕법에 어그러짐이 있습
니다. 이로 말미암아 지금 장사정(張思靖)이란 자가 개국(開國)·정사
(定社)의 신하로서 벼슬이 2품에 이르렀으면서도 전하의 망극한 은

혜를 저버리고, 그 첩의 딸이 이미 방간에게 시집가서 자식을 낳은 것이 하나가 아님을 알면서도 오랫동안 숨기고 나타내지 않음으로써 불충한 자에게 편당했습니다. 그 형세가 끝내 숨기기 어렵게 되자 그 제야 와서 들어와 전했으나, 여전히 사실대로 다 말하지 않았습니다.

신 등이 생각건대, 불궤한 무리는 비록 깊이 성은(聖恩)을 입어 성명(性命-목숨)을 보전해도 불충한 짓을 하는 것이 이와 같으니, 어찌 전하께서 다시 살려준[再生] 은혜에 감격하고 사모해 몸을 돌이켜 자책할 줄을 알겠습니까? 다른 날에 가만히 서로 당부(黨附)해서 우환이 어느 한순간에 생길까 가만히 두렵습니다. 엎드려 바라건대 전하께서는 편안할 때 위태로움을 잊지 마시어, 방간 부자와 심종·이직·숙번·치용·사정의 죄를 밝게 법대로 처치해서 훗날에 생길 수 있는 화환(禍患)의 싹을 영구히 막고 일국 신민들의 바라는 바를 터 주소서.'

소(疏)가 올라갔으나 (결단하지 않고) 궁중에 머물러 두었다[留中].

기축일(己丑日-8일)에 예조(禮曹)에서 육조(六曹) 낭관(郎官)을 교대하는 법을 아뢰었다. 아뢰어 말했다.

"육조(六曹) 십팔사(十八司)에 각각 2원(員-2명)씩을 둔 것은, 대개 그 사(司)를 오로지 맡아서 그 직임에 오래 있게 한 것입니다. (그런데) 지금 한 사(司)에서 교대가 있으면 나머지도 모두 차례로 교대해 옮기니, (이는) 설관(設官-관직을 둠)한 본의를 크게 잃는 것입니다. 바라건대 이제부터 육조 정랑(正郎)·좌랑(佐郎)에 새로 제수되는 자가 있으면 산관(散官)의 고하를 막론하고 모두 교대하는 일을 맡게 해서, 교대해 옮기는 것을 허락하지 말고 그 임무를 오로지하도록 하는 것이 거의 편리하고 도움이 될까 합니다."

그것을 따랐다.

○ 공조좌랑(工曹佐郎) 박경빈(朴景斌)[5]·조수산(趙壽山)·이수(李修)를 파직했다. 공조에서 공물(公物-관물)을 동평관(東平館)에서 무역하는데, 경빈(景斌) 등이 각각 사사로운 물건을 공물에 섞어 함부로 무역했다가 일이 발각됐으므로 헌사(憲司)에서 죄줄 것을 청한 때문이다.

경인일(庚寅日-9일)에 사헌 감찰(司憲監察) 최덕지(崔德之)·허맹(許孟)을 파직했다.

애초에 감찰 김소남(金召南) 등이 감찰 김윤(金潤)·정곡(鄭谷)이 죄를 범한 일을 가지고 본부(本府)에 보고했는데, 상이 이들이 범한 것이 다른 사람의 죄보다 가볍다고 해서 특별히 직에 나오도록 명했다. (이에) 덕지(德之) 등이 윤(潤)과 곡(谷)이 피혐(避嫌)하지 않고 직에 나아온 것[就職]은 풍헌(風憲-사헌부)의 직임에 어그러진다고 해서 본부에 고했다. 덕지 등을 불러 그 까닭을 묻고, 의금부에 가두었다가 4일 만에 풀어주고 그 직을 없앴다.

○ 이교(李晈)를 동지돈녕부사(同知敦寧府事-돈녕부 동지사), 김상려(金尙旅)를 좌군총제(左軍摠制), 이담(李湛)을 우군총제(右軍摠制),

---

5　조선조 때 일본 사신(使臣)이 와서 머무르던 객관(客館)이다.

홍여방(洪汝方, ?~1438년)[6]을 강원도 도관찰사(江原道都觀察使)로 삼았다.

○ 대마도 수호(對馬島守護) 종정무(宗貞茂)가 동철(銅鐵) 500근을 보냈으니, 종(鍾)의 본보기를 만들어줄 것을 청한 것이다. 가르쳐 말했다.

"이번에는 일단[姑] 주조해주되, 식(式-정식)으로 삼지는 말라."

○ 남양부사(南陽府使) 박기(朴耆), 수원부사(水原府使) 허반석(許盤石)을 파직했다. 경차관(敬差官)이 손(損)·실(實)이 맞지 않는다[不中]고 아뢰었기 때문이다. 선공감정(繕工監正) 유순도(庾順道) 또한 지안성군사(知安城郡事-안성군 지사)로 있을 때 손·실이 맞지 않았으므로 아울러 파직했다.

○ 좌의정(左議政) 박은(朴訔), 이조판서 심온(沈溫), 참판(參判) 탁신, 지신사(知申事) 조말생(趙末生)에게 직에 나올 것을 명했다.

---

6 1401년(태종 1년) 문과에 급제한 뒤 이듬해에 원자우동시학(元子右同侍學)이 됐고, 이후 예문관검열과 사헌부감찰 등을 지냈다. 1410년 지평이 됐고, 1414년에 집의가 됐다. 이듬해에 동부대언(同副代言)과 지형조사(知刑曹事)를 겸했으나 판결을 잘못한 책임으로 면직됐다가, 1415년 복관돼 좌부대언(左副代言)이 됐고 1417년 이조참의에 임명됐다. 이때 강원도관찰사가 됐으나 얼마 후에 어머니의 병으로 일시 사직했다가, 곧 순승부윤(順承府尹)이 됐다. 1418년 세종이 즉위하자 인수부윤(仁壽府尹)을 거쳐 예조·형조 참판으로 옮겼고, 다음해에는 사은부사(謝恩副使)로 명나라에 다녀온 뒤 대사헌이 됐다. 그러나 병조의 아전(衙前)을 불법으로 책문해서 문외출송(門外黜送)을 당했다. 처음에는 장기(長鬐)에 유배되었다가, 다시 장단으로 이배됐다. 1426년에 풀려나서 인순부윤(仁順府尹)·평안감사·한성부윤 등을 거쳐 좌군총제(左軍摠制)가 됐다. 이어 경상도관찰사가 되었으나, 진상한 문어가 정결하지 못하다 해서 파직됐다. 1433년 복관돼 전주부윤이 됐고, 1437년 판한성부사에 올랐다. 이듬해 사은사로 명나라에 갔을 때 본국으로부터 예문관대제학에 임명됐다. 귀국 때는 황제가 칙명을 내려 원유관복(遠遊冠服-먼 길을 움직이는 데 필요한 관리 복장)을 내려주었다. 귀국 후 이조판서가 됐다.

이에 앞서 이조에서 사관(史官)을 천거하는 법을 고치지 않고 1망 (望)에 세 사람을 계달해서 차하(差下-벼슬을 시킴)했다. 이에 간원(諫院)에서 문선사(文選司) 정랑(正郞) 우승범(禹承範), 좌랑(佐郞) 김지형(金知逈)을 탄핵했기 때문에, 당상관(堂上官)이 모두 피혐(避嫌)하고 나오지 않았다. 이때에 이르러 상이 정언(正言) 나유수(羅有綬)를 불러 가르쳐 말했다.

"간관(諫官)이 이조를 탄핵한 것은 옳다. 그러나 그 일은 내가 아는 것이기 때문에 출사(出仕)해서 행공(行公-공무 집행)하도록 명한 것이니, 너희들은 더는 말하지 말라."

계사일(癸巳日-12일)에 상이 인덕궁(仁德宮)에 나아가 술자리를 베풀어 극진히 즐기니, 세자와 종친들이 시연(侍宴)했다. 시위(侍衛)하는 신료(臣僚)들에게 술을 내려주었다. 밤에 마치면서 말했다.

"시종하는 군사들이 추위를 참는 것[忍寒]이 불쌍하다. (다만) 상왕께서 더 머무르기를 청하는 바람에 다시 머무른 것일 뿐이다."

군사들에게 술과 고기를 내려주었다.

○ 이양달(李陽達)을 (강화도) 마리산(摩利山-마니산)에 보냈는데, 금기(禁基-접근을 금하는 비석)와 재실(齋室)을 옮겨둘 곳을 살펴 정하기 위함이었다. 대언(代言) 원숙(元肅)이 마리산 참성(塹城)에 금기(禁基)가 없고 재궁(齋宮) 땅이 낮다고 아뢴 때문이다.

을미일(乙未日-14일)에 전 선공감정(繕工監正) 유순도(庾順道)에게 다시 직에 나오라고 명했으니, 장차 서장관(書狀官)에 채워 넣어서 의서

(醫書)·복서(卜書)를 북경(北京)에서 배우게 하려 함이다. 순도(順道)에게 명해 말했다.

"의방(醫方)·오행(五行)·복서(卜書) 및 염금책(捻金冊-한약책)을 사서 가지고 오라."

○ 예조(禮曹)에서 친향(親享)하는 예법과 절차를 올렸다.

애초에 변계량(卞季良)이 아뢰었다.

"청컨대 종묘(宗廟)에 친히 제사하는 날에, 실(室)마다 잔을 올리고 재배(再拜)를 행한 뒤에, 소차(小次)에 들어가서 앉아 쉬다가 [坐歇=坐休] 음복(飮福)할 때에 이르러 위차(位次)에 나아와 음복하소서."
　　　　　좌헐　좌휴

상이 말했다.

"실(室)마다 재배를 행하는 것은 괜찮지만, 소차에 들어가서 앉아 쉬는 것은 적절치 않다. 내 몸으로써 본다면, 세자가 내게 잔을 올린 뒤 소차에 들어가는 것은 그 아우가 차례로 잔을 올릴 때 세자는 아랑곳없이[悇然] 물러가는 것이니 나와 세자의 뜻이 어떠하겠는가?
　　　　　　　괄연
고문(古文)을 상고해 아뢰라."

계량(季良)이 말했다.

"송(宋)나라 고종(高宗, 1107~1187년)⁷ 때에 이 예가 있었습니다. 고

---

7 이름은 조구(趙構)이며 휘종(徽宗)의 아홉 번째 아들이다. 선화(宣和) 초에 강왕(康王)에 봉해졌다. 흠종(欽宗) 정강(靖康) 2년(1126년) 금나라 군대가 휘종과 흠종을 포로로 잡아가자 남경(南京)에서 즉위했다. 이강(李綱)과 종택(宗澤)이 제기한 항금(抗金)의 주장을 거부하고, 남쪽으로 천도해 적을 피하자는 황잠선(黃潛善)과 왕백언(王伯彦)의 주장을 좇아, 먼저 양주(揚州)로 퇴각했다가 이어 장강(長江)을 건너 남쪽으로 달아나서 임안(臨安)에 수도를 건설하니 바로 남송(南宋)이다. 종상(鍾相)과 양요(楊么) 등의 반란을 진압하

종이 친히 종묘에 제사할 때, 조계(阼階) 동쪽에 소차(小次)를 설치해서 헌작이 끝나면 소차에 들어가 아헌(亞獻)·종헌(終獻)을 기다리고, 또 실마다 관창(灌鬯)[8]과 작헌(酌獻)을 한 뒤에 지게문[戶] 밖에 나와 재배했습니다."

상이 말했다.

"제의(祭儀)는 이미 정한 제도가 있는데, 대신이 집례(執禮)하면 각각 소견대로 다시 법제를 세우니 어느 때에 정해지겠는가? 고종이 참으로 뛰어난 임금이지만 위(位)에 있은 것이 30여 년인데, 이 법은 고종이 늙었을 때 만든 것이 아닌가? 하물며 소차에 들어가는 것은 조종(祖宗)의 명이 아니니, 어찌 이 제도에 국한할 수 있겠는가?"

계량이 대답했다.

"상이 오래 당하(堂下)에 서 있으면 아헌관(亞獻官)·종헌관(終獻官)이 마음에 반드시 미안해서 헌작하는 예를 서둘러 행하려고 할 것이기 때문에 정성과 삼감[誠敬]이 온전하지 못할까 두렵고, 또 조종의 신령도 반드시 전하가 오래 서 있는 데에 편안하지 못할 것입니다. 청컨대 이 법을 시행하소서."

상이 윤허하지 않고 말했다.

"가벼이 고칠 수 없으니, 일단은 그대로 두라[舍之=捨之]."

고, 한 차례 악비(岳飛)와 한세충(韓世忠) 등 항금(抗金) 명장을 기용했다. 그러나 화의를 구해 재상 진회(秦檜)와 함께 장군들의 병권을 환수할 계획을 세우고, 악비를 살해한 뒤 영토를 떼어주고 자신을 신하로 낮추면서 금나라에 납공(納貢)했다. 32년(1162년) 조신(趙眘)에게 양위하고 태상황제(太上皇帝)가 됐다. 36년 동안 재위했다.

8 제사 때 울창주(鬱鬯酒-울금향(鬱金香)을 넣어 빚은 술)를 땅에 부어 강신(降神)하는 일을 말한다.

○ 명해 장지화(張至和, ?~1398년)⁹의 아들 옥상(玉相)을 불렀다.

병조판서 김한로(金漢老)가 자리를 피해 울면서 아뢰어 말했다.

"신이 무자년(戊子年-1408년) 이전에 딸을 역신(逆臣) 지화(至和)의 아들 옥상에게 아내로 주었고, 무자년에 이르러 세자가 신의 딸에게 장가들었습니다. 신은 옥상이 아무 걱정 없이 서울에 머물까 두려워해 전라도에 보내서 거기에 두었습니다. 전일에 신의 딸이 올라와서 말하기를 '남편 때문에 어머니의 영결(永訣)에도 가지 못했는데, 또 아버지의 돌아가시는 것도 보지 못할까 두렵습니다'라고 했습니다. 이 말을 듣고 울면서 아룁니다만, 황공합니다."

상이 말했다.

"어제 세자의 자세한 말을 듣고 이미 경의 뜻을 알았다. 경이 황공히 여기는 것은 좁은 생각이다. 내가 심효생(沈孝生)·남은(南誾)·정도전(鄭道傳)의 아들에 대해서도 폐(廢)하지 않고 서용(敍用)했는데, 어찌 홀로 지화의 아들에게만 혐의를 두겠는가? 내가 일찍이 알지 못한 때문이다."

곧 불러오라고 명했다.

---

9 1380년(우왕 6년) 문과에 급제한 뒤 공양왕 때 경력(經歷)으로 있으면서 이초(李初)의 옥(獄)에 연루된 우현보(禹玄寶)·우홍수(禹洪壽) 부자와 정몽주(鄭夢周) 등을 맹렬히 공격했다. 특히 우현보·우홍수 부자에게는 가정만 생각하고 국가와 생민(生民)을 생각하지 않으며 민전(民田)을 점탈했다고 탄핵했다. 1392년(공양왕 4년) 이성계 추대에 참여해 개국공신 3등으로 교서감(校書監)에 임명되고 흥성군(興城君)에 봉해졌다. 1395년(태조 4년) 간관을 거쳐 1398년 충청도관찰출척사(忠淸道觀察黜陟使)를 역임했으나, 이해 8월에 일어난 1차 왕자의 난에 연좌돼 죽었다. 죄명은 이방석의 인친으로서 이방석을 끼고 종친을 모해했다는 것이었다.

○ 예조(禮曹)에서 감찰(監察)의 신구례(新舊禮)[10]를 금지하도록 (청)했는데, 그것은 의관을 벗고 땅에 엎드려 배알(拜謁)하고, 동관(同官)의 집에서 사사로이 서로 모이는 따위의 일이다. 상이 말했다.

"두 번이나 일찍이 수교(受敎)했는데, 어찌 번거롭게 다시 신청하는가? 그러나 미비한 것이 있으면 다만[單] 그것만 갖고서 다시 아뢰라."

병신일(丙申日-15일)에 서운관(書雲觀)에 간직돼 있는 참서(讖書) 두 상자를 불살랐다.

풍속이 전조(前朝-고려)의 관습을 그대로 이어받아서, 음양구기(陰陽拘忌)를 혹신(酷信)해 부모가 죽어도 여러 해를 장사하지 않는 자가 있었다. 상이 박은(朴訔)·조말생(趙末生)에게 명해, 서운관에 앉아 음양서(陰陽書)를 모조리 찾아내서 요망하고 허탄해 정상에서 어그러진 것[不經者]을 골라 불태우게 했다.

○ 충청도 도관찰사(忠淸道都觀察使) 맹사성(孟思誠)이 배사(拜辭-작별 인사)하니, 상이 친히 만나보고 말했다.

"듣건대 경에게 늙은 아비가 있다 하므로 이 직을 준 것이다. 아비의 나이 얼마인가? 또 어느 고을에 있는가?"

사성(思誠)이 대답해 말했다.

---

10 일종의 신고식으로, 조선 초기 감찰(監察)에 새로 임명된 신관(新官)이 구관(舊官)에게 인사를 드리는 관례다. 의관을 벗고 땅에 엎드려 배알하며 음식을 차려 대접하는 등 폐단이 많았으므로 금지했다. 허참례(許參禮)라고도 하는데, 뒤에 이이도 이를 비판했다.

"신의 아비는 나이 83세이고, 온수현(溫水縣-온양)에 있습니다."

상이 말했다.

"경은 가서 아비에게 효도를 다하고 나라 정사를 근심하고 염려하라."

그 참에 여러 가지 약을 내려주었다.

무술일(戊戌日-17일)에 명해 승전색(承傳色) 최한(崔閑)을 의금부(義禁府)에 가두었다.

이에 앞서 통사(通事) 김시우(金時遇)가 사신을 영접하기 위해 의주(義州)로 가는데, 상이 뜻을 전해 말했다.

"사신의 거동과 언어를 수시로 곧 치보(馳報)해 아뢰라."

이때에 이르러 10여 일이 돼도 계문(啓聞-伏)하는 자가 없으므로 상이 그 까닭을 한(閑)에게 물으니, 한이 명백하게 전달하지 않았기 때문이다. 상이 화를 내며 말했다.

"사신의 거동은 국가의 큰일인데, 네가 승전(承傳)의 책임을 맡아 어찌하여 삼가고 조심하지[敬愼] 않는가?"

마침내 명해 가두었다가 3일 만에 풀어주어 제집으로 돌려보내고, 통사(通事) 김을현(金乙玄)을 보내 사신에게 모의(毛衣)·모관(毛冠)·이엄(耳掩-귀마개)을 주었다.

○ 지신사(知申事) 조말생(趙末生)을 의금부(義禁府)에 가두었다.

이에 앞서 예조참판(禮曹參判) 허조(許稠)가 말생(末生)에게 원일(元日-설날)에 군신(君臣)이 함께 잔치하는 것이 있는가 없는가를 물으니, 대답하기를 "반드시 하지 않을 것"이라고 했다. 조(稠)가 이에 정지한다고 중외에 행문이첩(行文移牒)했다. 이때에 이르러 상이 맹생에게 물었다.

"지금 사신이 있고 하니, 원일에 임금과 신하가 함께 잔치하는 것을 어떻게 할까?"

맹생이 대답해 말했다.

"조가 신을 보고 토의하기를 '잔치는 많고 물건은 적으니 갖춰서 준비하기가 거의 어려울 것 같다'라고 하기에, 신이 이 말을 듣고 '반드시 하지 않을 것'이라고 했습니다."

조를 불러서 물어보니 과연 그러했다. 상이 노해 말했다.

"이는 큰일인데, 아뢰지 않는 것은 어째서인가?"

명해 가두었다가 이튿날 풀어주어 자기 집으로 돌려보냈다.

경자일(庚子日-19일)에 병조판서 김한로(金漢老), 도진무(都鎭撫) 이원(李原)이 왜적을 방비하는 계책을 올렸다. 아뢰어 말했다.

"신 등이 지금 듣건대, 대내전(大內殿) 왜인(倭人)들이 장차 대마도(對馬島) 왜인 종정무(宗貞茂)를 토벌한다고 합니다. 신 등은, 정무(貞茂)가 이기지 못하면 반드시 쫓겨 떠돌다가 결국은 의지할 곳이 없어 우리 변방을 도둑질함으로써 백성이 그 해를 받게 될까 두렵습니다. 근래에 배를 타는 장졸(將卒)이 전하의 성대하신 다움[盛德]에 힘입어 외적이 이르지 않기 때문에 언덕에 의지해서 편안히 자고 있습니다. 청컨대, 이문(移文)해서 불우(不虞-예기치 못할 사태)에 대비하게 하소서."

상이 말했다.

"내 생각에는 왜노(倭奴)가 비록 저희끼리 공격하더라도 변방 백성에게 크게 해될 것은 없다. 만일 이문(移文)을 하게 되면 백성이 반드시 놀라고 근심하고 두려워할 것이니, 일단 그 일은 천천히 하라."

신축일(辛丑日·20일)에 노구산(盧龜山), 원민생(元閔生), 한확(韓確), 김덕장(金德章)이 북경(北京)에서 돌아왔다. 민생(閔生)이 아뢰어 말했다.

"지난 10월 초8일에 황씨(黃氏)·한씨(韓氏)가 통주(通州)에서부터 먼저 들어갔고, 신 등은 초9일에 북경에 들어가 10일에 조현(朝見)했습니다. 황제가 신을 보고 먼저 웃으며 선유(宣諭)하시기를 '너희들이 왔구나. 황씨가 약을 먹었느냐?'라고 하기에, 민생이 대답하기를 '도중에 병이 심해 지극히 걱정했습니다'라고 하니 황제가 말하기를 '국왕이 지성으로 보내왔으니 참 어려운 일이다. 한씨 여아(女兒)는 잘생겼고 똑똑하다[聰俐]. 네가 돌아가거든 국왕에게 자세히 말하라'라고 했습니다. (이어) 확(確)을 광록소경(光祿少卿)으로 삼고 물건을 대단히 두텁게 내려주었으며, 황씨·한씨 두 여자의 집에는 금은(金銀)·채백(綵帛) 따위의 물건을 내려주었습니다.

11월 초2일에 하직했더니, 황제가 육선재(陸善財)에게 이르기를 '도중에 사람을 보내 알리지 않으면 국왕이 자세히 알지 못할 것이다. 실례하지 말고 상사(賞賜)를 교부하고, 하 루이틀 머물러 포마(鋪馬-역마)가 먼저 오고 다른 사람은 뒤따라오라'라고 하고, 민생에게 이르기를 '너희 나라에 이르러서 선재(善財)가 예를 행할 때, 선재로 하여금 예를 잃게 하지 말라. 너는 다른 사람과 비교가 되지 않는다'라고 했습니다.

　다른 날 황제가 말하기를 '일본 국왕(日本國王)의 무례한 일을 네가 아는가?'라고 하기에, 민생이 대답하기를 '일본 본국의 일은 신이 알지 못하나, 적도(賊島)의 일은 거칠게나마 알고 있습니다. 스스로 행장(行狀)을 만들어서 조선(朝鮮) 지경에 이르러, 방어가 단단하고 튼튼하면 가지고 온 어염(魚鹽)으로 민간의 미곡과 바꾸기를 청하다가도, 사람이 없는 곳이나 방어가 허술한 곳에서는 틈을 타고 들어와서 침노해 혹은 살상하고 혹은 노략질하니 본국 사람이 많이 잡혀가서 적도(賊島)에 살고 있습니다'라고 했습니다. 한림원(翰林院) 금의위(錦衣衛) 관원에게 명해 선유(宣諭)하기를 '조선에도 이와 같은 일이 있구나. 금년에 왜적이 영해위(寧海衛)를 침노하니 해망인(海望人)[11]이 먼저 천호소(千戶所)에 고했는데, 천호소가 술을 마시면서 도리어 해망인더러 거짓 고한다고 해서 때려 보냈다. 이튿날 이른 아침에 왜적이 해안에 올라 사람들을 살해(殺害)하고 천호소 관인들을 잡아가서 모두 죽였다. 행인(行人-실무 외교관) 여연(呂淵)을 차송(差送)해서 일본에 칙서(勅書)를 가져가게 했으니 그 초안(草案)을 네가 보라'라고 했습니다.

　그 칙서에 이르기를 '너의 부왕(父王) 아무개가 지성으로 사대(事大)하니, 중국 조정(朝廷)의 큰 은혜로 왕(王)으로 봉하고 고명(誥命-사령장)·인장(印章)을 주어 두텁게 대우했다. (그런데) 지금 네가 아비

11　중국 명(明)나라 때, 해적의 침입을 막기 위해 해안의 망대(望臺)에서 적을 살피는 사람을 말한다.

의 도리를 따르지 않고 사람을 시켜 변해(邊海)에서 군사와 백성을 침노하고 잡아갔으니, 마땅히 조정의 큰 법으로 활을 잘 쏘고 잘 싸우는 사람을 보내어 가서 토벌하겠다. 지금 행인 여연을 보내 네 나라에 이르니, 무릇 조정에서 잡아간 인물을 조선 국왕 아무개처럼 모두 보내오라. 조선 국왕은 태조(太祖) 홍무(洪武) 때 이후로 지성으로 사대(事大)해서 지금은 한집과 같이 됐으니, 어찌 아름답지 않느냐?'라고 했습니다. 다 읽어보고 나서 도로 바쳤습니다.

황제가 유구국(琉球國-오키나와) 사신이 돌아가는 때를 맞아 선유(宣諭)하기를 '너의 나라가 일본국과 서로 친하니, 후일에 일본을 정벌하게 되면 너의 나라가 반드시 먼저 길을 인도해야 한다'라고 하니, 사신이 황공해하며 돌아갔습니다. 11월 초1일 황제가 정전(正殿)에 나아가서 『제불여래보살명칭가곡(諸佛如來菩薩名稱歌曲)』[12] 100본(本)과 『신승전(神僧傳)』 300본과 『책력(冊曆)』 100본을 내려주므로, 신 등이 흠수(欽受)하고 초2일에 출발해서 돌아왔습니다."

상이 말했다.

"일본(에 보내는) 칙초(勅草-칙서 초안)와 유구국(琉球國) 칙명(勅命)

---

12 약칭은 『명칭가곡』으로, 불·세존·여래·보살·존자의 명칭을 쉽게 따라 부를 수 있도록 제작한 불교 가곡이다. 목적은 '선심(善心)'을 기르는 데 있었다. 『명칭가곡』은 1417년 4월 17일 명나라 영락제(永樂帝, 재위 1402~1424년)에 의해 편찬된 이후 1420년까지 여러 편의 감응서(感応序)를 추가해서 총 51권으로 완성됐다. 『태종실록(太宗実録)』과 『세종실록(世宗実録)』에 의하면, 1417년 명에서 간행된 직후인 이때 조선에 유입돼 1434년까지 유입과 확산이 각각 네 차례에 걸쳐 이뤄졌다. 조선에 전해진 『명칭가곡』은 단순한 불서(仏書)의 의미를 벗어나 조선과 명의 정치·외교적 문제를 타개하기 위한 수단으로 이용됐고, 배불정책으로 인해 동요하던 조선의 불교 민심을 잠재우는 회유책으로서도 중요한 역할을 했다. 1419년에는 승과 시험의 응시 자격 조건으로 채택되었는데, 『명칭가곡』을 외우는 자만이 승과 시험에 응시할 수 있었다.

을 어째서 배신(陪臣-제후의 신하)으로 하여금 알게 했을까?"

○ 사헌부(司憲府)에서 허조(許稠)·조말생(趙末生)·최한(崔閑) 등의 죄를 청했다. 소는 대략 이러했다.

'허조가 작지 않은 군신(君臣)의 동연(同宴)을 처음에 (바로) 아뢰지 않고 행문이첩(行文移牒)했으며, 정지할[寢=停寢] 때도 아뢰지 않았습니다. 조말생은 사람을 보내 사신의 행차를 탐지해서 수시로 곧 계문해야 하는데도 일찍이 이를 염려하지 않았고, 김시우(金時遇)가 떠나갈 때를 맞아 사신이 강을 건너면 그때에 이르러 계문하라는 일 또한 분명히 말하지 않음으로써 초9일에 강을 건넌다는 소식을 16일이 되어도 와서 고하는 자가 없게 했습니다. 또 임금과 신하가 함께 잔치하는 것을 정지하는 일 또한 아뢰지 않고 조(稠)와 더불어서 함께 토의했으며 호조(戶曹)에 행문이첩한 관자(關字-공문)를 자기 마음대로[擅自] 회수했으니, 실로 모두 왕명을 출납하고 예의(禮儀)를 다스리는 직책에 어긋났습니다. 위 항목의 허조·조말생을 율에 의거해서 논죄해, 신하로서 제 마음대로 하는 불경한 죄를 밝히소서. 최한은 승전색(承傳色)으로서 삼가고 조심하지 않아서 명령한 뜻을 잃었으니, 아울러 논죄하게 해서 삼가지 않은 자들을 경계시키소서.'

들어주지 않았다.

○ 명해 각 도에서 화기(花器-꽃병)를 바치는 것을 정지시켰다. 상이 말했다.

"상림원(上林園) 화기는 짐이 무거워서 먼 지방에서 가져오기가 어려운 물건이니 매년 진공(進貢)하는 것은 옳지 않다. 이제부터는 특지(特旨)가 있지 않으면 상납하지 말게 해서 백성의 힘을 넉넉하게 하라[寬=裕]."

○ 영평현령(永平縣令) 민열(閔閱), 안협현감(安峽縣監) 김순(金純), 포천현감(抱川縣監) 송포(宋褒) 등을 파직했으니, 손(損)과 실(實)이 (실상과) 맞지 않았기 때문이다.

○ 경기 경차관(京畿敬差官) 김관(金琯)을 파직했으니, 김순(金純)·민열(閔閱) 등의 죄를 자기 마음대로 줄였기 때문이다.

○『신승전(神僧傳)』과 『어래명칭가곡(如來名稱歌曲)』을 각종(各宗) 사사(寺社)에 반포(頒布)하고 각사(各司)와 여러 경대부(卿大夫)의 집에까지 두루 주었다.『신승전』이란 것은 한(漢)나라 이래로 여러 괴탄(怪誕)한 중의 요망한 말과 궤이(詭異)한 행적을 모은 것이요, 『가곡』이란 것은 여러 부처·보살의 이름을 모아 음률(音律)로 표현해서 황제가 남녀들로 하여금 날마다 외게 한 것으로, 그 참에 여러 나라에 내려주었다.

○ 허조(許稠)·조말생(趙末生)에게 직에 나올 것을 명했다.

○ 처음으로 현임관(見任官)들에게 항상 사모(紗帽)를 쓰게 했다.

예조(禮曹)와 의례상정소(儀禮詳定所)에서 토의해 의견을 얻었다.

"모든 대소 관리가 조로(朝路-조회 가는 길)에서 비와 눈이 오는 날이 아닌데도 갓[笠]을 쓰는 것은 실로 옳지 못합니다. 빌건대 중국 제도[華制]에 의거해서, 삼군 갑사(三軍甲士)를 제외한 동서(東西) 문무(文武) 관리 및 전함(前銜-전직) 관직이 있는 자는 비나 눈이 오는 날이 아니면 항상 사모(紗帽)를 써서 조정(朝廷)의 위의(威儀)를 엄숙히 하도록 하고, 어기는 자는 과단(科斷-법에 따라 결정함)하소서."

명해 말했다.

"오는 무술년(戊戌年-1418년) 정월 초1일부터 비로소 시행하라."

○ 한확(韓確)·김덕장(金德章)이 금은(金銀)·저사(紵絲)·채견(綵絹) 따위의 물건을 양전(兩殿-임금과 중궁)에 바쳤다.

황제가 확(確)에게 말 6필, 안자(鞍子-안장) 하나, 금 50냥, 백은(白銀) 600냥, 각색 저사(紵絲) 56필, 금(錦) 8단(段), 각색 채견(綵絹) 200필, 모자(瑁子) 4필, 백두라면(白兜羅綿) 20조(條), 백어라수파(白御羅手帕-머리띠) 50조, 백면도화수건(白綿桃花手巾) 4조, 저사오채수침정(紵絲五綵繡枕頂) 5부(副), 각색 직금화저사합포(織金花紵絲合包) 30개(箇), 백당(白糖) 80근을 주었고, 덕장(德章)에게는 말 3필, 안자 하나, 저사 10필, 채견 40필, 백은 100냥을 내려주었다. 이날 확이 황금 25냥, 백은 100냥, 각색 저사 5필, 채견 5필, 백두라면 3조, 각색 직금화합포 3개, 백당(白糖)을 가득 담은 1기(器)를 바치니, 상이 금 25냥, 백은 50냥을 도로 주었다. 확이 또 백은 100냥, 각색 저사 4필, 채견 3필, 백두라면 2조, 직금화합포 2개, 백당 1기를 중궁(中宮)에게 바쳤다. 덕장이 백은 50냥, 저사 3필, 채견 3필을 바치니, 상이 백은은 도로 주었다.

병오일(丙午日-25일)에 상이 친히 문소전(文昭殿)[13]에 제사를 지냈다.

---

13 조선 태조의 비 신의왕후(神懿王后) 한씨(韓氏)를 모신 사당이다. 1396년(태조 5년) 건

○ 행대감찰(行臺監察)[14]을 각 도에 나눠 보냈다.

판광주목사(判廣州牧事-광주목 판사) 우희열(禹希烈)이 전라도(全羅
道)로부터 와서 아뢰었다.

"만경(萬頃)·함열(咸悅) 두 현(縣) 사이에 제방을 터놓아 물을 빼고
고기를 잡은 곳이 있습니다."

곧 의금부(義禁府)에 명해 그 수령을 잡아다가 안험(按驗)해 물
었다. 또 감찰을 각 도에 나눠 보내 감사와 수령 중에서 제방과 창
고를 수리하지 않은 자를 규찰하여 아뢰게 하고, 다시 행대감찰에게
명해 만일 제방을 친히 살피지 못한 곳은 그 각 고을의 수령으로부
터 견실하게 보수(補修)했다는 초장(招狀-진술장)을 받아서 속히 와
서 복명하게 했다. 이에 함열현감(咸悅縣監) 김구인(金龜印), 임피현령
(臨陂縣令) 한계복(韓季復)은 각각 태(笞) 50대를 속(贖) 받아 환임시
키고, 제방을 터놓은 사람은 장(杖) 80대를 때렸다.

정미일(丁未日-26일)에 상왕이 건원릉(健元陵)에 참배했다.
○ 병조정랑(兵曹正郎) 서성(徐省)을 의금부(義禁府)에 내렸다.

립했는데, 건립 당시에는 인소전(仁昭殿)이라고 했다가 1408년(태종 8년) 문소전으로 고
쳤다. 1433년(세종 15년) 태조와 태종의 위패를 모셨다. 왕의 본종(本宗) 친족 중에서 임명
한 도제조(都提調)·제조(提調)·참봉(參奉)을 두었다. 명종 때 폐쇄했다.
14 조선 초에 민간의 이해(利害), 수령의 잘잘못, 향리의 횡포, 사신(使臣)의 사물(私物)을 직
접 조사하기 위해 각 도로 보내던 사헌부의 감찰이다.

상이 창덕궁(昌德宮) 송정(松亭)에 나아가 진헌(進獻)한 별마(別馬)를 점열(點閱-검열)해서 보고, 한 말을 가리키며 말했다.

"이 말은 도총제(都摠制) 이화영(李和英)이 일찍이 내게 바친 것인데, 달려봤더니 곧 (다리를) 절기에[蹇] 사복(司僕)에게 명해 팔았다. (그런데도) 지금 이번에 진헌하는 데 아울러 입격(入格)했으니, 이는 병조(兵曹)에서 간택(揀擇)하기를 정밀하게 하지 못한 것이다."

마침내 승여사 정랑(乘輿司正郞) 서성(徐省)을 가두었다.

○ 지승문원사(知承文院事-승문원 지사) 신장(申檣), 교리(校理) 이긍(李兢), 부교리(副校理) 김균(金鈞)을 의금부(義禁府)에 가두었다.

진헌사(進獻使) 노구산(盧龜山)이 아뢰었다.

"싸가지고 간 주본(奏本)의 피봉(皮封)에 대압(代押)을 하지 않아, 어쩔 수 없이 원민생(元閔生)으로 하여금 대압하게 했습니다."

상이 말했다.

"승문원을 설치한 것은 온전히 사대문서(事大文書)를 관장하기 위한 것인데, 주장(主掌-관장)하는 유생이 어째서 마음을 쓰지 않았는가?"

명해 장(檣) 등을 가두었다.

○ 예조(禮曹)에서 종실제군(宗室諸君), 부마제군(駙馬諸君), 이성제군(異姓諸君), 돈녕부(敦寧府) 첨지부사(僉知府事) 이상의 녹과(祿科)를 상정(詳定)했다.

'하나, 종실제군의 녹과는 아울러 산관(散官)에 따르고, 오직 대군(大君)은 제1과(第一科)에 3석(石)을 더 줄 것.

하나, 부마제군은 종실제군과 함께 산관을 따를 것.

하나, 이성제군은 아울러 실직에 따르고, 정승이 아직 부원군(府院君)이 되지 않았으면 모두 제2과에 올릴 것.

하나, 돈녕부(敦寧府) 영부사(領府事)·판부사(判府事)는 모두 전과 같이 하고, 지부사(知府事)·동지부사(同知府事)·첨지부사(僉知府事)는 영부사의 예에 의거해 차례로 한 등(等)씩 내릴 것.'

그것을 따랐다.

이에 앞서 박은(朴訔)이 아뢰었다.

"옛날부터 한관(閑官)의 녹과(祿科)는 등수를 내렸으니, 지금 돈녕부 첨지 이상의 녹과를 반드시 산관에 준(准)해 받게 해서는 안 됩니다. 마땅히 유사(攸司)에 명해서 고쳐 상정하게 하소서."

(이에) 상이 곧바로 예조와 의례상정소(儀禮詳定所)에 명해서 토의해 계문(啓聞)하게 했다.

○ 예조(禮曹)에서 또 아뢰었다.

"대군(大君)의 배행(陪行)은 조례(皂隷-관아에서 부리는 하인) 4명, 부원군(府院君)의 배행은 2명, 제군(諸君)의 배행은 1명으로 하소서."

그것을 따랐다.

무신일(戊申日-27일)에 도총제(都摠制) 이화영(李和英)이 매 2련(連)을 바쳤다.

○ 부평도 경차관(富平道敬差官) 소윤(少尹) 민문(閔文)을 파직시켰으니, 손(損)과 실(實)이 맞지 않은 곳을 고찰하지 못한 때문이다. 개성(開城)의 전지를 전혀 적간(摘奸)하지 않은 때문에, 개성유후사 도

사(開城留後司都事) 우경부(禹敬夫)를 파직했다. 통진현감(通津縣監) 전유겸(全有謙), 고양현감(高陽縣監) 유중문(柳仲聞)도 모두 고찰을 잘 못했으므로 태(笞)를 때리고서 환임시켰다.

○ 전 서운부정(書雲副正) 조의구(趙義珦)를 의금부(義禁府)에 가두었다. 『대통력(大統曆)』으로써 본조(本朝)의 『책력』을 비교해본 결과 차오(差誤)된 곳이 있었기 때문이다.

○ 송첩(訟牒)을 불태워 없앴다.

형조도관(刑曹都官)이 아뢰어 말했다.

"원고(元告)가 현신(現身)하지 않을 경우, 11월 그믐날 안에 여전히 현신하지 않는 자는 문서를 태워 없애고 다시 청리(聽理)하지 못하게 하라는 것은 일찍이 교지(敎旨)가 있었습니다. 갑오년(甲午年) 이후 금년 9월 초1일 이전에 신정(申呈)해서 계하(啓下)[15]한 것과, 형조(刑曹)·사헌부(司憲府)·쇄권색(刷卷色) 등 내사(內司)에 이송(移送)해서 정장(呈狀)한 소장[所志]은 모두 다 불태워 없애소서."
소지

그것을 따랐다. 불태워 없앤 것이 모두 553통이었다.

기유일(己酉日-28일)에 서성(徐省)·이긍(李兢)·조의구(趙義珦)를 옥에서 풀어주고 모두 도로 직에 나오게 했다.

경술일(庚戌日-29일)에 내사봉어(內史奉御) 육선재(陸善財)가 칙서를

---

15 담당 관서에 먼저 보고해 심의한 뒤에 임금에게 아뢰어 재가(裁可)를 얻는 일을 말한다.

받들고 이르니, 상이 세자와 백관을 거느리고 모화루(慕華樓)에 나아가 맞이했다. 산붕(山棚)을 맺고 나례(儺禮)를 갖춰 인도해서, 창덕궁(昌德宮)에 이르러 칙서(勅書)와 상사(賞賜)를 받았다. 칙서에 일러 말했다.

'왕이 공손히 조정(朝廷)을 섬겨 각근(恪勤)하며 게을리하지 않으니 참으로 가장(嘉獎)하다. 지금 특별히 봉어(封御) 육선재(陸善財)를 보내 은냥(銀兩)·채폐(綵幣) 따위의 물건을 주는 것이니, 왕은 이에 [其] 영수(領收)하라. 그러므로 조칙(詔勅)한다.'
기

국왕에게 은(銀) 2,000냥쭝 합계 80정(錠), 저사(紵絲) 100필, 암화(暗花) 20필, 소(素) 80필, 채견(綵絹) 100필, 은사소사(銀絲素紗) 20필, 선라소(線羅素) 20필, 장화융금(粧花絨錦) 10단(段), 두라면(兜羅綿) 50조(條), 말 24필을 반사(頒賜)하고, 왕비에게 저사 20필, 암화 5필, 소(素) 15필, 채견 20필, 은사소사 10필, 선라소 10필, 나리견(羅裏絹) 10필, 장화융금 4단, 두라면 20조를 반사했다. 이는 대개 우리가 처녀(處女)를 바친 것을 기쁘게 여긴 때문이다. 사신이 태평관(太平館)으로 가니, 상이 잔치를 베풀고 조말생(趙末生)에게 명해서 사신에게 안마(鞍馬)·의복(衣服)·갓[笠]·화(靴)·호상(胡床) 따위의
입
물건을 주고, 두목(頭目) 유용(劉庸) 등 18인에게 각각 마필·의복·안(鞍)·갓·모관(毛冠)을 주었다. 사신이 기뻐서 사례했다.

"전하의 지성은 참으로 드문 일입니다."

○ 신장(申檣), 김균(金鈞)을 파직했다.

신해일(辛亥日-30일)에 상이 (명나라에서) 선물로 받은 저사(紵絲)를

여러 신하에게 나눠주었다. 유정현(柳廷顯), 박은(朴訔), 한상경(韓尙敬)에게는 각각 2필씩이었고, 이원(李原), 성발도(成發道), 김점(金漸), 육조판서(六曹判書), 참판(參判), 대사헌(大司憲), 영돈녕(領敦寧), 익평군(益平君) 석근(石根), 의평군(義平君) 이원생(李元生), 순평군(順平君) 이군생(李群生), 육대언(六大言)에게는 각각 1필씩이었다.

○사신 육선재(陸善財)가 가지고 온 궤 10개와 서봉(書封) 하나를 황씨(黃氏)의 어머니 집에 실어 보냈다. 황씨의 어머니가 상사(賞賜) 받은 금(金) 25냥과 백은(白銀) 100냥, 금(錦) 1단(段), 각색 저사 5필, 모자(帽子) 1필, 직금화합포(織金花合包) 3개(箇), 백당(白糖) 1기(器)를 사위 김덕장(金德章)에게 주어 상에게 바치니, 상이 금 25냥과 백은 50냥을 도로 주었다. 또 백은 50냥, 저사 4필, 채견 4필, 직금화합포 2개, 백어라수파(白御羅手帕) 2조, 백당 1기를 중궁에게 바치고, 그 참에 황씨의 서봉(書封)을 대언사(代言司-훗날의 승정원)에 고해서 상에게 올리니 상이 보고 그 글을 도로 내려주었다. 글은 이러했다.

'황비(皇妃) 황씨(黃氏)는 모친대인(母親大人) 좌전(坐前)에 글을 올립니다. 겨울 추위에 대해 생각건대, 존체 강승(康勝)하시며 복을 많이 받으소서. 이에 봉어(奉御) 육선재(陸善財)를 보내 예물을 가지고 문안(問安)의 공경을 바칩니다. 엎드려 빌건대 감납(鑑納)하소서. 다 갖추지 못했습니다만, 예물은 금 50냥, 백은 600냥, 각색 저사 56필, 각색 금(錦) 8단, 각색 견(絹) 516필, 모자(帽子) 4필, 백두라면(白兜羅綿) 20조, 백어라수파 50조, 백면도화수건(百綿桃花手巾) 4조, 저사오채수침정(紵絲五綵綉枕頂) 5부(副), 각색 직금화저사합포(織金花紵絲合包) 30개, 백당 80근입니다.'

○ 김덕장(金德章)을 인녕부승(仁寧府丞)으로 삼고, 명해 (명나라 관직) 광록소경(光祿少卿) 한확(韓確)에게 월봉(月俸)[16]을 내려주었다.

○ 대마도(對馬島) 종정무(宗貞茂)·등차랑(藤次郞), 원주태수(遠州太守) 원서방(源瑞芳), 준주태수(駿州太守) 원원규(源圓珪), 농주태수(濃州太守) 평종수(平宗壽)가 각각 사람을 시켜 토산물을 바쳤다.

---

16 나라에서 다달이 내려주는 봉록(俸祿)으로, 특수한 신분에 한(限)했다.

壬午朔 罷正言金自怡 監察金召南 金敬哉 趙瑞康 河滌等十七人
임오 삭 파 정언 김자이 감찰 김소남 김경재 조서강 하척 등 십칠 인

職.
직

　初 監察自相疑貳 敬哉 河滌等十二人 以召南 瑞康等六人 違敎
　초 감찰 자상 의이 경재 하척 등 십이 인 이 소남 서강 등 육인 위교

私會于正言金自怡家 課于本府. 召南等又欲報復 以敬哉等前日
사회 우 정언 김자이 가 과우 본부 소남 등 우욕 보복 이 경재 등 전일

所行各犯罪名 亦課本府. 憲府按問 啓兩俱有罪故也. 惟鄭谷 金閏
소행 각 범죄 명 역 과 본부 헌부 안문 계 양구 유죄 고야 유 정곡 김윤

以所犯稍輕 命出仕.
이 소범 초경 명 출사

　癸未 黜內醫楊弘達 朴允德于外. 弘達等劑進雀肉煎餠 不啓禁忌
　계미 출 내의 양홍달 박윤덕 우외 홍달 등 제진 작육 전병 불계 금기

故黜之. 縛李軒 數其不敬之罪 宥之還任.
고 출지 박 이헌 수 기 불경 지 죄 유지 환임

　甲申 以領議政柳廷顯(爲)領書雲觀事 左議政朴嘗領春秋館事
　갑신 이 영의정 유정현 위 영서운관사 좌의정 박은 영춘추관사

右議政韓尙敬領藝文館事 黃喜禮曹判書 成發道 金漸議政府
우의정 한상경 영예문관사 황희 예조판서 성발도 김점 의정부

參贊 鄭易戶曹判書 尹向判漢城府事 卓愼吏曹參判 孟思誠忠淸道
참찬 정역 호조판서 윤향 판한성부사 탁신 이조참판 맹사성 충청도

都觀察使 金自知京畿都觀察使 權軫平安道都觀察使 成達生
도관찰사 김자지 경기 도관찰사 권진 평안도 도관찰사 성달생

全羅道都觀察使兼兵馬都節制使.
전라도 도관찰사 겸 병마도절제사

改豐海道爲黃海道.
개 풍해도 위 황해도

　乙酉 吏曹上史官薦擧法.
　을유 이조 상 사관 천거 법

　先是 朴嘗啓曰: “載筆之任大矣. 今史官自相薦進 爲史官者或
　선시 박은 계왈 재필 지 임 대의 금 사관 자상 천진 위사관자 혹

循於好惡 以擧乳臭不知書法者 誠爲未便. 願革此弊."

순어 호오 이거 유취 부지 서법 자 성위 미편. 원혁 차폐

上曰: "史官薦擧 其來尙矣. 新進儒生才行 祖係 非在上之人所能

상 왈 사관 천거 기래 상의 신진 유생 재행 조계 비 재상 지인 소능

周知 使自擇其僚 則意謂其選必精 況其薦表曰於文於行可當是任

주지 사 자택 기료 즉 의위 기선 필정 황 기 천표 왈 어문 어행 가당 시임

乎? 儻或不可 則革之何難?"

호 당혹 불가 즉 혁지 하난

至是吏曹上言: "史官掌記時事 爲後世龜鑑 其任匪輕. 但以參外

지시 이조 상언 사관 장기 시사 위 후세 귀감 기임 비경 단 이 참외

史官薦擧啓聞除授 其於銓選之法 實爲未便. 自今史官有闕 則令

사관 천거 계문 제수 기어 전선 지법 실위 미편 자금 사관 유궐 즉 영

藝文春秋館堂上 於時散文官參外內 職品相當者聚試 必取通經史

예문 춘추관 당상 어 시산 문관 참외 내 직품 상당 자 취시 필취 통 경사

工製述 內外無痕咎者一望三人 移關吏曹 啓聞除授 以爲恒式."

공 제술 내외 무 흔구 자 일망 삼인 이관 이조 계문 제수 이위 항식

從之.

종지

司諫院上疏. 疏略曰:

사간원 상소 소 약왈

'謹按元典 爲觀察使者 許令臺諫薦擧. 近年以來 此法不行 恐

근안 원전 위 관찰사 자 허령 대간 천거 근년 이래 차법 불행 공

有違於成憲. 臣等以爲 監司之任專制一方 故守令之勤惰廉汚 民俗

유위 어 성헌 신등 이위 감사 지임 전제 일방 고 수령 지 근타 염오 민속

之休戚皆係焉. 是必公以虛己 明以察寃 愛民以惠者 然後可以稱

지 휴척 개 계언 시필 공이 허기 명이 찰원 애민 이혜 자 연후 가이 칭

其職矣. 監司得其人 則守令奉職而民安其業 苟非其人 一方受弊

기직 의 감사 득기인 즉 수령 봉직 이민 안 기업 구비 기인 일방 수폐

可勝言哉? 其任之重如此 則其選誠不可不愼也. 伏望殿下 每於

가 승언 재 기임 지중 여차 즉 기선 성 불가 불신 야 복망 전하 매어

監司之遣 必令政府 六曹 臺諫擇其有名望者 具名以聞. 殿下又察

감사 지견 필령 정부 육조 대간 택 기유 명망 자 구명 이문 전하 우찰

其可任之實 然後授任以遣 以爲恒式.'

기 가임 지실 연후 수임 이견 이위 항식

從之.

종지

禮曹判書卞季良 請行祭天之禮. 季良啓曰: "臣常願行祭天之

예조판서 변계량 청행 제천 지례 계량 계왈 신 상원 행 제천 지

禮. 已於往年再達 而未蒙俞允. 請令行此禮." 上曰: "予嘗聞 天子

례 이어 왕년 재달 이 미몽 유윤 청령 행 차례 상왈 여 상문 천자

祭天地 諸侯祭境內山川. 予但知此禮 故禋于境內山川 祭天之禮
미감 망야 황노지교체 비례 선유 이논지호 계량 왈 본국 막재

未敢望也. 況魯之郊禘非禮 先儒已論之乎?” 季良曰: “本國邈在

海外 不與中國諸侯同 故高皇帝詔曰: ‘天造地設 自爲聲敎.’ 又前朝

王氏已行此禮. 但以上事大之誠 禮無違貳 故不欲行. 雖殿下修德

格天之誠已至 然必有祈天之事 然後乃格也.” 上曰: “修德格天 予

何敢謂有絲毫於心哉? 但神不享非禮 故予嘗謂行其禮所當然而後

天神地祇眷祐也. 然不幸有旱 則靡神不擧 而群臣請雩上帝 故於

丁亥之旱 命昌寧府院君成石璘 祭于北郊 予於解慍亭前 終夜跪禱.

以昌寧德望之盛 一國臣民悶雨之情 不能格天 何敢祈禱而感乎?

若又以不與中國諸侯同 則於使臣宦官之來 何郊迎而致敬乎? 於

正朝節日千秋 予何親送表箋 而納貢盡禮乎?” 季良曰: “臣但願以

此禮爲祈天永命之實 故敢請也.” 上曰: “書云祈天永命 豈謂是歟?

然有大旱 則不得已而有雩之時. 宜與大臣 稽諸史傳 參酌以聞.”

啓事諸臣出 上謂代言等曰: “予歷觀經書與通鑑 宋史 元史

三國史 前朝史 宦官雖或有忠於君者 而其佞君亡國者常多. 然人君

宮闈之間 不可無者也. 今在宮內宦官每於小事欺予 豈不知置之

於法? 但無知小豎 安得事事黜責乎? 予每當夜分 只寢三四刻.

去夜因體氣未寧 問掌膳之人 內官擅自出送 姦惡甚矣. 今後承政院

每夜摘姦入直宦官 掌膳之人.”

杖花山君張思靖一百 收職牒錄券 放于尙州. 初 思靖以懷安君

芳幹之婢寶背爲妾 生女百種而棄其妾. 厥後芳幹以百種爲妾 思靖
방간 지비 보배 위첩 생녀 백종 이기 기첩 궐후 방간 이백종 위첩 사정

知而不告 至是聞生子 若嘗不知而今始知之者 搆辭以聞 乃下
지이 불고 지시 문생자 약상 부지 이금시 지지 자 구사 이문 내하

義禁府鞫問 照律以聞. 上曰: "凡功臣犯罪 思欲保全 而臺諫請罪.
의금부 국문 조율 이문 상왈 범공신 범죄 사욕 보전 이 대간 청죄

今思靖亦依律斷罪乎?" 義禁府啓曰: "思靖 以開國定社之臣 私通
금 사정 역 의율 단죄 호 의금부 계왈 사정 이개국 정사 지신 사통

大逆之人 而欺天罔上 況盟載之辭曰事干宗社 當以法論乎? 請置
대역 지인 이 기천 망상 황 맹재 지사 왈 사간 종사 당 이법 논호 청치

於法." 故有是命.
어법 고유 시명

　兵曹上沿邊州郡應變調兵之法. 啓曰: "沿邊州郡 或有寇賊 或於
병조 상 연변 주군 응변 조병 지법 계왈 연변 주군 혹유 구적 혹어

牧場 猛獸突入 所在官吏 拘於常例 取決調兵 失機不及 誠爲可慮.
목장 맹수 돌입 소재 관리 구어 상례 취결 조병 실기 불급 성위 가려

謹按大明律擅調軍馬條: '其暴兵卒至[=猝至] 欲來攻襲及城鎭屯聚
근안 대명률 천조 군마 조 기 폭병 졸지 졸지 욕래 공습 급 성진 둔취

軍馬之處 或有反叛 或賊有內應 事有警急及道途遙遠者 竝聽從便
군마 지처 혹유 반반 혹적 유 내응 사유 경급 급 도도 요원 자 병청 종편

火速調撥(調發)軍馬 乘機勦捕. 應合會捕者 隣近衛所 雖非所屬
화속 조발 조발 군마 승기 초포 응합 회포 자 인근 위소 수비 소속

調撥策應 竝卽申報本管上司 轉達朝廷知會. 若不卽調遣會合 或
조발 책응 병즉 신보 본관 상사 전달 조정 지회 약 부즉 조견 회합 혹

不卽申報上司及鄰近衛所不卽遣兵策應者 竝與擅調撥罪同.'
부즉 신보 상사 급 인근 위소 부즉 견병 책응 자 병여 천 조발 죄동

　自今如有邊地禦寇 牧場捕虎危急之事 所在官司 須卽調兵策應
자금 여유 변지 어구 목장 포호 위급 지사 소재 관사 수즉 조병 책응

飛報本道監司 開具事由 移文本曹 本曹覈實啓達 以爲恒式." 從之.
비보 본도 감사 개구 사유 이문 본조 본조 핵실 계달 이위 항식 종지

　先是 牧場有虎 其官守令撥兵驅逐 監司歸咎 移文兵曹 兵曹轉聞
선시 목장 유호 기관 수령 발병 구축 감사 귀구 이문 병조 병조 전문

上曰: "或有寇賊 或有如此惡獸 受決然後撥兵乎? 兵曹至今不立法
상왈 혹유 구적 혹유 여차 악수 수결 연후 발병 호 병조 지금 불입법

其可乎? 博稽古制立法可也." 兵曹乃有是啓.
기가 호 박계 고제 입법 가야 병조 내유 시계

　丙戌 司憲府請知价川郡事閔壽山有妻娶妻 擅自離任之罪 上以
병술 사헌부 청 지개천군사 민수산 유처 취처 천자 이임 지죄 상이

壽山同年同庚 特原之.
수산 동년 동경 특 원지

丁亥 世子及王子 駙馬獻壽于廣延樓下. 世子及孝寧大君

忠寧大君 誠寧大君 敬寧君裶 恭寧君裯 淸平君李伯剛 平壤君

趙大臨 宜山君南暉獻壽 諸宗親與權永均侍宴. 賜宴兵曹判書

金漢老 吏曹判書沈溫 戶曹判書鄭易 同知摠制成抑 大護軍崔士康

姜籌于外. 上曰: "今此漢老等六人 干連王室者也. 自後宗親內宴

皆來赴宴." 乃命漢老等隨次獻爵. 靜妃御便殿 世子以下獻壽 淑嬪

諸大夫人 宮主 翁主侍宴.

　是日 通事崔天老回自北京 啓曰: "帝愛重韓氏 遣內官善財 齎

賞賜到遼東." 上賜天老毛衣 毛冠 命禮曹曰: "今來使臣迎接 一依

黃儼接待例."

　司憲府大司憲朴習等上疏 請芳幹等罪. 疏曰:

'臣等竊謂 人臣悔無君之心 而犯不忠之罪 則不可以親戚 勳臣廢

王法 此天下古今之通義也. 歲在庚申 芳幹父子生變不意 逞其不軌

王法所不赦. 沈淙潛通芳幹 暗受所贈 人臣所共憤. 若李叔蕃潛畜

異志 不忠無禮之實 著於言動 非一朝夕之心. 李稷以素懷窺變之心

陰畜不忠 當致庸犯罪之日 巧飾言辭 乃拒政府之請. 致庸以敗家

之餘 復蒙上恩 不勝己欲 遽發無根之言 欲累上德. 此天地所不容

人臣所不共戴天 殿下皆從寬典 得保性命 或安於田庄 妻子完聚

家人往來 無異平昔. 又今芳幹贅得與朝班 誠有乖於王法.

由是 今有張思靖者 以開國定社之臣 位至二品 乃負殿下罔極之

恩 知其妾女旣嫁芳幹 生子非一 而久匿不見 黨於不忠. 及其勢難

終隱 乃來入傳 猶不盡實 誠由不忠之罪 曾不以大義裁之使然也.

臣等以謂 不軌之徒 雖深蒙聖恩 保全性命 其爲不忠如此 安知感慕

殿下再生之恩 反躬自責乎? 竊恐他日潛相黨附 患生於所忽也.

伏望殿下 安不忘危 將芳幹父子與沈淙 李稷 叔蕃 致庸 思靖之罪

明置於法 永杜後日禍患之萌 以快一國臣民之望.’ 疏上留中.

己丑 禮曹啓六曹郎官交代之法. 啓曰: “六曹十八司 各置二員者

蓋專掌其司 而久其任也. 今一司見代 餘皆以次遞遷 殊失設官之

意. 願自今六曹正郎佐郎 有新除者 勿論散官高下 皆掌其交代之事

勿許遞遷 以專其任 庶爲便益.” 從之.

罷工曹佐郎朴景斌 趙壽山 李修職. 工曹以公物貿易於東平館

景斌等各將私物 雜於公物 汎濫易換 事覺 憲司請其罪也.

庚寅 罷司憲監察崔德之 許孟職. 初 監察金召南等以監察金潤

鄭谷所犯 課于本府 上以所犯輕於他人罪 特命就職. 德之等以潤

谷 不避嫌就職 有乖風憲之任 告于本府. 召德之等問其故 囚于

義禁府 四日而釋之 罷其職.

以李皎同知敦寧府事 金尙旅左軍摠制 李湛右軍摠制 洪汝方

江原道都觀察使.

對馬島守護宗貞茂送銅鐵五百斤 請範鍾也. 敎曰: “今姑鑄給 勿

以爲式.”

罷南陽府使朴耆 水原府使許盤石職 以敬差官啓損實不中也.
파 남양부사 박기 수원부사 허반석 직 이 경차관 계 손실 부중 야

繕工監正庾順道爲知安城郡事時 亦不中損實 故併罷之.
선공감정 유순도 위 지안성군사 시 역 부중 손실 고 병 파지

命左議政朴訔 吏曹判書沈溫 參判卓愼 知申事趙末生就職. 先是
명 좌의정 박은 이조판서 심온 참판 탁신 지신사 조말생 취직 선시

吏曹未革史官薦舉之法 而乃以一望三人啓達差下. 於是 諫院劾
이조 미혁 사관 천거 지법 이내 이 일망 삼인 계달 차하 어시 간원 핵

文選司正郞禹承範 佐郞金知逈 故堂上官皆避嫌不出. 至是 上召
문선사 정랑 우승범 좌랑 김지형 고 당상관 개 피혐 불출 지시 상소

正言羅有綏敎曰: "諫官劾吏曹是矣. 然其事則予所知也 故命出仕
정언 나유수 교왈 간관 핵 이조 시의 연 기사 즉 여 소지 야 고 명 출사

行公 爾等毋復言."
행공 이등 무 부언

癸巳 上詣仁德宮 置酒極歡 世子 宗親侍宴 賜酒侍衛臣僚. 夜罷
계사 상 예 인덕궁 치주 극환 세자 종친 시연 사주 시위 신료 야 파

曰: "侍從軍士 忍寒可憐. 以上王請留 故更留耳." 賜軍士酒肉.
왈 시종 군사 인한 가련 이 상왕 청류 고 갱류 이 사 군사 주육

遣李陽達于摩利山 審定禁基及齋室移置處也. 以代言元肅啓
견 이양달 우 마리산 심정 금기 급 재실 이치 처 야 이 대언 원숙 계

摩利山塹城無禁基 其齋宮地卑故也.
마리산 참성 무 금기 기 재궁 지비 고야

乙未 命前繕工監正庾順道復就職 將以充書狀官 學醫卜書于
을미 명 전 선공감정 유순도 부 취직 장 이충 서장관 학 의복 서 우

京師也. 命順道曰: "醫方五行卜書及捻金冊 易換齎來."
경사 야 명 순도 왈 의방 오행 복서 급 염금 책 역환 재래

禮曹上親享禮度節次.
예조 상 친향 예도 절차

初 卞季良啓: "請宗廟親祭之日 每室獻爵 行再拜後 入小次坐歇
초 변계량 계 청 종묘 친제 지일 매실 헌작 행 재배 후 입 소차 좌헐

至飮福時 就位飮福."
지 음복 시 취위 음복

上曰: "每室行再拜 則可矣 入小次坐歇 則未便. 以予身觀之
상왈 매실 행 재배 즉 가의 입 소차 좌헐 즉 미편 이 여신 관지

世子獻爵於予 入小次 其弟以次獻盞之時 世子翹然退去 則予及
세자 헌작 어여 입 소차 기제 이차 헌잔 지시 세자 괄연 퇴거 즉 여 급

世子之意如何? 稽考古文以聞."
세자 지의 여하 계고 고문 이문

季良曰: "宋高宗時有此禮. 高宗於親祀宗廟時 設小次於阼階東
계량 왈 송고종 시 유 차례 고종 어 친사 종묘 시 설 소차 어 조계 동

獻爵訖 入小次 以待亞終之獻. 且每室灌鬯及酌獻後 出戶外再拜."
헌작 흘 입 소차 이대 아종 지헌 차 매실 관창 급 작헌 후 출 호외 재배

上曰: "祭儀已有定制 大臣執權 則各以所見 更立法制 當何時
상왈 제의 이유 정제 대신 집권 즉각 이 소견 갱립 법제 당 하시

定乎? 高宗誠賢君也 然在位三十餘年 此法無乃在老耄之時乎? 而
정호 고종 성현군 야 연 재위 삼십 여년 차법 무내 재 노모 지시호 이

況入小次 非祖宗之命 何以局於此制?"
황 입 소차 비 조종 지명 하이 국어 차제

季良對曰: "上久立堂下 亞終獻官心必未安 思欲速行獻禮 故恐
계량 대왈 상 구립 당하 아종 헌관 심필 미안 사욕 속행 헌례 고공

未全誠敬. 且祖宗之靈 亦必不寧於殿下之久立矣. 請行此法." 上
미전 성경 차 조종 지령 역필 불녕 어 전하 지 구립 의 청행 차법 상

不允曰: "不可輕改 姑舍之."
불윤 왈 불가 경개 고 사지

命召張至和之子玉相. 兵曹判書金漢老避席泣啓曰: "臣於戊子年
명소 장지화 지자 옥상 병조판서 김한로 피석 읍 계왈 신 어 무자년

前 以女妻逆臣至和之子玉相 至戊子年 世子下娶臣女. 臣恐玉相
전 이녀 처 역신 지화 지자 옥상 지 무자년 세자 하취 신녀 신공 옥상

恝然在京 遣置於全羅道. 前日臣女上來曰: '以夫故 未及母之永訣
괄연 재경 견치 어 전라도 전일 신녀 상래 왈 이부고 미급 모지 영결

又恐未見父歿.' 聽此泣啓惶恐." 上曰: "昨日 因世子言詮 已知
우공 미견 부몰 청차 읍계 황공 상왈 작일 인 세자 연전 이지

卿之意 卿之惶恐狹矣. 予於沈孝生 南誾 鄭道傳之子 不廢敍用
경지의 경지 황공 협의 여어 심효생 남은 정도전 지자 불폐 서용

何獨於至和之子有嫌乎? 予不曾知故也." 卽命召來.
하독 어 지화 지자 유혐 호 여 부증 지 고야 즉명 소래

禮曹請禁監察新舊禮 脫衣冠 伏地拜謁 同官家私相聚會等事也.
예조 청금 감찰 신구례 탈 의관 복지 배알 동관 가 사상 취회 등사 야

上曰: "再曾受敎 何煩更申? 然有未備 則單擧更啓."
상왈 재증 수교 하번 갱신 연유 미비 즉 단거 갱계

丙申 焚書雲觀所藏讖書二篋. 俗因前朝之習 酷信陰陽拘忌 親死
병신 분 서운관 소장 참서 이협 속인 전조 지습 혹신 음양 구기 친사

累年不葬者有之. 上命朴訔 趙末生坐書雲觀 盡索陰陽書 擇其妖誕
누년 부장 자 유지 상명 박은 조말생 좌 서운관 진색 음양서 택 기 요탄

不經者焚之.
불경 자 분지

忠淸道都觀察使孟思誠拜辭 上親見曰: "聞卿有老父 故授是職.
충청도 도관찰사 맹사성 배사 상 친견 왈 문경 유 노부 고수 시직

親年幾何 且在何郡乎?" 思誠對曰: "臣父年八十三 在溫水縣." 上
친 년 기하 차재 하군 호 사성 대왈 신부 년 팔십 삼 재 온수현 상

曰: "卿往哉 盡孝於父 憂念國政." 仍賜諸藥餌.

왈 경 왕재 진효 어부 우념 국정 잉사 제 약이

戊戌 命囚承傳色崔閑于義禁府. 先是通事金時遇以使臣迎接

무술 명수 승전색 최한 우 의금부 선시 통사 김시우 이 사신 영접

往于義州 上傳旨曰: "使臣擧動言語 隨卽馳聞." 至是十餘日 無有

왕우 의주 상 전지왈 사신 거동 언어 수즉 치문 지시 십여일 무유

啓聞者. 上聞其故於閑 閑不明白傳敎 上怒曰: "使臣擧動 國家

계문 자 상문 기고 어한 한불 명백 전교 상 노왈 사신 거동 국가

大事. 汝爲承傳之任 何不敬愼?" 乃命囚之 三日而釋之 歸于其家.

대사 여위 승전 지임 하불 경신 내 명수 지 삼일 이 석지 귀우 기가

遣通事金乙玄 贈毛衣 毛冠 耳掩于使臣.

견 통사 김을현 증 모의 모관 이엄 우 사신

下知申事趙末生于義禁府. 先是 禮曹參判許稠問於末生以元日

하 지신사 조말생 우 의금부 선시 예조참판 허조 문어 말생 이 원일

君臣同宴有無 答曰: "必不爲也." 稠乃以停寢 行移中外. 至是 上

군신 동연 유무 답왈 필 불위 야 조내 이 정침 행이 중외 지시 상

問末生曰: "今有使臣 其元日君臣同宴 何以爲之?" 末生對曰: "稠

문 말생 왈 금유 사신 기 원일 군신 동연 하이 위지 말생 대왈 조

見臣 議以宴煩而物少似難具辦 臣聽此以爲 必不爲也." 召稠質之

견신 의이 연번 이물소 사난 구판 신청차 이위 필 불위 야 소조 질지

果然. 上怒曰: "此大事也 而不啓何哉?" 乃命囚之 翼日釋之 歸于

과연 상 노왈 차 대사 야 이불계 하재 내 명수 지 익일 석지 귀우

其家.

기가

庚子 兵曹判書金漢老 都鎭撫李原上備倭之策. 啓曰: "臣等今聞

경자 병조판서 김한로 도진무 이원 상 비왜 지책 계왈 신등 금문

大內殿倭人將伐對馬島倭宗貞茂. 臣等恐貞茂不勝 則必被逐流離

대내전 왜인 장벌 대마도 왜 종정무 신등 공 정무 불승 즉필 피축 유리

竟無所依 寇我邊鄙 民受其害. 近來騎船將卒 賴殿下之盛德 外寇

경무 소의 구아 변비 민수 기해 근래 기선 장졸 뇌 전하 지 성덕 외구

不至 故依岸安眠. 請移文 使備不虞." 上曰: "於予心以謂 倭奴雖

부지 고 의안 안면 청 이문 사비 불우 상왈 어 여심 이위 왜노 수

自相攻 無大害於邊民. 若移文則民必駭驚憂懼 姑徐之."

자상 공 무 대해 어 변민 약 이문 즉 민필 해경 우구 고 서지

辛丑 盧龜山 元閔生 韓確 金德章回自北京. 閔生啓曰: "去十月

신축 노구산 원민생 한확 김덕장 회자 북경 민생 계왈 거 십월

初八日 黃氏 韓氏自通州先入 臣等以初九日入京. 十日朝見 帝見

초팔일 황씨 한씨 자 통주 선입 신등 이 초구 일 입경 십일 조현 제견

臣先笑 宣諭曰: '汝等來矣. 黃氏服藥乎?' 閔生對曰: '路次疾病

신 선소 선유왈 여등 내의 황씨 복약 호 민생 대왈 노차 질병

至極憂患.' 帝曰: '難得國王至誠. 送來韓氏女兒 好生聰俐 爾回還
지극 우환　제왈　난득 국왕 지성　송래 한씨 여아　호생 총리　이 회환

對國王根底說了.' 以確爲光祿少卿 賜物甚厚 賜黃 韓兩女家金銀
대 국왕 근저 설료　이 확위 광록 소경　사물 심후　사황 한 양녀 가 금은

綵帛等物.
채백 등물

十一月初二日辭 帝謂善財曰: '路次不打人知 則不撓國王根底.
십일월 초이일 사 제위 선재 왈　노차 불타 인지　즉 불요 국왕 근저

休失禮 賞賜交割 留一二日 鋪馬先來 他人隨後來.' 謂閔生曰:
휴 실례　상사 교할　유 일이 일　포마 선래　타인 수후 래　위 민생 왈

'到國善財 行禮時 使善財毋令失禮. 汝不比他人.'
도국 선재　행례 시 사 선재 무령 실례　여 불비 타인

異日帝曰: '日本國王無禮事 汝知之乎?' 閔生對曰: '日本本國事
이일 제왈　일본 국왕 무례 사　여 지지 호　민생 대왈　일본 본국 사

臣不知 賊島事粗知之. 自造行狀 到朝鮮地境 防禦堅實 則以所持
신 부지　적도 사 조지 지　자조 행장　도 조선 지경　방어 견실　즉 이 소지

魚鹽 請易民間米穀; 無人處及防禦虛疎 則乘間入侵 或殺傷或擄掠
어염　청역 민간 미곡　무인 처급 방어 허소　즉 승간 입침　혹 살상 혹 노략

本國人數多擄去 住在賊島.' 命翰林院錦衣衛官員宣諭: '朝鮮亦有
본국인 수다 노거　주재 적도　명 한림원 금의위 관원 선유　조선 역유

如此事. 今年倭賊侵寧海衛 海望人先告千戶所 千戶所飮酒 反謂
여차 사　금년 왜적 침 영해위　해망인 선고 천호소　천호소 음주　반위

海望妄告打送 翼日早朝 倭賊登岸 人物殺害 擄去千戶所官人等
해망 망고 타송　익일 조조　왜적 등안　인물 살해　노거 천호소 관인 등

皆殺了. 差送行人呂淵齎去日本勅書草 汝看之.' 其書曰: '爾父王
개 살료　차송 행인 여연 재거 일본 칙서 초　여 간지　기서 왈　이 부왕

某 至誠事大 以朝廷大恩 封王誥命 印章厚對 今爾不遵父道 使人
모 지성 사대　이 조정 대은　봉왕 고명　인장 후대　금 이 부준 부도　사인

邊海軍民 侵擾擄去 當以朝廷大法 遣善射戰人往討 今差行人呂淵
변해 군민　침요 노거　당 이 조정 대법　견 선사전 인 왕토　금 차 행인 여연

到爾國 凡朝廷擄去人物 盡數送來. 似朝鮮國王某自太祖洪武以後
도 이국　범 조정 노거 인물　진수 송래　사 조선 국왕 모 자 태조 홍무 이후

至誠事大 至今混同一家 豈不美哉?' 見訖還獻.
지성 사대　지금 혼동 일가　기불 미재　견흘 환헌

帝因琉球國使臣回換時宣諭: '汝國與日本國交親 後日征日本 則
제 인 유구국 사신 회환 시 선유　여국 여 일본국 교친　후일 정 일본　즉

汝國必先引路.' 使臣惶恐回去.
여국 필선 인로　사신 황공 회거

十一月初一日 帝坐正殿 賜諸佛如來菩薩名稱歌曲一百本
십일월 초일일 제 좌 정전 사　제불여래보살명칭가곡　일백 본

神僧傳三百本 冊曆一百本 臣等欽受 初二日發行回來."
신승전 삼백 본 책력 일백 본 신등 흠수 초이일 발행 회래

上曰:"日本勅草 琉球國勅命 何以使陪臣知之?"
상 왈 일본 칙초 유구국 칙명 하이 사 배신 지지

司憲府請許稠 趙末生 崔閑等罪. 疏略曰:
사헌부 청 허조 조말생 최한 등 죄 소 약왈

'許稠以不小君臣同宴 初不啓聞行移 及其寢也 亦不啓聞.
허조 이 불소 군신 동연 초 불 계문 행이 급 기침 야 역 불 계문

趙末生 使臣行次專人探知 隨卽啓聞可也 曾不慮此 當金時遇發行
조말생 사신 행차 전인 탐지 수즉 계문 가야 증 불려 차 당 김시우 발행

之時 使臣過江 則及時啓聞 事亦明說 使初九日過江聲息 至於十六
지시 사신 과강 즉 금시 계문 사 역 명설 사 초구일 과강 성식 지어 십육

日未有來告者. 且君臣同宴停寢之事 亦不以啓 與稠同議 戶曹行移
일 미유 내고 자 차 군신 동연 정침 지사 역 불이 계 여 조 동의 호조 행이

關字 擅自還收 實皆違於出納王命 掌治禮儀之職. 上項許稠 末生
판자 천자 환수 실 개 위어 출납 왕명 장치 예의 지직 상항 허조 말생

依律論罪 以明爲臣專擅不敬之罪. 崔閑以承傳色 不爲敬謹 殊失
의율 논죄 이명 위신 전천 불경 지죄 최한 이 승전색 불위 경근 수실

旨意 竝令論罪 以戒不謹.' 不聽.
지의 병령 논죄 이계 불근 불청

命停各道花器之貢. 上曰:"上林園花器負重 遠方難致之物 每年
명정 각도 화기 지공 상왈 상림원 화기 부중 원방 난치 지물 매년

進貢未便. 自今以後 非有特旨 勿令上納 以寬民力."
진공 미편 자금 이후 비유 특지 물령 상납 이관 민력

罷永平縣令閔閱 安峽縣監金純 抱川縣監宋褒等職 以損實不中
파 영평현령 민열 안협현감 김순 포천현감 송포 등직 이 손실 부중

也.
야

罷京畿敬差官金琯職 以擅減金純 閔閱等罪也.
파 경기 경차관 김관 직 이 천감 김순 민열 등 죄야

頒神僧傳 如來名稱歌曲于各宗寺社 徧及各司及諸卿大夫家.
반 신승전 여래명칭가곡 우 각종 사사 편급 각사 급 제경 대부 가

神僧傳者 集自漢以來 凡怪誕之僧妖言詭行; 歌曲者 集諸佛菩薩之
신승전 자 집 자한 이래 범 괴탄 지승 요언 궤행 가곡 자 집 제불 보살 지

名 比於音律 帝使男女日誦 仍賜諸國.
명 비어 음율 제사 남녀 일송 잉사 제국

命許稠 趙末生就職.
명 허조 조말생 취직

初 令見任官常着紗帽. 禮曹與儀禮詳定所議得:"凡大小官吏 於
초 영 현임관 상착 사모 예조 여 의례상정소 의득 범 대소관리 어

朝路非雨雪日而着笠 實爲未便. 乞依華制 除三軍甲士外 東西文武

官吏及前銜有官守者 非雨雪日 則常着紗帽 以肅朝儀 違者科斷."

命曰: "來戊戌年正月初一日始行之."

　韓確 金德章獻金銀 紵絲 綵絹等物于 兩殿. 帝賜確馬六匹 鞍子

一 金五十兩 白銀六百兩 各色紵絲五十六匹 錦八段 各色綵絹二百

匹 毯子四匹 白兜羅綿二十條 白御羅手帕五十條 白綿桃花手巾

四條 紵絲五綵繡枕頂五副 各色織金花紵絲合包三十箇 白糖八十

斤 賜德章馬三匹 鞍子一 紵絲十匹 綵絹四十匹 白銀一百兩. 是日

確獻黃金二十五兩 白銀一百兩 各色紵絲五匹 綵絹五匹 白兜羅綿

三條 各色織金花合包三箇 白糖入盛一器 上還給金二十五兩 白銀

五十兩. 確又獻白銀一百兩 各色紵絲四匹 綵絹三匹 白兜羅綿二條

織金花合包二箇 白糖一器于中宮 德章獻白銀五十兩 紵絲三匹

綵絹三匹 上還給白銀.

　丙午 上親祭于文昭殿.

　分遣行臺監察于各道. 判廣州牧事禹希烈來自全羅道啓: "萬頃

咸悅兩縣間 有決堤堰洩水捉魚處." 卽命義禁府 拿其守令按問

且分遣監察于各道 糾察監司 守令不修堤堰 倉廩者以聞. 又命

行臺監察 若堤堰未及親審處 當其各官守令 取堅實修補 招狀速來

復命, 於是 咸悅縣監金龜印 臨陂縣令韓季復 各贖笞五十還任 其

決堤堰人杖八十.

丁未 上王拜健元陵.
정미 상왕 배 건원릉

下兵曹正郞徐省于義禁府. 上御昌德宮松亭 閱視進獻別馬 指
하 병조정랑 서성 우 의금부 상어 창덕궁 송정 열시 진헌 별마 지

一馬曰: "此馬都摠制李和英曾獻於予 馳走卽蹇 命司僕賣之. 今此
일마 왈 차마 도총제 이화영 증헌 어여 치주 즉건 명 사복 매지 금차

進獻幷入格 是兵曹揀擇之不精也." 乃囚乘輿司正郞徐省.
진헌 병 입격 시 병조 간택 지 부정 야 내수 승여사 정랑 서성

囚知承文院事申檣 校理李兢 副校理金鈞于義禁府. 進獻使
수 지승문원사 신장 교리 이긍 부교리 김균 우 의금부 진헌사

盧龜山啓: "齎去奏本皮封不代押 不得已而令元閔生代押." 上曰:
노구산 계 재거 주본 피봉 불 대압 부득이 이령 원민생 대압 상왈

"設承文院 所以全掌事大文書 其主掌儒生 何不用心也?" 命囚檣
설 승문원 소이 전장 사대문서 기 주장 유생 하불 용심 야 명수 장

等.
등

禮曹詳定宗室諸君 駙馬諸君 異姓諸君 敦寧府僉知府事以上
예조 상정 종실제군 부마제군 이성제군 돈녕부 첨지부사 이상

祿科:
녹과

'一 宗室諸君祿科竝從散官 唯大君於第一科加三石.
일 종실제군 녹과 병종 산관 유 대군 어 제일과 가 삼석

一 駙馬諸君 同宗室諸君從散官.
일 부마 제군 동 종실제군 종 산관

一 異姓諸君竝從實職 政丞未行府院君 皆陞第二科.
일 이성제군 병종 실직 정승 미행 부원군 개승 제이과

一 敦寧府領府事 判府事皆仍舊 知府事同知府事 僉知府事依
일 돈녕부 영부사 판부사 개 잉구 지부사 동지부사 첨지부사 의

領府事例 遞降一等.'
영부사 례 체강 일등

從之.
종지

先是 朴訔啓: "自古閑官祿科降等 今敦寧府僉知以上祿科 不必
선시 박은 계 자고 한관 녹과 강등 금 돈녕부 첨지 이상 녹과 불필

準散官而受 宜命攸司改詳定." 上卽命禮曹 與儀禮詳定所擬議
준 산관 이 수 의명 유사 개 상정 상 즉명 예조 여 의례상정소 의의

啓聞.
계문

禮曹又啓: "大君陪皂隸四名 府院君陪二名 諸君陪一名." 從之.
예조 우계 대군 배 조례 사명 부원군 배 이명 제군 배 일명 종지

戊申 都摠制李和英獻鷹二連.
무신 도총제 이화영 헌응 이련

罷富平道敬差官少尹閔文職 以不能考察損實不中處也. 以開城
파 부평도 경차관 소윤 민문 직 이 불능 고찰 손실 부중 처 야 이 개성

之田全不摘姦 又罷開城留後司都事禹敬夫職. 通津縣監全有謙
지 전 전불 적간 우 파 개성유후사 도사 우경부 직 통진현감 전유겸

高陽縣監柳仲聞 亦皆以失於考察 決笞還任.
고양현감 유중문 역 개이 실어 고찰 결태 환임

囚前書雲副正趙義珣于義禁府. 以大統曆校本朝曆 有差誤處
수 전 서운 부정 조의구 우 의금부 이 대통력 교 본조 역 유 차오 처

故也.
고야

燒毀訟牒. 刑曹都官啓曰:"以元告不現身者 十一月晦日內 如前
소훼 송첩 형조 도관 계왈 이 원고 불 현신 자 십일월 회일 내 여전

不現身者 燒毀文書 不復聽理 曾有敎旨. 甲午年以後今年九月
불 현신 자 소훼 문서 불부 청리 증유 교지 갑오년 이후 금년 구월

初一日以前 申呈啓下及刑曹 司憲府 刷卷色移送司呈所志 竝皆
초일일 이전 신정 계하 급 형조 사헌부 쇄권색 이송 사 정 소지 병개

燒毀." 從之. 燒毀凡五百五十三道.
소훼 종지 소훼 범 오백 오십 삼도

己酉 釋徐省 李兢 趙義珣囚 皆還就職.
기유 석 서성 이궁 조의구 수 개 환 취직

庚戌 內史奉御善財奉勅書至 上率世子 百官 出迎于慕華館 結
경술 내사 봉어 선재 봉 칙서 지 상 솔 세자 백관 출영 우 모화관 결

山崩 備儺禮 導至昌德宮 受勅書賞賜. 勅曰:
산붕 비 나례 도지 창덕궁 수 칙서 상사 칙왈

'王恭事朝廷 恪勤不怠 良用嘉獎. 今特遣奉御善財 賜以銀兩
왕 공사 조정 각근 불태 양용 가장 금 특견 봉어 선재 사이 은 량

綵幣等物 王其領之. 故勅.'
채폐 등물 왕 기 영지 고칙

頒賜國王 銀二千兩 計八十錠 紵絲一百匹 暗花二十四 素八十四
반사 국왕 은 이천 냥 계 팔십 정 저사 일백 필 암화 이십 필 소 팔십 필

綵絹一百匹 銀絲素紗二十四 線羅素二十四 粧花絨錦十段 兜羅綿
채견 일백 필 은사소사 이십 필 선라소 이십 필 장화융금 십 단 두라면

五十條 馬二十四匹. 王妃 紵絲二十四 暗花五匹 素十五匹 綵絹
오십 조 마 이십사 필 왕비 저사 이십 필 암화 오필 소 십오 필 채견

二十四 銀絲素紗十四 線羅素十四 羅裏絹十四 粧花絨錦四段
이십 필 은사소사 십필 선라소 십필 나리견 십필 장화융금 사단

兜羅綿二十條.
두라면 이십 조

蓋喜我進處女也. 使臣適太平館 上設宴 命趙末生贈使臣鞍馬

衣服 笠靴 胡牀等物 頭目劉庸等十八人各馬匹 衣服 鞍笠 毛冠

使臣喜謝曰: "殿下至誠難得."

罷申橚 金鈞[17]職.

辛亥 上以賞賜紵絲 分賜群臣柳廷顯 朴訔 韓尙敬 各二匹 李原

成發道 金漸 六曹判書 參判及大司憲 領敦寧益平君石根 義平君

元生 順平君群生 六代言各一匹.

使臣善財齎來樻十 書封一 輸于黃氏母家. 黃氏之母以賜金

二十五兩 白銀一百兩 錦一段 各色紵絲五匹 毯子一匹 織金花合包

三箇 白糖一器 授女壻金德章以獻 上還給金二十五兩 白銀五十兩.

又以白銀五十兩 紵絲四匹 綵絹四匹 織金花合包二箇 白御羅手帕

二條 白糖一器 獻于中宮 仍將黃氏書封 告于代言司 以達于上 上

覽之 還下其書. 書曰:

'皇妃皇氏書上母親大人坐前. 冬寒伏惟 尊體康勝 納福倍常. 玆

遣奉御善財 齎送禮物 致問安之敬 伏乞鑑納. 不具禮物 金五十

兩 白銀六百兩 各色紵絲五十六匹 各色錦八段 各色絹五百十六匹

毯子四匹 白兜羅綿二十條 白御羅手帕五十條 白綿桃花手巾四條

紵絲五綵綉枕頂五副 各色織金花紵絲合包三十箇 白糖八十斤.

---

17 원문에는 '김구(金鈞)'로 돼 있으나 잘못이라 바로잡았다.

以金德章爲仁寧府丞 命賜光祿少卿韓確月俸.
이 김덕장 위 인녕부 승 명사 광록 소경 한확 월봉

對馬島宗貞茂 藤次郞 遠州太守源瑞芳 駿州太守源圓珪
대마도 종정무 등차랑 원주태수 원서방 준주태수 원원규

濃州太守平宗壽 各使人獻土物.
농주태수 평종수 각 사인 헌 토물

KI신서 10010

이한우의 태종실록 재위 17년

1판 1쇄 인쇄 2021년 12월 15일
1판 1쇄 발행 2021년 12월 29일

옮긴이 이한우
펴낸이 김영곤
펴낸곳 (주)북이십일 21세기북스
출판사업부문 이사 정지은
인문기획팀 양으녕 최유진
디자인 표지 씨디자인 **본문** 제이알컴
출판마케팅영업본부장 민안기
마케팅2팀 엄재욱 나은경 정유진 이다솔 김경은 박보미
출판영업팀 김수현 이광호 최명열
제작팀 이영민 권경민

출판등록 2000년 5월 6일 제406-2003-061호
주소 (10881) 경기도 파주시 회동길 201 (문발동)
대표전화 031-955-2100 **팩스** 031-955-2151 **이메일** book21@book21.co.kr

(주)북이십일 경계를 허무는 콘텐츠 리더

21세기북스 채널에서 도서 정보와 다양한 영상자료, 이벤트를 만나세요!
페이스북 facebook.com/jiinpill21   포스트 post.naver.com/21c_editors
인스타그램 instagram.com/jiinpill21   홈페이지 www.book21.com
유튜브 youtube.com/book21pub

서울대 **가**지 않아도 들을 수 있는 **명강**의! 〈서가명강〉
유튜브, 네이버, 팟캐스트에서 '**서가명강**'을 검색해보세요!